# THÈSE

POUR LE DOCTORAT

La Faculté n entend donner aucune approbation ni improbation aux opinions émises dans les thèses ; ces opinions doivent être considérées comme propres à leurs auteurs.

FACULTÉ DE DROIT DE L'UNIVERSITÉ DE PARIS

# ASSURANCE CONTRE L'INCENDIE
# SERVICE PUBLIC
# EN ALLEMAGNE





THÈSE POUR LE DOCTORAT

L'ACTE PUBLIC SUR LES MATIÈRES CI-DESSUS
*sera soutenu le mercredi 20 mars 1901, à 2 heures 1/2*

PAR

Paul ALGLAVE

AVOCAT A LA COUR D'APPEL
LAURÉAT DE LA FACULTÉ DE DROIT DE PARIS

*Président :* M. JAY, *Professeur.*

*Suffragants :* MM. MASSIGLI, *Professeur.*
SOUCHON, *Professeur.*

LIBRAIRIE MÉDICALE ET SCIENTIFIQUE
JULES ROUSSET
*PARIS. — 36, Rue Serpente. — PARIS*
(EN FACE LA FACULTÉ DE MÉDECINE)

1901

A LA MÉMOIRE DE MA MÈRE

A MON PÈRE ET A MA GRAND'MÈRE

A MA TANTE

# AVANT-PROPOS

L'assurance contre l'incendie venait à peine de naître en France, à la fin du XVIII<sup>e</sup> siècle, que déjà une lutte ardente s'engageait sur le point de savoir si elle devait continuer à être exploitée par une entreprise privée ou devenir un service public. En faveur de cette dernière solution semblaient incliner les hommes de la Révolution. Aussi toutes les Compagnies terrestres, qui apparaissaient déjà sous leur vrai caractère purement commercial furent-elles supprimées momentanément.

Aux approches de 1848, la France révolutionnaire et réformatrice se réveille de sa torpeur. Dès l'année 1846 les conseils généraux, eux-mêmes, demandèrent que l'Etat fut substitué aux Compagnies. En 1847 le gouvernement provisoire annonçait le rachat prochain de toutes les assurances pour le compte de l'Etat.

Puis Emile de Girardin, dans des pages d'une incontestable éloquence, préconise l'impôt-assurance. En 1852, M. Dubroca, directeur général de la Compagnie « le Palladium », fait des démarches réitérées auprès de Napoléon pour élever l'Etat au rôle d'assureur.

De 1847 à 1857, dans chacune de leurs sessions, les conseils généraux ne cessaient de réclamer la prise de possession des assurances par l'Etat.

Sous la 3<sup>e</sup> république cette lutte reprend une nouvelle acuité. De nombreux projets ou propositions de lois furent élaborés en vue de l'étatisation de l'assurance-incendie. Tout récemment en 1894, M. J. Bourgeois, député du Jura, déposait une proposition dans ce sens. Il y a quelques années à peine le Conseil municipal de la ville de Paris était saisi d'une proposition de M. Blachette demandant la création d'un office municipal d'assurance contre l'incendie. Cette proposition fut l'objet d'un rapport présenté par M. Adrien Veber, le 8 mars 1898, concluant dans un sens favorable. Enfin hier, ce conseiller municipal déposait, pour son compte, une proposition tendant à rendre la ville de Paris assureur.

Dans le camp adverse on compte, de bonne heure, des champions redoutables. C'est un de Courcy, un Thomereau, un Charles Robert, etc. etc., qui ont consacré leur vie à combattre pour les Compagnies. Mais, de part et d'autre, pendant longtemps, on ne s'était placé uniquement que sur le terrain philosophique, déductif et théorique. Depuis une dizaine d'années, grâce à une plus grande communion entre les peuples, on apprit que les institutions préconisées pour notre pays, existaient à l'étranger. C'est surtout aux socialistes que revient l'honneur d'avoir fait cette découverte ou, tout au moins, d'avoir porté la discussion sur le terrain des faits.

Malheureusement les Caisses publiques d'assurance contre l'incendie existant, peut-on dire, dans presque tous les Etats d'Europe, bien que très anciennes, pour la plupart, n'en sont pas moins peu connues en France.

Pourtant, comme désormais, on semble être descendu des régions élevées de la philosophie et de la déduction pure pour se placer sur le terrain des faits, l'exemple fourni par les pays étrangers devient de jour en jour, de part et d'autre, l'élément de discussion capital. Nous avons donc cru bon de familiariser le public avec ces institutions.

En écrivant ce livre, nous ne voulons pas faire œuvre

## AVANT-PROPOS

L'assurance contre l'incendie venait à peine de naître en France, à la fin du XVIII^e siècle, que déjà une lutte ardente s'engageait sur le point de savoir si elle devait continuer à être exploitée par une entreprise privée ou devenir un service public. En faveur de cette dernière solution semblaient incliner les hommes de la Révolution. Aussi toutes les Compagnies terrestres, qui apparaissaient déjà sous leur vrai caractère purement commercial furent-elles supprimées momentanément.

Aux approches de 1848, la France révolutionnaire et réformatrice se réveille de sa torpeur. Dès l'année 1846 les conseils généraux, eux-mêmes, demandèrent que l'Etat fut substitué aux Compagnies. En 1847 le gouvernement provisoire annonçait le rachat prochain de toutes les assurances pour le compte de l'Etat.

Puis Emile de Girardin, dans des pages d'une incontestable éloquence, préconise l'impôt-assurance. En 1852, M. Dubroca, directeur général de la Compagnie « le Palladium », fait des démarches réitérées auprès de Napoléon pour élever l'Etat au rôle d'assureur.

De 1847 à 1857, dans chacune de leurs sessions, les conseils généraux ne cessaient de réclamer la prise de possession des assurances par l'Etat.

Sous la 3^e république cette lutte reprend une nouvelle acuité. De nombreux projets ou propositions de lois furent élaborés en vue de l'étatisation de l'assurance-incendie. Tout récemment en 1894, M. J. Bourgeois, député du Jura, déposait une proposition dans ce sens. Il y a quelques années à peine le Conseil municipal de la ville de Paris était saisi d'une proposition de M. Blachette demandant la création d'un office municipal d'assurance contre l'incendie. Cette proposition fut l'objet d'un rapport présenté par M. Adrien Veber, le 8 mars 1898, concluant dans un sens favorable. Enfin hier, ce conseiller municipal déposait, pour son compte, une proposition tendant à rendre la ville de Paris assureur.

Dans le camp adverse on compte, de bonne heure, des champions redoutables. C'est un de Courcy, un Thomereau, un Charles Robert, etc. etc., qui ont consacré leur vie à combattre pour les Compagnies. Mais, de part et d'autre, pendant longtemps, on ne s'était placé uniquement que sur le terrain philosophique, déductif et théorique. Depuis une dizaine d'années, grâce à une plus grande communion entre les peuples, on apprit que les institutions préconisées pour notre pays, existaient à l'étranger. C'est surtout aux socialistes que revient l'honneur d'avoir fait cette découverte ou, tout au moins, d'avoir porté la discussion sur le terrain des faits.

Malheureusement les Caisses publiques d'assurance contre l'incendie existant, peut-on dire, dans presque tous les Etats d'Europe, bien que très anciennes, pour la plupart, n'en sont pas moins peu connues en France.

Pourtant, comme désormais, on semble être descendu des régions élevées de la philosophie et de la déduction pure pour se placer sur le terrain des faits, l'exemple fourni par les pays étrangers devient de jour en jour, de part et d'autre, l'élément de discussion capital. Nous avons donc cru bon de familiariser le public avec ces institutions.

En écrivant ce livre, nous ne voulons pas faire œuvre

de polémique, mais d'étude. Nous n'avons pas craint de consacrer deux ans à ce travail pour arriver à donner une idée aussi exacte que possible de la situation des Caisses publiques. Nous avons fait plusieurs voyages à l'étranger, nous avons interrogé les populations.

Mais nous avons été largement secondé dans notre tâche par les hauts fonctionnaires chargés de l'administration de ces institutions et par les représentants les plus autorisés dans la matière. Partout nous avons rencontré un bienveillant accueil. Nous devons tout spécialement des remerciements au Syndicat des Sociétés publiques allemandes.

Nous n'oublierons jamais les moments passés à Mersebourg au siège du Syndicat. Pendant plusieurs heures consécutives, M. le secrétaire général Brœmer et l'inspecteur M. Branne, se sont efforcés à nous faire saisir tout le mécanisme de l'Assurance publique en Allemagne. Chaque Société fut passée en revue. Grâce à l'aimable intervention de ces messieurs, M. le président Kassner autorisait qu'on nous remit, en communication, une foule de documents. A plusieurs reprises les renseignements les plus précieux nous furent donnés, tant de vive voix que par écrit.

A Dresde, M. le président de la Chambre royale d'assurance, Dr. Haberkorn, bien que très affairé, nous accorda deux audiences. Nous le remercions encore de sa recommandation auprès de son ami, le Ministerial Direktor Von Haag. Grâce à l'amabilité de ce dernier, nous avons été à même de nous rendre compte de l'organisation de la Caisse d'Etat de Bavière.

A Berlin, c'est le chef du service municipal qui, pendant de longs quarts d'heure, nous expliqua le fonctionnement du service à la tête duquel il était préposé.

A Dusseldorf nous eûmes la bonne fortune de tomber sur un homme des plus agréables et des plus obligeants. M. Schuller, comme directeur des bureaux de la Caisse rhénane, sans se lasser de nos questions réitérées, à chacun de nos voyages, nous consacrait quelques moments d'entretien.

C'est au premier président de la province de Brandebourg auquel nous devons des remerciements pour l'amabilité qu'il nous a témoignée en nous recommandant aux divers directeurs d'institutions d'assurance contre l'incendie de son ressort. A ces derniers nous adressons nos excuses pour avoir, peut-être, abusé de leur obligeance. Enfin nous remercions tous les autres directeurs de Sociétés publiques ; grâce à leurs nombreuses lettres, à leurs intéressantes notices, il nous a été permis de tirer le plus grand profit de tous les renseignements contenus dans les abondants documents qu'ils ont eu l'obligeance de nous faire parvenir.

En écrivant cet ouvrage, nous voulons faire profiter le lecteur de la multitude de renseignements, qu'une série de voyages, d'enquêtes et de recherches minutieuses et patientes, nous ont permis d'accumuler.

Si nous pouvions espérer, par cette étude, apporter une contribution — si faible soit-elle — à la solution du grave problème de savoir si l'assurance contre l'incendie peut rester une entreprise privée ou doit devenir un service public, notre ambition serait pleinement satisfaite.

# INTRODUCTION

N'est-ce pas une chose admirable que ces combinaisons du génie moderne qui, par les assurances, enlèvent au malheur son influence en divisant ses effets, disait M. l'avocat général Glandaz dans son discours de rentrée.

Malheureusement pour l'humanité cette grande découverte juridique est toute récente.

D'une manière générale, le contrat d'assurance a pour but de garantir l'assuré d'un désastre. L'assurance repose sur le système des probabilités. C'est une opération dans laquelle le risque fourni par chaque assuré et la prime qu'il paie en échange d'une garantie doivent être considérés comme les fractions d'un seul tout.

L'assurance, a-t-on dit, est la compensation des effets du hasard sur le patrimoine de l'homme par la mutualité organisée suivant les lois numériques qui régissent le cours des choses. Elle met en jeu la solidarité humaine sous la forme de la mutualité. Elle fait un large usage de la statistique. Sa loi fondamentale est une proportionnalité exacte de la prime au risque.

Les procédés qu'emploie l'assurance sont complexes ; on les confond souvent avec l'assurance elle-même.

Aussi est-il nécessaire, dans cet aperçu historique, de dissiper cette confusion. Elle fut cause de bien des malentendus entre les historiens qui essayaient de faire remonter l'assurance aux temps reculés de l'histoire.

L'assurance, sans conteste, recourt aux procédés des jeux de hasard. Ne voyons-nous pas chacun des assurés apporter sa mise à la Caisse d'assurance, qui fait masse de ces mises comme le ferait un bookmaker aux courses. Ces sommes ensuite seront partagées entre les sinistrés dans la mesure même de leur perte et de l'importance de leur mise. Ceux, au contraire, auxquels aucun malheur ne sera advenu payeront pour les autres.

Hermann, poussant l'assimilation jusqu'au bout, disait : l'assurance est une loterie où le hasard tirerait les lots et en déterminerait la valeur et où l'assureur jouerait le rôle du banquier.

Cependant l'assurance est précisément le contraire du jeu. Dans le jeu, le joueur convoite un gain, tandis que dans l'assurance l'assuré cherche à éviter une perte. Obéissant à une pensée de sagesse et de prévoyance, il voudrait répartir, le plus équitablement possible, sur un grand nombre de têtes un fardeau qui pourrait l'écraser. Mais il en prend sa part.

L'épargne, ce travailleur patient et ingénieux qui ramasse les atomes de valeur pour en créer un capital, est le substratum nécessaire de l'assurance, mais en diffère. L'assurance répartit les sommes amassées de manière à couvrir les pertes causées par le hasard. Aidé par les données de la statistique, l'assureur fixera une prime constituant un sacrifice minime, mais certain et permanent en échange d'un risque éventuel.

L'assurance se distingue également du pari et de ce qu'on appelle l'assurance-spéculation qui ne cherche pas à établir l'équilibre entre les sommes versées et celles à verser.

Il faut avoir également soin de ne pas considérer l'assurance et l'assistance comme termes synonymes.

L'on n'observe pas la règle fondamentale de la proportionnalité de la prime perçue et du risque couru lorsqu'on fait de l'assistance.

L'assurance ainsi comprise n'apparaît guère qu'au XIV^e^ siècle. Ce n'est pas à dire qu'avant cette date on ne trouve aucune convention présentant des analogies plus ou moins grandes avec l'assurance proprement dite.

Passons brièvement en revue les peuples anciens les plus importants et essayons de nous rendre compte des conventions suppléant à l'assurance.

Le contrat d'assurance n'apparut que lorsque le commerce atteignit un certain degré de prospérité.

Ce retard, disait M. Alauzet, s'expliquerait sans doute par l'état de nullité, d'enfance ou de vexation dans lequel s'est trouvé placé successivement le commerce chez les divers peuples.

A cette raison MM. Grun et Joliat joignaient la mauvaise répartition de la propriété, l'absence d'association, ce puissant levier de toute civilisation.

Les assurances sont nées du commerce mais, en

échange, c'est grâce à l'assurance que le commerce s'est développé. M. Alauzet estime que les assurances sont sorties du besoin qu'éprouvaient les négociants du Moyen Age de se garantir contre les dangers que leur faisaient courir d'aventureuses expéditions. Ils trouvaient dans ce contrat un puissant encouragement à étendre leurs opérations.

MM. Grun et Joliat écrivent qu'en l'année 1182 sous Philippe Auguste, et plus tard en 1321, sous Philippe le Bel, les Juifs, obligés d'émigrer et de transporter leur fortune mobilière d'un pays dans un autre, formaient des assurances mutuelles contre les dangers de toute nature qu'ils avaient à courir.

L'histoire justifie ces assertions.

L'assurance était inconnue en Asie, ce berceau de la civilisation. Parcourons les lois indiennes, nous n'en trouvons aucune trace. Les Indiens connaissaient cependant le prêt à la grosse.

Il faut en dire autant des Chinois.

Les Assyriens se sont occupés de commerce par terre et par mer. Mais l'étude de l'histoire de ce peuple ne nous permet pas de croire que l'assurance y était connue.

Les Perses succédant aux Mèdes pratiquèrent sinon le commerce maritime, du moins le commerce par terre. Mais l'histoire ne nous révèle aucune convention spéciale garantissant leurs opérations.

L'Egypte, bien qu'arrivée à un haut degré de prospérité, ne pratiquait guère le commerce extérieur.

Aussi ces peuples ne furent-ils pas portés à recourir à l'assurance.

Les Grecs furent d'habiles commerçants, mais ne semblent pas avoir connu l'assurance.

La législation phénicienne et carthaginoise ayant disparu avec les peuples qui l'avaient édictée, nous ne pouvons nous prononcer.

La législation rhodienne, si parfaite sous bien des rapports, est muette sur l'assurance. Les lois établissant une contribution en matière d'avaries grosses ou communes n'ont rien de commun avec l'assurance.

Peut-être le contrat d'assurance est-il d'origine romaine ? Certains auteurs pensent en trouver une trace dans un texte de Tite Live (livre III, n° 49) : « *Unum ut militia vacarent dum in eo publico essent alterum, ut, quæ in naves imposuissent ab hostium tempestatisve vi publico periculo essent.* »

M. Alauzet fait très judicieusement remarquer qu'il n'y a là qu'une vente où le vendeur s'oblige à livrer dans un lieu déterminé l'objet du contrat en mettant à la charge de l'acheteur la perte par cas fortuit.

D'autres textes invoqués de Suétone et de Cicéron, sur lesquels nous ne pouvons pas insister ici, ne sont pas plus probants.

Aussi Puffendorf et Loccenius semblent à tort faire remonter les assurances aux guerres puniques.

Cependant Emerigon, après avoir déclaré que le contrat d'assurance n'était pas en usage chez les Romains, qui y suppléaient, sans doute, par des contrats conditionnels ou aléatoires, soit par la fidejussion, dit plus loin qu'il croit apercevoir dans l'histoire romaine quelques traces de notre contrat d'assurance.

Les textes visés sont plutôt des stipulations de garanties destinées à faciliter la conclusion de l'opération.

Aussi semble-t-on d'accord aujourd'hui pour déclarer que l'assurance était inconnue chez les anciens peuples.

On ne saurait attribuer ce silence à l'infériorité juridique des Romains qui pratiquaient, avec toutes ses subtilités, le contrat à la grosse basé sur les règles de probabilité.

Voici les principales raisons que l'on met en avant pour l'expliquer.

Les Romains, comme d'autres peuples avant eux, se livrant au commerce par mer, connaissaient et mettaient en usage un contrat, en vertu duquel un capitaliste s'engageait, moyennant une somme convenue, à payer une indemnité, déterminée d'avance, au propriétaire du navire, si ce dernier venait à se perdre ou à périr en mer.

Si le propriétaire s'était assuré de la solvabilité du capitaliste avec lequel il contractait, cette opération offrait pour lui les mêmes avantages que le contrat d'assurance maritime tel qu'il est pratiqué de nos jours.

Il en était tout différemment du côté du capitaliste qui jouait un rôle en apparence similaire à un assureur. Cette autre partie contractante, en effet, ne pratiquait ce genre d'opérations, ni d'une façon régulière, ni pour un grand nombre de navires; elle faisait un simple pari sur la bonne arrivée d'un navire.

Ce capitaliste ne se souciait guère d'observer les données de la statistique. Il est vrai qu'à cette époque les statistiques, qui pouvaient exister, devaient être bien défectueuses. La statistique est une science récente.

C'est une raison très forte qu'on peut invoquer pour expliquer la jeunesse de l'assurance.

Si l'on envisage principalement l'antiquité, le peu d'étendue du commerce des Grecs et des Romains ne mettant jamais en mer l'hiver fournit une nouvelle explication.

Ajoutons que, le plus souvent, l'intérêt qu'aurait pu présenter aux commerçants l'assurance, était bien mince. Le commerce, en effet, était entre les mains, soit d'opulents personnages, soit de gens peu fortunés. Pour les premiers un sinistre ne compromettait guère leur patrimoine. L'assurance n'aurait eu pour eux qu'une utilité relative. Quant aux seconds, ils eussent, peut-être, trouvé fort lourd le paiement d'une prime.

Enfin, M. Pouget fait remarquer que l'assurance fut inconnue jusqu'au jour où la propriété se divisant et la liberté du commerce s'étendant de tous côtés, les peuples devinrent jaloux d'augmenter leur patrimoine et purent apprécier la puissance de l'association.

Ceci se vérifie à merveille pour notre pays. Aux premiers âges où le serf était attaché à la glèbe, il ne constituait qu'un accessoire du sol, où ses biens revenaient à sa mort, au seigneur, l'assurance ne présentait pour lui aucune utilité. Dès que la propriété s'établit, l'esprit d'association se fait sentir. Les seigneurs se voient obligés à respecter certaines associations entre serfs. Cette solidarité engendre l'émancipation des communes qui devait aboutir à la formation du Tiers Etat.

La propriété se divise, désormais le commerce devient possible, l'assurance voit le jour.

Toutefois, elle ne revêtit pas de suite son caractère définitif.

L'histoire nous fait connaître toute une série d'associations constituant, sinon des entreprises d'assurance, tout au moins des situations similaires qui nous révèlent un des éléments que l'assurance met en œuvre : la solidarité. Elle se manifeste dans des réunions d'individus présentant les caractères les plus divers.

Nous insisterons quelque peu sur ces associations d'abord parce qu'elles sont les avant-coureurs de l'assurance, de plus parce qu'elles nous expliquent pourquoi l'intervention de l'Etat ne s'imposait pas en matière d'assurance. Ces hommes se réunissant pour se prêter aide et assistance, atténuaient considérablement les rigueurs qu'entraînent les fléaux, les rendaient supportables. Aussi l'assurance commerciale ou technique ne se pratiqua vraiment qu'à la fin du xv<sup>e</sup> siècle.

Arrêtons-nous donc un instant sur ces associations. Les premières que nous révèlent l'histoire sont connues sous le nom de *Gildes*. Les premières qui apparaissent dans l'histoire n'ont, à aucun degré, le caractère d'associations de commerce ou de travail. Ce sont des associations de défense mutuelle ou religieuses. Jusqu'au

IX^e siècle nous ne rencontrons que cette catégorie qui persiste même après l'apparition des Gildes marchandes et d'artisans. M. Brentano voit dans l'Angleterre le berceau de la Gilde. Dès le IX^e siècle on en trouve dans ce pays.

Chaque mois les membres de la Gilde s'assemblaient en un banquet où leurs intérêts communs étaient discutés. Les convives mettaient en commun leurs plaisirs, leur affection comme leur haine. Une insulte faite à l'un de leurs frères était considérée comme atteignant tous les membres de la Gilde. La vengeance prenait un caractère collectif.

Une fois par an à Abbotsbury, trois fois par an à Exeter, les confrères se réunissaient pour adorer Dieu, prier le saint patron. On prenait un repas en commun dont les pauvres avaient leur part. On jurait de s'assister mutuellement en cas de maladie, d'incendie, ou en cours de voyage.

En Allemagne on rencontre également des Gildes sociales ; mais la plupart affectaient un caractère municipal ou celui d'une ligue de propriétaires connue sous le nom de *Hausgenossenschaft*.

En Danemark, nous trouvons également des Gildes sociales. Les statuts des Gildes danoises et surtout ceux des Gildes de Saint Kanut, de Flensbourg et d'Odense datant de 1200 renferment des clauses analogues à celles des Gildes anglaises.

Tout membre payait un droit d'entrée destiné au fonds commun. En échange de quoi il bénéficiait des bienfaisants effets de l'étroite solidarité unissant les

Congild. Qu'un confrère fût compromis avec un étranger à la Gilde, on lui prêtait une barque ou un cheval pour fuir. Dans les assemblées, où l'assistance était obligatoire, on y traitait des questions les plus diverses.

Les Gildes ou confréries apparurent en France à peu près à la même époque que dans la Grande-Bretagne. Un capitulaire d'Hincmar, évêque de Reims, les interdit au IX$^{e}$ siècle. Il est difficile de se prononcer d'une manière certaine sur leur caractère. Cependant les auteurs semblent d'accord pour déclarer que c'étaient des Gildes sociales analogues à celles qui apparaissent en Angleterre à la même époque.

Puis vers le XI$^{e}$ siècle, en France comme en Angleterre et en Allemagne, la Gilde prend un caractère professionnel. Avec l'élan à la fois religieux et artistique auquel nous devons tant de chefs-d'œuvre, se fondent des associations corporatives. Les ouvriers employés à la construction d'un bâtiment se réunissent. A Strasbourg, les maçons qui construisirent la cathédrale fondèrent entre eux des confréries au caractère à la fois mystique et professionnel. Les cathédrales de Laon, Noyon, Senlis, St-Gervais, de Soissons et cette pure merveille gothique, N.-D. de Chartres, furent le berceau d'associations semblables dont les membres, d'humbles artisans, se trouvaient être en même temps d'ardents chrétiens et d'incomparables artistes.

La conquête des libertés municipales rendant aux bourgeois des villes le droit de s'organiser librement et de faire revivre les associations d'autrefois concourt encore à réveiller l'esprit corporatif.

Le souffle créateur et fécond du sentiment chrétien ouvre le cœur de l'artisan à la fraternité.

Sous l'influence de ces causes vivifiantes, la tradition presque oubliée de la corporation romaine va se renouer et se rajeunir. Sans doute la Gilde jusqu'alors limitée à des intérêts personnels ou purement religieux, va s'élargir et se transformer pour devenir une corporation.

Cette nouvelle institution aura la mission d'organiser et de régulariser le travail, mais elle garde ce caractère d'une étroite solidarité entre les membres qui en font partie. Elle viendra au secours de ceux qui auront été éprouvés par les fléaux.

Malgré ce changement ou plus exactement cette évolution, dans les institutions sociales, nous trouvons toujours ce sentiment de confraternité qui pousse les artisans à se secourir mutuellement.

Un court exposé de leur organisation générale le montrera clairement.

Dès le XIII^e^ siècle nous trouvons une réglementation précise des corporations.

Etienne Boileau entreprend de réunir dans une seule codification, tous les usages et règlements en vigueur à Paris.

Si séduisante que puisse être cette étude, nous ne pouvons la faire ici même brièvement. Nous n'en retiendrons que les dispositions touchant directement à notre sujet.

Les devoirs et obligations relatifs à la solidarité en cas de sinistres nous occuperont seuls.

D'une manière tout à fait générale, on sait que la corporation, prise dans son ensemble, avait pour base la division de tous les artisans en trois classes : *apprentis*, *valets*, *maîtres*.

Ils représentent ceux qui s'instruisent, ceux qui servent, ceux qui commandent. A chacun de ces trois échelons correspondent des droits et des devoirs d'une nature particulière dont l'énumération se trouve dans les statuts du métier.

L'apprenti, qui a conclu avec son maître un véritable contrat d'apprentissage, jouira, tant qu'il restera avec ce maître, de sa protection. Ce stage terminé, il deviendra valet ou compagnon, comme on dira plus tard. Le compagnonnage constituait comme un deuxième stage par lequel il fallait passer avant de devenir maître. Ce dernier soit succédait à son père, soit faisait l'acquisition d'un ouvroir, après avoir acquitté certaines redevance. Dans toute cette série d'étapes, qu'aura franchies notre jeune maître, toujours il aura pu compter sur la protection de la corporation.

Tout mâle pouvait être apprenti, même s'il n'était pas issu d'une union légititime. Les apprentis trouvaient dans la personne des *Prud'hommes jurés* des protecteurs nés. Ils étaient élus parmi les maîtres sous la condition de la ratification de cette élection par le prévôt. Ces magistrats avaient des fonctions multiples, tantôt financières, tantôt de police, mais en outre organisaient les secours.

La corporation jouissait de tous les droits civils. Elle est investie de toutes les actions réelles dérivant du droit de propriété, ainsi que de toutes les actions possessoires.

Elle peut contracter, stipuler, s'obliger par l'intermédiaire de ses représentants naturels et légaux : *les jurés* du métier. La corporation dispose d'un patrimoine, de revenus propres. Les droits payés par les nouveaux apprentis, ou par leurs maîtres, droits payés par le récipiendaire lors de son admission à la maîtrise, diverses cotisations payées par les maîtres, une partie des amendes, dons, legs, revenus des immeubles corporatifs, voilà les principales recettes perçues par les *jurés*. L'entretien de la maison et des immeubles du métier, frais nécessités par la participation aux solennités publiques, service des rentes, paiement des dettes corporatives et enfin *frais qu'entraîneraient les institutions de bienfaisance de la confrérie*, ce sont là les principales dépenses. Remarquons qu'au premier plan figurent les dépenses provenant de la nourriture donnée aux vieillards, frais d'inhumation, etc. La corporation soulageait les maux qui pouvaient frapper ses membres et n'aurait jamais toléré de laisser dans la misère un des confrères victime d'un sinistre. Sauf une restriction : il ne fallait pas que la cause des souffrances fût l'inconduite ou l'immoralité. Mais le plus souvent l'incendie qui venait dévorer les quelques biens du travailleur, en tout ou en partie, constituait un mal souffert sans qu'une faute morale de la victime puisse l'avoir amené. On peut donc dire que le malheureux, ruiné par un incendie, pouvait compter sur l'assistance de sa corporation.

Restaient les individus n'appartenant à aucune corporation. Ceux-ci pouvaient être rares. Avec un peu de bonne volonté, l'on se rappelle que tout individu du sexe masculin, même enfant naturel, pouvait rentrer dans une corporation en qualité d'apprenti.

Même ceux-là n'étaient pas délaissés. L'esprit de charité était si vif à ces époques religieuses, qu'en dehors des corporations on trouvait de nombreuses institutions se donnant pour mission de venir au secours du malheur. Non seulement ceux qui avaient été éprouvés pouvaient utilement s'adresser à ces Sociétés de secours, mais encore assez souvent ils se voyaient devancés.

Les membres de ces institutions allaient au devant des misères, recherchaient l'occasion de porter secours au prochain. C'était considéré comme un élément indispensable à la pratique d'une vertu chrétienne, indispensable au salut de leur âme.

Remarquons que l'assistance ainsi comprise ne constitue jamais que la manifestation d'un sentiment de fraternité et d'aide mutuelle imposé par la religion aux hommes soumis aux mêmes vicissitudes de l'existence.

Comme le constate M. Holbach, dans son remarquable rapport sur l'assurance intercommunale, quand au siècle dernier, les sentiments religieux perdirent de leur bienfaisante influence sur les âmes, l'idée de solidarité disparut facilement. Ceci est particulièrement vrai chez les riches forts de la supériorité que leur donne leurs capitaux. Croyant n'avoir aucun besoin de l'aide éventuelle de plus pauvres qu'eux, ils en arrivent à considérer cette solidarité comme une duperie. Ils craignent d'avoir à secourir sans jamais être secourus. Ce calcul, en dehors de toute conception religieuse et morale, est d'ailleurs rigoureusement exact.

Si l'on se place uniquement sur le terrain égoïste de l'intérêt personnel, il est toujours désavantageux pour les privilégiés de se reconnaître solidaires de leurs frères pauvres. L'individualisme, cette affreuse théorie du chacun pour soi, en sévissant sur nos Sociétés avec une dernière énergie, ne pouvait que rendre plus violent encore ce souffle néfaste. Le résultat ne se laissa pas attendre. Pour nous restreindre à notre domaine spécial, quel pénible spectacle s'offre à nos yeux.

Nous voyons le pauvre privé presque entièrement de secours lorsque les flammes ont anéanti son humble patrimoine.

Qu'un incendie, au contraire, vienne à endommager une partie de l'opulent patrimoine du riche, sans doute il ne se bercera pas du fol espoir d'obtenir des secours. Le capitaliste les dédaignerait même.

Grâce à ses capitaux, il a pu acheter de la sécurité. Il préfèrera revendiquer son droit précis à une indemnité.

La possession d'un droit positif à une indemnité en cas de malheur, il est à peine besoin de le dire, est autrement rassurante que l'espoir d'un secours arbitraire.

Cependant quoiqu'on fasse, l'assurance exige toujours

un minimum de solidarité. Il faut trouver un marchand de sécurité. Pour cela il fallait, par l'espoir d'un bénéfice, tenter des entrepreneurs dont le métier consistera à assurer moyennant une somme fixe appelée prime contre certains risques. Ceci donne naissance à une solidarité spéciale. Antérieurement elle existait entre travailleurs, entre habitants d'une localité; avec l'assurance à prime les cointéressés sont des inconnus éparpillés dans toutes les professions, dans toutes les communes. Cependant on n'acceptera que des individus apportant le moins de risque dans la communauté. Selon un mot connu, l'assistance des hommes entre eux contre le malheur avait revêtu la forme capitaliste.

Mais ce fut longtemps après, lorsque le principe de l'association se fut dégagé de ce caractère fraternel et charitable, que nous avons admiré et vu aller sans cesse en s'atténuant pour revêtir un caractère essentiellement commercial, que l'assurance proprement dite a vu le jour.

L'assurance, envisagée dans ce sens moderne, fut d'abord appliquée aux dangers qui, à cette époque, présentaient le plus de gravité : aux risques maritimes. Cependant ce n'est qu'au XIVe siècle que les lois étrangères établissent d'une manière certaine l'existence des assurances. De bonne heure elles connurent les abus puisqu'un édit de Charles V parle déjà des abus introduits dans les assurances. L'assurance commerciale proprement dite s'étendit rapidement à partir de la première moitié du XVIe siècle : en Italie, Espagne, Hollande. Le célèbre édit de Barcelone date du 3 juin 1484.

L'ordonnance de Philippe II pour la Bourse d'Amsterdam est de 1593. L'ordonnance de Rotterdam, celle de Middelbourg, le coutumier pour les assurances d'Amsterdam datent de 1598.

Vient ensuite l'application des mêmes principes aux désastres causés par l'incendie.

En 1609, dit Beckman dans son « histoire des inventions et découvertes », on présenta au comte Antony Gunter d'Oldenbourg un plan d'après lequel les seigneurs des terres devraient assurer les maisons de leurs tenanciers contre l'incendie. Ceux-ci devaient estimer leurs maisons, soit séparément, soit collectivement, et lui payer annuellement 1 dollar % d'estimation. En retour de cette condition, le seigneur ou propriétaire s'engageait, en cas d'incendie, qui n'aurait pas la guerre pour cause, de prendre les pertes pour son compte et à remettre à ceux qui en auraient souffert tout l'argent nécessaire pour reconstruire le bâtiment.

L'auteur de ce projet estime que bien que les sinistres puissent d'abord être lourds, on arriverait cependant à recueillir graduellement et d'année en année une somme considérable, et que si l'on tenait compte des maisons détruites par le feu dans un espace de temps donné, les pertes ne s'éléveraient pas à beaucoup près au chiffre des fonds recueillis dans le même espace de temps. Il était dit cependant qu'il ne fallait pas que toutes les maisons de chaque ville fussent comprises dans la même assurance, attendu que leur valeur représentative pourrait s'élever à une somme trop considérable. On retrouve dans ce projet les éléments essentiels de toute assurance : moyenne des pertes et formation, par l'accumulation, d'un fonds destiné à en rembourser la valeur.

Le comte d'Oldenbourg considéra ce projet comme bon et susceptible d'être mis à exécution par une Compagnie de simples particuliers. Il ne voulut pas y prendre part, sous prétexte, dit-il, que la Providence pourrait se laisser tenter, que ses sujets pourraient en être mécontents et lui-même être accusé d'avarice.

Avant cette date nous trouvons dès le XIIIe siècle, en Islande, des institutions d'assurance connues sous le nom de *Repps*, assurant contre la perte du bétail et l'incendie, ainsi que des *Brandgilden*, sortes d'associations mutuelles qui fonctionnent dès le XVe siècle dans le Schleswig-Holstein.

Signalons en 1591 dans la ville de Hambourg, une institution spéciale d'assurance contre l'incendie sous le titre de *Contrat du feu* (Feuer contract). En 1676, nous trouvons 46 Caisses-incendies fonctionnant à l'intérieur de cette ville qui ne tardent pas à se réunir en un établissement central, qui prend le nom de *Caisse-incendie de la ville de Hambourg*. Nous n'insisterons pas davantage ici sur les débuts historiques des Caisses publiques, nous réservant de consacrer un chapitre à cet historique dans le corps de cet ouvrage.

Passons de suite aux Compagnies à primes et à l'état actuel des assurances incendie dans les divers pays et spécialement dans ceux où fonctionne l'assurance publique.

La première Compagnie d'assurance à prime que

l'histoire nous révèle semble être la Société anglaise connue sous le nom de *Hand in Hand*. Voilà pourquoi nous allons en premier lieu nous occuper de l'Angleterre.

De fort bonne heure, l'assurance contre l'incendie s'y est établie. Elle a eu des débuts pénibles. Les préjugés, l'égoïsme ou l'ignorance expliquent les difficultés qu'elle a eues à vaincre. Partout ailleurs, forte de l'expérience acquise dans ce pays, l'assurance incendie a parcouru paisiblement sa fructueuse carrière.

L'assurance mutuelle locale paraît avoir existé en Angleterre assez longtemps avant le grand incendie de Londres qui éclata en 1666. En 1609, on voit se produire, après un certain nombre d'autres qui ont échoué, un projet d'assurance des maisons moyennant une prime fixe. Ce projet est vivement discuté, mais des principes religieux en empêchent l'adoption. L'incendie, font remarquer ses adversaires, comme les autres fléaux qui affligent l'humanité, est l'œuvre de Dieu. Or, on ne saurait, sans pécher, faire obstacle à la volonté divine en supprimant par le paiement d'une indemnité le châtiment qu'elle entend infliger à certaines personnes.

En 1635, le roi Charles I^er^ est prié d'autoriser l'assurance par une Compagnie des propriétés urbaines et rurales au taux de 12 % de la valeur. L'auteur de la pétition offre de payer au roi, en échange du privilège, 12.500 fr. par an.

En 1660, des particuliers proposent à Charles II un projet de même nature. Son adoption est vivement combattue par le Conseil municipal de la cité qui soutient qu'une opération de ce genre *ne peut être entreprise que par l'Etat ou la Commune.*

En 1662 paraît un traité sur la matière, sans nom d'auteur, où l'on trouve la preuve que l'assurance à prime fixe contre l'incendie n'existait pas encore en Angleterre à cette époque.

En 1666 éclata le grand incendie de Londres. Un monument commémoratif élevé au centre de la cité actuelle et soigneusement entretenu paraît destiné à en perpétuer la mémoire. Ce grave événement ne semble pas avoir donné immédiatement une forte impulsion aux projets d'assurances. Ce n'est, en effet, qu'entre les années 1669-1680 que des propositions *d'assurances mutuelles par les soins et sous la responsabilité du Conseil municipal* sont soumises à ce conseil par un de ses membres, *Newbold.*

Dans l'intervalle des délibérations prolongées dont ces propositions sont l'objet, des particuliers fondent une Compagnie. Voici quelques conditions d'assurances que nous extrayons des prospectus :

Seront perçus, pour des constructions en fer, 6 pences par L. s. de valeur assurée. Pour les constructions en bois on percevra 1 sh. La formation de cette Compagnie fut provoquée par un assureur privé connu sous le nom de *Barbon.*

Elle prit le nom de Compagnie d'incendie « *Fire office* ».

Cette initiative privée stimula la *corporation* (c'était l'autorité municipale de la cité qui comprenait alors une notable partie de la cité de Londres). Elle charge un comité de rechercher les meilleurs moyens pour elle d'entreprendre l'assurance contre l'incendie.

A ce sujet une polémique très vive s'engage entre le lord-maire et la Société d'incendie dont on trouvera des curieux échantillons dans les journaux du temps. On mettait au défi la corporation d'exécuter son projet. En réponse à ce défi l'autorité municipale ouvrit un registre sur lequel on invite les propriétaires désirant être assurés, à venir s'inscrire. Cette mesure ne pouvait qu'augmenter la lutte avec la « Fire office ».

Mais la corporation ne trouvant pas un appui assez empressé dans l'opinion, arrêta bientôt ses opérations. Le champ fut laissé libre à la *Compagnie*. Sous le nom de « *Phénix* », elle fut pendant un moment la maîtresse absolue du terrain.

En 1683 une *Friendly-Society* se forme qui rentre en lutte avec la « *Fire office* » qui en 1709 prit le nom de « *Sun fire office* ».

En 1696 est fondée la « *Hand in Hand* » qui eut à subir un impôt de 6 deniers par police.

En 1704 paraît la « *Lombard house* », première Compagnie qui ait entrepris l'assurance mobilière.

En 1714 l' « *Union fire office* » est créée sur le principe de la Mutualité. Pour assurer son existence elle fait à la « *Hand in Hand* », la concession de borner son assurance aux meubles. Mais l' « Union fire office » attaque le *Soleil*, auquel elle reproche de faire des *bénéfices énormes et illicites sur les assurés*.

En 1717 se fonde la Compagnie « *Westminster* ».

La *corporation* de Londres renonce en 1793 à assurer

les propriétés communales. Leurs valeurs assurées étaient alors de 1.157.500 francs et la prime annuelle perçue 1.750 francs.

En 1803 on comptait en Angleterre 18 Compagnies dont le plus grand nombre n'avait pas reçu le privilège de *l'incorporation*.

D'après le premier document officiel qui parut en 1805, nous voyons que 11 Sociétés opéraient à Londres, 16 en province, 5 en Écosse, 2 en Irlande.

Vers cette époque se fonde la « *Country fire office* » qui introduit le principe alors nouveau dit « *propriétaire* », consistant dans le partage des bénéfices avec les assurés. Cette Compagnie persiste encore aujourd'hui et jouit d'une brillante prospérité.

En 1810 il y avait 36 Compagnies dans le Royaume-Uni.

En 1892 on compte 63 Compagnies parmi lesquelles quelques Sociétés mutuelles seulement. Elles ont perçu en primes nettes près de 20 millions de livres sterling, dont la *Royale*, à elle toute seule, a perçu, 2 millions.

La *Liverpool-London-Globe*, *North British Mercantile*, *Phœnix*, *Sun*, *Commercial Union*, de 1 à 2 millions.

8 Compagnies ont perçu de 1/2 à 1 million. 17 Compagnies de 100.000 à 500.000 livres sterling et 16 Compagnies moins de 10.000 livres sterling.

Après l'Angleterre, la Hollande adopta l'assurance. Mais elle languit jusqu'au commencement du XIX^e^ siècle. Depuis elle s'est beaucoup développée.

En 1882 on compte 40 Compagnies par actions et 15 Sociétés mutuelles dont une date de 1804.

En Belgique il existe actuellement 19 Compagnies dont 13 ont leur siège à Bruxelles. Quelques-unes remontent à 1819, d'autres furent fondées vers 1830. A côté de ces Sociétés il faut placer les compagnies étrangères qui opèrent en Belgique. Toutes ces Sociétés ont perçu en 1892 pour 27 millions de primes brutes.

En Allemagne nous trouvons trois espèces d'institutions d'assurance : des Caisses publiques, des Sociétés mutuelles, des Compagnies par actions.

Des Caisses publiques connues en Allemagne sous le nom de « *Feuersocietaten* », nous ne dirons qu'un mot, devant plus loin en faire l'historique.

La première grande entreprise d'assurance fut une institution communale. Ce fut la Caisse de Hambourg fondée en 1677. Le grand électeur voulait suivre cet exemple pour sa ville de Berlin. Son projet fut repris plus tard par Frédéric I$^{er}$. Il fit le 1$^{er}$ juillet 1706 un règlement pour une Caisse générale royale devant s'étendre à toute la Prusse. Le succès de cette Caisse laissa beaucoup à désirer. En 1711 on parlait de la relever.

Sous le règne de Frédéric Guillaume I$^{er}$, on rentra dans la voie de la décentralisation. On créa pour les villes des trois provinces de Brandebourg, Poméranie et de Prusse deux Caisses. L'une ne s'étendait qu'aux villes de Berlin, Stettin et Konigsberg.

Rentrant plus avant encore dans la voie de la décentralisation, quelques années après, ce règlement fut rapporté. On créa pour des circonscriptions peu étendues des Sociétés contre l'incendie, « *Feuersocietaten* »

Bien plus on ne tarda pas à séparer les risques urbains et les risques ruraux.

Après la première guerre de Schleswig se fonde en 1744 *la Caisse de Breslau*. En 1748 après la deuxième guerre de Schleswig se forme une Caisse devant assurer contre l'incendie les bâtiments des villes du Schleswig. Après la guerre de Sept ans, en 1765, c'est une Caisse rurale devant assurer les campagnes (Platte Land) de la Prusse orientale. En 1771 Stralsund est doté d'une Caisse et Elbing en 1774. La Poméranie en 1776 et la Nouvelle Marche en 1777 ont des Caisses. Après le premier partage de la Pologne en 1785, les villes et les campagnes de la Prusse occidentale profitèrent d'une Caisse contre l'incendie. Le grand roi allait plus loin que ses devanciers et étendait non seulement aux villes mais aux campagnes les bienfaits de l'assurance.

Voici les principales Caisses que l'histoire nous révèle sur le territoire prussien. A côté nous rencontrons plusieurs petites Caisses parsemées qui plus tard se fondirent dans des Caisses provinciales.

Dans le reste de l'Allemagne un grand nombre de Caisses publiques se fondèrent dès le commencement du XVIII<sup>e</sup> siècle.

C'est en 1729, dans le duché de Saxe ; dans les duchés de Hanovre et de Brunswick en 1750; dans la principauté de Bernberg en 1751 ; pour les villes de l'Est en 1754 ; pour les comtés d'Oldenbourg et de Dalmatie en 1764 ; dans la Hesse Cassel en 1767; dans la Saxe Weimar en 1768 ; dans le Wurtemberg en 1773 ; dans la Saxe Altenbourg en 1776 ; à Rostock en 1782 et dans bien d'autres territoires que nous voyons s'organiser des « *Feuersocietaten* ».

De toutes ces caisses publiques beaucoup persistent encore aujourd'hui après avoir subi bien des modifications.

Quelques unes, se réunirent à d'autres caisses plus importantes. Nous ne pouvons, dans ce rapide aperçu historique, rentrer dans tous ces détails. Contentons-nous en quelques mots d'indiquer l'état actuel des Caisses publiques en Allemagne.

L'assurance publique est pratiquée par 57 caisses officielles revêtant des caractères différents. Ce sont des Caisses restreignant leur champ d'action, tantôt à une ville, tantôt assurant toute une province. En dehors de la Prusse nous rencontrons des Caisses d'assurance incendie s'étendant à tout un royaume.

Pendant longtemps l'assurance incendie était le Monopole des Caisses officielles en matière immobilière tout au moins. Puis ce monopole fut supprimé en bien des endroits. L'initiative privée s'empara de l'assurance incendie. Les Caisses officielles eurent à compter avec la concurrence des Compagnies privées.

Occupons-nous donc maintenant de l'assurance privée qui peut revêtir deux formes : un caractère mutuel ou un caractère purement commercial lorsqu'elle est entreprise par une Société par actions.

La loi qui retira aux Sociétés publiques leur monopole, tout au moins dans les territoires où l'assurance incendie ne gardait pas un caractère obligatoire, date du 18 septembre 1861.

Mais avant cette époque nous rencontrons déjà soit des Sociétés par actions soit des Sociétés Mutuelles. Ceci n'a d'ailleurs rien qui doive nous étonner si nous songeons que l'assurance officielle, le plus souvent, n'assurait que les immeubles et si nous nous rappelons que les Caisses publiques ne se chargeaient pas des risques particulièrement dangereux.

Cependant l'initiative privée ne s'empara réellement de l'assurance incendie qu'en 1821 avec la banque Gotha, vaste association mutuelle s'étendant à toute l'Allemagne.

Toutefois faut-il citer avant cette date la présence à Berlin en 1812 et à Leipzig en 1819 de deux Sociétés par actions. C'est donc des Sociétés par actions que nous allons d'abord nous occuper.

La plus ancienne Société privée d'assurance contre l'incendie en Allemagne est une Compagnie par actions: la V$^{e}$ Compagnie d'Assurance (*Funfte Assekuranz-Compagnie*) fondée en 1779 à Hambourg. A la suite d'un grand incendie de Hambourg elle dut liquider en 1842 mais fut reconstituée l'année suivante sous la raison « Nouvelle V$^{e}$ Compagnie d'assurance (Neue Funfte Assekuranz-Compagnie).

En Prusse le gouvernement avait essayé, dans la deuxième moitié du XVIII$^{e}$ siècle, d'introduire l'assurance mobilière, en concédant à la Compagnie d'assurance maritime de Berlin fondée en 1770 le privilège exclusif d'accepter les assurances mobilières dans toute l'étendue du territoire de la monarchie. Mais la Compagnie fut dissoute dès 1791 et l'assurance mobilière entre temps fut abandonnée aux Compagnies étrangères, notamment aux Compagnies anglaises et françaises.

Avec le XIX^e siècle reparaissent les Compagnies par actions. Nous relevons en 1808 une Compagnie d'assurance contre l'incendie créée à Brême. Elle n'eut jamais qu'une importance locale. En 1812 se fonda la « *Berlinische Feuer-Versicherungs-Anstalt* ». En 1819 à Leipzig citons la *Leipziger F. V. A.* qui obtint une concession exclusive pour 20 ans. En 1832 elle établit la participation aux bénéfices et constitue alors plutôt une *Société mixte*.

N'ayant pu obtenir le renouvellement de son privilège en 1839 elle prend un nom nouveau: « Banque d'assurance contre l'incendie pour l'Allemagne à Leipzig. »

En 1823 c'est la *Vaterlandische d'Elberfeld* et la « *Aachener und Münchener* », qui voient le jour ; à Munich, en 1830 la *Bayerischs Hypotheken und Wechsel-Bank*. A Cologne en 1839 la « *Colonia* », à Francfort s/ M. en 1842 la « *Frankfurter* », en 1843 à Berlin la « *Borussia* », en 1844 la « *Madgebourg* », en 1845 à Stettin la « *Preussische National-Versich. Ges.* », à Breslau en 1848 la « *Schlesische* », en 1853 à Erfurt la « *Thuringia* », en 1855 à Hambourg, la « Compagnie de *Hambourg-Brême* », en 1856 la « *Providentia* », à Francfort s/ M., en 1861 la « *Gladbach* », à Berlin en 1867, la Compagnie allemande d'assurance contre l'incendie, en 1868 la « *Norddeutsche* », à Hambourg la « *Transatlantique* », en 1871. Notons encore parmi les principales Compagnies par actions en 1873 « l'*Union de Berlin* ».

Il existe actuellement en Allemagne 29 Compagnies par actions représentant un capital nominal de 180 millions de Marks (en chiffre ronds) dont 44 millions ont été versés.

Ces 29 Sociétés, à l'instar des Caisses publiques allemandes, ont formé un syndicat dont font partie 17 Compagnies.

Il nous reste, pour en finir avec l'Allemagne, à faire un rapide historique de l'assurance mutuelle en Allemagne.

Nous en trouvons de bonne heure des traces dans certaines associations locales ayant presque un caractère fraternel connues sous le nom de « *Brandgilden* » qui n'étaient pas toutes communales ou officielles.

Pendant longtemps leur cercle d'action fut très peu étendu, tant au point de vue géographique qu'au point de vue de leur chiffre d'affaires. Ces Sociétés mutuelles en effet, ne pouvaient qu'assurer les objets non compris dans l'assurance officielle ou bien dans les territoires n'étant pas dans les circonscriptions du monopole.

Cependant il faut reconnaître que, sauf exception pour la Vo[1] Compagnie, ce sont les Sociétés mutuelles qui, dans la première période de l'assurance privée, eurent la prédominance. Dès 1799 nous trouvons à Hambourg l'association de Bieber qui s'éteignit avec le grand incendie de 1842, l'association d'habitants de Brême dès 1800, puis la Société d'assurance mobilière contre l'incendie du Mecklembourg à Neubrandebourg en 1801 qui existait déjà depuis 1797, mais ne pratiquait que l'assurance-grêle.

En 1821 Arnoldi fondit à Gotha la « *Feuer Versicherungsbank fur Deutschland* ». Sur 7 milliards qu'assurent les Mutuelles aujourd'hui, en Allemagne 3.883 millions sont couverts par cette Société.

En 1826 à *Schwedt-s/-O* nous relevons la Société nationale d'assurance mobilière contre l'incendie, en 1830 la « *Feuerassekuranz-Vereine* » à Altona, en 1833 à Lubeck une Société du même nom, là Société d'assurance contre l'incendie et la grêle pour le Mecklembourg à Neubrandenbourg en 1837, la « *Wurtembergische Priv. Feuer Vers. Ges.* » à Stuttgart en 1837, la « *Mobiliar-Brandvers. Gesel.* » à Marienwerder et à Greifswald, toutes deux datent de 1840, la *Société de Brandebourg a H.* en 1845 et de « *Stolp* » en 1848, la Société d'assurance mobilière contre le feu, la « *Concordia* » de Hanovre en 1865, les Sociétés mutuelles d'assurance contre le feu de la Saxe royale en 1873. Voici les principales Sociétés mutuelles proprement dites.

A côté de celles-ci se trouvent une multitude de petites unions ayant un caractère mutuel en même temps que professionnel, assurant contre le feu, que nous rencontrons sur beaucoup de territoires tels que la Saxe, la Thuringe, le Hanovre, le Schleswig-Holstein, le Mecklembourg, les mutuelles des employés des chemins de fer, des fabriques, etc.

Il est difficile d'établir d'une manière certaine quelles sont les valeurs assurées par toutes ces mutuelles. Les uns, comme M. Bramer, parlent de 9 à 10 milliards, la statistique officielle prussienne donne un chiffre plus modeste : en 1890 ces valeurs se seraient élevées à moins de 6 milliards 5.653 millions pour les 246 Sociétés et unions. 83 institutions auraient assuré 481 millions de valeurs immobilières. Pour les 2.399 millions de valeurs mobilières il y aurait 171 établissements, et 2.773 millions par trois établissements seulement.

Sans insister davantage sur ces résultats que nous retrouverons dans le cours de ce travail, continuons notre historique avec l'Autriche.

Ici, comme en Allemagne, nous rencontrons des Mutuelles, des Caisses publiques et des Compagnies par actions.

Il faut chercher les origines de l'assurance-incendie en Autriche dans l'existence de petites associations mutuelles locales, en particulier des associations d'assurances de paysans. On ne sait pas exactement à quelle époque elles furent créées. Cependant on en rencontre déjà en 1710. Parmi celles-ci plusieurs subsistent encore aujourd'hui.

Elles se multiplièrent surtout dans la partie de l'Autriche située au-dessus et en-dessous de l'Enns et en Bohême.

D'après les comptes rendus officiels, il aurait été compté en 1870 dans l'Autriche au-dessus de l'Enns, 78 associations de ce genre, comprenant 44.313 membres et ayant assuré pour 57 millions et demi de florins. Dans la partie de l'Autriche au sud de l'Enns, 77 associations ont été enregistrées comprenant 21.943 membres et ayant assuré pour 19 millions 1/4 de fl. ; en Bohême, 48 associations mutuelles comprenant 78.087 membres et ayant assuré 72 millions de fl. On trouve également de ces établissements, isolés dans le Tyrol en Salzbourg et dans la Styrie. La plupart de ces mutuelles n'assurent leurs membres que pour partie et ne les dédommagent que des sinistres ayant pour cause les éléments naturels.

Dans les territoires situés en-dessous de l'Enns, des Sociétés mutuelles se fondent dès 1825, en Bohême en 1827, en Cracovie en 1860, en 1861 une union des fabricants de sucre d'Autriche-Hongrie se fonde à Prague. Plus tard, 8 nouvelles Sociétés mutuelles se créèrent.

Des Caisses officielles furent fondées, sans affiliation obligatoire, il est vrai, par les autorités dans le duché de Salzbourg en 1811, pour le Tyrol et le Voralberg en 1823, pour la Moravie et la Silésie en 1828, pour la Styrie et la Carinthie en 1829, enfin pour l'Autriche au-dessus de l'Enns en 1848. Il existe actuellement 4 Caisses publiques.

Les Mutuelles et Caisses publiques au nombre de 16 ont assuré en 1892 pour 3.047 millions de fl. et ont encaissé pour près de 11 millions de fl. de primes brutes dont plus de 7 millions ont été employés à dédommager les sinistrés.

Les Compagnies par actions sont régies par une ordonnance royale du 4 septembre 1819. De 1822 à 1847, il se fonda en tout 5 compagnies dont deux plus tard liquidèrent. En 1892, on ne compte en Autriche-Hongrie que 8 Compagnies par actions contre l'incendie percevant une recette de primes brutes de 35,7 millions de fl. dont 14 sont employés en réassurance et 14 millions et demi payés aux sinistrés.

Depuis plusieurs années un vif courant d'opinion s'est formé en faveur de l'assurance officielle obligatoire Cependant, on laisserait à l'assuré le choix de l'établissement.

En Russie les commencements de l'assurance remontent à un manifeste impérial du 28 juin 1786 créant une banque de prêt d'empire et une banque impériale pour faire l'assurance. Celle-ci devait être libre et s'appliquait aux bâtiments massifs et aux fabriques des villes. Elle dédommageait pour les 3/4 des pertes subies moyennant une prime de 1 1/2 % de la valeur estimée. Mais il était défendu à l'assuré de s'assurer à des Sociétés étrangères.

Dès 1798, cette défense tomba en désuétude. L'efficacité de cette fondation fut restreinte. Il faut en dire autant du comptoir d'assurance qui, par un ukase du 18 décembre 1797, fut réuni à la Banque d'Etat d'assurance et d'assignation.

On fit des tentatives pour créer des Caisses mutuelles immobilières pour Pétersbourg et Moscou, mais elles n'aboutirent pas. Pendant ce temps, les Sociétés étrangères gagnaient sans cesse du terrain.

Un ukase du 22 juin 1827 promit à la première Compagnie par action russe « *la Compagnie russe d'assurance contre le feu* » un monopole de 20 ans.

En 1868 six nouvelles Compagnies par actions s'étaient fondées.

Nous trouvons également des Sociétés mutuelles qui se forment dans cette période. En 1852, c'est une mutuelle pratiquant l'assurance pour les campagnes de l'Esthonie; en 1862 une autre pour les plaines de Kurland et de Livland; en 1864, une autre pour Pétersbourg.

Le 22 juin 1864 un ukase dispose que des Caisses provinciales d'assurance contre l'incendie, seraient instituées dans l'ensemble des gouvernements. L'assurance, est-il dit, sera obligatoire pour les habitations des villages qui n'étaient pas déjà assurées à des Compagnies privées. L'assurance restait facultative pour les autres immeubles. Les Caisses étaient sous la surveillance des chefs de province de chaque gouvernement.

La première Caisse de ce genre qu'on relève fut organisée en 1869 dans le gouvernement de St-Pétersbourg.

Un ukase du 22 octobre 1871 étendit ces dispositions aux villes. Des Caisses mutuelles urbaines furent donc constituées. En 1879, 28 villes s'étaient déjà conformées aux prescriptions impériales. Ces mutuelles assuraient ensemble à cette date déjà pour 385 millions de Rbl. de valeurs immobilières.

En 1892 les mutuelles assuraient des immeubles pour une somme s'élevant à 2.195 millions de Rbl. dont voici la décomposition.

Les Caisses mutuelles provinciales existant dans 34 gouvernements assuraient 44,3 millions et les Caisses gouvernementales, dans les autres gouvernements,

29,6 millions. Dans 87 villes les Caisses urbaines assuraient 61 % des valeurs immobilières assurées. Ces trois catégories de Caisses perçurent en 1892 une somme de 17.863.000 Rbl. de primes.

60 % de cette somme fut encaissé par les Caisses provinciales.

32 % par les Caisses gouvernementales.

7,5 % par les Caisses urbaines.

Ces trois groupes de caisses eurent à verser en indemnités 15.623.000 Rbl. dont 63,5 % par les Caisses provinciales ; 32,4 % par les Caisses gouvernementales et 4,1 % par les Caisses urbaines.

Les Compagnies par actions ont fait environ trois fois plus d'affaires que les mutuelles.

En 1897 on compte 15 Compagnies anonymes qui sont :

*Première Russe, Seconde Russe, Salamandre, Nadesha, Saint-Pétersbourg, Moscou, Troisième Russe, Commerce, Varsovie, Nord, Volga, Jacor, Rossija.* Compagnie Russe de réassurance Wars'chaner.

En 1893 les recettes en primes de ces Compagnies se sont élevées à 104.362.176 fr. Les sommes payées à titre de dommages-intérêts se sont élevées à 22.530.327 fr. Les fonds de réserve pour risques non expirés à la fin de 1893 se sont chiffrés par 18 millions 112,908 fr. On a distribué comme dividende la somme de 9 millions 175.000 fr. Les capitaux par actions s'élevant en tout à 69.300.000 fr., cela fait du 13 %. En 1897 le total des recettes s'est considérablement accru et n'est pas moins de 77.478.000 Rbl.

Nous ne pouvons insister davantage ici sur la Russie car nous avons hâte de traiter de l'assurance incendie dans les pays scandinaves.

Dès la fin du XVIIe siècle nous trouvons déjà en Suède plusieurs associations percevant une redevance destinée à soulager les sinistrés. On relève même des institutions de ce genre dans de grandes circonscriptions.

En 1734 une loi intervint prescrivant la perception dans chaque « Harad » des sommes nécessaires permettant d'indemniser, le cas échéant, les propriétaires des immeubles que les flammes avaient endommagés.

Cette redevance était perçue comme l'eût été un simple impôt. D'ailleurs son nom l'impliquait suffisamment. Elle s'appelait l' « impôt du feu ».

Bientôt ce régime engendra de fâcheux abus. Aussi le gouvernement laisse-t-il s'édifier une multitude de petites Sociétés libres s'étendant tantôt à une commune, tantôt à une circonscription plus étendue. Bien mieux, ceux qui étaient affiliés à ces associations étaient exonérés de l'impôt du feu perçu dans chaque Harad. Enfin l'impôt cesse d'être prélevé. Mais, en échange, dans chaque grande ville on voit se fonder des Sociétés d'assurance contre le feu. C'est ainsi que fut créé en 1746 le comptoir d'assurance contre l'incendie de Stockholm pratiquant l'assurance immobilière. Il persiste encore aujourd'hui.

En 1789, on fonda une Caisse d'assurance immobilière rurale. Jusqu'en 1828 les bâtiments situés dans les villes et les bourgs pouvaient également être assurés par cette Caisse. Après cette date, on créa une Caisse spéciale destinée à assurer les immeubles urbains.

De l'assurance mobilière on ne s'en occupa pas avant 1843. A cette date on enregistre une Caisse communale pour la ville de Stockholm. En 1849, nous relevons une Caisse d'assurance mobilière ayant un caractère interurbain.

La première Compagnie par actions suédoise date de 1855.

D'après les rapports officiels, on ne compte en 1897 pas moins de cinq Sociétés par actions. Ce sont la *Skandia*, la *Svea*, la *Skane*, le *Phenix* et la *Nerland*. Tandis qu'en 1892, ces cinq Compagnies n'avaient perçu que 11,42 millions, en 1897, 13.285.055 couronnes ont été encaissées. Sur cette somme, 2.389.223 couronnes furent affectées au fonds de réserve et 301.172 couronnes perçues sous forme d'impôt par le fisc. Le bénéfice annuel de ces Compagnies s'est élevé à 1.445.246 couronnes. Les sommes brutes qui ont été payées pour sinistres se chiffrent par 6.053.153 couronnes.

Quant aux mutuelles dont les principales sont : l'*Allmana*, la *Stadernas*, la *Nordiska*, la *Skanska*, la *Norra Sveriges*, etc., elles auraient perçu, en 1897, d'après Ehrenzwig, 2.266.170 couronnes dont 7.200 couronnes l'ont été par la Caisse communale de Stockholm.

Il eût été fort intéressant d'ajouter le montant des valeurs assurées par ces diverses Sociétés d'assurance. Mais nous n'avons pas pu nous procurer ces résultats pour 1897. Contentons-nous donc des résultats de 1890.

D'après les rapports officiels, trois Compagnies par

actions auraient assuré pour 870 millions de couronnes seulement. Les Mutuelles, au contraire, auraient assuré pour une valeur bien supérieure s'évaluant à près de 2.700 millions de couronnes, dont voici le détail :

366 millions ont été assurés par des Mutuelles opérant sur une circonscription indéterminée ; 83 millions par deux Mutuelles ayant une sphère d'action plus étendue qu'une province ; 1.414 millions par 24 Mutuelles s'étendant à une province ; enfin 332 Sociétés opérant sur un territoire moins étendu ont assuré 823 millions de couronnes.

Le Kontor, de Stockholm, à lui tout seul a assuré pour 222 millions de couronnes de valeurs.

En additionnant tous ces chiffres, nous arrivons au total de 3.779 millions de couronnes qui représente la valeur des objets assurés pendant l'année 1890 en Suède.

Le développement de l'assurance contre l'incendie en Norvège présente de grandes analogies avec celui que nous venons de constater en Suède. En Norvège aussi, de très bonne heure, nous trouvons des petites Sociétés locales d'assurance contre le feu qui persistent encore aujourd'hui en très grand nombre. On les rencontre surtout dans les circonscriptions rurales.

En 1767, le 18 août, une ordonnance royale ordonnait la création d'une Caisse d'Etat. Cette Caisse étendait sa sphère d'action à tout le royaume. La gestion était entre les mains du Gouvernement. Au début de cette institution tous les immeubles des villes devaient obligatoirement être assurés à cette Caisse d'Etat. Puis

Christiania qui possédait déjà depuis 1752 une Caisse d'assurance contre l'incendie propre ne tarda pas à être relevé de cette obligation. Cependant, en 1827, Christiania se vit retirer cette faveur. Tous les immeubles de cette ville durent à nouveau être assurés à la Caisse nationale. Bien que cette Caisse d'Etat eût un caractère urbain, elle acceptait pourtant les immeubles ruraux que leurs propriétaires venaient lui assurer. Plus tard, nous assistons à une double modification. L'affiliation obligatoire à cette Caisse devint facultative pour les propriétaires. Voilà le premier changement. En second lieu, nous voyons la Caisse se sectionner en deux parties, formant chacune une Caisse spéciale. L'une n'assurait plus uniquement que contre les risques urbains. Une autre n'acceptait qu'exclusivement les risques ruraux.

En 1883, la Caisse urbaine avait assuré pour 403 millions de couronnes d'immeubles ; la Caisse rurale pour 241 millions.

Depuis 1883 plusieurs Sociétés par actions se sont fondées pour exploiter l'assurance mobilière et maritime ainsi que l'assurance forestière. En 1897, on comptait huit Sociétés par actions ayant encaissé 2.585.797 couronnes de primes brutes dont 1.478.997 ont été consacrées en réassurance.

Après la Suède et la Norvège, occupons-nous du Danemark qui fait également partie du groupe des pays scandinaves.

Dès le dernier quart du XVIIe siècle, nous trouvons déjà une loi danoise obligeant les communes à reconstruire gratuitement les bâtiments détruits par l'incendie. Dans la pointe du Seeland, se fonde, en 1714, une mutuelle libre se chargeant d'assurer les bâtiments consacrés aux prédications, les sacristies et les écoles. L'exemple était donné, il fut rapidement suivi.

Dans les provinces se forment des Mutuelles se donnant pour mission d'assurer les maisons bourgeoises et les fermes. Malheureusement l'obligation de dédommagement qui incombait à ces Sociétés ne tarda pas à devenir fort lourde. Plusieurs même se virent anéanties sous le poids du fardeau qu'elles s'étaient engagées à porter.

Le gouvernement intervint. En 1735 la création d'une Caisse pour les villes de la province fut ordonnée. L'assurance à cette Caisse fut décrétée obligatoire. Cette Caisse ne garda pas longtemps son individualité. En 1761 elle fut fondue dans une Caisse beaucoup plus importante étendant son action sur tout le territoire. Copenhague seul n'était pas englobé dans cette Caisse nationale. La gestion de la Caisse était assurée par le gouvernement. Cette Caisse pratiquait l'assurance contre l'incendie dans toute son étendue. Elle assurait les propriétaires des villes. Les propriétaires des campagnes qui jusqu'alors étaient affiliés à de nombreuses petites associations locales connues sous le nom de « Brandgilden » devaient également s'assurer à cette Caisse nationale. Mais ces risques ruraux étaient très lourds pour la Caisse. Aussi en 1792 y apporta-t-on un remède. Une Caisse se chargeant uniquement des risques ruraux fut instituée. Cette Caisse comme l'ancienne assurait dans tout le royaume, voilà la ressemblance. Par contre nul n'était obligé de s'y affilier, voilà la différence.

En 1857 une sérieuse amélioration fut apportée dans la gestion de ces Caisses. Elles furent dotées d'une minutieuse classification des risques comprenant un grand nombre de degrés basés sur les probabilités plus ou moins grandes d'incendie.

Nous avons jusqu'à présent négligé Copenhague non point parce que sa situation manque d'intérêt, mais au contraire pour attirer davantage l'attention du lecteur sur cette ville.

Dès 1683 nous trouvons à Copenhague une mutuelle formée par la réunion des propriétaires de cette ville. L'affiliation à cette mutuelle était purement facultative. Après le grand incendie de 1726 qui causa tant de ravages on créa en 1731 une Caisse communale. Mais l'assurance conservait son caractère facultatif. Un nouveau grand incendie s'étant déclaré en 1795 on rendit l'assurance obligatoire et l'on perçut une certaine somme destinée à couvrir les frais occasionnés par le service d'assurance préventive.

A ces Caisses publiques on pourrait bien ajouter deux Sociétés par actions qui sous bien des rapports présentent un caractère officiel.

C'est la Compagnie d'assurance contre l'incendie concédée par le roi en 1778 connue sous le nom quelque peu long de « Compagnie royale d'assurance contre l'incendie octroyée pour assurer les marchandises et les effets » et celle concédée en 1798. Cette dernière pouvait pratiquer l'assurance mobilière sur tout le territoire, excepté à Copenhague, tandis que la première n'avait été concédée que pour exploiter l'assurance dans la seule ville de Copenhague.

Ces deux Sociétés bénéficièrent à l'avènement de Christian IX, d'un monopole que le roi leur accorda. Depuis lors de nombreuses agences de Sociétés étrangères se sont installées sur le territoire et deux Sociétés danoises se fondèrent dans la suite.

Dans les communes rurales nous trouvons des mutuelles pratiquant l'assurance mobilière et à côté un grand nombre de petites associations locales appelées « Brandgilden ».

Sans insister davantage sur ces détails que nous aurons occasion de retrouver au cours de cet ouvrage, quittons le Nord de l'Europe pour étudier l'assurance en Suisse.

En Suisse l'assurance contre l'incendie est récente. Elle commença à être pratiquée par des assurances privées. Plus tard on abandonna l'assurance privée pour l'assurance publique cantonale. Ce revirement commença en 1805 avec le canton d'Argovie et se continua jusqu'en 1841. A cette date on compte déjà 17 caisses cantonales dont la plupart sont obligatoires. Beaucoup de cantons rentrèrent dans cette voie pour lutter contre la concurrence des Sociétés privées, surtout des Compagnies étrangères.

En 1826 se fonda une Société privée Suisse pratiquant l'assurance mobilière. Elle ne tarda pas à se voir concéder par les Caisses cantonales le monopole de l'assurance mobilière. Ce n'est qu'en 1849 que le canton de

Vaud entreprit l'assurance mobilière. Dans ce but une Caisse cantonale d'assurance mobilière fut créée. Cette assurance mobilière cantonale ne revêtit qu'un caractère partiellement obligatoire. L'exemple semble vouloir porter ses fruits. Plusieurs cantons songent aujourd'hui à se diriger dans cette voie. L'assurance contre l'incendie en général va sans cesse en se développant.

En 1897 on compte 18 Caisses cantonales pratiquant l'assurance immobilière et 2 exploitant en même temps l'assurance mobilière. Ajoutez cinq Sociétés mutuelles et 18 Sociétés par actions, et l'on aura le tableau complet de l'état de l'assurance contre l'incendie en Suisse.

Descendant plus au Sud, nous rencontrons l'Italie et l'Espagne. C'est l'assurance contre l'incendie dans ces deux pays qui va maintenant nous occuper.

Remarquons tout d'abord qu'en Italie et en Espagne l'assurance contre l'incendie s'est moins développée que dans les pays du Nord de l'Europe. Les raisons en sont multiples. Entre autres c'est la clémence du climat qui, rendant le chauffage des appartements en général inutile, diminue beaucoup les risques d'incendie. Ajoutons encore, pour l'Italie surtout, la massivité des constructions. Malgré tout il existe dans ces pays du Sud plusieurs Sociétés tant mutuelles que par actions domiciliées dans ces régions.

En Italie, on ne comptait, en 1897, pas moins de 40 Sociétés mutuelles, ou par actions, ou bien coopératives. Certaines comme la Fondiaria, la Società Reale-Mutua, la Compagnia di Milano, la Compagnia di Tornio, ont à elles seules perçu plus de 11 millions de primes. Elles sont ordinairement égales à 1.29 ‰ des sommes assurées pour les Compagnies et de 1.22 ‰ pour les mutuelles. A côté de ces Sociétés, il faut ajouter pour être complet une douzaine de Compagnies étrangères opérant en Italie.

Dans les pays situés au Sud du Danube, ainsi qu'en Turquie et en Grèce, l'assurance contre l'incendie s'est quelque peu développée.

Sans insister davantage sur ces pays, traitons enfin de l'assurance contre l'incendie dans notre pays.

Si l'assurance contre l'incendie en France ne date guère que de la moitié du XVIII^e siècle, il serait inexact de croire qu'avant cette époque les sinistrés ne recevaient aucun secours. Dès le moyen-âge nous trouvons des *Bureaux des incendies* alimentés par la charité publique qui réparaient, dans la mesure de leurs ressources, les dommages causés par l'incendie. Mais ce n'est pas là une opération d'assurance « stricto sensu ». C'est plutôt une opération d'assistance. La première Société d'assurance qu'on puisse citer en France ne remonte qu'à 1754.

Voici, en effet, ce qu'écrivait Valin dans son commentaire de l'ordonnance de la Marine (édition de 1776) et qui prouve bien que l'assurance contre l'incendie est à cette époque une chose toute nouvelle.

« L'assurance, dit-il, qui se fait — *pour garantir les propriétaires de maisons du danger du feu* — comme on le pratique en Angleterre et comme se propose de le faire la Compagnie d'assurance nouvellement établie à Paris, suivant son règlement du 29 mars 1754. »

Les statuts de cette première Société française furent enregistrés au Châtelet de Paris. L'Angleterre avait donné l'exemple dès 1684 en fondant à Londres la Friendly Society « Fire office ». L'assurance contre l'incendie, avant de pénétrer en France, était déjà usitée dans les duchés du Lunebourg, de Telle, de Brême et de Verden.

La première Compagnie, établie à Paris en 1754, étendait ses opérations à la fois aux assurances maritimes et à celles contre l'incendie. C'est seulement à la veille de la chute de l'ancien régime que nous voyons apparaître une Compagnie se consacrant uniquement aux assurances contre le feu.

Un arrêt du Conseil en date à Versailles du 20 août 1786, approuve l'offre faite par les sieurs Perrier et C^ie d'affecter un fonds de quatre millions aux assurances qu'ils donneront contre les incendies. Ce décret nomme un commissaire pour surveiller le dépôt. Un arrêt du Conseil du 6 novembre 1786 autorise encore l'établissement d'une Compagnie d'assurance contre l'incendie. Enfin une Compagnie d'assurance sur la vie et contre l'incendie est autorisée par un arrêt du Conseil du 3 novembre 1787. Elle est confirmée dans son privilège exclusif par arrêt du 27 juillet 1788. Mais arrive la Convention. Par un décret du 17 du 1^er mois de l'an II, toutes les compagnies financières sont déclarées supprimées. Cette défense englobait les Compagnies d'assurance contre l'incendie. Un décret du 29 fructidor an II, en effet, ordonne et réglemente la liquidation de ces Sociétés.

L'assurance, paralysée par ces dispositions, n'avait pas disparu. Nous la voyons bientôt réapparaître, revêtue d'un caractère plus scientifique qu'avant. Deparcieux et Duvillard avaient dressé leurs tables qui furent pendant longtemps si précieuses. La statistique se développe, se perfectionne. Cette science bien que nouvelle allait fournir à l'assurance incendie les éléments nécessaires à son bon fonctionnement. Malgré tout l'assurance incendie devait subir le sort de toute industrie naissante. Le public tout d'abord l'accepta avec froideur. Le gouvernement lui-même, par les actes des 6 et 8 janvier et du 29 juin 1816, en donnant son approbation à une Société anonyme, formée à Paris, sous le nom de *Compagnie d'assurance mutuelle contre l'incendie*, se montra fort réservé.

Bien plus, une Compagnie commerciale devant assurer les risques d'incendie pour la ville de Paris se voit refuser l'autorisation qu'elle demandait. Mais l'année suivante une ordonnance vient donner la vie à la *Société d'assurances générales contre l'incendie*. Elle avait le droit d'opérer sur toute la France. Une ordonnance du 8 novembre 1819 autorise même cette Société à assurer à l'étranger. C'était un beau début pour la première Compagnie française à primes fixes. Son exemple fut suivi. Un grand nombre de Sociétés à primes ou mutuelles voient le jour. Nous ne pouvons pas insister dans cette introduction sur toutes ces Sociétés. Cependant pour donner au lecteur une idée d'ensemble sur le mouvement de l'assurance incendie, tel qu'il résulte des derniers comptes rendus, nous mettrons sous les yeux un tableau résumant à peu près l'état de l'assurance incendie. Mais avant, nous devons dire, un mot tout au moins, des Caisses départementales qui nous occuperont longuement dans une autre partie de notre ouvrage.

Il existe actuellement en France cinq Caisses départementales qui sont les héritières directes des anciennes Caisses diocésaines fondées par les évêques au XVIII$^{e}$ siècle. Elles étaient surtout connues sous le nom de « *Bureaux des incendies* ». Elles étaient constituées sur le modèle des Caisses ecclésiastiques de l'Allemagne ou Sociétés appelées « *Brand Kassen* ».

Ces Caisses diocésaines suspendirent leurs opérations pendant la Révolution, mais furent réorganisées au commencement du premier Empire avec la dénomination de Caisses départementales.

COMPAGNIES A PRIMES FIXES

| Nom des Sociétés | Date de fondation |
|---|---|
| Compagnies d'assurances générales | 1819 |
| Phénix | 1819 |
| La Nationale | 1820 |
| L'Union | 1828 |
| Le Soleil | 1829 |
| La France | 1837 |
| L'Urbaine | 1838 |
| La Providence | 1838 |
| Le Nord | 1840 |
| L'Aigle | 1843 |
| La Paternelle | 1843 |
| La Confiance | 1844 |

| Nom des Sociétés | Date de fondation |
|---|---|
| L'Abeille | 1844 |
| Le Phénix espagnol | 1857 |
| La Centrale | 1863 |
| Le Monde | 1864 |
| La Nation | 1872 |
| La Foncière | 1877 |
| La Métropole | 1879 |
| La Clémentine | 1881 |
| Commerciale | 1887 |

Sociétés mutuelles

| Nom des Sociétés | Sièges | Date de fondation |
|---|---|---|
| Ancienne Mutuelle du Calvados | Caen | 1820 |
| Mutuelle de Lyon | Lyon | 1820 |
| Caennaise | Caen | 1823 |
| Mutuelle de l'Allier | Moulins | 1825 |
| Mutuelle immobilière du Mans | Le Mans | 1828 |
| Mutuelle de Valence | Valence | 1828 |
| Mutuelle de Normandie | Rouen | 1830 |
| Centre Mutuel | Paris | 1832 |
| Fraternelle parisienne | Paris | 1837 |
| Mutuelle de Loir-et-Cher | Blois | 1838 |
| Mutuelle de Poitiers | Poitiers | 1838 |
| Economie | Limoges | 1841 |
| Mutuelle mobilière du Mans | Le Mans | 1842 |
| Bresse | Bourg | 1873 |
| Comtoise | Vesoul | 1874 |
| Mutuelle de l'Ouest | Rouen | 1884 |

*Caisses départementales*

Caisse des Ardennes, Caisse de la Marne, Caisse de la Somme, Caisse de la Meuse, Caisse de la Creuse.

La France termine notre rapide aperçu historique sur l'assurance contre l'incendie en Europe. Partout nous avons pu assister à un grand développement de cette branche d'assurance. Décidément on peut dire qu'aujourd'hui l'assurance-incendie est rentrée dans les mœurs. L'assurance-incendie couvre actuellement 60 millions en France, et 800 millions en Europe. Dans l'Amérique du Nord 156.400.000 dollars de valeurs ont été assurés en 1893. Non seulement l'assurance-incendie a fait preuve d'une grande activité qui va sans cesse en augmentant, mais encore elle a revêtu une forme scientifique.

Cet exposé de l'assurance, dans les divers pays d'Europe, nous a révélé également l'existence de deux grands types d'assurance. Tantôt nous nous sommes trouvés en présence d'assurances privées, tantôt nous avons vu l'Etat se charger de cette tâche. Mais pour être tout à fait exact, nous devrions dire que c'est trois systèmes que cet historique nous a fait connaître. Il existe, en effet, tant de différences entre les Compagnies commerciales et les Mutuelles. Les Compagnies par actions, à côté d'elles les Sociétés Mutuelles, enfin les Sociétés publiques, voilà les trois genres d'assurance que l'histoire nous a montrés fonctionnant tantôt simultanément quelquefois isolément.

Faire une étude approfondie de ces trois modes d'assurance serait certes fort séduisant, mais dépasserait de beaucoup les limites que nous nous sommes tracées dans cet ouvrage.

Nous n'avons à nous occuper que de l'assurance publique. C'est vrai.

Cependant il nous semble indispensable, pour donner au lecteur une idée nette de l'assurance-incendie envisagée comme service public, d'indiquer, très brièvement d'ailleurs, quels sont les principaux traits qui caractérisent l'assurance privée et la distinguent de l'assurance publique.

Mais aussitôt une sous-division s'impose. L'assurance privée, avons-nous vu, peut revêtir deux formes très dissemblables : être une opération purement commerciale ou bien être basée sur la Mutualité. Distinguons donc ces deux situations.

Lorsque l'assurance est exploitée par des Compagnies par actions, on se trouve en présence d'une entreprise commerciale. C'est ce premier mode d'assurance que nous allons essayer, tout d'abord, de caractériser.

C'est un capitaliste ou, plus ordinairement, une réunion de capitalistes s'assemblant en Société qui conviennent de faire fructifier leur capitaux en les engageant dans l'industrie de l'assurance. Grâce à la statistique ils ont remarqué une certaine régularité dans l'arrivée des sinistres. Ils évaluent cette proportion et fixent un chiffre devant représenter le montant des dommages qu'ils sont exposés à payer.

Cette première opération préliminaire terminée, ils s'établissent marchands d'assurance. Ils vendent au public la sécurité qu'il sollicite, ou, plus exactement, la certitude qu'en cas de sinistre il pourra compter sur un dédommagement. L'assurance, comme toute marchandise, devra s'acheter moyennant un prix de vente déterminé par nos entrepreneurs. Dans cette fixation ces capitalistes se baseront sur le coût de production, qui sera la chance plus ou moins grande d'incendie ou, ce qui revient au même, la probabilité plus ou moins grande d'avoir à payer des indemnités aux assurés. Ils établiront ainsi un prix proportionnel au coût de production. Mais il ne s'arrêteront pas là. Ils majoreront ce prix pour leur permettre de réaliser un bénéfice qu'ils pourront évaluer plus ou moins haut. N'oublions pas que ce sont des commerçants et non des philanthropes, dès lors ils essayeront de vendre leur marchandise au public le plus cher qu'il leur sera possible.

La marchandise ainsi tarifiée, il faut trouver des acheteurs. A cet effet, nos capitalistes ouvriront boutique en constituant une administration centrale. Ils s'occuperont de chercher des commis-voyageurs qui seront des représentants, des agents chargés de trouver la matière de l'assurance, c'est-à-dire, de grouper les risques en quantité suffisante. C'est là une œuvre longue et difficile.

Elle exige des dépenses fort lourdes. Nos capitalistes couvriront ces premiers frais par des mises en commun de capitaux qui constitueront ce que l'on appellera la : première mise de fonds.

L'affaire lancée, il faut allécher le public. On constituera une Société anonyme ou en participation, ou bien une commandite. C'est elle qui sera assureur. Mais comme toute personne morale, elle aura besoin de représentants qui gèrent en son nom. On formera alors une direction.

Elle pourra comprendre nos propres capitalistes, s'ils s'estiment suffisamment compétents, ou bien des hommes de la partie qu'ils engageront moyennant des appointements plus ou moins ronds.

Là ne s'arrêtent pas les frais de l'entreprise. Cette Société prend à sa charge, en échange d'une prime perçue, le risque d'incendie auquel est exposée une chose que possède l'assuré. Ce dernier ne conclura le contrat que si son co-contractant, l'assureur, lui offre de sérieuses garanties de solvabilité non seulement pour le présent mais encore pour l'avenir.

En d'autres termes nos entrepreneurs pour rassurer leurs clients devront leur donner un gage de solvabilité. A cet effet on constituera un *capital social* qui inspirera d'autant plus de confiance au public qu'il sera plus gros. Souvent nos capitalistes devront faire appel aux capitaux du public pour satisfaire à cette lourde mais très légitime exigence des assurés. Dès lors à côté d'eux viendront se placer des actionnaires ou des obligataires.

La prime, c'est-à-dire, ce prix moyennant lequel l'assureur abandonnera sa marchandise à l'assuré, devra couvrir tous ces frais. Elle devra assurer un bénéfice industriel aux entrepreneurs, un traitement convenable à la direction. C'est également sur cette somme que seront payées les remises faites aux commissionnaires. La publicité imposée, si l'on veut faire connaître la Société, entraînera bien des frais qui devront être envisagés dans la fixation de ce prix. Les capitaux engagés par les entrepreneurs devront trouver une rémunération sur cette prime. Les actionnaires ou les obligataires réclameront, les uns un dividende sinon élevé, tout au moins de nature à les rassurer et à leur inspirer confiance pour l'avenir, les autres l'intérêt auquel ils ont droit. C'est encore sur la prime perçue qu'on fera ce prélèvement.

Comme la Société est ouverte au public sans distinction en principe, un contentieux sera le plus souvent indispensable pour protéger l'entreprise contre la fraude possible de ses clients. Enfin un fonds de réserve devra être constitué pour parer un peu aux effets d'un si grand aléa.

Que de dépenses à couvrir avec cette prime fixée à forfait par l'assureur d'une manière ferme et définitive ! Pour mener à bonne fin son entreprise, l'assureur additionnera soigneusement tous ces chefs de dépense. Il y ajoutera, ce n'est que prudence, une certaine somme pour imprévu. Enfin il se montrera très pessimiste dans l'appréciation de l'aléa dont il a assumé la charge. Tous ces frais largement envisagés, il annoncera au public le forfait auquel il s'est arrêté. Ce prix, le public doit le payer sinon il ne reçoit pas la marchandise promise, il ne sera pas dédommagé, le cas échéant.

Voilà qui est clair, l'assuré verse périodiquement une somme fixe déterminée à forfait. L'assureur les encaisse en attendant le triste moment où il se trouve contraint à dédommager l'assuré qu'un sinistre aura frappé.

La direction s'occupera du placement des sommes

recueillies. Si par un placement habile elle parvient à toucher un intérêt supérieur à celui sur lequel l'assurance est établie, il en résultera des *bénéfices de placements*. La Société les considérera comme des bénéfices de l'entreprise et en conservera la jouissance et la propriété. Mais ce ne sont pas là les seuls bénéfices que peut faire l'assureur.

A côté des bénéfices de placements il faut placer les *bénéfices d'assurance*. La somme des primes perçues est bien supérieure aux indemnités servies : le risque d'incendie avait été exagéré ; le nombre des sinistres fut bien inférieur à celui qu'on avait estimé ; trop pessimiste, on avait perçu une prime plus élevée que celle qu'exigeait la probabilité d'incendie. Tant pis pour les assurés. C'est une Compagnie à prime fixe. Les contractants n'ont rien à réclamer. La Société va en profiter. Elle n'a pas de comptes à rendre avant le sinistre. Elle s'est engagée à indemniser en cas d'incendie ; tant que l'événement ne s'est pas produit, elle n'a que des droits, l'assuré que des obligations.

L'incendie a éclaté. La Compagnie apparaîtra et discutera avec l'assuré les dommages qu'il a subis. Il ne sera indemnisé que dans cette mesure, alors même qu'il n'y aurait aucun rapport entre la somme des primes versées et l'indemnité servie en dédommagement des dégâts produits.

Inversement il se peut que la Compagnie ait été trop optimiste ou bien que la courbe des sinistres ait été plus brusque que de coutume. Ce sont là des considérations qui restent indifférentes à l'assuré. Si la prime qu'il a versée est insuffisante à payer les dégâts, l'assureur devra puiser dans le fonds de réserve. Est-il insuffisant, on fera appel au fonds social.

Voilà un nouveau trait caractérisant la Compagnie à prime fixe que la présence d'un capital social.

Maintenant que nous avons donné une idée de la Compagnie par actions, demandons-nous ce qu'il faut entendre sous la dénomination de Sociétés mutuelles.

Tandis que dans l'assurance à prime fixe l'assureur se charge seul, moyennant le versement d'une prime par l'assuré, du risque des cas fortuits et des conséquences du sinistre qui peut frapper ce dernier, dans l'assurance mutuelle, au contraire, plusieurs individus, exposés au même risque, se réunissent et s'engagent à venir en aide à leurs coassurés en cas de sinistre en prenant leur part dans le préjudice éprouvé.

Pour tout dire d'un mot, dans une mutuelle les membres qui la composent sont à la fois assureurs et assurés. Comme assurés ils ne paieront pas une somme d'argent fixée à forfait mais une cotisation dont le montant est indéterminé. Ce n'est qu'après la survenance de l'accident que l'associé saura la part qui lui incombe dans la réparation du sinistre, alors seulement qu'il devra la payer. Voilà le principe. Souvent dans la pratique on fixe une prime moyenne. Si elle est insuffisante à couvrir les frais occasionnés, elle pourra être majorée par la perception d'un petit supplément. Est-elle au contraire supérieure aux nécessités, tantôt elle sera remboursée, dans la limite de l'excédent, à l'associé, tantôt ce surplus servira à alimenter un fonds de réserve. Mais ce sont là des détails sur lesquels nous ne pouvons insister ici, n'ayant à donner qu'une idée générale. Cependant retenons ce caractère d'indétermination que nous venons de constater dans le paiement de la cotisation. C'est là certes un inconvénient, mais qui dans la pratique, par diverses combinaisons, est atténué. Par contre l'assuré bénéficie des bonnes chances. Ce n'est pas là un mince avantage. Il permet de compenser *largement* l'inconvénient, surtout si l'on envisage un peu les choses dans leur réalité. L'assureur, en effet, dans une Compagnie à prime fixe, demandera une prime devant *largement* le couvrir pour les sommes qu'il aura à verser sous forme d'indemnités et en frais de toute nature. Dans une Mutuelle, au contraire, l'idée de spéculation est absente. N'oublions pas que les assureurs sont en même temps assurés, dès lors quel intérêt auraient-ils à majorer la cotisation. Ils percevraient une somme d'une main pour se la restituer de l'autre.

Ce ne sont pas là les seuls caractères qui différencient les Sociétés Mutuelles des Compagnies à prime fixe. Nous avons vu, en étudiant ces dernières, apparaître un capital social destiné à payer les frais d'installation de l'entreprise. Dans les Mutuelles, au contraire, ce sont les premiers associés qui supporteront ces frais. Cette lourde dépense se traduira par une prime très élevée. Nous touchons ici à l'obstacle vraiment sérieux que toute Société Mutuelle a à surmonter. C'est, semble-t-il, à qui ne comptera pas parmi les premiers associés. Ce n'est que lorsque ces frais généraux auront été couverts, qu'un certain entrain à faire partie de la Société se manifestera.

Voilà la vrai raison qui explique que les Mutuelles ne sont pas aussi nombreuses et puissantes que les compagnies par actions. Il est vrai que le mal n'est pas inguérissable. On pourrait fort bien tenir compte aux premiers assurés des sacrifices pécuniaires qu'ils ont subis. Par ce moyen on encouragerait le public intéressé à former des Mutuelles. Devant nous en tenir aux traits essentiels, nous ne faisons que signaler un des moyens auxquels on pourrait songer sans y insister. Passons de suite aux autres différences.

En principe, dans les mutuelles, on procède à une liquidation annuelle. Le trop plein des cotisations perçues profitera aux assurés. Sera-ce d'une manière partielle ou totale cela dépendra des dispositions des statuts.

D'ailleurs quoi de plus naturel ? Dans une mutuelle, contrairement à ce que nous voyons dans les Compagnies par actions, ce sont les assurés, les intéressés eux-mêmes qui ont rédigé ces statuts. Les règlements d'administration sont également votés à la majorité des associés. Ceux-ci peuvent déléguer parmi eux quelques membres pris dans leur sein pour former un comité. Il représentera tous les membres de l'association, surveillera les agents du personnel, sera préposé au contrôle des personnes désirant devenir associés. C'est là une nouvelle différence à relever entre les mutuelles et les Compagnies par actions. Tandis que dans les dernières, tout individu s'engageant à payer la prime établie sera admis au bénéfice de l'assurance, au contraire, ne peuvent faire partie d'une mutuelle que les individus agréés.

Voilà le principe. Mais dans les grandes Sociétés mutuelles, il est faiblement appliqué. Envisageons les grandes mutuelles telle que la Banque Gotha fonctionnant dans tout un empire, les communications entre l'assurance, les assurés et ceux désirant s'assurer sont établies, comme dans les Sociétés commerciales, par de véritables agences avec toutes les conséquences qu'elles entraînent. Disons cependant qu'en général les mutuelles opèrent sur un territoire délimité et relativement peu étendu. Une Société mutuelle qui n'observerait pas ces principes ressemblerait plutôt, sur certains points, aux Compagnies par actions mixtes.

Les Compagnies mixtes se distinguent des Compagnies par actions à prime fixe par ce trait qu'au lieu de faire bénéficier uniquement l'assureur des bonnes chances, les assurés partageront avec lui certains bénéfices. Non pas les gains résultant pour la Compagnie de placements heureux que l'on désigne ordinairement du nom de *Bénéfices de placements*. Ils restent définitivement acquis à la Compagnie. Ce sont *les bénéfices d'assurance*, c'est-à-dire ceux provenant d'un trop perçu de l'assureur qui seuls seront partagés entre la Compagnie et les assurés. Par ce procédé on corrige un peu ce qu'avait d'exorbitant la prétention des Compagnies de conserver par devers elles toutes les bonnes chances. Il est vrai qu'on pourrait répondre qu'en toute équité les assurés devraient également partager en moins prenant ou par une augmentation de prime les mauvaises chances, c'est-à-dire les cas où les sinistres ont été supérieurs aux prévisions. Sans vouloir examiner cette idée, disons simplement que cette prétention fut rarement soutenue d'une manière sérieuse.

Par voie d'élimination nous arrivons aux Sociétés publiques qui doivent en dernier lieu nous occuper dans ces notions sommaires d'introduction.

Avec ce dernier mode d'assurance contre l'incendie, nous trouvons un exemple de Mutuelle obligatoire. Souvent aussi l'assurance-incendie, envisagée comme service public, repose sur une idée de Mutualité. Mais ici nous devons nous en tenir au principe. Ce sont les habitants d'une province, d'un Etat qui s'assemblent et conviennent de partager entre eux le préjudice causé à l'un d'eux. C'est bien là le caractère d'une Mutuelle.

Les Sociétés publiques sont gérées par des organes administratifs ou des fonctionnaires. Elles sont régies par des lois, règlements ou statuts qui doivent être approuvés par les pouvoirs publics dans ce dernier cas. Voilà *stricto sensu* les deux traits essentiels distinguant les Sociétés publiques des Sociétés privées. Mais ces deux éléments caractéristiques peuvent être plus ou moins atténués par une série de modalités.

Des lois et règlements peuvent être rédigés pour être appliqués à une Caisse publique déterminée ou à toutes celles situées dans une même région, sur un même territoire, dans l'intérieur d'un même Etat. Ces dispositions pourront s'étendre à une branche seulement de l'assurance exploitée.

L'Etat pourra prendre l'initiative et créer une Caisse publique. Il peut également laisser à ses sujets le soin d'instituer une Société, puis la contrôler, la surveiller et s'en réserver la haute gestion. Cette Société n'en sera pas moins encore un établissement public du moment que les pouvoirs publics s'immiscent dans la gestion. Peu importe que le gouvernement intervienne directement. Il peut en charger des mandataires. Une assemblée politique déléguera une commission à cet effet, qu'elle soit choisie dans son sein ou ailleurs, cela est indifférent. Cette commission ou cet agent représente une autorité publique. Cela suffit. Ce sera une Caisse publique.

Les pouvoirs publics pourront, par l'intermédiaire de leurs fonctionnaires, se réserver le droit exclusif à la gestion. Ils peuvent également, lorsqu'ils fondent une institution d'assurance, donner aux assurés une certaine part de collaboration dans la direction de l'entreprise: L'Etat pourra imposer même à un patron de s'occuper de la gestion d'une Caisse qu'il aura fondée. Dans tel cas, les assurés fourniront, seuls, les ressources nécessaires au fonctionnement de l'entreprise.

Dans d'autres cas l'État donnera des subventions. Dans toutes ces hypothèses nous serons en présence d'une Caisse publique. L'Etat peut même fonder une Caisse et laisser aux assurés la faculté de s'y affilier ou non. La Caisse peut être au contraire obligatoire ou jouir d'un monopole. Ce seront là autant de modalités que pourra revêtir l'assurance publique, mais n'atténuant en rien le principe fondamental nécessaire pour qu'il y ait Caisse publique.

Ainsi l'Etat, les organes administratifs, les assemblées peuvent intervenir plus ou moins efficacement, plus ou moins directement dans la gestion d'une Société. Du moment que l'Etat fixera les règles d'après lesquelles la gestion devra être conduite, qu'il approuvera un règlement contenant les dispositions déterminant les rapports des assurés et de la Société, on peut dire qu'on est en présence d'une Caisse publique. Que ses finances soient ou non distinctes de celles de l'Etat ou des autres circonscriptions administratives, peu importe. Un fonctionnaire ou un délégué du gouvernement prend-il part à la gestion, c'est de Société publique qu'il faut parler.

Nous connaissons maintenant les trois systèmes suivant lesquels l'assurance contre l'incendie peut être pratiquée. L'assurance contre l'incendie par les pouvoirs publics, seule, nous occupera dans cet ouvrage. Des Sociétés privées nous ne parlerons qu'accessoirement dans la mesure où il sera nécessaire pour les comparer aux Sociétés publiques.

# PREMIÈRE PARTIE

## Les Sociétés publiques allemandes

Nous nous proposons d'étudier dans la première partie de cet ouvrage, l'histoire, le développement et l'organisation des Sociétés publiques allemandes, les résultats qu'elles ont obtenus.

## CHAPITRE Ier

### HISTOIRE DES SOCIÉTÉS PUBLIQUES ; LEUR DÉVELOPPEMENT.

Les commencements de l'assurance-incendie en Prusse remontent jusqu'au plus lointain moyen âge. Les gildes que l'on rencontre dès le XIIIe siècle comprenaient une association d'hommes se réunissant pour soulager les maux dont un d'entre eux serait victime. Dès le commencement du XVe siècle nous voyons même se former des associations connues sous le nom de « Brandgilden », particulièrement dans le Schleswig-Holstein présentant quelques traits de l'assurance moderne. Ces gildes ont exercé une influence importante sur l'institution des assurances modernes. Ces gildes étaient bien des associations particulières visant l'assurance mutuelle contre l'incendie. Mais elles n'étaient pas du tout libres, autonomes. Elles vivaient dans un rapport de dépendance vis-à-vis d'une commune, d'un syndicat de commune, d'une corporation. Aussi peut-on jusqu'à un certain point les considérer comme des institutions publiques.

Le 16 juin 1623 fut fondée l'association appelée « *Tiegenhof'sche Brandordnung* ». Déjà depuis le 29 mai 1623 les habitants de la ville de Dantzig avaient formé une association moitié publique moitié privée. Avec le consentement des habitants et de ceux de régions voisines la *Tiegenhof'sche Brandordnung* s'étendit à la ville de Dantzig, d'Elbing et à tous les territoires environnants. Les maires et les conseillers des diverses communes administraient cette institution d'assurance. Il fut convenu que les indemnités seraient établies d'après l'opinion des maires les plus anciens. A eux incombaient également l'immatriculation et la tenue des registres. Ce travail était facilité par l'union des représentants des communes prêtant leur concours aux maires les plus anciens. L'assurance était purement facultative. Cette caisse fut deux fois suspendue, le 9 juin 1664 et le 12 juillet 1681, mais rétablie ensuite. Les statuts furent révisés en 1682, 1842 et 1856.

A la même époque une multitude de petites caisses se formaient dans la ville de Hambourg; dès 1591, la ville de Hambourg voit se former une institution spéciale d'assurance contre l'incendie sous le titre de *Contrat du feu* « Feuer-contract ». En 1676 il y avait 46 caisses-incendie dans la ville. A cette date toutes les caisses opérant à l'intérieur de la ville se réunissent en un établissement central qui prend le nom de Caisse-incendie de la ville de Hambourg.

A cette époque les gouvernements ne s'occupaient des incendies que d'une manière très imparfaite. Les autorités publiques délivraient au sinistré des « Brandbriefen », c'est-à-dire des lettres attestant qu'ils ont bien été victimes d'un incendie et les autorisant à faire appel à la charité publique. Muni de cette pièce il pouvait quêter. Le gouvernement venait encore au secours des incendiés en ordonnant des collectes dans les églises. Les seigneurs parfois accordaient aux sinistrés des remises d'impôts. Les inconvénients résultant de ces remèdes sont aisés à apercevoir. On couvrait le pays de véritables troupeaux de mendiants. Toutes ces oboles grevaient le budget des particuliers et trop souvent encourageaient la fainéantise. D'autre part les incendiés non seulement étaient à la merci de la générosité des donateurs, mais encore dépensaient une grande partie du produit des oboles reçues en frais de voyage et de nourriture. Enfin beaucoup de gens, soit en raison de la situation sociale qu'ils occupaient, soit par fierté, soit par suite d'infirmités, ne pouvaient ou ne voulaient se mêler à la foule des mendiants. Les collectes et les générosités seigneuriales n'apportaient à ces inconvénients qu'un remède partiel. Les incendiés dépendaient toujours de la libéralité d'autrui. Après la guerre de Trente ans les conséquences de ce système furent simplement lamentables. Il avait engendré le pillage. La mendicité se développait dans des proportions effroyables. Le troupeau de mendiants comptait dans ses rangs des vagabonds, des fainéants, des incendiaires et des mendiants à côté des véritables ou faux incendiés. Cette bande créait un véritable péril social. Un remède efficace devenait urgent. Les pouvoirs publics le sentirent bientôt. Une intervention active de l'État s'imposait.

Le signal fut donné par le grand électeur Frédéric Guillaume. Frappé de la prospérité de la Caisse générale contre l'incendie fondée, comme nous savons, à Hambourg en 1676, il adressa le 12 mai 1685 un rescrit aux bourgmestres et conseillers de ses résidences à Berlin, Cologne et Fredericswerda. En voici les grandes lignes :

Le prince estime qu'une organisation méthodique des secours contre l'incendie est de nature à renforcer le crédit, partant à développer la richesse nationale.

Il prescrit donc de faire procéder par des notables choisis à cet effet, assistés de maîtres maçons et charpentiers, à une taxation de toutes les maisons, déduction faite de la valeur du sol. Ainsi personne ne pourra assurer son immeuble au-delà de sa valeur. Le propriétaire pourra s'inscrire, s'il le désire, pour une somme qui ne pourra toutefois être inférieure à la moitié de la valeur de l'objet.

Le montant de la contribution à payer était fixé annuellement. Si les pertes dépassaient les ressources de la caisse, des primes supplémentaires pouvaient être réclamées dans les six semaines de l'incendie.

Après chaque sinistre les administrateurs de la caisse devaient, assistés de maçons et de charpentiers, procéder à l'estimation des pertes et des objets épargnés par le feu. Le montant de l'indemnité fixé, il devait être payé six semaines après.

Personne ne devait être autorisé à construire avec du bois et de l'argile, sauf les chevrons et balcons.

Ce projet ne fut pas mis à exécution. D'aucuns disent

que les bourgeois de Berlin étaient grevés à tel point d'hypothèques qu'il leur serait impossible de payer les cotisations. D'autres objectent que bien des gens mettraient le feu à leur maison pour en avoir une neuve ou tout au moins se montreraient moins vigilants contre les dangers d'incendie.

En 1701 Frédéric I^er reprit la question. Par une ordonnance du 26 janvier il déclare que dans les campagnes de la Marche brandebourgeoise, les habitants de 6 à 10 villages devaient s'unir pour former une société d'assurance-incendie. Si tout ou une partie d'un village ou simplement quelques maisons venaient à être attaquées par le feu, les habitants devraient fournir leur travail et celui de leurs animaux à la reconstruction des immeubles détruits. Ils devront également fournir les matériaux nécessaires. Une contribution de 1 groschen par an pour un artisan ou un laboureur, et 26 groschens pour un bourgeois devait être versée dans une urne. Ces ressources permettaient de distribuer aux sinistrés une ressource pécuniaire en attendant que leur immeuble soit reconstruit.

Le 15 octobre 1705 fut publié un projet de Société d'assurance englobant tout le pays. L'assurance était facultative. La caisse assurait les meubles et les immeubles. Le propriétaire ne pouvait s'assurer pour moins de 50 thalers ni pour plus des 2/3 de la valeur de la construction. Les contributions annuelles devaient être, pour la première année : de 12 groschens pour 100 thalers de valeur assurée : pour la deuxième et troisième année, de 6 groschens ; pour la quatrième et cinquième,

4 groschens ; pour la sixième et les années suivantes, 3 groschens. En outre chaque assuré devait donner 6 pf. la première année, et 3 pf. les années suivantes pour les frais d'administration. Celui qui restait deux ans sans payer perdait tout droit à une indemnité. Celle-ci devait être payée deux mois après l'incendie et consacrée à la reconstruction. Elle ne pouvait être l'objet ni d'une saisie, ni d'une confiscation. La valeur du mobilier détruit devait être déclarée par le sinistré sous la foi du serment.

L'élévation des primes réclamées ayant fait naître chez le peuple le soupçon qu'on était en présence d'une nouvelle source d'impôts, ce projet souleva dans tout le pays des protestations. Comme la caisse était facultative, presque personne n'usa de cette institution.

Frédéric Ier fit donc rapporter l'ordonnance et le 1er juin 1706 fut publié un nouveau règlement.

Il créait une caisse générale d'assurance contre l'incendie pour la province, ayant son siège à Cologne et une caisse spéciale pour Berlin. En principe, tous les immeubles devaient être assurés. Il n'y avait d'exemption que pour les manoirs et hôtels des nobles, ainsi que les bâtiments consacrés au culte, à l'enseignement et enfin les hôpitaux. Lés autres immeubles, huttes et autres bâtiments devaient être assurés à la Caisse. La prime était fixée à 3 groschen pour 100 thl. de valeur assurée.

Dans les campagnes, le petit cultivateur ne pouvait s'assurer au-dessous de 50 thl., l'homme aisé au-dessous de 100 thl., l'homme riche au-dessous de 150 thl. Dans les villes, tout propriétaire devait assurer son immeuble pour un tiers de sa valeur au moins et pour les deux tiers au plus. Il restait ainsi son propre assureur pour un tiers.

En plus de la prime de 3 groschen pour 100 thl. l'assuré payait une contribution de 3 pf. pour frais d'administration. Les fonctionnaires chargés de la rentrée de ces sommes touchaient 12 groschen pour 100 thl. sur leur encaisse.

Ce règlement devait s'appliquer à tout le territoire s'étendant de Kœnigsberg à Clèves. Ce projet ne fut pas plus mis à exécution que le premier. Tout le monde, les fonctionnaires même s'y montraient hostiles.

Le roi publia le 12 octobre 1706 une ordonnance menaçant les récalcitrants de peines sévères. On pouvait lire notamment dans cette ordonnance le passage suivant : « De quelque situation, condition et dignité que soient les gens qui se permettront de critiquer le nouveau système d'assurance, ils seront punis inévitablement et sérieusement. »

Le 15 octobre 1706 nouvelle circulaire, où il était dit qu'à peine de 500 thl. d'amende l'opération devait être faite dans le plus bref délai possible : les maisons devaient être évaluées et les primes payées à peine de contrainte par corps.

Le 21 mars 1708, le roi se plaignit officiellement que ses prescriptions relatives à la Caisse générale fussent contrecarrées par des machinations secrètes et publiques. Dans les ordonnances des 15 juin 1708, 13 août 1708, 12 décembre 1708, 20 mars 1709, 28 mars 1710 modifiant des dispositions isolées du règlement, nous trouvons réitérées ces menaces de punitions pécuniaires pour les récalcitrants. C'était toujours en vain. La résistance active et passive de la population triompha de la volonté du roi. Par une ordonnance du 17 janvier 1711 il supprima la caisse d'assurance.

Frédéric Ier eut le courage cependant de ne pas renoncer à son excellente idée, d'organiser l'assurance contre l'incendie. Il songea à créer de petites sociétés locales pour éviter, comme disait l'ordonnance, « d'importuner l'autorité par des demandes de secours ».

Le signal fut donné par la ville de Berlin. Le 29 décembre 1718, fut créée la « *Société pour la réparation des sinistres d'incendie* ». Ce fut comme une véritable traînée de poudre. De tous côtés on voyait des sociétés publiques se fonder.

C'est le 29 septembre 1718 que fut publié le premier règlement organisant l'assurance contre l'incendie dans la ville de Berlin. Il décrétait l'assurance obligatoire et prescrivait une indemnisation pécuniaire égale au montant des dommages.

Toute une série de règlements créant des caisses d'assurance contre l'incendie pour les villes furent rédigés un peu partout. Voici quelles sont les différentes sociétés publiques qui se fondèrent.

En 1719, les sociétés pour les Villes de la Marche électorale et de la Nouvelle Marche créant l'assurance obligatoire à la Caisse.

Le 7 novembre 1720, la Caisse pour les villes de la Vieille Poméranie.

Le 20 janvier 1721, la Caisse pour les villes du duché de Magdebourg et du comté de Mansfeld. L'assurance à la Caisse était obligatoire. La Société était dirigée par un commissariat royal résidant à Magdebourg, par les agents financiers, les municipalités et les autres autorités.

En 1722, fut créée la Caisse de la ville de Stettin. Le 1er mai de l'année suivante, rentre en activité une caisse exploitant l'assurance dans les villes du duché de Clèves et du comté de Marche. Cette caisse obligatoire était administrée par un commissariat royal ayant sous ses ordres des commissaires locaux. Des membres du conseil municipal, élus dans les conseils, s'adjoignaient à cette commission. En 1823 la Caisse pour les villes de la principauté de Minden et du comté de Ravensberg. Le 19 septembre 1732 fut créée la Caisse pour les villes de la principauté d'Halberstadt et du comté d'Holinstein. En 1744, c'est la Caisse de la ville de Breslau et en 1748 celle pour les autres villes de la Silésie. En 1754, c'est la Caisse pour la principauté de la Frise orientale et du pays d'Harlinger. Le 26 juillet 1771, fut créée la Caisse pour la ville de Stralsund.

L'assurance des risques ruraux s'est développée plus tard. En 1719 on parle déjà (Archives provinciales) d'une société d'assurance contre l'incendie pour les campagnes de la principauté d'Halberstadt. Mais il semble établi que les premières sociétés assurant dans les campagnes ne datent guère que de 1738, 1742, 1755, etc. Avant cette époque cependant, il était déjà prescrit de venir en aide aux incendiés des villages, tant en les aidant à reconstruire leurs immeubles qu'en leur fournissant des secours pécuniaires. Pourtant le premier règlement créant vraiment l'assurance des risques ruraux date du 22 septembre 1738, et s'appliquait à la principauté d'Halberstadt. En 1742, le 24 novembre, fut publié un règlement relatif à l'assurance contre l'incendie dans les campagnes de la province de Silésie. L'assistance jouait encore un rôle capital. Tous étaient tenus de venir en aide à l'incendié et la Société fournissait un secours pécuniaire qui ne pouvait dépasser 200 thl.

Les règlements des sociétés d'assurance pour les trois cercles du duché de Magdebourg dénotent de sérieux progrès réalisés. En parcourant les règlements du 24 avril et du 30 juin 1755, applicables au cercle de Holz, le règlement du 25 avril 1755 régissant l'assurance dans le cercle de Saal et les campagnes du comté de Mansfeld, ainsi que le règlement s'appliquant au cercle de Luckenwalden du 17 octobre 1755, on peut relater que le sinistré ne reçoit plus des matériaux pour la reconstruction, et de la main-d'œuvre pour l'aider dans cette tâche, mais une indemnité pécuniaire. Notons que ces sociétés publiques dirigées par l'Assemblée provinciale et la Chambre des Domaines n'assuraient pas seulement les immeubles, mais encore les récoltes. Dans ces cas, un petit supplément de contribution était réclamé.

Le règlement pour les campagnes du comté de Holmstein date du 12 août 1856. Aux termes de ce règlement, l'entrée dans la Société était facultative, mais une fois assuré auprès de la caisse, on ne pouvait plus se retirer de la Société. Celle-ci était administrée par la Chambre de la guerre et des Domaines. Cette caisse a subsisté jusqu'en 1865. A cette date elle se réunit à la Land Feuer-Societat du duché de Saxe. Un rescrit royal du 21 décembre 1763 ordonne la création de Sociétés dans chaque cercle de la Marche électorale. Devront être assurés à ces caisses toutes les forteresses et monuments publics. Le 25 juillet 1765, les Etats décidèrent la réunion de toutes ces sociétés de cercle en une caisse provinciale exploitant l'assurance dans les campagnes. Conformément au § 7 du règlement régissant cette caisse, celle-ci pouvait accepter d'assurer les immeubles situés dans des provinces voisines. Remarquons que d'après le § 18, si la caisse ne se considérait pas comme obligée d'indemniser le propriétaire victime d'un incendie allumé pendant une guerre, par contre elle l'exonérait de toute prime pendant 9 ans.

Sauf cette exception l'assuré incendié pouvait toujours compter sur une indemnité. Mais ce règlement avait à nouveau le tort de limiter le montant de la prime à verser à 1/3 °/₀ du montant du risque.

Par une décision du 17 juillet 1771, cette limite fut supprimée et l'on proclama le principe de l'indemnisation complète en cas d'incendie ; lorsque les dommages s'élevaient à plus de la moitié de la valeur assurée, on était indemnisé pour la totalité de la valeur assurée. Si le total des dommages était inférieur à la moitié, l'indemnité était égale à la moitié du montant de la valeur assurée. La caisse continua à assurer d'après ces principes jusqu'en 1824.

Après 1866, le nombre des Sociétés assurant les risques ruraux alla s'augmentant rapidement, notamment dans les régions ouest.

C'est le règlement du 19 novembre 1766, créant une caisse pour les campagnes baignées par la Soste. La caisse était dirigée par le maire de Clèves qui s'adjoignait deux députés. La caisse n'indemnisait pas des dégâts causés par un incendie allumé pendant une guerre, mais si l'incendié n'avait pas été dédommagé, il n'avait à payer pendant les 5 années suivantes que la moitié du montant de sa prime.

En 1867, par le règlement du 19 février, fut créée une caisse pour les campagnes du comté de Marche.

Et le 13 mars de la même année se fondait une caisse semblable pour le duché de Clèves. Cette caisse était facultative, n'admettait pas le risque de guerre et était administrée par les pouvoirs publics. Le 1er octobre, se fonde une caisse pour les campagnes du duché de la Frise Orientale.

En 1768, fut créée le 8 juin une caisse pour la principauté de Moers.

Conformément à une décision royale, les Etats instituèrent 6 Sociétés pour assurer les immeubles des campagnes de la Prusse Orientale.

En 1770, c'est un règlement du 30 novembre qui institue une caisse pour les domaines du royaume de Prusse. Le règlement du 8 octobre 1770 crée une caisse pour les immeubles ruraux de la principauté d'Halberstadt. Cette caisse obligatoire était dirigée par la Chambre des Domaines et de la Guerre.

Le cercle d'Altena, le 17 novembre 1772, est doté d'une caisse assurant les immeubles ruraux et également dirigée par la Chambre des Domaines et de la Guerre. En 1773, le 19 novembre, c'est la caisse pour l'assurance des immeubles ruraux de Friegericht. Bodelschwinc et Meugede, et le 25 novembre, une caisse semblable pour le cercle de Wetter administrée par le Landrath, et dans les paroisses par les percepteurs et 2 députés par circonscription. C'est le Landrath s'adjoignant des députés qui connaîtra en premier ressort les litiges et la Chambre des domaines et de la guerre en appel. Les immeubles étaient divisés en 4 classes d'après l'importance de la somme pour laquelle ils étaient estimés. La valeur d'assurance était basée sur cette évaluation. Personne ne pouvait assurer son immeuble pour une somme moindre.

La Nouvelle Marche à l'instar de la Marche électorale fut dotée en 1777 d'une caisse assurant les risques ruraux, de même que le duché de Westphalie en 1778. En 1780 un règlement du 28 février, confirmé le 22 avril, créait une caisse pour l'assurance des moulins de la Frise orientale et du territoire d'Harlingen. Il fut créé à cet effet une classification des immeubles.

Le 27 décembre 1785, fut créée une caisse d'assurance des risques ruraux pour la Prusse occidentale.

Cette caisse obligatoire était dirigée par la Chambre des Domaines et de la Guerre et spécialement, par un des membres versé dans la connaissance de ces matières.

A la fin du siècle nous voyons une fusion se produire entre les petites Sociétés. Nous avons déjà vu, en 1771, les Sociétés assurant dans les campagnes de la Marche électorale se réunir en une seule ; en 1755 ce sont les Sociétés de cercles qui se fondent en une pour tout le duché de Magdebourg, en 1789, les caisses du comté de Mansfeld et de Hoheit se confondent avec celle du duché de Magdebourg. La caisse est facultative, elle est dirigée par les pouvoirs publics. Une Députation composée de députés élus dans les Etats de cercle représente la société, contrôle et nomme le directeur général et les directeurs de cercle, juge sans appel les différends qui viendraient à se produire entre les assurés et la Société. Celle-ci accepte non seulement des risques ruraux situés sur le territoire, mais peut encore accepter des risque situés dans des territoires voisins.

En 1791, se fonde une caisse d'assurance de risques ruraux embrassant toute la Silésie et le comté de Glatz dans sa sphère d'application.

Le règlement applicable à la caisse de Berlin est révisé. La caisse de la principauté de Mœrs fondée en 1768 se fondit dans celle des domaines du royaume de Prusse créée en 1770.

En 1808, fut rédigé le règlement de la Société d'assurance campagne, englobant désormais toute la Prusse orientale.

A côté de ces grandes Sociétés il existait en Prusse

un peu partout et de vieille date une grande quantité de petites associations assurant les immeubles et la plupart les meubles et les immeubles.

En 1814, la Monarchie telle que son territoire avait été délimité par le traité de Tilsitt possédait 27 grandes Sociétés et un grand nombre de petites unions dont plusieurs revêtaient un caractère demi-officiel.

Dans le nord de l'Allemagne, sans compter le Schleswig Holstein, une multitude de caisses publiques se fondent dans la seconde moitié du XVIIIe siècle. Voici les principales à citer : Dans le Hanovre, depuis 1850 il existe une caisse publique d'assurance contre l'incendie. En 1750, le 26 mars, est instituée une caisse obligatoire pour les paysans s'étendant aux territoires de Kolesberg et de Grubenhagen. C'est en 1752, une caisse semblable pour le Luneboürg. En 1754 une caisse pour le duché de Brême et Verden et le territoire de Hadeln ; en 1755, une caisse pour le comté de Hoya et Diepholz, et le 8 septembre de la même année, la caisse de la principauté d'Osnabrück dont les statuts furent révisés en avril 1780, enfin le 12 décembre 1765 fut fondée la caisse pour la principauté d'Hildesheim.

D'autre part, en 1750, se fonde une caisse dans le Brunswick ; en 1751, dans le Nassau-Neilbourg et le 15 avril dans le Anhalt-Bernbourg ; en 1852, dans le Lippe ; le 2 décembre 1756, dans le Waldeck ; le 5 novembre 1764, dans l'Oldenbourg ; le 10 mai 1765, dans la ville de Lubeck ; dans le cercle de Stargerde du Mecklembourg, en 1766, mais c'est une caisse facultative en ; 1767, le 27 avril, dans le Kurhessen une caisse avec obligation indirecte ; en 1768, le 15 avril, une caisse obligatoire pour le territoire de Munster et la même année une caisse obligatoire pour le grand duché de Weimar ; une caisse également obligatoire, en 1772, pour la principauté d'Eisenach, les statuts furent révisés en 1809 ; le 11 mars 1766, c'est la principauté de Paderborn et le duché d'Anhalt-Kothen, en 1770, le 10 juin, qui sont, dotés de pareilles caisses publiques ; le 8 juin 1776, la principauté d'Altenbourg voit se créer une caisse obligatoire, et le duché de Berg en 1801, une caisse facultative. La principauté de Schwarzbourg, en 1802, est comprise dans la sphère d'action de la caisse publique d'assurance pour les campagnes du territoire de Magdebourg ; le 22 février 1805, c'est la caisse d'assurance pour le territoire de Brême ; en 1806, une caisse avec obligation indirecte pour le Nassau.

On peut donc dire qu'au commencement du siècle, il existait des caisses publiques d'assurance contre l'incendie, dans presque toutes les parties de l'Allemagne du Nord.

Passons à l'Allemagne du Sud.

Dès 1726 nous trouvons une Société mutuelle privée dans le Wurtemberg, mais ne pouvant assurer les immeubles que moyennant une prime s'élevant à 6 %. C'est en 1754, que fut instituée la Caisse publique. Le 25 septembre 1758 fut créée la Caisse publique de Baden-Durlache, en 1766 celle de Baden-Baden, et en 1777, celle de Hessen Darmstadt. Par l'édit du 1er janvier 1803, les sociétés déjà existantes dans le territoire de Baden, furent fondues dans une seule Société publique pour tout l'Etat de Baden. La Société publique de Loewenstein date de 1803. En 1808, la Caisse de Wurtemberg devient obligatoire. Enfin, en 1811 la Bavière fut dotée d'une Caisse publique d'assurance contre l'incendie.

On peut dire que le XVIII$^e$ siècle constitue la période de formation des Sociétés publiques d'assurance contre l'incendie. Au commencement du XIX$^e$ siècle il y avait des caisses publiques presque sur tous les territoires de l'Allemagne.

Mais déjà dans le XVIII$^e$ siècle, nous pouvons constater de véritables perfectionnements introduits dans l'organisation des sociétés publiques.

Ce qui avait fait échouer le projet de Frédéric, c'était le caractère trop centralisateur qui l'avait guidé dans la création d'une Caisse d'Etat unique. Il dut céder devant le particularisme tenace et rigoureux que témoignèrent les populations. Nous assistons alors à une décentralisation à outrance. Chaque petite localité bientôt veut avoir sa caisse propre. Nous voyons alors une multitude de petites sociétés publiques se former, d'abord dans les villes puis dans les campagnes. Le plus souvent ces sociétés publiques se formaient par la réunion de plusieurs petites sociétés locales.

Le but de ces unions était bien l'assurance mutuelle contre l'incendie. Mais à cette époque on ne comprenait pas encore exactement ce qu'était l'assurance. Ce qu'on connaissait surtout pour l'avoir pratiqué depuis longtemps déjà, c'était l'assistance mutuelle. On venait au secours des voisins malheureux ou victimes d'un sinistre. Or, l'assistance est toujours pratiquée par des institutions ayant une sphère d'application très restreinte. On veut connaître ceux qu'on secourt : du jour au lendemain l'assurance est imposée. Bien peu de gens en connaissent les exigences. La plupart se figuraient qu'elle ne constituait qu'une sorte d'assistance.

Imbues de ces idées, on comprend parfaitement que les populations aient préféré une multitude de caisses à quelques caisses ayant une sphère d'action assez étendue. Ces sentiments expliquent également les dispositions de règlements qui peuvent aujourd'hui nous paraître bizarres. Des adversaires ne manquent pas de relever avec quelque dureté les articles des règlements, prescrivant que les contributions se payaient en nature, au lieu de se payer en argent. C'est ainsi qu'en Silésie, les membres de la Société étaient obligés de fournir au sinistré des secours sous forme de services manuels et de travaux de bêtes de somme, une certaine quantité de chaume gratuitement, et à titre d'avance des semences et du pain.

Mais, on oublie trop souvent de remarquer que dès la seconde moitié du XVIIIe siècle, nous assistons à une série de transformations.

Petit à petit, les populations finirent par comprendre qu'il y avait intérêt, au point de vue de la dispersion des risques, à créer des caisses ayant une sphère d'application assez étendue. Aussi, une tendance très marquée vers la fusion des sociétés existantes se dessine.

Rappelons, à titre d'exemple, que l'union de toutes les sociétés locales de la Marche électorale, pour former une Société provinciale, fut réalisée en 1765. En 1789, les trois sociétés particulières du duché de Magdebourg furent fusionnées en une seule.

D'autre part il faut observer que si beaucoup de petites sociétés se sont formées après 1718, on peut également relever dès l'origine la création de sociétés publiques ayant une sphère d'application assez étendue. C'est ainsi qu'en 1719 se fonde une caisse d'assurance publique pour l'ensemble des villes de la Marche électorale et de la nouvelle Marche ; en 1748 la Caisse s'étendait à toutes les villes de la Silésie, Breslau excepté. Nombreuses sont également les sociétés qui, dès leur fondation, s'étendent à toutes les villes d'un duché ou d'une principauté.

Bientôt, on remplaça la contribution en nature par la cotisation pécuniaire.

Le développement du commerce ainsi que celui de cet instrument d'échange qu'on appelle la monnaie se prêtèrent à cette substitution. Désormais, au lieu de remettre les matériaux de construction ainsi que les aliments, on remit au sinistré un équivalent : des sommes d'argent lui permettant de se procurer les mêmes objets qui, avant, lui étaient remis directement. De même, la fortune mobilière s'augmentant, on pouvait trouver de la monnaie. L'associé, au lieu de remettre directement les objets nécessaires à l'assuré incendié, les vendaient auparavant et lui en remettait l'équivalent en monnaie. En envisageant uniquement la réalité des faits, la transformation est moins profonde qu'on pourrait le croire à première vue. Toujours est-il qu'à l'instar de ce que nous pouvons voir en matière de paiement de droits seigneuriaux, les contributions des associés sont versées en argent.

L'administration en instituant ces caisses publiques s'est dès l'origine montrée très paternelle, trop peut-être même. Si dans beaucoup de cas l'assurance fut imposée aux propriétaires des villes, n'était-ce pas dans l'intérêt des populations habituées à recourir aux quêtes et ne se montrant pas empressées à faire un sacrifice pour parer aux effroyables conséquences d'un sinistre futur dont elles espéraient toujours être à l'abri. A part cette contrainte, il était difficile de se montrer plus accommodant. Pour s'en rendre compte, il suffit de parcourir les dispositions contenues dans les principaux règlements instituant les sociétés publiques.

La durée de l'assurance était variable. L'assurance annuelle dominait. On acceptait pourtant des assurances consenties pour un trimestre, un semestre, pour trois et cinq ans.

Quelquefois — quoi de plus naturel — on exigeait que l'associé qui avait touché une indemnité montrât sa gratitude à l'égard de la Société, en ne s'en retirant pas de suite.

La fixation du chiffre de l'assurance était en partie laissée au choix de l'assuré, tant qu'il ne dépassait pas la valeur réelle du bâtiment. Les autorités avaient fixé des bases de taxation permettant de se rendre compte si ce maximum n'était pas dépassé. Des changements postérieurs étaient admis. On était autorisé à demander des réductions ou des augmentations. Pour éviter les erreurs, certaines époqnes de l'année étaient déterminées pour faire ces déclarations.

Les cotisations afférentes à chaque police étaient établies proportionnellement au montant des sommes assurées par chaque associé, de manière à pouvoir verser l'indemnité due à un assuré victime d'un incendie. Si le chiffre de l'indemnité était considérable, pour ne pas surcharger les associés, on divisait le paiement des sommes en deux termes. Il était difficile de se montrer plus accommodant. Cette assurance contre l'incendie, pour n'être pas gênante n'en créait pas moins le crédit réel. Il date de 1718.

Mais dans beaucoup de Sociétés d'assurance, on demandait des cotisations trop minimes. Pendant longtemps malgré tout elles suffirent en raison des faibles frais d'administration et des secours que recevaient les sinistrés des voisins. Cette cotisation était considérée comme un impôt du feu. Aussi c'était à qui apprécierait son immeuble plus bas pour réduire la cotisation à payer à son minimum. Enfin beaucoup de propriétaires ne savaient pas encore estimer leurs bâtiments à leur juste valeur. Pour toutes ces raisons, ce qu'on est convenu d'appeler les incendies-spéculations, étaient fort rares.

Mais avec le temps, le nombre des incendiaires alla en s'augmentant, les constructions nouvelles qui s'édifiaient devenaient plus luxueuses et en même temps le prix de la main-d'œuvre s'élevait, les immeubles représentaient des valeurs plus considérables. Ceci étant, les propriétaires déclarèrent des valeurs immobilières beaucoup plus importantes à l'institution d'assurance. Dès lors, lorsque ces immeubles venaient à être incendiés, les indemnités à allouer étaient beaucoup plus fortes. Il fallait par suite réclamer aux associés des cotisations plus élevées.

Depuis longtemps les administrations des caisses publiques savaient qu'il y avait des risques d'inégale qualité. Les Sociétés privées loin de leur enseigner cette vérité ont appris à connaître ce principe en examinant les résultats obtenus par l'exploitation de l'assurance contre l'incendie par les caisses publiques. D'ailleurs, sans même une préparation spéciale, tout le monde avec du bon sens sait qu'un bâtiment monté en bois et couvert en paille présente plus de chance d'incendie qu'un immeuble construit en pierres et dont le toit est en tuiles. Si donc les Sociétés publiques n'ont pas au début établi de classification dans les risques, ce n'était pas par ignorance, comme on l'entend dire trop souvent, mais dans un but de mutualité. Elles ne voulaient pas que ceux-là précisément que la fortune avait peu favorisés, qui ne pouvaient avoir qu'une petite maisonnette, payâssent une contribution proportionnellement plus élevée que le riche bourgeois habitant une maison bien construite en matériaux réfractaires à l'incendie.

Dès le commencement du XIXe siècle, les Sociétés publiques songèrent donc à reviser leurs statuts. En 1814 on parlait fortement de la confection d'un règlement unique applicable à toutes les Sociétés publiques immobilières de l'Etat. Les statuts ou lois provinciales ne pouvaient plus que régler les points tout à fait propres à une région déterminée. On voulait ainsi suppléer au mutisme du Landrecht. A cette époque, en effet, à l'inverse de ce qui avait lieu pour les Sociétés mutuelles, le Code ne s'occupait pas des Sociétés publiques. Le chapitre II, titre VIII, section XIII, réglant les rapports de l'assureur et de l'assuré, ne pouvait être, sans forcer les textes, applicable aux Sociétés publiques. Ce monument législatif ne peut donc être d'aucun secours pour connaître les droits et les obligations des parties en matière d'assurance publique. Cependant il faut dire que beaucoup de statuts et règlements se sont inspirés des dispositions contenues dans le Code. Mais comme ces prescriptions ne s'étendaient pas à l'assurance contre l'incendie, la part d'emprunt ne pouvait être que très faible. On aurait pu songer à compléter la lacune du Code. Cette addition quoique d'une utilité incontestable aurait entraîné bien des difficultés. Toucher au droit commun est toujours chose délicate. Modifier des statuts ou un règlement de Société publique était beaucoup plus facile, mais entraînait fatalement une grande diversité de législation.

Pour parer à ces inconvénients évidents, on avait songé à faire une loi générale uniquement applicable à l'assurance-incendie, établissant le droit commun auquel les Sociétés publiques devraient se soumettre. On aurait même pu déterminer le cadre général dans lequel les Sociétés publiques auraient pu se mouvoir. Mais quel serait ce cadre général, commun à toutes les Sociétés publiques ?

La plupart des Landtag émirent le vœu qu'on maintînt le *statu quo*. Ceci parut une objection suffisante pour renoncer au projet. Pourtant on se plaisait à reconnaître que ce cadre aurait donné plus de fixité aux usages alors en vigueur et permis aux intéressés de se mieux rendre compte de l'état de la législation. Aussi de ce projet il resta une tendance : celle de conserver pour les dispositions générales le même arrangement et les mêmes paragraphes. Cette réforme permettrait de mieux comparer entre elles les différentes dispositions des lois et règlements, partant ferait mieux ressortir ce qu'il faut conserver, ce qu'il faut modifier. Grâce à cet arrangement on pourrait en quelque sorte distinguer les dispositions constituant, nous pourrions dire, le droit commun de celles ayant un caractère spécial.

L'échec de ce projet n'a pas permis une revision générale, mais tous les statuts de Sociétés publiques furent l'objet d'une revision particulière plus ou moins profonde.

Par nos développements antérieurs nous avons montré comment l'assurance immobilière tant des risques ruraux qu'urbains s'était rapidement étendue grâce aux Sociétés publiques. L'assurance mobilière fut-elle négligée ? C'est ce qu'il nous faut maintenant rapidement examiner.

Déjà plusieurs Sociétés publiques assuraient depuis la première moitié du XVIII^e siècle moyennant un léger supplément les céréales avec les immeubles. Mais en 1769, par un règlement du 30 novembre, nous voyons déjà se créer une société pour assurer les meubles des églises et chapelles des villages et des villes de la Marche électorale. L'assurance à la Caisse était obligatoire. Dans le cas de dommage total, le maximum de l'indemnité était fixé à 490 Rdlr. et 200 Rdlr. si l'incendie n'avait détruit que la moitié de la valeur mobilière, et en dessous 100 Rdlr. Pour une assurance de 400 R. on payait 10 Sgr. 6 pf. pour une assurance de 200 R. 5 Sgr. et 2 Sgr. 3 1/2 pf. pour une assurance de 100 R.

En 1814, on comptait six associations corporatives ayant également un caractère semi-officiel, s'étendant aux membres du clergé et au personnel enseignant de la Marche brandebourgeoise, de la Poméranie et de la Silésie. A celles-ci, il faut ajouter deux associations d'artisans, l'une à Berlin, l'autre à Postdam, ainsi que quatre associations similaires pour les artisans, les marchands et les bourgeois à Kœnigsberg, en Prusse.

Mais à vrai dire l'assurance mobilière était exploitée par une société fondée en 1765 à laquelle on avait concédé le privilège exclusif pendant trente ans d'assurer les meubles sur toute l'étendue du territoire de l'Etat. En 1770 la « Seeassecuranz Compagnie » de Berlin obtint le même privilège pour l'assurance contre l'incendie, des manufactures, fabriques et marchandises.

En 1814, on avait songé de faire exploiter l'assurance mobilière contre l'incendie par les douze sociétés mobilières ayant un caractère corporatif et semi-officiel que nous venons de mentionner. Mais le projet n'aboutit pas. L'assurance privée s'empara entièrement de ce domaine. Cet envahissement lui était d'autant plus facile qu'elle n'avait aucun combat à livrer.

L'assurance mobilière d'abord, surtout exploitée par des sociétés privées étrangères le fut également dès les premières années du XIX<sup>e</sup> siècle par des sociétés allemandes. La « Berlinische » se fonde en 1812, l'« Elberfeld » en 1823, la « Vaterlandische » et l' « Aachen Munchner » en 1828, la « Kolnische » en 1839, etc. À côté, nous trouvons plusieurs compagnies anglaises, hambourgeoises. Le « Phénix » de Londres se fondait en 1817, la « Grande mutuelle » de Gotha en 1821.

L'assurance mobilière fut donc uniquement exploitée par des entreprises privées. Mais l'*Algemeines Landrecht* promulgué sous Frédéric-Guillaume II le 15 février 1794, muet sur l'assurance immobilière contre l'incendie, l'est également sur l'assurance mobilière contre l'incendie qui ne s'est pratiquée guère qu'au commencement de ce siècle en Allemagne. Il était donc d'une dernière imprudence de laisser ainsi le soin à l'industrie privée de rédiger telle disposition qui lui plairait. Pour parer à ce danger, le 8 mai 1837 était promulgué une loi destinée à régir uniquement l'assurance mobilière contre l'incendie. Le législateur se proposait surtout d'empêcher la surassurance « Ueberversicherung » et le paiement d'indemntés exagérées en cas de sinistre. Pour atteindre ce but, il pose deux principes : 1° Que la somme assurée ne doit pas dépasser la valeur commune de la chose au moment de la conclusion du contrat ; 2° que l'indemnité ne doit pas être supérieure au dommage causé par le sinistre. Des dispositions répressives sanctionnent ces prescriptions. Mais insistons surtout sur les dispositions préventives car elles nous montrent bien la confiance qu'on avait à cette époque dans les sociétés privées.

a) Aucune compagnie, aucun agent d'assurance ne doit remettre une police nouvelle, ou une prolongation de police, avant que l'autorité administrative n'ait déclaré ne pas s'y opposer. Cette disposition fut étendue à l'assurance immobilière par un ordre de Cabinet en date du 30 mai 1841.

*b*) L'autorité administrative est investie d'un droit de contrôle permanent sur les assurances et lorsqu'elle en trouve une qui dépasse la valeur de la chose assurée, elle peut et doit la faire réduire.

c) On ne peut prendre plusieurs assurances sur le même objet auprès de compagnies différentes; on ne peut pas s'assurer à une compagnie étrangère sans l'intermédiaire d'un agent prussien.

*d*) Le paiement de l'indemnité n'a lieu que si l'autorité administrative ne s'y oppose pas dans les huit jours après l'avis qui lui en a été donné.

*e*). Pour que la surveillance administrative soit efficace, tout agent d'assurance est obligé de tenir des livres donnant des indications, précisées par la loi, sur toutes ses opérations.

Ces sociétés privées ne pratiquaient pas seulement

l'assurance mobilière mais également l'assurance immobilière. Or, on se rappelle que dans presque toutes les campagnes et dans un certain nombre de villes l'assurance était facultative et les Sociétés publiques n'avaient pas de monopole.

La situation qui en résulta se devine aisément. Les gens riches s'assuraient. Offrant de bons risques, ils trouvaient un accueil favorable auprès des Sociétés privées qui s'efforçaient à réclamer des primes moins élevées que les Sociétés publiques. Ceci peut paraître au premier abord extraordinaire. Les Sociétés privées auraient-elles résolu de travailler à perte? Aucunement. Les choses s'expliquent simplement.

Sans doute depuis quelque temps déjà les Sociétés publiques avaient été obligées d'imiter les compagnies et de créer une classification de risques ; mais l'ayant fait contraintes et ne voulant pas entièrement se départir de leur ancien principe de compensation des mauvais risques par les mauvais, elles établirent des primes relativement très faibles pour les mauvais risques et des primes plutôt fortes pour les bons risques. Qu'arriva-t-il ? Les bons risques désertèrent les caisses publiques et allèrent se faire assurer auprès des Sociétés privées qui, n'ayant pas cette compensation à faire, leur portefeuille ne comprenant que de tout à fait bons risques, pouvaient, même en se réservant une large marge de bénéfices, accepter ces risques à meilleur compte que les Sociétés publiques. Cet état de choses s'accentuant de plus en plus, les Sociétés publiques ne conservaient que les mauvais risques. Les bons risques devenaient de plus en plus rares. Dès lors pour faire la compensation il fallut bien encore augmenter un peu les primes afférentes aux bons risques. Ceux-ci, on le conçoit, ne tardèrent pas à fuir pour aller s'adresser aux compagnies. Bientôt les caisses ne jouissant pas du monopole de l'assurance se virent acculées aux plus graves difficultés.

La qualité des risques assurés par la Caisse facultative allait sans cesse en s'empirant et le montant total des valeurs assurées diminuait. Voici d'ailleurs quelques exemples :

En 1846, la « Land Feuersocietæt » de la province de Silésie assurait un capital de 100 millions thl. ; en 1847, ce total tombe à 96 millions, en 1848 à 78 millions, en 1853 à 27 millions.

La Société facultative de la province de Westphalie assurait en 1847 un capital de 137 millions et en 1855 ce chiffre tombe à 107millions. La « Westpreussiche Land Feuersocietæt » voit le capital assuré tomber de 1849 à 1856 de 25 millions à 16 millions.

En 1849 la « Altpommerische Stædtefeuersocietæt » assurait 17 millions, en 1850 elle n'assurait plus que 6 millions.

Dans d'autres Sociétés publiques facultatives le capital assuré augmentait, mais cet accroissement ne représentait que des mauvais risques. Tous les bons risques allaient de plus en plus aux Sociétés privées.

Pour conjurer les inconvénients résultant de cette situation on demandait au législateur d'intervenir. Les uns proposaient qu'on réservât le monopole de l'assurance immobilière aux Sociétés publiques. D'autres réclamaient qu'on forçât les Sociétés privées à accepter tous les risques. Les compagnies seraient obligées d'assurer même les immeubles couverts en substances inflammables. Elles seraient également astreintes à payer certaines redevances au service d'incendie. On les placerait sous la surveillance des directions des Sociétés publiques.

La liberté de l'assurance fut conservée, mais on introduisit dans les règlements des transformations profondes rapprochant l'exploitation des Sociétés publiques de celle des Sociétés privées. On établit notamment une classification plus rigoureuse. Quant à la lourde obligation d'assurer les immeubles couverts en chaume ou en paille, elle fut maintenue. Les mauvais risques dont les Sociétés privées ne voulaient à aucun prix entendre parler, les Sociétés publiques devaient continuer à les assurer.

D'autre part ce travail de fusion de Sociétés publiques que nous avons déjà signalé dès la fin du XVIIIe siècle devient plus intense. On se rendit parfaitement compte que des Sociétés limitant leur sphère d'action à un petit territoire, à une portion de province, à un cercle, à une ville ou à un groupement de communes rurales négligeaient trop le principe de la division des risques. C'est ainsi que les deux Sociétés assurant les risques urbains ainsi que les deux Sociétés exploitant les risques ruraux en Silésie se fondent en deux Sociétés. Enfin on résolut de recourir à la réassurance et d'assurer également les meubles.

Il serait difficile de donner une idée exacte de toutes les transformations dont chaque Société publique fut l'objet depuis le commencement du siècle.

Nous allons toutefois essayer de donner une idée d'ensemble de la situation des Sociétés publiques au commencement de la seconde moitié de ce siècle.

Occupons-nous d'abord de leur situation juridique.

Ces Sociétés publiques sont des mutuelles bénéficiant de la personnalité civile. Elles jouissent dès lors de tous les droits et prérogatives que confère la personnalité morale. Certains privilèges leurs sont de plus accordés. Elles sont exemptes des droits de timbre et d'enregistrement, ont la franchise postale, peuvent user des contraintes pour le recouvrement des cotisations, enfin ont le droit de mettre à contribution les organes administratifs de l'Etat et des communes, dans la limite de leurs besoins. Des lois et règlements établissent leurs droits et obligations.

Ce sont des caisses publiques, dès lors elles sont gérées soit par l'Etat soit par les autorités administratives locales et restent toujours sous la surveillance du gouvernement.

Ce sont des *Landes Versicherungs austalten*, elles doivent donc pratiquer l'assurance en se plaçant uniquement sur le terrain de l'intérêt général. Puisqu'elles ne doivent viser que le bien public, elles ne peuvent refuser aucun risque. Sociétés mutuelles, elles ne pourront percevoir que les sommes nécessaires à payer les indemnités et les frais d'administration. Au point de vue de leur sphère d'application, les unes s'étendent à tout un

Etat, d'autres à une province, d'autres simplement à une portion de province, et malgré une certaine fusion qui s'est opérée, nous rencontrons encore de nombreuses Sociétés publiques ne s'appliquant qu'au territoire d'une agglomération de communes rurales ou même à une seule ville.

Elles n'étaient pas seulement utiles comme tout établissement d'assurance, mais en raison de ce fait que sans elles une grande partie des bâtiments existants alors, n'auraient pas pu être assurés.

Les Compagnies privées n'auraient pu assurer que moyennant des primes très élevées les maisons couvertes en paille ou en chaume. De plus, en vertu du principe de la division des risques, les compagnies ne prenant qu'une certaine quantité de pleins une portion seulement des bâtiments présentant de pareilles chances d'incendie aurait pu être assurée dans chaque localité. Aussi les compagnies étaient-elles les premières à reconnaître que les Sociétés publiques étaient indispensables.

Fixés d'une manière générale sur la situation de ces Sociétés publiques, quels en furent maintenant les résultats dans les soixante premières années de ce siècle? C'est ce que nous allons faire connaître par le tableau ci-après.

Si nous rapprochons les tableaux A, B, C, nous constatons qu'en 1828, en moyenne pour la Prusse, les indemnités fournies pouvaient s'exprimer par la fraction $\frac{1}{315}$, en 1837 par la fraction $\frac{1}{411}$, en 1855 par la fraction $\frac{1}{547}$, et en 1860 par la fraction $\frac{1}{530}$. Sous une autre forme, on peut dire qu'en 1860 les dommages causés par l'incendie ne s'élevaient pas à 2 °/₀₀ des sommes assurées.

Pour les frais d'administration et accessoires, leur montant peut être établi ainsi qu'il suit :

Pour 1828 $\frac{1}{4.805}$ en moyenne, pour 1837 $\frac{1}{5.839}$ en moyenne, pour 1855 on revient à $\frac{1}{4.876}$, enfin en 1860 ils s'élèvent beaucoup au-dessus de ceux de 1825 puisqu'ils s'expriment par la fraction $\frac{1}{3.903}$. Cela s'explique par ce fait que les caisses publiques ont plus largement contribué à la satisfaction de besoins d'intérêt général.

Quant aux capitaux assurés, leur montant a doublé de 1828 à 1860.

*(Voir page suivante les tableaux A B C.)*

A. **Sommes assurées pendant les années :**

| PROVINCES | 1828 | 1837 | 1855 | 1860 |
|---|---|---|---|---|
| | Thl | Thl | Thl | Thl |
| Prusse....... | 66.176.410 | 74.955.604 | 105.910.219 | 127.709.872 |
| Brandebourg.. | 160.035.125 | 205.902.401 | 309.379.275 | 361.937.037 |
| Posen........ | 23.483.550 | 32.131.050 | 57.049 750 | 70.320.400 |
| Poméranie.... | 52.040.023 | 59.641.786 | 85.431.332 | 100.035.327 |
| Silésie....... | 56.307.186 | 79.202.040 | 90.403.580 | 115.761.266 |
| Saxe......... | 141.172.537 | 129.806.269 | 205.902.254 | 382.218.196 |
| Westphalie... | 82.376.070 | 109.259.750 | 103.238.740 | 157.953.880 |
| Prov. Rhénane | 129.512.560 | 177.240.340 | 222.862.750 | 248.599.380 |
| Total..... | 711.103.461 | 868.139.240 | 1.180.177.900 | 1.414.356.313 |

B. **Montant des dommages causés par l'incendie.**

| PROVINCES | 1828 | 1837 | 1855 | 1860 |
|---|---|---|---|---|
| | Thl | Thl | Thl | Thl |
| Prusse ................ | 372.388 | 328.510 | 346.808 | 521.285 |
| Brandebourg............ | 585.112 | 320.494 | 442.814 | 474.917 |
| Posen ................. | 53.489 | 110.322 | 200.514 | 197.285 |
| Poméranie.............. | 187.984 | 134.749 | 145.158 | 223.240 |
| Silésie................ | 126.044 | 256.681 | 287.297 | 197.167 |
| Saxe .................. | 621.873 | 580.028 | 290.251 | 547.964 |
| Westphalie............. | 157.039 | 138.137 | 197.582 | 219.198 |
| Province Rhénane....... | 152.039 | 241.074 | 246.903 | 276.974 |
| Totaux.......... | 2.255.968 | 2.109.995 | 2.157.327 | 2.665.581 |

C. **Frais d'administration et accessoires.**

| PROVINCES | 1828 | 1837 | 1855 | 1860 |
|---|---|---|---|---|
| | Thl | Thl | Thl | Thl |
| Prusse.................. | 31.988 | 24.547 | 25.340 | 59.589 |
| Brandebourg............. | 26.832 | 35.871 | 76.406 | 95.294 |
| Posen .................. | 12.806 | 21.304 | 25.390 | 27.308 |
| Poméranie............... | 28.451 | 3.732 | 8.744 | 11.859 |
| Silésie................. | 8.288 | 11.691 | 18.549 | 32.094 |
| Saxe ................... | 27.694 | 20.100 | 41.489 | 57 505 |
| Westphalie ............. | 7.606 | 12.740 | 15.795 | 21.860 |
| Province Rhénane........ | 4.336 | 18.684 | 30.285 | 52.420 |
| Totaux ......... | 148.001 | 148.669 | 241.998 | 362.372 |

Mais nous savons que parmi les caisses publiques exerçant l'assurance immobilière dans les provinces que nous venons de mentionner, il en est qui n'assurent que les risques urbains, d'autres que les risques ruraux et certaines enfin pratiquent l'assurance immobilière tant dans les villes que dans les campagnes.

Il serait intéressant de connaître sur ce point quels ont été les résultats obtenus tant par les Sociétés publiques prussiennes que par celles exploitant l'assurance immobilière dans le reste de l'Allemagne.

Notre tableau précédent ne donne pas cette idée. Pour le compléter nous allons prendre trente-deux Sociétés publiques allemandes. Dix d'entre elles n'assurent les immeubles que dans une ville (caisses urbaines de Stralsund, Berlin, Breslau, Francfort-sur-le-Mein, Lubeck) et cinq n'acceptent que des risques ruraux mais ont une sphère d'application beaucoup plus étendue, embrassant toutes les villes d'une province ou d'un duché (caisses provinciales de la Prusse orientale et de Silésie, les caisses des duchés d'Altenbourg et de Gotha.)

Dans notre second paragraphe, nous fournirons les résultats obtenus par huit caisses n'assurant que des risques ruraux.

Enfin dans notre dernier paragraphe, nous donnerons les résultats obtenus en 1856, 1860 et 1865 par quatorze Sociétés publiques allemandes assurant indifféremment les immeubles situés dans les villes ou dans les campagnes.

| | Sommes assurées en 1.000 thalers | | | Indemnités p. 1.000 des sommes assurées | | |
|---|---|---|---|---|---|---|
| | 1856 | 1860 | 1865 | 1856 | 1860 | 1865 |
| Stralsund | 3.819 | 4.146 | 4.571 | 0,32 | 0,04 | 0.77 |
| Berlin | 140.000 | 162.903 | 245.494 | 0,17 | 0,13 | 0,35 |
| Breslau | 35.679 | 40.204 | 49.524 | 0,97 | 0,22 | 1,44 |
| Francfort-sur-le-Mein | 36.040 | 42.061 | 42.604 | 0,17 | 0,20 | 0,75 |
| Lübeck | 10.483 | 14.039 | 14.580 | 0,03 | 0,25 | 0,10 |
| Provinz. Ostpreussen | 17.476 | 20.822 | 11.023 | 1,58 | 2,57 | 5,02 |
| — Schesien | 23.108 | 24.276 | 29.927 | 3.22 | 0,80 | 0,60 |
| Hoya Diepholz | 719 | 868 | 1.017 | 0,02 | 1,09 | 1,20 |
| Herzogthum Altenburg | 5.933 | 7.010 | 9.414 | 2,21 | 1,08 | 1,83 |
| — Gotha | 2.353 | 2.727 | 3.815 | 0,26 | 0,05 | 14,42 |
| Moyenne pour les villes | 275.610 | 319.057 | 411.970 | 0,67 | 0,39 | 0,83 |
| Kurmark und Niederlansitz | 80.730 | 90.337 | 102.611 | 1,84 | 2,81 | 2,87 |
| Provinz. Schesien | 33.156 | 44.698 | 66.694 | 6,15 | 3,32 | 2,70 |
| Herzogthum Magdebourg | 61.841 | 65.729 | 77.213 | 5,01 | 1,09 | 2,19 |
| Halberstadt Ritterschaft | 3.602 | 3.957 | 4.538 | 0,09 | 0,35 | 2.31 |
| Preus. Herzogthum Sachsen | 52.525 | 63.952 | 76.580 | 1,67 | 1,91 | 2,13 |
| Hoya Diepholz | 15.699 | 17.823 | 21.436 | 0,93 | 1,16 | 1,55 |
| Herzogthum Altenburg | 14.362 | 17.551 | 22.071 | 2,31 | 1,22 | 0,64 |
| — Gotha | 8.483 | 9.669 | 12.877 | 0,25 | 0,67 | 0,43 |
| Moyenne pour la campagne | 270.098 | 314.016 | 384.020 | 2,99 | 2,06 | 2,27 |
| Provinz. Posen | 61.781 | 70.328 | 95.330 | 4,39 | 2,72 | 3,89 |
| — Westphalie | 108.167 | 126.444 | » | 1,49 | 1,39 | » |
| Province Rhénane | 223.347 | 248.599 | 305.380 | 1,00 | 1,07 | 1,45 |
| Hohenzollern | » | 9.766 | 11.388 | » | 1,04 | 1,25 |
| Bremen-Verden | 33.742 | 37.495 | 47.979 | 2,51 | 0,94 | 2,36 |
| Kurhessen | 141.493 | 130.197 | 153.557 | 0,57 | 1,41 | 1,68 |
| Nassau | 64.170 | 69.967 | 87.985 | 0,53 | 0,55 | 1,23 |
| Kœnigreich-Sachsen | 266.572 | 295.417 | 505.504 | 4,87 | 2,92 | 2,06 |
| Bavière | 393.105 | 419.187 | 572.796 | 1,75 | 0,83 | 1,90 |
| Palatinat | 65.259 | 68.083 | 75.980 | 0,45 | 0,49 | 1,05 |
| Wurtemberg | 241.205 | 252.487 | 317.560 | 0,49 | 0,74 | 0,80 |
| Baden | 147.149 | 152.878 | 194.395 | 0,63 | 0,78 | 1,34 |
| Hassen-Darmstadt | 141.120 | 149.770 | 180.602 | 1,61 | 0,12 | 6,90 |
| Weimar-Eisenach | 31.402 | 33.382 | 49.095 | 0,70 | 0,43 | 1,48 |
| Moyenne pour sociétés assurant les campagnes et les villes | 1.918.516 | 2.063.928 | 2.597.551 | 1,66 | 1,27 | 1,64 |
| Total | 2.465.023 ou 2.465.023.000 thl | 2.676.741 ou 2.676.741.000 thl | 3.222.527 ou 3.222.527.000 thl | 1,70 | 1,26 | 1,61 |

Par la lecture de ce tableau on peut se rendre compte que le montant des valeurs assurées par les sociétés n'assurant que dans les campagnes est sensiblement le même que celui des capitaux assurés dans les villes. Cependant presque partout dans les campagnes l'assurance était facultative et les caisses ne jouissaient pas d'un monopole d'assurance comme les caisses assurant dans les villes. Qu'est-ce à dire, sinon que dans les campagnes où les mauvais risques sont nombreux, la plupart sont assurés aux caisses publiques, aussi sont-elles obligées de payer des indemnités dont le total se chiffre en moyenne pour les huit principales caisses que nous avons choisi à 2,99, 2,06 et 2,27 ‰ de capital assuré, tandis que les caisses assurant exclusivement des immeubles dans les villes ne paient en indemnités que des sommes s'élevant à 0,67, 0,39 et 0,83 ‰ de capital assuré.

Les caisses assurant indifféremment dans les villes et les campagnes se ressentent sans doute de l'assurance des risques ruraux mais grâce aux risques urbains bien moins dangereux finissent par payer en indemnités une somme bien inférieure à celle que nous trouvions pour les caisses rurales. Il semble que cette compensation entre les risques ruraux et urbains serait de nature à atteindre dans une certaine mesure la division des risques. A ce titre, soit dit entre parenthèses, c'est là un mode d'exploitation qui paraît devoir être préféré au système d'assurance se cantonnant uniquement aux risques ruraux.

En 1865 dans les territoires de la vieille Prusse, les primes perçues se sont élevées à 2 R. 6 Sgr. 10 pf. ‰ R.

le montant des indemnités payées et de leur frais d'évaluation s'est élevé à 1 R. 29 Sgr. 3 pf ‰; les dépenses faites dans un intérêt public représentent 2 Sgr. 7 pf. ‰ et les frais d'administration se chiffrent à 6 Sgr. 4 pf. ‰ R.

Pour le reste de la Prusse 1 R. 26 Sgr. 7 pf. ‰ R. de primes, 1 R. 19 Sgr. 3 pf. en indemnités, 1 Sgr. 2 pf. ‰ en frais d'administration, 3 Sgr. 7 pf. ‰ R. et en dépenses faites dans un intérêt public 1 Sgr. 2 pf. ‰ R.

Pour le reste de l'Allemagne, 1 R. 17 Sgr. 5 pf. ‰ R. de primes, en indemnités 1 R. 11 Sgr. ‰ R., dépenses faites dans un intérêt public 1 Sgr. 6 pf. ‰ R., frais d'administration 3 Sgr. 3 pf. ‰ R. de capital assuré.

La moyenne pour toute l'Allemagne : primes 1 R. 25 Sgr. ‰ R., indemnités 1 R. 18 Sgr. ‰ R., dépenses faites dans un intérêt public 1 Sgr. 8 pf. R., frais d'administration 4 Sgr. 1 pf. ‰ R.

Le capital assuré s'est augmenté de 55 % pour le premier groupe de Sociétés publiques, de 25 % pour celles du deuxième groupe et de 48 % pour celles du troisième groupe, soit une moyenne d'augmentation pour les sociétés allemandes de 1856 à 1865 de 47 %.

Voici quels sont maintenant les résultats de l'activité de l'assurance publique pendant l'année 1865 pour chaque province :

| Provinces de : | Nombre des Établissements | Capital immobilier assuré en thalers | Quorum par tête d'habitan |
|---|---|---|---|
| Prusse | 6 | 140.390.862 | 45, 4 |
| Posen | 1 | 95.330.050 | 62, 0 |
| Poméranie | 5 | 123.573.018 | 85, 5 |
| Brandebourg (Berlin excepté) | 3 | 238.533.600 | 118, 2 |
| Ville de Berlin | 1 | 262.451.150 | 373, 6 |
| Provinces de Silésie | 4 | 161.695.570 | 45, 1 |
| — de Saxe | 4 | 246.953.960 | 119, 5 |
| — de Westphalie | 1 | 219.061.550 | 128, 3 |
| — Rhénane | 1 | 305.380.200 | 88, 4 |
| Régence de Sigmaringen | 1 | 11.154.840 | 172, 6 |
| Province de Schleswig Holstein | 7 | 188.100.446 | 191, 6 |
| — de Hanovre | 6 | 213.973.615 | 109, 3 |
| — de Hessen Nassau | 3 | 265.029.249 | 192 |
| Total général | 43 | 2.471.628.110 | 103 |

A ce chiffre il convient d'ajouter le capital mobilier assuré par sept sociétés des anciennes provinces prussiennes s'élevant à 64.452.087 thl. Soit un capital total assuré de 2.536.080.197 thl. et une moyenne par tête d'habitant de 105.8.

Si nous rapprochons ces chiffres des résultats obtenus en 1864 et en 1861, nous constatons une progression sérieuse se chiffrant par une augmentation par tête d'habitant de 18,3 thl., sur 1864 ou de près de 24 %. Mais ce qui est beaucoup plus intéressant à connaître, c'est la nature des valeurs assurées. Nous possédons les résultats pour vingt sociétés seulement, assurant à elles seules le chiffre respectable de 1.676.524.527 thl. de valeurs immobilières. Voici la décomposition de ce chiffre : Les maisons entièrement construites en matériaux n'offrant pas d'aliment au feu, représentent une valeur de 791.663.832 thl. ; les maisons qui pour n'être pas tout en pierre ont une toiture réfractaire à l'incendie ne rentrent que pour 472.189.064 thl., enfin les maisons possédant une toiture légère ou bien offrant de gros risques d'incendie s'élèvent à un total de 412.371.531 soit 47 % pour la première catégorie, 28 % pour la seconde et 24 % pour la troisième. En 1863 cette dernière classe englobait encore 27,5 % du montant total des valeurs assurées. Mais, c'est là une moyenne. Si l'on prend telle société assurant dans les campagnes aussitôt le chiffre obtenu s'élève beaucoup au-dessus. Je n'en veux pour preuve que l'exemple de certaines sociétés d'assurance.

Il est de 87 % des valeurs totales assurées par l'établissement exploitant cette industrie dans les campagnes de la Prusse orientale ; il est de 72 % pour la Société de la Prusse occidentale ; pour la Caisse étendant sa sphère d'action aux campagnes de la Vieille Poméranie, environ 58 % ; il est de 50 % pour la Westpreussiche Landschaftliche Societat et de 47 % pour la Ostpreussichen Landschaftliche Societat.

Naturellement pour des risques inégaux, on percevra des primes afférentes plus ou moins élevées. Faisant abstraction de quelques petites différences, on peut établir la moyenne suivante calculée d'après les tarifs de quinze sociétés publiques envisagées en 1865.

| MONTANT DES PRIMES | 1re classe | 2e classe | 3e classe |
|---|---|---|---|
| | — | — | — |
| ‰ des sommes assurées... | 0,97 | 2,20 | 4,37 |
| Montant des indemnités..... | 0,89 | 2,02 | 4,95 |

Pour 1866 :

| MONTANT DES PRIMES | | | |
|---|---|---|---|
| ‰ des sommes assurées... | 1,22 | 2,22 | 5,92 |
| Montant des indemnités..... | 0,82 | 1,99 | 6,08 |

Examinons ces chiffres d'un peu plus près. Nous voyons que les primes perçues par les sociétés publiques sont établies de telle sorte qu'on charge plutôt trop les bons risques pour alléger un peu les primes afférentes aux mauvais risques. Ce sont les riches possédant des immeubles somptueux qui payeront une portion des mauvaises chances qui frappent les immeubles des pauvres. Malgré tout, même pour la première classe, les primes réclamées par les sociétés publiques, sont inférieures à celles encaissées par les compagnies privées.

La démonstration n'est pas aisée, car les compagnies n'ont pas des tarifs bien arrêtés. Ils sont surtout fixés par la concurrence. Mais on peut toutefois mettre en relief la différence entre le montant des primes perçues et le chiffre global des indemnités versées. C'est cette marge qui servira à solder les frais d'administration et à payer les dividendes aux actionnaires.

En moyenne (1) les sociétés publiques ont prélevé

(1) Zeitschrift des Kongl. preussichen statist. Bureaus, année 1868.

en primes en 1866 : 2,32 thl. °/₀₀ de capital assuré; 2,16 thl. °/₀₀, voilà le chiffre des indemnités versées ; d'où différence de 0,16 thl.

Les compagnies privées au contraire ont perçu en moyenne 2,35 thl. Quant aux indemnités payées, elles peuvent se chiffrer à 1,37 thl. °/₀₀ de capital assuré. D'où il ressort une différence de 0,88 thl.

Ces sommes encaissées en plus des besoins de l'assurance servent à solder les frais d'administration, et à distribuer des dividendes. La marge que se réservent ainsi les compagnies est cinq fois plus grande que celle que nous avons relatée pour les sociétés publiques qui n'est que de 0,40, 0,18, 0,23 suivant les classes. Il est maintenant aisé d'en conclure qu'à parité de mauvais risques, les compagnies doivent percevoir une prime double de celle qu'aurait demandée une société publique. Vainement on soutiendrait que ce n'est là qu'un accident. Il suffit pour le prouver de se livrer aux mêmes recherches pour une période plus étendue, par exemple dix ans. Prenons la période décennale 1855-1865 (1). Comparons les résultats obtenus par les sept principales compagnies par actions savoir :

L' « Aachner und Munchner, la « Colonia », la « Magdeburger », l' « Elberfelder », la « Berlinische », la « Schlesische », la « Preussiche Nationale zu Stettin ».

(1) Nous nous sommes servi pour établir cette statistique des renseignements contenus tant dans le journal allemand précité que dans les comptes rendus du Congrès des sociétés publiques allemandes qui s'est tenu à Berlin en 1867.

Pour faire notre démonstration nous allons prendre tant pour les sociétés publiques que pour les compagnies, la moyenne décennale de la période s'étendant de 1856 à 1865.

En moyenne, de 1856-1865, par an :

| | Sociétés publiques | 7 Sociétés par action |
|---|---|---|
| Capital assuré en millions de thlr....... | 3.849 | 3,064 |
| °/₀₀ DE CAPITAL ASSURÉ | | |
| Les *primes* se sont élevées à.......... | 1 thlr 27 sgr | 2 thlr 6 sgr 1 pf. |
| *Indemnités* et primes de réassurance | 1 thlr 20 sgr 3 pf. | 1 thlr 17 sgr 3 pf. |
| Dépenses d'intérêt général............. | 1 sgr 9 pf. | 2 sgr 4 pf. |
| Frais d'administration | 4 sgr 3 pf. | 13 sgr |
| Gain............... | 1 pf. | 3 sgr 6 pf. |
| °/₀ DU MONTANT DES DES PRIMES | | |
| *Indemnités et primes* de réassurance | 88,13 °/₀ | 71,51 °/₀ |
| Dépenses d'intérêt général............. | 3,13 °/₀ | 3,52 °/₀ |
| Frais d'administration | 7,58 °/₀ | 19,66 °/₀ |
| Gain............... | 1,16 °/₀ | 5,31 °/₀ |

Nous avons maintenant une idée générale des transformations dont les sociétés publiques allemandes furent l'objet depuis le commencement du siècle. Les résultats d'ensemble obtenus par les caisses publiques nous sont connus.

Nous voudrions terminer l'étude historique de cette période en donnant, en quelque sorte, une idée plus concrète des modifications que subirent ces institutions publiques. L'analyse des développements de toutes les caisses publiques permettrait d'atteindre ce but, mais nous entraînerait beaucoup trop loin. Pour préciser un peu cette évolution qui s'opéra dans nos institutions, nous croyons pourtant indispensable de prendre, parmi toutes ces caisses, quelques exemples.

Le choix certes n'est pas commode. Toutes les histoires de ces caisses sont intéressantes. Après de longues réflexions, notre préférence s'est portée sur les caisses du grand duché de Hessen d'Hanovre, et enfin, celle de Westphalie, dont les territoires forment toute une portion de l'Allemagne.

Les deux premières caisses remontent à la fin du XVIII^e^ siècle, la dernière ne date que de 1836, époque qui fut le point de départ d'une série de perfectionnements introduits dans l'assurance publique.

Par ces exemples, nous pourrons nous rendre compte de ce travail de fusion entre les sociétés publiques que nous avons plus d'une fois déja signalé.

On pourrait peut-être nous demander pourquoi nous négligeons l'histoire de la Caisse de Hambourg, qui fut dans une certaine mesure le modèle suivi par les premières caisses publiques. Tranquillisons de suite sur ce point le lecteur. Pour une raison de plan, nous avons préféré faire cette étude ultérieurement en nous occupant de l'assurance communale.

*Société d'assurance du grand duché de Hessen s'étendant aux campagnes.*

Elle fut créée le 1er août 1777 par une ordonnance de Louis IX (landgrafe de Hessen). En principe, sauf quelques exceptions pour les châteaux et résidences royales, toutes les maisons devaient être assurées à cette Caisse. Dès le début, nous trouvons un vestige de classification dans ce fait que les immeubles offrant de grands risques d'incendies n'étaient susceptibles d'engendrer qu'une indemnité égale au 1/10 du montant des dégâts causés.

Des indemnités étaient allouées pour couvrir les dégâts occasionnés tant par le feu et la foudre que par les pompiers en vue de se rendre maître du feu. Les intéressés établissaient le montant des valeurs qu'ils assuraient sous le contrôle des autorités. L'administration était assurée par une commission composée de conseillers. Les dommages étaient estimés par des entrepreneurs. Les indemnités allouées devaient servir à la réédification.

L'organisation de la Caisse fut successivement modifiée par des dispositions ultérieures dont voici les principales :

La décision du 17 décembre 1785, le rescrit du 26 mai 1790, l'ordonnance du 14 juillet 1804 déclaraient que les dommages causés par faits de guerre devaient être indemnisés.

Une nouvelle ordonnance du 18 novembre 1816,

revisa toute l'organisation et notamment établit une classification des risques consistant à n'indemniser suivant les risques que pour une portion plus ou moins grande du montant des dommages.

Cette ordonnance ne fut pas modifiée avant la loi du 6 juin 1853 améliorant les bases des estimations, introduisant la pratique des revisions périodiques. La loi du 30 octobre 1860 déclare que si les risques proprement industriels ne sont pas assurés auprès de la Caisse, ils doivent l'être auprès des sociétés privées. Citons enfin la décision établissant les conditions dans lesquelles devait être constitué le fonds de réserve et quelles étaient les règles à suivre pour contracter un emprunt.

A l'origine, il n'existait pas, pour la Caisse, de fonds de réserve et comme on devait payer les indemnités aussitôt fixées, force était de recourir pour faire face aux dépenses à l'emprunt. Déjà en 1817, le total des emprunts contractés s'élevait à 83.560 florins, dont 74.396 fl. représentant l'emprunt qu'il a fallu faire pour liquider le passif de la Caisse d'assurance de la province de Hessen. Le passif s'élève jusqu'en 1826 à la somme de 241.000 fl. qui s'abaisse déjà en 1833 à 145.700 fl. Il se maintient à ce taux jusqu'en 1846. La Caisse ayant eu un grand nombre d'incendies à supporter pendant les années allant de 1847 à 1850, à cette date le passif se chiffre par 546.700 fl. Mais à côté nous trouvons un fonds, qui en 1867 était de 217.620 fl., destiné à payer les indemnités.

Dans la période décennale s'étendant de 1856 à 1865

le passif peut être évalué à une moyenne de 133, 310 fl. ayant entraîné un paiement d'intérêts s'élevant à 55,660 fl. soit un peu plus de 4 % par an. Pour les 48 ans comptés de 1818 à 1865, la moyenne serait de 185.718 fl. à 4 %, cela fait environ un débours pour la caisse en paiement d'intérêts de 357.000 fl. Il faut reconnaître cependant que dès 1852, un amortissement vient alléger la charge que supporte la caisse Par contre jamais encore la caisse ne s'est vue obligée de recourir à la réassurance.

De 1817 à 1867, le capital assuré s'est élevé de 90.668.903 fl. à 335.621.980 fl. En déduisant le montant des valeurs détruites, cela fait une augmentation de 236.953.077 fl. soit un accroissement annuel de 4,7 %. De 1818 à 1827 l'augmentation fut de 25.156.967 fl. soit 25 %.

| | | | | |
|---|---|---|---|---|
| De 1828-1827 | l'accroissement fut de | 29.604.690 fl. | soit 30 | % |
| 1838-1847 | — | 65.308.620 | — 66 | % |
| 1848-1857 | — | 33.393.500 | — 33 | % |
| 1858-1867. | — | 83.489.300 | — 84,6 | % |

Pendant ces 51 années, la caisse a prélevé 10.344.932 fl. en primes, soit environ 1,06 ‰ par an. Ayant déboursé pendant cette période 8.967.052 fl. en paiement d'indemnités, cela fait environ 0,92 fl. ‰ de capital assuré, et 86,7 % du montant des primes perçues. Celles-ci ont varié entre 2 fl. 22 kr.. ‰ de capital assuré, taux de 1850, et 20 Kr ‰ en 1817.

Une année seulement elles ont été portées à plus de

2 gulden, elles furent inférieures à ce taux pour 16 ans, elles furent d'une gulden pendant 11 années, et de moins d'une gulden pour 22 années.

En choisissant l'historique de cette caisse, nous voulions démontrer que de bonne heure les caisses publiques sentaient l'utilité d'une classification des risques, mais qu'elles ne le faisaient que contraintes par les faits. La caisse n'a pas craint de recourir à l'emprunt, pour payer les indemnités sans retard. Nous voyons bien par là que les caisses publiques, qu'on accuse trop souvent à la légère d'être portées à abuser de leur pouvoir même dans les situations critiques, dès l'origine, avaient à cœur de remplir strictement leurs obligations. Si on se reporte aux résultats financiers, on ne tarde pas à découvrir que ce passif pesant sur la caisse, aurait pu être aisément évité par une augmentation de la cotisation. Mais toujours on voulait éviter une charge annuelle trop lourde aux propriétaires.

Par l'emprunt on répartissait le poids sur un grand nombre d'années. Enfin remarquons que les dégâts causés par un incendie allumé par une guerre ou une révolte étaient également couverts par l'assurance. Au point de vue des perfectionnements apportés, il suffit de parcourir les nombreuses décisions régissant la caisse pour se rendre compte que dès le commencement de ce siècle ils furent sérieux.

*Caisse du Hanovre.*

L'histoire de la caisse du Hanovre est beaucoup plus mouvementée. Elle nous offre le spectacle des modifications les plus variées, et fixera bien les idées générales que nous avons déjà données sur l'évolution des Sociétés publiques.

La Société créée par une ordonnance du 30 décembre 1750 étendait à l'origine sa sphère d'action aux duchés de Colesberg, Gottingen et Grabenhagen. Elle ne pratiquait que l'assurance immobilière. Disons de suite qu'elle assurait également des immeubles dans d'autres contrées de l'Etat de Hanovre, notamment dans la principauté de Lunebourg et les duchés de Brême et Verden.

Elle ouvrit sa caisse le 1er juin 1751 ; le 6 décembre 1752, le premier rapport annuel accusait déjà un capital assuré de 10.062.972 thl. Il atteint 13.694.282 thl. le 3 novembre 1753. Puis il diminue, de 1.064.235 thl. Cette baisse s'explique par ce fait que le 10 novembre 1752, la principauté de Lunebourg ayant été dotée d'une Société publique, notre établissement perdait les immeubles de ces contrées assurés à sa caisse.

Par une ordonnance du 4 mai 1754, une nouvelle Société d'assurance contre l'incendie fut fondée pour Brême et Verden. Les propriétaires de ces régions durent déserter la caisse de Calenberg pour s'assurer à cette nouvelle caisse à partir du 31 janvier 1755. Le capital assuré qui atteignait alors 17.645.14 thl. tombe brusquement de 4.509.061 thl. Mais de 1756 à 1852 c'est une hausse continue dans le montant des valeurs assurées qui s'est produite. En 1780, il était déjà de 18.581.765 thl., en 1800 il atteint 24.878.532 thl. et en 1825 il s'élève à 37.841.622 thl.; en 1850, il représente 66.551.850 thl. Cette hausse rapide s'explique par la raison que depuis 1841 des sommes assez importantes, représentant des immeubles situés dans la province de Lunebourg, ont été assurées à nouveau à la caisse de Calenbourg et de Gratenhagen. Cet apport peut être évalué pour 1841 à la somme de 530.350 thl., en 1845, au chiffre de 7.544.250 thl. et en 1851, à près de 13.969.330 thl.

La loi du 5 avril 1850, annexant à notre caisse la Société de Hildesheim, celle-ci apportait pour 15.773.950 thl. La loi du 4 avril 1851, opérant une jonction analogue pour la caisse de Lunebourg, c'est un nouvel apport de 14.137.675 thl. qui vient grossir le capital assuré par notre établissement. Aussi le 1er juillet 1853, atteint-il la somme de 94.980.325 thl., son point culminant.

C'est qu'entre temps, en 1850, on levait l'obligation qui pesait sur les habitants de s'assurer à la caisse sans introduire en même temps une classification des risques. Par suite d'une campagne effrénée menée par l'assurance privée, la caisse a perdu du terrain. Le triomphe était fatal. Si la prime uniforme était légère pour les mauvais risques, elle était élevée pour les bons risques. Aussi les Sociétés privées se proposaient-elles d'assurer les propriétaires dont les biens présentaient peu de chance d'incendie, à bien meilleur compte que la Société publique. Celle-ci en effet compensait les excédents de dépenses occasionnés par les mauvais risques au moyen du petit boni fait sur les bons risques. Les Sociétés tout en gardant une partie du bénéfice se proposaient d'assurer *les seuls bons risques* à un taux inférieur à celui fixé par la Société publique.

Le résultat ne se laissa pas attendre. Le levier si humain du « chacun pour soi » occasiona une désertion rapide des bons risques de la Caisse publique. Son capital assuré va sans cesse en diminuant pour tomber en 1857 à 64.187.875 thl., soit une baisse de 33 °/₀ en 4 ans. Mais à partir de 1858 le mouvement change de direction. Après les modifications apportées tant par la loi du 17 juin 1862 que par celle du 14 juin 1863 qui réorganisèrent entièrement la caisse, le capital assuré s'est relevé considérablement et atteint au 1er juillet 1864 la somme de 75.731.400 thl.

En indemnités et en allocations faites au service des sapeurs-pompiers, la caisse a déboursé depuis sa fondation 7.432.983 thl., dont voici les principales décompositions.

| | | | | |
|---|---|---|---|---|
| De 1751-1760 | 71.433 thl. | soit | 0,74 °/₀₀ | du capital assuré |
| 1760-1770 | 67.930 | | 0,56 | — |
| 1770-1780 | 166.423 | | 0,97 | — |
| 1780-1790 | 233.075 | | 1,13 | — |
| 1790-1800 | 336.762 | | 1,42 | — |
| 1800-1810 | 394.882 | | 1,43 | — |
| 1810-1820 | 470.968 | | 1,57 | — |
| 1820-1830 | 906.763 | | 2,27 | — |

| | | | |
|---|---|---|---|
| De 1830-1840 | 678.922 thl. | soit 1,55 ‰ | du capital assuré |
| 1840-1850 | 1.235.155 | 2,16 | — |
| 1850-1860 | 2.267.596 | 2,99 | — |
| 1860-1864 | 603.074 | 2,11 | — |
| 1751-1864 | 7.432.893 | 1,88 | — |

Les frais d'administration s'élèvent pendant cette période à 255.908 thl., soit 1 Sgr 11,8 annuellement pour 1000 thl. de capital assuré, ou 3,18 % du montant des primes. Les frais de revision et d'évaluation des immeubles, y compris les dépenses occasionnées par la grande revision de 1831, atteignent 19.305 thl. En intérêts à payer aux prêteurs, 75.564 thl. ont été versés.

Conformément à la loi du 3 mai 1849, relative à la constitution d'un fonds de réserve, 219.983 thl. ont été consacrés à cet effet. La totalité des dépenses soldées pendant les années qui s'écoulent de 1751 à juillet 1864 ne dépasse pas 8.003.743 thl. En primes la caisse a reçu 8.051.742 et en autres recettes 16.995, soit un total de 8.068.737 thl.

Jusqu'en 1827 on demandait à tous les assurés une prime uniforme basée uniquement sur le montant de la valeur assurée. On aperçoit un vestige de classification dans les dispositions de l'ordonnance du 14 septembre 1827. Aux termes de celle-ci, les maisons recouvertes de bardeau ne seraient désormais plus assurées que pour les deux tiers de leur valeur estimée. Quant aux autres constructions recouvertes de matières inflammables telles que de la paille ou du jonc, ainsi que les maisons d'habitation recouvertes en partie ou en totalité de ces substances, elles seraient assujetties à un supplément de prime égale à la moitié de la prime ordinaire. Une disposition de 1829 frappa les constructions recouvertes de toit résineux de la même restriction dans le taux de l'assurance. On étendit de plus le supplément de prime à la moitié de la prime courante pour ce genre de bâtiments. De plus l'ordonnance du 1er juillet 1846 divise les immeubles d'après leur couverture et leur construction en quatre classes. Les immeubles rangés dans la première payeront simplement la prime courante; ceux de la 2e classe un supplément de la moitié de la prime courante ; on versera le double de la prime courante pour des immeubles appartenant à la troisième classe ; enfin on percevra pour les immeubles de la quatrième classe une cotisation deux fois et demie plus forte que la prime courante. Par la loi du 3 mars 1847 les immeubles recouverts de matériaux réfractaires au feu et entièrement construits en pierre, à partir du 1er juillet 1847, ne payèrent plus que les trois quarts de la prime ordinaire.

Enfin les lois du 17 juin 1862 et du 14 juin 1863 réorganisent entièrement la caisse et remanient profondément la classification des risques qui entre en vigueur dès le 1er juillet 1864. A compter de cette date notre caisse prit le nom de « *Vereingte landschaftliche Brandkasse zu Hannover* ». A la fin de 1867 le capital qu'elle assurait s'élevait à 77.360.010 thl. et son patrimoine à 689.000 thl.

Par une décision du 23 février 1869 elle est autorisée à pratiqeur également l'assurance mobilière en se confor mant aux prescriptions réglant l'assurance immobilière.

Enfin terminons notre historique par l'étude des origines et des développements de la caisse de Westphalie. Nous trouvons là un des plus beaux exemples de cette fusion des Sociétés publiques en même temps que de leur modernisation. On nous pardonnera donc de nous étendre quelque peu sur l'histoire de cette caisse.

### *Caisse d'assurance de Westphalie* (1)

En 1836 fut créée la Société provinciale de Westphalie. Mais avant cette date il exista en Westphalie toute une série de Sociétés publiques d'assurance contre l'incendie dont nous allons étudier rapidement l'histoire intéressante à bien des points de vue.

Tout d'abord cette étude nous permettra d'assister à tout un travail de fusion, d'agglomération de caisses publiques allant sans cesse en augmentant avec le temps, et s'achevant enfin en 1836 par la création d'une caisse unique s'étendant à toute la province.

En second lieu on se rappelle que dans ce siècle même le drapeau français flotta dans nombre de ces régions. Faisant l'historique des caisses s'étendant à ces territoires, nous parcourrons en même temps une période de l'histoire de l'assurance française.

Pour mettre de l'ordre dans cet exposé nous envisagerons successivement les trois régences englobant cette portion de territoire : celle de *Minden*, celle de *Munster* et enfin celle d'*Arnsberg*.

(1) Nous empruntons tous nos renseignements à un remarquable article paru dans les *Mittheilungen*.

## I. RÉGENCE DE MINDEN

De bonne heure on conçut le projet de créer des Feuer-Societaten dans la Westphalie. La première mise à exécution de cette idée se manifeste par la création en 1718 de la « Berliner assecurations Anstalt », cette caisse devait fonctionner provisoirement en attendant qu'on fonde une institution devant exploiter l'assurance dans les provinces prussiennes.

En 1719 déjà, à Minden, on avait posé les bases de fondation d'une Société publique. Elle devait assurer indifféremment les risques ruraux et urbains. Sa sphère d'application devait s'étendre à tout le territoire alors désigné sous le nom de Westphalie. Il comprenait la principauté de Minden, les comtés de Ravensberg, Tecklembourg et Linden. La réalisation de ce plan fut considérée comme présentant des difficultés insurmontables. Notamment il aurait fallu pour englober les campagnes dans la sphère d'action de la Société, doter les pays de matériels de pompes, d'autre part il fallait compter avec le particularisme dont les diverses villes de la province n'auraient pas voulu se départir. D'ailleurs ce sentiment ne tarda pas à être manifesté par les habitants du comté de la Marche en 1722.

Telle était la situation lorsqu'en 1823 le roi fit rédiger une règlement de Société pour les villes de la principauté de Minden et du comté de Ravensberg, c'est-à-dire les villes de Minden, Lubbecke, Bielefeld et Herford. Plus tard il s'étendit aux villes annexées à cette principauté et au comté, savoir notamment : Petershagen, Hausberge, Vlotho, Halle, Versmold, etc., et plus tard enfin aux villes des comtés de Lingen et Tecklenburg.

L'incorporation de la province dans le royaume de Westphalie ne changea rien dans le fonctionnement de la Société.

Mais en 1810, lorsqu'une partie du royaume tomba sous la domination française, se retirèrent de la Société non seulement les villes des comtés de Lingen et Tecklenburg, mais encore les autres villes de la principauté de Minden et du comté de Ravensberg. Ces dernières s'adressèrent aux Sociétés publiques de Kassel et du Hanovre.

Après la réoccupation de ces territoires, les anciens statuts reprirent leur vigueur et l'ancienne caisse regagna son territoire primitif avec quelques modifications. Les villes de Rheda, Rietberg, Reckenberg qui furent réunies au territoire de la Régence de Minden firent partie de la sphère d'action de la Société. Au contraire, les villes des comtés de Lingen et de Tecklenburg qui, à dater du 1er janvier 1817, furent incorporées dans la Régence de Munster, cessèrent d'appartenir au territoire sur lequel la Caisse exerçait l'assurance. Voilà pour la Société exploitant les risques urbains dans les régions de Minden et de Revensberg, occupons-nous maintenant de cette assurance contre les risques ruraux.

Conformément à une décision royale du 28 mai 1749 fut créée une société publique d'assurance contre l'incendie s'étendant aux circonscriptions administratives de Sparenberg et Ravensberg et bientôt également à celle de Limburg. En 1767, la Société étendit sa sphère d'action à toutes les campagnes des territoires de Minden, Ravensberg, Tecklenburg et Lingen. En même temps une nouvelle rédaction de l'ancien règlement de 1749 fut publiée. La Société était administrée par la Chambre des Domaines de Minden. Mais chaque province conservait son union propre. Elles encaissaient les recettes qui étaient ensuite centralisées dans la caisse du trésor de guerre. Cette multitude de petites unions fut un obstacle sérieux qu'il fallut surmonter lorsqu'on songea à les réunir en une seule.

En 1807, la direction supérieure de la Société passa au préfet du département du Weser. Mais comme en 1810 la France augmenta son territoire des régions situées sur la gauche de la Werra et du Weser formant le royaume de Westphalie ainsi que des districts de Minden et Ravensberg qui constituaient le département de l'Ober Ems ayant pour chef-lieu Osnabruck, les districts de Minden et Ravensberg restés westphaliens allèrent augmenter les uns le territoire de la caisse de Kassel, les autres celui de la caisse de Hanovre. Quant aux territoires devenus français, ils dépendirent d'une direction spéciale.

Après la réoccupation, on revint à l'ancien état de choses. Mais le territoire d'application de la Caisse s'appauvrit des parties de la Tecklenburg et du Lingen devenues prussiennes qui dépendaient désormais de la Caisse de Munster. Quant à la direction elle fut assurée pour le Ravensberg par la Commission de la Régence de Bielefeld, pour le Minden par celle de Minden. La direction supérieure appartenait au gouvernement civil de Munster. Par une décision de ce gouvernement civil en date du 14 août 1815, les campagnes du comté de Rietberg, et par la décision du 19 septembre de la même année, les campagnes du comté de Rheda et bientôt la circonscription administrative de Reckenberg firent partie de la sphère d'application de la Société de Ravensberg.

Le 1er août 1816, la Société de Minden ainsi que celle de Ravensberg furent placées sous la direction supérieure unique de la Régence de Minden.

On se rappelle que la Caisse était régie par le règlement rédigé par la royauté en 1749. Aux termes de cette loi, l'affiliation était facultative, chaque propriétaire qui désirait faire assurer son immeuble en indiquait la valeur à la Société. On était très sévère pour l'allocation des indemnités. Il fallait vraiment qu'il n'y eût aucune faute commise par l'assuré. Les indemnités devaient être affectées à la réédification de l'immeuble détruit.

L'administration de la Société était assurée par la Chambre des Domaines, les conseillers de la province et quelques autres fonctionnaires. Ils ne pouvaient prétendre à aucune rétribution. Seuls les percepteurs de primes touchaient 1 °/₀ sur leur encaisse.

Une ordonnance du 28 avril 1767 est venue apporter des modifications relatives surtout aux évaluations tant des immeubles que des dégats causés par les incendies.

Les nécessités de la pratique ont encore à plusieurs

reprises imposé certaines modifications. De sérieux perfectionnements furent apportés. Désormais, au lieu de l'intéressé ce seront trois experts assermentés qui procèderont aux évaluations. L'indemnité accordée aux percepteurs de primes fut élevée à 2 % de l'encaisse. Enfin il fut décidé qu'une partie des primes devait être affectée à assurer le service de secours en cas d'incendie.

En 1769, le 21 mars, fut créée une « Feuer societat » pour la principauté de Paderborn. On publiait le même jour le règlement qui devait en régir le fonctionnement. Aux termes de ce règlement la Caisse devait indifféremment assurer les risques ruraux et urbains. L'affiliation à la Caisse était obligatoire pour tous les propriétaires. L'administration de la Société incombait au conseil supérieur bischofal, aux députés des états et au Syndicat.

Voici quelques renseignements statistiques sur les résultats obtenus par ces caisses :

1° Minden, Ravensberg, Rietberg, Rhedaïschen Stâdtesocietat en 1816 assurait 4.312.300 Thl. et 5.245.375 en 1836.

2° Minden, Ravensberg, Rietberg, Rhedaischen Landlichen Societat en 1816 assurait :

*a)* La Minden'schen platten Lande, 6.447.700 Thl. et 7.127.125 Thl. en 1836.

*b)* La Ravensberg, Rietberg, Rhedaischen platten Lande, 6.721.425 Thl. en 1816 et en 1836 : 8.207.075.

3° Paderborn Corveys'chen Societat en 1816 dans les

villes 1.824.000 Thl., dans les campagnes 3.198.225, et en 1836 en tout assurait 8.463.350. Si l'on totalise toutes ces sommes, on trouve que les sociétés situées dans la Régence de Minden ont assuré en 1816 22.503.650 Thl. et en 1836 près de 29.045.000 Thl.

Indiquons maintenant quelques moyennes pour ces 21 années.

| | Minden, etc. Stædte | Minden plattes land | Ravensberg plattes land | Paderborn |
|---|---|---|---|---|
| | Thlr | Thlr | Thlr | Thlr |
| Moyenne annuelle du capital assuré ...... | 4.868.700 | 6.813.100 | 7.424.350 | 6.875.200 |
| Dégâts °/₀₀ du capital assuré ............ | 1,07 | 2,14 | 1,49 | 2,33 |
| Primes °/₀₀ du capital assuré ............ | 1,20 | 2,15 | 1,53 | 2,34 |
| Indemnités °/₀ des primes ................ | 88,9 | 99,5 | 97,2 | 99,4 |

## II. Régence de Munster

Conformément à un édit de l'archevêque de Cologne, Maximilien Friedrich, du 15 avril 1768, rendu sur la proposition des Etats de Munster, fut créée une Caisse d'assurance contre l'incendie pour l'épiscopat, acceptant indifféremment les risques ruraux et urbains. Comme pour la Caisse de Paderborn, l'affiliation à cette caisse était obligatoire. Les immeubles étaient évalués par leurs propriétaires et ces différentes valeurs étaient enregistrées dans un cadastre. Le montant des dégâts causés par un incendie était fixé par les autorités locales lorsqu'il ne s'élevait pas au-dessus de 1.000 thl., au-delà c'était la commission d'administration de la Société qui déterminait l'importance des dégâts. La commission se composait de commissaires du gouvernement et de députés des Etats. Le contrôle était exercé par le conseil supérieur de l'épiscopat.

La Société ne subit aucune modification jusqu'à la sécularisation de l'épiscopat de Munster en 1803. Mais à cette date on sait que l'épiscopat fut partagé. La plus grande portion alla à la Prusse. Une caisse fut fondée pour ce territoire, qui fut dirigée par l'administration française pendant tout le temps que dura notre domination sur ces territoires. Puis l'ancienne administration fut rétablie avec la réoccupation par une décision du Gouvernement civil du 12 juillet 1814. Le 19 décembre 1815 une nouvelle ordonnance du Gouvernement civil des pays situés entre le Rhin et le Weser décréta la réunion de toutes ces Sociétés. Une seule caisse devait désormais exister pour toute la régence de Munster. Cette Société devait commencer à fonctionner à compter du 1er janvier 1816. Elle fut régie par l'ancien règlement du 15 avril 1768 avec quelques modifications. Les affaires courantes de la Société au lieu d'être expédiées par les tribunaux l'étaient maintenant par les autorités administratives. Les primes étaient encaissées par les percepteurs d'impôts.

Pour en terminer avec la Société publique de la régence de Munster, donnons quelques chiffres permettant de rendre compte des résultats obtenus par cette institution. En 1816, le capital assuré s'élevait à 20.794.280 thl. et à 28.980.495 thl. en 1836. La moyenne annuelle du capital assuré pendant ces 20 années peut être évaluée à 24.338.263 thl. Pendant cette période 484.415 thl. ont été consacrés au paiement d'indemnités, soit 0,99 thl. °/₀₀ de capital assuré par an. Les primes perçues pendant ce laps de temps formaient un total de 512.613 thl., soit 1,06 thl. °/₀₀ du capital annuel assuré. En général le paiement des indemnités absorbait 94,5 °/₀ du montant des primes.

## III. Régence d'Arnsberg

1° Les villes du comté de Marche ainsi que celles du duché de Clèves furent dotées d'une Caisse publique d'assurance contre l'incendie dès 1722. Une décision royale en date du 1er mai 1722 contient le règlement destiné à régir la Société.

Le 1er avril 1798, le roi Frédéric Guillaume III décréta un nouveau règlement provisoire pour la Société assurant les immeubles des villes du comté de Marche, la ville de Soest, mise à part, en attendant que les Etats aient terminé la rédaction d'un règlement auquel ils travaillaient. Ce règlement ne fut promulgué que le 26 mai 1801. Aux termes de cette disposition la ville de Soest rentrait à nouveau dans la sphère d'action de la Caisse.

Tous les immeubles urbains, y compris les églises, les cloîtres, les écoles, les maisons de refuge, les orphelinats, devaient être assurés à cette caisse.

Les bâtiments couverts en chaume, en jonc ou autres

substances aussi inflammables, payaient un supplément de prime égal au tiers de la cotisation ordinaire. A côté on percevait un droit d'entrée proportionnel à la valeur de l'immeuble.

Les évaluations des immeubles étaient faites par les municipalités qui réunissaient pour ce un comité de bourgeois. Les mêmes autorités se chargeaient de la perception des primes et du versement des indemnités.

Un recours était offert aux intéressés devant une chambre composée de députés versés dans les questions de droit.

Les indemnités étaient payées en trois termes et devaient être consacrées à la réédification de l'immeuble détruit.

Enfin les assurés devaient tous contribuer à la formation d'un fonds de réserve ne devant jamais tomber au-dessous de 2,000 thl.

La Caisse jouissait de la franchise postale et était exempte des droits de timbre.

2° En 1767, le roi Frédéric II créa une Caisse d'assurance contre l'incendie pour les campagnes du comté de Marche. Le règlement applicable au fonctionnement de la caisse, rédigé d'accord avec les commissaires du Gouvernement et les Etats de la Marche, fut publié le 19 février 1767.

D'après ce règlement, tout contribuable propriétaire foncier devait assurer son immeuble à cette Caisse. Chaque intéressé indiquait la valeur de son bien immobilier sans pouvoir en majorer l'estimation.

Les risques particulièrement mauvais tels que les fabriques de poudre, les fonderies ne pouvaient être assurés à la caisse. Par contre les dégâts causés par une troupe ennemie allumant des incendies seront indemnisés moitié par le Gouvernement, moitié par la Caisse d'assurance contre l'incendie.

L'administration de la caisse est exercée par une Direction Générale. Elle se compose des présidents des Etats, de deux chevaliers, d'un député des villes du Landtag. La haute surveillance incombait à la Chambre des Domaines. Dans les localités il existait des directeurs de cercle, assistés chacun de deux députés. Le tribunal de justice de paix constituait l'organe de juridiction de la caisse. On pouvait en appeler devant la Direction générale et le Landtag.

Enfin la caisse bénéficiait de la franchise postale et de l'exemption du timbre. Le 17 novembre 1772, un règlement royal créa un Caisse publique pour le cercle de Altena.

Dans des modifications postérieures les immeubles présentant des grands risques d'incendie étaient divisés en quatre classes. Cet exemple ne tarda pas à être suivi dans les autres cercles, notamment dans ceux de Freigerichte Bodelschwing, de Mengede et de Weler, par les règlements des 19 et 25 novembre 1773. Plus tard nous assistons de nouveau à une réunion de la Caisse de la Marche aux diverses Sociétés qui venaient de se former en dehors d'elle. Déjà avant la fondation de la Société s'étendant aux campagnes de la Marche, nous trouvons une Caisse spéciale pour le territoire de la ville de Soeste régie par le règlement du 19 novembre 1776.

En 1824, cette caisse ainsi que celle des cercles de Hamm-Horde, de Bodelschwing et Mengede, celle du cercle de Wetter, ainsi que celle du cercle d'Altena se réunirent à la caisse de la Marche assurant les campagnes. Cette caisse ainsi modifiée persista jusqu'en 1836, époque de la création de la Société provinciale.

3°. En 1778, le 2 juin, fut publié sur l'ordre de Frédéric Maximilien, archevêque de Cologne, un règlement destiné à régir la Caisse publique d'assurance contre l'incendie, du duché de Westphalie. La direction de l'institution était formée d'une députation des Etats. Comme l'assurance à la Caisse n'était pas obligatoire, le nombre de propriétaires affiliés à la Société était assez faible. Des primes peut être élevées expliquent encore ce peu d'enthousiasme à faire partie de la Société. Pour remédier à cet état de choses, on rendit l'assurance obligatoire pour les petits propriétaires. Mais ces maisons, précisément en raison des risques d'incendie qu'elles présentaient, mettaient la Caisse dans l'obligation de percevoir des primes élevées. En 1784, avec François Maximilien, cette contrainte cessa.

En 1803, le duché de Westphalie fut réuni au Grand duché de Hessen, mais ce changement n'entraîna pas de modifications dans le fonctionnement de la Caisse. Par suite de grands incendies survenus, une ordonnance du grand duc Louis, en date du 2 mai 1807, supprimant les effets de la disposition de 1784, rendit à nouveau l'assurance obligatoire.

Pour les propriétaires nobles ainsi que les propriétaires de maisons isolées ou situées en dehors des villes, l'assurance restait facultative.

L'ordonnance du 14 mai 1808 introduisit une classification des immeubles. Les maisons couvertes en bardeau situées dans les villes, étaient inscrites au cadastre *ad hoc* pour une valeur supérieure à un tiers de leur valeur véritable. Mais en cas d'incendie total, l'indemnité allouée ne pouvait dépasser les deux tiers du montant de la valeur relatée dans le registre du cadastre. Il en était de même pour les bâtiments couverts en paille, en jonc ou autres substances aussi inflammables. D'autre part, si les bâtiments n'étaient pas séparés les uns des autres par un mur en pierre, la valeur cadastrale était majorée d'un quart de la valeur vraie et l'indemnité allouée ne pouvait être supérieure au trois quarts de la valeur cotée dans le registre. Il en était de même pour les bâtiments ruraux. Enfin, déjà depuis plusieurs années il était défendu de construire des maisons couvertes en chaume ou en paille.

Une ordonnance royale du 4 avril 1848 a porté le maximum des deux tiers de l'indemnité à verser au trois quarts pour les immeubles encore couverts en bardeau ou en paille, mais a augmenté les primes afférentes à ce genre de risque.

Cette disposition avait un effet rétroactif et s'appliquait à toutes les polices rédigées depuis le 1er janvier 1817. La Société persista ainsi sans modifications sérieuses jusqu'en 1836.

4°. Il nous faut encore citer deux caisses publiques,

dont les territoires firent plus tard partie de la sphère d'action de la Société westphalienne d'assurance contre l'incendie : C'est la Caisse de la ville de Lippstadt créée en 1752 et celle du cercle de Siegen.

Pour en avoir terminé avec les Caisses de la régence d'Arnsberg, il ne nous reste plus qu'à donner quelques chiffres permettant de donner une idée de la marche de ces sociétés.

| Sociétés : | en 1813 Thlr | en 1822 Thlr | en 1832 Thlr | en 1836 Thlr |
|---|---|---|---|---|
| Comté de Marche (Villes).... | 5.405.655 | 7.312.535 | 8.955.670 | 9.484.480 |
| Cercle Hamm-Hœrde (Campagnes).................. | 2.087.015 | 3.885.080 | | |
| Cercle Weter (Campagnes).. | 1.760.190 | 2.686.285 | 12.516.305 | 13.812.385 |
| Cercle Altena (Campagnes).. | 1.337.440 | 1.425.165 | | |
| Soester Bœrde (Campagnes). | 485.985 | 603.285 | | |
| Duché de Westphalie (Villes) | 2.213.940 | 3.053.250 | | |
| Cercle de Wittgenstein (Campagnes) .................. | 4.718.075 | 6.787.925 | 12.994.430 | 14.514.127 |
| **Totaux pour Régence d'Arnsberg.** | 18.088.300 | 25.753 525 | 34.466.405 | 37.810.992 |

Terminons cet historique par une récapitulation des sommes assurées en 1818, en 1822, en 1832 et en 1836, par les sociétés publiques des 3 régences.

| | en 1816 Thlr | en 1822 Thlr | en 1832 Thlr | en 1836 Thlr |
|---|---|---|---|---|
| La Régence de Minden...... | 22.508.650 | 24.387.975 | 27.932.150 | 29.044.925 |
| La Régence de Munster..... | 20.794.280 | 22.000.000 | 26.932.415 | 28.980.495 |
| La Régence d'Arnsberg..... | 20.350.745 | 25.753.525 | 34.466.405 | 37.810.992 |
| Total assuré dans les territoires formant actuellement la Province de Westphalie. | 68.648.675 | 72.141.500 | 89.330.970 | 95.836.412 |

En 1836, commença une réforme générale de l'assurance contre l'incendie en Prusse. Elle se manifesta dans la province de Westphalie par la réunion de toutes les caisses dont nous venons de nous occuper. Elles se fondirent dans une seule grande-caisse provinciale désignée désormais sous le nom de « *Westfælische Provinzial Feuersocietæt* ». Le règlement qui lui fut applicable fut publié le 5 janvier 1836.

En quelques mots, voici les principaux points de la réforme introduite par ce règlement :

L'assurance est rendue facultative, aucun propriétaire n'est tenu de faire assurer ses immeubles à la Caisse provinciale. En principe, celle-ci accepte tous les risques, sauf certains risques industriels particulièrement mauvais : tels que les moulins à poudre, les raffineries de sucre, de soufre, de térébenthine, les usines à éther, à gaz, à phosphore, les fonderies, etc., ainsi que les théâtres. Le maximum de la valeur qu'on pouvait assurer était représenté par le montant de la valeur courante des parties de l'immeuble pouvant être la proie des flammes. Les immeubles assurés pouvaient être répartis en sept classes. La prime ordinaire afférente à chaque classe était fixée à 1, 2, 3, 4, 5, 6 et 7 sgr. °/₀ thl. de capital assuré suivant la classe. Mais des primes extraordinaires pouvaient être perçues.

Le règlement du 5 janvier 1836 resta en vigueur jusqu'en 1859, mais dans l'intervalle nous devons signaler certaines modifications relativement surtout à la classification des immeubles et aux primes perçues.

Une ordonnance du 10 février 1843 fixe les primes

aux taux suivants : 1, 1 1/2, 2 1/2, 4, 6 1/2, 7 1/2 et 8 sgr. °/₀ thl. de capital assuré, selon qu'il s'agit de la première ou des classes suivantes jusqu'à la septième classe.

Conformément à une ordonnance du 1er septembre 1852, les maisons couvertes en terre glaise, en bardeau ou en paille, les pharmacies, les laboratoires et autres risques particulièrement mauvais, pouvaient être assurés par la caisse. Il était loisible à la Direction d'accepter des risques plus mauvais encore, ainsi que des bâtiments annexés à une industrie. L'ordonnance du 19 février 1855 augmenta encore les pouvoirs de la Direction sur ce point, et en même temps abaissait de 25 °/₀ les primes afférentes aux bonnes classes de risques.

Quels sont maintenant les résultats obtenus pendant ce laps de temps, de 1836 à 1859 :

En 1837, la caisse assurait un capital de 109.259.750 Thlr. dont 32.399.940 Thlr dans la régence de Munster, 32.487.720 Thlr dans celle de Minden et enfin 45.382.630 Thlr dans celle d'Arnsberg. Le capital assuré s'est, d'année en année, augmenté et atteint, en 1847, le total de 136.980.890 Thlr. Mais par suite d'incendies très importants et de raisons politiques, le capital assuré tombe en 1854 à 102.809.710 Thlr. A partir de cette date nous assistons de nouveau à une ascension progressive du capital assuré. En 1859 il se chiffre par 124.066.180 Thlr.

Mais nous voudrions surtout insister sur la qualité des risques assurés pendant cette période. L'affiliation à la caisse était depuis 1836 purement facultative. Il est du plus grand intérêt de chercher à connaître un peu la composition du portefeuille de cette Société. Aussi ne craignons-nous pas de donner un assez grand nombre de chiffres. En 1837, voici comment se répartissent d'après les classes les 109.259.750 Thlr. de valeurs assurées.

0,27 % dans la I<sup>re</sup> classe ; 5,42 % dans la II<sup>e</sup> ; 19,33 % dans la III<sup>e</sup> ; 48,83 % dans la IV<sup>e</sup> ; 23,58 % dans la V<sup>e</sup> ; 2,45 % dans la VI<sup>e</sup> et enfin 0,12 % dans la VII<sup>e</sup>. En 1859 au commencement de l'année le capital assuré dans toutes les classes s'élevait à 120.066.180 Thlr.

Voici comment était distribué ce total entre les diverses classes.

0,37 % dans la I<sup>re</sup> classe ; 6,34 % dans la II<sup>e</sup> ; 27,06 % dans la III<sup>e</sup>, 42,64 % dans la IV<sup>e</sup> , 22,35 % dans la V<sup>e</sup> ; 1,04 % dans la VI<sup>e</sup> ; 0,19 % dans la VII<sup>e</sup>. Si maintenant on veut essayer de trouver une moyenne pour ces 23 années, on arrive aux résultats suivants : pour la I<sup>re</sup> classe 0,33 % ; pour la II<sup>e</sup>, 6,34 % ; pour la III<sup>e</sup>, 22,68 % ; pour la IV<sup>e</sup>, 46,37 % ; pour la V<sup>e</sup>, 22,68 % ; pour la VI<sup>e</sup>, 1,53 % ; pour la VII<sup>e</sup>, 0,07 %.

Pendant cette même période de 23 ans, voici, d'après le total des sommes encaissées, comment on peut exprimer le montant des primes perçues dans chaque classe ‰ de valeur assurée. Dans la I<sup>re</sup> classe, 0,55 ‰ ; dans la II<sup>e</sup>, 0,77 ‰ ; dans la III<sup>e</sup>, 1,35 ‰ ; dans la IV<sup>e</sup>, 2,09 ‰ ; dans la V<sup>e</sup>, 3,32 ‰ ; dans la VI<sup>e</sup>, 3,56 ‰ ; dans la VII, 3,74 ‰. Si nous rapprochons ces chiffres de ceux exprimant le montant des indemnités payées ‰

de capital assuré (0,65, 0,61, 1,44, 1,80, 3,52, 3,00, 0,86), nous constatons que presque pour chaque classe le montant des indemnités versées correspond sensiblement a celui des primes perçues.

On peut dire que le paiement des indemnités a absorbé près de 96 % (exactement 95,85 %) du produit de l'encaisse des primes. Les dépenses accessoires et frais d'administration ne se sont guère élevés qu'à 4 % (4,15 exactement) du total des primes encaissées.

Cette statistique nous permet de plus, de constater les écarts qui existent suivant les classes de risques entre le montant des indemnités payées. De 0,65 ‰ de capital assuré que nous trouvons dans la première classe, on passe successivement à 0,61, 1,44, 1,80, 3,52, 3,00 et 0,86 ‰ de capital assuré versé en indemnités.

En parcourant attentivement cette progression, on ne tarde pas à remarquer qu'elle est brusquement interrompue lorsqu'on arrive à la dernière classe. Pendant les années s'écoulant entre 1837 et 1859, on a payé en indemnités, pour réparer les dommages causés aux immeubles de la V^e^ classe, 3,52 ‰ du montant total des valeurs assurées dans cette classe. Passant à la classe suivante, au lieu d'une progression c'est une dégression que nous constatons, qui s'accentue brusquement lorsqu'on arrive à la VII^e^ classe, tandis que la progression est certaine — c'est logique — pour le montant des primes perçues : 0,55 ; 0,77 ; 1,35 ; 2,09 ; 3,32 ; 3,56 ; 3,56 ; 3,74.

C'est à cet état de choses qu'on a voulu remédier en

modifiant la classification dans le nouveau règlement revisé du 26 septembre 1859.

D'après ce règlement il n'y a plus que 6 classes, mais pour le IIe classe et les suivantes, jusqu'à la Ve, on introduit pour chacune 3 divisions, selon que l'immeuble est ou non isolé, et s'il abrite ou non des marchandises pouvant facilement prendre feu.

Les résultats ne tardèrent pas à démontrer le bien fondé de cette réforme. Il nous suffit, pour cela, de relever le montant des indemnités payées dans chaque classe, depuis par exemple 1860 à 1868. Pour diminuer le nombre de chiffres à donner, indiquons seulement la moyenne obtenue pour chaque classe pendant cette période. L'importance du total des indemnités versées par rapport à 1000 de capital assuré dans chaque classe peut s'exprimer ainsi qu'il suit : 0,16 ‰ dans la Ire classe ; 0,83 ‰ dans la IIe classe ; 1,90 ‰ dans la IIIe classe ; 1,82 ‰ dans la IVe classe ; 2,90 ‰ dans la Ve classe et 4,25 ‰ dans la VIe classe. Le total des primes perçues dans les différentes classes peut s'exprimer ‰ de capital assuré ainsi qu'il suit : 0,51 ; 0,81 ; 1,51 ; 2,00 ; 3,07 ; 3,95 ‰ suivant les classes. Si l'on rapproche ces chiffres, il en ressort que 95 à 97 % du produit de la perception des primes fut affecté au paiement d'indemnités pendant ces huit années. Le capital d'autre part s'est élevé de 157.953.880 Thlr. qu'il était en 1860 à 224.441.040 Thlr. au 30 juin 1868, soit un accroissement en 7 ans 1/2 de 66.487.160 Thlr. ou près de 42 %. Voici d'après les 6 classes comment le capital assuré se répartit :

Au 31 décembre 1860.

2,77 % du capital total dans la I^re classe ; 11,77 % dans la II^e classe ; 27,41 % dans la III^e classe ; 29,14 % dans la IV^e classe ; 27,45 % dans la V^e classe ; enfin 1,44 % dans la VI^e classe.

Au 30 juin 1868.

2,92 % du capital total dans la I^re classe ; 20,26 % dans la II^e classe ; 33,54 % dans la III^e classe ; 23,41 % dans la IV^e classe ; 19,03 % dans la V^e classe ; enfin 0,84 % dans la dernière classe.

En moyenne pour ces 8 années :

2,94 % ; 16,64 % ; 30,35 % ; 25,70 % ; 22,24 % ; 1,15 % selon les classes.

Une ordonnance du 16 décembre 1861 ajoute l'assurance mobilière à la sphère d'action de la caisse. Elle commença à fonctionner à partir du 1^er janvier 1863. A l'origine, ne pouvaient être assurés à la caisse, que les objets mobiliers situés dans des immeubles assurés auprès de la Société.

Une ordonnance du 2 mars 1863 est venue supprimer cette restriction. La classification des meubles était calquée sur celle des immeubles. On créait à côté une classe spéciale comprenant toutes les assurances mobilières de courte durée. Les primes afférentes à cette dernière classe seront fixées de gré à gré pour chaque cas déterminé.

Les résultats obtenus pendant les 5 premières années et demie furent satisfaisants. Au 30 juin 1864, le capital assuré s'élevait à 18.041.530 thl. au 30 juin 1868, il atteint 36.593.880. Voici l'importance du montant du capital assuré à ces deux dates dans chaque classe par rapport au total global des valeurs assurées.

Dans la 1re classe 0,02 % du capital total assuré, 18,09 % dans la 2e classe, 46,58 % dans la 3e classe, 19,59 % dans la 4e classe ; 14,70 % dans la 5e classe, et enfin 0,46 dans la 6e classe et 0,56 % dans la classe spéciale.

Pour 1868 dans la 1re classe 0,09, dans la 2e classe 23,34 %, dans la 3e classe 45,12 %, dans la 4e classe 17,67 % ; dans la 5e classe 10,18 %, dans la 6e classe 0,63 ; enfin dans la classe spéciale 2,47 %, du capital total assuré.

Contrairement à ce que nous avons relaté pour l'assurance immobilière, ici seulement 67,89 % du produit de l'encaisse des primes a été affecté en paiement d'indemnités.

Si nous faisons masse de toutes les valeurs tant mobilières qu'immobilières assurées par la caisse en 1868, nous arrivons au total de 261.034.920 thl. tandis qu'à la fin de 1837, il n'atteignait que 109.259.750 thl. Depuis sa fondation, les assurés ont payé : 9.408.742 thl. de primes. Mais la Société a déboursé en indemnités 8.957.804 thl. soit 95,22 % du montant du total des primes. Seulement 450.930 thl. ont été affectés aux frais accessoires et d'administration, soit 4,79 % du total des primes encaissées.

Par un ordre du cabinet du 2 septembre 1863, fut créé un fonds de réserve.

En 1878, le capital assuré s'élevait à 733.566.540 M. pour les valeurs immobilières, et à 755.124.510 M. en

1879. Le capital mobilier assuré atteint au 1er juillet 1878, le total de 134.180.950 M. et 146.098.650 en 1879, soit 23.809,160 M. ont été réassurés et 35.163.231 M. en 1879, pour les valeurs immobilières. Nous avons toujours 6 classes et 3 subdivisions par classe à partir de la 2e classe.

Il nous tarde maintenant, pour terminer avec l'histoire et les développements de l'assurance publique contre l'incendie depuis ses origines jusqu'en 1870, de faire connaître les résultats financiers obtenus par l'ensemble des Sociétés publiques allemandes au moment de la guerre franco-allemande.

A la fin de 1870, le capital assuré par les Sociétés publiques allemandes d'assurance contre l'incendie, s'élevait à près de 5.741,8 millions de Thl. tandis que l'année précédente il n'atteignait que 5.598,4 millions de Thl., ce qui fait en chiffres absolus une augmentation de 143,4 millions de Thl. en faveur de l'année 1870. Mais pour les années s'écoulant de 1865 à 1869, l'accroissement était plus grand.

Il fut successivement de 231,4, 164 1/2, 175, 162,6 millions de Thl. Si dans les tableaux que nous présentons, nous relatons un accroissement de 152 millions, cette différence de 9 1/2 millions de Thl., tient à ce que souvent la période envisagée est à cheval sur les deux années 1869 et 1870.

En tout cas il n'en appert pas moins un ralentissement dans la progression du capital assuré. Il s'explique par des raisons multiples dont les principales sont d'une part la guerre franco-allemande, d'autre part, la tiédeur qu'ont montrée certaines Sociétés publiques, qui régulièrement, en grande partie, assuraient également contre les incendies allumés par la guerre, à recevoir de pareils risques pendant la durée des hostilités. Enfin c'est l'époque où spécialement les Sociétés par actions se développent considérablement.

Nous savons également que le 1er août 1870, fut décidée la liquidation de la caisse du duché de Schambourg Lippe.

Nous devons enregistrer une diminution dans le capital assuré pour 10 Sociétés, dont 9 sont prussiennes, s'élevant à 4,7 millions de Thl. dans lesquels les Sociétés prussiennes entrent pour 3 millions et demi. Pour les autres établissements, ou bien le capital reste stationnaire, ou il augmente.

Pour l'assurance mobilière, nous relatons sans doute une augmentation de plus de 13 millions de Thl., mais elle avait été pour les années allant de 1865 à 1869 de 17, 13,4, 22,4, et 15,7 millions de Thl. Il faut en chercher la cause dans la guerre de 1870. Quant à la réassurance, n'y ont recouru que peu de Sociétés publiques : c'est la Société de la ville de Breslau pour 2.567.416 Thl., pour un capital assuré de 57.570.050 ; la Société d'Halberstadt Ritterschaft pour une somme de 4.494.370, c'est-à-dire une réassurance complète ; c'est la Société du duché de Saxe pour 6.933.095 Thl. Le capital assuré était de 88.954.720 Thl., et pour l'assurance mobilière sur un capital de 12.742.770 Thl., elle à réassuré 2.369.245 Thl. Cela fait un total de 13.640.086 Thl., réassurés par les Sociétés prussiennes.

Pour les Sociétés allemandes en dehors de la Prusse, une valeur de 66.416.196 Thl. a été réassurée. Seule la Société d'Anhalt a réassuré tout son portefeuille qui s'élevait à 50.793.130 Thl., et la Société de la ville de Lubeck en réassurant 15.438.951 Thl, faisait presque de même. Enfin la Société de Waldeck et Pyrmont réassurait, sur un capital de 12.451.300 Thl., 184.115 Thl.

Examinons maintenant rapidement les résultats obtenus, et rapprochons-les de ceux trouvés pour les années antérieures.

Un fait heureux d'ailleurs, frappe de suite, c'est la diminution sensible du montant des dégâts causés par l'incendie.

De 1856 à 1865, la moyenne du total des indemnités servies peut être évaluée en Prusse à 1,95 ‰ de capital assuré et à 1,37 en Allemagne. En 1866, le ‰ est en Prusse de 1,95 et de 1,54 en Allemagne. En 1867, il est de 1,77 seulement en Prusse, mais 1,75 en Allemagne. En 1868, il s'élève brusquement à 2,42 en Prusse et à 2 en Allemagne. En 1869, il n'est plus que de 1,95 en Prusse, et 1,51 en Allemagne, enfin en 1870 il tombe à 1,74 en Prusse, et à 1,28 en Allemagne, c'est-à-dire plus bas que pour toute la période s'étendant de 1856 à 1870.

Considérons en second lieu que le patrimoine des soixante sociétés envisagées s'est accru de 166 millions et s'élève à 912 millions en 1870, tandis que les primes ont été plutôt abaissées. La prime moyenne étant de 1,22 ‰, c'est une diminution de 0,03 sur l'année précédente. Rien que pour l'établissement d'Etat du royaume de Saxe, d'autre part, il y a eu un excédent de recettes de 700.000 thl. Les primes ont encore permis de consacrer 0,045 °/₀₀ de capital assuré à des dépenses d'intérêts publics. Parcontre, les frais d'administration, en moyenne, ont été de 0,138 °/₀₀ au lieu de 0,135 °/₀₀ en 1869. Cette augmentation est due à ce fait qu'à partir du 1er janvier 1870, on a supprimé pour les caisses publiques la franchise postale dont elles jouissaient.

Pour donner une idée des caisses publiques allemandes en 1870, ainsi que pour en faire connaître les résultats détaillés, nous ne croyons pas superflu de dresser les tableaux suivants.

L'un est consacré aux caisses prussiennes. Dans la première colonne nous indiquons les sommes assurées en 1870 en thl.; dans la deuxième colonne nous indiquons quelle fut l'importance de l'augmentation du capital assuré de 1869 à 1870; dans la troisième nous établissons le montant de la prime perçue °/₀₀ de valeur assurée; dans la colonne suivante nous mettons en regard le montant des indemnités payées °/₀₀ de capital assuré; la cinquième colonne est destinée à établir le montant des sommes consacrées à donner satisfaction à des besoins d'utilité publique, telles qu'indemnités accordées au service d'incendie, aux pompiers, à ceux qui découvrent un incendiaire et enfin à ceux qui s'engagent à reconstruire l'immeuble détruit avec des matériaux ayant moins de chance d'être la proie des flammes; dans la sixième colonne nous relevons les frais d'administration et enfin dans la septième colonne nous faisons connaître le patrimoine des diverses caisses. Quand nous nous trouverons en présence d'un passif, le lecteur en sera averti par le signe — qui précédera le chiffre. De même dans notre deuxième colonne, quand nous enregistrerons un recul dans le montant du capital assuré.

L'autre tableau faisant suite au premier fournira les mêmes renseignements dans les mêmes colonnes pour les sociétés allemandes situées en dehors de la Prusse.

| Noms des caisses | I Sommes assurées | II Accroissement du capital assuré | III Primes | IV Indemnités | V Frais p^r services publics | VI Frais d'administration | VII Patrimoine |
|---|---|---|---|---|---|---|---|
| *I. — Caisses prussiennes.* | Thl | Thl | ‰ | ‰ | Thl | Thl | Thl |
| 1 Prusse orientale (Landschaft) | 39.740.342 | 2.013.745 | 3,54 | 3,33 | 235 | 5.985 | 187.532 |
| 2 — (Villes) | 6.504.300 | 1.595.160 | 3,98 | 4,03 | 176 | 3.928 | 46.886 |
| 3 — (Campagnes) | 39.095.030 | 686.010 | 4,95 | 7,25 | 174 | 15.831 | 154.726 |
| 4 Ville de Kœnigsberg | 2.770.293 | 511.195 | 1,44 | 0,40 | » | 631 | 23.778 |
| 5 Prusse occidentale (Landschaft) | 38.694.520 | 2.076.010 | 3,49 | 3,62 | 758 | 13.150 | 22.373 |
| 6 Société générale de Prusse occidentale | 23.766.065 | 695.740 | 6,88 | 7,55 | 597 | 8.488 | 32.683 |
| 7 Province de Posen | 123.031.000 | 5.897.550 | 3,61 | 2,96 | 13.499 | 41.063 | 325.069 |
| 8 Vieille Poméranie (Villes) | 9.151.466 | 45.302 | 2,57 | 3,57 | 74 | 6.423 | 9.993 |
| 9 — (Campagnes) | 69.347.275 | 1.439.050 | 2,81 | 1,87 | 2.046 | 6.234 | 136.886 |
| 10 Ville de Stettin | 20.072.475 | 364.525 | 0,66 | 0,79 | 3.000 | 391 | 20.900 |
| 11 Nouvelle Poméranie | 26.864.840 | 2.182.880 | 1,50 | 1,71 | » | 2.373 | 13.837 |
| 12 Ville de Stralsund | 1.917.045 | 135.203 | 0,80 | 0,78 | » | 215 | 1.998 |
| 13 Berlin | 298.603.150 | 9.850.550 | 0,68 | 0,28 | 114.282 | 6.342 | 2.988 |
| 14 Brandebourg (Villes) | 103.935.637 | 2.090.350 | 2,55 | 2,61 | 1.763 | 16.094 | 245.495 |
| 15 Marche électorale. Basse-Lusace (Campagnes) | 119.971.375 | 859.371 | 3,87 | 3,45 | 15.989 | 19.149 | 107.936 |
| 16 Nouvelle-Marche (Campagnes) | 54.138.463 | 1.144.000 | 2,25 | 1,40 | 1.974 | 9.366 | 87.832 |
| 17 Haute-Lusace | 11.885.765 | 615.590 | 2,91 | 5,29 | 122 | 5.643 | » |
| 18 Silésie (Villes) | 35.707.520 | 911.800 | 2,53 | 0,79 | 130 | 3.760 | 133.611 |
| 19 — (Campagnes) | 85.406.395 | 4.016.290 | 2,79 | 1,75 | 485 | 23.141 | 675.823 |
| 20 Breslau | 57.570.050 | 1.128.530 | 0,58 | 0,09 | 2.005 | 9.428 | 264.235 |
| 21 Province de Saxe (Villes) | 87.615.860 | 990.140 | 2,34 | 2,35 | 2.709 | 11.957 | 137.982 |
| 22 Duché de Magdebourg | 140.957.925 | 5.103.711 | 1,86 | 1,00 | 3.742 | 29.166 | 445.558 |
| 23 Halberstadt Ritterschaft | 4.650.802 | 312.865 | 0,76 | » | » | 419 | 338 |
| 24 Duché de Saxe | 100.005.210 | 4.788.350 | 1,60 | 0,84 | 8.850 | 31.825 | 359.876 |
| 25 Schleswig-Holstein (Landschaft) | 116.366.940 | 2.255.260 | 2,43 | 2,30 | 2.463 | 1.273 | » |
| 26 — (Villes) | 65.497.090 | 3.985.090 | 1,24 | 0,96 | 289 | 892 | 92.874 |
| 27 — (Campagnes) | 4.172.330 | 3.860 | 0,84 | 0,81 | » | » | » |
| 28 Brandgilde (pour bâtiments) | 22.341.890 | 1.299.490 | 4,03 | 5,06 | 362 | 2.166 | 16.021 |
| 29 — (pour meubles) | 7.402.209 | 7.620 | 2,95 | 4,96 | 166 | 1.518 | 55.045 |
| 30 Landdroster-Osnabrück | 40.221.900 | 1.262.631 | 1,75 | 1,38 | 123 | 3.880 | 5.078 |
| 31 Hanovre | 85.934.478 | 4.881.450 | 2,40 | 2,43 | 6.639 | 20.394 | 816.243 |
| 32 Bremen-Verden | 54.385.325 | 879.875 | 1,98 | 1,81 | 3.064 | 8.721 | 265.880 |
| 33 Frise orientale (Villes) | 10.773.180 | 29.690 | 1,00 | 0,01 | » | 518 | 58.368 |
| 34 — (Campagnes) | 20.095.690 | 206.770 | 1,68 | 0,88 | 252 | 1.361 | 99.629 |
| 35 Hoye-Diephloz | 23.161.075 | 12.300 | 5,17 | 2,30 | 2.265 | 1.370 | 3.971 |
| 36 Province de Westphalie | 265.063.070 | 398.960 | 2,19 | 1,30 | 2.000 | 57.038 | 150.073 |
| 37 Hur-Hessen | 167.040.460 | 4.047.960 | 1,67 | 2,08 | » | 8.787 | » |
| 38 Nassau | 112.520.691 | 3.923.557 | 1,00 | 0,93 | » | 2.423 | 22.701 |
| 39 Province Rhénane (meubles et immeubles) | 401.981.129 | 18.972.713 | 1,56 | 1,07 | 3.833 | 77.802 | 906.131 |
| 40 Hohenzollern | 13.640.086 | 1.094.395 | 1,02 | 0,70 | » | 1.163 | 103.850 |
| Totaux de I | 2.870.966.962 | 82.157.600 | 2,09 | 1,74 | 194.360 | 463.338 | 5.877.642 |
| *II. — Caisses allemandes en dehors de Prusse.* | | | | | | | |
| 41 Royaume de Saxe | 569.832.070 | 9.380.680 | 2,98 | 1,49 | 32.155 | 106.312 | 99.086 |
| 42 Bavière | 682.325.648 | 15.251.702 | 1,82 | 1,62 | 11.429 | 76.366 | 1.048.058 |
| 43 Palatinat | 106.608.874 | 1.003.228 | 1,00 | 0,99 | » | 7.970 | 10.808 |
| 44 Wurtemberg | 410.701.830 | 15.624.127 | 0,39 | 0,78 | 5.186 | 36.504 | 540.733 |
| 45 Bade | 245.348.815 | 7.726.433 | 1,32 | 1,45 | 1.309 | 25.883 | 179.570 |
| 46 Grand Duché d'Hessen | 201.656.314 | 5.153.657 | 1,00 | 0,69 | » | 16.009 | 249.857 |
| 47 Mecklembourg-Schwering (Dom.) | 23.388.648 | 505.075 | 3,90 | 3,70 | 546 | 1.278 | 37.816 |
| 48 Meck. Ritterschaft à Rostock | 45.126.797 | 502.440 | 5,35 | 5,27 | 516 | 343 | 38.932 |
| 49 Meck. Ritterschaft kr Stargard | 5.973.158 | 60.195 | 2,21 | 1,74 | » | 666 | 8.116 |
| 50 Duché d'Oldenbourg | 13.451.568 | 741.978 | 1,43 | 1,36 | 14 | 1.668 | 11.371 |
| 51 Saxe-Weimar Eisenach | 62.955.425 | » | 1,37 | 1,35 | 3.355 | 4.015 | 203.642 |
| 52 Saxe-Altenbourg | 39.422.675 | 328.900 | 1,31 | 1,84 | » | 1.646 | 75.588 |
| 53 Saxe-Gotha | 21.659.710 | 583.700 | 4,90 | 4,70 | 1.563 | 3.008 | 3.573 |
| 54 Duché de Brunswick | 76.922.900 | 2.046.450 | 1,94 | 1,48 | 90 | 2.358 | 24.854 |
| 55 Anhalt | 50.196.275 | 1.193.740 | 1,45 | 1,49 | 1.021 | 4.074 | 493 |
| 56 Lippe-Detmold | 48.849.530 | 468.150 | 1,33 | 1,09 | 1.845 | 372 | 81.021 |
| 57 Waldeck et Pyrmont | 12.454.900 | 392.833 | 2,92 | 0,61 | 90 | 947 | 4.967 |
| 58 Breme Landgebiet | 2.524.017 | 1.170 | 1,52 | 1,43 | » | 691 | 4.106 |
| 59 Ville de Lubeck | 16.251.536 | 113.918 | 0,35 | 0,54 | » | 944 | 174.821 |
| 60 Caisse d'assurance de Hambourg | 170.679.220 | 8.673.160 | 0,55 | 0,50 | » | 24.063 | 165.396 |
| Totaux de II | 2.776.199.245 | | 1,73 | 1,28 | 59.022 | 315.197 | 3.414.324 |
| Totaux de I et de II | 5.647.166.207 | | 1,92 | 1,51 | 253.388 | 778.535 | 9.115.386 |

ALGLAVE

6

### A. Caisses bénéficiant de l'affiliation obligatoire en 1870.

| | Noms des caisses | Sommes assurées en thalers |
|---|---|---|
| | *I. — En Prusse.* | |
| 1 | Ville de Stettin | 20.072.475 |
| 2 | — Berlin | 298.603.150 |
| 3 | — Breslau | 57.570.050 |
| 4 | Province de Schleswig-Holstein | 116.366.940 |
| 5 | — — (Villes) | 65.497.090 |
| 6 | — — (Eglises) | 4.172.330 |
| 7 | Osnabrück-Landdroster | 41.738.206 |
| 8 | Frise orientale et Harling (Villes) | 10.743.490 |
| 9 | — — (Campagnes) | 20.302.460 |
| 10 | Hessen-Cassel | 169.064.440 |
| 11 | Nassau | 112.520.691 |
| 12 | Hohenzollern | 13.640.086 |
| | Total de I | 930.291.408 |
| | *II. — Dans le reste de l'Allemagne.* | |
| 13 | Royaume de Saxe | 570.955.760 |
| 14 | Bavière | 682.325.648 |
| 15 | Palatinat | 106.608.874 |
| 16 | Wurtemberg | 410.704.830 |
| 17 | Grand-duché de Bade | 245.548.815 |
| 18 | Grand-duché de Hessen | 201.656.314 |
| 19 | Mecklembourg-Schwering (Domaines) | 23.540.700 |
| 20 | Duché d'Oldenbourg | 43.451.568 |
| 21 | Kniphausen-Herschaft | 602.632 |
| 22 | Grand-duché Saxe-Weimar-Eisenach | 62.955.425 |
| 23 | Duché Saxe-Altenbourg | 39.422.675 |
| 24 | — Gotha | 21.059.710 |
| 25 | — de Brunswick | 77.946.125 |
| 26 | — de Anhalt | 50.793.130 |
| 27 | Principauté de Lippe Detmold | 18.819.500 |
| 28 | — Waldeck et Pyrmont | 12.451.300 |
| 29 | Caisse de Hambourg | 170.679.220 |
| 30 | Vierlande et Geesthacht (territoire de Hambourg) | 2.249.020 |
| 31 | Moorbourg (territoire de Hambourg) | 438.362 |
| 32 | Bergedorf (territoire de Hambourg) | 982.000 |
| | Total de II | 2.743.191.608 |
| | Total de A | 3.673.483.016 |

## B. Caisses ayant un caractère facultatif.

| | Noms des caisses | Sommes assurées en thalers | Sommes assurées en thalers Assurance mobilière |
|---|---|---|---|
| | *I. — En Prusse.* | | |
| 1 | Prusse orientale (Landschaft) | 40.022.620 | |
| 2 | — (Villes) | 6.504.300 | |
| 3 | — (Campagnes) | 39.095.030 | |
| 4 | Ville de Kœnigsberg | 2.231.383 | |
| 5 | Prusse occidentale (Landschaft) | 28.691.520 | |
| 6 | — (Générale) | 22.404.000 | |
| 7 | Province de Posen | 125.979.775 | |
| 8 | Vieille Poméranie (Villes) | 8.197.920 | 953.246 |
| 9 | — (Campagnes) | 69.347.275 | |
| 10 | Nouvelle Poméranie | 26.948.180 | |
| 11 | Ville de Stralsund | 4.917.015 | |
| 12 | Province de Brandebourg (Villes) | 104.478.275 | |
| 13 | Marche électorale et Basse-Lusace (Campag.) | 120.172.300 | |
| 14 | Nouvelle Marche (Campagnes) | 46.395.000 | 5.045.025 |
| 15 | Haute-Lusace | 10.517.020 | 1.368.740 |
| 16 | Silésie (Villes) | 35.707.520 | |
| 17 | — (Campagnes) | 87.414.540 | |
| 18 | Province de Saxe (Campagnes) | 88.068.870 | |
| 19 | Duché de Magdebourg (Campagnes) | 93.848.375 | 15.146.793 |
| 20 | Wische Societæt | 1.355.900 | |
| 21 | Halberstadt Ritterschaft | 4.494.370 | |
| 22 | Duché de Saxe (Campagnes) | 88.954.720 | 12.742.770 |
| 23 | Brand. Gilde de Schles.-Holst. (Bâtiments) | 22.341.890 | |
| 24 | — — (Meubles) | » | 7.402.200 |
| 25 | Caisse-Unie de Hanovre | 88.375.203 | |
| 26 | Bremen-Verden | 54.385.325 | |
| 27 | Hoye-Diepholz | 23.258.100 | |
| 28 | Province de Westphalie | 227.367.450 | 37.695.620 |
| 29 | — Rhénane | 354.619.060 | 56.853.425 |
| | Total pour I | 1.826.092.936 | 137.207.819 |
| | *II. — Dans le reste de l'Allemagne.* | | |
| 30 | Mecklembourg Schw. de Rostock | 15.460.015 | |
| 31 | — cercle de Stargard | 6.001.050 | |
| 32 | — pour les villes | 43.154.233 | |
| 33 | Ville de Rostock | 12.150.175 | |
| 34 | Ville de Wismar | 3.848.462 | |
| 35 | Zever Henschaft | 4.566.070 | |
| 36 | Bremer Landgebiet | 2.531.639 | |
| 37 | Ville de Lübeck | 16.251.536 | |
| 38 | Billwarden | 1.214.000 | |
| 39 | Grœden | 531.720 | |
| 40 | Ochsen, Moorwader, Spadenland, Talenberg | 540.000 | |
| 41 | Villages de Geest et de Rittzebuttel | 92.341 | |
| | Total pour II | 106.341.261 | 137.207.819 |
| | Total pour I | 1.826.092.936 | 137.207.819 |
| | Total pour les 41 caisses de B | 1.932.434.197 | |
| | Total pour les 32 caisses de A | 3.673.483.016 | |
| | Total général des 73 caisses | 5.605.917.213 | 137.207.819 |

| Noms des caisses publiques | Assurance mobilière | | | Assurance immobilière | |
|---|---|---|---|---|---|
| | Sommes assurées | Primes | Indemnités | Sommes assurées | Indemnités |
| | Thl | °/₀₀ | °/₀₀ | Thl | °/₀₀ |
| A. *En 1870.* | | | | | |
| 1 Villes de la Vieille-Poméranie | 953.240 | 2,48 | 2,79 | 8.197.920 | 3,66 |
| 2 Nouvelle-Marche (Campagnes) | 5.045.025 | 1,79 | 0,33 | 46.395.000 | 1,51 |
| 3 Haute-Lusace | 1.368.740 | 2,56 | 1,98 | 10.517.020 | 5,72 |
| 4 Magdebourg (Campagnes) | 15.146.793 | 1,65 | 0,31 | 93.848.375 | 1,14 |
| 5 Duché de Saxe (Campagnes) | 12.749.770 | 1,53 | 1,21 | 88.954.720 | 0,77 |
| 6 Brandgilde de Schleswig-Holstein | 7.402.200 | 2,95 | 4,96 | 22.341.890 | 5,06 |
| 7 Westphalie | 37.695.620 | 1,63 | 0,65 | 227.367.450 | 1,45 |
| 8 Province Rhénane | 56 853.425 | 1,52 | 0,88 | 354.619.060 | 1,07 |
| Totaux | 137.207.819 | 1,67 | 1,01 | 852.241.435 | 1,36 |
| B. *Depuis l'introduction de l'assurance mobilière à 1870.* | | | | | |
| 1 Villes de Vieille-Poméranie, 5 ans 1/2 | 4.459.884 | 3,19 | 2,34 | 44.741.345 | 3,87 |
| 2 Nouvelle-Marche (Campagnes), 7 ans | 20.714.593 | 1,69 | 1,01 | 298.036.150 | 2,12 |
| 3 Haute-Lusace, 6 ans | 4.748.130 | 2,55 | 3,55 | 55.328.670 | 3,84 |
| 4 Magdebourg (Campagnes), 6 ans 1/2 | 54.501.343 | 1,80 | 0,84 | 590.892.312 | 1,71 |
| 5 Duché de Saxe (Campagnes), 7 ans | 42.976.860 | 1,52 | 0,75 | 569.012.520 | 1,31 |
| 6 Brandgilde de Schleswig-Holstein, 15 ans | 117.907.733 | 2,97 | 2,73 | 277.026.731 | 3,00 |
| 7 Westphalie, 7 ans 1/2 | 223.185.415 | 1,60 | 1,03 | 1.606.921.765 | 2,00 |
| 8 Province Rhénane, 7 ans | 250.373.172 | 1,43 | 1,16 | 2.276.103.130 | 1,27 |
| Totaux | 718.867.130 | 1,78 | 1,35 | 5.718.062.623 | 1,72 |

Depuis l'origine, comme on le voit, bien des transformations se sont opérées dans l'organisation des sociétés publiques. Le capital assuré par les caisses publiques a sans cesse augmenté. Le nombre de caisses a diminué par suite d'une fusion des sociétés publiques existantes. Sans doute l'assurance privée a retiré une partie des bons risques à l'assurance publique. Mais les théories orthodoxes n'ont remporté un triomphe complet que pour deux caisses : la caisse urbaine de Francfort sur le Main d'une part, celle de Schambourg-Lippe d'autre part.

La caisse de Francfort-sur-le-Mein liquida en 1869, celle de Schambourg-Lippe cessa de fonctionner à partir du 1er août 1870. De la liquidation de la première caisse, nous parlerons dans le chapitre que nous consacrons à l'assurance communale. Contentons-nous pour l'instant d'examiner dans quelles conditions la caisse de Schambourg-Lippe s'éteignit.

Une loi en date du 26 juin 1870 décida que la caisse cesserait d'assurer à partir du 1er août 1870. On connaît mal les raisons qui expliquent une pareille mesure. Toujours est-il, qu'à en croire un article paru dans le n° 38 du journal allemand des assurances, les habitants des campagnes considérèrent cette suppression comme un malheur. D'abord le résultat fut de fournir des capitaux à des sociétés étrangères au territoire. Mais une conséquence beaucoup plus grave en découla. Il existait encore beaucoup de maisons, dans ces campagnes, couvertes en chaume, en paille et en tuiles. Les petites gens qui les possédaient — si intéressants pourtant — ne purent faire assurer à nouveau leurs maisons à des sociétés privées ; ou bien ils durent payer des primes bien supérieures à celles qu'ils payaient jadis à la caisse publique. Celle-ci en effet percevait une prime uniforme sans distinguer suivant le genre de construction. Nous lisons encore, dans ce même article, que peu de temps après la loi de 1870, des assemblées de paysans se formèrent pour proposer d'adresser une pétition au Prince en vue du rétablissement de la caisse. Subsidiairement, on demandait la création d'une caisse mutuelle. Ces affirmations sont assez éloquentes pour dispenser de tous commentaires. Lorsque la caisse publique disparaît, le besoin d'avoir une mutuelle se fait sentir. Dans ce cas, ce qu'il fallait conseiller à ces braves paysans, c'était de s'assurer à une caisse publique voisine, par exemple la caisse de Hanovre qui nous a déjà donné un exemple si remarquable de fusion.

Le rédacteur de cet article semble insinuer que le défaut de classification aurait commandé cette mesure. Cependant devant une statistique d'incendie favorable, cette raison ne saurait être sérieusement invoquée. Il suffisait de doter la caisse d'une classification des risques convenable. On ne saurait davantage expliquer cette décision en invoquant l'étroitesse du territoire sur lequel la société exerçait sa sphère d'activité. Il suffisait, pour y remédier, de recourir à la réassurance et de réunir un fonds de réserve que possédait d'ailleurs notre caisse.

Les résultats obtenus par la caisse pendant ses

dernières années, montreront mieux l'inopportunité de cette mesure.

De 1856 à 1867 y le capital assuré par la Caisse s'est progressivement et régulièrement accru de 3.605.305 Thl. à 5.221.590 Thl. Son fonds de réserve passe de 3.400 à 7.100 Thl.

Pendant ces douze ans, la Caisse a perçu une prime moyenne de 28 Sgr. 4 pf. °/₀₀; une année seulement elle fut de 22 Thl. °/₀₀, par contre trois ans elle ne fut que de 1 à 2 °/₀₀ et huit ans moins de 1 °/₀₀. Les indemnités ne se sont élevées pendant cette période qu'à une moyenne annuelle de 20 Sgr. 2 pf. °/₀₀ de valeur assurée.

Peu de Sociétés publiques nous offrent des résultats aussi favorables.

On ne saurait donc considérer la liquidation de cette Société comme un échec. Disons enfin en terminant que c'est une décision regrettable car 67 °/₀ du capital assuré représentait des immeubles situés dans les campagnes.

Par contre, les autres Sociétés publiques non seulement se maintiennent, mais se développent considérablement.

De 1870 à 1880, on peut relever dans l'histoire des caisses publiques allemandes trois tendances bien marquées.

Déjà dès la fin de la période précédente, les Sociétés publiques comprenaient tous les avantages qu'on pouvait retirer d'une forte organisation d'un large recours à la réassurance et d'une classification rigoureuse.

Pour atteindre le premier but, à l'instar des Sociétés privées, sentant combien il était nécessaire de mettre en pratique l'adage bien connu : l'union fait la force, elles formèrent une union, puis bientôt un syndicat des Sociétés publiques, entité juridique ayant des droits et des obligations possédant la personnalité.

Ces créations marquent une étape importante dans l'histoire moderne des Sociétés publiques. Nous allons donc leur consacrer quelque pages.

Sauf les caisses communales mecklembourgeoises d'Anhalt et de Lippe toutes les caisses publiques allemandes font partie soit de l'Union, soit du Syndicat des Sociétés publiques.

Dès 1867, nous voyons se former une association entre les Sociétés publiques pour la défense de leurs intérêts communs et l'étude des moyens de mettre leurs conditions générales en harmonie avec les besoins nouveaux.

Cette association a donné naissance plus tard à une union plus étroite, plus intime connue sous le nom de Syndicat des Sociétés publiques d'assurance contre l'incendie « *Verband offentlicher Feuerversicherungs Anstalten in Deutschland* ».

Il existe donc actuellement d'une part, l'association des Sociétés publiques « *Vereinigung* », et le syndicat « *Verband* ».

La « *Vereinigung* » constitue une association comme il s'en forme beaucoup entre gens visant un but identique. Cette espèce de fédération n'est que la continuation de l'ancienne réunion des Sociétés publiques que nous avons vu se former en 1867, moins les membres ayant composé le Syndicat.

Cette association n'ayant aucune attache officielle, dès lors ayant bien moins de puissance, comprend surtout les caisses publiques ayant moins à redouter la concurrence des Sociétés privées. Ce seront notamment les sociétés jouissant d'un monopole et les caisses obligatoires. Voici d'ailleurs l'énumération complète des caisses faisant partie de l' « association » : *Kurmark Niederlantzig (Land), Halberstadt Ritterschaft, Schleswig Holstein adelige gebäude gilde, Schleswig Holstein adelige Effecten gilde, Ostfriesland Stadte* et *Ostfriesland Land* » en dehors de la Prusse dans le reste de l'Allemagne, les caisses d'Etat des royaumes de *Saxe, Bavière* et *Wurtenberg*, les caisses des grands duchés de *Hessen*, de *Badeu* et d'*Oldenbourg*, les caisses de « *Saxe-Weimar-Eisenach* » et « *Saxe Altembourg* », enfin la *Caisse de Hambourg*.

Toutes ces caisses, comme les membres d'une Société privée ordinaire versent des cotisations inférieures à celles perçues des membres du Syndicat. Le produit de ces versements sera consacré à la publication de bulletins, à payer des frais occasionnés par les réunions, à entretenir les bureaux, à solder les frais de locations des salles de l'Association, etc., etc. Somme toute, rien de spécial. Passons donc et arrivons de suite au « *Syndicat des Sociétés publiques allemandes* ».

Par une décision du 22 mai 1872, l'empereur Guillaume ordonnait la fondation d'un Syndicat des Sociétés publiques allemandes ainsi que la création d'une section de réassurance.

L'ordonnance se terminait par un règlement dont nous allons analyser les dispositions principales.

La mission du syndicat consistait à veiller aux intérêts de l'assurance publique.

Pour protéger les caisses publiques existantes, activer leur développement et les défendre, le Syndicat devait réunir des assemblées, vulgariser les résultats obtenus par chaque caisse publique. Il devait émettre des projets qu'il croirait de nature à améliorer la situation des caisses publiques, s'efforcer à créer des unions de sociétés publiques, prodiguer ses conseils aux Directions de ces institutions officielles, bref leur venir en aide par tous les moyens qu'il croira bons.

Il devra créer des sections s'occupant spécialement de tel point particulier de l'exploitation de l'assurance : telles que des sections d'assurance contre les risques de guerre, de réassurance, ou bien encore des sections se chargeant de la constitution de fonds de réserve.

Statutairement, le syndicat devait avoir son domicile effectif et légal à Berlin, mais il a toujours été à Merseburg.

Ce syndicat jouit de la personnalité civile et de tous les droits qu'elle confère : droit d'acquérir, d'aliéner, a des droits et des obligations.

Les publications doivent être faites pour être valables dans le « Preussiche Staats Anzeiger. » Toute caisse publique allemande peut faire partie de ce syndicat.

Elle peut également s'en retirer, après avoir fait connaître son intention deux fois dans le cours de l'année précédente.

Pour couvrir les dépenses du syndicat, les membres doivent payer une cotisation annuelle. Leur produit ne saurait être supérieur à 5 thl. par million de valeurs assurées par l'ensemble des membres du syndicat. Chaque année le total de la cotisation à payer est fixé dans l'assemblée générale. Cette somme sera répartie comme il suit : un tiers en tenant compte du nombre des membres, l'autre tiers proportionnellement aux sommes assurées par les membres, et le dernier tiers d'après le ‰ de prime perçue en moyenne pendant la période décennale précédente. L'assemblée générale peut modifier cette répartition. C'est ainsi qu'en 1893, il fut décidé que la répartition se ferait pour un tiers d'après le nombre de caisses, pour l'autre, d'après le nombre de voix à l'assemblée générale, et pour le reste en considération de la prime moyenne perçue pendant la dernière période décennale.

Pour la gestion de certaines branches de l'assurance contre l'incendie telles que l'assurance des risques de guerre, la réassurance, des sections spéciales devront être formées, dont l'organisation devra recevoir l'approbation de l'empereur. Ces sections jouiront de la personnalité morale mais resteront sous la direction des organes du syndicat. Les membres composant ces sections forment une société spéciale, ayant leur patrimoine, leur comptabilité et leur gestion propres. La section devra se suffire à elle-même. Maintenant l'assemblée générale déterminera le montant de leur part dans les frais généraux d'administration du syndicat. Un membre du syndicat peut ne faire partie d'aucune de ces sections particulières, mais pour être membre d'une de ces sections, il faut appartenir au syndicat.

L'institution est sous la haute surveillance du ministre de l'Intérieur.

La direction est assurée par trois organes : une *Présidence*, un *Comité*, et l'*Assemblée générale*.

La *Présidence* qui se trouve à la tête de l'administration pourra se composer d'après les décisions de l'assemblée générale d'un ou de plusieurs membres. Dans ce dernier cas, la sphère d'attribution, les droits et obligations de chacun des membres sont déterminés. L'assemblée générale élit ces membres et fixe les conditions de la nomination ainsi que de la suppléance. La présidence expédie les affaires courantes du syndicat ainsi que des sections. Elle prépare les projets à soumettre au comité et veille à l'exécution de ses décisions. Elle représente le syndicat à l'extérieur. A la tête de l'administration, elle nomme aux emplois et donne au nom du syndicat et des sections tous les renseignements désirés. Elle représente le syndicat dans les contrats et en justice. Cependant pour ester en justice un mandat spécial lui sera nécessaire. Elle devra y être autorisée par le substitut. Toute décision prise par la présidence devra être rédigée par écrit, signée du président et en cas de pluralité de membres contresignée par les autres membres. L'organisation interne du syndicat incombe à la présidence.

*Le Comité* comprend six membres choisis par l'assemblée générale. Tous les deux ans le comité se renouvelle par tiers. Deux des membres les plus anciens se retirent et à ancienneté égale on tire au sort celui qui quittera le comité. Les membres sortant sont rééligibles. Tout membre du comité peut même se retirer avant en prévenant trois mois à l'avance. Un membre provisoire est nommé pour le remplacer jusqu'à la prochaine réunion d'assemblée générale. La commission doit se réunir au moins une fois l'an et chaque fois que le président ou deux membres du comité le réclameront. Le président convoquera le comité. Les membres toucheront les indemnités et frais de voyage que l'assemblée aura votés. Le président dirige les débats du comité. Le procès-verbal de la séance est rédigé par un membre du comité et doit être approuvé par les membres présents. Les décisions doivent être adoptées à la majorité des voix. En cas de partage la voix du président formera la majorité. Le comité compose lui-même son ordre du jour, qui pourra comprendre l'examen de toutes les affaires non réservées à l'assemblée générale. Ce comité pourra notamment approuver la comptabilité de l'exercice.

*L'Assemblée générale* se compose de députés envoyés par les sociétés membres du syndicat. L'assemblée procède elle-même à la vérification des pouvoirs. Elle doit se réunir réglementairement une fois l'an et vers la première moitié de l'année. Le président, le comité ou le comité de surveillance pourront en demander la convocation toutes les fois qu'ils le jugeront nécessaire.

Le comité déterminera le lieu de réunion. Le président convoquera les membres par lettre recommandée. Les convocations seront accompagnées d'un ordre du jour indiquant les questions qui feront l'objet des discussions. Ces lettres doivent être envoyées au moins quatorze jours avant la séance, et un mois à l'avance s'il s'agit de l'ouverture ou de la dissolution d'une section, d'une modification à apporter au règlement du syndicat ou d'une section, de se prononcer sur une motion présentée par un des membres, ou sur l'émission d'un emprunt, d'une élection ou de la dissolution du syndicat.

L'assemblée, pour délibérer valablement, doit comprendre au moins la moitié des membres du syndicat. Si ce quorum n'est pas atteint, une nouvelle assemblée sera convoquée. Celle-ci pourra se prononcer quel que soit le nombre des membres présents.

Chaque société faisant partie du syndicat a, à l'assemblée générale, une voix par 50 millions de thalers qu'elle assure. Mais elle a une voix au moins et six au plus. L'assemblée ne pourra s'occuper que de la discussion des questions portées à l'ordre du jour.

La clôture des séances ne pourra être prononcée qu'à la majorité absolue. Un projet de modification des statuts ou de dissolution du syndicat devra réunir pour son adoption les deux tiers des voix valablement exprimées. Dans ces cas même il reste un droit à la minorité. Elle peut demander que la décision ne soit pas mise à exécution avant la fin de l'exercice en cours. De toute façon l'adoption d'une modification donne droit aux membres de la minorité de se retirer sans satisfaire aux conditions de publicité que nous connaissons.

Les députés représentant les sociétés, membres du syndicat, pourront faire connaître leur opinion sur toutes les questions, même sur celles touchant à une section dont la société qu'ils représentent ne fait pas partie. Cette assemblée constitue donc un véritable organe de décision et de contrôle tant du syndicat que des sections particulières. Elle pourra s'alléger d'une partie de sa tâche en confiant à une commission spéciale l'examen des points les plus délicats.

Le président dirige les débats, fixe l'ordre du jour. Un procès-verbal de la séance sera dressé. Il sera signé par le président, le secrétaire et un membre du comité, ou à défaut par son suppléant, et enfin par trois membres au moins de l'assemblée générale.

Les frais de bureaux et de personnel sont portés aux états par le président. Les attributions des fonctionnaires sont déterminées dans leur décret de nomination. Ils touchent, ainsi que les membres du comité, un traitement fixe. L'assemblée générale vote le projet des dépenses, et peut, chaque année, y apporter des modifications. Chaque année le comité dresse un compte de gestion, pour le Syndicat, d'une part, pour chaque section, d'autre part. C'est ce même comité qui rédige le projet du budget des recettes et les conditions de l'emprunt qu'il faudrait émettre.

Annuellement le président est tenu de présenter à l'assemblée un compte de gestion régulier.

Quant aux règles à suivre pour l'administration et la gestion générale, elles sont contenues dans une décision rédigée par le comité et approuvée par l'assemblée générale. Les plaintes qu'on aurait à adresser à la présidence, doivent être déposées six semaines avant la réunion de l'assemblée générale. Celle-ci appréciera le bien fondé de ces récriminations. Faute de s'être conformé à cette formalité, le différend survenu entre le syndicat et un de ses membres ne serait pas pris en considération.

Le Syndicat devait prendre naissance, dès que le total des portefeuilles des sociétés, entrant dans le syndicat, représenterait un capital assuré d'au moins 1 milliard de thl. Dès la fin de septembre 1872, on atteignait le chiffre de 17 milliards. Le Syndicat fut donc constitué aussitôt et aujourd'hui, les membres formant le Syndicat assurent un capital de 23 milliards. Voici qu'elles sont les sociétés faisant actuellement partie du Syndicat. Comme sociétés prussiennes, il faut citer les sociétés de la *Prusse orientale* (villes), de la *Prusse orientale* (Landschaft), de la *Prusse orientale* (campagnes), de la *Province de la Prusse occidentale*, de la *Prusse occidentale* (Landschaft), la société de la *province de Posen*, celles de la *province de Poméranie*, de la *province de Brandebourg* (ville), de la *Marche électorale* (campagnes), de la *Silésie* (villes), de la *Silésie* (campagnes) de la *province de Saxe* (villes), du *duché de Magdebourg* (campagnes), du *duché de Saxe* (campagnes), de la *pro-*

*vince du Schleswig-Holstein*, du *Hanovre*, de la *Westphalie*, de la *Hessen Cassel*, de *Nassau*, de la *province Rhénane* : comme sociétés allemandes, citons la société de *Saxe-Gotha-Cobourg* et Meningen, les sociétés du duché de Brunswick et de Waldeck et Pyrmont.

Conformément à l'ordonnance de Guillaume, des statuts pour une section de réassurance furent également rédigés, dont voici les dispositions principales. Le Syndicat, par l'intermédiaire de la section de réassurance, se chargerait de réassurer les portefeuilles des membres composant la section. Cette section était investie de la personnalité civile. Conformément aux dispositions des règlements du Syndicat, elle devait constituer une association spéciale, ayant son patrimoine et sa comptabilité propres. Mais elle est représentée par les organes du Syndicat et administrée conformément aux dispositions contenues dans le règlement du Syndicat et de l'ordonnance sur l'administration. Cette section donc, bien que formant une société spéciale, se sert des organes de gestion du Syndicat. L'assemblée générale fixera la part qu'elle devra prendre dans les frais généraux d'administration du Syndicat.

Quant à l'administration propre de la section, les règles en seront fixées par l'assemblée générale du Syndicat.

Les membres de cette section forment une société mutuelle. Toute société publique allemande pourra en faire partie. Le contrat de réassurance établira les conditions de sortie de la société. Le président fixera le montant des cotisations à verser, sans pouvoir dépasser le maximum de 2 1/2 % du montant des polices réassurées. Un fonds de réserve est constitué, permettant de couvrir les dépenses ou dommages extraordinaires. Il sera alimenté par les excédents provenant des recettes annuelles ainsi que par des contributions annuelles, dont l'assemblée générale fixera le montant. Ce fonds de réserve est une propriété de la section. En cas de dissolution, le fonds de réserve sera, ainsi que le patrimoine, partagé entre les seuls membres de la Section. Les autres membres du Syndicat n'auraient aucun droit à faire valoir.

Les dispositions concernant la section de réassurance furent révisées et complétées par des décisions votées par le Syndicat dans son assemblée générale du 25 janvier et du 20 novembre 1890. En raison des modifications profondes qui furent apportées, nous devons insister quelque peu.

La section pourra désormais réassurer tout le portefeuille d'une société, sans distinction, suivant la qualité des risques, pour la totalité du montant des risques, pour une quote-part seulement. Ou bien la section pourra ne réassurer que les polices afférentes à des risques, cantonnés dans une seule localité ou une région, enfin ne réassurer qu'un seul établissement pour tout le montant de la police, ou seulement pour une portion.

Mais l'assemblée générale, dans sa séance du 20 novembre 1890, a décidé que la quotité réassurée ne pourrait pas être inférieure à 3/10 et supérieure à 6/10. De plus un immeuble, présentant un risque moyen, ne pourra être réassuré pour plus de 40.000 thl., un immeuble servant à l'exploitation d'une industrie ou d'une entreprise agricole, rangé dans la 1re et 2e classe, ne saurait être réassuré pour plus de 300.000 thl. Un établissement industriel, rangé dans la 3e ou la 4e classe, pour plus de 250.000 thl. et 200.000 thl., s'il appartient à la 5e ou 6e classe, un immeuble quelconque, recouvert d'une toiture inflammable, pour plus de 100.000 thl.

D'autre part, un immeuble qui n'est pas assuré pour 20.000 thl. au moins, ne saurait être l'objet d'une réassurance. Si une police d'assurance relative à un immeuble venait à tomber en dessous de ce taux, il serait loisible, au président ou à la section, de résilier le contrat de réassurance. Lorsque le montant de la police est tombé à plus de 10 °/₀ de ce minimum, la réassurance est résiliée de plein droit, à moins que cette diminution ne persiste pas plus de 6 mois. Cependant pour des risques appartenant aux dernières classes, on pourra descendre en dessous de ce minimum, sans toutefois tomber à plus de 1/5 du minimum fixé pour les meilleures classes de risques.

En général la réassurance pourra porter tant sur les polices mobilières qu'immobilières composant le portefeuille d'une société. Jamais la section ne doit réassurer pour un chiffre supérieur au montant de la police. Ordinairement la réassurance doit être de la moitié du total de la police. Si une société réassure son portefeuille pour partie à une société privée, pour partie à la section de réassurance, celle-ci devra en être avertie. Elle devra être mise au courant de l'importance et des conditions de cette réassurance antérieure. Inversement une société publique peut réassurer une partie de son portefeuille à la section et postérieurement une autre partie auprès d'une Compagnie. Cependant une société publique ne saurait se réassurer à une compagnie pour une somme supérieure à celle qui fut stipulée dans le contrat antérieur survenu entre la société publique et la section.

Les conditions de la réassurance sont déterminées dans le contrat intervenant entre la société et la section. Celle-ci, à cet effet, fournit à la caisse publique requérante un formulaire qu'elle n'a qu'à remplir et contenant toutes les indications désirables. Lorsqu'il s'agira de grosses polices et de risques très dangereux, on joindra au formulaire des pièces diverses telles que plan, tableau de vérification. C'est le président qui se prononce sur l'acceptation de la réassurance qu'il ne pourra refuser si elle est conforme aux dispositions de notre ordonnance. En cas d'acceptation, l'effet de la réassurance rétroagira au jour où la demande aura été mise à la poste. Y a-t-il refus, le président doit en indiquer les motifs dans les trois jours, à partir du jour de la réception de la demande. C'est un délai franc. Dès lors, ni le *dies a quo* et *ad quem* n'entrent pas en compte. Si l'intéressé n'a pas reçu dans ce délai de réponse, la demande doit être considérée comme acceptée.

La réassurance ne prend fin qu'avec l'assurance, à moins qu'on ne soit en présence d'un des cas de réalisation stipulés dans la police.

Les modifications postérieures, notamment une augmentation ou une diminution dans le montant des sommes réassurées, sont acceptées.

Enfin, pour en terminer avec cet ordre d'idées disons que les risques, même les plus dangereux, tels que les immeubles où sont fabriquées ou manipulées des matières explosives, poudre de chasse, dynamite, seront acceptés en réassurance.

Les cotisations seront fixées par le président. Leur montant sera établi d'après l'importance du risque couru en se conformant à une classification dressée par le comité. Les cotisations sont payées semestriellement et à l'avance. Pour une réassurance qui vient d'être contractée, on prendra pour point de départ le premier du mois au cours duquel le contrat a été conclu. La cotisation sera due jusqu'à la fin du mois pendant lequel aura lieu une résiliation de contrat. En ce qui concerne les modifications, le supplément de cotisation sera calculé à partir du premier jour du mois, où le changement s'est effectué et seulement à compter du mois suivant s'il s'agit d'une diminution de cotisation.

Le Comité se prononcera sur tout retard apporté dans le paiement des cotisations, suppléera à ce versement par un prélèvement opéré sur le fond de réserve.

La section couvrira les dommages causés par le feu ou la foudre en se conformant aux conditions stipulées dans le contrat de réassurance. Les dommages dûs à une explosion pourront également être l'objet d'une indemnisation. Mais le cas doit être spécifié dans le contrat de réassurance. Un petit supplément de cotisation sera perçu à cet effet. Disons encore que les frais accessoires tels que : frais d'évaluation des dommages, indemnités allouées au service d'extinction des incendies, ne sont pas pris en considération par la section de réassurance.

Aussitôt qu'un incendie vient à éclater et que le montant des dégâts est connu, la section doit en être instruite. Celle-ci fixera la somme qu'elle devra payer sur le montant de l'indemnité.

La section de réassurance est rentrée en activité en 1876, par l'adhésion des Sociétés publiques suivantes :

La Société de Silésie (campagnes) qui en 1876 assurait 365 millions m. possédait un fonds de réserve de 2.961.000 m.

L'Union des Sociétés du centre de l'Allemagne, comprenant la Société du duché de Saxe (campagne), la Société de Saxe Gotha et la Société de la principauté de Waldeck et Pyrmont qui assuraient en 1876 un capital de 565 millions et possédaient un fonds de réserve de 175.000 m.

La cinquième Société fut celle de la province de Posen qui réassura la moitié de son portefeuille s'élevant alors à 250 millions et possédant un fonds de réserve de 948.000 m.

La sixième Société fut celle de la Nouvelle-Marche, assurant pour 190 millions de valeurs et ayant un fonds de réserve de 242.000 m.

On arrive déjà à un total de 1.370 millions de valeurs assurées et pour le fonds de réserve au chiffre de 5.780.000 m. auquel il faut ajouter la Société du Hanovre, dont le portefeuille s'élevait à 480 millions et le fonds de réserve à 2.561.000 m. Ce qui faisait donc en tout un total de 1.850 millions et un fonds de réserve de 8.341.000 m. Actuellement presque toutes les Sociétés publiques prussiennes qui recourent à la réassurance, s'adressent à la section de réassurance du Syndicat, les unes pour la totalité de la quotité réassurée, les autres seulement pour une partie.

Voici le nom des premières : la *Société de la Prusse orientale* (villes) pour 6.447.590 m. de valeurs immobilières, soit 21,4 % du capital total assuré et 843.660 m. de valeurs mobilières ou 31 % du portefeuille; la *Société de la Prusse orientale* (campagnes) 37.939.060 m. de valeurs mobilières, soit 14 % du portefeuille et 27.168.640 m. de valeurs mobilières, soit 26 % du portefeuille; la *Société de la province de Posen*, près de la moitié de son portefeuille de polices mobilières pour 23.444.520 m.; la *Société provinciale de Brandebourg* (villes) 108.592.330 m. de valeurs immobilières, soit 19 % de son portefeuille, et 8.679.660 m. de valeurs mobilières, soit 33 % de son portefeuille; la *Société de la Nouvelle-Marche* ; 11.333.370 m. de valeurs immobilières, soit 4 % de son portefeuille et 15.307.760 m. de valeurs mobilières, soit 35 % de son portefeuille, la *Société de la Silésie* (villes) en valeurs immobilières, pour une somme de 34.980.880 m., soit 8 % du portefeuille, la Société de Westphalie, 163.576 700 m. de valeurs immobilières, soit 12 % du portefeuille et 94.485.880 m. de valeurs mobilières, soit 21 % du portefeuille.

Comme Société n'ayant contracté avec la section que pour une partie de la quotité réassurée, citons les *Sociétés du duché de Saxe* (campagnes) et de *Nassau*.

Enfin depuis 1868, le Syndicat publie un périodique, *Mittheilungen fur die offentlichen Feuerversicherungs-*

*Anstalten* (1), contenant des résultats financiers des Sociétés publiques ainsi que des articles techniques sur les assurances.

Nous avions donc raison de dire que de 1870 à 1880 les Sociétés publiques s'organisant fortement pour la défense de leurs intérêts.

D'autre part non seulement l'assurance mobilière se développe, mais de nouvelles Sociétés publiques entreprennent l'exploitation de cette branche.

Avant 1870 on comptait comme Sociétés publiques pratiquant l'assurance mobilière, les *Sociétés de Westphalie*, de la *province Rhénane*, du *duché de Saxe* (campagnes) et de la *Nouvelle-Marche* (campagnes), qui toutes quatre commencèrent cette exploitation en 1863, puis c'est en 1864 la *Caisse du duché de Magdebourg* (campagnes) et l'année suivante la Caisse de la Poméranie.

En 1870 c'est la *Caisse du Hanovre*, en 1872 la *Caisse de la Marche électorale* (campagnes), en 1876 la *Caisse provinciale du Schleswig-Holstein*, en 1877 la *Caisse de Silésie* (campagnes), l'année suivante la *Société provinciale de la Saxe* (ville), qui entreprennent l'assurance mobilière.

Par contre les sociétés publiques eurent à souffrir de la loi de 1877, à laquelle nous arrivons maintenant. En raison de l'importance de cette loi nous devons nous y

(1) C'est un périodique des plus intéressants. Composé par des assureurs ou des gens appartenant au monde des assureurs, cette revue contient les renseignements les plus divers. C'est grâce à cette publication qu'il nous a été possible de donner une foule de détails de statistique sur l'organisation et l'histoire des sociétés publiques allemandes.

arrêter quelque peu. Nous diviserons nos développements en trois points.

Premièrement pour bien faire saisir la portée de cette loi, il est indispensable que nous fassions connaître la situation des sociétés publiques avant cette loi.

Puis nous nous demanderons quelles sont les raisons qui ont poussé le législateur à voter cette loi. Nous en profiterons en même temps pour faire l'histoire de cette loi.

Enfin nous insisterons sur les débats dont la loi fut l'objet avant d'être adoptée.

α) Abordons notre premier point en faisant remarquer qu'avant la loi du 31 mars 1877 les règlements des Feuer-Societaten revisés en 1836 étaient à la fois des statuts sociaux et des lois locales.

Des statuts sociaux en tant qu'ils réglaient les opérations des *Feuer Societaten*, des lois locales en tant qu'ils régissaient l'assurance immobilière en général dans le ressort respectif de chaque *Feuer Societât*.

Pour mettre cette idée en relief, parcourons rapidement les principales dispositions contenues dans les règlements applicables aux sociétés publiques.

D'abord on se rappelle que l'assurance immobilière était obligatoire pour tous les immeubles sans distinction dans un certain nombre de caisses par exemple pour les caisses communales de Thorn, Stettin, Berlin, Breslau, les caisses provinciales de Posen, de Hohenzollern campagnes (1).

(1) Pour avoir une énumération complète, nous ne saurions trop conseiller au lecteur de se reporter à notre tableau, page 82.

Dans d'autres territoires, cette obligation ne s'applique qu'aux immeubles grevés d'hypothèques ou autres sûretés réelles, citons par ex. : les caisses de la Marche électorale et de la Nouvelle Marche (villes), la caisse de la Basse Lusace. D'après les règlements, l'assurance à la caisse s'impose aux débiteurs à moins que les créanciers ne l'aient formellement défendu dans le contrat.

En second lieu, aux termes d'autres règlements, les Sociétés Mutuelles ne pourront exploiter l'assurance contre l'incendie pour les immeubles sur les territoires où fonctionne la caisse obligatoire, à moins qu'elles ne se restreignent aux risques exclus de l'assurance publique. Comme exemples, citons les règlements des Sociétés de la Prusse orientale, (Landschaft), de la vieille Poméranie, de la Marche électorale du Brandenbourg, de la Basse Lusace, de la Nouvelle Marche, de la Westphalie.

En troisième lieu, dans d'autres règlements nous lisons que : la Société publique déterminera le total des valeurs que pourront assurer les Sociétés privées. Il suffit pour s'en rendre compte de parcourir les règlements des Sociétés de Prusse orientale (Landschaft), de la Nouvelle Marche (villes), de la Marche électorale et de la Basse Lusace (campagnes), de la Nouvelle Marche (campagnes), du duché de Saxe (campagnes), du duché de Magdebourg (campagnes), du comté de Hohenstein (campagnes), de la Province de Saxe (villes), de la Province Rhénane.

où nous donnons les résultats obtenus en 1870 par les caisses obligatoires.

En quatrième lieu, dans tels règlements il est dit que c'est la Société publique qui déclarera si l'on peut s'assurer à des Sociétés privées et auxquelles il faudra s'adresser. Citons les règlements de la vieille Poméranie, ceux de la Caisse (villes) comme ceux de la Caisse (campagnes), les quatre règlements applicables aux caisses de la Marche électorale et de la Nouvelle Marche, celles s'étendant aux villes comme celles s'étendant aux campagnes, les règlements de la caisse du duché de Saxe, de la caisse du duché de Magdebourg (villes et campagnes), du comté de Hohenstein, de la Province de Saxe (villes).

Enfin, presque tous les règlements défendent de s'assurer simultanément à une caisse publique et à une caisse privée.

Certains règlements prescrivaient également aux Sociétés privées certaines obligations touchant à la surveillance de l'incendie. Elles devaient aider les autorités dans cette tâche, on leur demandait de participer aux frais d'entretien du service de secours en cas d'incendie et du matériel servant à l'extinction des incendies. Les propriétaires non assurés auprès de la caisse publique devaient supporter malgré tout une partie des frais faits par les Sociétés publiques dans un intérêt commun. Ils devaient même payer une part des dépenses de revision des polices.

Comme on le voit, souvent ces statuts dépassaient le domaine qu'ils auraient dû embrasser et devenaient de véritables lois locales.

β) Mais cet état de choses ne doit pas beaucoup nous

étonner si l'on songe qu'avant la loi de 1837, aucune disposition ne venait régler l'exploitation de l'assurance-incendie.

Seuls ces statuts réglementaient un peu la matière. La loi du 8 mai 1837 ne s'est guère occupée que de l'assurance mobilière. Sans doute plusieurs de ces prescriptions furent ultérieurement étendues à l'assurance immobilière par des ordres de Cabinet. Mais avant la loi de 1877, l'assurance immobilière contre l'incendie n'était pas prévue par les lois. On ne pouvait donc laisser l'industrie privée libre d'agir à sa guise.

Pour parer à cette lacune, dès 1869, on avait déposé un *projet relatif à l'assurance contre l'incendie* et un premier *projet sur l'industrie des assurances en général*.

Voici à grands traits l'analyse de ce projet.

L'article 1er disposait que l'autorisation ne serait plus nécessaire pour la création des Sociétés d'assurances, ni pour l'exercice de l'industrie de l'assurance. Les fondateurs qui voudraient installer des agents dans un pays n'auraient qu'à faire connaître leur entreprise au tribunal de commerce dans le ressort duquel leur Société a son siège. Toutefois cette formalité préalable était indispensable pour pouvoir exploiter l'assurance par l'intermédiaire d'agents. Le projet indiquait dans quelle forme devait être faite cette notification, la manière dont elle serait inscrite dans un registre des assurances et portée à la connaissance du public. Par ces prescriptions on voulait créer une publicité qui permît à chacun de vérifier les bases de l'entreprise d'assurance et la méthode suivant laquelle elle était conduite. L'acquisition des immeubles et le placement des fonds étaient soumis à des règles restrictives. Chaque année un inventaire et un compte rendu de la gestion devaient être publiés. Pour dresser le bilan, certaines formes devaient être observées. Dans les Sociétés par actions et en commandite, les commanditaires et actionnaires devaient effectuer un versement minimum de 20 % comptant, le reste par des effets à quatre semaines de vue. Les Sociétés Mutuelles devaient avoir un capital de fondation de 500.000 Thl. et un fonds de garantie de 50.000 Thl. Les Sociétés en commandite ou par actions qui entreprendraient l'assurance sur la vie ou contre l'incendie devaient avoir un capital de fondation de 1 million de Thl. Les Sociétés Mutuelles devaient justifier d'un total d'assurances souscrites s'élevant à 1 million de Thl. et avoir un capital de garantie pour l'assurance contre l'incendie d'au moins 100.000 Thl. Un actionnaire ou un commanditaire ne pourrait posséder qu'un nombre limité d'actions ou d'intérêts et de voix dans les assemblées. Les comptes et le bilan devaient être, six mois au plus après la clôture de l'exercice financier, communiqués au gouvernement qui les vérifie et les publie dans les feuilles officielles au plus tard quatre semaines après cette communication. Seront en même temps publiées les observations auxquelles ces pièces pourraient donner lieu. Puis notre projet indiquait les conditions auxquelles les Sociétés étrangères devaient se conformer pour exercer l'assurance en Prusse. Elles avaient pour but de donner des garanties aux sujets prussiens sur l'exécution à l'étranger des jugements rendus contre ces Sociétés en Allemagne. Au besoin on leur donnait même un recours personnel contre le chargé de pouvoirs généraux que la Société étrangère devait établir au centre principal de ses affaires en Prusse. L'article 18 proclamait la liberté des agences et donnait aux agents la facilité de colporter les assurances.

*Le deuxième projet présenté par le gouvernement s'occupait uniquement de l'assurance contre l'incendie.*

L'assurance contre l'incendie n'était permise qu'autant que la somme assurée ne dépassait pas la valeur commune de la chose assurée au moment de la conclusion de l'assurance. Dans les entrepôts et les magasins de marchandises destinées à la vente ou à la consommation, dont le contenu est sujet à variations, l'assurance peut être portée à la plus haute valeur présumée des marchandises pourvu qu'une comptabilité très exacte permette de constater les entrées et les sorties. L'assurance multiple d'un même objet était permise pourvu que le montant total des polices ne dépassât pas la valeur de l'objet. On exigeait des agents et autres fondés de pouvoirs des compagnies, la tenue de certains livres. L'assurance directe à des compagnies étrangères n'étaient pas admise. L'autorisation de la police, la notification qui lui était faite de chaque contrat d'assurance n'était plus nécessaires, mais on reconnaissait à la police un droit permanent d'inspecter les livres des compagnies et des agences. Lorsqu'un objet a été assuré au-dessous de sa valeur, l'assurance n'est valable que jusqu'à concurrence de la valeur légale et tous ceux qui ont participé à cet acte encourent des amendes. L'article 2 nous intéresse tout spécialement. Relatif aux règlements des sociétés publiques d'assurances, *il prescrivait leur abrogation en tant qu'ils s'appliquaient aux sociétés privées.*

Mais hâtons-nous de faire remarquer qu'il n'en résultait pour les sociétés privées qu'un très léger changement. Le régime auquel elles eussent été soumises ne différait guère de celui auquel les avaient habitué les sociétés publiques : un peu plus de fixité et moins de chance d'arbitraire voilà tout. Car si ces projets rompaient avec le principe de la concession l'industrie des assurances n'en restait pas moins sous la tutelle gouvernementale.

*Un contre-projet réclamant la liberté la plus absolue pour les entreprises d'assurances avait été présenté par le* « Kollegium für Lebensversicherungs-wissenschaft ». Une simple déclaration au tribunal de commerce qui eût été publiée dans le *Journal Officiel* eût suffi.

M. Jacobi, rapporteur nommé par la Chambre prussienne, chercha un système intermédiaire. Le projet du gouvernement n'ayant pas été mis en délibération par la chambre, il s'adjoignit un certain nombre de directeurs de compagnies d'assurances sur la vie et contre l'incendie de l'Allemagne du Nord et formula de concert avec eux deux projets destinés à être présentés au conseil fédéral. Celui-ci ne s'en occupa pas encore. *En 1876 fut présenté un nouveau projet reprenant, en l'élargissant, l'article 3 du projet de 1869 qui avait été présenté en dépit de l'article 4 de la constitution de la con-*

*fédération du Nord* réservant expressément la législation de l'assurance au conseil fédéral, à la Chambre prussienne. Voté par les deux chambres, il est devenu la loi du 31 mars 1877.

Mais avant cette époque une motion ayant été rédigée le 20 mars 1875, après deux pétitions du Syndicat des sociétés privées, l'une en date du 30 décembre 1874, l'autre du 2 février 1875, par la chambre des députés invitant le gouvernement à prendre en considération les revendications de l'assurance privée : *les pouvoirs publics déposèrent le 3 janvier 1877 sur les bureaux du Landtag un projet de loi qui devint la loi le 31 mars 1877.*

γ) En raison de l'importance de cet acte nous sommes obligés d'insister sur cette disposition et surtout sur les causes qui l'ont engendrée.

Le projet du gouvernement comprenait un seul paragraphe. En voici la conception :

Les règlements des sociétés publiques devront, au plus tard dans un délai de deux ans, être l'objet d'une révision. Elle devra porter notamment sur les points suivants : les dispositions des règlements s'appliquant à d'autres personnes que celles assurées aux sociétés publiques ; les prescriptions touchant au modèle à suivre pour rédiger les polices ou à l'obligation de participer aux frais d'administration ou de gestion ; enfin, devaient subir le même sort, les articles des règlements qui déterminaient suivant quelles conditions une société privée pourrait se constituer, quels sont les droits dont elle pouvait jouir et enfin à quelles règles l'exploitation de l'industrie de l'assurance devait se conformer.

Ces modifications devaient être faites d'accord avec

le gouvernement et les organes de direction des *Feuer Societaten*.

Somme toute, d'un mot on pourrait dire que ce projet vise la suppression des dispositions réglementaires offrant le caractère de lois locales d'assurance pour ne conserver aux règlements que le rôle de statuts sociaux.

Ce projet de loi était accompagné d'une série de motifs qu'il est intéressant d'étudier d'un peu près. Le principal, et le seul qui retiendra notre attention, consiste dans le rappel et l'examen du contenu des deux pétitions successives adressées en décembre 1874 et en 1875 à la Chambre des députés par le syndicat des sociétés privées.

Elles demandaient la révision des 35 statuts des Sociétés publiques opérant en Prusse et la suppression de toutes les dispositions s'appliquant à d'autres personnes que les assurés auprès des Feuer Societaten, et enfin de ramener les Sociétés publiques dans le droit commun. Les pétitionnaires se faisaient forts de démontrer les empiètements des Sociétés publiques. Plusieurs exerçaient même une véritable domination, fortes du caractère officiel qu'elles revêtaient, sur les sociétés privées. Les réclamants en trouvaient des preuves, notamment, tantôt dans les prescriptions relatives à la forme extérieure même que devaient présenter les polices, tantôt dans le contrôle et la surveillance que les Feuer Societaten se reconnaissaient le droit d'exercer à l'égard des sociétés privées, voire même le droit de s'opposer à certains agissements. D'autres sociétés veillaient à ce que les objets ne fussent pas assurés pour leur pleine valeur, ou s'arrogeaient le droit exclusif d'assurer les immeubles hypothéqués.

D'ailleurs, ils ne craignaient pas de spécifier et d'appuyer leurs dires d'exemples. Ils basaient leur premier grief sur la prétention contenue dans les statuts de la Société assurant les villes de la province de Saxe, en date du 5 août 1838, § 11, et les §§ 15, 16 des statuts de la Province rhénane ; on prescrivait une description et une évaluation, conformément à un modèle donné pour les polices en général.

A l'appui du second abus signalé, ils reprochent à certaines sociétés de s'arroger le droit, sous peine de contravention et d'amende, de demander à l'assuré une justification non seulement des valeurs immobilières, mais encore d'une partie des valeurs mobilières assurées. Ils citent notamment les §§ 27, 30, des statuts de 1855 de la société de la Marche électorale, assurant dans les campagnes. Mais une décision, en date du 18 juillet 1856, est venue supprimer cette disposition. On relève encore dans le même sens, les §§ 23, 71, 73, statuts de 1840 de la société de la Nouvelle Marche (campagnes), et le § 13 des statuts de 1860, de la société Prusse orientale, (villes), mais qu'une décision du 27 février 1865 avait déjà modifié, ainsi que par une décision du 1er décembre 1841, le § 12 des statuts de 1827, de la société Prusse orientale (Landschaft). On incriminait encore pour le même motif le § 10 des statuts de 1860 de la société Prusse orientale (campagnes), ainsi que le § 15 des statuts de 1853 de la Société Prusse occidentale (campagnes), mais une décision du 27 octobre 1862 l'avait déjà modifié ; enfin le § 38 des statuts de 1843, de la Société Magdebourgeoise (campagnes) et le § 27 des statuts de 1863, de la Société Saxonne (campagnes) et le § 11 des statuts de 1838, de la société exploitant les risques urbains.

On reprochait au § 25 des statuts de la société Marche électorale (campagnes) et au § 21 de la Nouvelle Marche (campagnes), de donner le droit à ces sociétés, de s'opposer à certains actes des sociétés privées.

Quant aux limitations imposées dans le montant des sommes à assurer, ils citent 4 sociétés qui n'admettent que 7/9, 8/10, 9/10, du total des valeurs qu'on leur présente. Or, ils critiquent les §§ 26, 29, 41, de la société Marche électorale (campagnes), et les §§ 22, 35 de celle de la Nouvelle Marche, ainsi que § 27 de la Société Saxonne, pour les campagnes et les § 16, 17, de celle s'occupant des risques urbains, qui étendraient ces dispositions aux autres sociétés d'assurances. Ils se plaignent de ce que la société du duché de Saxe (campagnes), s'arrogeait le droit de confisquer, en cas d'incendie, la partie de l'indemnité afférente à la valeur pour laquelle l'assuré devait rester son propre assureur. Ils protestent également contre les §§ 16, 17, des statuts de la société Prusse orientale, ainsi que contre le § 46 des statuts de la Société Magdebourg (campagnes) (règlement du 1er janvier 1864), qui laissent dépasser la limite fixée par elles, mais frappent d'une indemnité les délinquants.

Enfin ils appuyaient leur dernier grief, relatif à la prétention de certaines sociétés de se réserver le monopole de l'assurance des immeubles hypothéqués, sur des faits 15 sociétés publiques étaient visées. A ce propos, ils divisaient les dispositions des statuts des sociétés publiques en trois groupes. Dans le 1er, ils rangeaient les sociétés, qui, dans le cadastre, mettaient une note en leur faveur, rappelant aux créanciers hypothécaires, qu'ils avaient le droit d'exiger de leur débiteur qu'il assure l'immeuble grevé d'hypothèque à la société publique (Sociétés de la Prusse orientale (Landschaft) ; de la Prusse occidentale (campagnes), § 16 ; de la Silésie (villes, § 12 et campagnes, § 14) ; de la Marche électorale (campagnes, § 23). Les pétitionnaires admettaient à la rigueur ces dispositions. Mais dans un 2e groupe, ils mentionnaient les statuts des sociétés qui allaient plus loin, et réclamaient en leur faveur le monopole de l'assurance des immeubles grevés d'hypothèques (sociétés de la Province rhénane, § 11, de la Vieille Poméranie (campagnes), § 37 de la Marche-électorale, (villes) (§ 10). Enfin dans un troisième groupe, ils réunissaient 5 sociétés qui, non seulement par leurs statuts se réservaient l'assurance des immeubles grevés d'hypothèques, mais encore prétendaient empêcher le débiteur de sortir de la société une fois entré, malgré le consentement des créanciers hypothécaires (§ 53 des statuts de la société Vieille Poméranie, (villes ;) § 59 des statuts de la société de Posen ; § 62 des statuts de la société de Westphalie ; § 3 des statuts de la société de Schleswig Holstein, enfin § 38 de la société de Saxe, (campagnes).

D'ailleurs, concluaient les pétitionnaires, toutes ces dispositions sont contraires à la loi du 8 mai 1837 sur l'assurance mobilière, étendue sur bien des points à l'assurance immobilière, par un ordre du cabinet du 30 mai 1841, et au principe que le contrat est la loi des parties (1).

Dans sa seconde partie la pétition contenait plusieurs questions qu'elle soumettait à l'examen des représentants du pays.

*Premièrement*, est-il admissible que les règlements des sociétés publiques s'appliquent au-delà de la sphère d'action qui leur appartient et régissent les droits de tiers ?

*Deuxièmement*, doit-on tolérer que les règlements des sociétés puissent se tenir en dehors du droit commun. Les pétitionnaires rappelaient le contenu du § 11 du projet de loi de 1869, aux termes duquel les dispositions des règlements des sociétés publiques qui ne se restreignaient pas à leurs seuls assurés ainsi qu'à leur seule gestion, de même que les prescriptions enjoignant de participer aux frais de la société, devaient être supprimées. Aucune de ces dispositions ne devait avoir le caractère de lois locales d'assurance à moins qu'il ne s'agisse de régions où l'assurance était obligatoire. Cette idée était exprimée avec plus de netteté encore dans l'exposé des motifs. On lit ce qui suit :

Il est inimaginable de voir des règlements de sociétés publiques non seulement régir l'assurance des immeubles qui ne sont pas assurés auprès d'elles, mais

(1) Ceci s'applique surtout aux dispositions qui, malgré le contrat conclu, déclarent que l'assuré doit rester son propre assureur pour partie.

encore prétendre établir suivant quelles règles les sociétés privées doivent pratiquer l'assurance. Aussi avait-il été décidé, dans l'exposé des motifs, que des modifications devaient être apportées sur ce point.

*En troisième lieu* la pétition faisait remarquer que si la commission de la Chambre n'avait pas demandé à nouveau cette réforme, c'est parce qu'en 1869 le projet de loi demandait déjà une révision des règlements.

Enfin les pétitionnaires se demandaient pourquoi certains Règlements refusaient encore à certaines sociétés mutuelles la personnalité morale, bien que cela fût contraire au § 11 du projet de loi de 1869 et aux décisions du 2 juillet 1859 et du 18 septembre 1861, visant la suppression de ces restrictions. Pourtant ces dispositions n'ont jamais cessé d'être en vigueur.

Les pétitionnaires terminaient en demandant que les pouvoirs publics se pressent à régler enfin législativement tous ces points.

D'autre part, on rappelait, dans l'exposé des motifs du projet de loi du gouvernement du 3 janvier 1877, que le 5 mai 1875 la Chambre des députés avait décidé de soumettre cette pétition à l'attention des pouvoirs publics en les invitant à réaliser les réformes promises dans le § 11. Bien plus, la motion de la Chambre déclarait qu'on espérait bien que le gouvernement ne s'en tiendrait pas à une simple répétition du texte de 1869 et qu'il ferait porter les modifications à apporter dans les règlements des sociétés publiques sur d'autres points. Cela permettrait de mettre ces dispositions en rapport avec les besoins de la situation présente. Par contre la

Chambre ne demandait nullement la suppression des sociétés publiques, dont elle reconnaissait tous les mérites et toute l'importance dans la vie des communes (1). Elle était la première à reconnaître que leur existence était indispensable comme organes permettant de régler la marche de l'assurance privée. Mais elle n'admettait pas que les sociétés privées fussent gênées dans leur essort par des dispositions préjudiciables à l'entreprise privée. Aussi la motion demandait-elle qu'on supprimât certaines dispositions ayant ce caractère, même dans les régions où l'assurance était obligatoire et publique. Car, faisait-on remarquer, dans ces localités, il y a certains risques que les sociétés publiques n'assurent pas tels que les fabriques de poudre et les théâtres. Dès lors, on ne concevrait pas pourquoi les règlements des sociétés publiques étendant leur sphère d'action à ces régions, se prononceraient sur les principes que doivent observer les sociétés privées qui assurent ces risques.

Le projet de loi du gouvernement, conformément à l'article 4, n° 1, de la loi d'empire du 16 avril 1871, fut déposé sur les bureaux du Landtag. Celui-ci chargea la commission du commerce et de l'industrie de l'examiner.

Le 1er février 1877, la commission donnait son rapport. En voici les grands traits:

La commission admettait le bien fondé des réclamations des Sociétés privées en ce qui concerne les quatre restrictions que nous avons passées en revue en fai-

(1) Le capital assuré par les sociétés publiques atteignait alors, dit la motion, 10.700 millions de mark.

sant l'analyse rapide de la pétition du syndicat des Sociétés privées.

La Commission demandait en second lieu que les statuts fussent l'objet d'une revision générale. Ceci permettrait de modifier bien des dispositions vieillies relatives à la classification des risques, à l'estimation des valeurs, à la constitution de fonds de réserve, aux droits et obligations des organes d'administration à l'égard des assurés, etc., etc. Il conviendrait mieux toutefois de confier toutes ces réformes spéciales aux soins de l'administration des diverses Sociétés publiques. Quant au point de savoir s'il faut ou non conserver l'assurance obligatoire et en charger la Société publique, il pourrait être tranché par une consultation des intéressés.

La Commission, après s'être prononcée sur la tendance du projet, examina quelle rédaction elle devait adopter. Une minorité de la commission seulement s'était prononcée en faveur du texte proposé par le projet du gouvernement.

Les uns demandaient qu'on introduisit les mots : les organes des Sociétés intéressées entendues par la voie administrative ; d'autres réclamaient qu'on insérât les mots : avec l'approbation du Ministre de l'Intérieur. Puis on exprima le désir d'ajouter au texte du projet du gouvernement un 2e paragraphe. Voici le texte qui fut proposé :

1° « Les dispositions des règlements des Sociétés publiques qui s'appliqueraient à d'autres qu'aux propres assurés auprès de ces caisses, ainsi que celles réglementant les polices des Sociétés privées et obligeant ceux qui ne font pas partie des Sociétés publiques à contribuer néanmoins à leurs frais, et enfin toutes les prescriptions relatives à l'exploitation de l'assurance par l'entreprise privée, doivent être supprimées.

2° « Ces modifications devront être faites par voie administrative, les organes des Sociétés intéressées consultées.

3° « Dans ce but, pendant deux ans, les règlements des Sociétés publiques devront être l'objet d'une revision. » On introduisait ainsi un troisième alinéa. On passe au vote. Sauf l'auteur de l'amendement, tous les membres de la Commission rejettent les alinéas 1 et 2 et adoptent, par 7 voix contre une, le 3e alinéa.

Finalement la Commission demande au Landtag de se prononcer en faveur du texte définitif que nous venons de donner, mais en un paragraphe.

La Commission du Commerce et de l'Industrie remit sa conclusion le 1er février 1877.

Le 7 février 1877, elle fut l'objet des débats du Landtag. Après une discussion générale et par alinéa, elle fut finalement adoptée dans son ensemble par la majorité après une séance mouvementée.

Le 12 février, le projet de loi fut l'objet des délibérations du Reichstag. Dès le début de la séance M. Meyer demande le renvoi du projet à la commission générale. Le Dr Roeckerath démontre toute l'importance de la question qu'il s'agit de résoudre et pense qu'un tel renvoi s'impose. Le député Jacobi, s'appuyant sur ce fait que la question n'est pas neuve, qu'elle avait déjà, en principe, été tranchée par le Reichstag, deux ans avant, estime que le retard résultant de ce renvoi serait inutile. Le député Findhorst pense de même, puisqu'on ne faisait que reprendre un projet déjà connu. C'est l'idée qui l'emporta. La discussion sur le projet fut aussitôt ouverte. A la fin de la séance fut voté le texte suivant :

« Les dispositions des règlements de Sociétés publiques qui s'étendraient au-delà de leurs assurés et des polices dressées par ces institutions, ainsi que celles astreignant les propriétaires non affiliés à la caisse publique à contribuer néanmoins à une partie de ses frais et enfin toute prescription relative à l'assurance en général devront être supprimées. » *Toutefois dans les régions où existait l'assurance obligatoire pour les immeubles*, la loi ne devait pas s'appliquer.

§ 2. « Les organes d'administration des Sociétés publiques devront tenir la main à faire exécuter ces modifications. Celles-ci devront être approuvées par le Ministre de l'Intérieur. »

A la séance du 19 février, le président déclara la discussion générale ouverte. Personne n'ayant demandé la parole on passa immédiatement à la discussion par paragraphe. Le 1er paragraphe fut lu, ainsi que le 2e, sans qu'aucun député ait demandé la parole. On vote sur l'ensemble de la loi. La lecture n'étant pas réclamée, le président prie de passer au vote. La majorité s'étant prononcée en faveur du projet, le texte de la loi est déclaré adopté.

Cette modification dans la rédaction de la loi apportée par le Reichstag au texte proposé par le Landtag devait recevoir l'approbation de cette haute assemblée aussi fut-elle l'objet d'une nouvelle discussion devant le Landtag le 8 février 1877. Une forte majorité s'étant prononcée en faveur du texte voté par le Reichstag, il passa dans la rédaction de la loi du 31 mars 1877. Celle-ci comprend deux articles.

Elle abroge toutes les dispositions des règlements des *Feuer Societaten* qui n'ont pas le caractère de statuts sociaux. Mais elle laisse subsister l'assurance immobilière obligatoire dans les régions où elle existait encore (1). D'autre part elle ne fixe pas un délai de deux ans pour opérer cette revision, comme le proposait le texte voté par la commission du Commerce et de l'Industrie et le Landtag dans sa séance du 7 février 1877.

En exécution de cette loi nous assistons à une revision générale des statuts des Sociétés publiques comme nous en avions déjà signalé une en 1836. C'est de cette époque que date l'organisation actuelle des Sociétés publiques qui va nous occuper ultérieurement.

L'assurance publique se perfectionne encore et malgré le coup que lui a porté cette loi, se développe. Nous n'avons à signaler que deux liquidations de caisses publiques.

En 1880 la société pratiquant l'assurance contre l'in-

(1) Avant cette date en effet l'assurance obligatoire avait été supprimée dans un grand nombre de Sociétés publiques. MM. Von Hulsen et H. Brœmer nous apprennent dans leur brochure : *Die offentlichen Feuerversicherungsanstalten in Deutschland und ihre rechtliche Stellung gegenüber den Privat. Feuerversich. Anst*, qu'à la suite de cette mesure un grand nombre de propriétaires pauvres cessèrent de s'assurer.

cendie sur le territoire de Breme s'éteignit. Cela fait donc la 4e société publique, qui depuis 1869 liquide. Nous verrons dans quelles conditions la société de Francfort-sur-le-Mein mit fin à ses opérations en 1869. En 1870, la caisse de Schaumberg-Lippe en fit autant. La Caisse mecklembourgeoise du cercle de Stargard suivit cet exemple en 1876. Nous voudrions, cette fois encore, essayer d'examiner si cette solution extrême s'imposait à la caisse de Bremen.

La caisse fut créée en 1805 pour 15 ans, jusqu'à la Saint-Michel 1820. A cette date, elle fut prolongée pour une durée égale plusieurs fois, et pour la dernière fois en 1866. A la fin de 1879, le patrimoine s'élevait à 31.879 thl., et le capital assuré était de 5.367.341 thl. Ceci nous montre une fois de plus qu'en principe, une société publique s'étendant à un ressort très restreint, est rarement florissante. Mais il lui était très facile de se réunir à d'autres sociétés publiques, ayant un territoire plus vaste, ou bien de se réassurer à la section spéciale du Syndicat des sociétés publiques allemandes, pratiquant la réassurance. Ce faisant, elle n'aurait qu'imité, plusieurs exemples, que nous fournissent certaines sociétés publiques allemandes. C'est ainsi que les sociétés du comté de Hohenstein, celle de Hoye-Diepholz, celle d'Osnabruch, se sont fondues dans les sociétés provinciales les plus rapprochées. Plus tard deux autres sociétés publiques, celle de Bremen-Verden, ainsi que celle de la Haute-Lusace, prirent ce parti.

Une autre solution s'offrait encore à elle. C'était, sinon de se fondre, tout au moins de s'unir à une autre caisse publique. C'est ainsi que firent les sociétés de Saxe-Gotha, de Waldeck et Pyrmont, qui s'unirent à la société assurant contre les risques ruraux du duché de Saxe, et à la société provinciale de Saxe assurant les villes pour former l' « Union des Sociétés d'assurance contre l'incendie de l'Allemagne centrale.

Mais il faut s'empresser d'ajouter qu'il vaut mieux encore faire comme la caisse de Bremen, liquider, que de réassurer une grande partie des risques à des compagnies par actions. Malheureusement plusieurs sociétés publiques peu étendues le font. Parmi celles-ci, nous devons citer les caisses d'Anhalt, de Hohenzollern, d'Halberstadt (Ritterschaft), des villes d'Elbing, de Thorn, Stralsund, Wismar, Rostock, Lubeck, qui réassurent à des compagnies par actions une portion déterminée de leur portefeuille, variant de 50 %, 75 et même 95 %. Que font ces compagnies ? Lorsqu'elles trouvent qu'elles ne tirent pas assez de bénéfices de ces opérations de réassurances, elles annoncent aux caisses publiques intéressées qu'elles ne peuvent plus continuer à couvrir une partie de leurs risques, à moins que ces dernières ne consentent à payer une prime beaucoup plus élevée.

Quant aux autres caisses publiques, elles continuent à prospérer malgré la lourde charge provenant de l'assurance des mauvais risques, dont elles sont toujours accablées. De 1866 à 1871, 19 sociétés publiques seulement ont assuré en immeubles couverts en chaume ou autres matières inflammables pour une valeur de 2.847.971.000 thl. et payé pour ces immeubles des indemnités s'élevant à 15.103.918 thl., soit 5,303 ‰ de la somme assurée. En 1878, les sociétés publiques allemandes assuraient pour 1.188 millions de thl. d'immeubles couverts en chaume, pour lesquels elles payaient en moyenne tous les ans, 5 à 6 millions de thalers d'indemnités. En 1870 le capital total assuré s'élevait en mille marcks à 16.941.499, et en 1880 à 26.640.659, pour lesquels a été perçue une prime moyenne s'élevant à 1,67 ‰ au lieu de 1,99 en 1870, quant aux indemnités visées, elles ont absorbé 95,1 % du montant des cotisations.

De 1886 à nos jours, le nombre des caisses tombe de 65 à 57. Aucune caisse, depuis cette époque, n'a liquidé son portefeuille, mais des fusions de sociétés publiques se sont produites ; citons notamment la réunion des caisses de Schwarzbourg-Sondershausen, de Schwarzbourg-Rudolstadt, de Reuss. j. L. à la société de Magdebourg (campagnes), ainsi que la réunion, en 1890, de toute les petites caisses du territoire de Hambourg à la caisse de la ville de Hambourg.

Ceci termine l'exposé historique des sociétés publiques allemandes qui devait faire l'objet de notre premier chapitre. Dans notre chapitre suivant nous devons nous occuper de l'étendue actuelle de la sphère d'action et d'application des sociétés publiques.

---

## CHAPITRE II

### DE L'ÉTENDUE ACTUELLE DE LA SPHÈRE D'APPLICATION ET D'ACTION DES SOCIÉTÉS PUBLIQUES ALLEMANDES

Il existe actuellement 57 sociétés publiques qui, au point de vue géographique se divisent en 35 sociétés prussiennes et 22 sociétés allemandes situées en dehors de la Prusse.

Les sociétés prussiennes se distribuent ainsi qu'il suit dans les principales régions formant la Prusse :

Dans la *Prusse Orientale*, la société de Kœnigsberg, celle pour les villes, celle pour l'intérieur du pays, celle pour les districts.

Dans la *Prusse Occidentale*, les sociétés urbaines de Thurn et d'Elbing, celle pour les districts, celle pour la province de la Prusse Orientale et celle de la province de Posen.

Dans la *Poméranie*, les sociétés urbaines de Stettin et Stralsund et l' « Union » pour toute la région.

Dans la *Silésie*, la société urbaine de Breslau, celle s'étendant à toutes les villes et une autre à toutes les campagnes.

Dans le *Brandebourg*, la société de Berlin, celle assurant les villes de la province, celle assurant les campagnes de la Nouvelle-Marche et une autre les campagnes de la Marche électorale.

Dans le *Duché de Saxe*, la société assurant les campagnes, celle assurant les villes de la province, celle pour le pays de Magdebourg, celle d'Halberstadt.

Dans le *Schleswig*, la société pour le Schleswig-Holstein et la gilde des nobles du Schleswig.

Dans le *Hanovre*, la caisse de districts, celle pour les villes de la Frise orientale et celle pour les campagnes de cette même région.

En *Westphalie*, la société provinciale.

Dans le *Hessen-Nassau*, la société de Nassau et celle de Hessen-Cassel.

Dans les *Territoires du Rhin*, la société de la Province Rhénane, celle de la province du Hohenzollern et enfin celle des Domaines.

Voici maintenant les 22 autres sociétés allemandes en dehors de la Prusse :

Les trois caisses d'Etat des royaumes de Saxe, de Bavière, de Wurtemberg, celles du grand duché de Baden et de Hessen, celle du Mecklembourg-Schwerin (Domaines), celle du Mecklembourg (Villes), celle du Mecklembourg-Ritterschaft, les caisses urbaines de Rostock et de Wismar, la Société du duché d'Oldenbourg, celle du « Hewschaft » de Jever, celle de la Saxe-Weimar-Eisenach, celle de la Saxe-Altenbourg, celle de la Saxe-Gotha, Cobourg et Meningen, celle du duché de Brunswick, celle d'Anhalt, celle de Lippe, celle de Waldeck et Pyrmont, celles de la ville de Lubeck et de la banlieue, enfin celle de Hambourg.

Au point de vue de leur sphère d'application, nous rencontrons des sociétés d'Etat, des sociétés provinciales ou de duché, des caisses s'étendant seulement à une agglomération de communes et enfin des caisses communales.

Des caisses d'Etat, nous en rencontrons dans presque tous les territoires allemands situés en dehors de la Prusse. Comme caisses s'étendant à tout un royaume, il faut citer celles des royaumes de Saxe, Bavière, Wurtemberg : comme caisses n'embrassant qu'une ville, on relève celles des villes de Hambourg, Lubeck, celle de la banlieue de Lubeck, celles des villes de Rostock et Wismar.

En Prusse, nous trouvons les caisses provinciales de la Prusse occidentale, de la province de Posen, de la province de Hanovre, de la province de Poméranie, de la province de Brandebourg, de la province de Silésie, de la province de Saxe, de la province du Schleswig Holstein, de la province de Westphalie, de la province rhénane, de la province de Hohenzollern, les caisses des duchés de Saxe et Magdebourg.

Comme caisses ne s'étendant pas à une province, citons celles de la Marche électorale et de la Basse Lusace.

Voici quelles sont les caisses prussiennes n'étendant leur sphère d'application qu'à une ville : les caisses des villes de Kœnigsberg, Elbing, Thorn, Stettin, Stralsund, Berlin, Breslau.

Les risques immobiliers peuvent se diviser en risques ruraux et risques urbains. A ce point de vue, les sociétés allemandes se divisent en sociétés n'assurant que les risques ruraux, d'autres restreignant leur sphère d'action aux seuls risques urbains. Enfin dans un troisième groupe on peut ranger les sociétés qui assurent indifféremment les risques ruraux et urbains.

A ce dernier groupe appartiennent toutes les sociétés publiques allemandes situées en dehors de la Prusse. Il n'y a d'exception que pour les sociétés du Mecklembourg où il existe une société pour les risques ruraux et une pour les risques urbains. Bien entendu, il faut y ajouter les sociétés n'étendant leur sphère d'action qu'à une ville (Rostock, Wismar, Lubeck, Hambourg).

Il n'en est pas de même pour les sociétés prussiennes qui nous offrent des exemples pour nos trois catégories.

α) Certaines sociétés n'assurent que les risques urbains, ce sont naturellement les sociétés ne s'étendant qu'à une ville (Berlin, Breslau, Stettin, Elbing, Kœnigsberg, Thorn, Stralsund), mais il faut citer à côté de celles-ci la société de la Prusse orientale (Villes), celle de la province de Brandebourg (Villes), celle de la province de Silésie (Villes), celle de la province de Saxe (Villes), celle de la Frise orientale (Villes).

β) Comme sociétés prussiennes n'assurant que dans les campagnes, citons : les sociétés de Prusse orientale (Campagnes), de la Marche électorale et de la basse

Lusace (Campagnes), de la Nouvelle Marche (Campagnes), de la Silésie (Campagnes), du duché de Magdebourg (Campagnes), du duché de Saxe (Campagnes), de la Frise orientale (Campagnes).

γ) Restent à nommer les caisses prussiennes assurant aussi bien dans les villes que dans les campagnes. Ce sont celles existant dans la Prusse occidentale, la société provinciale de Posen, celles de la Poméranie, du Schleswig-Holetein, du Hanovre, (celle de la Frise orientale exceptée), de la Westphalie, du Hessen-Cassel, du Nassau, de la province Rhénane et du Hohenzollern.

Les sociétés publiques allemandes peuvent également se diviser en caisses facultatives et obligatoires.

La plupart des établissements publics prussiens sont facultatifs. Comme caisses obligatoires on ne peut citer que les caisses des villes (1) de Berlin, Breslau, Stettin, la caisse de la Frise orientale et celle du Hohenzollern. Mais pour ces dernières, l'assurance n'est obligatoire et l'affiliation à la société publique imposée que pour une portion seulement de la valeur des objets.

(1) Pour la ville de Thorn, c'est très douteux. Dans les statuts datant de 1835, on trouve le mot « Zwang », mais ces statuts n'ont été approuvés que par le Ministre, non par la Royauté. En 1819 quelques habitants s'étaient engagés à s'assurer à la société qu'ils allaient fonder. Le 31 octobre 1821 la caisse municipale fut créée et le 19 novembre cette fondation était approuvée par le Ministre. En 1874 deux propriétaires s'étant retirés de la société, le magistrat accepta leur démission en faisant remarquer que les statuts n'ayant pas été approuvés par le Roi n'avait pas force de loi. En présence de cette espèce nous sommes tentés de croire que cette caisse est actuellement facultative.

Les caisses obligatoires sont plus nombreuses dans le reste de l'Allemagne. L'assurance immobilière est obligatoire et l'affiliation à la caisse ordonnée dans les royaumes de Saxe et de Wurtemberg, dans les duchés de Bade, de Hessen et d'Oldenbourg, sur les territoires de Weimar, d'Altenbourg, d'Anhalt, de Lippe, de Waldeck et de Hambourg.

Enfin, il y a des territoires où l'assurance contre l'incendie est facultative en principe, mais où la société publique est une caisse obligatoire ; personne n'est obligé de s'assurer, sauf quelques exceptions (1), mais s'il le fait, il ne peut s'adresser qu'à la société publique qui jouit, pourrait-on dire, du monopole de l'assurance immobilière contre l'incendie.

Comme exemples, on peut citer en Prusse les caisses de Hessen-Cassel et de Nassau en exceptant la ville de Francfort, et pour les caisses allemandes situées en dehors de la Prusse : la caisse d'Etat du royaume de Bavière, et celle du duché de Brunswick.

Enfin, certaines caisses publiques exploitent non seulement l'assurance immobilière, mais encore l'assurance mobilière. Jamais à titre principal. Elles assurent surtout les immeubles et accessoirement les meubles ; ceci ne veut pas dire qu'elles n'assurent que les meubles situés dans des immeubles assurés déjà à la société publique, bien que ce soit là une condition mise à l'assurance mobilière dans les statuts de certaines caisses. Nous

(1) Il y aura exception notamment pour les immeubles grevés d'hypothèques et les biens des mineurs.

voulons dire par là que jamais une société publique ne peut assurer que des meubles.

Nous savons déjà, par nos développements antérieurs, que l'assurance mobilière ne fut guère permise aux sociétés publiques avant 1863.

Voici quelles sont les sociétés qui exploitent actuellement en même temps que l'assurance immobilière l'assurance mobilière.

En Prusse il faut citer les caisses provinciales de Westphalie, du Rhin, du Hanovre, du Schleswig-Holstein, de la Poméranie, de Posen, assurant également les meubles situés dans les villes et les campagnes. A ce groupe, on peut encore ajouter la Gilde des meubles nobles du Schleswig-Holstein.

Les caisses rurales des duchés de Saxe et de Magdebourg, celles des provinces de Silésie et de la Prusse orientale, ainsi que celles de la Marche électorale, de la Basse Lusace et de la Nouvelle Marche n'assurent que les meubles situés dans les campagnes.

Les caisses urbaines provinciales de Saxe, de Brandebourg et de la Prusse orientale n'assurent que les risques mobiliers urbains.

Pour le reste de l'Allemagne on ne peut citer que la caisse de Mecklembourg (Chevaliers) celle d'Anhalt et celle de Saxe, Gotha, Cobourg et Meningen comme pratiquant l'assurance mobilière. Toutefois comme nous avons rangé la caisse prussienne de Magdebourg dans le groupe des caisses n'assurant que des risques mobiliers ruraux, nous devons ici parler de trois caisses anciennes, celles de Schwarzbourg-Sondorhausen, Schwarzbourg-Rudolstadt et Reuss, branche cadette, qui pratiquent toutes l'assurance mobilière, tant dans les campagnes que dans les villes. Mais aujourd'hui ces caisses allemandes n'ont pas d'individualité propre. Elles se sont confondues dans la caisse de Magdebourg (campagnes).

## CHAPITRE III

### DE L'ORGANISATION ET DE L'ADMINISTRATION DES SOCIÉTÉS PUBLIQUES. — LEURS ORGANES DE GESTION. (1)

Nous voudrions dans ce chapitre donner une idée tout à la fois synthétique et analytique des organes d'administration que l'on rencontre dans les diverses sociétés publiques allemandes. Pour alléger cet exposé, nous laisserons de côté les sociétés n'étendant leur sphère d'action qu'à une ville, car nous réserverons un chapitre spécial à l'assurance communale. Dès lors nous trouverons en cet endroit l'occasion de fournir les renseignements intéressant les organes d'administration de l'assurance communale.

Dans nos développements antérieurs nous avons déjà donné une idée, très générale, il est vrai, de l'administration des sociétés publiques. Ici ce sont les organes même d'administration qui vont nous occuper. Il va nous falloir parcourir tous les règlements, lois et statuts qui régissent les sociétés publiques. Nous ferons de l'analyse. Mais en même temps en groupant ces organes

(1) Nous avons puisé une grande partie de ces renseignements dans un magistral article paru dans le *Mittheilungen*, organe du Syndicat des Sociétés publiques allemandes.

sous diverses catégories, nous essayerons de faire de la synthèse. L'avantage sera de donner des idées générales sur ces organes sans sacrifier la précision que nous tentons de donner à nos explications.

Voici de suite l'ordre que nous suivrons :

Dans un premier paragraphe nous nous occuperons des administrations, organes et représentations que l'on rencontre à côté de l'administration centrale pour expédier les affaires courantes.

Nous aurons à distinguer, selon qu'il rentrera ou non un organe de représentation des assurés.

Dans un second paragraphe, nous traiterons des organisations centrales s'occupant d'expédier les affaires courantes des sociétés publiques.

Il existe également des sociétés qui possèdent des organes de cercles ou même locaux, nous les rangerons dans un troisième paragraphe en introduisant toute une série de distinctions que la clarté du récit nous imposera.

Les organes préposés aux affaires de caisse et de comptabilité, en un mot, feront l'objet d'un quatrième paragraphe.

### § I. — Organes et représentations que l'on rencontre à côté ou au-dessus des administrations centrales expédiant les affaires courantes.

Si nous parcourons les statuts et règlements, nous rencontrons presque dans tous les mots de ; haute surveillance, contrôle, gestion, représentation, administration, mais avec des sens différents pour chaque Société. Ce qui est déclaré dans tel statut être un contrôle, dans les statuts de telle autre Société sera dénommé gestion ou administration. Aussi bien souvent devrons-nous nous contenter d'une précision relative. Ceci dit, faisons encore une autre observation ayant une portée générale. Lorsque dans les lois, statuts, règlements, on voit formulé que la haute surveillance appartient au gouvernement sans autre indication, voici quel est le critérium qu'il faut suivre pour chercher quelle autorité spéciale exercera cette haute surveillance. Est-on en présence d'une institution provinciale, l'ordonnance provinciale donnera la réponse. Ce sera le ministre de l'Intérieur au sommet, et en première instance, le Premier Président de la province.

Pour tous les autres établissements il est de règle générale que c'est le ministre de l'Intérieur qui exerce la haute surveillance, quant au degré inférieur il faudra distinguer.

Lorsque l'établissement n'étend sa sphère d'action qu'au territoire d'une régence ou bien à une portion de la régence, ce sera le régent du cercle qui exercera cette surveillance au premier degré. L'établissement exploite-t-il l'assurance sur une étendue de plusieurs régences et appartenant à des provinces différentes, ce sera le Président Supérieur de la province où l'établissement a son siège central qui exercera cette surveillance.

Ces observations préliminaires terminées, abordons

l'objet propre de notre paragraphe par les organes administratifs proprement dits des Sociétés publiques.

Les organes constituant un élément représentatif des assurés, nous occuperont dans une deuxième division.

### A. — Organes administratifs, abstraction faite des éléments représentatifs des assurés

*α) De ces autorités en elles-mêmes, leur nomination ou leur élection, leurs attributions, voilà le premier point qui va nous retenir.*

Nous rangerons les Caisses sous quatre groupes :

Dans un premier groupe nous réunirons les caisses où l'administration de l'Etat est exclusive, ou l'emporte (Altenbourg, Anhalt, Baden, Bavière, Brunswick, Gotha, grand duché de Hessen, Hohenzollern, Lippe, Oldenbourg, royaume de Saxe, Waldeck, Weimar, Wurtemberg, soit 15 Sociétés).

Dans un deuxième groupe les caisses où c'est l'administration provinciale ou communale qui l'emporte, 15 Sociétés également (Brandebourg, Hessen Kassel, Kurmark, Nassau, Neumark, Poméranie, Posen, Société rhénane, Sachsen Ld, Sachsen Pr., St., Schlesien, Ld et St., Schleswig H. Pr., Westphalie, Westpreussen, allg.).

Dans un troisième groupe les caisses où c'est l'administration des assemblées qui l'emporte (8 Sociétés : Halberstadt, Hanovre, Mecklembourg, Ritterschaft, Ostfrisel, Ld et St., Ostpreuss, Ldsch, Schleswig H. ad. g. Westpreussen Ldsch).

Enfin dans le quatrième groupe 5 Sociétés diverses (Magdebourg, Mecklemb., Dom. Meckl. St, Ostpreuss. adl., Ostpreuss. St.).

PREMIER GROUPE

Dans un premier groupe nous rangeons les Sociétés où ces autorités sont nommées.

Dans les Sociétés où c'est le *Staatsregierung,* tels que Staatsministerium ou conseil des ministres. Nous citerons par ordre alphabétique :

La Saxe, Altenbourg, Anhalt, La Hesse.

C'est le ministre de l'Intérieur dans :

Le duché de Bade, les royaumes de Bavière, Saxe, Wurtemberg.

Nous trouvons une commission du Landtag (Landesversammlung), dans le Brunswick et la Saxe royale, à côté du ministre de l'Intérieur pour la dernière et du Staatregierung pour le premier.

Dans le Hohenzollern nous rencontrons le Landtag communal (Kommunal Landtag). Dans la Lippe, le Waldeck et la Saxe Weimar ce sont les autorités supérieures de ces Etats qui directement exercent l'administration de ces établissements.

Voici maintenant certaines dispositions propres à chaque caisse :

Dans le grand duché de Bade la comptabilité de la Caisse est sous la surveillance et le contrôle de la Cour des comptes. Dans le Hohenzollern le Communal Landtag veille pendant les sessions aux intérêts des assurés. Entre les sessions ce soin incombe à la Commission. Nous aurons occasion ultérieurement de voir que pour certains intérêts dans la Lippe intervient une commission de députés et le Collège de l'administration centrale.

En Saxe royale un comité de cinq membres élu dans le Parlement viendra s'adjoindre à la direction de la Chambre des assurances pour donner son avis sur certaines questions que fixe la loi de 1876 ainsi que sur les points où la Direction jugera bon de recourir à cette réunion qui constituera le *Plenum de la Chambre d'assurance*. La première Chambre nomme deux membres et la deuxième Chambre trois membres de ce comité parlementaire des assurances, et à côté plusieurs remplaçants.

Statutairement pour le Waldeck, le Landtag devra connaître de certains intérêts.

### Deuxième Groupe

Dans les caisses du Brandebourg (villes), de la Nouvelle Marche (campagne), de la province Rhénane, la Caisse urbaine de la province de Saxe, les caisses urbaines et rurales de Silésie, les caisses de Westphalie et des contrées ouest de la Prusse, la haute surveillance s'exercera conformément à l'ordonnance du 26 juin 1875, pour la Westphalie, conformément à celle du 1er août 1886, enfin pour la province Rhénane c'est l'ordonnance du 1er juin 1887 qui sera applicable. D'après ces ordonnances ce seront le *Landtag provincial* et sa commission et pour la Silésie un Comité du Landtag connu sous le nom de Landesdeputation, enfin le

*Landesdircetor*, quelque chose de semblable à notre Président du conseil de préfecture.

L'établissement de la *Hessen Cassel* se trouve sous la surveillance du Comité du Conseil d'Etat. C'est le Landtag Communal de la Marche électorale qui s'adjoint un ou deux représentants de celui de la Basse-Lusace, qui remplira cette mission pour l'établissement rural de la *Marche électorale Basse Lusace*.

Pour la province de *Hessen Nassau*, il faudra s'en rapporter à l'ordonnance provinciale du 8 juin 1885. On y lira que la haute surveillance appartient au Landtag-Communal et à sa Commission. L'établissement de la *Province de Posen* est sous la haute surveillance du Président supérieur de la Province et du Landtag provincial. Ce sont ces mêmes autorités qui exerceront cette surveillance sur l'établissement *rural de la province de Saxe*. Le Landtag provincial et le Comité du Conseil d'Etat surveilleront l'établissement du Schleswig-Holstein.

### Troisième Groupe

La gestion de l'établissement appartient à un comité du Kalenberg-Grubenhagenschen Landschaft dans *Le Hanovre*. C'est un comité composé de membres du Mecklembourg Ritter et de la province de Mecklembourg qui a la haute surveillance dans le *Mecklembourg-Ritterschaft*.

Dans les établissements rural et urbain de la *Frise orientale*, c'est le Landrostei, aujourd'hui la régence d'Aurich, qui exerce la haute surveillance. Souvent s'adjoint le collège provincial et le Plenum qui participent cette surveillance.

Dans l'établissement de la province *de la Prusse orientale*, la haute surveillance appartient au gouverneur de la Province (general Landschaft president). La caisse de la *province de la Prusse occidentale* est sous la haute surveillance du Landtag et du Haut Comité de la Province de la Prusse occidentale.

### Quatrième Groupe

L'établissement de Magdebourg est surveillé par une commission connue sous le nom de Societats-Deputation. Elle comprend un collège de 11 membres : le Directeur général, un membre délégué par la régence de Magdebourg et un député des neuf parties principales du ressort de la Société. En dehors de ces membres, on peut en élire un de la province de Saxe.

L'établissement *des campagnes du Mecklembourg* est sous la haute surveillance du ministre de l'Intérieur. Mais l'administration est exercée par les organes de la gestion domaniale : la Chambre Domaniale et les Bureaux du domaine pour les diverses localités. Nous insisterons ultérieurement sur ces points.

Dans la *Caisse urbaine du Mecklembourg*, c'est la direction générale composée des députés des municipalités de chaque ville qui aura cette mission.

β) *Mesure dans laquelle ces autorités interviennent dans la gestion de ces sociétés ou collaborent à leur administration.*

PREMIER GROUPE

Dans un premier groupe nous rangerons :

*La Bavière* où c'est le ministère de l'Intérieur qui établit annuellement les états de l'établissement, prend et publie les dispositions générales touchant la Caisse, inspecte la gestion de la Chambre de l'assurance contre l'incendie, veille aux intérêts de l'Etat, de l'établissement et des assurés, et à la publication des comptes.

Dans le *Brunswick* un Comité du Parlement est compétent pour déterminer les immeubles qu'il faut écarter de l'assurance, pour l'établissement et la modification des tarifs, des primes supplémentaires.

Il faudra l'adhésion de cette autorité pour contracter un emprunt destiné à couvrir les frais provenant du paiement d'indemnités s'élevant à un chiffre extraordinaires ; pour la perception de primes plus élevées ou supplémentaires. Ce Comité aura annuellement connaissance du rapport dressé aux Finances sur l'administration de l'établissement.

Dans le *Hohenzollern* le Landtag Communal a l'examen et l'approbation des comptes de l'année, la confirmation des états annuels et notamment du montant des primes ordinaires et extraordinaires, de l'émission d'un emprunt, de la mesure dans laquelle la réassurance devra être pratiquée, quelle devra être l'élévation du fonds de réserve.

Enfin ce Landtag Communal devra approuver les modifications et additions à faire aux règlements.

Dans la *Lippe* il faudra l'agrément du Comité du Parlement pour percevoir des primes extraordinaires. Quant à l'approbation des comptes, elle incombe au Collège du conseil d'Etat.

Dans la *Saxe royale* le Plenum de la Chambre des assurances connaîtra de toutes les questions relatives à la législation en cours des assurances et touchant à l'organisation de l'établissement national, de la fixation du personnel et de sa rétribution, de l'établissement du budget, de la surveillance des encaisses et des dépenses,

C'est toujours ce Plenum qui déterminera s'il y a lieu de percevoir des primes extraordinaires ou de diminuer le montant des primes à percevoir ; s'il y a lieu d'émettre un emprunt. Il fixera les récompenses à distribuer ainsi que les secours à allouer en vue d'améliorer les constructions. Enfin le président pourra soumettre au Plenum les questions qu'il jugera devoir faire l'objet d'une délibération approfondie.

### Deuxième Groupe

Avec le deuxième groupe nous abordons une série d'établissements où les attributions de ces autorités vont en augmentant.

Dans l'établissement de *Hessen Cassel*, le Communal

Landtag établit les états annuels ainsi que le montant de la prime annuelle ; dans certains cas il choisira également le directeur de la Société, et le comité du conseil d'administration ne sera chargé de ces missions que lorsque le Landtag Communal ne sera pas pour ce compétent, et lorsqu'on a formulé une réclamation contre un acte du directeur de la Société.

Dans la *Marche électorale* le Communal Landtag constitue avec la haute surveillance des Autorités l'organe compétent en dernier ressort pour se prononcer sur les intérêts de la Société.

Celui qui est exclu de la Société peut former un recours auprès du premier président de la province et en dernière instance auprès du ministre de l'Intérieur.

L'établissement de *Nassau* va maintenant nous occuper. L'autorisation du Landtag Communal sera notamment nécessaire pour la fixation des états de gestion ainsi que du compte annuel, de même lorsqu'il s'agit de trancher une difficulté venant à s'élever, ou pour modifier le règlement. Le Conseil d'Etat doit approuver le compte de gestion et celui des finances avant d'être soumis au Communal Landtag. C'est lui qui approuvera la nomination des membres de la commission d'assurance contre l'incendie la désignation des endroits où résidera l'inspecteur d'assurance contre l'incendie et son remplaçant ainsi que les fonctionnaires émargeant au budget de la caisse. La fixation des primes et des versements supplémentaires devra être acceptée par ce comité. Il connaîtra, conformément au règlement, des difficultés qui pourraient surgir. C'est encore lui qui déterminera s'il y a lieu de recourir à la réassurance, dans quelle mesure et auprès de quels établissements. Il fixera le montant des sommes à consacrer au fonds de réserve et quel usage on devra faire de ce dernier. La caisse veut-elle faire un emprunt, elle ne le peut qu'avec l'autorisation de ce même comité. La fixation des primes, même en se conformant au règlement, devra recevoir l'approbation de ce comité.

*En Poméranie* l'établissement doit compter avec le concours du Landtag provincial d'une part et de son Comité d'autre part. C'est le Landtag provincial qui établira les états, le budget et le compte des finances. Il connaîtra les difficultés qui viendraient à s'élever, sera appelé à donner son autorisation pour toute modification qu'on voudrait établir dans le règlement. Il sera compétent pour fixer la prime afférente à chaque classe d'immeubles qui pourra être perçue, de même lorsqu'il s'agit d'augmenter le fonds de réserve. La Commission examinera au préalable les comptes avant qu'ils soient déposés sur les bureaux du Landtag provincial, jugera en premier ressort les difficultés qui seront l'objet d'un recours. Il fixera le montant des cautionnements à verser par les fonctionnaires de la Société. Enfin il indiquera quelles sont les conditions qui devront être remplies pour accepter une assurance mobilière.

Dans l'établissement de la *Province de Posen* le Landtag provincial est mis au courant de la marche de la Société par le Premier Président de la province. Il est loisible au Landtag de réclamer que telle ou telle pièce lui soit communiquée Les observations qu'il jugerait bon de faire doivent l'être sous la forme de pétition.

Ajoutons que le Landtag nomme parmi des membres de la Société, comme nous le verrons ultérieurement, la commission provinciale.

Dans la *Province Rhénane* le Landtag provincial se prononce sur :

Le choix du directeur de la Société, sur la fixation des états, sur la révision des comptes dont il donne décharge, enfin sur les modifications à apporter aux statuts, exception faite pourtant pour les changements à introduire en matière de classification et de tarifs.

A la commission du Landtag provincial incombe la haute gestion et administration de la Société, notamment :

1° Le choix des membres du Curatorium.

2° Le choix des fonctionnaires supérieurs.

3° La confirmation de la nomination de tous les autres fonctionnaires de la Société, nommés à vie sur la proposition du directeur.

4° Fixation de la caution qui devra être versée par les caissiers.

5° Modifications à apporter en matière de classification de risques et de tarification.

6° C'est la Commission qui tranchera les difficultés qui viendraient à surgir entre la Société et les assurés.

7° Elle connaîtra des réclamations qui seront formées contre les décisions du directeur et du curatorium.

8° C'est elle qui accordera des congés au directeur et autres fonctionnaires de la Société.

9° Elle approuvera les états et le budget annuel.

10° Elle déterminera l'emploi qui devra être fait des excédents, comme elle fixera les moyens auxquels on devra recourir pour couvrir les déficits budgétaires.

11° Elle examinera à l'avance tous les projets qui doivent être déposés sur les bureaux du Landtag provincial.

Ajoutons enfin que le directeur de la Société est le subordonné du *Landesdirector* et peut être requis à tout moment de lui fournir les renseignements que bon lui semblerait de demander sur la marche de la Société.

Dans la *province du Schleswig-Holstein*, rentreront dans la compétence du Landtag provincial :

1° Les modifications à apporter aux statuts et aux règles de classification des risques.

2° La fixation des états de l'administration de la caisse.

3° La détermination de l'affectation des excédents du fonds de réserve, etc.

Le Comité du Conseil d'Etat, *Standichen Verwaltungs-Ausschusse*, nommera les fonctionnaires à vie qui émargent au budget de la caisse et veillera à leur assurer une pension de retraite. Il revisera le budget annuel; tranchera les difficultés qui pourraient surgir entre la Société et les assurés ; établira dans quelles conditions on devra recourir à la réassurance. C'est lui qui décidera s'il y a lieu de percevoir des primes extraordinaires et en sens inverse quand on pourra faire bénéficier les assurés de réductions de primes. C'est encore lui qui connaîtra les litiges s'élevant à plus de 1.500 M. Il collaborera à la confection du rapport annuel présenté au Landtag, relatant les résultats et la situation de la caisse.

Passons à l'établissement de la *Province de Westphalie* et indiquons brièvement quelle est la compétence du Landtag provincial dans les affaires de la caisse.

1° C'est lui qui choisira le directeur.

2° Il établira le budget et notamment fixera le traitement qui devra être alloué aux divers fonctionnaires de la Société.

3° Il revisera les comptes annuels de la caisse.

4° Il indiquera l'emploi à faire des excédents budgétaires.

5° C'est encore le Landtag provincial qui se prononcera sur les modifications à apporter dans les statuts et règlements avant qu'elles soient soumises à l'agrément du ministère.

La Commission du Landtag constituera l'organe de surveillance de la direction de la Société, elle s'occupera notamment d'accorder des congés au directeur, c'est elle qui installera tous les fonctionnaires de la Société, abstraction faite du directeur ; nommera les commissaires de la Société ; fixera les indemnités qui devront être allouées tant aux collecteurs locaux de primes, qu'aux percepteurs remplissant ce rôle. Elle décidera s'il y a lieu pour telle ou telle circonscription de diminuer ou d'élever les primes. Y a-t-il des déficits budgétaires, elle indiquera par quels moyens il faudra les combler et dans quelle mesure il faudra recourir au fonds provincial. Si au contraire il y a des excédents budgétaires, la commission déterminera à partir de quel taux ces bénéfices pourront être restitutués aux assurés. Elle indiquera quelle devra être la nature du placement du disponible. Elle jugera en deuxième ressort les réclamations articulées contre les agissements des commissaires de la Société ainsi que les litiges qui viendraient à s'élever entre la Société et les assurés. C'est encore cette commission qui détermine s'il y a opportunité à réassurer une partie du portefeuille de la Société à la section de réassurance du syndicat des Sociétés publiques allemandes ou à une autre Société publique. Enfin c'est encore elle qui lèvera, si elle le juge bon, les amendes infligées par la direction aux assurés qui auraient manqué à leurs obligations.

Le *Landeshauptmann* (1) constitue le sommet de la hiérarchie des fonctionnaires de la Société, et forme l'organe intermédiaire entre la direction de la Société et la Commission du Landtag provincial.

Nous arrivons maintenant à un 3° groupe d'établissements, partant nous verrons la part que prennent les autorités dans la gestion de ces caisses s'augmenter.

(1) Quelque chose de semblable à notre préfet.

### Troisième Groupe

Nous citerons en premier lieu, par ordre alphabétique, l'établissement du *Hanovre.*

Le *Ausschusse* s'occupera notamment :

1° De la nomination du directeur, ainsi que l'approbation et de la révocation des autres fonctionnaires de la société ; il joue le rôle de conseil de discipline pour tout le personnel dont il surveille les agissements jusque dans les moindres détails de leur gestion.

2° Fixe le traitement ou indemnités qui seront octroyés tant au Directeur qu'au personnel qu'il a sous ses ordres, leur accorde les congés ; c'est lui qui confère à chaque employé sa sphère d'occupation.

3° Il connaîtra des réclamations formées contre les décisions du Directeur et de la Direction en général.

4° Ce Comité déterminera dans quelles conditions un propriétaire d'immeuble pourra assurer un bâtiment qui n'est pas situé dans l'enceinte du pays.

5° Dans quelle mesure il faudra recourir à la réassurance.

6° Les modifications à apporter au maximum du fonds d'industrie.

7° Comment devra être géré le fonds de réserve.

8° S'il y a lieu de recourir à un emprunt.

9° Ce Comité se fera rendre annuellement les comptes, y apportera, s'il y a lieu, des modifications.

10° C'est également lui qui introduira toute modification en matière de primes, il appréciera s'il y a lieu de diminuer la prime ordinaire ou bien d'en percevoir d'extraordinaires, quelles sont les indemnités qu'il faudra payer en matière d'évaluation, de confection de police, etc. Ajoutons enfin que le plus souvent, les décisions de ce comité devront, pour être exécutoires, recevoir l'approbation du Ministre de l'Intérieur, et du Landtag provincial.

Le Comité peut également, avec l'approbation du Premier Président de la Province, prescrire des modifications à apporter dans le service des secours en cas d'incendie et dans le service des pompiers.

Dans le *Mecklembourg Ritterschaft*, le Comité de surveillance se compose d'une commission de Ritter et d'une commission de Mecklembourg Landschaft, connu sous le nom de *Aufsichtsbehorde*. Cet organe a la surveillance, l'administration et la gestion de la Société, et veille à l'exécution des dispositions contenues dans les statuts. Il a le droit à tout moment d'apporter les modifications dans l'administration qu'il juge utiles. C'est lui qui convoquera les assemblées ordinaires et extraordinaires et fixera l'ordre du jour. Cependant au préalable ce comité devra consulter la Direction et la Commission de revision. Enfin il jugera les conflits qui viendraient à se produire entre la Direction et la Commission de revision. Les réclamations qui seraient faites au sujet des agissements de la Direction seront portées devant l'assemblée générale.

Pour l'établissement de la *Province de la Frise orientale*, nous avons déjà vu que la haute surveillance était exercée par le Landdrostée siégeant à Aurich, mais en dehors de ces attributions :

1° Il se fera annuellement rendre les comptes qui ont été soumis à l'approbation des Etats :

2° Aura à accepter le montant des primes à payer par les membres.

3° Déclarera si pour chaque cas déterminé il y a lieu d'indemniser celui qui a subi le sinistre.

4° Prononcera les amendes que devront payer les assurés qui auront contrevenu aux dispositions des ordonnances, etc.

Dans l'établissement de la province de la *Prusse orientale* existe le *Plenar Kollegii der ostpreussichen Landschaft.* Il devra se réunir pour discuter des intérêts supérieurs de la Société, indiquera s'il y a lieu de reviser le cadastre d'un cercle, fera connaître aux conseillers provinciaux quelles sont les réformes qu'il conviendrait de faire dans l'intérêt de la prospérité de la Société. Ce faisant, ils mettent à même le bureau de la Société du cercle de demander des modifications, de faire des propositions, de provoquer des revisions du règlement de la Société.

A chaque session du General Landtag, la Direction de la caisse doit déposer un rapport général sur la situation et la marche de la Société.

Le Landtag avec la collaboration de la Direction établit les états des frais d'administration pour trois ans, examine et revise s'il y a lieu la gestion générale de la caisse, se prononce sur les propositions de modifications de règlements, émises par les conseils de cercle de la province, ainsi que sur les pétitions et réclamations. Dans l'intervalle des sessions du Landtag, l'examen de la gestion et celui des comptes incombe pour les trois premiers mois de chaque année à une Commission provinciale des comptes, d'une part, au Commissariat, de l'autre.

Dans la *Province de la Prusse occidentale*, l'assemblée du Landtag peut modifier les règlements de la Société d'assurance contre l'incendie.

Un comité plus restreint revise les comptes et publie les résultats de cette revision. Il constitue de plus le degré de juridiction d'appel des décisions de la Direction générale de la caisse. Il a le droit de diminuer ou d'élever le montant des primes ordinaires et peut modifier les instructions auxquelles les fonctionnaires de la Société doivent se conformer.

Mais il y a tels établissements où les attributions des autorités sont plus étendues encore. Nous allons les ranger dans un dernier groupe.

### Quatrième Groupe

Dans le *duché de Mecklembourg*, la « *Chambre du Grand Duché* » nomme tous les fonctionnaires de l'établissement d'assurance pour les risques ruraux, ainsi que les deux assesseurs choisis dans l'assemblée. Elle prescrit quel sera le traitement des fonctionnaires de la caisse, reçoit leur serment et la caution des comptables, établit des instructions spéciales pour la gestion de la caisse que doivent suivre les fonctionnaires, détermine quelles devront être les obligations auxquelles devront satisfaire les membres de la Direction, surveille administrativement la gestion de cette dernière. Cette Chambre vérifie en dernier ressort le rapport présenté par la Direction, tant sur la comptabilité que sur la gestion de la caisse, et en donne décharge.

Pour l'établissement *du Mecklembourg*, qui assure contre les risques urbains, le *general Direktorium* (1) s'occupe de tous les intérêts de la caisse aussi bien intérieurs qu'extérieurs, notamment veille à ce que les statuts soient strictement observés, juge tous les différends portant tant sur les droits que sur les obligations des assurés, établit le montant de l'indemnité en se conformant au procès-verbal d'évaluation des dommages, fixe les primes qui devront être perçues, revise les comptes de la Caisse générale d'assurance contre l'incendie et en donne décharge aux caissiers; se prononce, après l'approbation de la Volonté Supérieure, sur les modifications à apporter aux statuts, autorise les emprunts toutes les fois que le besoin s'en fait sentir.

Voilà qui termine les renseignements que nous avions à fournir dans cette première partie de notre paragraphe où nous nous proposions de parcourir les divers organes ou autorités administratives qu'on rencontrait

(1) Quelque chose de similaire à notre conseil d'État.

tant au-dessus qu'à côté des établissements publics d'assurance contre l'incendie.

Nous voudrions maintenant dans la seconde partie traiter des organes constituant une représentation des assurés.

### B. — Éléments représentatifs des assurés

*α) Des organes en eux-mêmes, leur nomination ou leur élection.*

#### Premier Groupe

Dans le *grand duché de Hessen* nous rencontrons un Comité représentant les intérêts des assurés. Il se compose de six membres nommés pour six ans. Ils sont choisis parmi les membres des Commissions des Landtag provinciaux des trois provinces à raison de deux par province. Ils doivent être propriétaires-assurés à l'établissement ou bien faisant partie du conseil municipal. Ce Comité constitue avec la Commission de la Caisse d'assurance, l'organe central préposé à l'expédition des affaires courantes, le Plenum.

Dans le *Royaume de Wurtemberg* le Ministre de l'Intérieur doit réunir au moins tous les trois ans un certain nombre de propriétaires assurés à la Caisse d'Etat. Ordinairement on en choisira un par circonscription administrative jusqu'à concurrence de quinze.

#### Deuxième Groupe

Dans la Province de *Brandebourg* nous trouvons comme

*collaborant* à la gestion de l'établissement exploitant les risques urbains, un conseil de direction (*Direktorial-rath*) jouant le rôle de commission provinciale. Il se compose du directeur comme président, du syndic, et de cinq membres du Landtag provincial qui sont choisis parmi les assurés à l'établissement ; on choisit en même temps cinq suppléants qui doivent également être éligibles au Landtag. Les élus peuvent être relevés de leurs fonctions par la commission du Landtag. S'il survient sur ce point une contestation, le Landtag la tranchera

Pour *l'établissement de Nassau*, nous trouvons comme collaborant à l'administration de la caisse une commission de cercle connue sous le nom de *Brandversicherungskomission*. Elle se compose du Landesdirector ou de son représentant comme président, de deux membres de la Commission du Landtag devant être des propriétaires assurés à l'établissement. En cas d'empêchement de ces derniers, ils sont remplacés par deux suppléants nommés en même temps.

Dans la *Nouvelle Marche* nous trouvons comme collaborant à l'administration de la Société d'assurance des risques ruraux un *Conseil de direction* faisant fonction de Commission provinciale. Il se compose du Directeur général comme président et de quatre membres choisis dans la commission du Landtag provincial. Pour les remplacer en cas de besoin on nomme en même temps quatre suppléants. Ne peuvent être choisis tant comme membres que comme suppléants que des propriétaires ayant assuré auprès de la Société un capital d'au moins 15.000 M.

Pour l'établissement de la *Province de Posen*, le Landtag provincial choisit parmi les membres de la Société d'assurance cinq personnes et cinq suppléants formant une commission qui devra être consultée dans certains cas.

Dans la *Province rhénane*, nous trouvons le *Kuratorium* qui se compose, en dehors du Landesdirector et du Directeur de la Société, de cinq membres à choisir parmi les individus formant la commission du Landtag provincial et ayant en même temps des biens assurés auprès de l'établissement d'assurance contre l'incendie, pour une valeur s'élevant, tant en meubles qu'en immeubles, à au moins 30.000 M. Le président et le vice-président sont choisis parmi les membres de la Commission provinciale. Ils sont tous nommés pour trois ans. Ceux qui viendraient à se désister de leurs fonctions sont tenus de se trouver un remplaçant pour le temps de leur mandat restant à courir.

Dans le *Duché de Saxe* nous voyons à côté du Directeur général de l'établissement s'occupant d'assurer les risques ruraux un Conseil de Direction. Il comprend quatre membres et autant de suppléants qui seront choisis dans le sein de la Commission provinciale pour trois ans. Le Directeur général peut en appeler des décisions du Conseil de Direction auprès du Landtag provincial. Si ce dernier n'est pas en session et qu'il y a urgence, le Directeur pourra s'adresser au Président Supérieur de la Province.

Dans la *Province de Saxe* nous trouvons à côté du Directeur de la Caisse assurant pour les risques urbains un *Conseil de direction* jouant le rôle d'une Commission provinciale. Il se compose de trois membres et d'un nombre égal de suppléants. Les uns et les autres sont choisis dans la Commission du Landtag provincial pour trois ans. Ajoutons comme condition d'éligibilité qu'il faut qu'ils aient d'assuré auprès de l'établissement au moins un capital de 10.000 M. Le Directeur peut en appeler des décisions du Conseil de direction devant la Commission du Landtag.

Dans la *Province de Silésie* pour l'établissement assurant contre les risques ruraux, à côté de la Direction provinciale extraite du Landtag veillant aux intérêts de l'établissement d'assurance contre l'incendie, il y a un Comité composé de trois assurés auprès de la caisse publique. Ces trois membres élus pour six ans devront, de plus, faire partie du Landtag provincial.

Pour l'établissement assurant contre les risques urbains, un Comité semblable composé de un membre et un suppléant par circonscription administrative.

Dans la *Province de Westphalie*, c'est une Commission de la Société, *Societats Kommission*, qui collabore à l'administration de l'établissement public d'assurance contre l'incendie. Cette Commission se compose de cinq membres et cinq remplaçants, choisis pour trois ans dans la Commission du Landtag provincial. Ils doivent être également membres de la Mutuelle publique d'assurance contre l'incendie.

## Troisième Groupe

Pour l'établissement d'*Halberstadt* nous voyons une *Assemblée générale* convoquée par une insertion dans les feuilles officielles de la Province. Placée à côté de la Direction elle sera consultée notamment en matière d'élection de députés et de modifications à apporter aux règlements.

Dans le *Mecklembourg Ritterschaft*, la *Commission de revision* se compose de trois membres et d'un substitut qui seront élus par l'Assemblée générale. Ils sont élus pour six ans. Ce sont les membres de la Commission de revision qui choisissent le Président. L'Assemblée ordinaire est convoquée annuellement en octobre. Des assemblées extraordinaires peuvent être réunies à toute époque de l'année par les autorités de surveillance. L'Assemblée ordinaire doit siéger pendant deux mois et peut délibérer valablement lorsqu'elle se compose de 20 personnes au moins pouvant voter. N'ont voix délibérative qu'une partie des membres de l'assemblée : ceux ayant assuré contre l'incendie auprès de l'établissement public au moins un capital de 100.000 marks. Les autorités de surveillance peuvent suspendre jusqu'à la prochaine session une décision prise par l'Assemblée générale. S'il y avait urgence, les autorités supérieures de surveillance pourraient convoquer, avant cette époque, des sessions extraordinaires pour se prononcer à nouveau sur les décisions antérieurement prises.

Dans le *Schleswig Holstein*, si nous envisageons l'Etablissement d'assurance immobilière pour la noblesse, nous voyons qu'annuellement on réunit une Assemblée générale connue sous le nom de *Gildeversammlung.* En dehors de cette Assemblée, la Direction peut à tout moment convoquer une Assemblée extraordinaire. N'ont accès et voix à cette Assemblée générale que les prélats et les possesseurs de biens nobles et de monuments publics et quelques autres personnes dont nous ne saurions parler sans être obligé de rentrer dans une foule de détails d'organisation.

### Quatrième Groupe

Pour l'établissement de *Mecklembourg domanial*, nous trouvons une Assemblée générale composée de députés et suppléants choisis dans les Assemblées officielles. Chaque « Amtsversammlung » choisit un député et un remplaçant qui doit être élu parmi les membres du Comité de ces Assemblées ; de plus, le député choisi ne doit pas avoir d'immeuble dans la circonscription qui l'a nommée. L'Assemblée générale sera convoquée annuellement pour se prononcer sur les résultats de l'administration de la caisse pour l'année courante. Une Assemblée générale extraordinaire pourra être réunie chaque fois que le besoin s'en fera sentir.

Pour l'Etablissement de la Province de la *Prusse orientale*, les intérêts des assurés sont sauvegardés par huit Députés et autant de suppléants dont quatre sont nommés dans chacun des ressorts des deux régences parmi les membres de l'Etablissement d'assurance contre l'incendie.

Ces députés seront annuellement réunis par la Direction de la Caisse, en session ordinaire et toutes les fois que le besoin s'en fera sentir, en Assemblée extraordinaire. Maintenant tous les 5 ans, la Direction réunira une Assemblée, aux fins de revision des règlements. Cette Assemblée se composera de vingt Députés, dix par Régence. A côté de ces vingt députés, la Direction choisira autant de suppléants.

Dans la même province nous trouvons l'établissement assurant dans les villes. Les assurés de cette Caisse seront représentés par un organe comprenant quinze députés à raison de un par cercle. On choisira par le même temps un nombre égal de suppléants également choisis parmi les assurés. Les uns et les autres seront nommés pour six ans. Ils entrent en fonction dès l'année où ils ont été élus. Ils se réunissent, sur l'invitation de la Direction, annuellement, et pour des cas particulièrement délicats, en dehors de la réunion annuelle, sur la convocation du Premier Président de la Province.

L'assemblée ordinaire des députés choisit dans son sein une Commission de cinq membres et cinq suppléants qui se réunit annuellement en juin au siège de la Direction à Kœnigsberg.

β) *Leurs attributions de collaboration ou de gestion.*

PREMIER GROUPE

*Grand duché de Hessen.* — Le Plenum de la Commission d'assurance contre l'incendie (Plenum der Brandversicherungskommission) est appelé à délibérer sur les intérêts généraux de la Société et sur tous les points que lui soumettra le Président de la Commission de la Société d'assurance contre l'incendie. Il aura connaissance de toutes les décisions que prendra la Commission. Il fera connaître ses sentiments et ses vues sur l'administration de l'établissement avant que le rapport soit communiqué au Ministre de l'Intérieur.

Rentrera notamment dans la compétence du Plenum :

L'examen des comptes et des rôles de primes à payer avant de les communiquer au Ministre de l'Intérieur, du projet des subventions et secours à allouer à ceux qui ont été victimes de leur dévouement à éteindre le feu ainsi que des allocations faites au service des pompiers. Ce Plenum collaborera à la fixation des bases du fonds d'industrie et de réserve de la Société. Est-il nécessaire de recourir à un emprunt, cet organe déterminera les conditions suivant lesquelles cette émission aura lieu.

Qu'un sinistré demande à l'établissement d'affecter l'indemnité qui lui est allouée par la Caisse publique à un autre but qu'à la reconstruction de son immeuble détruit, la Commission d'assurance contre l'incendie de l'établissement communiquera la requête reçue à ce Plenum qui se prononcera sur le rejet ou l'acceptation.

Toute modification à apporter à la législation applicable à la Caisse devra recevoir l'approbation de cet organe.

*Royaume de Wurtemberg.* — Nous avons vu dans la première partie de notre division que le Ministre de l'Intérieur appelle 15 assurés.

Ils seront consultés sur les intérêts généraux de l'établissement d'Etat d'assurance contre l'incendie, notamment ceux touchant à l'administration de la Société. Il leur sera également donné communication des projets du Ministre de l'Intérieur. Ce dernier leur demandera leurs vues et les priera d'exprimer leurs vœux.

### Deuxième Groupe

*Province du Brandebourg.* — Le Conseil de Direction que l'on trouve à côté du Directeur de l'établissement d'assurance des risques urbaines se prononcera sur :

1° Les réclamations articulées contre les agissements du directeur ;

2° Quelles sont les circonscriptions où les risques acceptés par la Caisse provinciale, devront être l'objet d'une réassurance ;

3° Les indemnités à allouer aux experts pour l'établissement ou la vérification du montant du risque à inscrire dans la police ainsi que pour l'évaluation des dommages en cas de sinistre ;

4° Montant de l'indemnité à fixer ;

5° Modifications à apporter aux déclarations faites par l'assuré touchant son immeuble ainsi que les changements introduits en matière de classification des risques et des primes afférentes ;

6° S'il y a lieu d'élever les primes perçues dans une circonscription urbaine déterminée ;

7° Fixera le montant des versements à faire pour l'entretien du matériel des sapeurs-pompiers ;

8° Enfin se prononcera sur tous les intérêts de la Société pour lesquels le Directeur le jugera convenable.

Il donnera son approbation pour le projet de gestion dressé par le Directeur ainsi que pour l'état des dépenses. Il approuvera les comptes annuels et les modifications à apporter aux règlements s'il y a lieu.

Le Conseil de Direction recevra communication avant la session de toutes les questions qui y seront discutées. Il est recevable à se faire présenter tous les livres de l'établissement et à se faire expliquer tous les actes accomplis.

Le Directeur devra présenter au Conseil un rapport annuel qui devra être annoté, par le Conseil et le Directeur de concert, avant d'être donné à la Commission du Landtag provincial.

*Nassau.* — Lorsque les principaux intérêts de la Société seront engagés, la Brandversicherungs-Kommission devra être consultée.

Elle sera notamment entendue dans ses observations.

1° Pour l'acceptation ou le rejet de risques industriels particulièremnnt dangereux ;

2° C'est elle qu'on consultera pour savoir ce qui doit être considéré comme toiture réfractaire au feu.

3° Conformément au § 33 du règlement, elle devra approuver les tarifs fixés en matière de risques industriels particulièrement dangereux.

4° Elle connaîtra les réclamations articulées contre la fixation du montant des primes à payer.

5° Elle fixera le montant de l'indemnité à allouer dans les cas où une deuxième évaluation aura été réclamée.

6° C'est elle qui décidera s'il y a lieu d'accorder satisfaction à une requête demandant de ne pas consacrer l'indemnité allouée à la reconstruction ou à la réparation de l'immeuble endommagé par les flammes.

*Nouvelle Marche.* — Le « Direktorialrath » aura à se prononcer sur tous les intérêts de la Société dont le Règlement de l'établissement lui donne la garde ou que le directeur général lui confie.

Son approbation sera exigée comme pour l'établissement d'assurance des risques urbains de la province de Brandebourg dans les divers cas que nous avons énumérés antérieurement. (1)

Le Conseil de Direction peut exiger qu'on lui présente tous les livres de la Société et qu'on lui fasse connaître tous les actes accomplis par la Société.

(1) Page 194.

*Province de Posen.* — Rentrent dans la compétence de la *Commission*, notamment :

L'approbation de la distraction de sommes du fond de réserve pour faire face aux frais de l'établissement.

La fixation du montant des primes ordinaires.

En dehors de ces attributions, la Commission sera saisie de questions spécialement délicates.

*Province rhénane.* — Le « Kuratorium » participera à la gestion de la Société, exercera un contrôle sur l'expédition des affaires courantes du Directeur. Les décisions du Kuratorium interviendront notamment :

1° Dans l'examen préalable de tous les projets soumis à la Commission du Landtag provincial ainsi que dans toutes les affaires contentieuses qui doivent être portées devant cette Commission.

2° Il jugera les difficultés qui se présenteront, touchant la fixation du capital assuré et du montant de la prime à payer.

3° Indiquera quel doit être le mode de placement des encaisses disponibles.

4° Décidera des achats de terrain ou la construction de maisons, pourvu, que dans l'un ou l'autre cas, les dépenses qu'entraînerait l'opération ne dépassent pas 10.000 M. Si cette somme est dépassée, l'approbation du Landtag provincial sera nécessaire pour donner suite à l'opération.

5° Conclura des réassurances auprès des Cies privées et décidera si la Société doit faire partie de la section de réassurance du Syndicat des Sociétés publiques allemandes.

6° C'est lui qui déclare s'il y a lieu ou non d'élever ou de diminuer les primes établies pour une circonscription déterminée (1).

*Saxe, cercles ruraux.* — Si nous consultons le Règlement de cet établissement public d'assurance contre l'incendie, nous lisons que la *Conseil directorial* est notamment chargé.

1° De donner son avis sur le nombre de commissaires d'assurance contre l'incendie auquel il faut s'arrêter pour chaque cercle.

2° Il choisira le syndic, l'inspecteur général, les inspecteurs et les caissiers, il sera également consulté sur le choix du régisseur, du réviseur, et des calculateurs secondaires.

3° Il fixera les secours à accorder aux commis de bureaux après un long temps de service, avec l'approbation du Landtag provincial.

4° Déclarera s'il y a lieu d'élever ou de diminuer le tarif des primes dans une localité ou un cercle déterminé après avoir entendu l'Assemblée de la Direction du cercle.

5° Fixera le budget des dépenses et approuvera, s'il y a lieu, les excédents de dépenses.

6° Etablira quelle est la part à prélever sur les primes pour être versée aux fonds de réserve.

(1) Pour les autres attributions, moins importantes d'ailleurs, du Kuratorium, consulter les articles 12, 16, 18, 20, 28, 34, 35, 51, 55, 83, 85 et 89 du dernier Règlement.

7° Dira à quel usage doit être employé le fonds de réserve.

8° Déclarera selon quelles conditions les deniers de la Société pourront être consacrés à consentir des prêts et inversement s'il y a lieu de recourir à un emprunt.

9° Examinera les points que le Directeur général lui soumettra.

10° Dira moyennant quelles conditions la Société pourra se réassurer auprès des Cies privées.

11° Connaîtra les réclamations qu'on articulera contre une décision du Directeur général.

*Province de Saxe.* — Occupons-nous maintenant de l'établissement assurant les villes. Les attributions du Conseil de Direction sont de donner des conseils sur les propositions qu'il serait opportun de présenter à la Commission ou au Landtag provincial.

En dehors de cette attribution générale, ce Conseil :

1° Rédigera des instructions auxquelles devront se conformer les fonctionnaires et employés de bureau ou de caisse dans la gestion des affaires de l'établissement.

2° Fixera la rémunération à octroyer aux employés attachés à l'établissement n'émargeant pas au budget de la Caisse ;

3° Nommera les fonctionnaires à vie ;

4° Etablira par des décrets les règles de l'administration générale de la Caisse Publique ;

5° Il dira s'il faut recourir à la réassurance et selon quelles conditions;

6° Rédigera le budget des dépenses;

7° Approuvera les demandes de crédits supplémentaires;

8° Connaîtra des réclamations formées contre les décisions du Directeur.

*Silésie.* — Commençons par l'établissement public assurant contre les risques ruraux :

Le *Comité* revise les comptes présentés annuellement par la Caisse provinciale d'assurance. Pour ce il doit rechercher et réunir tous les résultats de l'administration de la Caisse. De cette manière il peut voir d'un coup d'œil, clairement, quelle est la situation de l'établissement.

En sus de ces attributions, le Comité doit concilier les frais d'administration avec le montant fixé pour ce aux états, veiller à l'exacte observation des instructions, connaître en première instance les prétentions soulevées contre les décisions de la Direction provinciale, enfin s'occuper du placement et de l'emploi du fonds de réserve.

Passons à l'établissement assurant contre les risques urbains :

Le *Comité* recevra et vérifiera les comptes annuels, établira, de concert avec la Députation provinciale, le montant des frais d'administration, donnera son approbation en matière de restitution de primes perçues, approuvera les dépenses extraordinaires non prévues par le gouvernement, enfin jugera en première instance les contestations auxquelles donneront lieu les décisions de la Direction provinciale.

*Westphalie*. — La Commission aura à s'occuper des principaux intérêts de la Société sur lesquels elle se prononcera en dernier ressort.

Nous pouvons citer entre autres : les finances de la Société, l'établissement des états des dépenses supplémentaires, les comptes annuels de la caisse, les projets de modifications à apporter aux statuts et règlements, enfin toutes les matières que le Directeur de la Société jugera convenable de soumettre à l'approbation de la Commission. On portera à la connaissance de la Commission, toutes les réclamations, contestations et procès intentés, de manière qu'elle puisse se prononcer sur leur bien fondé. La Commission a le droit de se faire mettre au courant de tous les actes accomplis au sein de la Société et de se faire apporter par la Direction tous les livres pour éclairer sa religion et lui permettre de juger les difficultés qui lui sont soumises.

Les décisions adoptées par la Commission pourront être portées devant la Commission du Landtag provincial.

### Troisième Groupe

*Halberstadt*. — L'Assemblée générale choisit les députés et leurs suppléants ainsi que la Commission pour l'audition des comptes annuels, fixe l'indemnité qui sera allouée aux députés et le % abandonné aux caissiers, se prononce sur les modifications à apporter aux règlements et sur les principaux intérêts de la Société.

*Mecklembourg, Ritterschaft.* — *La Commission de revision* s'occupera d'examiner les comptes annuels et prendra des informations sur la marche générale de la société, parcourra les livres, se rendra compte de la régularité de la liquidation des dommages.

Elle introduira, s'il y a lieu, des modifications dans les statuts, des améliorations tant dans les statuts que dans les conditions à observer dans l'assurance. Elle se rendra compte de la nature des dommages et participera à la fixation des indemnités destinées à les couvrir. L'examen de chaque dommage incombe à la Commission; c'est un de ses membres nommé à tour de rôle, pour un exercice, qui en est chargé.

La Commission peut prendre connaissance du contenu de tous les livres et se faire expliquer tous les actes de la Société. C'est elle qui établira le rapport d'exercice et présentera un rapport sur la Caisse devant l'Assemblée générale.

L'Assemblée générale approuvera ou non le rapport annuel ainsi que celui présenté par la Commission de revision, jugera en dernier ressort les difficultés dont elle aura été saisie; introduira s'il y a lieu des modifications dans les statuts, déterminera les conditions auxquelles doivent se soumettre les assurés; peut présenter un projet demandant l'extinction de la Société ou sa liquidation; se prononcera sur les projets déposés tant par les autorités de surveillance, le Directorium, la Commission de revision que par les assurés membres de la Société publique; enfin jugera en dernier ressort les contestations ou réclamations auxquelles donneraient lieu les décisions du Directorium.

*Schleswig-Holstein.* — Envisageons l'établissement connu sous le nom de Schleswig-Holstein gilde de la noblesse (Schleswig-Holstein adelige Gebaude Gilde). L'Assemblée générale jugera s'il convient de changer les statuts ou bien simplement d'apporter des modifications aux décisions statutaires, elle se prononcera sur la solution à adopter pour donner satisfaction à tel intérêt, qui, en raison de son importance, aura été l'objet d'une communication de la part du Directeur. Elle déterminera s'il y a lieu de créer un fonds de réserve pour parer aux dangers de l'imprévu ou des dépenses occasionnées par un sinistre particulièrement important.

C'est devant elle que sera lu le rapport annuel dressé par les soins de la Direction. Elle connaîtra et décidera sur toutes les questions dépassant la compétence de la Direction et que les règlements réservent à l'Assemblée générale. Enfin elle seule pourra prononcer l'extinction de la Société.

### Quatrième Groupe

*Mecklembourg domanial.* — Voici quelles sont les principales attributions de l'*Assemblée générale*.

1° Elle choisira les assesseurs et leurs suppléants de la Direction.

2° Fera le rapport annuel sur la situation de l'établissement, donnant un aperçu de la marche de la caisse et approuvant s'il y a lieu les comptes annuels.

3° Toute modification tant partielle que générale de la législation régissant la Caisse devra être approuvée par l'Assemblée générale.

Ajoutons que l'Assemblée générale peut également prendre l'initiative et proposer des modifications législatives et des améliorations à apporter dans l'administration. Il suffit que le vœu ou le projet soit contresigné par 5 membres de l'assemblée. Mais il est loisible au Président de ne faire venir en discussion le vœu ou projet qu'à la session suivante.

5° L'Assemblée générale peut également, après avoir entendu l'avis de la Direction, fixer des secours à allouer à ceux qui ont été victimes de leur dévouement à se rendre maîtres du feu ; il se prononcera sur les projets d'emprunts des communes destinés à couvrir les frais occasionnés par l'achat de matériel de sapeur pompier.

6° C'est encore elle qui indiquera quelles seront les ressources qui devront être consacrées au service d'incendie.

*Prusse orientale.* — Occupons-nous d'abord de l'établissement assurant contre les risques ruraux.

Les *Représentants* ont pour tâche :

1° La fixation des états dont la Direction a dressé les projets.

2° Pourront prendre connaissance de toutes les pièces touchant à la marche de la société et surveiller toute l'administration.

3° Examineront et certifieront exacts les comptes présentés tant par les caissiers que par la Direction.

4° Décideront s'il y a lieu d'accorder des gratifications extraordinaires, ainsi que des primes extraordinaires sur la proposition de la Direction.

5° Déclareront s'il y a lieu d'admettre un emprunt demandé par le Directeur.

6° Approuveront la vente ou l'achat d'un immeuble ou d'une servitude.

7° Se prononceront sur les réclamations ou contestations qui viendraient à s'élever.

8° Confirmeront les nominations de fonctionnaires et employés faites par la Direction.

9° Enfin autoriseront les dépenses extraordinaires non prévues par le Règlement.

Passons maintenant à l'établissement assurant les risques des communes urbaines.

Les *Députés* s'occuperont :

1° De fixer les états pour 6 ans, après qu'ils auront été approuvés par le Premier Président de la Province.

2° De l'approbation du rapport d'administration de la Commission sur les 6 années antérieures.

3° De donner au préalable leur avis sur toute modification et revision à apporter aux règlements, spécialement aux sections concernant la classification des risques et le montant des primes.

4° De prodiguer leurs conseils sur les solutions à adopter pour donner satisfaction aux intérêts majeurs de la Société. Souvent même les députés décideront ce qu'il conviendra de faire dans ce but.

5 Enfin les députés nommeront une *Commission*.

En voici les principales attributions.

1° Examen de toutes les pièces concernant la marche de la Société, contrôle de toute l'administration ; cette Commission prendra les décisions qu'elle jugera convenables après avoir entendu la Direction.

2° Vérification des comptes après la Direction.

3° C'est encore cette Commission qui appréciera s'il faut donner satisfaction à une demande de dépenses extraordinaires formée par la Direction. Ajoutons que dans ce cas une décision du Premier Président sera encore nécessaire.

4° Elle autorisera des prêts hypothécaires sur la demande de la Direction après avoir consulté des juristes.

5° Elle approuvera la vente ou l'achat d'immeuble ou d'une servitude.

6° Son approbation sera nécessaire pour ester en justice.

7° Elle nommera et révoquera les employés supérieurs et subalternes après avoir pris connaissance des propositions de la Direction.

8° Enfin elle rédigera un rapport portant sur l'administration, d'une période de 6 ans.

### § II. — Des organes d'administration proprement dits des Sociétés publiques allemandes d'assurance contre l'incendie.

#### *α) Quels sont ces organes, leur composition, leur formation, leurs pouvoirs.*

Dans le paragraphe précédent nous avons étudié la part que prenaient les Autorités tant dans la surveillance que dans la gestion des Etablissements publics d'assurance contre l'incendie. Nous avons également indiqué dans quelle mesure les assurés étaient représentés en passant en revue les principales assemblées ou délégations ayant pour mission de veiller aux intérêts des membres des différents Etablissements publics.

Maintenant ce sont les organes propres de ces établissements qui vont nous retenir.

D'une manière tout à fait générale, on peut dire que la principale mission de ces organes est d'expédier les affaires courants des établissements publics d'assurance contre l'incendie. Voilà pourquoi nous avons cru devoir intituler notre paragraphe : Des organes d'administration proprement dits.

Pour mettre un peu d'ordre dans cette étude, nous diviserons toutes nos explications touchant à la composition et à la formation de ces organes ainsi qu'aux pouvoirs dont ils sont investis en une série de groupes.

## Premier Groupe

Occupons-nous ici des administrations organisées pour donner satisfaction aux exigences primordiales de toute Direction de caisse publique d'assurance contre l'incendie. Mais nous ne réunirons dans cette division que les établissements dont les organes de gestion présentent une certaine ressemblance entre eux.

*Etablissement d'Altenbourg.* — L'administration supérieure est assurée par la Section des finances du Ministère ducal. Quant à l'administration des cercles et locale, elle incombe à des autorités administratives subalternes.

*Etablissement d'Anhalt.* — L'administration centrale est exercée par la Direction ducale de la contrée la « *Herzogliche Direktion der Landesbrandkasse* ». Elle est assistée d'une Commission de la Régence ainsi que des membres d'une section du Ministère de l'Intérieur et de la police.

*Etablissement de Bade.* — C'est un Conseil d'administration composé de trois sénateurs nommés par le Ministère de l'Intérieur, celui de la Justice, des Cultes et de l'Instruction publique, enfin par le Ministre des Finances. Chacun en nomme un. Le Président de ce Conseil est nommé par le Ministère de l'Intérieur parmi les trois membres choisis au préalable.

*En Bavière.* — C'est la Chambre des Assurances contre l'incendie, *Brandversicherungs Kammer*, qui gère l'établissement d'État. Cette Direction est subordonnée au Ministre de l'Intérieur. C'est le Roi qui en nomme les fonctionnaires supérieurs. En dessous de cette organisation supérieure nous rencontrons toute une hiérarchie de cercle et locale régie par des ordonnances. La Chambre des Assurances se compose d'un Président, d'un nombre de conseillers requis, d'inspecteurs supérieurs, de comptables, de rédacteurs, d'assistants et d'employés. Citons parmi les fonctionnaires supérieurs dont la nomination doit recevoir l'approbation royale, le Président, les Conseillers et Inspecteurs supérieurs. Au point de vue hiérarchique le Président et les Conseillers jouissent de la même situation qu'un président et un conseiller de régence.

*Etablissement de Brunswick.* — L'administration est assurée par une section du Ministère des Finances connue sous le nom de « *Herzogl. Finanz. Kollegium* ». Pour l'*établissement de Gotha*, c'est la *Herzogl. Landesregierung*, à Gotha.

Pour le *grand duché de Hessen*, nous trouvons à la tête de l'administration de l'Etablissement d'assurance contre l'incendie une Commission (Brandversicherungs-Kommission). Elle se compose de trois conseillers, dont un fait les fonctions de Président. Cette Commission est sous les ordres du gouvernement. Dans l'ordre hiérarchique elle est sur le même rang que le Collège provincial et communal. Dans l'établissement *de Hohenzollern*, c'est la régence de *Sigma-*

*ringen* qui constitue la Direction de cette institution publique.

*Lippe.* — C'est la *Régence* qui dirige l'Etablissement d'assurance contre l'incendie.

*Duché d'Oldenbourg.* — C'est également la Régente.

*Royaume de Saxe.* — C'est la Chambre des Assurances qui joue le rôle de second degré de juridiction pour toutes les affaires touchant à l'assurance incendie. Cette Brandversicherungskammer se compose d'un Président et d'autant de conseillers qu'il est besoin pour expédier les affaires courantes.

*Etat de Waldeck.* — C'est le *Landesdirektor*, quelque chose de semblable à un préfet, qui dirige la Société.

*Grand duché de Weimar.* — C'est le Gouvernement lui-même qui dirige l'établissement par l'intermédiaire du *Staatsministerium*.

Dans le *Royaume de Würtemberg* on rencontre pour diriger l'Etablissement du Royaume un Conseil d'administration (*Verwaltungsrath*). Il se compose en temps ordinaire de trois membres nommés par le Roi dont un au moins d'entre eux doit être magistrat. Lorsque ce Conseil siège comme tribunal, le jugement ne sera valablement rendu que si deux conseillers viennent s'ajouter aux trois autres. Les attributions de ce Conseil d'administration sont réglées par l'ordonnance générale déterminant les pouvoirs et les obligations de tous les corps constitués du Royaume.

### Deuxième Groupe

*Province de Brandebourg.* — La Direction de l'Etablissement assurant les villes est entre les mains d'un *Directeur*. Dans l'ordre hiérarchique il occupe à peu près la situation d'un Commissaire provincial. Il est nommé par le Landtag provincial pour douze ans ou à vie. En pratique, le plus souvent cette nomination est faite par la Commission provinciale. Celle-ci nomme également un sous-directeur qui remplace le Directeur en cas d'empêchement et fait fonction de Directeur pendant les intérims.

Au Directeur est adjoint pour la gestion de l'établissement un *Syndicat* comprenant six membres choisis parmi les membres de la Commission provinciale.

*Hessen Cassel.* — Pour la gestion de l'établissement de cet Etat, il n'existe pas de directeur spécial de la Société d'assurance contre l'incendie. Mais le *Landesdirektor*, conformément aux ordonnances réglementant l'organisation et l'administration des patrimoines communaux, assure ce service par l'intermédiaire d'un fonctionnaire supérieur. Cela ne veut pas dire que ce dernier n'aura jamais à consulter le Landesdirektor d'une part et le Landtag communal d'autre part. L'ordonnance de 1868, § 6, règle ces points.

Bien plus, si en pratique il n'y a pas de directeur spécial, il peut toutefois en être nommé un. Dans ce cas il sera choisi par le Landtag communal.

*Marche électorale.* — Nous trouvons un *Directeur général* qui gère l'Etablissement d'assurance contre l'incendie pour les risques ruraux. Ce fonctionnaire est nommé par le Landtag communal. Ne sont éligibles à ce poste que des propriétaires de longue date possesseurs de terres nobles et membres de la Société publique. Le Landtag communal peut à toute époque nommer à l'avance un sous-directeur destiné à remplacer le Directeur général en cas de maladie ou d'empêchement. Il exercera même les fonctions de Directeur général dans l'hypothèse où la place deviendrait subitement vacante. Le Directeur général est nommé pour six ans. Après ce délai on procédera à une nouvelle élection. Il en sera de même toutes les fois que le Directeur cessera de remplir les conditions d'éligibilité requises.

Dans l'Etat de *Nassau* ce sera le *Landesdirektor* qui gérera l'établissement.

Dans la *Nouvelle Marche* nous rencontrons un *Directeur général* comme pour l'établissement pratiquant l'assurance contre les risques urbains dans la Province de Brandebourg. Pour être éligible il faut faire partie de la Mutuelle publique. Le postulant doit avoir assuré à la Société publique pour au moins 50.000 M. Voilà le principe. Avec la permission du Ministre de l'Intérieur, un propriétaire pourra être élu même s'il n'a pas assuré pour 50.000 M. à la Société.

Le Landesdirektor peut être choisi pour ce poste tant que durent ses fonctions alors même qu'il ne serait pas au nombre des assurés auprès de la Société publique comme n'habitant pas sur le territoire dépendant de la sphère d'action de la Société.

Le Directeur général doit prêter serment au Premier Président de la Province. La Commission provinciale lui confèrera ses attributions.

Dans la *Province de Poméranie*, l'Etablissement d'assurance contre l'incendie est administré par le *Landesdirektor*.

*Province de Posen.* — La gestion de l'Etablissement d'assurance contre l'incendie appartient à une Direction connue sous le nom de *Provinzial-Feuersozietats-Direktion*. Elle se compose d'un membre de la Régence de Posen, choisi par le Premier Président de la Province avecl' agrément du Ministre de la Justice. Si ce membre n'a pas satisfait aux trois examens de droit, il lui sera adjoint à titre de conseiller un membre de la Régence de Posen ayant ces grades en droit. Ce dernier sera également choisi par le Premier Président de la Province avec l'agrément du Ministre de la Justice. Ajoutons que le Premier Président peut sans avoir besoin de l'agrément du Ministre de la Justice nommer un suppléant pour aider le Directeur dans sa tâche.

Enfin il est loisible aux Assemblées provinciales, aux termes de l'ordonnance de 1836, de créer tout un organe spécial d'administration pour assurer la gestion de la Société.

Dans la *Province Rhénane*, l'Etablissement provincial d'assurance contre l'incendie est administré par un

*Directeur*. Il est nommé par le Landtag provincial pour 6 ans au moins. Il peut être élu à vie. Il a les droits et les obligations d'un fonctionnaire de Province. Il est sous les ordres du Landesdirektor, mais occupe la tête dans la hiérarchie des fonctionnaires préposés à la gestion de la Société. Le Directeur reste le fonctionnaire supérieur de la Société même en cas de maladie ou d'absence si cet état de choses ne se prolonge pas au-delà de 6 semaines. Passé ce temps, la Commission provinciale aura à se prononcer sur ce qu'il convient de faire.

*L'Etablissement du grand duché de Saxe assurant contre les risques ruraux* est géré par un *Directeur général*. Le Landtag Provincial nomme deux candidats et c'est la Chambre des Seigneurs qui choisit celui des deux qui sera le Directeur général. Les deux candidats choisis doivent avoir des propriétés dans le ressort de la Société et avoir assuré à la Société publique dont ils briguent la direction pour une valeur au moins égale à 60.000 M. Dans certains cas exceptionnels la Chambre des Seigneurs pourra atténuer les exigences de cette disposition. Le Directeur général une fois nommé, l'est à vie. Il devra prêter serment devant le Premier Président de la Province qui l'installera ensuite dans ses fonctions.

Le Directeur général aura sous ses ordres un *Syndic* pour l'aider dans la gestion. Il sera choisi d'après les conseils du Directeur général.

Passons à l'Etablissement *assurant contre les risques d'incendie urbains dans la province de Saxe.*

La gestion est exercée par une Direction connue sous le nom de *Provinzial-Stadte-Feuersocietats Direktion.* A la tête de cette Direction se trouve un Directeur choisi parmi les membres du Landtag-Provincial pour 12 ans. Il doit avoir des propriétés dans le ressort de la société et avoir assuré auprès de la société publique pour une valeur égale à 20.000 M. au moins. Seul le Landtag Provincial pourra atténuer pour un candidat déterminé les rigueurs de cette condition d'éligibilité.

C'est la Commission provinciale qui déterminera suivant quels procédés on suppléera au remplacement temporaire du Directeur.

*Province de Silésie.* — Elle possède deux établissements d'assurance contre l'incendie : l'un pratique l'assurance immobilière dans les campagnes, l'autre dans les villes.

C'est l'*établissement assurant contre les risques ruraux* qui va tout d'abord nous retenir.

La gestion de cet Etablissement est exercée par une Direction connue sous le nom de « *Provinziallandfeuer societats Direktion* ». Elle se compose du *Gouverneur de la Province* aidé d'un fonctionnaire supérieur pris dans le Conseil provincial qui remplace le premier en cas d'empêchement. Le Gouverneur aura également sous ses ordres, pour assurer la gestion de l'Etablissement, des Commissaires.

Pour connaître les attributions de ces derniers et les prescriptions qu'il faut observer dans le cas où leur remplacement devient nécessaire, on devra s'en rapporter aux ordonnances provinciales qui règlent ces matières. Nous ne pouvons ici insister sur ces détails de droit administratif.

Pour l'Etablissement assurant contre l'incendie dans les villes de la province de Saxe, nous trouvons un organe d'administration connu sous le nom de « Provinzialstadtefeuersozietats Direktion, dont la composition est sensiblement identique à celle que nous venons de décrire pour l'Etablissement précédent.

Sans plus insister passons donc de suite à l'*Etablissement de la Province de Schleswig-Holstein* et disons que l'institution est administrée par le *Landesdirektor*. Nous dirions le Préfet en France.

Pour l'*Etablissement de Westphalie* la société est gérée par la *Westfalische-Provinzial-Feuersozietat Direktion*. Le Directeur est nommé par le Landtag provincial. En cas d'empêchement soit pour cause de maladie ou de congé ne devant pas se prolonger au-delà de quatre semaines, il est remplacé dans ses fonctions par l'*Inspecteur supérieur*. Passé ce temps, le Landesdirektor aura à se prononcer sur la situation. C'est également ce Landesdirektor qui recevra le serment et installera dans ses fonctions le Directeur.

L'*établissement commun d'assurance pour la province de la Prusse occidentale* est administré par le Landesdirektor.

Pour connaître les règles concernant son remplacement, il faudra consulter les ordonnances provinciales qui règlent ces points spéciaux sur lesquels nous ne saurions insister.

### Troisième Groupe

*Etablissement d'Halberstadt.* — La Société est dirigée par un organe administratif, la « *Ritterschaftliche Feuersozietats Direktion* ». Elle se compose de trois députés choisis parmi les assurés à la Société. Ils sont nommés dans l'Assemblée générale pour 6 ans. L'Assemblée choisit en même temps trois suppléants pour remplacer les députés en cas de maladie ou d'empêchements. L'Assemblée indiquera aussi qui, parmi les trois députés, sera à la tête de la Direction. Comme le Président choisi peut être empêché, on lui désigne en même temps un remplaçant.

L'*Etablissement de Hanovre* est géré par une Direction qui se compose d'un Directeur et d'un personnel qu'il a sous ses ordres pour l'aider.

La Commission provinciale nomme et révoque le Directeur. Ses actes relèvent également de cette même Commission. Toutefois, les décisions de la Commission touchant soit à la nomination soit à la révocation du Directeur doivent recevoir l'approbation du Ministre de l'Intérieur.

*Etablissement pour la noblesse du Mecklembourg.* — La Direction de cette Société est assurée par un *Direktorium.* Il se compose de trois Directeurs et d'autant de suppléants choisis pour 6 ans parmi les membres de l'Assemblée générale. Ne sont éligibles que les membres de la Société ayant voix délibérative à l'Assemblée générale et appartenant à la noblesse. Les autorités présentent à chaque réunion de l'Assemblée deux membres éligibles. Tous les deux ans les Directeurs se choisissent un Président et un suppléant qui en remplit les fonctions en cas d'empêchements du premier. Les statuts sont-ils obscurs, ce sera ce Directorium qui indiquera l'interprétation des dispositions législatives. Toute décision devra être signée d'un Directeur et contresignée d'un secrétaire pour s'imposer aux parties.

Le Secrétaire sera choisi par le Direktorium entre deux candidats proposés par les autorités. Les attributions et fonctions du Secrétaire seront déterminées par le Direktorium. Le Secrétaire est assermenté, il est subordonné au Direktorium. Il est surveillé par le Direktorium. Les polices sont revêtues de sa signature ou du sceau de la Société.

*L'Etablissement de la Frise orientale* est administré par un Collège, le *Landschaftliche administration-Kollegium*.

*L'établissement provincial de la Prusse orientale* est géré par une Direction, la *General Feuersozietat Direktion der ostpreussischen landschaft*, intimement liée à la direction administrative générale de la province. Cependant on y rencontre un Directeur général et un Syndic s'occupant spécialement des affaires d'assurances contre l'incendie.

L'administration de *l'établissement du Schleswig*

*Holstein* connu sous le nom de *Gilde de la noblesse* est beaucoup plus complexe. Elle se compose d'une Direction comprenant un Président qui sera le plus ancien moine noble et de 4 assesseurs qui doivent être propriétaires ; enfin le Secrétaire et 3 reviseurs. Le prélat qui préside convoque ses assesseurs-directeurs, et réunit l'Assemblée générale. Les Directeurs sont choisis dans les Assemblées de Gilde. La Direction présente trois candidats entre lesquels l'Assemblée en choisit un. C'est une fonction purement honorifique.

Le Secrétaire est élu par le même procédé. C'est lui qui assure vraiment la gestion proprement dite de la Société. Aussi est-il étroitement surveillé par la Direction qui peut à tout moment lui demander tel renseignement qui lui plaira.

L'*Etablissement de la Prusse occidentale* est administré par une Direction générale se composant du Gouverneur général de la province et d'un Syndic qui lui est adjoint.

### Quatrième Groupe

*Etablissement de la province de Magdebourg.* — Le Directeur général est choisi à vie par la Députation. Mais cette élection pour être valable doit recevoir l'approbation du Gouverneur. Le Directeur général doit posséder un immeuble dans le ressort de la Société et être assuré auprès de cette dernière. Qu'une de ces conditions d'éligibilité vienne à ne plus être remplie, aussitôt il doit se démettre de ses fonctions. A chaque session de la Députation on choisit un remplaçant du Directeur pour le cas où ce dernier serait empêché momentanément dans l'année.

*Société publique Mecklembourgeoise assurant contre les risques ruraux.* — La Direction se compose d'un Président et de l'assesseur ayant chacun un suppléant. Ces derniers ainsi que les assesseurs sont nommés par l'Assemblée générale qui les choisit dans son sein. Mais leur élection doit être homologuée par les Pouvoirs Publics du grand duché de Mecklembourg. Ils sont élus pour 6 ans mais rééligibles.

L'*établissement du Mecklembourg pratiquant l'assurance pour les villes.*— Nous trouvons un organe général et central d'administration, le « *Generaldirectorium* », comprenant les plus hauts personnages de chaque ville faisant partie de la Société, les « *Vorderstadte* ». A ces derniers on adjoint des *Réviseurs* élus tous les 5 ans par les représentants des villes associées à la Société. Ces Réviseurs doivent être choisis parmi les membres des municipalités des villes.

*Etablissement de la Prusse orientale assurant contre les risques ruraux.* — La Société est gérée par la « *Direktion der ostpreussischen Landfeuersocietat* » représentée par un Directeur. On lui adjoint un *Juriste* que le Directeur doit consulter dans le cas où une difficulté vient à s'élever.

Si une modification des statuts demandait une Direction unique pour l'établissement assurant les campagnes et celui assurant les villes, un simple décret du Ministre de l'Intérieur suffirait à opérer cette fusion. Ce qui rend cette réunion plus délicate, c'est la confusion des patrimoines des deux Sociétés. Aussi sur ce point même si l'on arrive à une unité d'administration, il y aura toujours dans les statuts des dispositions spéciales à chaque Caisse.

*Etablissement assurant contre les risques urbains.* — La gestion de cette Société est exercée par une direction, la « Ostpreussische Stædtefeuersozietæts Direction ». Elle est représentée par un membre de la Régence de Kœnigsberg que nomme le Premier Président de la province. Cette nomination doit de plus être ratifiée par le Ministre de la Justice. Si le personnage choisi n'a pas les qualités requises pour pouvoir être juge, on devra lui adjoindre un membre de cette même Régence possèdant les grades en droit nécessaires. Il sera également choisi par le Premier Président et agréé par le Ministre de la Justice. Ce juriste assistera le Directeur dans les questions de droit délicates qu'il s'agirait de trancher.

Nous connaissons maintenant les divers organes assurant l'administration centrale dans les diverses Caisses publiques allemandes d'assurance contre l'incendie. Voyons-en maintenant les attributions.

#### β) *Attributions d'assistance ou de gestion des divers organes d'administration.*

##### PREMIER GROUPE

*Etablissement de Saxe Altenbourg.* — Nous avons

vu que l'administration est assurée par la Section des finances. Celle-ci publie les instructions relatives à l'administration de la Société. Voilà son rôle de beaucoup le plus important.

*Etablissement du duché de Bade.* — Le Conseil d'administration gère directement la Société en se conformant aux dispositions législatives, aux instructions, en assurant les intérêts de la Société à tous les points de vue. C'est le Conseil d'administration qui déterminera les droits et les obligations des propriétaires qui s'adresseront à la Caisse. Tout ce qui touche aux questions d'indemnités à allouer ainsi que les demandes d'être dispensé de reconstruire ou bien de bâtir à une autre place, rentrera dans la compétence de ce Conseil d'administration. Quel doit être le montant des primes à réclamer, voilà qui est encore du domaine de ce Conseil.

Pour l'*Etablissement de Waldeck*, on peut dire que le Landesdirektor représente la Société tant à l'intérieur qu'à l'extérieur : A l'intérieur en promulguant des décrets d'administration, à l'extérieur en édictant des règlements.

Dans ce groupe rangeons encore :

L'*Etablissement du Royaume de Wurtemberg.* — Le Conseil d'administration déterminera notamment quelles sont les conditions requises pour s'assurer à la Société ; fixera la classification des immeubles et le montant respectif des primes correspondant à chaque classe ; enfin il indiquera dans quelle mesure un immeuble pourra être assuré.

### Deuxième Groupe

*Etablissement de la province de Brandebourg.* — C'est le Directeur qui représente la Société au dehors et veille à tous les intérêts de l'institution.

*Etablissement de Hessen Cassel.* — Le Landesdirektor qui fait fonction de Directeur de la Société d'assurance contre l'incendie représente l'institution tant au dehors, qu'à l'égard des assurés. Il est chargé de donner satisfaction à tous les intérêts de la Société qui ne sont pas confiés soit au Conseil d'Etat soit au Landtag communal. Il rédigera tous les règléments et instructions d'accord avec le Conseil d'Etat.

*Etablissement de l'Etat de Nassau.* — Le Landesdirektor représente la Société tant à l'égard de chaque membre qu'au dehors.

*Etablissement de la Nouvelle Marche.* — Le Directeur général a les mêmes attributions que celui de l'Établissement de la province de Brandebourg. Il est à la tête des fonctionnaires de la Société sur lesquels il a un pouvoir disciplinaire. Il peut les condamner au paiement d'amendes s'élevant jusqu'à 30 thl.

*Etablissement de la Province de Poméranie.* — Le Landesdirektor doit expédier les affaires courantes de la Société qu'il représente tant à l'intérieur qu'à l'extérieur. C'est lui qui rédige les projets d'état de la Société, examine en premier lieu les comptes annuels.

C'est encore lui qui nomme les fonctionnaires n'émargeant pas au budget spécial du personnel.

*Etablissement de la Province rhénane.* — Le Directeur à en main l'administration directe de la Société qu'il représente au dehors et en justice, prend les décisions compatibles avec les intérêts de l'institution. C'est lui qui administre seul tous les intérêts de la Société que les règlements ne confient pas au Kuratorium ou à la Commission provinciale. Enfin il est certaines décisions que le Directeur ne saurait prendre que de concert avec le Landtag provincial.

*Etablissement du duché de Saxe.* — Le Directeur général a toutes les attributions que l'administration de la Société exige sauf celles qui lui ont été spécialement retirées par des ordonnances.

Le Directeur de l'Etablissement de la Province de Saxe assurant contre les risques urbains a les mêmes pouvoirs que celui de l'Établissement de la Province de Brandebourg. La Direction provinciale de *l'Établissement de la Silésie assurant contre les risques ruraux* a tous les pouvoirs nécessaires pour l'administration de la Société que les instructions et règlements ne lui retirent pas. Mais le plus souvent elle devra prendre l'avis de la Commission du Landtag.

*Etablissement de la Province du Schleswig Holstein.* — Sauf les restrictions apportées en faveur du Landtag provincial d'une part, et de la Commission du Landtag, d'autre part, on peut dire que le Landesdirektor a l'administration de la Société. Il doit toutefois observer les dispositions contenues dans le décret administratif du 14 août 1871, ainsi que les instructions relatives à l'administration du Landesdirektor en date du 5 octobre 1875. C'est le Landesdirektor qui nommera les fonctionnaires préposés à la gestion de la Société. Il en déterminera les attributions. Il organisera les administrations locales et les circonscriptions comme il l'entendra. C'est encore à lui qu'il appartiendra de fixer le nombre de fonctionnaires que les exigences de ces services locaux exige. Enfin il établira la rémunération à laquelle ils peuvent prétendre.

*Etablissement de la Province de Westphalie.* —Le Directeur administre directement la Société en se conformant aux dispositions des statuts et règlements ainsi qu'aux instructions, touchant à l'administration de la Société, rédigées par la Commission provinciale. Le Directeur représente la Société au dehors et en gère les intérêts comme un commissaire provincial conformément au § 99 de l'ordonnance provinciale, tant que les statuts ne lui enlèvent pas le droit de décision pour le conférer à un organe plus élevé de la Province.

Le Directeur est le chef des fonctionnaires de la Société, il a sur eux un pouvoir disciplinaire et peut également leur accorder des congés pourvu qu'ils ne dépassent pas 3 semaines.

Dans *l'Établissement de la province de la Prusse occidentale*, le Landesdirektor représente la Société tant à l'égard des assurés qu'au dehors.

### Troisième Groupe

Le Directeur de *l'établissement du Hanovre* représente la Société non seulement en justice mais en toute occasion tant qu'il ne s'agit pas des matières spéciales réservées à la Commission provinciale.

*Etablissement du Mecklembourg assurant la Noblesse.* — Le Direktorium représente la Société non seulement dans les négociations avec les autorités de l'Etat, mais encore devant toutes les autorités ainsi qu'en justice et dans des contestations soulevées par les membres de la Société. C'est lui qui organise le personnel, le nomme, le surveille, examine les comptes, les vérifie, étudie et accepte les états; il arrêtera les comptes semestriels, se prononcera sur l'opportunité d'un supplément à percevoir, établira le boni que les assurés auront à se partager, fixera les bases sur lesquelles s'édifiera le fonds de réserve ; rédigera un rapport, sur l'administration de la Société et sa situation, qu'il lira à l'Assemblée générale ; enfin c'est encore lui qui assurera le service de publicité des renseignements sur la Société.

Le Collège de l'*établissement de la Frise orientale* est notamment chargé de la préparation de la cadastration et des rectifications à y apporter, ainsi que de la comptabilité.

Dans *l'établissement de Schleswig-Holstein pratiquant l'assurance immobilière*, la Direction représente la Société au dehors, dirige et surveille la gestion et la caisse; connaîtra les réclamations et difficultés qui se présenteront; se prononcera sur la nécessité de recourir à un emprunt et sur le paiement de primes destinées à assurer le service des pompiers lorsqu'elles ne dépassent pas 600 M. Annuellement elle devra convoquer l'Assemblée générale et lui faire un rapport sur l'administration de la Société.

Le Secrétaire, comme administrateur de la Gilde, a la garde et la surveillance du portefeuille et des archives dont il fait connaître l'état à la Direction et à l'assemblée générale par une communication. Il signera toutes les pièces au nom de la Direction. Il expédie toute la correspondance, établit le cadastre destiné à être utilisé pour le cas d'incendie, se charge de la publicité. Enfin il est le comptable de la Gilde.

Les Réviseurs ont pour mission de vérifier avant la réunion de l'Assemblée générale, les comptes du Secrétaire.

### Quatrième Groupe

Le Directeur général de l'*Établissement du duché de Magdebourg* a en main la haute gestion de la Société. Il aura à veiller à l'exécution des décisions prises par la Députation, à surveiller tous les fonctionnaires employés à la gestion de la société sur lesquels il a un pouvoir disciplinaire. Il peut leur infliger une amende variant de 3 à 60 M. Il tranchera les différents qui pourraient surgir entre eux.

Enfin, le Directeur général représente la Société en justice et en général au dehors. Voilà ses principales attributions. Pour connaître ses autres fonctions, il suffirait de parcourir le dernier Règlement régissant la société.

Passons aux *Établissements du Mecklembourg* :

Tout d'abord occupons-nous de l'Établissement assurant contre les risques ruraux.

Le « Directorium » doit se réunir régulièrement deux fois par an : dans le mois d'avril et dans le mois d'octobre. Le Président donne les comptes à vérifier à ses deux assesseurs. Il en reçoit les vœux et projets touchant aux modifications qu'il faudrait apporter tant dans les statuts que dans la législation ainsi que dans l'administration de la Société. Enfin le Président expédie les affaires courantes de l'administration, fixe les sommes qui seront affectées au service de l'extinction des incendies, sans avoir besoin de convoquer une assemblée générale extraordinaire. Il suffira qu'il obtienne l'approbation de ses deux assesseurs.

Abordons maintenant l'Établissement assurant les villes.

Nous savons que la Direction comprend une réunion de Directeurs à raison d'un par ville faisant partie de la Société. Chacun fait connaître au Direktorium général ses vues sur l'administration de la Société et les modifications qu'on pourrait y apporter. Les projets ainsi présentés seront discutés à chaque assemblée des Directeurs. Chacun d'eux doit surveiller l'administration générale de la Société. Chacun, plus spécialement en ce qui concerne la ville qu'il représente, aura à établir le cadastre nécessaire à la Société et y apporter toutes les additions qui deviendront utiles. Ils devront veiller tous à ce que le Livre Général, contenant le relevé des noms de tous les assurés, soit toujours tenu au courant.

Les représentants des villes de Parchini et Güstrow à tour de rôle ont pour tâche spéciale la vérification de la Caisse générale de la Société d'assurance contre l'incendie.

γ) *Fonctionnaires spéciaux, ayant des attributions techniques, attachés aux administrations centrales des Sociétés publiques.*

Dans le *duché de Bade* nous rencontrons un Contrôleur des évaluations des bâtiments, le *Bauschatzungs Kontroleur* nommé par le Ministre de l'Intérieur sur la proposition du Conseil d'administration. Ce fonctionnaire, bien que sous les ordres du Conseil d'administration, organise lui-même le service technique, vérifie les évaluations faites, surveille le personnel chargé de l'évaluation des bâtiments assurés à la Société.

Dans l'Établissement du *Mecklembourg Ritterschaft* nous trouvons une sorte de fondé de pouvoir, le *Bevollmachtigte*. C'est un fonctionnaire ayant des attributions purement techniques, nommé et révoqué par le Direktorium. C'est également ce dernier qui fixera et déterminera ses attributions et ses pouvoirs dans des instructions relatives au personnel de la Société.

Dans l'Établissement de l'*État de Nassau* nous voyons sous les ordres du Laudesdirektor, un architecte ayant le titre d'Inspecteur d'assurance contre l'incendie (*Brandversicherungs-Inspektor*), chargé spécialement des affaires techniques telles que évaluation des bâtiments et leur revision, fixations des principales règles à suivre dans la gestion de la Société. Ce fonctionnaire devra être choisi parmi les premiers architectes de l'Etat, ou bien posséder des connaissances spéciales indiscutables.

Pour l'Établissement de la *Province de Westphalie* nous citerons parmi les fonctionnaires techniques supérieurs, le Président du bureau des bâtiments ; les autres fonctionnaires techniques tels que inspecteurs et architectes experts émargeant au budget de l'établissement sont nommés par le Landtag provincial après avoir entendu le Directeur.

Dans l'Établissement du *Royaume de Wurtemberg*, nous trouvons auprès du Conseil d'administration des inspecteurs d'assurance qui forment la Commission des évaluations faisant les estimations des fabriques et immeubles et procédant aux revisions qui deviennent nécessaires.

δ) *Personnel des bureaux et autres fonctionnaires* (1).

PREMIER GROUPE

Dans l'*Établissement d'Anhalt*, c'est la Direction qui

(1) Nous réservons pour un autre paragraphe le personnel

détermine la tâche des caissiers ainsi que des contrôleurs et des autres fonctionnaires.

Dans l'*Établissement d'Etat de Bavière* les comptables et secrétaires sont nommés et révoqués par le Ministre de l'Intérieur. Les auxiliaires et employés sont nommés et révoqués par le Président de la Société.

*Etablissement du grand duché de Hessen.* — On adjoint à la Commission de l'assurance contre l'incendie, un Secrétaire, un fonctionnaire chargés d'établir les cotes et un Régisseur.

*Etablissement de Lippe.* — Le service des caissiers sera déterminé par la direction.

*Etablissement du royaume de Saxe.* — La Chambre de l'assurance contre l'incendie est aidée dans sa tâche par un personnel de comptables, de caissiers, d'administrateurs et de bureau. Tous ces employés sont nommés conformément aux règles suivies pour les autres fonctionnaires civils.

Dans l'*Établissement de Waldeck*, la haute gestion de l'Institution d'assurance contre l'incendie appartient bien au Landesdirektor, mais il est aidé dans sa mission par les employés des Administrations d'État auxquels on adjoint notamment un bureau du cadastre pour l'assurance contre l'incendie.

*Etablissement d'Etat du Wurtemberg.* — Nous trou-

préposé aux caisses des Sociétés publiques d'assurance contre l'incendie.

vons des caissiers, des fonctionnaires administrateurs, des auxiliaires et des employés faisant partie du Conseil d'administration.

DEUXIÈME GROUPE

*Etablissement de la province de Brandebourg.* — Les fonctions de perception et de bureau de l'administration centrale de la Société, sont remplies par des employés nommés, conformément aux ressources inscrites à ce chapitre au budget, par la Commission provinciale après avoir entendu le Directeur en ses observations. Ces employés seront considérés comme des fonctionnaires provinciaux. Ils seront tenus d'observer des instructions relatives à l'administration dressées par la Commission provinciale après avoir pris connaissance des dires du Directeur. Enfin ajoutons que ce dernier peut à toute époque nommer des aides dont il fixe les attributions et qu'il peut révoquer à son gré.

Dans l'*Établissement de la Marche électorale*, à l'exception des caissiers et contrôleurs, tous les employés de la Direction générale sont nommés par le Directeur général pourvu qu'il ne dépasse pas les limites fixées dans le budget par le Landtag communal.

Dans l'*Établissement de Nassau* c'est le Landesdirector qui fixe et établit le nombre du personnel, tant technique que de bureau, nécessaire à l'administration centrale de la Société.

Dans l'*établissement de la Nouvelle Marche* le service de bureau et de direction de l'administration centrale est assuré par des fonctionnaires nommés, dans les limites des crédits du budget, par la Commission provinciale, mais le directeur général devra être consulté. Lorsqu'il s'agit de la nomination de fonctionnaires à vie, cette tâche incombe au Directeur général. Ce dernier devra également recevoir le serment de tous ses subordonnés. Ceux-ci ont les droits et obligations des fonctionnaires de la Province. Mais, n'ont droit à la retraite, que ceux pour lesquels les crédits nécessaires ont été alloués dans le budget de la Société.

*Etablissement de la Province de Poméranie.* — Les fonctionnaires de la Société sont nommés par la Commission provinciale conformément aux états. Les employés que les états ne mentionnent pas sont installés et nommés par le Landesdirektor. Ces employés jouissent des prérogatives des fonctionnaires provinciaux. Quant à ce qui concerne le temps pour lequel ils sont nommés, les conditions de leur révocation et s'ils ont droit ou non à une pension, ce sont là autant de points qu'on règle au moment de leur nomination.

Auprès de la Direction générale, peut être attaché un fonctionnaire chargé du cadastre, des conditions des rédactions des polices et de la classification des risques. Il sera nommé par la Commission provinciale.

*Etablissement de la Province de Posen.* — L'administration de la Société est assurée par des fonctionnaires spéciaux nommés par le Premier Président de la Province dans les limites des crédits portés de ce chef au budget de la Société. Ils sont nommés à vie et ont droit de prétendre à une pension. Soumis au régime des fonctionnaires d'Etat, leurs actes tombent sous le coup du Règlement de discipline du 21 juillet 1852. On leur appliquera également la loi générale sur les pensions du 20 mai 1882.

*Etablissement de la Province rhénane.* — Il est adjoint au directeur un fonctionnaire supérieur ayant pour mission spéciale la surveillance des bureaux de la Direction. Il sera nommé sur la proposition du Directeur par la Commission provinciale à vie ou pour six ans au moins. Il remplace le Directeur en cas de maladie ou d'absence ne se prolongeant pas au delà de six semaines. Les fonctionnaires nécessaires pour assurer les services de caisse, de bureau et le service technique, seront nommés par la Commission provinciale sur la proposition du Directeur. Tous les fonctionnaires prévus dans les états ont les droits et obligations d'un fonctionnaire provincial. Aussi les indemnités journalières et de voyage seront réglées d'après les mêmes bases que pour les fonctionnaires provinciaux ordinaires.

Enfin ajoutons que le Directeur peut nommer certains employés pour le service des commissions pourvu qu'il ne dépasse pas le montant des crédits affectés au personnel.

*Etablissement de la Province de Saxe assurant les risques ruraux.* — Seront attachés à la Direction générale pour aider le Directeur général dans sa tâche :

Un Inspecteur général de la société d'assurance contre

l'incendie, un Inspecteur, un Caissier, un Régisseur, un Reviseur et un aide comptable.

L'Inspecteur général et l'Inspecteur doivent seconder le Directeur général dans sa mission, notamment pour les affaires du dehors. L'Inspecteur général, l'Inspecteur et le Caissier seront choisis par le Conseil de direction. Le Régisseur, le Reviseur et l'aide comptable seront nommés par le Directeur général qui consultera le Conseil de direction.

Tous ces fonctionnaires sont nommés à vie et soumis aux conditions générales des fonctionnaires d'Etat. Ils doivent prêter serment devant le directeur général, et ont droit après un certain temps de service à une pension de retraite fixée conformément aux règlements généraux déterminant ces points pour les fonctionnaires d'Etat.

Quant au personnel de bureau employé à la Direction générale, il est nommé par le Directeur général seul, et est astreint à la plus grande discrétion.

Ces employés après un certain temps de service pourront, à titre de récompense de leur fidélité et de leur zèle, obtenir un secours. Cette faveur sera demandée pour eux, par le Conseil de Direction, à la Commission provinciale qui déterminera le montant de cette pension.

*Etablissement de la province de Saxe se chargeant des risques urbains.* — Le service de bureau et de caisse que l'administration de la Société exige sera assuré par des employés spéciaux dont le nombre, les attributions ainsi que la durée des fonctions sont déterminés par les statuts. Mais ils ont les droits et obligations des fonctionnaires et seront soumis aux dispositions réglant la situation des fonctionnaires de la Province.

C'est le Conseil de Direction qui rédigera les instructions qui seront suivies, pour la gestion de l'Institution, par les employés des bureaux et les caissiers ; c'est également lui qui installera les employés nommés à vie. Tous les autres seront nommés par le Directeur.

*Etablissements de Silésie.* — Pour les deux Etablissements de cette province (l'un assurant les risques ruraux, l'autre les risques urbains), le personnel de bureau, les comptables et administrateurs attachés à la Direction provinciale seront organisés par les bureaux de la Députation de la contrée.

Pour l'*Etablissement de la province du Schleswig Holstein*, nous voyons un Inspecteur d'administration adjoint au Landesdirector qui dirige le bureau central et qui, avec l'approbation de la Commission provinciale ; prend les décisions que les intérêts de l'administration commandent.

Dans l'*Etablissement de la province de Westphalie* nous trouvons auprès de la Direction : un Inspecteur supérieur, un fonctionnaire technique supérieur, Président du Bureau de la technique des bâtiments et un Caissier de la Société. Ils sont nommés par la Commission provinciale qui prendra l'avis du Directeur. Puis ils seront installés par le Landesdirektor auquel ils auront prêté serment.

Le personnel subalterne ainsi que le personnel de bureau seront nommés par la Commission provinciale sur la proposition du directeur. Toutefois on devra se tenir dans les limites établies par le Landtag provincial dans le budget de la Société.

### Troisième Groupe

Pour l'*Établissement d'Halberstadt*, le Caissier de la Société ainsi que son remplaçant seront nommés à la majorité absolue pour six ans, autant que possible parmi les membres de la Société.

Dans l'*Établissement de la Prusse orientale* la Direction générale sera secondée par le nombre d'employés que les services exigeront. Mais ils n'en auront pas moins les droits et les obligations des fonctionnaires ordinaires de l'Etat.

### Quatrième Groupe

*Etablissement de Magdebourg.* — Les employés de bureaux ainsi que les inspecteurs attachés à la direction générale sont nommés par la Députation sur la proposition du Directeur général. Ces fonctionnaires ont droit, tant qu'ils n'ont pas démérité, à un certain âge et après un certain temps de service à une pension, comme tout autre fonctionnaire d'Etat. Le Bureau des pensions du personnel de la Direction générale sera organisé par le Directeur général seul. En dehors des cas de secours réglementaires, la Députation peut accorder des pensions à ses fonctionnaires.

*Etablissements du Mecklembourg.* — Nous rencontrons auprès du Direktorium de l'Établissement assurant les campagnes : un Secrétaire qui sera le président du contentieux, un Comptable et un fonctionnaire chargé de la rédaction des procès-verbaux.

Dans l'Établissement assurant les immeubles des villes, nous relatons à côté des Représentants des villes, un Régisseur et un Conservateur des actes.

*Etablissement de la Prusse orientale assurant dans les campagnes.* — Le personnel des bureaux de la Direction est choisi par la Direction, mais l'approbation des Représentants est nécessaire. Leur retraite sera réglée suivant les conditions communes aux autres fonctionnaires d'Etat.

Dans l'*Établissement se chargeant des risques urbains,* les services de bureaux et d'administration sont remplis par des fonctionnaires spéciaux. Ceux-ci, comme leurs subordonnés, ont les droits et les obligations des fonctionnaires d'Etat. Comme eux ils ont droit à une pension lorsqu'ils remplissent les conditions requises par la loi du 27 mars 1872.

Ceci termine les renseignements que nous voulions fournir sur *l'administration centrale* des sociétés publiques allemandes.

Nous avons successivement fait connaître quels étaient ces organes, comment ils étaient composés, quel était le mode de nomination des membres les constituant. Puis nous avons essayé de déterminer leurs attributions, tant au point de vue de la gestion proprement dite que de leurs prérogatives en matière d'élection. Ceci nous a amené à mentionner les divers fonctionnaires plus ou moins étroitement rattachés à l'administration centrale.

Maintenant nous voudrions dans un nouveau chapitre nous occuper des organes d'administration de cercles et d'une manière plus générale des organes d'administration ayant un caractère local.

### § III. — Organes d'administration de cercle et locale.

Avant d'aborder directement l'objet d'étude auquel nous consacrons ce paragraphe, nous voudrions, comme introduction, dire quelques mots sur la collaboration des assurés dans l'administration locale. Nous la rencontrons notamment dans les territoires où s'exerce l'action des établissements d'assurance contre l'incendie ayant des organes locaux propres, assurant l'administration locale des sociétés, dans les institutions suivantes, celles de la Nouvelle Marche, du Mecklembourg Ritterschaft, de la Marche électorale, celles de la Prusse orientale, pour les établissements assurant les campagnes en Saxe et en Silésie.

Dans les établissements dotés d'organes ayant pour mission de procéder aux estimations, nous relatons également la collaboration des assurés qui se manifeste en matière d'évaluation. Ce sont les établissements de la Province de Brandebourg, de la Marche électorale, Magdebourg, Mecklembourg Rittershaft, de la Nouvelle Marche,

les établissements du duché de Saxe et de la province de Saxe, l'établissement de Silésie pratiquant l'assurance urbaine, ainsi que les établissements de la Prusse occidentale.

Enfin dans la province de Poméranie chaque membre de la société d'assurance doit, sous peine de paiement d'une amende de 30 M., se laisser prendre comme témoin, par le directeur de cercle, dans la constatation des dommages. Il n'a droit à aucun dédommagement de ce fait.

Dans l'établissement du Schleswig-Holstein, nous voyons que deux membres de la gilde sont désignés par la direction pour visiter les pompes à incendie nouvellement achetées. De plus, chaque année, les pompes sont inspectés par deux membres de la gilde demeurant non loin des pompes. Ils sont commis par la direction.

Ces développements suffisent pour donner une idée au lecteur de la collaboration des assurés dans l'administration locale.

Occupons-nous maintenant de l'objet propre de notre paragraphe, à savoir l'administration locale.

### α) *Participation des Pouvoirs publics dans l'administration de la Société sur le territoire d'un cercle.*

Beaucoup de sociétés publiques utilisent pour cette gestion l'administration même du cercle ; aussi *brevitatis causa*, citerons-nous seulement les établissements qui e font pas appel aux autorités du cercle.

Dans la *Marche électorale*, nous rencontrons des circonscriptions de revision, d'estimation, de même pour la gestion de *l'établissement de Magdebourg*. Ces circonscriptions ont l'étendue d'un cercle. Mais pour mieux assurer les intérêts des membres de la société de Magdebourg, le cercle sera subdivisé en un certain nombre de circonscriptions, que la députation déterminera et délimitera.

*Mecklembourg Ritterschaft.* — Le territoire de la sphère d'action de la société d'assurance sera divisé en un certain nombre de districts par le Direktorium. Celui-ci peut augmenter ou diminuer le nombre de ces circonscriptions.

*Etablissement de Nassau.* — Pour assurer le service des évaluations et de gestion, le Landesdirektor divise le cercle en un certain nombre de circonscriptions.

*Etablissement de la Nouvelle Marche.* — Afin de faciliter la revision des évaluations, le Directeur de cercle partage sa circonscription en dix parties.

Comme nous aurons occasion de le dire plus amplement dans nos développements postérieurs, citons simplement ici, les établissements *d'Oldenbourg*, *ainsi que les trois établissements de la Prusse orientale* (1), tous dotés de circonscriptions administratives.

*Etablissement de Poméranie.* — Tous les dix ans le directeur de cercle de la société d'assurance partage

(1) Ces trois établissements sont : celui assurant les campagnes ; celui assurant les villes, et celui connu sous le nom de Anstalt der Ostpreussen Landschaft.

ce territoire en 10 circonscriptions, afin de procéder à une revision générale des immeubles ruraux assurés dans chaque cercle.

Pour l'*établissement d'Etat du royaume de Saxe*, ainsi que pour l'établissement *assurant dans les campagnes de Silésie*, nous relevons également des circonscriptions administratives locales.

*Etablissements du Schleswig Holstein.* — Le territoire de la Gilde est divisé en districts : pour faciliter l'évaluation et la revision des évaluations des immeubles, ces circonscriptions sont encore subdivisées. Chaque couvent forme à lui seul un district.

Le territoire de l'établissement de la province du Schleswig, est également subdivisé en circonscriptions.

Quels sont maintenant les organes qui assurent le service de gestion des sociétés ? C'est ce que nous allons essayer de déterminer brièvement.

### β). *Organes d'administration propres des sociétés publiques.*

#### Premier Groupe.

*Bavière.* — Dans chaque Régence l'établissement d'Etat d'assurance contre l'incendie entretient, pour gérer les intérêts de la société, exigeant des connaissances techniques spéciales, plusieurs *inspecteurs* d'assurance choisis parmi les architectes ou des gens ayant des connaissances très approfondies des bâtiments. Des instructions ministérielles fixent également dans quelle mesure ils sont rattachés tant aux autorités communales et de district qu'à la Chambre de l'assurance contre l'incendie. Il est défendu à ces fonctionnaires de dresser des plans de maisons ; ils ne pourraient pas davantage se charger de la construction d'une maison.

Les inspecteurs d'assurance sont des organes auxiliaires de la Chambre de l'assurance contre l'incendie et lui sont subordonnés.

Voici quelles sont les principales conditions qu'il faut remplir pour pouvoir postuler cette place :

α) Un brevet de sortie d'une école professionnelle et un certificat constatant qu'on est apte à entrer dans la 1re classe d'un gymnase.

β) Un certificat délivré par la section d'architecture d'une école industrielle, ou d'une école d'architecture, possédant trois cours.

γ) Un certificat d'assiduité attestant un an de présence dans une école supérieure d'architecture.

δ) Un stage d'au moins deux ans, auprès d'un inspecteur d'assurance désigné par la Chambre d'assurance.

ε) Le postulant à une place d'inspecteur d'assurance, doit tous les deux ans passer un examen devant la Chambre des assurances. Les inspecteurs sont secondés par des *assistants* qui à l'occasion pourront remplacer l'inspecteur, et en faire fonction en cas de presse lorsque les architectes suppléants ne suffisent pas. Les uns et les autres estiment les immeubles signalés à la Direction pour être assurés.

*Etablissement de Saxe-Gotha.* — Sur toute l'étendue du territoire où s'exerce la sphère d'action de la société, le pays est divisé en cercles. Chacun possède des *commissaires d'assurance* qui, dans les duchés de Gotha et de Cobourg, sont sous la direction des bureaux du conseil de duché, et dans le duché de Meinigen, travaillent sous la direction de la Régence.

*Etablissement d'Etat du royaume de Saxe.* — En dessous de la direction centrale il y a un degré de gestion inférieur ; tout un personnel qui s'occupe des affaires techniques de la société. Il comprend des fonctionnaires également versés dans la haute architecture et dans la machinerie. Ils portent le titre *d'inspecteurs d'assurance* contre l'incendie et sont subordonnés à la Chambre de l'assurance contre l'incendie. Ils exercent leurs fonctions dans une circonscription déterminée qui leur est propre. Au-dessus d'eux on trouve des *inspecteurs supérieurs* mis à la tête de grandes circonscriptions. Ces inspecteurs peuvent se faire aider par des *assistants inspecteurs* nommés avec l'agrément du Ministre de l'Intérieur.

### Deuxième Groupe

*Etablissement de la Marche électorale.* — L'administration de la Société est assurée avec la collaboration de la diète du cercle et d'une commission de cercle. Elle est présidée par un directeur de cercle subordonné au directeur général. C'est la diète du cercle qui choisira ces directeurs ; ceux-ci ne pourront être pris que parmi des propriétaires nobles, membres de la Société depuis longtemps. Bien plus, pour pouvoir être nommé directeur d'un cercle, il faut posséder une terre noble dans le cercle, à la tête duquel on aspire d'être placé.

Seuls les conseillers d'Etat peuvent être choisis comme directeurs de cercle, bien que ne remplissant pas ces conditions. Toutefois ils ne sauraient rester directeurs au-delà de la durée de leurs fonctions de conseiller.

C'est le Landtag communal qui propose les candidats à la direction. La diète du cercle nommera ensuite les directeurs de cercles et leurs remplaçants. Ceux-ci joueront le rôle de directeurs de cercle en cas d'empêchement du directeur ou bien lorsqu'il est intéressé dans une affaire de règlement de sinistre.

Les commissions de cercle sont composées de 6 à 12 députés. Ils doivent être membres de la Société et habiter dans le cercle où ils sont nommés. Seront électeurs les citoyens éligibles à la diète du cercle. Autant que possible leur choix devra porter sur des assurés habitant les diverses circonscriptions du cercle que chacun d'eux doit représenter à la commission.

Les députés constituent le premier degré de juridiction qui connaîtra des recours formés par les assurés contre les décisions de la Société.

Les directeurs de cercles, leurs remplaçants ainsi que les députés constituant la commission de cercle, sont nommés pour 6 ans. Mais ils sont rééligibles pour une nouvelle période de 6 ans. Lorsqu'au cours d'une période sexennaire un des fonctionnaires précités perd une des conditions d'éligibilité, aussitôt il doit résilier ses fonctions.

*Etablissement de la nouvelle Marche.* — A la tête de l'administration du cercle se trouve un directeur de cercle placé sous l'autorité du directeur général de la Société d'assurance contre l'incendie. On lui adjoint un suppléant qui le remplacera en cas d'empêchement ou lorsque le directeur est intéressé dans une affaire de la Société. L'un et l'autre seront choisis par la diète du cercle. Seront électeurs les députés, les plus grands propriétaires de la province ou communaux ; ils seront nommés pour 6 ans. Cette élection devra être ratifiée par la commission provinciale, après avoir demandé au directeur général son avis. Tout membre de la Société habitant le cercle et y possédant tout son patrimoine foncier ou au moins pour une valeur de 50.000 M. assurée auprès de la Société, pourra être éligible. Il faudra l'approbation du conseil de direction pour déroger à cette condition.

Les directeurs de cercles et leurs suppléants devront prêter serment au commissaire du gouvernement du cercle (1). C'est la commission provinciale qui déterminera leur service après avoir consulté le directeur général.

Le directeur général comme les directeurs de cercles, restent en fonctions tout le temps de la période pour laquelle ils ont été élus, à moins qu'ils ne viennent à

(1) Le conseiller de cercle ressemble beaucoup par ses fonctions à notre sous-préfet.

perdre une des conditions d'éligibilité requises. Mais ils peuvent être suspendus momentanément par mesure disciplinaire.

Le directeur de cercle a sous ses ordres des employés subalternes qui lui doivent obéissance. Mais le directeur général peut également prescrire des mesures les concernant, pourvu qu'il consulte le directeur du cercle. En principe, des subordonnés sont nommés, dans les limites des crédits alloués par le budget, par le directeur du cercle qui détermine les conditions de leur nomination.

*Etablissement de la province de Poméranie.* — Voici quels sont les principaux fonctionnaires assurant l'administration locale de la Société :

α) Les directeurs de cercle ;

β) Les commissaires préposés aux révisions ;

γ) Les caissiers des caisses de cercle de la Société d'assurance contre l'incendie ;

δ) Les fonctionnaires chargés des évaluations ;

ε) Les agents d'assurance s'occupant de l'assurance mobilière.

Ajoutons enfin d'autres fonctionnaires spéciaux attachés aux bureaux du Landtag provincial qui peuvent être appelés à rendre des services.

A la tête de la gestion de la société dans l'intérieur d'un cercle se trouve le directeur de cercle et son suppléant nommés par le Landesdirektor après avoir consulté le comité du cercle.

Le Landesdirektor peut nommer, dans les villes, pour accomplir les fonctions de directeur de cercle, des fonctionnaires spéciaux.

Pour l'*établissement de la Province rhénane* la gestion de l'assurance mobilière est assurée dans les communes de la province par des agents connus sous le nom de *Geschaftsführer*. Ils sont nommés par le directeur, reçoivent un °/₀ sur les assurances qu'ils ont reçues ou un traitement. Dans ce dernier cas l'approbation du Kuratorium sera nécessaire.

*Etablissement assurant les campagnes de la province de Saxe.* — La gestion de la société est assurée à l'intérieur d'un cercle par un directeur de la société d'assurance qui, pour être à la tête de l'administration du cercle de la société, n'en est pas moins subordonné au directeur général. Ces directeurs, ainsi que leurs suppléants, sont nommés pour 6 ans par les Etats respectifs de chaque cercle. Mais les députés des villes ne prennent pas part aux élections.

Sont éligibles tous les membres de la société ayant contracté auprès de la société une assurance immobilière s'élevant au moins à 15.000 M. Cette élection devra être ratifiée par le directeur général. Une fois agréé, le directeur de cercle devra se conformer aux règlements et instructions établissant son service.

L'ensemble des directeurs de cercle pourront être réunis par le directeur général toutes les fois que certains intérêts de la société, limitativement déterminés par les règlements, seront en jeu.

L'assurance mobilière est pratiquée dans les cercles auxquels s'étend la sphère d'action de la société par des commissaires d'assurance du cercle nommés par le directeur général après avoir consulté les directeurs de cercles intéressés. Le nombre de ces commissaires à établir dans chaque cercle sera fixé concurremment par le directeur général et le conseil de direction. Ces commissaires ne relèvent que du directeur général, mais avant de se prononcer sur leurs actes, il consultera le directeur de cercle opérant sur le même territoire qu'eux. Bien plus, ces directeurs seront souvent invités à faire des rapports sur leur gestion.

*Etablissement assurant les campagnes de Silésie.* — Immédiatement au-dessous de la direction provinciale, nous trouvons dans les cercles des directeurs de cercle nommés par les conseillers du cercle (quelque chose comme un sous-préfet chez nous). Ils sont secondés par une commission de cercle et par une caisse de cercle propres à la société d'assurance contre l'incendie. Au point de vue disciplinaire ces fonctionnaires relèvent de la direction provinciale et des autorités.

Le directeur peut, dans les cercles où l'administration de l'assurance est particulièrement chargée, nommer des fonctionnaires de bureau pour faciliter au directeur de cercle son service.

Les caissiers des cercles devront, à titre de garantie, fournir une caution dont le montant est fixé par la direction provinciale.

La commission de cercle de la société d'assurance

contre l'incendie se compose du directeur du cercle et de quatre membres nommés par la diète du cercle à chaque session. Tous seront élus pour 6 ans, deux devront être choisis parmi les propriétaires fonciers nobles et deux parmi les propriétaires fonciers roturiers. Mais à vrai dire, la commission, quand elle se réunit, ne comprend jamais plus de trois membres, le directeur du cercle de la société et les deux membres qui ont obtenu le plus de voix, chacun dans sa classe. L'autre propriétaire foncier noble ainsi que l'autre propriétaire foncier roturier ayant obtenu moins de voix que leurs collègues, ne les remplaceront que s'ils sont empêchés. On pourrait donc dire, tout en restant assez exact, que la commission se compose du directeur de cercle et de deux propriétaires fonciers, l'un noble, l'autre roturier. Pour le cas d'empêchement la diète leur nomme en même temps un suppléant.

Titulaires comme suppléants sont nommés pour 6 ans. Au bout de cette période ils sont rééligibles. Si dans un cercle déterminé il y a trop peu ou pas de propriétaires fonciers nobles, on nommera les deux titulaires et leurs suppléants parmi les propriétaires fonciers roturiers. Enfin, il peut arriver que le service d'un cercle soit très chargé. Le directeur de cercle pourra alors appeler en fonction en même temps les titulaires et les suppléants.

Il lui est encore loisible de partager le cercle en circonscriptions de doter chacune d'elles d'une commission propre et de titulariser ainsi les suppléants.

Ces commissions de cercle ont pour attributions

principales d'examiner les évaluations qui ont été faites des bâtiments assurés, de veiller à ce que les divers immeubles soient répartis dans les classes qu'il convient, enfin de s'occuper des intérêts de la Société.

*Etablissement de la Province de Schleswig Holstein.* — L'administration de la Société est assurée par les fonctionnaires de cercle de l'institution d'assurance contre l'incendie.

Le Landesdirektor a le droit de prendre toutes les décisions touchant à l'organisation locale de l'administration de la Société. Il pourra notamment diminuer ou augmenter les circonscriptions administratives de la Société ; augmenter le personnel ou le restreindre.

Mais en général les affaires courantes de la Société sont expédiées dans chaque circonscription par des commissaires de circonscription (1).

*Etablissement de la Province de Westphalie.* — En dessous du directeur nous trouvons, pour assurer le service local, des commissaires de la Société d'assurance. Dans les villes nous trouvons des agents (Geschafts-fuhrer), nommés directement par la direction, qui se chargent de l'assurance immobilière et de l'assurance mobilière, tant dans les villes que dans les campagnes.

(1) Nous ne croyons pas devoir employer le mot cercle qui a, en droit administratif allemand, un sens précis Il correspond à une circonscription administrative bien déterminée et s'exprime toujours pas le mot « *Kreis* ».

*Etablissement de la Prusse occidentale.* — Dans chaque cercle nous trouvons un directeur de cercle nommé par la Commission provinciale sur la proposi- du Landesdirektor. Ce directeur s'occupera de recevoir les assurances, de dresser le cadastre, de la fixation des primes à percevoir ainsi que du montant des indemnités à allouer par suite d'incendie.

En cas d'empêchement le directeur de cercle est remplacé par un suppléant que nomme le Landesdirektor.

Ces directeurs au point de vue disciplinaire relèvent et du Landesdirektor et de la Commission provinciale.

Lorsqu'on se trouve en présence de cercles très étendus ils pourront être et sont subdivisés en circonscriptions. Le service sera assuré par des commissaires de circonscription.

## Troisième Groupe

*Etablissement de Mecklembourg Rittershaft.* — A la tête de l'administration de chaque district se trouve un directeur de district de la Société nommé et révoqué par le Direktorium. Autant que possible il doit demeurer dans le district où il exerce ses fonctions. Il peut arriver qu'un même directeur de district ait à s'occuper à la fois de plusieurs districts. Mais ceci n'a guère lieu en pratique. Ce directeur devra dans l'intérieur de son district prendre en main les intérêts de la Société, participer à la réception des assurances ainsi qu'à la fixation des indemnités allouées. Il devra se conformer dans ses actes aux instructions rédigées à cet effet par la direction.

Dans chaque district le directeur peut nommer des hommes de confiance (Vertrauersmænner) qui veilleront aux intérêts de la Société tout en se conformant aux instructions reçues du directeur de district.

*Etablissement de la Prusse orientale.* — Immédiatement au-dessous de la direction, les intérêts de la Société seront assurés par des commissaires et des comités de circonscription. En dehors de ces employés, les fonctionnaires de la province doivent accepter les tâches que la direction leur impose à titre ecxeptionnel.

Chaque cercle administratif de la province sera divisé par la direction en circonscriptions dont le nombre est fixé par la diète du cercle. A la tête de chacune d'elles on place un commissaire de la Société d'assurance et un suppléant, qu'il faudra dans la mesure du possible choisir parmi les propriétaires assurés à la Caisse publique. Seront électeurs les citoyens du cercle éligibles à la diète de ce cercle.

Cette nomination devra être ratifiée par la Direction: c'est là une disposition purement formelle. Ces fonctionnaires occupant un poste honorifique doivent, à moins de vieillesse ou maladie, rester en fonction trois ans.

*Etablissement de Schleswig-Holstein* (Gilde assurant les immeubles). — Nous trouvons comme dans l'établissement de la province rhénane des agents (Geschæftsfuhrer).

L'administration de *l'établissement de la Prusse occidentale* est assurée par les 4 Landschaftsdirektoren de la Province, chacun dans les limites de son département. Ils forment la direction connue sous le nom de *Westpreussiche Landschaftlische Provinziale-Feuersozietats Direktion.* A côté nous relatons des comités dont la sphère d'action est moins étendue.

### Quatrième Groupe

*Etablissement de Madgebourg.* — La gestion de la Société est assurée par 3 directeurs de cercle. Un caissier spécial s'occupe du service de caisse dans chaque cercle.

Le directeur de cercle de la Société d'assurance contre l'incendie est nommé par la Députation sur la proposition du Directeur général pour 6 ans. Un conseiller de cercle pourra être nommé à cette fonction. Mais alors il devra renoncer à son ancienne fonction. Les Directeurs de cercle n'ont pas besoin d'être membres de la Société, mais doivent demeurer dans le cercle où ils exercent leur fonction. Tout départ équivaudrait à une démission.

Le directeur général nomme, pour remplacer, le cas échéant, le Directeur de cercle, un suppléant, qui reste en fonction jusqu'à ce que la fonction devienne vacante. Il ne saurait alors le remplacer entièrement. Seule la Députation peut en choisir un nouveau.

Les Directeurs de cercle sont immédiatement subordonnés au Directeur général. Ils doivent donc se conformer aux prescriptions contenues dans le Règlement ainsi qu'aux instructions spéciales, rédigées en vue de l'administration et de la gestion de la Société.

Les caissiers de cercle sont choisis par les Directeurs du cercle où ces fonctionnaires doivent être installés : Mais ces nominations doivent être ratifiées par le Directeur général. Avec l'agrément de la Députation, on peut ajouter les fonctions de caissier à celles de directeur de cercle.

*Etablissement assurant les campagnes de la Prusse orientale.* — Chaque cercle administratif de la province comprend un certain nombre proportionnel de circonscriptions. Dans chacune la Diète du cercle nomme un commissaire de circonscription et un suppléant parmi les assurés à la Société demeurant dans la circonscription autant que possible. Si le résultat de l'élection est insuffisant, la Direction ne la ratifiera pas et nommera les commissaires de circonscription ; elle aussi devra dans la mesure du possible faire porter son choix sur un assuré à la Société habitant la circonscription qu'il s'agit de doter d'un commissaire. Ces fonctionnaires sont nommés pour 6 ans. Ils doivent prêter serment avant d'entrer en fonction devant le conseiller du cercle. Comme c'est un poste d'honneur, chaque membre de la Société désigné pour occuper cette place ne saurait quitter ses fonctions avant la fin de la période pour laquelle il a été élu. Seuls les cas de maladie et vieillesse sont admis. *Par contre ils peuvent être réélus ou* maintenus par la Direction pour une nouvelle période de 6 ans.

γ) *Organes d'Etat ou communaux mis à contribution pour l'administration des Sociétés publiques.*

Nous ne parlerons dans ce paragraphe que des établissements pour lesquels les lois ou règlements qui les régissent, stipulent expressément que les autorités administratives d'Etat ou communales doivent collaborer à la gestion de ces Sociétés ou bien encore se charger d'une partie de la gestion des Sociétés publiques d'assurance contre l'incendie.

PREMIER GROUPE

*Etablissement du duché de Baden.* — Les fonctionnaires de la circonscription constituent le degré intermédiaire entre le conseil d'administration et chaque commune. Ils surveillent directement l'assurance dans la circonscription ainsi que les employés chargés des évaluations, enfin les autorités communales.

Ils ont en dépôt un exemplaire des livres d'assurances des communes de la circonscription qu'ils peuvent ainsi examiner et même mettre au courant ; ils vérifieront les tables qui servent à faire les évaluations, recevront et prendront en considération, s'il y a lieu, les propositions de revision générale émanant d'une commune. Chaque année ils feront la somme des assurances contractées dans l'ensemble des communes de la circonscription. Ils rédigeront les décisions prescrivant une élévation de la prime ; étudieront le moyen de classer une commune selon son désir dans une classe de prime inférieure ; procéderont à des enquêtes pour découvrir les causes des incendies. Ils se chargeront de l'estimation des dommages après un sinistre. Ils communiqueront les résultats de leur enquête aux sinistrés, aux conseillers communaux et au conseil d'administration de la Société ; décideront s'il y a lieu de procéder à une revision de l'évaluation du montant des dommages ; rechercheront après un incendie quels sont les créanciers privilégiés et hypothécaires ; examineront le bien fondé des recours formés. C'est eux qui se prononceront sur la demande d'un sinistré de ne pas consacrer l'indemnité allouée à reconstruire l'immeuble détruit, ou bien sur un autre emplacement, enfin ils fixeront les rétributions qu'il convient de donner aux employés se livrant aux évaluations.

Les conseillers communaux s'occupent de l'assurance dans les communes, tiennent les livres d'assurance locaux, collaborent aux estimations et aux revisions des estimations des immeubles ainsi qu'à l'évaluation des dommages, enfin examinent s'il y a lieu d'élever les primes, etc., etc.

*Etablissement du grand duché de Hessen.* — Les magistrats et hauts fonctionnaires, ceux qui établissent la peréquation de l'impôt, les contrôleurs, les fonctionnaires supérieurs et inférieurs qui perçoivent les indemnités à verser, les maires ainsi que les percepteurs sont tenus d'obéir aux injonctions qui leur sont données par la commission d'assurance contre l'incendie. Même le collège provincial doit obtempérer aux demandes qui lui sont adressées par la Société. Bien plus, ces employés étant subordonnés à l'établissement d'assurance, la direction a sur eux un pouvoir disciplinaire. Il se manifeste, le cas échéant, par des condamnations à des amendes qui peuvent aller jusqu'à 50 fl.

*Etablissement d'Oldenbourg.* — Les intérêts de la Société sont gérés par les fonctionnaires de la Régence et dans les villes de première classe par les municipalités.

*Etablissement d'État du royaume de Saxe.* — Les affaires d'assurances ainsi que les intérêts de la Société sont soignés au premier degré :

Dans les villes, depuis la réforme dernière, par le conseil de ville. Dans les petites villes ou les villes moyennes, par le maire.

Dans les communes rurales, depuis la récente décision du Ministre de l'Intérieur, par le président de la commune. L'assistance de ces autorités du premier degré et leur compétence est certaine dès que les objets assurés se trouvent dans leur circonscription administrative.

*Etablissement de Waldeck.* — La haute gestion de la Société est exercée par le Landesdirektor et en dessous les affaires de la Société sont régies par les autorités administratives de l'Etat et notamment par les fonctionnaires, les architectes locaux, les fonctionnaires et receveurs du cercle et par certains employés spéciaux lorsque les Pouvoirs ont accordé cette permission.

Les autorités communales doivent servir les intérêts de la Société avec autant de zèle que s'il s'agissait de ceux de l'Etat.

*Etablissement de Weimar.* — Les opérations de comptabilité sont accomplies par les autorités secondaires d'administration. Ce n'est que dans des cas tout à fait exceptionnels que le Ministre nommera des employés spéciaux pour remplir ces fonctions.

Enfin dans les communes, les intérêts de la société sont gérés par les autorités communales.

## Deuxième Groupe

*Etablissement de la province de Brandebourg.* — Les opérations ordinaires de la société y compris la perception des primes et leur concentration dans la caisse centrale, sont accomplies par les bureaux des municipalités conformément aux dispositions arrêtées par la commission provinciale. Ils tiendront notamment un double du livre des cadastres. Tous les livres relatant la cadastration de tous les immeubles assurés auprès de la société sont entre les mains de la direction. Ajoutons que les membres des municipalités s'occupant de la gestion des intérêts de la société ne doivent pas être un agent ni un employé au service d'une société privée.

*Etablissement de la province de Posen.* — Immédiatement au-dessous de la direction provinciale on rencontre dans chaque cercle de la province comme directeur de cercle de la société d'assurance contre l'incendie, le Landrath (nous dirions en France le sous-préfet). C'est le percepteur du cercle qui remplira les fonctions de caissier du cercle de la société. Ce fonctionnaire, outre les encaisses, devra également accomplir d'autres opérations pour le compte de la société. Des instructions du Premier Président de la province lui feront connaître quelles sont les affaires de la société dont il doit se charger.

La direction provinciale a le droit, dès que l'intérêt de la société l'exigera, de charger les Landrathe, les percepteurs de cercle, les commissaires de district, les maires, d'accomplir tel ou tel acte pour le compte de la société. Bien plus, elle pourra même requérir les services de personne assermentée. Toutefois cette réquisition dans ce dernier cas devra recevoir l'approbation du Premier Président de la province. Dans les villes de Posen et de Bromberg, lorsque la permission en aura été accordée, le Premier Président de la province, pourra, sur la proposition de la direction provinciale installer dans le cercle un directeur ainsi qu'un caissier spécial ne s'occupant que des affaires de la société. Mais ces fonctionnaires devront être choisis dans le sein des municipalités.

Lorsque les percepteurs de cercles encaissent les primes de la société d'assurance, ils doivent de ce chef verser un cautionnement spécial.

Les fonds provenant de cette perception ne sont pas confondus avec les sommes résultant du prélèvement des impôts.

*Etablissement de la province rhénane.* — Les affaires courantes de la société sont expédiées en matière d'assurance immobilière par les maires. Les agents spéciaux (geschaftsführer) préposés à la gestion de l'assurance mobilière sont souvent également employés comme auxiliaires dans l'administration de l'assurance immobilière. Le directeur peut, pour les cas où cela paraît nécessaire, avec l'approbation du Kuratorium, charger de la gestion des intérêts de la société, à la place des maires, certaines personnes qui deviennent alors des fonctionnaires de la société. Mais pour enlever ainsi aux bourgmestres cette fonction, l'homologation du Premier Président de la province sera requise.

*Etablissement assurant contre les risques urbains dans la province de Saxe.* — La gestion de la société est accomplie, d'un commun accord, par les municipalités. A défaut, des fonctionnaires spéciaux en sont chargés. Ils auront en matière d'administration de la société les droits et obligations des membres de la municipalité.

*Etablissement de Silésie assurant les villes.* — Immédiatement en dessous de la direction provinciale, on trouve occupées, à l'administration des intérêts de la société, les municipalités. Elles s'appliquent à veiller à la bonne marche de l'institution et versent les primes qu'elles ont perçues à la caisse centrale.

Ces organes d'administration restent subordonnés à la direction générale. Mais le bourgmestre garde son pouvoir disciplinaire à l'égard de ses agents, même lorsqu'il s'agit d'actes exécutés pour le compte de la société publique. Pour en terminer avec cet établissement, disons que les fonctionnaires de la société publique ne sauraient être en même temps agents auprès d'une compagnie privée d'assurance contre l'incendie.

Pour en finir avec ce groupe, il nous reste à parler de l'*établissement de la province de Westphalie*. La gestion de cette Société est assurée en dessous du directeur par les commissaires de la Société. Ils sont aidés dans l'exécution de leur tâche en matière d'assurance immobilière par les divers fonctionnaires des administrations locales d'Etat, chacun dans les limites de sa circonscription.

### Troisième Groupe

Nous ne trouvons guère à citer que l'*établissement de la Prusse orientale* (*Landshaft*) où les intérêts de la Société sont, en partie, gérés par les autorités administratives locales.

### Quatrième Groupe

*Etablissement du Mecklembourg assurant les campagnes.* — L'administration des affaires de la Société dans les diverses circonscriptions est exercée par les fonctionnaires de l'administration domaniale. Ces autorités[1] subdivisent leur ressort en différentes parties. A la tête de chacune de ces divisions, ils placent un ou deux députés. Ils doivent être choisis parmi les membres des autorités communales. Ils sont désignés sous le nom de représentants locaux *Orts-Representanten.* Tous ces fonctionnaires dans certains cas pourront être réunis pour former l'assemblée.

*Etablissement du Mecklembourg assurant dans les villes.* — La municipalité de chaque ville faisant partie de l'association a l'obligation de veiller à l'exécution des prescriptions formulées dans les statuts. Pour ce, chaque ville entretient une direction spéciale. Dans la *province de la Prusse orientale* il y a deux établissements. Celui assurant dans les campagnes a pour l'aider dans sa gestion, en dessous de la direction : le conseiller du cercle, les commissaires de la circonscription et les autorités locales.

Immédiatement au-dessous de la direction de l'établissement assurant pour les villes, on trouve les municipalités qui s'occupent de l'administration de la Société.

δ) *Organes et fonctionnaires faisant les évaluations.*

Les statuts et règlements sont très laconiques sur les obligations que doivent remplir les fonctionnaires et employés se livrant aux évaluations. Cependant en extrayant tous les renseignements contenus dans ces divers monuments législatifs, il n'est pas impossible d'arriver à un certain groupement. C'est ce que nous allons essayer de tenter.

En parcourant attentivement toutes les lois, statuts et règlements régissant les Sociétés publiques d'assurance contre l'incendie, nous pouvons constater l'existence de plusieurs catégories de fonctionnaires qui pour faire tous des évaluations se distinguent cependant par le genre d'estimations auxquelles ils s'adonnent. Nous rencontrons des fonctionnaires chargés des évaluations que l'on pourrait appeler ordinaires, permettant de faire connaître à la Société quelle est la valeur de l'immeuble ou de l'objet mobilier qu'elle a accepté d'assurer. A côté il existe souvent des fonctionnaires qui, en raison de la mission qui leur est confiée, ont besoin de certaines connaissances techniques. Ce sont alors de vrais experts attachés au service des Sociétés. Parmi ces derniers on pourrait encore distinguer, suivant que tels ou tels experts sont chargés simplement des expertises courantes ou bien exercent une surveillance sur les autres experts.

Grâce aux services de tous ces hommes, les Sociétés publiques peuvent connaître le montant du capital assuré à un moment donné. Mais il peut varier avec le temps pour des immeubles déjà évalués. Pour s'en rendre compte, les Sociétés publiques doivent procéder à des révisions périodiques. Des fonctionnaires spéciaux en seront chargés.

Jusqu'ici nous avons supposé que les intéressés étaient toujours d'accord. Il n'en est malheureusement pas toujours ainsi. Aucune Société publique d'assurance contre l'incendie ne s'est bercée de ce fol espoir. Aussi toutes ont envisagé le cas où des contestations viendraient à surgir. Les règlements et statuts indiquent les moyens à employer pour les trancher. Le procédé naturel qui vint à l'esprit du législateur fut la contre-expertise.

Ce service devait être doté de fonctionnaires ou d'employés. Ceux-ci auront à examiner non seulement les réclamations qu'une évaluation d'immeubles pourrait engendrer, mais encore celles qui pourraient s'élever au sujet d'une modification apportée après la revision périodique.

Qu'il survienne un incendie, il faudra de toute nécessité que les sociétés soient renseignées sur l'importance des dommages causés par le sinistre. Pour assurer ce service qui n'est pas un des moins complexes, les directions devront s'entourer de plusieurs séries de fonctionnaires. A côté des fonctionnaires ordinaires préposés à l'évaluation des dommages, comme il peut surgir des contestations, des fonctionnaires ou experts spéciaux seront nécessaires. Les uns représenteront la société, d'autres seront des experts choisis par les assurés.

Voici l'ordre que nous suivrons indiqué. Chaque groupe de fonctionnaires ainsi passé en revue fera l'objet d'un paragraphe spécial.

1) *Evaluations ordinaires qu'entraîne l'assurance.*

Dans notre premier paragraphe nous devons nous occuper des estimations ordinaires que toute assurance entraîne. Essayons tout d'abord de donner quelques indications sur les conditions que doivent remplir un certain nombre d'individus désirant faire des estimations. C'est un aperçu général que nous nous proposons de faire. Dès lors on ne saurait nous demander la même précision que dans nos développements antérieurs.

Dans un grand nombre de lois et règlements, il est prescrit que tout individu intéressé personnellement, ou ayant des rapports avec un propriétaire au sujet d'un objet déterminé qu'il s'agit d'évaluer, ne saurait être chargé de l'estimation. Bien plus, il en sera de même si l'individu ayant les capacités requises, et étant choisi pour faire les évaluations, est au service, parent en ligne directe ou collatérale, ou par alliance avec l'assuré, dont il s'agit d'estimer le bien. Citons à titre d'exemple seulement l'établissement de la province de Brandebourg. Dans les règlements de l'établissement assurant les immeubles de la Marche électorale, on est plus rigoureux encore. Il suffit d'être en relation d'affaire intime avec l'assuré pour créer une incapacité de ce genre.

Pour les établissements de Magdebourg et les établissements de la province de Saxe, il ne faut pas que le citoyen chargé de l'évaluation soit intéressé, soit par profession, soit par relation, en cas d'incendie, dans la reconstruction de l'immeuble.

Pour l'établissement de Mecklembourg, la parenté en ligne directe ou collatérale sera seule un empêchement. La qualité de parents en ligne directe et pour la ligne collatérale, celle de frère et sœur, beau-frère et belle-fille, crée également un empêchement d'après les règlements des établissements de la Frise orientale, de la

Nouvelle Marche, de la Prusse orientale. Mais cet empêchement n'existe que lorsque l'estimation conduit à conclure qu'il y a lieu de rebâtir à nouveau et qu'aucun parti ne saurait être tiré des matériaux restant.

Dans l'établissement d'Etat du royaume de Wurtemberg, la qualité de parent ou d'allié jusqu'au 4$^{me}$ degré, crée un empêchement. Il en sera de même pour tout entrepreneur habitant la commune où le sinistre s'est produit.

Citons enfin que dans les règlements des établissements de la province de Brandebourg et de la Nouvelle Marche, le fait d'être agent ou attaché à une compagnie privée d'assurance ne permet pas à un individu d'être choisi pour faire les estimations pour le compte des sociétés.

Ces quelques notions générales données, abordons l'objet propre de notre paragraphe, à savoir : les fonctionnaires chargés ordinairement de l'évaluation des biens présentés à l'assurance des sociétés publiques.

*Etablissement d'Altenbourg.* — Nous rencontrons un inspecteur d'assurance contre l'incendie. Pour chacun des deux cercles de l'Etat, on choisira dans l'administration supérieure un ou plusieurs experts, prenant le nom d'inspecteurs d'assurance contre l'incendie.

La direction de l'*établissement d'Anhalt* nomme, pour remplir ces fonctions, deux entrepreneurs, un de maçonnerie et un de charpente.

Dans l'*établissement de Bade*, il existe une commission d'évaluation (Schætzungskommission). Elle se compose de deux experts en bâtiments de cercle faisant partie du conseil d'administration et d'un expert local nommé par le conseil municipal.

Dans chaque cercle il y a deux experts de cercle, voilà le principe. Mais le conseil d'administration peut avec une permission en augmenter le nombre et établir un expert par district. Ces places sont données à des architectes éprouvés et en seconde ligne à des entrepreneurs de maçonnerie et de charpente. D'ailleurs les titulaires de ce poste sont à toute époque de l'année révocables...

C'est le conseil municipal qui détermine la valeur vraie ou vénale d'un immeuble. Les experts ainsi que le conseil municipal sont tenus d'indiquer la valeur réelle sans se prononcer plutôt en faveur de la Société que de l'assuré.

La Chambre de l'assurance contre l'incendie *dans l'établissement de Bavière* doit dans chaque district administratif nommer un certain nombre d'experts en bâtiments désignés sous le nom d'inspecteurs d'assurance. La direction est tenue d'en faire connaître les noms au public.

Il existe, pour l'établissement de la *province de Brandebourg*, des commissions locales constituées par la municipalité. Elle comprend un membre de la municipalité comme président; deux membres de la commune faisant partie de la Société et deux experts. Ils doivent être choisis parmi les entrepreneurs indépendants du bâtiment autant que possible parmi les entrepreneurs de maçonnerie et de charpente les plus renommés de la localité. Le choix terminé, les élus doivent se faire connaître à la direction. Enfin, ajoutons que les experts faisant partie de la commission peuvent également être pris parmi les employés appartenant aux services techniques de la commune.

Dans l'*établissement du duché de Brunswick*, les évaluations sont faites par un entrepreneur de charpente et un entrepreneur de maçonnerie. Ils doivent être choisis parmi les experts qui ont prêté serment, conformément aux prescriptions des instructions rédigées par les autorités du duché. Leurs noms seront publiés par les soins du comité des finances. Pour les objets immobiliers dont la valeur ne dépasse pas 3,000 M., l'évaluation d'un seul architecte suffira.

Pour assurer les évaluations on nomme dans le ressort de l'*établissement de Gotha* un ou plusieurs commissaires (Abschætzungs-Komissarien) selon l'importance du cercle. Ils peuvent être choisis dans d'autres circonscriptions que celles où ils sont appelés à exercer leurs fonctions.

*Etablissement d'Halberstadt*. — Les évaluations sont faites par un fonctionnaire du service des bâtiments choisi parmi les assurés.

*Etablissement de Hanovre*. — La valeur des immeubles à assurer est fixée, d'après des prescriptions supérieures, soit par un fonctionnaire du service des bâtiments de l'Etat ou par un employé communal, soit par un technicien plus élevé en grade dont les aptitudes sont connues de la direction ou par deux entrepreneurs du bâtiment. Dans ce dernier cas la direction nomme dans chaque cercle un certain nombre d'entrepreneurs destinés à remplir ces fonctions. Leur choix doit être approuvé par les autorités supérieures.

Tout estimateur qui se livre à une évaluation doit, si possible, se faire accompagner d'un assuré; en cas d'impossibilité par un employé de la mairie ou un intéressé.

Dans le cas d'une proposition spéciale les autorités doivent se charger des estimations ou bien préposer à ce service un employé ad hoc. Lorsque l'immeuble qu'il s'agit d'évaluer n'a guère qu'une valeur de 1,500 M., un seul expert pourra en faire l'estimation.

Dans l'*établissement du grand duché de Hessen*, nous trouvons deux experts pour faire une évaluation. Ce service technique de la Société est assuré par des entrepreneurs du cercle ou des employés attachés au service du bâtiment.

Dans l'*établissement du duché de Hessen-Cassel,* nous devons citer également des fonctionnaires du bâtiment ou des experts spéciaux affectés à une circonscription déterminée ou bien à l'estimation de certains objets. Ils sont nommés par le directeur de la Société. Leur choix devra être approuvé par le comité administratif du cercle.

Pour l'*établissement de Hohenzollern*, les évaluations sont assurées par une *Commission*. Elle se compose d'un entrepreneur de maçonnerie et d'un entrepreneur de charpente. Elle est présidée par le maire de la localité. Les deux entrepreneurs ainsi que leurs suppléants sont nommés par les autorités supérieures sur la proposition des fonctionnaires du bâtiment du cercle.

Dans l'*établissement de la Marche électorale*, les évaluations sont faites par un entrepreneur ou un employé attaché au service du bâtiment. Les directeurs de cercles doivent choisir les taxateurs parmi les plus honnêtes et plus adroits entrepreneurs du cercle.

*Etablissement de Lippe.* — Les évaluations seront faites dans les villes par un entrepreneur de maçonnerie, un de charpente et un de menuiserie. A la campagne en principe, la présence de l'entrepreneur de menuiserie ne sera pas nécessaire. Mais il est toujours loisible, tant à l'administration du district qu'au propriétaire, de faire accompagner ces entrepreneurs d'experts spéciaux ou de hauts fonctionnaires du service des bâtiments.

Dans l'*établissement de Magdebourg*, les estimations sont faites par une commission d'évaluation du cercle sous l'administration du directeur de cercle. Ce dernier peut diviser le cercle en autant de circonscriptions que l'exige le bon fonctionnement des évaluations et la doter d'une commission d'évaluation. Elle se compose du président de la localité englobée dans la circonscription et d'un ou plusieurs experts nommés par le directeur de cercle. Ceux-ci n'ont pas besoin d'être experts de profession, mais doivent simplement posséder les connaissances nécessaires pour faire une évaluation exacte d'un immeuble ordinaire. On devra donc choisir pour remplir ces fonctions, non seulement les personnes les plus honnêtes du cercle, mais encore celles qui le connaissent le mieux ainsi que ses habitants. On comprend donc que le directeur du cercle puisse à tout moment révoquer les membres de la commission des évaluations.

En principe, dans la *Société domaniale du Mecklembourg*, les évaluations sont faites par deux représentants locaux. Ce n'est que dans les espèces particulièrement délicates exigeant des connaissances spéciales, telles que l'évaluation d'une église, d'un moulin, ou bien encore lorsqu'il s'agit d'un immeuble d'une valeur présumée supérieure à 15,000 M., que ces représentants devront s'adjoindre un entrepreneur du bâtiment de charpente ou de maçonnerie. Aussi est-il désigné par avance quels seront les experts qui serviront dans ces cas.

Pour l'*établissement de Mecklembourg Ritterschaft*, le Directorium nommera, sur la proposition du directeur de district, au moins deux taxateurs et autant de suppléants pour chaque district. Si faire se peut, ils devront être choisis parmi les membres de la Société habitant le district.

Les évaluations dans l'établissement assurant contre les risques urbains seront faites par la direction spéciale qui s'adjoint le plus haut fonctionnaire technique du bâtiment ou deux chefs d'atelier.

*Etablissement de Nassau.* — Il existe une commission

des évaluations pour chaque cercle. Les membres sont nommés pour chaque cercle sur la proposition des comités de cercle et de ville, et révoqués de même. La commission comprend un président et deux experts en bâtiment, un charpentier et un maçon. Lorsqu'il s'agit d'estimer un bien de peu de valeur, l'évaluation se fera par un membre seulement de la commission qui s'entendra avec le propriétaire.

Dans l'*établissement de la Nouvelle-Marche* les estimations sont faites par un évaluateur subordonné au directeur du cercle. Les députés représentant les plus gros propriétaires fonciers, choisissent pendant la session de la diète du cercle, sur la proposition du directeur de cercle, des taxateurs pour six ans. Ils sont tenus de remplir leurs obligations sous peine de se voir condamner par le directeur général à une amende. Elle pourra s'élever jusqu'à 20 M. Bien plus, le conseil de direction peut sur la proposition du directeur général, le directeur de cercle entendu, révoquer ces évaluateurs.

*Etablissement d'Oldenbourg.* — Les évaluations sont faites par les deux taxateurs de cercle accompagnés du président de la commune ou en cas d'empêchement par un membre du conseil municipal choisi pour remplir ces fonctions par ses collègues. Dans les villes de première classe, ils sont accompagnés d'un membre de la municipalité choisi dans son sein.

En dehors nous devons mentionner pour chaque circonscription de bureau de cercle deux entrepreneurs dont un maçon et un charpentier. Mais ceci en principe uniquement pour les villes de première classe. Cependant avec autorisation supérieure on peut également préposer de ces employés dans les autres circonscriptions.

*Etablissement de la Frise orientale.* — Un entrepreneur de maçonnerie et un de charpente font les estimations courantes.

Dans les cas exceptionnels il y a trois experts nommés par les autorités et choisis parmi les entrepreneurs ayant obtenu des concessions dans la province.

Pour les *établissements de la Prusse orientale*, mentionnons pour l'établissement de ostpreussen Landschaft le comité de cercle. Il se compose d'un commissaire de cercle ou son remplaçant en cas d'empêchement, et de deux assesseurs choisis parmi les membres de la société. Les commissaires reçoivent des instructions spéciales de la direction. En principe ce comité ainsi composé fait toutes les évaluations de la circonscription à la tête de laquelle il se trouve. Dans les cas difficiles le comité est autorisé à s'adjoindre des experts spéciaux.

Pour l'établissement de la Prusse Orientale assurant les campagnes, les évaluations sont faites par le commissaire d'assurance outre un expert nommé par la direction.

*Province de Poméranie.* — Les évaluations sont faites par un taxateur spécial ou un entrepreneur du bâtiment de la Régence. Aux évaluateurs viendront s'adjoindre avec la permission des autorités supérieures des experts nommés par le Landesdirector sur la proposition des directeurs de cercle de la société d'assurance.

*Etablissement de la province de Posen.* — Il faut distinguer suivant l'importance des estimations.

Les estimations seront faites par un taxateur spécial lorsqu'il s'agit de fixer la valeur d'un immeuble ne courant que des risques ordinaires et pouvant valoir approximativement 24.000 M. Il en sera de même pour un immeuble présentant des risques spéciaux pouvant s'évaluer à 6.000 M., ou bien s'il s'agit d'un moulin à vent n'ayant même qu'une valeur de 3.000 M.

Si dans ces diverses espèces la valeur des objets à assurer est supérieure aux divers montants que nous venons d'indiquer, deux évaluateurs seront nécessaires.

A l'inverse si la valeur des immeubles à assurer n'atteint que 3.000 M. ou moins que cette somme les évaluations seront faites, un taxateur spécial ne sera pas nécessaire. En pratique ces estimations sont faites par les bourgmestres dans les villes, par les commissaires du poste de police de district dans les campagnes. Mais il est loisible à l'assuré de s'adresser directement à un taxateur spécial ou bien au personnel du service du bâtiment.

Les estimateurs sont nommés par la direction provinciale, sur la proposition de la direction de cercle de la société, parmi les gens à même de faire ces opérations dans le cercle.

Dans l'*établissement d'Etat de la Saxe royale* ce sont

des employés techniques attachés à l'institution qui sont chargés de ces estimations.

Dans l'*établissement du duché de Saxe* les évaluations sont faites par un ou plusieurs commissaires selon l'importance de l'immeuble à estimer. Ils sont nommés par le directeur de cercle de la société. Ordinairement ils sont choisis parmi les membres de la société les plus anciens et commissaires d'assurance de l'établissement. Comme on exige d'eux certaines connaissances dans le bâtiment et la valeur des matériaux dans le cercle, il se peut qu'ils ne remplissent pas ces conditions. Dans ce cas seulement on s'adressera à des entrepreneurs ou experts. Les commissaires préposés aux évaluations sont nommés par le directeur de cercle de la société en nombre suffisant pour assurer le service, il peut également les révoquer en tout temps. Enfin ajoutons que les mêmes commissaires peuvent être choisis par d'autres directeurs de l'établissement pour procéder aux évaluations de leur circonscription.

Dans l'*établissement de la province de Saxe assurant les immeubles des villes*, les évaluations sont faites par des commissions d'estimation sous la direction du magistrat (1).

Il existe une de ces commissions dans chaque ville. Elle comprend un représentant du magistrat qui en sera le délégué, au moins deux associés choisis parmi les propriétaires d'immeubles de la localité ayant les connais-

(1) Nous dirions en France sous la direction de la municipalité.

sances nécessaires sur la matière (1) et de deux experts en bâtiments. Pour éviter toute corruption, il existe dans les cartons de la municipalité des évaluations approximatives des différentes maisons de son ressort.

Lorsque le montant fixé par un estimateur dépasse sensiblement ce taux, on recherche quel peut être le taxateur qui a surévalué. Découvert, il est exclu de la commission d'évaluation. Les évaluations pouvant être faites par un ou plusieurs membres de la commission d'estimation, les coupables pourront être plusieurs. Ils subiront alors le même sort s'il est démontré qu'ils remplissent les conditions requises pour qu'il puisse être question de complicité.

*Etablissements de la province de Silésie.* — Comme nous l'avons vu, l'un assure contre les risques ruraux, l'autre contre les risques urbains.

Occupons-nous du premier, d'abord. Les évaluations sont faites en règle générale par les autorités communales. Elles sont examinées par les commissions d'assurance contre l'incendie de la société, puis par le directeur de cercle de la société. Enfin la direction provinciale les établit d'une manière définitive. Lorsqu'il s'agit d'immeubles importants ou de tout un groupe de maisons à évaluer, le directeur de cercle de la société nomme un expert. Quelquefois il propose une fois pour

(1) La municipalité ainsi que les membres de la société d'assurance doivent veiller à ce que les assurés choisis présentent la compétence nécessaire pour bien remplir la mission dont ils vont être chargés.

toutes un expert pour ce. Il est alors désigné sous le nom de taxateur de district.

Dans l'autre établissement une commission choisie par le magistrat, comprenant un membre de la municipalité, un entrepreneur de maçonnerie et un de charpente et de deux assurés habitant dans la localité vérifient les descriptions et estimations faites par les propriétaires désirant assurer leurs immeubles.

Dans la *gilde du Schleswig-Holstein*, les évaluations sont faites par deux taxateurs de gilde. Ils sont nommés parmi les membres de la gilde d'assurance contre l'incendie, occupant les plus hautes fonctions, par tous les propriétaires.

En cas d'empêchement ou de contestations les intéressés peuvent requérir d'autres évaluateurs assermentés auprès de la gilde.

Ces derniers doivent dans les huit jours, à compter du moment où ils ont été réquisitionnés, faire l'évaluation demandée et la porter à la connaissance de la direction.

Dans la *province du Schleswig-Holstein* les évaluations sont faites par le commissaire de cercle qui s'adjoint des taxateurs de cercle.

*Etablissement de Waldeck.* — Ce sont des commissions d'évaluation comprenant au moins un architecte et un nombre suffisant de taxateurs qui, en principe, doivent être choisis parmi les habitants de la localité possédant quelques connaissances dans cette matière.

Choisis par les fonctionnaires du cercle, leur nomination doit être confirmée par le Landesdirector.

Il existe dans chaque cercle un nombre suffisant de commissions d'évaluation. Les membres de ces commissions peuvent également être appelés à procéder à des estimations en dehors de leur circonscription. Par contre tous peuvent être révoqués en tout temps par le Landesdirector.

*Etablissement de la Saxe Weimar.* — Les évaluations sont faites par deux entrepreneurs du bâtiment sous la direction et la surveillance des comptables du cercle qui les nomme avec l'approbation ministérielle. Dans les cas particulièrement délicats, pour les immeubles rangés dans les classes de mauvais risques, des fonctionnaires spéciaux seront adjoints aux entrepreneurs pour procéder aux évaluations et introduire, s'il y a lieu, des modifications dans la classification des risques.

*Etablissement de la Province de Westphalie.* — Les estimations sont l'œuvre de taxateurs préposés par la Direction. Elles seront révisées par des techniciens du bâtiment nommés pour ce, par l'administration centrale.

Dans *l'établissement de la province de Westpreussen* les évaluations doivent être faites au moins par un expert nommé par le Landesdirector pour chaque cercle. Ces taxateurs doivent s'adjoindre deux membres de la Société. Ces derniers suffiront lorsque la valeur de l'immeuble à assurer ne dépasse pas vraisemblablement 300 M.

Dans *l'établissement de la Prusse occidentale (Landschaft)*, un entrepreneur de maçonnerie et un de charpente, ou bien un fonctionnaire du service royal du bâtiment, évalueront. Lorsque les objets à évaluer sont tarifés par la Société, un seul entrepreneur suffira. Par contre toute inscription au cadastre de la Société doit être vérifiée par deux membres de la Société.

Pour *l'établissement d'État du Wurtemberg*, une Commission est chargée des évaluations. Elle comprend deux fonctionnaires attachés aux services d'État du bâtiment et du président de la commune, à défaut par un conseiller municipal nommé pour ce, par les propriétaires. Les deux experts seront nommés par les autorités de la Régence sur la proposition d'un fonctionnaire supérieur de la Société d'assurance. Dans les endroits où réside l'inspecteur d'assurance contre l'incendie, celui-ci tiendra lieu d'un expert dans la commission.

En cas de contestation sur l'évaluation de l'immeuble à assurer ou de désaccord, la commission s'augmentera d'un expert. C'est la décision qui réunira la majorité qui devra être acceptée. Si les 3 experts ne parviennent pas à former une majorité sur un taux d'évaluation déterminée, c'est le montant d'évaluation proposé le plus élevé qui l'emportera.

Jusqu'à présent nous ne nous sommes occupés que des employés ou commissions se livrant aux évaluations ordinaires. Occupons-nous maintenant de celles qui exigent des connaissances spéciales.

2) *Organes et employés chargés des évaluations exigeant des connaissances spéciales.*

Ce service dans *l'établissement d'Altenbourg* est assuré par un expert spécial. Dans *l'établissement d'Anhalt* par le maire de la commune qui s'adjoint un expert. Pour *l'établissement de Bavière*, la chambre de l'assurance contre l'incendie nomme pour ce des experts spéciaux allant s'ajouter aux employés chargés des évaluations ordinaires.

Dans le *Hanovre* les autorités nomment, après avoir consulté la Direction, des experts spéciaux.

Dans *l'établissement de Nassau* le Landesdirector nomme un expert spécial assermenté.

En *Poméranie*, nous rencontrons pour évaluer les moulins des constructeurs de moulins ou des entrepreneurs de la Régence.

Dans la *Saxe royale*, nous devons signaler des inspecteurs d'assurance spéciaux pour estimer la machinerie.

Dans la Gilde du *Schleswig Holstein*, un technicien est nommé par la Direction et de même pour l'établissement de la Province. Mais l'expert spécial est nommé sur la proposition du Landesdirector.

*Etablissement de Saxe Weimar.* — Les objets présentés à l'assurance ayant une grande valeur, sont l'objet de rapports spéciaux. Ils seront l'œuvre d'experts spéciaux nommés avec l'approbation des comptables. L'estimation ainsi que la classification de certains immeubles tels que fabriques et autres bâtiments servant à l'exploitation d'une industrie ou bien encore des ateliers contenant des machines à vapeur, et pour tout dire d'un mot, tous les immeubles offrant des risques particulièrement grands d'incendie, incombent à des experts spéciaux approuvés par le règlement.

Dans *l'établissement de Westphalie*, les bois et forêts sont estimés par des experts spéciaux qui prêtent serment devant la Direction.

Nous rencontrons également des experts spéciaux attachés à l'établissement *du royaume de Wurtemberg*. Ils s'occupent de l'évaluation des fabriques et des machines immeubles par nature, pour laquelle certaines connaissances sont indispensables. Ces employés sont désignés sous le nom d'inspecteurs d'assurance contre l'incendie. Le plus souvent les fonctionnaires supérieurs de l'établissement prodiguent en ces matières leurs lumières.

Tous ces employés que nous venons de passer en revue sont pour la plupart des experts ou entrepreneurs privés qui comptent les établissements publics parmi leurs clients.

Ces institutions s'adressent à ces individus comme le ferait un simple particulier. A côté nous trouvons souvent un employé ayant une compétence spéciale attaché à l'établissement pour vérifier les évaluations faites.

3) *Employés spéciaux institués par l'administration de certains établissements pour procéder aux vérifications, évaluations précédant l'assurance.*

Dans l'*établissement d'Altenbourg*, nous rencontrons plusieurs inspecteurs d'incendie, dans celui *de Bade* une commission : dans celui *de Brandebourg*, un expert en bâtiment doit être agréé par le gouvernement, dans celui *de Hanovre*, un technicien du bâtiment ; dans *la Marche électorale*, un fonctionnaire du service du bâtiment et s'il est absent, son chef hiérarchique ; dans celui *de Lippe*, d'autres experts qui doivent s'adjoindre un fonctionnaire du service des bâtiments.

Dans l'*établissement du Mecklembourg domanial*, c'est un véritable bureau composé : d'un représentant local, mais appartenant à une autre circonscription administrative que le précédent et de deux experts, un charpentier et un maçon ; c'est, pour l'*établissement de Nassau*, une commission ou un inspecteur d'assurance contre l'incendie, ou bien d'autres experts qui feront la vérification ; c'est, dans l'établissement de Poméranie, un fonctionnaire spécial nommé par le conseil de direction et révocable par lui, qui est chargé une fois pour toutes de cette mission. Dans l'*établissement de la Frise orientale*, la revision des évaluations est faite par trois experts : l'administration en nomme un, le propriétaire un autre et les autorités le troisième.

Pour l'*établissement de la Prusse orientale*, cette vérification est faite par deux assurés de la Société : l'un est choisi par la direction l'autre par l'assuré intéressé. En cas de désaccord, la direction, nomme un arbitre et dans les cas exigeant des connaissances spéciales, un expert dont la décision en cas de division l'emportera.

Dans l'*établissement du duché de Saxe*, le directeur de cercle de la Société nommera une commission de revision, ou s'il le veut, un simple technicien dans l'art du bâtiment.

Dans l'*établissement de la Province de Saxe* assurant dans les villes, la municipalité ou la direction convoquera une commission de revision ou bien simplement un technicien.

Enfin dans l'*établissement de la Saxe Weimar*, la vérification sera faite par un fonctionnaire du gouvernement en présence des deux entrepreneurs ayant fait l'évaluation.

L'évaluation faite et revisée l'assurance sera définitivement contractée, mais dans la suite le bien assuré peut se modifier, perdre de sa valeur ou acquérir une valeur supérieure. Or l'assurance ne visant que la réparation du dommage effectif causé par l'incendie, il faut connaître aussi exactement que possible l'importance du bien qu'un sinistre pourra détruire demain peut-être. Pour cela, la plupart des établissements publics ont organisé un service de revision des différentes valeurs assurées auprès de leurs bureaux.

### 4) *Employés ou organes chargés de la revision des évaluations des objets assurés.*

Pour *l'établissement d'Altenbourg*, c'est encore et toujours l'inspecteur d'assurance qui sera chargé de ce service.

*Etablissement de Bade.* — C'est une commission spéciale composée des 3 taxateurs du bâtiment les plus en renom dans le cercle. Le président sera nommé par le Ministre de l'Intérieur sur la proposition du conseil d'administration ; le 2e membre sera nommé par le conseil d'administration et le 3e par le conseil municipal.

C'est un fonctionnaire du bâtiment dans *l'établissement d'Halberstadt* et dans celui du *Hanovre* des reviseurs nommés par la direction. Les assurés à l'établissement de *Hessen Cassel* peuvent ajouter un certain nombre d'experts à la commission des revisions, instituée par le Landesdirector.

*Etablissement de la Marche électorale.* — Tous les biens assurés à cette caisse sont l'objet d'une revision tous les 10 ans. Pour ce, la diète du cercle partagera le cercle en un certain nombre de circonscriptions déterminées.

Les membres de la Société habitant ces divisions territoriales choisiront un reviseur. Celui-ci constitue avec les autorités de police de la circonscription et les justices de paix des villages, la commission de revision. Un expert pourra également être ajouté à cette commission. Si le reviseur demeure dans la circonscription ou y a des immeubles, la diète du cercle nomme pour faire cette revision, un autre reviseur qui sera un fonctionnaire attaché au service du bâtiment.

Dans l'*établissement de Magdebourg* il existe des commissions de revision dans chaque circonscription qui fonctionnent sous la surveillance du directeur du cercle de la Société d'assurance et du directeur général. Dans l'établissement du *Mecklembourg domanial*, c'est un bureau composé d'un représentant de la circonscription et de deux experts qui fait les revisions. Pour l'établissement assurant dans les villes, c'est le comité spécial de direction qui s'adjoint le plus haut fonctionnaire du service du bâtiment.

C'est la commission des évaluations qui fait ces revisions dans l'*établissement de Nassau* ou un technicien attaché à la Société.

Cette tâche incombe dans l'*établissement de la Nouvelle Marche* à une commission. Elle comprend le directeur de cercle de la Société; un taxateur choisi parmi les experts agréés par le directeur général, un représentant de l'autorité de police et un représentant de la commune où se trouve situé le bien. Le directeur de cercle préside; se prononce en cas d'égalité de voix. Il peut se faire suppléer par son remplaçant ou un membre de la Société avec l'agrément du directeur général. Ce dernier peut également rentrer dans la commission. Il n'a toutefois pas le droit de vote.

Dans l'*établissement d'Oldenbourg* les revisions sont

faites par les fonctionnaires qui s'adjoignent le maire, un expert, et dans les villes de 1<sup>re</sup> classe, la municipalité et deux conseillers municipaux choisis parmi les personnes les plus compétentes, pour ce, enfin l'expert estimateur.

*Etablissement de la Frise orientale.* — Les revisions sont faites par un homme de confiance qui sera le fonctionnaire le plus élevé de la circonscription, qui s'adjoindra la personne de la commune la plus compétente dans cet ordre d'idées. Cet homme de confiance est désigné par les autorités locales qui peuvent également en proposer plusieurs et subdiviser la circonscription. Ordinairement dans les grandes villes, cet homme de confiance sera choisi dans une réunion de la municipalité parmi les membres composant le Magistrat.

Dans les établissements de *la Prusse orientale*, ce sont des comités de cercle ou des commissions qui exécutent les revisions.

Dans l'établissement *de la province de Poméranie*, les revisions sont faites par des commissaires nommés par la diète du cercle pour 6 ans. Dans chaque circonscription, la commission chargée de cette besogne comprend ordinairement le directeur de cercle de la Société, un commissaire-reviseur et un évaluateur.

Dans l'*établissement de la province de Saxe* assurant les immeubles des villes, c'est la commission des évaluations qui se charge des revisions. C'est un employé du service des bâtiments dans l'*établissement de la Silésie*.

Ce sont deux taxateurs, sous la direction d'un inspecteur, qui assurent les revisions dans *l'établissement de Schleswig-Holstein* (ad. Gilde). Pour l'établissement de Weimar, ce sont deux entrepreneurs sous la direction d'un expert nommé par le gouvernement qui se chargent des revisions pour chaque commune. On choisira comme commissaire dirigeant les travaux ou bien l'entrepreneur attaché à l'établissement, ou bien l'entrepreneur de la circonscription, ou bien l'architecte attaché au service du département. Mais il est loisible au gouvernement d'en choisir un autre.

Enfin ajoutons que ces techniciens s'occuperont également des revisions touchant à la classification des immeubles dans telle ou telle catégorie de risques.

Terminons avec *l'établissement de Westphalie*, où des experts assermentés, nommés par la direction, se chargent des revisions.

Jusqu'à présent nous avons supposé que les assurés ne contestaient ni les évaluations des biens, ni les revisions faites par les divers établissements publics. Mais il se peut qu'il n'en soit pas ainsi. Aussi la plupart des Règlements ont-ils prévu le cas et ont institué des fonctionnaires pour trancher les différends qui viendraient à surgir.

5) *Fonctionnaires qui connaitront des recours formés par les assurés tant contre l'évaluation des biens que contre leur révision.*

Pour les établissements de *Brandebourg*, *Hanovre*, de la *Marche électorale*, de *La Lippe*, du *Mecklembourg*

*Dom.*, *de Nassau*, de la *Nouvelle Marche*, de la *Prusse orientale* (*Landschaft*), *l'établissement assurant dans les campagnes de Saxe* ainsi que l'établissement assurant les immeubles dans la *Province de Saxe*, ajoutons enfin pour l'*établissement de Weimar*, ce sont les mêmes fonctionnaires que ceux déjà mentionnés dans notre paragraphe 3. Nous passons donc sans plus de commentaires aux établissements présentant des particularités.

Pour l'*établissement d'Altenberg* un technicien supérieur d'Etat. Deux autres entrepreneurs sous la direction d'un fonctionnaire du service des bâtiments, pour l'*établissement Anhalt*. Il existe pour assurer ce service dans l'*établissement de Baden*, trois autres experts spéciaux dont un désigné par le propriétaire, un par l'établissement et un par les autorités des circonscriptions. Il va sans dire qu'aucun des estimateurs, ayant figuré dans l'évaluation contestée, ne saurait être choisi par les parties.

Dans l'*établissement d'Etat de Bavière*, ces contestations sont examinées par les autorités administratives de district en compagnie de l'inspecteur d'assurance contre l'incendie. Dans les cas particulièrement délicats, on consulte la Direction centrale ou un expert spécial.

*Etablissement de Brunswick*. — Connaîtront des contestations, un fonctionnaire de l'administration centrale du bâtiment à choisir dans la commission des finances, et s'il est possible, les deux experts ayant rédigé l'évaluation, objet d'une contestation.

En cas d'impossibilité, ce fonctionnaire s'adjoindra deux autres experts de la localité qui auront voix délibérative.

Dans l'*établissement du grand duché de Hessen*, ce sont deux experts nommés par la direction supérieure du bâtiment sur requête de la commission d'assurance contre l'incendie. Ce sera un fonctionnaire du service du bâtiment dans l'*établissement de Hohenzollern*. Ce seront 4 experts choisis parmi les entrepreneurs de la circonscription la plus voisine pour l'*établissement d'Oldenbourg*, et un autre commissaire d'assurance ou des experts spéciaux nommés par la direction pour l'*établissement assurant les campagnes de la Prusse orientale*, et un fonctionnaire du service royal pour l'*établissement assurant les immeubles des villes*.

Pour *l'établissement de la Province de Poméranie* les contestations seront portées à la connaissance de l'entrepreneur du cercle intéressé, auquel on en adjoindra un autre nommé par le Landesdirector. Ce sera un des entrepreneurs experts de la société, choisi par les autorités locales qui jugera les difficultés soulevées par les assurés à l'établissement de Posen.

*Etablissement d'Etat de la Saxe royale.* — L'inspecteur d'assurance du cercle connaîtra des contestations mais ne les tranchera pas définitivement. Un autre recours est offert aux assurés. Ils peuvent en appeler auprès d'une commission de réclamation convoquée par les autorités administratives du premier degré. Cette commission comprendra un inspecteur supérieur d'assurance, nommé par la Chambre des assurances contre l'incendie comme président, de deux experts nommés par les autorités d'administration locales et de l'inspecteur d'assurance ayant rendu la décision objet de l'appel. Ce dernier ne figure que pour fournir des renseignements. Il n'a pas voix délibérative. La décision prise à la majorité des voix sera définitive.

*Etablissements de Silésie.* — Les assurés à l'établissement s'occupant des risques ruraux, verront leur réclamation appréciée par un fonctionnaire du bâtiment de la Direction provinciale. Ce sera un entrepreneur accompagné d'un délégué de la municipalité qui connaîtra les contestations formées par les propriétaires désirant s'assurer auprès de l'établissement se chargeant des risques urbains.

Deux autres estimateurs nommés par la Direction, apprécieront les réclamations articulées par les assurés auprès de *l'établissement de la Gilde du Schleswig Holstein.* Enfin dans l'établissement du Wurtemberg un ou plusieurs experts seront nommés pour examiner le bien fondé des réclamations des assurés portant sur l'évaluation faite de leurs biens par les évaluateurs. Autant que possible ces derniers seront entendus par les experts.

Il peut arriver que les intéressés contestent également les évaluations faites par les reviseurs en tenant compte des modifications survenues depuis la conclusion du contrat d'assurance. Le plus souvent ce seront les fonctionnaires et employés que nous venons de passer en revue qui seront compétents. Il peut également arriver que la décision des reviseurs soit sans recours. Au contraire il y a des établissements qui offrent a leurs assurés des moyens de recours, contre l'évaluation faite par les reviseurs. Nous n'avons ici à envisager que cette dernière hypothèse.

Dans *l'établissement de la Marche électorole* les intéressés peuvent s'adresser à un comité composé du Directeur de cercle et de deux membres de la commission du cercle. Les décisions seront prises à la majorité des voix. Lorsque les points contestés exigent des connaissances techniques spéciales, on consultera deux entrepreneurs, ou bien on complètera le comité par la présence d'un entrepreneur. Dans l'établissement assurant les immeubles des villes *du Mecklembourg*, les réclamations seront appréciées par les deux plus hauts techniciens dans le bâtiment, sans pourtant pouvoir être les mêmes que ceux ayant procédé à la revision.

Dans *l'établissement d'Oldenbourg* deux évaluateurs du cercle et le maire du lieu où est situé l'immeuble évalué, examineront les contestations élevées par les intéressés.

Dans *l'établissement de la Frise orientale*, trois experts dont un nommé par l'administration de la caisse et par l'assuré et un troisième par l'autorité connaîtront des réclamations. Mais les reviseurs dont l'évaluation est attaquée, ne pourraient être choisis par aucune des parties.

Dans les *établissements de Silésie*, on accorde également

ment aux assurés le droit d'en appeler de la décision des reviseurs devant le bureau du bâtiment de la localité.

6) *Employés ou organes ordinaires procédant aux évaluations des dommages.*

*Etablissement d'Altenberg.* — Comme en matière d'évaluation d'immeuble à assurer, nous trouvons un inspecteur et des experts procédant à l'évaluation des dommages. Mais ici ils s'adjoignent le sinistré ou son représentant ainsi que deux témoins demeurant sur les lieux. Dans les grandes villes ils seront nommés par le conseil municipal et dans les communes de moindre importance par le maire.

Dans l'*établissement du duché d'Anhalt*, les dommages sont évalués par une commission d'experts comprenant : l'architecte du cercle et deux entrepreneurs qu'il préside.

Dans l'*établissement de Baden*, c'est une commission comme celle que nous avons déjà signalée dans notre premier paragraphe. Mais lorsque les dommages causés visiblement n'atteignent pas 200 M., les autorités de la circonscription pourront faire évaluer par un estimateur local ou un expert préposé par la société d'assurance.

*Etablissement de Bavière.* — Les dommages seront appréciés par un inspecteur d'assurance contre l'incendie accompagné des deux voisins plus proches, commis par les autorités communales et du sinistré. Ce dernier, comme d'ailleurs la Chambre des assurances, peut demander les lumières d'un expert.

Pour l'établissement de Brandebourg, l'évaluation des dommages est faite par une commission locale (1).

Les évaluations des dommages dans *l'établissement de Brunswick*, sont faites par un entrepreneur de charpente et un entrepreneur de menuiserie sous la direction d'un représentant du comité des finances (Finanzkollegium).

Pour *l'établissement de Gotha*, ce sont des commissaires spéciaux comme en matière d'évaluation (2).

*Etablissement d'Halberstadt*. — Les évaluations des dommages sont faites par un employé du bâtiment sous la direction du conseiller du gouvernement (3) et des autorités de police.

*Etablissement du Hanovre*. — L'évaluation des dommages est faite sous la direction des autorités par deux estimateurs dont l'un est choisi par l'assuré et l'autre par l'autorité. Ces taxateurs doivent être des architectes au service de l'Etat ou de la commune de notables techniciens ou entrepreneurs. Dans ce dernier cas, l'un devra être maçon et l'autre charpentier. Si les dommages à évaluer ne peuvent vraisemblablement pas s'élever au-dessus de 300 M., l'estimation faite par un taxateur nommé par l'autorité sera suffisante. En cas de désaccord entre les experts, l'autorité en nomme un troisième.

(1) Nous renvoyons le lecteur à notre premier paragraphe où nous donnons des détails sur la composition de cette commission.

(2) Voir page 239.

(3) Nous dirions chez nous sous-préfets.

*Établissement du grand duché de Hessen.* — Le bureau de justice par l'intermédiaire de deux experts, établit le montant des dommages causés par l'incendie. Pour ce, il existe dans chaque bureau de canton un charpentier et un entrepreneur de maçonnerie, ces experts devront être connus et acceptés de la commission d'assurance contre l'incendie.

Dans l'*établissement de Hessen Cassel,* il existe des employés spéciaux nommés parmi les gens s'occupant du bâtiment par le Landesdirector pour chaque circonscription, désignés sous le nom d'estimateurs des dommages causés par l'incendie (Branschadens Taxator). L'évaluation se fait en présence d'agents de l'établissement et de personnes compétentes habitant sur les lieux. Dans certains cas, le Landesdirector peut commettre un commissaire spécial qui représentera la société. Les dommages sont-ils peu élevés, ne dépassent-ils pas 300 M., l'évaluation est dirigée par les employés de la société qui requièrent les évaluateurs locaux.

Dans l'*établissement de Hohenzollern* c'est comme en matière d'évaluation une commission composée de deux entrepreneurs, qui ne fixera que le montant des dommages. Si l'incendie a tout détruit, et que le président de la commission estime qu'il a pu y avoir surassurance, il soumettra le cas à la commission des évaluations.

*Établissement de la Marche électorale.* — Lorsque l'immeuble assuré a été évalué en dessous de 1500 M., les dommages causés par l'incendie à l'immeuble seront déterminés par le directeur de cercle de la Société qui s'adjoint deux membres de la société non intéressé dans l'espèce. Les autorités de police collaboreront également à l'opération. L'immeuble endommagé a-t-il une valeur de 1500 M. ou au-dessus, le directeur de cercle devra fixer le montant des dommages, en compagnie de deux entrepreneurs ou d'un fonctionnaire du service des bâtiments.

*Pour l'établissement de Lippe* les dommages seront déterminés comme on fixe la valeur de l'immeuble assuré (1). Mais aux trois entrepreneurs on adjoindra le sinistré qui fournira les explications qu'il jugera bon de donner.

*Etablissement de Magdebourg.* — Le directeur de cercle de la Société établira en présence du sinistré, et avec la collaboration de deux membres de la société non intéressés dans l'affaire, le montant des dommages lorsque tout aura été brûlé. Les dommages ne sont-ils que partiels, le directeur de cercle aidé d'experts en déterminera l'importance.

*Etablissement du Mecklembourg.* — Dans l'établissement du Mecklembourg Dom., le bureau local avec l'aide de deux représentants de la localité établira le montant des dommages causés. Ce n'est que dans les cas difficiles qu'on exigera la présence d'experts.

*Etablissement de Mecklembourg Rittershaft.* — Les individus ayant estimé la valeur de l'immeuble (2)

(1) Voir page 241.
(2) Voir page 242.

au moment où le propriétaire désirait se faire assurer devront en règle être appelés à déterminer le montant des dommages causés par le sinistre. En tout cas, ils devront être au moins consultés. Mais à vrai dire l'indemnité à allouer est fixée par la commission de taxation. Elle comprend le directeur du district qui doit prendre en main la défense des intérêts tant de la société que du sinistré ; le représentant de la société qui dresse le procès-verbal ; enfin deux taxateurs nommés pour chaque cas déterminé par la direction. Celle-ci peut également commettre un expert attaché à la société ou un autre. Lorsque le montant des dommages s'élève visiblement à moins de 1000 M., le directeur de district avec ou sans la présence d'un taxateur déterminera l'indemnité à allouer.

Etablissement de Mecklembourg assurant contre les risques urbains. Les dommages seront évalués par un délégué de la direction qui s'adjoindra deux citoyens. Si vraisemblablement les dommages s'élèvent à plus de 1000 M., la présence du plus haut technicien, comme évaluateur, est requise. Pour des dommages moins importants, la direction restera juge de savoir s'il convient de convoquer le plus haut technicien ou bien simplement deux entrepreneurs.

Pour l'*établissement de Nassau* les choses se passeront comme en matière d'évaluation (1). Mais pour estimer les dommages, le Landesdirector pourra convoquer le voisin du sinistré.

(1) Voir page 243.

Pour l'*établissement de la Marche électorale*, en général l'estimation des dommages se fait comme celle de l'évaluation de l'immeuble à assurer (1) sous réserve de petites différences. Ici le directeur de cercle devra s'adjoindre le sinistré ou son mandataire et se servir du concours des agents de police du quartier où se trouve situé l'immeuble incendié. Lorsque l'indemnité doit être allouée pour dommages partiels survenus à un immeuble n'ayant pas une valeur supérieure à 3000 M., c'est le directeur de cercle avec deux membres de la société non intéressés dans l'affaire qui en fixeront le montant. Dans les autres cas, le directeur du cercle devra s'adjoindre deux évaluateurs de cercle. S'ils ne sont pas d'accord sur le taux de l'indemnité, le directeur de cercle décidera quelle sera la somme à allouer.

Pour l'*établissement d'Oldenbourg*, les dommages sont calculés d'après la même procédure que celle déjà décrite pour l'évaluation des valeurs à assurer (2).

Dans l'*établissement de la Frise orientale* les dommages sont déterminés par des taxateurs sous la direction de l'autorité en présence du propriétaire ou de son locataire.

*Etablissements de la Prusse orientale.* — Les dommages sont évalués dans l'établissement assurant contre les risques ruraux par des commissaires de cercle. Ils s'adjoignent le sinistré et les deux plus proches

(1) Voir page 243.
(2) Voir page 243.

voisins assurés auprès de la société n'étant pas liés avec le propriétaire ayant été victime d'un incendie.

Ajoutons encore pour être complet le maire de la localité ou son remplaçant. Lorsque la direction le juge à propos, et en pratique il en sera ainsi en présence d'un grand incendie, la liste sera complétée par des experts commis par la société.

Dans l'*établissement de la Prusse orientale* (Landschaft) en principe les estimations du montant des dommages se feront comme les évaluations des valeurs à assurer (1). Le commissaire du cercle est commis par l'autorité pour déterminer l'importance des dégâts en présence du sinistré. Le chiffre de l'indemnité est fixé par le comité du cercle qui dans les cas difficiles s'adjoint des experts. Lorsque l'indemnité doit visiblement être inférieure à 1000 M., le commissaire du cercle à lui seul pourra la fixer.

Dans l'établissement assurant les biens des villes les dommages causés sont déterminés par une commission comprenant un membre de la municipalité, le sinistré, deux membres de la commission municipale des bâtiments et suivant les cas deux entrepreneurs. Lorsque les dommages partiels ou totaux s'élèvent à plus de 150 M., la commission se grossira encore d'experts.

*Etablissement de la Province de Poméranie.* — En cas d'incendie, se rendra sur les lieux du sinistre, le directeur de cercle accompagné du propriétaire dont

(1) Voir page 244.

l'immeuble a été endommagé par les flammes. Le maire de la localité ainsi que les autorités de police devront prêter également leur concours à la Société. Le directeur de cercle en présence de dommages partiels pourra appeler un expert ou deux membres de la Société. Si l'immeuble atteint n'a pas une valeur supérieure à 2000 M., ou lorsque les dommages ne doivent guère s'élever au-dessus de 300 M., le directeur de cercle fixera seul le montant de l'indemnité.

*Etablissement de Posen.* — Dans les cas où un immeuble assuré à la Société est partiellement détruit, ou si l'on craint une surassurance, se rendront sur les lieux du sinistre le maire, le commissaire de district, en compagnie du propriétaire dont le bien a été détérioré. Le maire et le commissaire du district feront appeler les évaluateurs de la circonscription ou du cercle où est situé l'immeuble. Voici la règle. Mais la direction peut également désigner des évaluateurs appartenant à d'autres cercles. Deux estimateurs seront appelés dans les grands incendies. Un seul suffira dans le plus grand nombre de cas.

Dans l'*établissement de la Province Rhénane* les dommages seront évalués par deux experts, dont l'un nommé par le directeur de la Société, et l'autre choisi par le propriétaire. Ce dernier refuse-t-il, ou bien est-il empêché, c'est le maire de la localité qui nommera les experts. Ceux-ci désignent un président qui tranchera les points litigieux.

Si les experts ne peuvent s'entendre sur le choix de

cet arbitre, il sera commis par le Premier Président de la Province.

*Etablissement de la Saxe royale.* — Les dommages sont déterminés par les employés techniques du cercle de la Société en présence du sinistré, et de deux témoins nommés par les autorités.

Les dommages sont évalués dans l'*établissement de Saxe* assurant contre les risques ruraux par deux commissaires évaluateurs sous la direction du directeur de cercle de la Société. Ce dernier pour les petits dommages fixera à lui seul l'indemnité afférente.

Dans l'*établissement de la province de Saxe* assurant contre les risques urbains, les dommages sont appréciés à peu près comme le sont les valeurs à assurer (1); ajoutons cependant que la direction peut prendre un taxateur de son choix ou bien un membre de la commission des évaluations de la ville voisine, ou un fonctionnaire du service des bâtiments pour vérifier l'estimation des dommages.

*Etablissements de Silésie.* — Dans l'établissement assurant contre les risques ruraux, c'est le directeur de cercle accompagné du sinistré, des autorités de police du lieu et du maire qui constateront la destruction de l'immeuble.

En présence de dommages partiels n'ayant fait que détériorer le bâtiment, le plus souvent, à moins que l'affaire soit trop minime, un ou deux experts établi-

(1) Voir page 246

ront le montant de l'indemnité réparatrice des dégâts causés par l'incendie.

Un délégué de la municipalité, accompagné du sinistré et de deux citoyens de sa commune membres de la Société, mais n'étant pas lié avec l'intéressé d'une manière intime, détermineront l'indemnité que devra payer l'établissement assurant contre les risques urbains. Cependant si les dommages ne sont que partiels, un entrepreneur de maçonnerie et un charpentier devront déterminer l'importance des dégâts causés par l'incendie.

*Etablissements de Schleswig-Holstein.* — Dans l'un nous trouvons deux taxateurs de la Gilde qui procèdent aux évaluations des dommages. Lorsque l'immeuble détérioré représente une valeur de 3000 M. et plus, à ces deux évaluateurs viendra se joindre un membre de la Gilde, propriétaire le plus voisin de l'immeuble incendié.

Quant à l'établissement provincial, il possède des taxateurs dans chaque circonscription. Lorsqu'il s'agit d'évaluer les dommages causés par un incendie, deux de ces évaluateurs ou bien d'autres experts, nommés, l'un par le Landesdirector et l'autre par le sinistré, sous la direction du commissaire de circonscription, ou du Landesdirector, ou bien enfin d'un employé spécial préposé par la Société s'en chargeront. Si les experts ne peuvent pas s'entendre sur l'importance des dommages, ils se choisissent un arbitre. S'ils ne peuvent se mettre d'accord sur son choix, c'est le Landesdirector qui le désigne. Il peut arriver que le sinistré ne nomme pas d'expert. Dans ce cas l'évaluation des dommages se fera par l'expert préposé par la Société et le mandataire de cette dernière. La procédure, lorsque l'indemnité à allouer est de peu d'importance, est singulièrement simplifiée. Lorsque tout est brûlé, ou lorsque tout ce qui a échappé aux flammes n'a guère une valeur supérieure à 50 M., l'estimation des matériaux persistant se fera d'un commun accord entre le commissaire de la circonscription et le sinistré.

Dans *l'établissement de Waldeck*, c'est l'architecte du cercle qui établira le montant des dommages causés par le feu.

Dans *l'établissement de Weimar* l'importance des dommages est déterminée par deux experts désignés, sous la direction d'un employé du bureau de la comptabilité. L'indemnité sera calculée en présence de l'intéressé et du maire de la localité. Lorsque certainement les dommages ne sauraient être estimés au-dessus de 300 M., la présence d'un employé du bureau de la comptabilité n'est pas nécessaire. Comme il y a deux experts ils peuvent fixer un total de dommages plus ou moins élevé. Dans ce cas c'est la moyenne des deux sommes qui sera allouée à l'intéressé.

*Etablissement de Westphalie.* — Les dommages causés par l'incendie sont fixés par deux experts, l'un nommé par la Direction de la société, l'autre par le sinistré. Le maire préside et l'intéressé ou son mandataire assiste aux opérations. Si les deux parties choisissent le même expert, il pourra à lui seul évaluer les dégâts causés par le feu. A l'inverse la Direction peut ajouter aux deux experts un mandatataire qu'elle désigne. Un des experts choisi peut faire défaut ou se refuser à procéder à l'évaluation des dommages ou bien laisser passer les délais. Dans ce cas son collègue fera seul l'estimation. Les deux experts se choisissent un arbitre qui n'interviendra que s'ils sont en désaccord sur certains points.

*Etablissement de la Prusse occidentale.* — Pour l'établissement provincial, c'est le Directeur de cercle ou le commissaire de circonscription en compagnie du maire, et s'il est possible, de deux membres de la société et de la victime du sinistre, qui feront l'évaluation des dommages. Une estimation écrite ne sera nécessaire que lorsque les dégâts sont partiels, et encore lorsqu'ils ne doivent pas dépasser 500 M., cette formalité n'est pas requise.

Dans l'autre établissement (pour Landschaft), ce sont deux membres de la société désignés par la Direction qui établiront le montant des dommages en se conformant aux instructions édictées par la société. Si les dommages ne depassent guère 600 M., un seul commissaire pourra en fixer le montant. Une évaluation des dommages ne sera nécessaire que si une partie seulement de l'immeuble a été détruite. Lorsque ces dégâts s'élèvent à plus de 1500 M., un architecte de l'Etat ou deux entrepreneurs (un maçon, un charpentier) devront être ajoutés.

Dans *l'établissement du Wurtemberg,* l'estimation des dommages est faite par deux experts sous la direction d'un employé supérieur et en présence du maire ou d'un membre du conseil municipal qui a le droit de faire des observations.

Jusqu'à présent nous avons toujours supposé des estimations ordinaires. Il peut arriver que la fixation de certains dégâts exige une connaissance approfondie des choses. Aussi comme en matière d'évaluation d'immeubles à assurer, cette tâche est-elle confiée à des fonctionnaires spéciaux que nous avons en partie déjà fait connaître antérieurement (1). Passons donc aux cas où l'une des parties : société ou assuré, pensant que l'estimation est inexacte, voudraient la réformer.

Occupons-nous d'abord de l'hypothèse où c'est la société qui veut vérifier le bien fondé d'une évaluation des dommages.

Dans un grand nombre d'établissements elle s'adressera aux mêmes fonctionnaires que ceux qu'elle emploie pour contrôler la valeur donnée à un immeuble que son propriétaire veut assurer. Citons les établissements de *Brandebourg-Lippe, de la Marche électorale, de la Prusse orientale, de la Province de Saxe, de la Saxe Weimar.*

Dans d'autres établissements au contraire ce sont des fonctionnaires ou employés spéciaux.

Dans *l'établissement d'Altenbourg* cette opération sera faite par trois experts dont l'un choisi par l'assuré, l'autre par les organes d'administration les plus élevés

(1) Voir page 251 et suivantes.

de la Société et un troisième qui jouera le rôle d'arbitre nommé par les bureaux de la sous-préfecture (pour donner un terme correspondant à ce que nous rencontrons dans notre administration).

Dans l'établissement de Bavière, on nommera de nouveaux experts, un choisi par l'assuré, l'autre par la Société. Ceux-ci se désigneront un arbitre pour régler les divergences de vue qui pourraient naître entre eux.

Citons encore à titre d'exemple l'établissement de la Province de Poméranie, où ce seront des employés spéciaux de la Société ou des experts désignés par le Landesdirector.

De même que la Société peut exiger une revision de l'estimation des dommages, les sinistrés peuvent user du même droit. La procédure à suivre étant sensiblement la même que celle déjà décrite antérieurement en matière d'évaluation (1), il serait superflu d'y consacrer de nouveaux développements. Nous allons aborder notre 5° chapitre qui doit être consacré aux organes et employés chargés de la perception des primes.

ε). *Employés occupés à la perception des primes et au versement des indemnités.*

Dans *l'établissement d'Altenbourg*, ce sont les percepteurs et les caissiers de l'Etat qui sont chargés de ce service. Ce sont les percepteurs dans les campagnes et les employés de la mairie dans les villes pour l'éta-

(1) Page 258 et suivantes.

blissement d'*Anhalt*. Les percepteurs d'impôts et les caissiers assurent ce service dans *l'établissement de Baden*. D'une manière générale on peut dire que dans les villes moyennes les primes perçues par *l'établissement de Bavière*, sont encaissées par les soins de la Municipalité.

Dans les circonscriptions de communes où il existe un caissier, celui-ci recevra les primes. Dans toutes les autres communes ces recouvrements se feront par les soins des autorités communales qui remettront les sommes aux caissiers.

Dans *l'établissement de Brandebourg*, ce sera la Municipalité qui fera les recouvrements ; les percepteurs dans l'établissement de *Brunswick* et de *Gotha* sauf pour les villes de Gotha, d'Ohrdrufe et de Walterhausen où ce sont les conseils de ville.

Dans *l'établissement d'Halberstadt* ce sont des employés de la caisse de la Société qui perçoivent directement des assurés le montant des primes qu'ils ont à payer. Dans *l'établissement de Hanovre* les primes sont perçues en même temps que l'impôt foncier par les percepteurs d'Etat. Il en est de même dans les établissements du *grand duché de Hessen et de Hohenzollern*. Au contraire les primes sont versées directement par les assurés aux caisses de cercle de l'établissement de la *Marche électorale*.

Dans *l'établissement de Lippe*, dans les villes les recouvrements sont faits par la Municipalité et dans les campagnes par les comptables et leurs employés. Ce sont les percepteurs locaux en principe dans l'établissement de Magdebourg. Mais en principe ce sont les maires des villes qui recueilleront les cotisations. Si la Société le désire, ce sont également les percepteurs d'impôts locaux qui assureront ces recouvrements.

Dans les *établissements du Mecklembourg*, c'est le bureau de l'établissement Mecklembourg. Domanial qui perçoit. Quant aux assurés affiliés à l'établissement de Mecklembourg Ritterschaft, ils doivent envoyer en franchise le montant de leurs primes directement à la caisse de Rostock. Enfin dans l'établissement s'occupant des villes, les recouvrements se font par les soins des Municipalités.

Les assurés à l'*établissement de la Nouvelle Marche* comme d'ailleurs ceux affiliés à celui de la *Marche électorale* doivent faire parvenir directement le montant de leur prime à la caisse de cercle de la Société d'assurance contre l'incendie.

Les *établissements d'Oldenbourg et de la Frise orientale* font recouvrer les primes auxquelles ils ont droit par les percepteurs, et pour le dernier, dans les grandes villes, par la Municipalité.

Les *établissements de la Prusse orientale* ont des caisses de cercles pour recevoir les primes. Mais dans les petites localités elles sont perçues par les maires auxquels on envoie les rôles.

Les assurés auprès de l'*établissement de la Province de Poméranie* doivent verser directement le montant de leurs primes à la caisse de cercle. Au contraire dans l'*établissement de Posen*, ce sont les percepteurs d'impôts nantis des rôles des assurés qui en perçoivent le montant en même temps que l'impôt.

Ces sont les caisses publiques de *la Province rhénane* qui perçoivent les primes et les remettent à la caisse de la Société d'assurance contre l'incendie. Mais le directeur peut, avec l'agrément du Kuratorium, désigner des employés spéciaux pour percevoir les primes dues à l'établissement provincial. Ce dernier abandonne de ce chef 2 % des recettes aux perceptions.

*Dans la Saxe royale* les primes dues à l'établissement d'assurance sont perçues par les soins des communes. Ce sont des percepteurs communaux et les caissiers de cercle de la Société qui se chargent de faire rentrer les primes à verser aux *établissements de Saxe*. Des percepteurs locaux perçoivent les primes dues aux *établissements de Silésie*. Les sommes résultant de ces perceptions sont ensuite versées aux caisses de cercle des sociétés d'assurance contre l'incendie, qui doivent surveiller les collecteurs locaux. Les choses se passent sensiblement de même dans les établissements de *Schleswig*, de *Weimar*, de *Westphalie* et de *Wurtemberg*. Pour le dernier cependant toutes les communes doivent percevoir les primes aussitôt qu'elles ont reçu les rôles. Les sommes en résultant se centralisent toutes directement à la caisse générale de l'établissement.

Pour en finir avec cet ordre d'idées, il ne nous reste

plus qu'à décrire brièvement d'après quelle procédure les indemnités sont versées aux sinistrés.

D'une manière générale on peut dire que ce sont les mêmes employés qui perçoivent les primes qui versent également les indemnités établies en faveur des victimes d'un sinistre.

Ce seront les percepteurs et caissiers dans les *établissements d'Altenbourg* et de *Baden* qui verseront les indemnités. Les sinistrés assurés à l'*établissement d'Anhalt* devront s'adresser à la direction du cercle. En *Bavière*, les indemnités seront versées directement par les caisses municipales.

Les assurés ayant droit à une indemnité à verser par l'*établissement de Brunswick*, pourront s'adresser soit à la caisse centrale du duché, aux caisses de cercle ou bien aux caisses locales. Au contraire, les affiliés à la *Société d'Halberstadt* ne pourront recevoir l'indemnité à laquelle ils ont droit qu'à la caisse de la Société d'assurance contre l'incendie.

Les assurés auprès des *établissements de la Prusse* et de la *Frise orientale*, de la *Poméranie* et de *Silésie* ayant obtenu une indemnité de ces sociétés pourront en toucher le montant auprès des caisses de cercle de ces divers établissements.

Ce sera la municipalité qui versera ces indemnités aux intéressés affiliés à l'*établissement de Saxe* assurant contre les risques urbains.

Ces renseignements, bien que sommaires, suffisent cependant à nous faire saisir ce mécanisme. Comme on peut le voir, presque toujours, on a eu souci de rendre le service du paiement des indemnités aussi commode que possible pour les intéressés en leur évitant de longs dérangements. Ils peuvent recevoir les sommes auxquelles ils ont droit presque sur place.

Comment fonctionnent les caisses des établissements publics ? comment est assuré le service de comptabilité ? c'est là un point fort important auquel nous allons consacrer tout un paragraphe.

### § IV. — De l'administration des caisses et de la comptabilité en général.

D'une manière générale on peut dire qu'un grand nombre de caisses de sociétés publiques sont régies par les mêmes règles que les caisses publiques d'Etat. Aussi beaucoup de règlements, lois et statuts même s'appliquant aux grands établissements publics d'assurance contre l'incendie, ne contiennent-ils pas de dispositions spéciales relatives à cet ordre d'idées. Les textes sont très laconiques, trop souvent muets sur le personnel chargé de l'administration des caisses des sociétés publiques d'assurance contre l'incendie. Tout ceci pour avertir le lecteur qu'il ne doit pas s'attendre à la précision que nous nous sommes efforcé d'atteindre dans nos développements antérieurs.

Si nous compulsons les lois et règlements et les renseignements que les directeurs de caisses ont bien voulu nous donner, nous pouvons arriver en les rapprochant à dégager quelques grandes lignes. Il importe de les faire connaître.

Ce sera un moyen de mettre de suite au courant le lecteur de l'ordre que nous nous proposons de suivre.

Il existe toute une série d'établissements ayant des caisses et une administration de comptabilité qui leur sont propres. D'autres utilisent également ou exclusivement les caisses publiques, servant à colliger les impôts. Il en est qui se servent de leurs organes d'administration de cercles ou locaux, que nous avons appris à connaître, pour assurer également le service de caisse et la comptabilité. Mais dans l'un et l'autre cas les directions exigent le plus souvent un cautionnement spécial des fonctionnaires cumulant la perception des impôts avec celle des primes. Enfin sous une forme ou une autre, les caisses recevant le montant des primes sont l'objet de contrôles spéciaux et de revisions périodiques suivies quelquefois elles-mêmes d'examens plus approfondis des comptes.

Toutes ces notions, développons-les maintenant successivement dans une série de paragraphes.

### 1° *Etablissements ayant des caisses propres.*

C'est *l'établissement d'Anhalt*, ayant une Caisse d'assurance contre l'incendie administrée par des caissiers, les *établissements de Baden et de Gotha* avec leur Caisse générale d'assurance contre l'incendie, la « Ritterschaftliche Feuerzocietætskasse » de *l'établissement d'Halberstadt* gérée par ses caissiers, la Caisse *du grand duché de Hessen* dirigée par le comptable de la commission d'assurance contre l'incendie.

Dans *l'établissement de la Marche électorale*, nous rencontrons une Caisse générale dirigée par un caissier et un contrôleur nommés à vie par le Landtag communal. A côté il existe dans chaque cercle une Caisse de cercle contrôlée par un directeur de la Société qui s'adjoint un caissier.

La direction de la Caisse est abandonnée au directeur de cercle. Mais à moins d'exception prononcée par la diète du cercle, celle-ci doit reposer sur les mêmes principes que la Caisse de cercle publique.

L'*établissement de Lippe* possède comme celui d'Anhalt une Caisse d'assurance contre l'incendie gérée par un caissier.

*Etablissement de Magdebourg*. — Il entretient une Caisse générale et a organisé dans chaque cercle une Caisse pour recevoir les primes. C'est le directeur général qui, dans des instructions, détermine suivant quelles règles la comptabilité devra être conduite, quelles devront être les justifications des dépenses et des recettes qu'il faudra produire, de quelle manière la Caisse sera revisée.

Bref dans ces instructions se trouve déterminée toute l'administration de la Caisse. Pour être tout à fait complet, disons que ces instructions doivent recevoir l'approbation de la députation.

Il existe une Domanialbrandkasse pour encaisser les primes dues à *l'établissement de Mecklembourg Domanial*. Celui s'occupant d'assurer contre les risques urbains possède une Caisse générale qui est tour à tour tous les trois ans dirigée par les municipalité des villes de Parchim et de Güstrow. La municipalité à qui revient cet honneur nomme un comptable choisi dans son sein. En dehors de cette Caisse générale il existe une Caisse spéciale. Elle versera aux communes les sommes auxquelles elles ont droit pour couvrir les frais d'entretien du service des pompiers et améliorer le matériel servant à l'extinction des incendies. Elle payera les frais d'estimation et les indemnités, les gratifications auxquelles ont droit les députés délégués à la direction générale, les frais de revision, les dépenses occasionnées par la visite annuelle des fours et cheminées, les remises allouées aux collecteurs de primes, etc., etc.

Il existe pour l'*établissement d'Oldenbourg* une Caisse dont la comptabilité et la gestion est entre les mains d'un comptable nommé par la régence qui a autorité sur lui.

Citons la Caisse générale d'assurance contre l'incendie de Ostpreussichen Landschaft.

Dans *la Province de Poméranie* il existe dans chaque cercle une Caisse de la Société d'assurance contre l'incendie qui recueille les primes et fait les paiements.

C'est la *Caisse de la Société rhénane*, la caisse générale de la *Société saxonne*, assurant contre les risques ruraux, de même que celle de l'établissement assurant contre les risques urbains, gérée par le conseil de direction de la Société.

*En Silésie*, dans chaque cercle il existe une caisse

gérée par un caissier nommé par la direction de la Société d'assurance contre l'incendie. Ces caisses recueillent les primes et en versent le montant à la caisse centrale de la province : elles paient également les indemnités et les dépenses ordonnancées par le directeur.

Dans la *Gilde du Schleswig Holstein*, le secrétaire est chargé de la caisse de toute la comptabilité.

Dans les établissements de *Saxe Weimar*, de *Westphalie*, de la *Prusse occidentale* et du *royaume de Wurtemberg*, les primes sont encaissées par une caisse d'assurance contre l'incendie.

2° *Etablissements utilisant pour leurs besoins les caisses publiques.*

L'*établissement d'Altenbourg* a un crédit de 100.000 M. ouvert au trésor pour lequel il est perçu un intérêt de 3 %.

*Etablissement de Bavière.* — Il utilise la banque de Nuremberg qui, avec la Chambre d'assurance contre l'incendie, expédie la comptabilité courante.

L'*établissement de Brandebourg* se sert de la caisse provinciale de la province. Mais les recettes et les dépenses du directeur doivent être portées à la connaissance du Landesdirector.

L'*établissement de Brunswick* fait appel aux services de la caisse centrale du duché.

L'*établissement du Hanovre* doit s'adresser à la caisse générale de la régence. Elle vérifie les recettes et les dépenses.

De même l'*établissement de Hohenzollern* utilisera la caisse de Hohenzollen à Sigmaringen ainsi que les caisses de cercles qu'elle a sous ses ordres.

L'*établissement de Mecklembourg Ritterschaft* se servira de la caisse d'Etat de Rostock. Les instructions spéciales applicables aux employés des caisses devront être agréées par le comité d'Etat. Le secrétaire de la Société devra communiquer les comptes à la caisse d'Etat.

L'*établissement de Nassau* se servira de la banque de Nassau en se conformant aux instructions rédigées par le conseil d'Etat après avoir consulté la direction de la banque.

L'*établissement de la Nouvelle Marche* fait faire ses encaissements par les directeurs de cercle avec l'agrément du directeur général de la Société. Mais l'institution d'assurance peut également user des caisses communales des cercles.

Les finances de l'*établissement de la Frise orientale* sont surveillées par les pouvoirs publics, par contre, il peut mettre à contribution les bureaux de finance.

Les établissements de la *Prusse orientale* utilisent les caisses d'Etat de Konigsberg et de Gumbinnem, celui de la *province de Poméranie*, la caisse principale provinciale, ainsi que l'*établissement de Posen*, la caisse provinciale située à Posen. Bien plus, dans chaque cercle, le percepteur d'impôts joue en même temps le rôle de caissier de cercle de la Société d'assurance et gère la caisse de cercle de la Société d'assurance contre l'incendie. Il est loisible à la Société d'ajouter à ce fonctionnaire d'autres personnes pour accomplir cette tâche. Notamment, le directeur peut nommer un caissier spécial pour les villes de Posen et de Bromberg. Les finances de la Société seront gérées suivant certaines prescriptions contenues dans des instructions qui doivent recevoir l'approbation du premier président de la province.

Les *établissements de la Silésie* utiliseront également la caisse centrale de Silésie.

C'est la caisse d'Etat qui administre en même temps que ses finances celles de la caisse d'incendie de l'*établissement de Waldeck*.

Enfin les *établissements de la Prusse orientale* se servent, pour leurs encaisses et le règlement de leurs finances, de la caisse centrale d'Etat. Mais ils ont également dans chaque cercle des caisses qui leurs sont propres pour assurer le service des encaisses.

Nous avons dit qu'il existait également des établissements qui utilisaient les organes locaux d'administration pour des opérations financières.

3° *Organes d'administration de cercle ou locaux mis à contribution par les sociétés publiques d'assurance contre l'incendie pour remplir des opérations financières.*

*Etablissement d'Altenbourg.* — Des percepteurs et des receveurs; celui de *Bavière*, les receveurs municipaux; celui de *Brandebourg* se servira de la municipalité, celui de *Gotha* des perceptions municipales.

La *Société de Magdebourg.* — On fait appel aux bons offices des maires et des perceptions de cercle. Le directeur général de la caisse principale ainsi que les directeurs de cercles se conforment simplement aux instructions reçues touchant au paiement des indemnités et à la perception des primes.

L'*établissement de la Prusse orientale* utilise également les caisses de cercles. Celles-ci envoient à la fin de chaque mois un rapport sur la situation financière où elles indiquent les opérations faites pour le compte de la société d'assurance.

La société assurant contre les risques ruraux charge de ses opérations financières, les municipalités. Elles tiennent un compte des recettes et des dépenses faites pour le compte de la société d'assurance. A la fin de chaque semestre, elles envoient un rapport sur la situation financière à la direction.

Enfin, l'*établissement de Waldeck* utilisera les services des receveurs.

Mais les établissements publics d'assurance contre l'incendie qui chargent ainsi des fonctionnaires de la rentrée des primes doivent avoir une garantie contre les dilapidations ou le détournement des fonds qu'ils encaissent.

### 4° *Garanties et sûretés exigées des employés chargés de la perception des primes.*

Les autorités et fonctionnaires auxquels l'*établissement de Bavière* confie la gestion de ses intérêts et de ses finances sont tenus comme s'il s'agissait de la gestion d'intérêts publics.

C'est la direction de l'*établissement d'Halberstadt* qui fixe le montant de la caution à verser par les caissiers en garantie de leur gestion.

*Etablissement de la Marche électorale.* — Les directeurs de cercle sont responsables de la bonne gestion des finances du cercle dont ils ont la garde. Il sont responsables de tous les caissiers du cercle. Aussi le caissier général est-il tenu de déposer une caution de 4,800 M. qu'une décision du Kommunal Landtag, rendue sur la proposition du directeur général de la société, peut seule diminuer.

Dans l'*établissement de Magdebourg*, tous les caissiers de la société sont tenus de déposer caution. Elle devra être versée soit en argent liquide, soit en rentes prussiennes, en obligations de banque ou en valeurs de tout repos tolérées pour placer les biens des pupilles.

Dans l'*établissement de Mecklembourg Ritterschaft*, le secrétaire doit verser la caution dont le montant est déterminé par la direction. Quant à l'établissement assurant contre les risques ruraux, la garantie consiste dans la responsabilité personnelle du membre de la municipalité chargé de la direction de la caisse générale d'assurance contre l'incendie.

Les fonctionnaires de la caisse centrale d'Etat auxquels incombe la gestion de la caisse principale de la société de la *Nouvelle Marche* sont tenus, quant aux actes de leur gestion, sur la caution qu'ils ont versée comme s'il s'agissait de deniers publics.

Dans l'*établissement de la Prusse orientale*, la direction fixe le montant de la caution à verser en se conformant à certains principes contenus dans des instructions.

*Etablissement de Posen.* — Les percepteurs de cercle qui ont à encaisser les primes d'assurance doivent verser une caution spéciale de ce chef à la société. C'est qu'en effet les deniers publics ne sont pas confondus avec les recettes faites pour le compte de la société d'assurance. Une double garantie s'imposait alors. Le montant en est déterminé par la direction. Il doit être versé à la caisse provinciale de la société d'assurance contre l'incendie.

Dans la *province rhénane*, la commission provinciale fixe le montant de la caution à exiger des caissiers. Dans *la Silésie* la direction déterminera l'importance de la caution à déposer par les caissiers de cercle de la société d'assurance contre l'incendie.

Pour l'établissement s'occupant des risques urbains,

c'est la municipalité qui sera personnellement responsable de la gestion dont elle a la charge.

Le secrétaire de la gilde *du Schleswig-Holstein* devra verser 18,000 M. à titre de caution. En *Westphalie*, c'est la commission provinciale qui déterminera le montant de la caution à réclamer aux caissiers.

Grâce à ces garanties, les établissements d'assurance ne sont pas entièrement désarmés. Mais comme trop souvent la réparation ne serait que partielle, toutes les sociétés publiques d'assurance contre l'incendie soumettent leurs finances à des revisions périodiques et à un contrôle efficace.

### 5° *Du contrôle des caisses et de la revision des comptes*

*Établissement de Baden.* — Les comptes de la Société sont sous la surveillance et le contrôle de la Cour des comptes. Le conseil d'administration exerce la surveillance la plus directe sur les caisses et la comptabilité. Il rédige mensuellement un rapport sur la situation financière de la caisse.

Dans *l'établissement de Bavière*, les dépenses de la Chambre d'assurance contre l'incendie seront calculées et soldées par la caisse centrale d'État.

Les dépenses faites par les inspecteurs et leurs employés ainsi que les pensions des veuves et orphelins sont déterminées par les employés des caisses de cercle.

La revision des comptes relatifs à la Chambre des

assurances est faite par la Cour des comptes; quant à celle des sommes dues à titres divers aux inspecteurs de la Chambre d'assurance contre l'incendie, elle est faite par le bureau des finances des régences.

Les autres traitements sont calculés et payés par les organes de la Société d'assurance ayant mission de solder les indemnités.

Les dépenses spéciales seules sont couvertes directement par la Société d'assurance.

La caisse et la comptabilité de *l'établissement de Gotha* sont surveillées et contrôlées par l'autorité publique.

La caisse de *l'établissement d'Halberstadt* doit au moins être l'objet d'une revision annuelle de la part des députés, délégués à la gestion. Mais en dehors de cette opération ordinaire, la Direction peut à tout moment exiger une revision extraordinaire.

La caisse générale de *l'établissement de la Nouvelle Marche* est revisée mensuellement ainsi que les caisses de cercle de la Société d'assurance contre l'incendie par les directeurs de cercle. Une fois l'an au moins une revision extraordinaire est ordonnée. En dehors de cette surveillance le Kommunal Landtag choisit une commission pour reviser annuellement la caisse générale, et la Diète du cercle, des commissaires pour procéder à cette opération dans les caisses de cercle. Ajoutons enfin que la gestion de la caisse de cercle de la Société est sous la surveillance et le contrôle de la Diète du cercle. Un certain nombre des membres de cette assemblée sont délégués à cet effet. Ils sont tenus de consigner leurs observations dans un rapport qui doit être au moins annuel.

La caisse principale de *l'établissement de Magdebourg* doit être l'objet d'une révision ordinaire trimestrielle. Elle incombe au Directeur général comme la revision détaillée annuelle. Cette dernière sera distribuée aux députés pendant leur session annuelle.

La caisse principale de la *Nouvelle-Marche* sera vérifiée par le Landesdirector en même temps que la Caisse d'Etat. Le directeur général détient le double des livres de la caisse et peut à tout moment exiger une vérification.

Lorsque la caisse de cercle de la Société est administrée par la caisse communale du cercle, elle sera vérifiée en même temps que cette dernière. Sinon la caisse de cercle sera revisée par un commissaire choisi pour 6 ans par la diète du cercle, parmi les députés de cette assemblée représentant les plus gros propriétaires fonciers. Cet élu doit faire deux révisions l'an et en communiquer les procès-verbaux au directeur général de la Société d'assurance contre l'incendie.

La caisse de *l'établissement de la Prusse orientale* (Landschaft) doit être vérifiée tous les mois. Elle doit être l'objet d'un examen approfondi et détaillé au moins une fois l'an. La revision mensuelle sera faite par le curateur de la caisse. La direction ou un commissaire royal se chargera de l'autre. La caisse de la Société d'assurance exploitant les risques urbains sera vérifiée en même temps que la Caisse d'Etat de Konigsberg. La caisse de la Gilde *de Schleswig Holstein* est sous la haute surveillance de la direction. Un de ses membres doit annuellement faire un rapport sur la gestion de la caisse.

La caisse de l'*établissement de Wurtemberg* est annuellement l'objet d'un contrôle. C'est un membre de la Cour des comptes qui en est chargé. De temps à autre elle est exposée à des inspections. Chaque mois la caisse est tenue de consigner dans un rapport envoyé à la Cour des comptes la situation financière de l'établissement.

Nous savons maintenant comment les caisses des établissements publics d'assurance contre l'incendie sont contrôlées et surveillées.

Reste à nous expliquer sur la procédure suivie pour vérifier la comptabilité et les comptes proprement dits.

C'est ce que nous allons essayer brièvement de faire dans les développements qui vont suivre.

### 6° *Eaxmen et vérification des comptes, leur approbation.*

Etablissement d'Anhalt — La direction et l'autorité publique par l'intermédiaire de la section de l'Intérieur et de police examineront et approuveront les comptes.

Les comptes de la caisse de l'établissement de Brandebourg seront examinés et approuvés par un fonctionnaire de la province nommé ad hoc par la commission provinciale, par le directeur, le conseil de direction, la commission provinciale et le Landtag de la province.

Les comptes de l'établissement d'Halberstadt sont examinés et approuvés par une commission composée de députés chargés de la gestion, un autre député de la direction nommé à cet effet, pour six ans ou un temps moins long, trois membres et trois suppléants assurés auprès de la Société, enfin de la direction.

Dans le Hanovre, c'est la commission provinciale, dans le grand duché de Hesse, le Plenum de la commission d'assurance contre l'incendie. Dans la Hessen Cassel, le Kommunal Landtag, dans le Hohenzollern, la direction, le conseil d'Etat et le Kommunal Landtag, dans la Marche électorale, le directeur général et le Kommunal Landtag, pour la caisse principale, la diète du cercle pour les comptes des caisses de cercle ; la direction et le Landkassen-Administrations-Kollegium (1) dans la Lippe.

Ce sont les contrôleurs des caisses, le directeur général et la députation de la Société qui approuvent les comptes de la caisse de l'établissement de Magdebourg; ce sont deux assesseurs du président, ce dernier et l'assemblée générale pour l'établissement de Mecklembourg Domanial ; la direction, un comité de chevaliers et de députés roturiers, la commission de revision et l'assemblée générale pour l'établissement Ritterchafts, enfin la direction générale pour celui assurant dans les villes ; c'est le comité de l'Etat et le Kommunal Landtag en Nassau, dans la Nouvelle-Marche, c'est

(1) C'est comme une espèce de Cour des comptes, beaucoup plus modeste que celle de Berlin, mais en remplissant les fonctions.

exactement comme pour l'établissement de Brandebourg ; la direction et les représentants dans l'établissement des campagnes de la Prusse orientale ; la direction générale, trois membres du comité des comptes et le Landtag approuveront les comptes de l'établissement de la Prusse orientale (Landschaft) ; la direction et une commission nommée par les députés pour les comptes de l'établissement assurant les villes.

En Poméranie c'est le Landesdirector, la commission provinciale et le Landtag provincial qui rempliront ces fonctions ; pour l'établissement de Posen le Landtag provincial ; dans la province rhénane, le Landesdirector, un fonctionnaire nommé par lui, la commission provinciale et le Landtag provincial ; ce sera la Cour des comptes dans la Saxe royale ; le directeur général, le conseil de direction et le Landtag provincial dans la province de Saxe pour l'établissement assurant les immeubles des campagnes ; le directeur et le Landtag provincial pour celui assurant les bâtiments des villes ; de même en Silésie ; les reviseurs et l'assemblée générale approuveront les comptes de la gilde du Schleswig Holstein.

Dans la province de Schleswig Holstein, ce seront le Landesdirector, le conseil d'Etat et le Landtag provincial qui approuveront les comptes de l'établissement d'assurance contre l'incendie ; ce sera le Landesdirector pour l'établissement de Waldeck ; le directeur, la commission provinciale et le Landtag provincial s'acquitteront de cette mission pour l'établissement de Westphalie. Enfin pour le Wurtemberg la Cour des comptes vérifie les comptes de l'établissement d'Etat d'assurance contre l'incendie.

Ces vérifications peuvent appeler des jugements. Des décisions pourront être prises contre tel ou tel établissement, quelles autorités seront chargées de cette mission ? Ce sera :

Le Landtag provincial pour l'établissement de Brandebourg ; l'assemblée générale pour celui d'Halberstadt ; le Landtag communal pour l'établissement de Magdebourg ; la députation pour l'établissement de Mecklembourg Ritterschaft ; le Landtag provincial pour l'établissement de la Prusse orientale ; le premier président de la province Ostpreussen Landschaft ; la commission provinciale pour l'établissement de Posen ; le Landtag provincial pour les divers établissements de la Saxe et de Silésie ; enfin c'est le Provincial Landtag, pour l'établissement de Schleswig Holstein.

# APPENDICE

## DE LA CLASSIFICATION DES RISQUES DANS LES SOCIÉTÉS PUBLIQUES ALLEMANDES

Dès les premiers temps de l'assurance publique contre l'incendie, on pouvait relever une certaine différenciation parmi les risques. Il serait très intéressant de faire l'histoire de cette classification. On verrait qu'à l'origine, les sociétés publiques percevaient bien une prime uniforme. Mais selon que le risque était plus ou moins dangereux la valeur assurée était, au point de vue du paiement de la prime seulement, majorée ou diminuée. Par ce procédé on pouvait, bien que percevant une prime uniforme, basée uniquement sur le montant du capital assuré, frapper d'une prime supérieure les risques les plus mauvais. Malheureusement, nous ne pouvons pas insister sur ces détails historiques puisque c'est de l'organisation actuelle de l'assurance publique que nous nous occupons.

Aujourd'hui toutes les caisses publiques allemandes, sont dotées d'une classification.

Mais suivant les sociétés elle est plus ou moins complète. Pour établir ces divisions on se base sur la structure des immeubles, leur usage et leur situation. Insister sur la classification des risques de toutes les caisses publiques nous conduirait trop loin. Contentons-nous donc d'un simple aperçu.

Occupons-nous d'abord des principales classifications que l'on rencontre dans les sociétés prussiennes.

Voici quelques exemples de classifications de sociétés purement urbaines :

A Berlin, comme nous le verrons plus loin, il n'y a pas de classification proprement dite. On établit le ‰ qui sera perçu. Mais certains immeubles pourtant, paieront une cotisation, calculée sur un double, un triple, un quadruple, un quintuple et un sextuple du ‰ fixé.

La Société facultative de la ville d'Elbing divise ses risques en quatre classes. Les primes suivant les classes seront de 1/2, 2/3, 5/6 et 1 ‰. La société facultative de la ville de Lubeck a établi une classification tripartite. Dans la 1re classe elle range les immeubles dont les murs extérieurs sont à l'épreuve du feu, et entourés de bâtiments présentant les mêmes avantages. Ils paieront 1/4 ‰. Dans la 2e classe sont groupés les bâtiments montés en murs formés de lattes recouvertes pour lesquels on percevra, 1/2 ‰. Pour les autres immeubles ne rentrant pas dans ces deux classes, la prime s'élèvera à 3/4 ‰. Mais selon les dangers d'incendie que fait courir l'industrie exploitée dans ces immeubles, on percevra une prime supplémentaire basée sur un tarif déterminé. A cet effet chaque classe est subdivisée en 8 nos désignés par les lettres A, B, C, D,

E, F, G, H. Selon que l'industrie sera classée sous l'une ou l'autre de ces lettres, la prime supplémentaire sera de 1/4, 1/2, 1, 2, 3, 4, 5 °/₀₀ et pour la lettre H, la prime peut varier entre 6 et 30 °/₀₀.

La caisse de la Prusse orientale (villes) divise ses risques en VII classes et sauf la 1re classe, toutes contiennent deux subdivisions, il y aura, par exemple, I et II A, et II B. Voici le montant des tarifs établis :

Ire 0,7 °/₀₀ ; IIe A 0,8 ; IIe B, 1,2 ; IIIe A, 1,6 ; IIIe B, 2,0 ; IVe A, 3,4 ; IVe B, 4,0 ; Ve A, 5,0 ; Ve B, 6,0 ; VIe A, 9,2 ; VIe B, 12,4 ; VIIe A, 9,2 et VII B, 30 °/₀₀.

La caisse provinciale urbaine de Brandebourg distingue IV classes, mais chaque classe comprend deux subdivisions désignées par les lettres A et B. Voici le tarif des primes °/₀₀ de capital assuré :

Ire A, 0,36 °/₀₀ ; Ier 0,60 ; Ire B, 1,08 ; IIe A, 1,20, IIe 1,80 ; IIe B, 3,60 ; IIIe 4,20 ; IIIe B, 6,00 ; IVe 8,40 ; IVe B, 13,20.

La classification de la caisse provinciale de Silésie pour les villes comprend VI classes : les primes sont fixées sur le tarif suivant °/₀₀ de capital assuré : Ire 0,47 ; IIe 0,93 ; IIIe 1,4 ; IVe 1,87 ; Ve 2,33 ; VIe 2,8.

La classification de la caisse provinciale de Saxe pour les villes comprend cinq classes. Les risques sont divisés en III classes dans la classification des sociétés de la Frise orientale (ville et campagne).

Voyons maintenant quelques classifications des caisses n'assurant que les risques ruraux :

Société de la prusse orientale (campagnes), IV classes et deux subdivisiens pour les trois premières classes désignées par les lettres A et B. Voici les tarifs : Ire A, 0,59 ‰ de capital assuré, Ire B, 0,97 ; IIe A, 1,76 ; IIe B, 2,67 ; IIIe A, 3,55 ; IIIe B, 5,18 ; IVe 4,16.

La Société de la Marche électorale et de la Basse-Lusace (campagnes) assure les meubles et les immeubles. Nous allons donc en profiter pour donner la classification des risques mobiliers et celle des risques immobiliers.

On distingue pour les risques immobiliers IV classes seulement, mais plusieurs subdivisions désignées dans chaque classe par les lettres A, B, C. Voici le tarif des primes afférentes à chacune de ces subdivisions : Ire A, 0,8 ; Ire B, 1,2 ; Ire C, 1,6 ; IIe A, 2,4 ; IIe B, 3,2 ; IIIe A, 8,4 ; IIIe B, 11,2 ; IVe 14,4.

Pour les meubles, il n'y a également que IV classes mais on compte 16 subdivisions désignées par les chiffres 1, 2, 3, 4, 5, etc. ; ceci connue, donnons les tarifs afférents à chaque subdivision ou classe :

Ire ‰ de capital assuré 2, sub., 1 pour Ire 3, 1,5 ; IIe 1, 5e sub. 2 ; 6e sub., 3 ; IIIe classe, 7e sub., 4,7 ; 8e sub., 4, sub., 5,9 ; 10e sub., 7 ; 11e sub., 8,2 ; 12e sub., 9,4 ; 13e sub ; 10,5 ; IVe classe, 12, etc.

La Société de la Nouvelle Marche (campagnes) divise ses risques en V classes et en subdivisions désignées par les lettres *a*, *b*, *c*. Les tarifs sont les suivants :

Ire *a*, 0,8 ; Ire *b*, 1,2 ; IIe 1,6 ; IIIe *a*, 2,4 ; IIIe *b*, 4,4 ; IIIe *c*, 6,4 ; IVe, 8 ; Ve, 9,6 ‰ de capital assuré.

La classification de la Société provinciale de Silésie (campagnes) comprend IV classes et chacune est subdivisée en 2 catégories, *a* et *b*.

La Société de Magdebourg (campagnes) distingue 3 classes de risques immobiliers.

Insistons un peu pour en terminer avec cette catégorie de caisses sur la classification de la Société du duché de Saxe exploitant l'assurance mobilière et immobilière exclusivement dans les campagnes : Elle comprend IV classes :

*I^re Classe.* — Pour 1000 de capital assuré une église isolée payera 0,47 et 0,54 si elle n'est pas isolée, et une maison d'habitation ou un bâtiment ordinaire s'il est isolé 0,83 sinon 1 ‰.

*II^e Classe.* — Pour une église isolée 0,54, non isolée 0,76 ; si c'est un bâtiment ordinaire, dans le 1^er cas il payera 1,18, dans le second 1,52.

*III^e Classe.* — Pour les églises isolées 1 ‰, non isolées 1,10 ; un bâtiment ordinaire couvert de substances réfractaires au feu, s'il est isolé, 3,50, sinon 2,40. Si l'immeuble est recouvert d'un toit inflammable, il sera perçu pour un bâtiment isolé 3,25, non isolé 4,47.

Enfin la IV^e classe comprend les risques industriels payant 1,87 ‰.

Par voie d'élimination nous arrivons aux Sociétés prussiennes assurant indifféremment dans les villes et les campagnes.

Donnons quelques exemples de classifications adoptées par ces dernières caisses :

La Société provinciale de la Poméranie assure les meubles et immeubles. Voici la classification adoptée. Elle comprend IV classes seulement mais plusieurs divisions et sous-divisions désignées par les lettres A et B et a, b, c. Les tarifs afférents à chacune de ces divisions ‰ de capital assuré sont les suivants :

Ire cl. a 0,7, b 1,05, c 1,4 ; IIe cl. A 2,1, B a (églises) 1,4 ; b2, 8 ; IIIe cl. A 4, 9, B a (églises) 3, 5, b 7, c 10, 5 ; IVe cl. 14.

Pour les risques mobiliers on distingue également IV classes mais 21 subdivisions. Les tarifs ‰ sont les suivants. De la 1re sub. à la 3e sub. rentrent sous la Ire classe ‰ de capital assuré de 0,7 à 1,4, pour la IIe cl. pour les sub. 4 à 9 on percevra 1,75 à 3,5 pour les sub. de 10 à 18 de 10 à 18 rentrant sous la IIIe cl. de 4,2 à 11,2.

Société provinciale de la Prusse occidentale. — Elle divise ses risques en V classes pour lesquelles elle perçoit ‰ de capital assuré dans la Ire classe 1, dans la IIe cl. 2,4 ; IIIe cl. 3,6 ; dans la IVe cl., a 7, b 9,8 ; Ve cl. 15.

La Landschäftliche Société distingue également V classes et perçoit ‰ de capital assuré dans la Ie cl. 2, IIe cl. 3, IIIe cl. 4, IVe cl., a 7, b 8 ; Ve cl. 12.

La gilde pour les biens immobiliers nobles du Schleswig Holstein a établi VI classes et plusieurs subdivisions (Ie A et B, IIe A et B, IIIe 1, 2 a, 2 b, IVe A et B, Ve, VIe A et B). La Caisse provinciale de Westphalie assure les meubles et immeubles, mais adapte la même classification aux risques mobiliers et immobiliers. Elle comprend VI classes et plusieurs subdivisions par classe (Ire a, b, ; IIe a, b, c, ; IIIe a, b, c, ; IVe a, b, c ; Ve a, b, 1 et 2, c ; VIe).

La Caisse Hessen Cassel divise ses risques en V classes et perçoit ‰ de capital assuré suivant les classes 0,9, 1,26, 1,62, 1,98, 2,52.

La Caisse de Nassau distingue une classe supérieure

comprenant les risques particulièrement bons qui seraient comme hors classes qu'elle désigne de A, puis IV classes. Pour les risques de la classe supérieure elle ne prendra que 0,30 °/₀₀, pour les risques des autres classes 0,45, 0,90, 1,125, 1,35, 1,575.

La classification adoptée par la Société rhénane est très complète. Comme cette Caisse fera l'objet d'une étude spéciale nous y renvoyons le lecteur et passons de suite aux sociétés allemandes situées en dehors de la Prusse.

Ce sont d'abord les caisses d'Etat qui vont nous occuper.

La classification la plus complète que nous connaissions est, sans contredit, celle qui fut adoptée pour la Caisse d'Etat du royaume de Saxe. L'étude spéciale que nous ferons ultérieurement de cette institution nous dispense d'en parler actuellement.

En Bavière la classification des risques est beaucoup plus simple. Elle ne comprend que quatre classes.

La classification des risques établie pour la caisse d'Etat du royaume de Wurtemberg distingue six classes de risques. La prime perçue °/₀₀ de capital assuré dans chacune de ces classes est de 0.5, 0.75, 1, 1.25, 2.5, et enfin de 4.

La caisse du grand duché de Bade peut répartir ses risques dans quatre classes. Les primes perçues sont fixées ainsi qu'il suit °/₀₀ de capital assuré. Première 0.10 °/₀₀ et pour les classes suivantes 0.13, 0.17, 0.20. La caisse du Mecklembourg Schwering peut distribuer des risques entre trois classes. La classification de la société de Saxe-Altenbourg comprend cinq classes de risques, pour la première classe on perçoit °/₀₀ de capital assuré 0.8, pour les autres classes suivantes 1 — 1,4 — 1,7 — 2. La caisse de la principauté de Waldeck et Pyrmont a établi trois classes de risques et une classe à part pour les risques industriels et les églises.

Insistons en terminant sur la classification de la caisse de Brunswick.

Au point de vue de leur structure on peut répartir les immeubles dans cinq classes de risques. Les primes perçues seront °/₀₀ de capital assuré 0.4 dans la première classe et de 0.5, 0.6, 08, 1, dans les classes suivantes. Chacune de ces classes contient encore deux subdivisions.

Mais en raison de l'industrie exploitée dans un bâtiment, des objets qu'il abrite et de sa situation, les dangers d'incendie qu'ils présentent varient. Aussi en tient-on compte en frappant ces immeubles d'une prime supplémentaire déterminée d'avance. Dans ce but on distingue trois catégories désignées par les lettres A, B, C. La première catégorie comprend les immeubles où l'on exerce une industrie dangereuse au point de vue de l'incendie, abritant des objets facilement inflammables. En se plaçant sur ce terrain on compte XI classes de risques différents pour lesquels seront perçues des primes plus ou moins élevées. En voici rapidement l'énumération. Ces tarifs sont établis °/₀₀ de capital assuré. I^re^ classe, un supplément de 0,1 à 0,7 ; II^e^ suppl. de 0,6 à 1,2 ; III^e^ de 0,7 à 1,6 ; IV^e^ 0,9 à 1,9 ; V^e^ 1,2 à 2,3 ; VI^e^ 1,6 à 2,6 ; VII^e^ 1,9 à 3 ; VIII^e^ 2,4 à 3,5 ; IX^e^ 3 à 4 ; X^e^ 3,7 à 4.7 ; XI^e^ 5,7 à 7,5. Dans la catégorie B on rangera les immeubles qui en raison de l'exploitation agricole auxquels ils sont consacrés, sont destinés à recevoir des objets facilement inflammables. Ces bâtiments seront frappés d'une prime supplémentaire ne pouvant s'élever au-dessus de 0,1 °/₀₀. Enfin la catégorie C comprendra les immeubles qui par leur agencement présentent de grands dangers d'incendie. Pour ces constructions on pourra percevoir une prime supplémentaire variant de 0,1 à 1 °/₀₀.

Nous en avons fini avec l'organisation générale des Sociétés publiques allemandes. Mais il y a encore bien des points intéressants qu'il nous a été impossible d'effleurer. Faire une étude approfondie des règles suivies par les diverses caisses est bien tentante, mais nous entraînerait beaucoup trop loin. D'ailleurs la plupart des Sociétés publiques pratiquent l'assurance, tant mobilière qu'immobilière, en se conformant à des principes communs. En connaissant le mécanisme de l'assurance de quelques caisses publiques prises comme type, on aura une idée à peu près complète des procédés d'exploitation employés dans toutes les autres Sociétés publiques. Le chapitre qui suit va donc être consacré à l'étude spéciale de quelques caisses publiques prises comme exemple.

Pour se rendre compte du fonctionnement d'une Caisse d'Etat, nous avons choisi une des Sociétés publiques les plus importante d'Allemagne : *la Caisse du royaume de Saxe*. Ce que peut donner une caisse facultative exploitant l'assurance mobilière et immobilière, tant dans les villes que dans les campagnes, on l'apprendra par l'étude que nous ferons de la *Société rhénane d'assurance contre l'incendie*. Mais il y a des Sociétés qui restreignent leur exploitation à l'assurance des immeubles situés dans les campagnes. Le lecteur pourra, dans l'étude que nous entreprenons de la *Société rurale de la Marche électorale et de la Basse-Lusace*, apprécier la valeur d'une pareille institution. Enfin comme certaines caisses n'assurent que dans les villes, on était en droit de nous demander d'après quelles règles fonctionnait ce genre d'entreprise. Aussi avons-nous consacré quelques développements à la *Société exploitant l'assurance dans les villes de la province de Brandebourg*.

# CHAPITRE IV

## ÉTUDE SPÉCIALE SUR QUELQUES SOCIÉTÉS PUBLIQUES D'ASSURANCE CONTRE L'INCENDIE

### A. — La Caisse d'Etat d'assurance contre l'incendie du Royaume de Saxe. (1)

Au commencement du XVIIIe siècle, la mendicité était très répandue dans le royaume de Saxe. Elle était notamment alimentée par des gens qui se plaignaient d'avoir été victimes, soit d'un incendie, soit d'intempérie de la saison, soit enfin d'inondation. Cette mendicité avait atteint des proportions telles, qu'elle devenait inquiétante pour la sécurité publique. Car trop souvent elle donnait lieu aux plus dangereux abus tels que vol, pillage, fraude, et occasionnait des incendies volontaires. Aussi songea-t-on à enrayer le mal en proclamant par un édit du 7 décembre 1715 que la mendicité était sévèrement interdite. Dans ce mandat

(1) Nous nous sommes servis pour cette étude historique d'un remarquable article consacré à cette caisse qui a paru dans les Mittheilungen, organe du Syndicat des Sociétés publiques.

qui fut affiché dans tout le pays, il était dit dans le § XI que celui qui serait victime d'un incendie ne pourrait quêter, en attendant une autre décision, que s'il était nanti d'une pièce justificative de son malheur. Bien plus cette permission ne lui était accordée que pour un délai ne pouvant dépasser une année.

Cette décision n'avait apporté aucune amélioration à l'état de choses antérieur. La mendicité n'avait rien perdu de son intensité. Les dangers qu'elle engendrait n'avaient en rien diminué.

Cette situation conduisit le gouvernement à prendre le 5 avril 1729 une nouvelle décision. Aux termes du chapitre III de cette disposition, désormais les quêtes étaient interdites même aux gens qu'un incendie avait privés d'abri.

Par contre une commission avait été nommée, ayant pour mission de créer des maisons d'éducation ainsi que des locaux destinés à recueillir les pauvres et les orphelins.

Mais, — ce qui nous intéresse ici plus directement, — on fondait également une caisse générale d'incendie (General-Brankasse). Elle étendait sa sphère d'action aux meubles et aux immeubles. Fournir aux sinistrés une aumône convenable, c'était son but.

Le montant des dommages était fixé par la commission qui pouvait se guider dans ce travail sur les estimations préalables qui avaient été faites des meubles et des immeubles.

Dans la détermination des cotisations à payer et des indemnités à recevoir, on envisageait non seulement l'importance de l'immeuble, mais encore son architecture et la nature des matériaux le composant.

Pour pouvoir faire fonctionner la caisse, la direction des finances établit, d'après certaines bases sur lesquelles nous n'avons pas à insister ici, le montant des aumônes qui serait accordé.

Pour couvrir ces dépenses, on établirait également des cotisations et un prélèvement variant de 12 à 16 groschen à percevoir sur les biens de l'Eglise. Des collecteurs avaient été désignés d'office, à l'effet d'aller recueillir de maison en maison, les aumônes nécessaires pour parfaire aux dépenses de la caisse. Ces agents touchaient, dans les villes, 2 gr. par th., dans les campagnes qu'un gr. par th. qu'ils encaissaient.

Les habitants, qui sans motif reconnu valable, se refusaient à payer quelque chose, non seulement étaient passibles d'amende et d'emprisonnement, mais encore ne touchaient, en cas d'incendie, ou bien rien du tout, ou bien une subvention très minime.

Les autorités supérieures estimèrent que si le principe de cette caisse était excellent, par contre elles craignaient que l'aumône allouée fût employée à autre chose qu'à la reconstruction de l'immeuble brûlé. Aussi proposait-on de garder les sommes en dépôt et de ne les verser qu'à mesure de la réédification.

On faisait également remarquer que dans beaucoup d'endroits, ou bien les habitants ne donnaient aucune aumône, ou bien le plus souvent insuffisante pour la bonne direction de la caisse.

C'est ce qui explique que dès le 6 décembre 1729,

intervint déjà une ordonnance spéciale. L'ordonnance du 13 décembre 1730 a apporté des modifications telles que nous devons nous y arrêter un peu.

D'après cette disposition législative, on devait allouer aussitôt une indemnité aux propriétaires des maisons qui avaient été soit incendiées, soit détruites par les pompiers pour se rendre plus vite maîtres du feu. On disposait également que pour la fixation de l'indemnité à servir, on ne devait pas se baser sur le prix d'achat ou de construction, mais sur la valeur qu'avait l'objet avant l'incendie. Restait-il des parties épargnées par le feu ou bien pouvant être encore utilisées, elles devaient être estimées et portées en déduction sur le montant de l'indemnité à allouer.

Nombre d'arrêtés, de mandats, de rescrits suivirent cette disposition législative sur lesquels nous ne pouvons pas insister en détail. Mais comme beaucoup des dispositions qu'ils ont édictées sont encore actuellement en vigueur, nous nous bornerons à prendre, en général, les principales prescriptions contenues dans les lois et règlements depuis 1730 jusqu'au mandat du 10 novembre 1784, sans nous préoccuper de l'ordre chronologique.

Il fut décidé que toutes les églises, écoles et établissements communaux devaient être évalués pour un quantum déterminé. La prime correspondante serait établie d'accord avec leur propriétaire, mais la caisse devait toujours se faire représenter.

La franchise postale fut accordée à la caisse.

Désormais on fit rentrer dans l'évaluation de l'immeuble ses accessoires : tels que fourneaux, fenêtres, volets, portes, serrures, bref, tous les objets fixés ou scellés à l'immeuble et qu'on ne peut séparer sans causer des dégradations. Nous pourrions tout résumer d'un mot en disant qu'on comptait avec l'immeuble les immeubles par nature.

Pour la détermination des dommages, il fut décidé qu'on aurait à distinguer entre les immeubles nobles et roturiers.

Les immeubles roturiers seraient évalués à leur stricte valeur. Si l'évaluation est supérieure au prix d'achat ou de reconstruction, ou bien si le propriétaire a évalué la maison au-dessous de la valeur réelle appréciée par les experts, la taxe sera mise en rapport avec ces prix d'une part, l'évaluation dans l'autre cas.

S'agissait-il au contraire d'immeubles nobles, on se basait sur le prix d'achat ou bien sur la valeur indiquée par le propriétaire et confirmée par l'attestation de trois voisins.

La fixation de l'indemnité était plus ou moins longue. Cela dépendait non seulement de l'importance des pertes et des dépenses que la reconstruction entraînerait, mais encore de la régularité plus ou moins grande, mise dans le versement des cotisations. Bien plus, l'entrée en scène de ce facteur pourra faire varier l'indemnité en matière immobilière de 25, 20 et 10 % du montant des pertes subies et en matière mobilière de 15, 10 et 5 % du montant des dommages.

A partir de 1769 il fut décidé que chacun indiquerait pour combien il entendait estimer ses meubles et immeubles. Puis on percevait annuellement une prime de 2 gr. °/₀ thalers. L'indemnité allouée en cas de sinistre s'élevait, pour les immeubles ordinaires, en cas de destruction complète, à 25 °/₀ de la valeur du bâtiment incendié. Pour les églises et les écoles, en raison de certaines faveurs, l'indemnité s'élevait à 50 °/₀ de la valeur déclarée en matière immobilière et 30 °/₀ en matière mobilière.

Lorsque l'incendie a pour cause la négligence ou l'insouciance, ou l'inobservation par le propriétaire des prescriptions de police, aucune indemnité ne sera accordée. Si le propriétaire néglige de faire certaines réparations pour éviter l'incendie, il n'aura droit en cas de sinistre à aucune indemnité. Toutefois faut-il que la cause de l'incendie réside dans ce mauvais état du bâtiment.

Le propriétaire des bâtiments incendiés pendant une émeute ou une guerre ainsi que celui des maisons, que des prescriptions d'hygiène ordonneraient de brûler, n'aura droit le plus souvent qu'à la moitié de l'indemnité qu'il aurait pu obtenir en temps ordinaire.

Mais une maison qui aurait été incendiée par des obus ou des balles ennemies ne donne droit à son propriétaire à aucune indemnité.

Celle-ci n'étant allouée qu'en vue de la reconstruction ou de la réparation du bâtiment atteint par le feu, les sommes qui n'auraient pas été employées dans ce but doivent faire retour à la Caisse. En principe, l'immeuble devait être reconstruit, non seulement sur l'emplacement ancien, mais strictement comme l'ancien bâtiment. Il est vrai qu'on ne tarda pas sur ce point à admettre des exceptions.

Ce sont les autorités qui veillent à la reconstruction de l'immeuble et à l'utilisation de toute l'indemnité à ces travaux.

Déjà pendant cette période l'indemnité était versée en plusieurs fois. La première portion n'était versée que lorsque la reconstruction était à moitié. En matière mobilière au contraire, l'indemnité une fois déterminée est versée intégralement en une seule fois.

Ajoutons encore une autre disposition édictée par un règlement datant de 1750 donnant une récompense de 100 thalers à celui qui découvrirait un incendiaire.

Nous ne pouvons pas passer à une autre période sans dire un mot d'une proposition faite le 17 septembre 1762 par la commission,

D'après ce projet on demandait, comme l'avaient fait les Sociétés d'assurances de Hanovre, de Brunswick et de Silésie, de diviser la caisse en deux institutions : l'une s'occupant uniquement des immeubles, l'autre exclusivement des meubles. On demandait que les propriétaires fonciers constituassent une Société mutuelle d'assurance contre l'incendie où tous les propriétaires verseraient, chacun en cas de sinistre, leur quote part au sinistré.

Voilà les principales dispositions qu'on peut relater durant cette période; arrivons maintenant au mandat du 10 novembre 1784 qui resta en vigueur du 1er janvier 1787 jusqu'au 1er août 1839, date à laquelle fut appliquée la loi du 14 novembre 1835. Mais avant donnons quelques chiffres indiquant les résultats de la caisse de 1730 à 1787.

**De 1730 à 1786**

| ANNÉES | PRIMES PERÇUES pour meubles et immeubles Thalers | INDEMNITÉS VERSÉES pour meubles et immeubles Thalers |
|---|---|---|
| 1730.......... | 209.421 | 288.797 |
| 1740.......... | 100.000 | 132.000 |
| 1745.......... | 44.791 | 39.730 |
| 1750.......... | 48.303 | 48.854 |
| 1755.......... | 49.967 | 46.754 |
| 1760.......... | 23.955 | 22.339 |
| 1765.......... | 53.716 | 15.856 |
| 1770.......... | 76.000 | 76.000 |
| 1775.......... | 26.350 | 26.219 |
| 1781.......... | 41.675 | 46.473 |
| 1785.......... | 40.465 | 24.873 |
| 1786.......... | 44.970 | 27.367 |
| Total des sommes de 1730-1786... | 2.210.194 | 2.044.843 |

Ces quelques chiffres que nous avons pu nous procurer sur cette première période de la Caisse en disent assez pour nous permettre de ne pas insister davantage. Ils nous révèlent pour certaines années de sérieux déficits contrebalancés, il est vrai, par des années plus heureuses. Aussi les chiffres totaux dénotent finalement un certain reliquat pour la Caisse. Ce qu'il faut retenir de ces 60 premières années de la Caisse, ce sont tous les efforts faits pour améliorer une situation qui était lamentable. Bien que les résultats obtenus laissent encore à désirer, il serait injuste de méconnaître la grande amélioration apportée par toute cette série de dispositions législatives.

Avec le mandat du 10 novembre 1784, qui doit maintenant nous occuper, nous entrons dans une nouvelle période de la Caisse s'étendant de 1787 au 1er août 1839. C'est en quelque sorte comme la deuxième étape parcourue par la Caisse.

Ce mandat institue une Caisse d'assurance contre l'incendie (Brandversicherungs-Societæt). Jusqu'à cette date, pendant toute la première période, c'était plutôt une Caisse de secours. On offrait au sinistré une obole, on percevait des propriétaires ce qu'ils voulaient bien donner. Désormais c'est d'assurance qu'il faut parler.

Ce mandat constituait une association mutuelle. Une commission spéciale en avait la gestion. Voilà la grande réforme accomplie en 1784. Essayons de dégager les dispositions principales de ce mandat du 10 novembre 1784. Envisageons d'abord des prescriptions relatives aux immeubles.

Tous les propriétaires d'immeubles doivent s'assurer à la Caisse d'assurance contre l'incendie. Par des rescrits successifs du 30 avril 1788 et du 20 juillet 1796, on acheva d'étendre cette obligation à tous les propriétaires du territoire. N'ont été exemptés de l'astreinte qu'exclusivement les propriétaires de châteaux princiers et de moulins à poudre et en 1806 les fabriques de produits résineux.

Les propriétaires avaient plusieurs fois déjà exprimé le désir qu'on englobât dans l'assurance immobilière les immeubles par destination. Le mandat leur donnait en partie satisfaction.

Ajoutons encore, dans cet ordre d'idées, que les maisons de campagne et les châlets de plaisance étaient assurés par la Caisse. Mais leur assurance était facultative.

Chaque propriétaire devra faire l'estimation de son immeuble, déduction faite des fondations et du terrain. La valeur déclarée ne doit pas être supérieure à la valeur réelle et pas inférieure à la moitié de celle-ci. Cette évaluation sera contrôlée par les autorités puis inscrite sur le cadastre du lieu (1).

Qu'un immeuble nouvellement bâti, n'ayant pas encore pu être cadastré, vienne à brûler, son propriétaire recevra de la Caisse un secours pouvant s'élever au trois quarts de sa valeur, si l'immeuble avait été reconnu à peu près complètement achevé.

En cas d'incendie et, depuis le rescrit du 11 juillet 1790, lorsque la foudre sera tombée sur un immeuble, les autorités doivent se rendre sur les lieux et apprécier les dégâts. Lorsque les flammes ont tout dévoré, une simple attestation des autorités suffira. La destruction est-elle partielle, on devra déduire de l'évaluation la valeur des murs et matériaux encore utilisables. S'agit-

(1) Ceci fut établi par une décision de la Commission en date du 3 juillet 1788. Aux termes de cette disposition, il fut également déclaré que si à la place d'un ancien immeuble cadastré on avait élevé un nouvel immeuble dont la valeur n'avait pas encore été enregistrée, le propriétaire aurait droit en cas d'incendie de ce nouveau bâtiment à une indemnité établie d'après la valeur cadastrale attribuée à l'ancien bâtiment.

il d'un bien noble, on devra indiquer l'étendue de la destruction, si elle est des trois quarts de la moitié ou d'un quart ou moins encore.

Lorsqu'un quart seulement aura brûlé, on recevra une indemnité inférieure à un quart de la valeur de l'immeuble. Tout a brûlé, on touchera une indemnité inférieure à la totalité de la valeur estimée de l'immeuble. Bref, par ce procédé on entendait toujours laisser le propriétaire son propre assureur pour une partie de son immeuble. On espérait par ce moyen l'intéresser à la conservation de son bâtiment.

D'après ce mandat on peut apporter dans la nouvelle bâtisse des modifications, à condition de restituer à la Caisse les sommes non employées.

Reste à nous demander quelles sont les conditions établies par le mandat à l'obtention d'une indemnité.

Contrairement à ce que nous avons constaté dans la période précédente, aux termes de ce mandat, le propriétaire, même insouciant et négligent, recevra une indemnité.

Si un propriétaire a été la victime d'un incendiaire, la Caisse devra encore fournir l'indemnité. Le terrain grevé de l'obligation de reconstruire, mais qu'une indemnité atténue, sera mis aux enchères.

Voilà les principales dispositions relatives aux immeubles, voyons maintenant ce que le mandat décide en matière mobilière.

Tout d'abord il est dit que par meuble il faut entendre tous les objets autres que les bâtiments et qui ne sont immeubles ni par nature ni par destination (1). Ceci posé, le mandat déclare que tout le monde est obligé d'assurer ses meubles. Mais il est loisible à chacun d'indiquer pour combien il assure ses meubles. Celui qui n'assure son mobilier que pour 100 thl., aura à payer annuellement en deux termes deux groschens. Un devra être versé pour le jour de l'an, l'autre à la Trinité. Veut-on assurer son mobilier pour 200 thl., il faudra payer une cotisation de quatre groschens et ainsi de suite.

Mais chaque sinistré reste son propre assureur pour 25 °/₀(2). Pour le reste il sera indemnisé par la Caisse. Le sinistré lui fera connaître, sous la foi du serment, le montant des dommages que l'incendie lui aura occasionnés.

Sur un projet du Gouvernement fut rendue le 31 décembre 1818 une ordonnance royale qui mettait fin à l'institution de l'assurance mobilière instituée par les pouvoirs publics.

Les raisons que l'on invoquait à l'appui de cette suppression furent multiples. Voici les principales :

Tout d'abord on mettait en avant le surcroît de travail que cette institution imposait au Gouvernement déjà si absorbé par les événements politiques.

En second lieu on faisait remarquer que l'indemnité allouée qui ne devait être qu'un secours, depuis la dis-

(1) Nous avons eu occasion de nous expliquer sur leur compte en nous occupant des immeubles.

(2) En 1800 cette limite fut portée à 33 1/3 °/₀, fixée à nouveau en 1806 à 25 °/₀ et en 1807 à 12 1/2 °/₀.

position malheureuse de 1806 ne laissant à la charge de l'assuré que 12 1/2 % de la valeur assurée, perdait ce caractère.

Enfin il existait maintenant des Sociétés privées d'assurance en Angleterre et en Allemagne, pourquoi ne pas les charger de cette tâche. Aussi par cette ordonnance du 31 décembre 1818 on autorisait les Compagnies privées à assurer les meubles dont l'assurance à la Caisse d'Etat n'était pas imposée.

Mais le Gouvernement agit avec une grande prudence.

Dès le 23 juillet 1828 nous trouvons une ordonnance édictant toute une série de mesures pour combattre la double assurance, la surassurance et toutes les autres combinaisons amorales que les Compagnies privées et leurs agences pourraient favoriser. C'est ainsi qu'une agence pour s'établir sur le territoire devait obtenir l'agrément du Gouvernement. Les statuts de la Compagnie devaient être approuvés par les pouvoirs publics.

L'ordonnance du 13 décembre 1836 ainsi que celle du 25 juillet 1845 cherchèrent à contrecarrer les combinaisons qu'on avait signalées lors de la discussion de la loi du 14 novembre 1835, en introduisant le contrôle et la surveillance des Compagnies privées par les autorités.

D'autre part il fut décidé qu'une Compagnie ou une agence ne pourrait pas exploiter l'assurance sur le territoire si elle n'avait obtenu une concession. Pour l'accorder, les pouvoirs publics se montraient très sévères et mettaient leurs conditions. Venaient-elles à être violées, aussitôt la concession était retirée.

La loi du 23 août 1862 complétée par l'ordonnance du 23 août 1862 ne fit qu'augmenter ce contrôle et cette surveillance.

Cette loi fut modifiée successivement par les ordonnances du 28 mars 1863 et du 7 mars 1870. Celles-ci ne firent encore que rendre le contrôle de l'Etat sur les Compagnies privées plus sévère. Cette surveillance s'exerçait sur toute la gestion. Des restrictions en matière de primes, de risques et d'indemnités, étaient établies. C'est ainsi, par exemple, qu'on imposait aux Compagnies l'obligation d'accepter certains mauvais risques et d'indemniser dans certaines circonstances où les Sociétés privées d'ordinaire s'y refusent.

Mais nous ne saurions davantage nous étendre sur cette assurance mobilière qui désormais a quitté notre domaine de l'assurance publique pour gagner celui de l'assurance privée.

Revenons donc à l'assurance immobilière dont les pouvoirs publics n'ont cessé de garder la charge. Reprenons notre historique au point où nous l'avions laissé, c'est-à-dire après le mandat de 1784. Faisons remarquer, pour en finir avec cette disposition législative, qu'elle accordait à la Caisse non seulement la franchise postale, mais encore l'exonérait des droits d'enregistrement. La direction peut se servir gratuitement des autorités inférieures.

Si avec ces observations nous en avons fini avec l'analyse du mandat de 1784, qui resta en vigueur jusqu'après la loi de 1835, il nous faut encore signaler plusieurs modifications ayant une certaine importance et antérieures à la loi du 14 novembre 1835.

Une fois que le cadastre fut dressé pour tout le pays, la nouvelle Caisse d'assurance contre l'incendie fut soumise à un mandat spécial du 4 novembre 1786. Il disposait notamment que les immeubles au-dessous d'une valeur de 25 thl. ne seraient pas admis à l'assurance. Par ce mandat on alloue aux receveurs 1 % des encaisses faits jusqu'à 10.000 thl.,et au-delà 1/2 %. Ces frais étaient à la charge de l'assuré.

Un rescrit du 30 avril 1807 déclarait que les propriétaires qui auraient été victimes d'un incendie allumé dans une émeute ou par des troupes ennemies seraient indemnisés. Mais une ordonnance du 20 avril 1814 prescrivait que le Gouvernement devait payer 5 % jusqu'à 100.000 thl. de l'indemnité allouée.

Le 18 mai 1815 fut signé à Vienne une convention entre la Prusse et la Saxe ayant pour but de régler la part de dépense qui serait à la charge du royaume de Saxe et celle qui reviendrait au duché de Saxe. La Caisse étendait, en effet, sa sphère d'action à tout ce territoire. Aux termes de ce traité il fut d'abord convenu que l'indemnité serait fixée en prenant pour base les trois quarts de la valeur cadastrale. Il fallait alors répartir le total de ces valeurs. Ce qui fut fait ainsi qui suit :

| | thl. | partie |
|---|---|---|
| Au roy^me de Saxe on octroya la charge de | 73.101.855 1/4 ou | 617 |
| Au duché de Saxe.................. | 45.356.986 3/4 ou | 383 |
| Ainsi se trouvait partagé le total de | 118.458.825 ou | 1000 |

En matière mobilière la valeur totale fut établie par les cotisations recueillies :

| | thl. | gr. | pf. | | partie |
|---|---|---|---|---|---|
| Le royaume de Saxe percevait..... | 17.196 | 13 | 3 | ou | 654 |
| Duché de Saxe.................. | 9.100 | 5 | » | ou | 346 |
| Total........ | 26.296 | 18 | 3 | ou | 1.000 |

Une modification fut apportée en 1821 sur laquelle nous ne pouvons insister.

Le décret du 1^er février 1823 exemptait la Caisse des frais d'enregistrement et de timbre.

Pour mettre la Caisse à l'abri de ce qu'on est convenu aujourd'hui d'appeler « l'incendie spéculation, » l'ordonnance du 10 août 1826 accordait une récompense de 100 thl. à celui qui découvrirait un incendiaire. Cette récompense fut portée par une ordonnance du 26 octobre 1833 de 100 à 300 thl. La moitié de la prime devait être payée par la Caisse d'assurance contre l'incendie. L'autre moitié était supportée par la Caisse d'Etat.

Citons encore l'ordonnance du 23 juillet 1828 complétée par celle du 5 août 1829 disposant que les sujets qui étaient astreints à assurer leurs meubles par destination à la Caisse d'Etat pouvaient pour le surplus — car la Caisse n'assurait pas ces objets pour la totalité de leur valeur — s'adresser à des Sociétés privées établies sur le territoire ou étrangères.

Pour terminer la période dont nous avons entrepris l'historique, disons encore un mot de la loi du 3 avril 1834. Elle décide notamment qu'un immeuble ne saurait être l'objet d'une indemnité supérieure aux 5/6 de sa valeur réelle avant l'incendie, même s'il avait été assuré pour une somme supérieure. Mais chaque propriétaire peut abaisser le montant de la somme assurée aux 5/6 de la valeur réelle.

Nous en aurions fini avec cette deuxième étape parcourue par la Caisse si nous n'avions encore à fournir les principaux résultats obtenus de 1787 jusqu'à la fin de juillet 1839, c'est-à-dire pendant les années où resta en vigueur le mandat du 10 novembre 1784.

Voici d'abord un petit tableau résumant les principaux résultats obtenus pour l'*assurance immobilière*.

| ANNÉES | SOMMES ASSURÉES Pâques | St-Michel | perçues pour 25 thl. de somm. assurées | COTISATIONS Totaux | | | MONTANT des indemnités vers. | | |
|---|---|---|---|---|---|---|---|---|---|
| | thl. | thl. | pf. | thl. | gr. | pf. | thl. | gr. | pf. |
| 1787 | 57.998.050 | 58.219.650 | 9 | 72.682 | 5 | 6 | 61.021 | 10 | 2 |
| 1788 | 59.938.025 | 59.937.675 | 19 | 158.169 | 1 | 5 | 160.106 | 21 | 8 |
| 1789 | 59.937.450 | 61.335.738 | 7 | 57.855 | 3 | 4 | 60.185 | 15 | 2 |
| 1790 | 61.339.950 | 62.076.081 | 10 | 85.807 | 19 | 8 | 83.069 | 5 | 4 |
| 1795 | 67.957.913 | 69.806.431 | 18 | 172.975 | 15 | 6 | 172.781 | 21 | 7 |
| 1800 | 80.340.831 | 83.742.231 | 14 | 159.997 | 14 | 9 | 153.738 | 11 | 4 |
| 1805 | 100.142.525 | 102.146.931 | 27 | 380.545 | 11 | 7 | 385.387 | 13 | 8 |
| 1806 | 103.042.856 | 104.275.250 | 36 | 520.349 | 6 | 2 | 502.834 | 18 | 9 |
| 1810 | 105.386.413 | 106.083.337 | 23 | 338.006 | 4 | 1 | 334.480 | 1 | 5 |
| 1815 | 118.458.825 | 118.677.644 | 36 | 592.841 | 4 | 1 | 1200.402 | 19 | 5 |
| 1820 | 75.588.769 | 76.072.931 | 16 | 168.781 | 23 | 6 | 136.638 | 7 | 6 |
| 1825 | 82.619.463 | 82.563.906 | 20 | 231.072 | 13 | 11 | 217.164 | 16 | 10 |
| 1830 | 90.059.000 | 90.661.725 | 27 | 339.479 | 4 | 9 | 315.021 | 23 | 7 |
| 1835 | 94.024.181 | 94.516.638 | 34 | 444.687 | 1 | 1 | 418.020 | 8 | 11 |
| 1838 | 97.870.519 | 99.746.956 | 11 | 151.348 | 17 | 3 | 150.918 | 14 | 2 |
| 1839 | 101.393.850 | 103.622.956 | 12 | 158.354 | 22 | 4 | 175.232 | 6 | 8 |
| Totaux de 1787-1839 | 9.196.332.900 | | 1209 | 15213125 | 10 | 8 | 15999703 | 1 | 4 |

**Résultats de l'assurance mobilière**

| TERMES | | SOMMES ASSURÉES | | COTISATIONS | | | MONTANT des indemnités vers. | | |
|---|---|---|---|---|---|---|---|---|---|
| Trinité | au j. l'an | tbl. | gr. | tbl. | gr. | pf. | tbl. | gr. | pf. |
| 1787 | 1788 | 234.448 | 14 | 19.537 | 9 | 2 | 4.500 | 1 | 2 |
| 1790 | 1791 | 254.386 | 17 | 21.198 | 21 | 5 | 9.287 | 2 | 6 |
| 1795 | 1796 | 299.966 | 22 | 24.997 | 5 | 10 | 23.959 | » | 9 |
| 1800 | 1801 | 329.602 | 21 | 27.466 | 21 | 9 | 28.353 | 9 | 10 |
| 1805 | 1806 | 506.296 | 7 | 42.191 | 8 | 7 | 84.637 | 1 | 4 |
| 1810 | 1811 | 361.198 | 4 | 30.099 | 20 | 4 | 28.498 | 23 | 11 |
| 1815 | 1816 | 262.263 | 5 | 21.855 | 6 | 5 | 13.291 | 3 | 2 |
| 1818 | 1819 | 124.865 | 16 | 10.405 | 11 | 4 | 3.359 | 14 | 4 |
| 1820 | 1822 | 318.051 | 11 | 26.504 | 6 | 11 | 27.959 | 22 | 7 |
| 1825 à | 1828 | 654 | 20 | 54 | 13 | 8 | 246 | 10 | » |
| Sommes totales de tout. l. années de 1787-1828... | | 10689611 | 14 | 890.800 | 23 | 2 | 852.066 | 22 | 3 |

Ces quelques chiffres doivent suffire à donner au lecteur une idée des résultats de la caisse pendant cette deuxième période.

Ces deux tableaux appelleraient bien quelques observations. Nous les ferons dans un paragraphe spécial. Ces réflexions pourront alors porter sur toute la période de 1730-1870. Cela abrégera ces renseignements historiques et nous évitera des redites.

Reprenons donc notre historique au point où nous l'avions laissé et occupons-nous maintenant des principales dispositions législatives que l'on rencontre depuis 1834. Avec la loi du 14 novembre 1835 nous entrons comme dans la troisième étape de l'histoire de cette caisse.

Cette loi concernant surtout, pourrait-on dire, l'établissement de l'institution d'assurance contre l'incendie de la *Alterbland* entra en vigueur le 1er août 1839 et resta applicable jusqu'à l'année 1863. Voici l'économie générale de cette disposition législative. Comme déjà le mandat du 10 novembre 1784 elle établissait une société d'assurance contre l'incendie reposant sur la mutualité, mais ayant un caractère purement immobilier. Bien d'autres modifications furent apportées, bien des lacunes antérieurement constatées furent comblées par cette présente loi. Sans rentrer dans les détails, indiquons les principaux changements introduits ou améliorations réalisées.

On sera indemnisé pour tous dégâts provenant d'un incendie sans distinction de cause. Les dommages occasionnés dans l'intérêt de l'extinction seront également couverts. Par contre les dégâts causés par la foudre qui n'aurait pas allumé d'incendie ne donneront droit à aucune indemnité.

En principe la caisse doit accepter tous les risques immobiliers. Bien plus, en assurant une église — sans avoir à distinguer si c'est une église évangélique ou luthérienne — la caisse s'engage également à assurer l'orgue, l'autel, le clocher et ses accessoires.

Au contraire ne sont pas compris dans l'assurance obligatoire, notamment les maisons de campagne, les cours, les murs de jardins et autres clôtures ainsi que les théâtres.

En matière industrielle, citons les moulins à poudre, les fours à chaux, à briques, à asphalte et les appartements attenants. Plus tard, l'assurance fut étendue à ces logements lorsqu'ils n'étaient pas étroitement unis à ces fours.

L'assurance est *facultative* pour les châlets de plaisance ne servant pas à l'habitation ordinaire. De même pourront être assurés à la caisse les fabriques et les immeubles par nature et par destination s'y trouvant dont nous venons de parler plus haut. Ajoutons cependant qu'il appartiendra à la commission d'assurance contre l'incendie d'apprécier quand un meuble sera immeuble par nature ou par destination.

Les immeubles dont l'assurance à la caisse est obligatoire ne sauraient être assurés à une autre société. Ce monopole existe également au profit de la caisse pour les immeubles par nature et par destination tombant sous le coup de la même obligation.

Un immeuble ne pouvait pas être assuré pour plus des 5/6 de sa valeur réelle ni pour moins de la moitié de sa valeur véritable.

Dans l'appréciation de la valeur on ne devait pas tenir compte des fondations, du prix d'achat, de la situation, mais de la seule valeur intrinsèque des matériaux composant l'immeuble.

Le propriétaire fera lui-même la déclaration de la valeur de son immeuble. Mais des taxateurs pourront contrôler son estimation.

Il est loisible au propriétaire d'assurer ou non les murs ou les escaliers en pierre de son immeuble. Même après la fixation définitive de la valeur de l'immeuble le propriétaire est recevable à faire valoir soit des diminutions soit des augmentations sur le montant des sommes assurées. N'oublions pas cependant qu'il est enfermé entre deux limites : le maximum de 5/6 d'une part, le minimum de 1/2 d'autre part.

Qu'un immeuble vienne à être reconstruit ou construit, il devra être déclaré dans les huit jours à la commission.

Tous les immeubles étaient l'objet d'une revision décennale. Dans l'intérieur de ces dix ans une revision portant sur un immeuble pouvait également avoir lieu si l'on avait des doutes sur la valeur pour laquelle il était porté aux états.

La fixation de la cotisation à payer était établie d'après les résultats obtenus pendant les trois années précédentes. Ce chiffre connu, il était imprimé dans les feuilles officielles et restait applicable pendant trois ans. La première moitié de la cotisation annuelle était perçue par les autorités le 1er avril, la deuxième moitié le 1er octobre. L'administration prélevait sur ce produit, à titre d'indemnité, 6 pf. par thl. lorsque dans une localité le cadastre n'enregistrait pas plus de 20,000 thl. de valeurs immobilières assurées. Au delà l'administration ne pouvait plus retenir que 3 pf. par 3 thl. Si dans le ressort cadastral il n'y a que 10 assurés à la caisse, le service de perception se fera gratuitement.

En cas de sinistre, lorsque le déblaiement sera achevé, les autorités reconnaîtront l'importance des dégâts. L'immeuble n'est-il détruit qu'en partie, on établira le montant des frais de reconstruction des parties brûlées. Au contraire, si les flammes ont tout dévoré, le sinistré recevra la totalité des sommes pour lesquelles l'immeuble avait été assuré. Lorsque le propriétaire n'aura pas assuré les gros murs de son immeuble et qu'après l'incendie ils restent debout, le sinistré aura encore droit à une indemnité égale à la totalité des sommes assurées. Mais on déduira de l'indemnité la valeur des matériaux utilisés par le propriétaire pour réédifier, sur le terrain qu'occupait l'ancien immeuble brûlé, un nouveau bâtiment. Ajoutons que si la maison en construction venait à brûler avant qu'elle ait été cadastrée, elle serait réputée assurée sur le taux ancien.

L'indemnité en cas d'incendie total sera versée en deux fois. Une moitié sera comptée sur la production, par l'intéressé, d'un certificat constatant que tous les matériaux pour la reconstruction sont achetés et apportés sur les lieux. L'autre moitié ne pourra être obtenue qu'après l'achèvement du toit. L'incendie n'a-t-il été que partiel, une moitié sera fournie aussitôt après le dommage reconnu. La réparation entièrement achevée, le propriétaire pourra prétendre à l'autre moitié. Lorsque l'indemnité ne s'élève pas à plus de 25 Thl., elle pourra être réclamée en une fois aussitôt après la constatation des dégats.

En principe, l'immeuble doit être reconstruit sur l'emplacement même de l'ancien, en se conformant aux prescriptions de police du bâtiment. Mais en fait, avec le consentement des autorités et des créanciers hypothécaires, non seulement il suffisait que cette réédification fût faite dans la même commune, mais encore elle pouvait avoir lieu dans une commune voisine.

La reconstruction doit être faite dans la durée d'une année à compter du jour du sinistre ou tout au moins sérieusement commencée. Les autorités ont pour devoir d'en assurer l'exécution. Sinon, le terrain est mis en adjudication. Grevé de l'obligation de reconstruire l'immeuble détruit, l'adjudicataire doit s'engager, moyennant le paiement de l'indemnité versée par la caisse, à bâtir la maison. Jusqu'à ce que pareil acquéreur se soit présenté, le patrimoine reste entre les mains de la caisse.

Pour terminer avec cette matière, ajoutons que si l'incendié est accusé d'avoir mis le feu à son immeuble ou d'avoir été le complice de l'incendiaire, l'indemnité est conservée par la caisse jusqu'à ce que le jugement ait été rendu. Les juges statuant au fond déclarent-ils qu'il y a incendie volontaire, le propriétaire ne touchera rien. Mais si les créanciers hypothécaires n'étaient pas convaincus de complicité, on leur reconnaîtrait le droit de se faire payer de leur créance sur le montant de l'indemnité qui aura été fixée.

Le sinistré pourra également perdre son droit à l'indemnité s'il n'a pas fait valoir sa prétention auprès de la caisse dans un délai de trois ans. De même si l'indemnité a été réclamée, mais si la reconstruction n'a pas été opérée dans un délai de 10 ans, le propriétaire verra son droit à l'indemnité prescrit. Quelqu'un se plaignait-il d'avoir été victime de dommages causés par les exigences du service d'extinction de l'incendie, il devait faire valoir son droit, pour éviter la prescription, dans un délai d'un an.

La caisse avait encore à fournir des sortes de *primes* à l'extinction pour la première et la deuxième pompe privée qui arrivaient sur les lieux du sinistre.

Tous les frais d'administration du service d'incendie étaient également à la charge de la caisse. Elle devait de plus rémunérer tout le personnel de taxateurs et d'experts que l'ordonnance, faite en exécution de la loi du 14 novembre 1835, avait organisé. Il faut en dire autant de tout le matériel des pompiers dont les frais lui incombaient. Sans entrer dans des détails, disons seulement à titre d'exemple, que la première pompe, accompagnée des pompiers pour la faire manœuvrer et de tuyaux pour amener l'eau, recevait d'abord 8 Thl. et après l'incendie 5 Thl., la deuxième avait encore droit à 5 Thl. versés tout de suite et 3 Thl. à toucher dans la suite. Sur ces sommes, celui qui a amené la pompe doit au moins en recevoir 1/4. Ajoutons enfin sur ce point, qu'une prescription ministérielle du 8 mai 1850 exigeait qu'une somme de 300 Thl. qui, par l'ordonnance du 7 juillet 1851, fut portée à 1000 Thl., fût annuellement consacrée à secourir et à encourager le corps des pompiers, ainsi qu'à améliorer le matériel d'incendie.

Avec cette dernière observation nous avons terminé ce que nous nous proposions de faire connaître pour donner une idée d'ensemble de cette loi qui, par une ordonnance du 2 juillet 1839, entra en vigueur le 1er août 1839. Mais nous n'en avons pas encore fini avec cette longue série de lois et règlements qui furent successivement rédigés en vue de l'organisation de notre caisse. Malgré notre désir d'aller vite et notre but de n'insister que sur les lois et dispositions importantes, plusieurs ordonnances doivent encore être relevées avant 1863.

C'est d'abord la loi du 11 juillet 1840 qui permet au propriétaire d'assurer son immeuble pour toute la valeur inscrite au cadastre. Désormais on fera beaucoup plus souvent appel aux experts pour fixer la valeur des immeubles portée ensuite à la connaissance des intéressés. Dans ce but, l'ordonnance du 11 juillet 1840 prescrivit des modifications cadastrales afin d'enregistrer dans la mesure du possible tous les changements qui pourraient se produire tant par le fait de nouvelles assurances contractées que du fait de modifications intervenues dans les assurances anciennes. Il faut cependant que la commission en ait eu connaissance pour la première moitié de l'année, du 1er octobre au 31 mars, et pour la deuxième portion de l'année, du 1er avril au 30 septembre, de manière qu'elles puissent être relatées pour le 1er janvier d'une part, pour le 1er juillet d'autre part.

Conformément à l'ordonnance du 26 août 1842, le pays fut partagé en neuf circonscriptions. Chacune fut dotée d'un inspecteur d'assurance ayant pour mission d'estimer les immeubles et le matériel des pompiers mais jouant surtout le rôle d'expert en machines.

L'ordonnance du 27 novembre 1848 apporte une grande modification en décrétant la fusion de la société d'assurance contre l'incendie de la Haute Lusace dans l'institution d'assurance immobilière de « Alterblandich ». Cette fusion fut pratiquement accomplie pour le commencement de l'année 1849. Dès ce jour notre institution reçut le nom de « *Landes-Immobiliar-Brandversicherungs Anstalt des Konigreichs Sachsen* ».

Cette société de la Haute Lusace qui meurt ainsi eut un long passé que nous ne pouvons, dans un historique, passer entièrement sous silence.

Dès le XVIII$^e$ siècle, les Etats du cercle du Margraviat, de la Haute-Lusace — ce qui ne comprenait pas les six villes de Bauetzen, Gorlitz, Laubau, Zittau, Lobau et Chemnitz — avaient senti la nécessité d'avoir une institution d'assurance contre l'incendie.

Une décision supérieure du 5 avril 1784 leur avait donné satisfaction en leur accordant l'autorisation de créer une société de ce genre. Une ordonnance du 28 avril 1788 vint en réglementer les lignes générales.

L'institution était placée sous la garantie des Etats des deux cercles de Bautzen et de Gorlitzen. Elle devait avoir pour but, moyennant le paiement d'une prime fixée d'avance, de fournir au sinistré le moyen de reconstruire l'immeuble incendié sans avoir à distinguer entre les immeubles privés ou publics. Mais l'indemnité ne pouvait être consacrée qu'à cette reconstruction. Grâce au versement de cette prime fixée à tant par 100 thl., l'ordonnance faisait remarquer que non seulement le propriétaire serait sûr d'avoir toujours un abri, mais encore que cela augmentait la valeur de son patrimoine et surtout son crédit, ses créanciers hypothécaires ayant une garantie beaucoup plus solide.

Après cette espèce d'exposé des motifs, notre ordonnance, comme le mandat du 10 novembre 1784 pour la Vielle Erblandische, comprend un grand nombre de dispositions que, malgré leur intérêt, nous ne ferons que résumer très brièvement.

Tous les propriétaires d'immeubles sis sur le territoire de l'Etat doivent assurer leurs biens immobiliers rentrant dans la première classe à la Société d'assurance contre l'incendie.

Les intéressés auront à faire la déclaration du montant de la valeur de leur bâtiment. Pour ce, ils n'auront à tenir compte ni de la valeur d'affection ni de la valeur du terrain et des fondations. Le propriétaire n'était pas astreint à assurer son immeuble pour toute sa valeur, mais au moins pour la moitié. Au contraire, il ne pouvait faire une déclaration de valeur supérieure à la réalité. Notons que l'assurance portait non seulement sur les immeubles proprement dits, mais encore sur les immeubles par nature et par destination.

Les propriétaires d'immeubles qui étaient rangés dans la deuxième classe n'étaient pas tenus d'assurer leur biens à la Caisse. L'assurance était pour ces derniers, facultative.

A la fin de l'année on totalisait au Landtag Elisabeth tous les dommages causés par l'incendie dans l'année. L'addition du montant de toutes les indemnités à servir étant faite, on fixait le taux de la prime qu'il fallait percevoir pour 100 thl. de valeurs assurées, de manière à pouvoir couvrir les frais.

Etait indemnisé non seulement celui qui avait été incendié, mais encore celui dont l'immeuble avait été endommagé par les moyens employés pour se rendre plus vite maître du feu. Qu'un immeuble vienne à brûler avant d'avoir été cadastré, le propriétaire recevra de la Caisse un secours pour lui permettre de reconstruire son bâtiment. L'indemnité ne devait être employée uniquement qu'à réédifier le bien qui avait été la proie des flammes. Les autorités devaient y tenir la main et annuellement rendaient compte au Landtag de leur mission. Elles devaient l'accomplir gratuitement. La Caisse jouissait de la franchise postale et était exemptée, dans ses opérations, des droits d'enregistrement.

La gestion de la Caisse était assurée par une députation d'Etat. Elle s'occupait spécialement de la fixation des primes et de la détermination des indemnités à allouer. C'est elle qui décidait si, en cas d'incendie partiel, les parties restantes pouvaient ou non être encore utilisées. Dans le cas de la négative, l'incendie était considéré comme total. La loi d'ailleurs sur ce point donnait les lignes générales en déclarant dans quels cas, notamment un incendie, quoique partiel, devait être envisagé comme total.

En principe, la Direction n'avait pas à s'inquiéter, dans la fixation de l'indemnité, de la cause du sinistre. Mais si un propriétaire est convaincu d'avoir mis le feu à son immeuble, il ne touchera aucune indemnité. Elle sera versée à celui qui s'engagera à reconstruire.

On encouragera l'extinction de l'incendie en accordant une prime de 5 thl. à la première pompe, un ducat à la deuxième. Qu'une de ces pompes vienne à brûler, la valeur en sera remboursée sous forme d'indemnité accordée à celui qui en aura souffert.

Pour terminer avec cette analyse, disons encore

que, sauf les meubles considérés comme immeubles par nature ou par destination, les autres n'étaient pas assurés par la Caisse, l'institution d'assurance était purement immobilière.

Un certain nombre de modifications et additions furent apportées à ces dispositions organiques par plusieurs ordonnances dont voici les principales : celles du 22 août 1792, du 27 mai 1801, du 23 septembre 1808 et du 7 juillet 1813 qui réglementent plus exactement l'administration. Par les conventions du 28 août 1819 et surtout par celle du 19 septembre 1821, les 4 villes de Bautzen, Zittau, Chemnitz de Lobeau et leurs faubourgs furent englobés, à compter du 1er novembre 1821, dans le ressort de notre caisse. Depuis ce jour la députation de la Caisse se composa de quatre membres. Deux étaient choisis par les Etats du territoire; deux également par les membres des conseils municipaux respectifs des villes de Bautzen et de Zittau.

Les cotisations à payer seront établies par le Landtag pour l'année suivante. Une circulaire en fera connaître le montant. Les comptes sont vérifiés par un membre des Etats du cercle et un membre choisi parmi les députés des quatre villes. Disons, en passant, qu'il fut accordé à ces derniers un an plein pour dresser leur cadastre.

Après que les 4 villes et la Haute Lusace furent englobées dans le ressort de la Caisse, nous relevons encore avant l'ordonnance de 1848 une ordonnance s'appliquant à tout le ressort de la Caisse en date du 29 janvier 1827.

Voici quelques-unes seulement des principales prescriptions de cette disposition législative :

Désormais il fut décidé que la Caisse indemnisera même pour incendies allumés par la guerre. Les bâtiments royaux ainsi que les maisons de campagne pourront être assurés à la Caisse. Les immeubles situés dans les 4 villes pourraient être assurés pour moins de la moitié de leur valeur. Il est loisible aux intéressés d'élever ou d'abaisser le taux de leur assurance à toute époque de l'année. Toutefois ces modifications doivent être présentées aux autorités au moins 4 semaines avant les séances de la députation de manière que celle-ci puisse se prononcer sur l'accueil qu'elle doit faire à cette demande. La prime fixée sera annuelle. L'indemnité déterminée sera versée par fractions. La reconstruction devait avoir lieu au plus tard dans les deux ans. Enfin, aux termes de cette ordonnance, une prime de 150 Thl. sera accordée à celui qui dénoncera un incendiaire.

Plus tard nous rencontrons encore plusieurs modifications apportées par l'ordonnance du 10 juillet 1840, relative aux églises, maisons consacrées aux cultes, et à l'instruction. Conformément à cette disposition, les écoles et églises ne payeraient que la moitié de la cotisation que normalement un bâtiment ordinaire devrait acquitter.

Citons enfin, comme dernière modification apportée à cette Caisse avant sa fusion avec l'autre Caisse, l'ordonnance du 3 février 1847 étendant aux immeubles des 4 villes la même disposition qu'aux bâtiments du reste du territoire en ce qui concerne le taux d'assurance. Désormais leurs propriétaires ne pourront assurer ces immeubles au-dessus de leur valeur ni au-dessous de la moitié de leur valeur réelle.

L'ordonnance de 1848 qui met fin à l'individualité de cette caisse constitue déjà une deuxième manifestation de concentration dont la première nous a été fournie par la convention du 19 septembre 1821.

Nous voilà donc en présence d'une seule caisse d'assurance contre l'incendie étendant sa sphère d'action à tout le royaume de Saxe.

Il ne nous reste plus, pour en avoir fini avec cette 3e période de l'historique de la Caisse, qu'à signaler l'ordonnance du 19 mars 1849, qui entra en vigueur le 1er janvier 1850. D'une manière générale on peut dire que cette ordonnance augmente les exigences mises en matière d'indemnisation. C'est ainsi, par exemple, que si dans l'intérêt d'une prompte extinction on est obligé de démolir des fourneaux, des fenêtres ou des escaliers, aucune indemnité ne pourra être réclamée à la Caisse de ce chef. Il faut en dire autant pour le cas de dégâts causés par une explosion. Par contre les dégâts occasionnés par la foudre, alors même qu'elle n'allumerait pas d'incendie, donneront droit, à celui qui en aura souffert à un dédommagement.

En ce qui touche les constructions nouvelles et les modifications apportées aux assurances anciennes, les propriétaires doivent en faire part aux autorités.

Celles-ci ont trois jours pour faire un rapport sur cette demande. Il est communiqué à la Commission d'assurance qui a huit jours pour se prononcer sur le fait de savoir si la modification doit ou non être inscrite au cadastre. Les autorités doivent tous les trimestres présenter un rapport à l'inspecteur d'assurance de la circonscription.

Les inspecteurs sont tenus, dans les quatre semaines, de transmettre aux autorités les procès-verbaux de cadastration. En cas de réclamation, le plaignant mécontent de la décision prise par l'inspecteur pourra s'adresser à la Commission d'assurance contre l'incendie. Lorsque la valeur est inscrite sur le cadastre, les autorités sont tenues d'en délivrer des extraits si l'intéressé en réclame.

Maintenant que nous avons analysé très rapidement les principaux monuments législatifs que nous rencontrons dans cette période qui s'étend de 1839 à 1863, indiquons, comme pour l'étape précédente parcourue, quelques résultats obtenus par notre Caisse pendant ces vingt-quatre années.

| ANNÉES | SOMMES ASSURÉES Villes. Thl. | Campagnes. Thl. | Totaux. Thl. | COTISATIONS (1) Pour 100 Thl. assurés. Ngr. | pf. | Totaux. Thl. | Ngr. | INDEMNITÉS VERSÉES aux villes. Thl. | Ngr. | aux campagnes. Thl. | Ngr. | en général. Thl. | Ngr. |
|---|---|---|---|---|---|---|---|---|---|---|---|---|---|
| 1840 | 46.908.600 | 83.405.625 | 130.314.225 | 4 | 8 | 249.726 | 26 | 230.972 | 16 | 169.139 | 20 | 400.112 | 6 |
| 1842 | 51.175.412 | 87.549.313 | 138.724.725 | 5 | 6 | 254.675 | 13 | 394.710 | 3 | 218.551 | 22 | 613.261 | 26 |
| 1844 | 55.511.638 | 92.171.112 | 147.682.750 | 9 | 6 | 465.120 | 4 | 202.686 | 18 | 169.502 | 2 | 372.188 | 21 |
| 1846 | 59.483.338 | 96.580.131 | 156.063.469 | 7 | 2 | 368.521 | 10 | 108.878 | 29 | 197.240 | 13 | 306.119 | 13 |
| 1848 | 66.791.219 | 102.997.562 | 169.788.781 | 7 | 10 | 443.132 | 24 | 241.012 | 9 | 266.737 | 27 | 507.750 | 7 |
| 1850 (2) | 74.644.112 | 130.079.325 | 204.723 437 | 8 | | 536.414 | 25 | 74.265 | 8 | 305.846 | 5 | 380.111 | 13 |
| 1852 | 83.683.700 | 141.051.631 | 224.725.331 | 5 | 6 | 410.669 | 3 | 406.247 | 16 | 573.234 | 9 | 979.481 | 25 |
| 1854 | 92.105.731 | 156.171.100 | 248.276.831 | 8 | | 645.527 | 3 | 544.463 | 15 | 610.878 | 17 | 1.155.342 | 3 |
| 1856 | 98.004.394 | 168.567.744 | 266.572.138 | 12 | 8 | 1.118 335 | 5 | 802.717 | 20 | 523.861 | 28 | 1.326.579 | 18 |
| 1858 | 105.490.306 | 174.814.775 | 280.305.081 | 11 | 2 | 1.029.608 | 29 | 128.678 | 6 | 461.827 | 14 | 590 505 | 21 |
| 1860 | 120.835.712 | 181.683.500 | 302.519.212 | 11 | 2 | 1.130.216 | 12 | 403.509 | 29 | 494.951 | 28 | 898.461 | 27 |
| 1862 (2) | 130.254.412 | 190.287.625 | 320.542.037 | 11 | 2 | 1.201.616 | 8 | 684.509 | 26 | 671.327 | 4 | 1.355.837 | — |
| 1863 | 136.676.112 | 195.777.419 | 332.453.531 | 11 | 2 | 1.243.152 | 20 | 319.886 | 1 | 699.091 | 18 | 1.018.977 | 20 |
| Totaux pour les années de 1840-63 | 2.026.079.375 | 3.274.681.012 | 5.300.760.388 | 215 | 2 | 16.581.039 | 29 | 7.127.813 | 28 | 9.032.317 | 2 | 16.160.131 | |

(1) Les cotisations étaient payées en deux termes.

(2) Remarquons que de 1850 à 1862 on a perçu pour 200.000 thl., un montant de cotisation supérieur aux chiffres des indemnités correspondantes versées.

Avec la loi du 23 août 1862 nous touchons à la période moderne de l'histoire de la Caisse. Elle entra en vigueur au commencement de l'année 1864. Les modifications qu'elle apporte ayant une certaine importance, nous devons insister un peu sur les principales dispositions de cette loi qui ne fut modifiée que par les ordonnances du 28 mars 1863, du 8 décembre 1868 et du 7 mars 1878.

Pour mettre un peu d'ordre dans cet exposé, nous allons ranger sous différents numéros nos explications sur le contenu de cette loi.

1° Il fut décidé que la matière des assurances serait désormais rattachée au département de l'Intérieur. Mais la commission d'assurance contre l'incendie n'en demeura pas moins. Elle est spécialement chargée des questions techniques et de l'administration. Elle constitue une juridiction de 1re instance, et le Ministre de l'Intérieur, celle de 2e instance. Pour pourvoir aux besoins de l'administration exigeant des connaissances spéciales, il fut nommé 27 experts supérieurs pour le bâtiment et deux experts supérieurs uniquement pour les machines, qui reçurent le nom d'inspecteurs d'assurance contre l'incendie. Ils devaient habiter dans la circonscription qui leur était impartie. Pour les aider dans leur tâche, on leur adjoignit des attachés.

Cette institution a les droits d'un établissement d'Etat. Elle est exonérée des droits d'enregistrement et jouit jusqu'en 1869 de la franchise postale.

2° La « Landes-Immobiliar-Brandversicherungs-Anstalt » n'assure que contre les dommages causés par l'incendie (sans en distinguer les causes), par la foudre, qu'elle ait ou non mis le feu, et, sous certaines conditions, contre les dégâts occasionnés par le service d'incendie dans l'intention de se rendre plus vite maître du feu.

3° En ce qui concerne les immeubles à assurer, on remarque que tels bâtiments et leurs dépendances *doivent* être assurés à la Caisse. L'assurance sera *facultative* pour d'autres. Enfin il y a des immeubles qui *ne peuvent* pas être assurés à la Caisse. Dans cette dernière catégorie citons notamment les moulins à poudre, les poudrières, les bâtiments où se fabriquent les cartouches, l'amadou, les feux d'artifices, etc.

L'assurance sera facultative pour les châteaux ne servant qu'à la résidence, les châlets de plaisir, les maisons de divertissements, les ponts et les viaducs. La Caisse acceptera également l'assurance de machines, mais sous certaines conditions que l'ordonnance du 7 mars 1870 a précisées. D'abord la machine à assurer sera rangée dans une des catégories se rapprochant le mieux du risque que son assurance entraîne. De plus l'intéressé en restera assureur pour une partie pouvant varier de 12 1/2 % à 20 % selon la catégorie jusqu'à 20.000 Thl. Au-dessus de cette somme resteront à sa charge les 15 %, les 17 % et les 20 % de la valeur de la machine suivant la catégorie dans laquelle elle sera rangée. Mais cette disposition ne commencera à faire sentir ses effets que lorsque les dégâts seront supérieurs à 80 % de la valeur assurée.

Enfin l'assurance à la Caisse sera obligatoire pour

tous les autres immeubles. Bien plus, l'obligation ne porte pas seulement sur l'immeuble proprement dit, mais s'étend encore aux immeubles par nature ou par destination. Ces meubles ne pourront pas être assurés à une autre institution que la Caisse d'Etat. Ajoutons que ces valeurs mobilières et immobilières devront être assurées pour toute leur valeur.

4° La déclaration de ces immeubles, ainsi frappés de cette obligation, doit être faite soit par écrit, soit de vive voix dans les 14 jours, à compter du jour de l'achèvement du bâtiment. Lorsqu'il s'agit d'assurer des machines ou appareils, le propriétaire devra faire une description de ces objets et donner des indications sur leur usage. Ceci est nécessaire pour établir le risque. Aussi le propriétaire est-il également astreint à mentionner quelles précautions ont été prises en vue d'éviter l'incendie. L'assuré devra également faire connaître toutes les modifications survenues à ces immeubles depuis l'assurance. Cependant, en cas de diminution de valeur, si le propriétaire doit dans les six mois rétablir les choses dans leur état antérieur, il sera dispensé de faire connaître ce changement à l'administration de la Caisse.

Une sanction est attachée à ces prescriptions. Le délinquant sera condamné à une amende s'élevant au quadruple de la prime annuelle qu'il aurait dû verser pour assurer son immeuble.

5° Sous ce numéro nous allons ranger les principales prescriptions touchant à la cadastration, à l'estimation et à la classification des immeubles.

La cadastration est une opération qui doit être accomplie par l'inspecteur du cercle spécialement compétent pour l'exécution de ce genre de travail.

Dans l'estimation de la valeur d'un objet, ces fonctionnaires auront à envisager les frais qu'occasionnerait sa reconstruction s'il venait à brûler le lendemain. Ils n'auront donc pas à faire entrer en compte le prix des matériaux que le feu ne saurait altérer, tels que pierre de taille et fondations. Cependant il faudra également tenir compte de l'état de vétusté et de solidité de la maison. S'agit-il de machines de vieux modèle, elles seront estimées à une faible valeur. En ce qui concerne les souterrains, le propriétaire est libre ou non de les assurer. Mais s'il les assure, ils doivent l'être à la Caisse. Alors les inspecteurs devront les faire rentrer dans leur estimation. Ce résultat connu, il servira à établir le montant des sommes assurées. Cependant il faudra s'arranger de façon à fixer ce chiffre de manière qu'il soit divisible par 50 si la valeur dépasse 100 Thl. et par 10 si la valeur de l'immeuble assuré est inférieure à 100 Thl. Cette prescription a été édictée de manière à pouvoir calculer la prime afférente à l'objet assuré. Aussi un immeuble d'une valeur inférieure à 10 Thl. ne saurait être assuré à la Caisse.

Reste maintenant une opération non des moins délicates sur laquelle il nous faut insister quelque peu. C'est la classification des immeubles et la tarification des primes, ainsi que l'établissement de l'*unité de prime*.

Pour la fixation des catégories d'immeubles, on s'est

basé sur deux éléments principaux : les dangers d'incendie plus ou moins grands dus à la situation ou à l'usage fait des objets assurés d'une part, la composition de ces objets au point de vue de leur plus ou moins grande facilité à s'enflammer d'autre part. L'aménagement de l'immeuble, la plus ou moins grande perfection apportée à le préserver de l'incendie seront encore des détails pris en considération.

Sans insister, puisque nous comptons donner ces tableaux entièrement lorsque nous nous occuperons de la dernière loi, celle de 1875, voici un petit tableau qui pourra dès maintenant donner une idée de ces calculs très compliqués à établir. Il s'agit de faire connaître le montant des risques immobiliers.

On représente par 1 le risque le moins grand, aussi souvent l'appelle-t-on unité de risque.

| Immeubles servant à des usages ordinaires. | PARTIES INFLAMMABLES | | | | | | | | | |
|---|---|---|---|---|---|---|---|---|---|---|
| | Jusqu'à | Au-dessus | | | | | | | | |
| Avec un toit dur. | 1/10 | 1/10 | 2/10 | 3/10 | 4/10 | 5/10 | 6/10 | 7/10 | 8/10 | 9/10 |
| a) Sans ou avec de bons app. de chauff. | 1.1 | 2,2 | 3,3 | 4,4 | 5,5 | 6,6 | 7,7 | 8,8 | 9,9 | 11,0 |
| b) Avec appareils de chauffage défect. | 1,6 | 3,2 | 4,8 | 6,4 | 8,0 | 9,6 | 11,2 | 12,8 | 14,4 | 16,0 |
| Avec un toit mou. | | | | | | | | | | |
| a) Sans ou avec de bons app. de chauff. | 1,93 | 3,86 | 5,79 | 7,72 | 9,65 | 11,58 | 13,51 | 15,44 | 17,37 | 19,30 |
| b) Avec appareils de chauffage défect. | 2,8 | 5,6 | 8,4 | 11,2 | 14,0 | 16,8 | 19,6 | 22,4 | 25,2 | 28,0 |

i Ne pouvant pas ici donner tous les autres tableaux, ndiquons-en simplement les résultats. D'après le tableau de la classification des immeubles, nous trouvons soixante-neuf classes réparties sous deux rubriques : immeubles sans appareils de chauffage ou bien possédant de bons appareils de chauffage, subdivisés en six sections, et la deuxième rubrique : immeubles avec appareils de chauffage défectueux, également subdivisées en six sections.

D'après un autre tableau on compte 151 classes de primes. Enfin un autre tableau indique combien d'unités de prime il faut percevoir dans chaque classe.

A titre d'exemple :

| | | | |
|---|---|---|---|
| 1re classe de primes | | 2 unités de prime | |
| 2e | — | 3 | — |
| 10e | — | 11 | — |
| 15e | — | 16 | — |
| 80e | — | 81 | — |
| 91e | — | 93 | — |
| 100e | — | 104 | — |
| 110e | — | 117 | — |
| 120e | — | 130 | — |
| 130e | — | 146 | — |
| 140e | — | 168 | — |
| 150e | — | 207 | — |
| 151e | — | 210 | — |

Supposons maintenant que l'inspecteur a estimé l'immeuble, il devra établir un procès-verbal établissant dans quelle classe le bâtiment doit être rangé. Pour cette opération ce fonctionnaire a cinq semaines à compter du jour où la déclaration a été inscrite sur un registre *ad hoc*. Ce résultat, après avoir été approuvé par la commission d'assurance qui a 10 jours pour

faire cet examen, sera aussitôt transcrit sur le cadastre.

La Commission d'assurance de son côté, aussitôt après cette vérification, envoie aux autorités le procès-verbal. Dans les huit jours les autorités doivent établir la police d'assurance et la faire parvenir à l'assuré. Un duplicata devra aussi être envoyé à la commission d'assurance.

L'intéressé pourra contester cette estimation, mais il devra indiquer clairement les points sur lesquels porte sa réclamation et cela dans les 10 jours à compter de la date de la réception de la police. Cette protestation adressée aux autorités est communiquée aux fonctionnaires techniques et s'il y a lieu à la Commission. Celle-ci se compose d'un inspecteur supérieur et de l'inspecteur d'assurance du cercle, qui a fait la première estimation. Une revision est ordonnée. Puis la Commission juge en dernier ressort. S'il en résulte que la réclamation n'était pas fondée, les frais de la revision seront supportés par le réclamant. Il en sera de même lorsque la différence entre la première et la deuxième taxation n'est que de 5 %.

6° Le procès-verbal devenu ainsi définitif doit être transcrit à côté des autres sur un cadastre tenu par les autorités dans chaque localité. Deux fois l'an elles doivent également relater sur ce registre les modifications qui auraient pu se produire dans les assurances contractées. Un duplicata des modifications devra, dans le mois, être envoyé à la Commission d'assurance.

7° Les cotisations ordinaires que la Caisse à le droit

de percevoir sont établies en comptant l'unité de prime à 3 pf., dont deux doivent être versés pour le 1er avril et 1 pf. pour le 1er octobre. Lorsque cette prime ordinaire ne suffit pas à couvrir les frais, la valeur de l'unité de prime pourra être élevée par une ordonnance spéciale du ministre de l'Intérieur. Cette somme était due par l'assuré à la Caisse comme un impôt au fisc. Aussi son paiement était-il garanti par les mêmes prérogatives.

Ces primes sont perçues par les soins des communes respectives. Les cotisations ainsi recueillies sont versées par les percepteurs entre les mains des autorités qui les remettent à la Caisse d'assurance contre l'incendie. Il n'y a que les primes dues par des édifices d'Etat qui sont prises dans la Caisse d'Etat pour être remises à la Caisse d'assurance. La Caisse abandonne sur les sommes qu'on lui verse comptant 2 %, 1/2 % ou 1 % pour rémunérer la perception. Le total est réparti pour moitié aux autorités et l'autre moitié aux percepteurs locaux.

Pour parer aux éventualités et donner plus de solidité à la Caisse, un fonds de réserve fut créé, alimenté par les amendes, les frais de justice, les intérêts et les excédents annuels. Enfin ajoutons que comme première mise il fut octroyé à la Caisse un crédit de 100.000 thl. au budget de l'Etat. Disons enfin que la Caisse peut, avec l'agrément du ministre de l'Intérieur, faire des émissions d'emprunts.

8° L'obligation de la Caisse d'indemniser commence en principe le lendemain du jour où la déclaration est enregistrée. Mais depuis l'ordonnance du 7 mars 1870, lorsqu'il y aura eu omission l'obligation de la Caisse commencera le lendemain du jour où la police aura été établie. Après un incendie, celui qui entend demander une indemnité doit le déclarer, dans les 72 heures qui suivent l'incendie, aux autorités. La gravité des dégâts sera appréciée à sa juste valeur par des experts. Si l'incendie a tout détruit, on versera au sinistré la totalité de la somme assurée sous forme d'indemnité en déduisant, s'il y a lieu, le montant de la valeur des matériaux encore utilisables. En cas d'incendie partiel, on n'allouera, sous forme d'indemnité, que la somme nécessaire pour réparer ou reconstruire les parties détruites. Aussitôt après l'incendie, le sinistré doit faire déblayer la place et mettre à l'abri les matériaux qui ont échappé aux flammes.

9° Pour la fixation des dommages, l'inspecteur fera usage des renseignements recueillis aussitôt après l'incendie par les autorités et des éclaircissements fournis par l'incendié. Lorsque les dommages sont définitivement fixés, la Commission délivrera une lettre d'attestation de la dette que le titulaire pourra faire convertir en argent liquide à la perception du cercle ou à toute autre Caisse d'Etat. L'indemnité sera versée par les autorités en plusieurs fois. La loi n'apportant pas de changements sérieux sur ce point, passons.

L'indemnité allouée devra servir à reconstruire ou réparer les dégâts. Toutefois on peut céder son terrain avec l'indemnité allouée en obligeant l'acquéreur de reconstruire.

En principe, la reconstruction doit avoir lieu sur l'ancien emplacement et d'après l'architecture de l'immeuble détruit. Pour rebâtir plus loin, il faudra obtenir l'agrément des créanciers hypothécaires. Veut-on bâtir dans une autre commune, non seulement cette dernière autorisation sera nécessaire, mais encore il faudra que cette solution soit imposée par les circonstances. La portion de l'indemnité qui n'aurait pas été employée à la reconstruction doit faire retour à la Caisse d'assurance. Rien de nouveau à signaler pour le cas où, faute d'individu disposé à reconstruire, l'immeuble est considéré comme caduc et tombe dans le patrimoine de la société.

10° Conformément à ce que nous avons déjà eu occasion de rencontrer dans les périodes précédentes les autorités doivent veiller à la reconstruction. Mais notre loi plus que toute autre s'étend sur les obligations des communes de mettre les autorités au courant. La reconstruction devra être opérée en respect des règlements d'alignements établis par les communes. Mais ce sont là des détails sur lesquels nous ne pouvons pas insister dans un historique. Ajoutons encore dans cet ordre d'idées qu'en cas de contestation sur l'indemnité octroyée, la difficulté sera tranchée par une commission composée de trois experts, un nommé par l'assuré, un par les autorités et un troisième par la Caisse d'assurance. Remarquons enfin que seul l'assuré a le droit de contester le montant de l'indemnité allouée. Sont donc exclus les créanciers hypothécaires et autres prêteurs qui n'ont le droit que de réclamer d'être payés sur l'indemnité. Ils peuvent également demander communication du plan de reconstruction qui a été dressé. Bien plus, si ces créanciers ne prennent pas les devants, les autorités doivent leur communiquer cette pièce.

11° Les communes doivent retenir 1 % des encaisses de primes d'assurance qu'elles font pour permettre de venir en aide aux pompiers qui auraient souffert d'un dommage dans l'exercice de leur fonction ainsi que pour améliorer et entretenir le matériel des sapeurs-pompiers. Ces sommes sont ensuite recueillies par les autorités de la commune qui à leur tour les versent à la caisse des sapeurs-pompiers de la localité moyennant la remise d'une quittance. Il semble qu'il eût été beaucoup plus simple de déclarer que les percepteurs des communes verseraient directement ces % à la Caisse des sapeurs pompiers.

La Commission d'assurance contre l'incendie est en outre autorisée à verser une récompense de 10 thl. pour la première pompe accompagnée de manœuvre et de tuyaux qui se présentera sur les lieux du sinistre ; pour une pompe seulement on recevra encore 7 thl. Pour la deuxième pompe qui arrivera sur les lieux, la Caisse est également autorisée à lui verser une somme de 7 thl. ou 5 thl. suivant qu'il y a ou non des manœuvres et des tuyaux. En dehors de cette récompense ceux qui auront mis la pompe en mouvement toucheront encore une gratification.

La Commission d'assurance contre l'incendie pouvait, chaque fois qu'elle le jugerait à propos, mais loyalement, offrir à un propriétaire qui a un immeuble couvert d'un toit mou, de le remplacer par un toit consistant en zinc, tuiles ou ardoises. En cas d'acceptation la Commission s'engagerait à lui rembourser la moitié des frais. Le montant en est estimé par le personnel technique de l'institution. Pour faire face à ces dépenses la Caisse puisera dans le fonds des secours de la Société.

La Commission est également autorisée à proposer un pareil arrangement pour l'établissement de « Brandgiébel » (1) à un ou plusieurs bâtiments d'une ferme lorsqu'elle se trouve à la suite de toute une série de bâtisses facilement inflammables. C'était un moyen préventif de circonscrire, en cas d'incendie, le feu.

On reconnaissait pareils droits à la Commission dans d'autres cas tendant à diminuer le risque d'incendie.

Empressons-nous d'ajouter que la Commission ne fait de pareilles propositions que lorsqu'on se trouve dans des hypothèses où ces modifications n'étaient pas imposées aux propriétaires par des règlements administratifs.

12° Cette loi comme la précédente donne des encouragements à ceux qui découvriraient un incendiaire. Cette gratification pouvait s'élever jusqu'à 300 thl. La moitié seulement était supportée par la Caisse d'assurance.

Le propriétaire convaincu non seulement d'être l'auteur de l'incendie mais encore simplement le complice, si faiblement que ce soit, de l'incendiaire, perd tout droit à réclamer une indemnité à la Caisse d'assurance. Bien plus il est en outre obligé de réparer tous les dégâts

(1) Appareil destiné à diminuer le risque d'incendie.

couvrir les dépenses entraînées par l'incendie. Les autorités soupçonnent-elles à un incendie volontaire, tant que l'enquête durera, le paiement de l'indemnité doit être suspendu. Si l'instruction se termine par l'affirmation d'un incendie volontaire, la Caisse n'aura à payer que les créanciers hypothécaires jusqu'à concurrence de l'indemnité fixée.

Y a-t-il un reliquat, il sera acquis à la Caisse d'assurance.

Sur les autres points, dans cet ordre d'idée, la loi nouvelle ne fait guère que reproduire la loi antérieure. Ceci nous permet de passer et d'aborder, pour terminer avec cette période de législation, les dispositions relatives à l'assurance mobilière.

13° Nous savons que depuis l'ordonnance du 31 décembre 1818 la Caisse d'Etat ne pratique plus l'assurance mobilière. Cela ne veut pas dire que depuis cette date elle n'ait jamais eu à assurer des meubles. Mais ils revêtaient alors un caractère juridique spécial. C'étaient soit des immeubles par nature, soit des immeubles par destination.

Bien plus, même en matière immobilière, nous avons vu que la Caisse d'Etat n'assure pas toute espèce d'immeubles. Il y en a qu'elle ne peut jamais assurer et d'autre, qu'on peut assurer à la Caisse d'Etat.

Ceci nous permet d'indiquer quel sera le champ d'action de l'assurance privée.

Les Sociétés par actions ou Mutuelles pourront pratiquer à côté de l'assurance mobilière l'assurance immobilière, mais dans ce cas, uniquement pour les immeubles dont l'affiliation à la Caisse d'Etat ne sera pas obligatoire.

Le législateur en abandonnant ainsi une partie du domaine de l'assurance contre l'incendie à l'industrie privée n'a pas entendu par là abandonner les assurés à leurs propres forces. L'Etat, dès 1818, s'est reconnu certains droits de contrôle très efficaces sur les Compagnies. Ce contrôle, dans les différentes lois que nous avons rencontrées, a été sans cesse en s'augmentant. Notre loi du 13 août 1862 s'occupe encore de la réglementation de l'assurance mobilière exploitée par l'industrie privée. L'ordonnance du 28 mars 1863 n'a eu d'autre but également que de compléter les dispositions de la loi de 1862. Comme déjà dans les lois précédentes, il est déclaré que l'assurance mobilière est sous le contrôle de l'Etat. Les Sociétés privées pour pouvoir exploiter l'assurance sur le territoire de Saxe doivent avoir reçu une concession spéciale du ministre de l'Intérieur. Notre loi en somme ne fait que maintenir des dispositions antérieures, mais elle se montre peut-être plus rigoureuse encore sur l'exécution des conditions imposées aux Compagnies pour obtenir une concession.

On imposera notamment aux Sociétés concessionnaires l'acceptation de certains risques immobiliers tels que maisons couvertes de paille ou de jonc. En matière mobilière les Compagnies devront assurer contre certains risques industriels.

Un duplicata des polices établies par les Compagnies devra être donné aux autorités qui auraient le droit d'exiger certaines modifications. Trouve-t-on, par exemple, que la valeur d'un objet assuré a été fixée au-dessus de 20 °/₀ de la valeur courante, l'autorité demandera la réduction si elle estime qu'on est en présence d'un cas de surassurance. L'administration veillera également à ce que les mêmes objets ne soient pas assurés simultanément pour toute leur valeur à plusieurs Compagnies. Toute infraction à ces prescriptions, est sanctionnée. On commencera par établir les responsabilités. S'il est démontré que la Compagnie a prêté la main à la combinaison ou simplement connaissait l'infraction, elle sera, comme l'assuré, passible d'une amende pouvant aller de 5 thl. à 1000 thl. En cas d'insolvabilité l'amende sera remplacée par un emprisonnement pouvant s'élever jusqu'à un mois (1).

Les sommes provenant de ces amendes ainsi que celles résultant des réductions d'assurances sont partagées en 3 parties. Une partie tombe dans la Caisse d'Etat d'assurance contre l'incendie. La deuxième portion vient alimenter la Caisse des pauvres. La Caisse des sapeurs-pompiers recevra le reste. Cette dernière a également droit à 1 °/₀ du total des primes perçues par les Sociétés privées d'assurance contre l'incendie (2).

Ces renseignements terminent cette dernière période

(1) Conformément à l'ordonnance du 7 mars 1870, ce doit être un maximum.

(2) Nous avons vu suprà que la Caisse d'assurance contre l'incendie de l'Etat devait également consentir un pareil sacrifice en laissant prélever par les communes 1 °/₀ des primes reçues par les percepteurs locaux

de la législation de la Caisse d'Etat que nous nous étions, en dernier lieu, proposé d'analyser et de parcourir. Mais avant d'arriver à la législation actuellement en vigueur, nous avons encore à donner quelques détails sur les résultats de la Caisse de 1863 à 1870. Comme cette période est toute moderne, on nous pardonnera de nous étendre un peu plus sur cette statistique que nous ne l'avions fait pour les autres étapes traversées par la Caisse.

*(Voir pages suivantes les résultats obtenus par la Caisse d'État d'assurance contre l'incendie, du Royaume de Saxe de 1863-1871).*

## Sommes assurées de 1863-1871 (1)

| ANNÉES | Dans les villes | Dans les villages | En bâtiments | En machines et autres objets industriels et commerciaux | En mobilier d'église tels que : Autels, fonts baptismaux, chaires, orgues, horloges, cloches | Valeurs totales annuelles des objets assurés |
|---|---|---|---|---|---|---|
| | Thl. | Thl. | Thl. | Thl. | Thl. | Thl. |
| 1864 | 210.631.270 | 279.641.020 | 468.956.190 | 18.840.150 | 2.905.950 | 490.372.290 |
| 1865 | 219.268.900 | 286.234.940 | 483.144.840 | 19.409.010 | 2.949.990 | 505.503.840 |
| 1866 | 228.487.150 | 293.756.750 | 498.417.280 | 20.836.780 | 2.989.840 | 522.243.900 |
| 1867 | 235.968.570 | 300.047.130 | 511.065.540 | 21.941.600 | 3.008.560 | 536.015.700 |
| 1868 | 242.610.620 | 305.832.230 | 522.736.830 | 22.677.050 | 3.028.970 | 548.442.850 |
| 1869 | 249.798.480 | 311.776.600 | 536.074.470 | 22.425.580 | 3.075.030 | 561.575.080 |
| 1870 | 255.224.960 | 315.730.800 | 549.358.140 | 18.484.180 | 3.113.440 | 570.755.760 |
| Totaux | 1.641.989.950 | 2.093.019.470 | 3.569.753.290 | 144.184.350 | 21.071.780 | 3.735.009.420 |

## Cotisations perçues de 1863-1871 (2)

| | Dans les villes | Dans les villages | Pour les bâtiments | | Machines et autres objets industriels | | Pour mobilier d'église | | Pour les valeurs annuelles | |
|---|---|---|---|---|---|---|---|---|---|---|
| | Thl. Ngr. pf. | Thl. Ngr. pf. | Thl. Ngr. pf. | 0/00 | Thl. Ngr. pf. | 0/00 | Thl. Ngr. pf. | 0/00 | Thl. Ngr. pf. | 0/00 |
| 1864 | 397.743,18,6 | 753.852.15,3 | 1.040.427, 2,2 | 2,22 | 107.751,25,2 | 5,85 | 3.414, 6,5 | 1,17 | 1.151.596, 3,9 | 2,35 |
| 1865 | 411.134,21,9 | 759.565, 3,1 | 1.058.128,22,2 | 2,19 | 109.102, 3,7 | 5,62 | 3.468,29,1 | 1,18 | 1.170.699,25, | 2,32 |
| 1866 | 423.966,20,1 | 767.390,25,7 | 1.074.895,25,1 | 2,16 | 112.977, 7,1 | 5,43 | 3.484,13,6 | 1,17 | 1.191.357,15,8 | 2,28 |
| 1867 | 434.815, 1,9 | 774.958, 4,9 | 1.089.130, 9 | 2,13 | 117.153, 1,5 | 5,34 | 3.490, 4,3 | 1,16 | 1.209.773, 6,7 | 2,26 |
| 1868 | 442.880,27,4 | 779.408, 5, | 1.101.012,28,9 | 2,10 | 117.765, 4,6 | 5,19 | 3.510,29, | 1,16 | 1.222.289, 2,5 | 2,23 |
| 1869 | 600,989, 1,4 | 1.043.655,23, | 1.487.825, 4,3 | 2,78 | 152.039,29, | 6,78 | 4.779,21,1 | 1,55 | 1.644.644,24,4 | 2,93 |
| 1870 | 610,906,28, | 1.086.765,18,2 | 1.560,535, 1,5 | 2,84 | 132.248,24,1 | 7,15 | 4.888,20,6 | 1,57 | 1.697.672,16,2 | 2,97 |
| Totaux | 3.322.436,29,3 | 5.965.596, 5,2 | 8.412.052,85,1 | | 839.045,23,22 | | 27.045,42,22 | | 9.288.033, 4, | |
| Moyenne annuelle | ........ | ........ | 1.204.707,25 | 2,35 | 121.291,17, 9 | 5,89 | 3.862,13, 5 | 1,28 | 1.326.861,26,4 | 2,49 |
| | | | | 2,14 (1) | | 5,40 (1) | | 1,17 (1) | | 2,26 |

(1) La moyenne ne serait que de 2,14 si l'on faisait abstraction des 2 années 1869 et 1870 où l'on a perçu une prime extraordinaire. On a compté l'unité de prime non plus pour 3 mais pour 4 pf.

**Indemnités proprement dites versées de 1863-1871.** (3)

| ANNÉES | Pour bâtiments | | Pour machines et autres objets industriels et commerciaux | | Pour mobilier d'église tel que : autels, fonts baptismaux, chaires, orgues, horloges, clochers | | Valeurs totales annuelles des objets assurés | |
|---|---|---|---|---|---|---|---|---|
| | Thl. Ngr. pf. | 0/00 | Thl. Ngr pf. | 0/00 | Thl Ngr. pf. | 0/00 | Thl. Ngr. pf. | 0/00 |
| 1864 | 722.036,14,1 | 1,54 | 90.243, 7, | 4,90 | 65,16,9 | 0,12 | 812.345,11, | 1,66 |
| 1865 | 972.287, 8,1 | 2,01 | 64.762,29,1 | 3,34 | 2.440,13,4 | 0,76 | 1.039.290,20.6 | 2,06 |
| 1866 | 1.114.655, 2,7 | 2,24 | 112.978.17,6 | 5,42 | 205, 7, | 0,07 | 1.227.838,27,3 | 2,35 |
| 1867 | 1.193.517,21,8 | 2,34 | 131.690,14, | 6, | 4.407,16,4 | 1,47 | 1.329.615,22,2 | 2,48 |
| 1868 | 1.251.053,11,8 | 2,39 | 303.271,27.1 | 13,37 | 1.262,27.5 | 0,42 | 1.555.588, 6,4 | 2,84 |
| 1869 | 1.246.271,12.4 | 2,32 | 232.364,26.8 | 10.36 | 5.751,14.4 | 1,87 | 1.484.387,23,6 | 2.64 |
| 1870 | 706.589, 7,4 | 1,29 | 142.043,12,4 | 7,68 | 85,28,8 | 0,03 | 848.718,18,6 | 1,49 |
| Totaux. | 7.206.408,78,3 | | 1.077.352,34,0 | | 13.951,24,4 | | 8.297.782,29,7 | |
| Moyen. | 1.029.487, 7,3 | 2,02 | 153.907,27,7 | 7,47 | 2.202,22, | 0,66 | 1.185.397,27,1 | 2,22 |

En intitulant ce tableau « Indemnités d'assurance proprement dites », nous laissions déjà entendre qu'il y avait d'autres dédommagements à la charge de la Caisse dont il nous faut maintenant donner les résultats. Dans ce nouveau tableau que nous pourrions intituler « Sommes versées en dédommagements accessoires », nous allons grouper toute une série d'obligations dont l'exécution se traduit pour la Caisse par un total de dépenses qui est loin d'être insignifiant.

| ANNÉES | Encouragements donnés au service des pompiers, tant pour soutenir le pers. que pour développer le matériel | Primes accordées à la 1re et à la 2e pompe arrivant sur les lieux de l'incendie | Avances faites pour transformer en bâtiment massif ou établir des appareils protecteurs | Indemnités allouées pour entretien des bouches d'eau | Gratifications versées pour aider à la confection de nouveaux plans de bâtiments | Récompenses distribuées à ceux qui découvrent des incendiaires |
|---|---|---|---|---|---|---|
| | Thl. Ngr. pf. | Thl. | Thl. Ngr. pf. | Thl. Ngr. pf. | Thl. | Thl. Ngr. |
| 1861-1863 | — | 8.840 | 23.141,20 | 7.501,16,8 | 19.479,9 | 395 — |
| 1864 | 361,28 | 4.317 | 11.380 — | 1.075, 1 — | 573 | 137,15 |
| 1865 | 5 — | 5.607 | 27.834,15 | 2.364, 9 — | 443 | 145 — |
| 1866 | 87,20 | 5.764 | 8.580 — | 2.551,23,6 | 2.480 | 77,15 |
| 1867 | 115,26,8 | 4.918 | 6.881 — | 1.366,28 — | 3.775 | 122,15 |
| 1868 | 278, 1,5 | 6.577 | 1.110 — | 2.556,13,4 | 400 | 27,15 |
| 1869 | 50,15 | 5.732 | 1.355 — | 1.760,10,8 | 500 | 197,15 |
| 1870 | — | 4.227 | 1.000 — | 1.152,27,3 | 8.712 | 112,15 |
| Totaux de 1864-1870 | 899,1,3 | 37.142 | 58.140,15 | 12.827,23 | 16.883 | 820 |
| Annuellem. | 128,13,3/7 | 5.306 | 8.305,23,5 | 1.832,16 | 2.411,25 | 117, 4 |

Si nous tenons compte de ces différentes dépenses et que nous les additionnions, nous arrivons aux résultats suivants.

| ANNÉES | Dans les villes | Dans les villages | En général |
|---|---|---|---|
| | Thl. Ngr. pf. | Thl. Ngr. pf. | Thl. Ngr. pf. |
| 1864 | 263.967,14,7 | 554.704,25,3 | 818.672,10-- |
| 1865 | 360.049,18,1 | 687.660,11,5 | 1.047.709,29,6 |
| 1866 | 377.623, 8,8 | 861.099, 2,1 | 1.238.722,10,9 |
| 1867 | 675.088,11,1 | 666.703, 8,9 | 1.339.791,17-- |
| 1868 | 390.969,18,1 | 1.174.430,10,2 | 1.565.399,21,3 |
| 1869 | 573.792,16,8 | 918.638. 2,6 | 1.492.430,19,4 |
| 1870 | 168.027,21,7 | 694.782,24,2 | 862.810,15,9 |
| Tot. des indemn. vers. | 2.809.518, 9,3 | 5.556.018,24,8 | 8.365.537, 4,1 |

Nous sommes maintenant en possession de résultats généraux sur les sommes assurées, les primes perçues et les indemnités versées.

Mais ces renseignements sont trop généraux pour nous satisfaire entièrement. C'est dire qu'il nous faut encore fournir quelques chiffres donnant une analyse sommaire de la nature des totaux que nous avons obtenus.

Aussi pour compléter notre 1er tableau, il nous faut ici donner le nombre des bâtiments assurés.

| Années | Dans les villes | | | Pour les villages | | | En général | | | Sommes assurées pour l'immeuble en moyenne | |
|---|---|---|---|---|---|---|---|---|---|---|---|
| — | Sans | Avec bons | Défectueux | Sans | Avec bons | Défectueux | Sans | Avec bons | Défectueux | dans les villes | dans les villages |
| | Appareils de chauffage | | | Appareils de chauffage | | | Appareils de chauffage | | | | |
| 1864 | 75.828 | 36.365 | 55.071 | 240.401 | 47.826 | 180.867 | 316.229 | 84.191 | 235.938 | 1.259 | 595 |
| 1865 | 75.541 | 38.377 | 54.162 | 242.306 | 49.534 | 178.375 | 317.847 | 87.911 | 232.537 | 1.305 | 609 |
| 1866 | 75.172 | 40.340 | 53.335 | 242.563 | 53.098 | 176.464 | 317.735 | 93.438 | 229.799 | 1.353 | 622 |
| 1867 | 75.306 | 42.709 | 52.612 | 242.811 | 56.985 | 174.495 | 318.117 | 99.694 | 227.107 | 1.383 | 633 |
| 1868 | 74.835 | 44.330 | 51 647 | 242.789 | 60.290 | 172.744 | 317.624 | 104.620 | 224.391 | 1.420 | 643 |
| 1869 | 74.333 | 46.326 | 50.712 | 242.762 | 64.027 | 170.416 | 317.095 | 110.353 | 221.128 | 1.458 | 653 |
| 1870 | 73.694 | 48.351 | 49.806 | 241.927 | 67.947 | 168.383 | 315.621 | 116.298 | 218.189 | 1.485 | 660 |

| | | | |
|---|---|---|---|
| Total. . . . . . . . . . | 4.514.862 | Moyenne. . . . . . | 1.381 | 631 |
| Moyenne annuelle . . . . | 644.980 | Accroissement. . . . | 226 | 64 |

Connaissant maintenant le nombre total des immeubles assurés pendant ces sept années, voici quelques chiffres qui permettront de se rendre compte de la construction de ces bâtiments.

| La Caisse avait assuré | | Au 1er janvier 1865 sous toit dur | Au 1er janvier 1865 sous toit mou | Au 1er juillet 1870 sous toit dur | Au 1er juillet 1870 sous toit mou |
|---|---|---|---|---|---|
| | | En Thl. | | | |
| Immeubles et mobilier d'église | villes . . . | 182.615.000 | 17.993.690 | 232.985.320 | 14.433.950 |
| | villages. . | 156.645.960 | 109.159.830 | 211.548.050 | 93.504.260 |
| | en tout . . | 339.260.960 | 127.153.520 | 444.533.370 | 107.938.210 |
| Machines. . . . . . . . . | | 15.454.020 | 2.604.040 | 17.054.040 | 1.430.140 |
| Total général . . | | 354.714.980 | 129.757.560 | 461.587.410 | 109.368.350 |

Sans insister sur ces résultats, remarquons simplement l'heureuse transformation qui s'est accomplie dans le bâtiment de 1864 à 1870. Tandis que nous trouvons une augmentation de plus de 100 millions pour les toits en zinc ou consistants, nous enregistrons au contraire une diminution de 10 millions, pour les toits recouverts d'une matière molle. Les 58.140 thl. dépensés par la Caisse pour encourager cette transformation n'ont donc pas été perdus. Nul ne conteste qu'ils ont puissamment contribué à cette modification.

Grâce aux résultats que nous avons réunis dans les tableaux 2 et 3, nous allons pouvoir comparer d'une part le ‰ des primes perçues avec le ‰ des indemnités versées par rapport aux sommes assurées. C'est ce que nous nous proposons de faire dans le tableau que voici. Mais nous n'envisageons que les indemnités proprement dites, c'est-à-dire celles fournies à un sinistré pour le dédommager des dégâts que lui a causés un incendie. Nous laissons donc en dehors tout ce que nous avons appelé les dédommagements indirects.

| Années | Primes perçues ‰ valeurs assurées Villes | Villages | Indemnités servies ‰ assurés Villes | Villages | Excédent des primes sur les indemnités Villes | Villages | Observations |
|---|---|---|---|---|---|---|---|
| 1864 | 1.89 | 2.70 | 1.24 | 1.97 | + 0.65 | + 0.73 | Pendant les années |
| 1865 | 1.88 | 2.65 | 1.63 | 2.39 | + 0.25 | + 0.26 | allant de 1864 à 1870 il |
| 1866 | 1.86 | 2.61 | 1.63 | 2.91 | + 0.23 | — 0.30 | a été fourni sous for- |
| 1867 | 1.84 | 2.58 | 2.84 | 2.20 | — 1.00 | + 0.38 | me de dédommage- |
| 1868 | 1.83 | 2.55 | 1.60 | 3.82 | + 0.23 | — 1.27 | ments indirects p. les |
| 1869 | 2.40 (1) | 3.35 (1) | 2.29 | 2.93 | + 0.11 | — 0.42 | Villes. . . 31.621 Thl. 3 Ngr. |
| 1870 | 2.39 (1) | 3.44 (1) | 0.62 | 2.19 | + 1.77 | + 1.25 | Villages. . 36.127 Thl. 21 Ngr. |
| (1) Moyenne plus élevée à cause des 2 dern. années | 2.02 | 2.83 | 1.69 | 2.64 | + 0.33 | + 0.21 | En tout. . 67.751 Thl. 24 Ngr. |

Les primes perçues servent à payer les indemnités et les dédommagements indirects, mais elles doivent également couvrir les frais d'administration dont ils nous faut maintenant brièvement indiquer les principaux éléments.

| Années | Traitement des collecteurs (variant selon importance de la localité de 1-2 % des recettes) | Primes payées à la caisse des pompiers de la localité s'élèvent à 1 % des primes | Frais de procès | Versement pour pensions des membres de la commission et des fonctionnair. d'ordre tech. | Frais d'administration causés par la commission les bureaux, la caisse et les experts | Frais de statistique | Frais généraux d'administration pour colonnes 6 et 7 | Frais d'admin. ‰ thl. de valeurs assurées |
|---|---|---|---|---|---|---|---|---|
| — | — | — | — | — | — | — | — | — |
| | Thl. Ngr. pf. | Thl. Ngr. pf. | Thl. Ng. pf. | Thl. Ng. pf. | Thl. Ng. pf. | Thl. Ng. pf. | Thl. N. pf. | Ng. pf. |
| 1864 | 13.427,27,6 | 11.367,27, | 13,11,1 | — — — | 67.961,17,1 | — — — | 67.961,17,1 | 0,139 = 4,2 |
| 1865 | 13.588,03,0 | 11.706,13,3 | 8, 2,9 | 34,16,1 | 69.853, 1,7 | 4.669,11,4 | 74.522,13,1 | 0,147 = 4,4 |
| 1866 | 13.700,12,6 | 11.873,28,4 | 39,20,5 | 895,24,2 | 68.256,22,5 | 5.136,26,7 | 73.393,19,2 | 0,140 = 4,2 |
| 1867 | 13.865,27,8 | 12.090, 2,3 | 37, 7,1 | 1.405, 2,8 | 67.919,10,9 | 4.912,12,1 | 72.831,23, | 0,136 = 4,1 |
| 1868 | 13.990,07,6 | 12.214,11,1 | 160,10,1 | 1.705, 1,2 | 68.455, 2,9 | 5.225,17,2 | 73.680,20,1 | 0,134 = 4, |
| 1869 | 18.704,04,1 | 16.418,23,7 | 27, 6,2 | 2.838,26,4 | 67.218,23,4 | 5.450,15,7 | 72.669, 9,1 | 0,129 = 3,9 |
| 1870 | 19.312,15,6 | 16.950,11,7 | 215, 3,9 | 3.267,18,1 | 74.684, 5,2 | 8.732,14,8 | 83.416, | 0,146 = 4,4 |
| Totaux | 106.609, 8,3 | 92.621,27,4 | 501, 1,8 | 10.146,29,3 | 484.348,23,7 | 34.127, 7,9 | 518.476,1,6 | 0,139 = 4,2 |
| Moyen. | 15.229,26,9 | 13.231,21,1 | 71,17,4 | 1.449,17, | 69.192,20,5 | 4.875, 9,7 | 74.068, 2 | ou 0,14 % |

Nous possédons maintenant tous les renseignements intéressants touchant à la marche de notre Société publique. Mais pour en apprécier les avantages, une comparaison avec les résultats obtenus par les C$^{ies}$ pendant cette même période 1864-1870 serait des plus instructive et non moins convaincante. Malheureusement le plus souvent les éléments de comparaison font défaut. Tantôt on se heurte au soin jaloux avec lequel les Compagnies conservent leurs secrets d'industrie, tantôt on risquerait d'être menacé par les foudres de l'art. 1382 du C. C.

Une fois par hasard nous allons avoir la bonne fortune de pouvoir nous livrer à cette étude comparative. Grâce à l'époque un peu éloignée nous sommes moins gêné. La crainte de blesser telle ou telle susceptibilité est considérablement atténuée. C'est dire que, pour donner plus de précision à nos développements en même temps que plus de vie, nous nous permettrons de citer les noms mêmes des Compagnies.

Mais encore une fois nous allons demander au lecteur la permission de recourir à la statistique. Nous n'en abusererons pas, mais nous croyons indispensable cependant de rentrer un peu dans les détails de manière à donner plus de poids aux déductions que nous espérons en tirer.

Tout d'abord pour donner de suite une idée d'ensemble, nous allons résumer dans le petit tableau ci-joint (1), la totalité des sommes assurées par les Compagnies privées dans les différentes années, allant de 1864-1870.

(1) Voir page suivante.

Puis de suite nous comparerons les résultats obtenus avec ceux, déjà connus, de la Caisse publique.

**Sommes assurées par l'ensemble des Compagnies**

| ANNÉES | Nombre des Compag. privées | SOMMES TOTALES | Valeurs situées sous toiture molle — Montant des valeurs | Valeurs situées sous toiture molle — 0/0 par rapport aux somm totales assurées | 0/0 des valeurs assurées par la Caisse publique situées sous toit mou |
|---|---|---|---|---|---|
| | | Thl. | Thl. | Thl. | Thl. |
| 1864 | 21 | 338.635.837 | 44.298.852 | 13,8 | 26,24 |
| 1865 | 23 | 362.650.258 | 46.024.972 | 12,69 | 24,68 |
| 1866 | 23 | 371.976.831 | 45.881.628 | 12,33 | 23,46 |
| 1867 | 23 | 378.972.171 | 45.202.385 | 11,93 | 22,44 |
| 1868 | 23 | 407.587.554 | 45.304.515 | 11,12 | 21,50 |
| 1869 | 20 | 427.041.759 | 44.094.983 | 10,33 | 20,31 |
| 1870 | 20 | 444.020.584 | 43.233.749 | 9,74 | 19,16 |
| Totaux | | 2.730.884.994 | 314.001.084 | moyen. 11,49 | 22,43 |

OBSERVATION — Les sommes portées aux colonnes 4 et 5 comprennent également l'assurance des objets industriels tels que machines présentant de gros risques, même lorsque ces valeurs sont situées sous une toiture consistante.

Pénétrons maintenant un peu plus dans les détails. Sans donner ici les résultats des 21 Compagnies privées pour les 7 années, nous allons tout au moins faire connaître leur situation au commencement de notre période et à la fin. Nous voulons indiquer dans quelle proportion les diverses Compagnies se sont montrées enthousiastes à accepter les mauvais risques. Ceci terminé, nous rapprocherons les chiffres obtenus de ceux que nous avons déjà donnés pour la Caisse d'Etat. Par ce moyen nous espérons donner plus de poids à notre démonstration.

| Noms des Compagnies privées | Totalité des sommes assurées | | Sommes assurées sous toiture non consistante | | | | Totaux des sommes assurées pour toute la période par les diverses Compagnies | | |
|---|---|---|---|---|---|---|---|---|---|
| | | | Montant | | o/o par rapport à la totalité | | Ensemble | Seulement sous toiture non consistante | |
| | 1864 Thl. | 1870 Thl. | 1864 Thl. | 1870 Thl. | 1864 | 1870 | | Montant | o/oo |
| 1 Aeltere F. V. A. in Leipzig | 48.737.967 | 58.369.188 | 8.623.192 | 9.743.798 | 17.7 | 16.7 | 380.647.375 | 66.518.902 | 17.5 |
| 2 Brand. Vers. Bank. fur Deutschland in Leipzig | 3.864.770 | — | 286.890 | — | 7.4 | — | 12.400.702 | 816.011 | 6.6 |
| 3 F. Vers. Bk. f. Deutschland in Gotha | 37.240.976 | 45.900.219 | 709.875 | 334.192 | 1.9 | 0.7 | 287.379.036 | 3.768.862 | 1.3 |
| 4 Aachener und Münchener | 57.013.646 | 55.111.022 | 8.774.426 | 3.964.854 | 15.4 | 7.2 | 387.896.475 | 43.788.535 | 11.3 |
| 5 Vaterlandische in Elberfeld | 16.215.891 | 21.906.580 | 3.315.543 | 2.955.390 | 20.4 | 13.5 | 130.941.033 | 21.677.176 | 16.6 |
| 6 Phenix in London | 337.542 | 524.879 | — | — | — | — | 2.747.426 | — | — |
| 7 Erste osterreichische in Wien | 4.723.284 | — | 631.699 | — | 13.4 | — | 17.837.234 | 2.958.933 | 16.6 |
| 8 Colonia in Köln | 30.803.531 | 38.730.600 | 2.935.501 | 1.787.304 | 9.5 | 4.6 | 243.841.599 | 16.050.156 | 6.6 |
| 9 Deutscher Phenix in Frankfurt a/M | 14.968.896 | 17.864.500 | 1.336.340 | 1.191.498 | 8.9 | 6.7 | 116.260.689 | 9.527.617 | 8.2 |
| 10 Assicuratione generali in Triest | 17.873.948 | 25.487.515 | 4.153.112 | 6.568.730 | 23.2 | 25.4 | 148.598.987 | 39.131.043 | 26.3 |
| 11 Berlinische | 10.437.820 | 12.087.317 | 2.141.499 | 1.273.356 | 20.5 | 10.5 | 83.459.188 | 13.944.176 | 16.7 |
| 12 Preuss. nationale in Stettin | 3.400.939 | 4.927.462 | 219.324 | 105.710 | 6.4 | 2.1 | 27.211.086 | 1,003.885 | 3.7 |
| 13 Magdebürger | 21.084.193 | 38.137.056 | 2.488.060 | 3.846.992 | 11.8 | 10.9 | 201.742.656 | 23.127.489 | 11.5 |
| 14 Schlesische in Breslau | 9.557.330 | 14.496.110 | 713.890 | 1.178.950 | 7.5 | 8.1 | 85.141.175 | 7.747.665 | 9.1 |
| 15 Azienda assicuratrice i. Triest | 1.210.072 | 991.416 | 9.852 | 6.352 | 0.8 | 0.6 | 7.777.434 | 55.464 | 0.7 |
| 16 Dresdener | 37.389.517 | 49.637.004 | 5.560.600 | 6.291.418 | 14.9 | 12.7 | 308.324.065 | 41.222.890 | 13.4 |
| 17 Thuringia in Erfurt | 11.630.624 | 17.533.171 | 1.084.131 | 1.984.894 | 9.3 | 11.3 | 105.846.397 | 10,350.003 | 9.8 |
| 18 Providentia in Francfurt a/M. | 3.674.208 | 14.333.260 | 248.217 | 574.318 | 6.8 | 4.0 | 54.861.407 | 3.025.715 | 5.5 |
| 19 Oldenburger | 4.942.388 | 8.255.770 | 777.975 | 557.931 | 15.7 | 6.8 | 41.190.847 | 3.188.328 | 7.7 |
| 20 Deutsche in Berlin | 3.244.914 | 7.166.155 | 284.925 | 225.800 | 8.8 | 3.1 | 36.036.433 | 2.504.773 | 6.9 |
| 21 F. V. A. d. Bayer hypoth. in München | 283.381 | 4.862.326 | 3.801 | 220.538 | 1.3 | 4.5 | 19.745.085 | 931.917 | 4.7 |
| 22 Deutsche auf Gegensat. Nurnberg | — | — | — | — | — | — | 3.983.831 | 620.872 | 15.6 |
| 23 Reichrische in Mainz | — | — | — | — | — | — | 4.279.950 | 564.086 | 13.2 |
| 24 Westdeutsche in Essen | — | 7.699.034 | — | 421.724 | — | 5.5 | 22.734.881 | 1.516,586 | 6.7 |
| Totaux | 338.635.837 | 444.020.584 | 44.298.852 | 43.233.749 | 13.1 | 9.7 | 2.730.884.991 | 314.041.084 | 11.5 |
| Rappelons les résultats de la Caisse publique | 490.272.290 | 570.955.760 | 128.416.398 | 112,322.463 | 26.2 | 19.7 | 3.735.009.420 | 842.586.010 | 22.6 |

| Noms des Compagnies privées | Sommes réclamées aux assurés: Montant | ‰ des som. assu. annuell. | Frais de police | Frais de plaques | Ensemble | Som. versées en indemnités et au service d'incendie: Montant | ‰ des sommes assur. | ‰ des primes | Primes versées au serv. d'incend. | Ensemble | Reliquat |
|---|---|---|---|---|---|---|---|---|---|---|---|
| | Thl. | Thl. | Thl. | Thl. | Thl. | Thl. | Thl. | Thl. | Thl. | Thl. | Thl. |
| 1 Aeltere F. V. A. in Leipzig..... | 573.228 | 1.51 | 8.457 | 448 | 582.133 | 253.201 | 0.67 | 44.2 | 8.009 | 261.210 | 320.923 |
| 2 Brand. Vers. Bank. fur Deutschland in Leipzig.. | 28.983 | 2.34 | 627 | — | 29.610 | 9.830 | 0.79 | 33.9 | 350 | 10.180 | 19.430 |
| 3 F. Vers. B. f. Deutschland in Gotha | 264.566 | 0.92 | 4.997 | 126 | 269.689 | 87.556 | 0.30 | 33.1 | 10.537 | 98.093 | 171.596 |
| 4 Aachener und Münchener...... | 700.753 | 1.81 | 7.591 | 608 | 708.952 | 387.879 | 1.00 | 55.4 | 6.752 | 394.631 | 314.321 |
| 5 Vaterlandische in Elberfed..... | 244.875 | 1.87 | 4.197 | 743 | 249.815 | 122.688 | 0.94 | 50.1 | 4.434 | 127.122 | 122.693 |
| 6 Phenix in London............. | 4.223 | 1.54 | 266 | 25 | 4.514 | 2.656 | 0.97 | 62.9 | 64 | 2.720 | 1.794 |
| 7 Erste osterreichische in Wien.. | 50.574 | 2.84 | 1.533 | 92 | 52.199 | 32.309 | 1.81 | 63.9 | 708 | 33.017 | 19.182 |
| 8 Colonia in Köln............... | 406.387 | 1.67 | 4.647 | 572 | 411.606 | 228.099 | 0.94 | 56.1 | 4.919 | 233.018 | 178.588 |
| 9 Deutsch. Phen. in Frankfurt a/M. | 201.120 | 1.73 | 1.559 | 636 | 203.320 | 76.130 | 0.67 | 37.8 | 2.600 | 78.730 | 124.590 |
| 10 Assicuratione generali in Triest.. | 466.648 | 3.14 | 6.051 | 965 | 473.664 | 327.315 | 2.20 | 70.1 | 6.311 | 333.626 | 140.038 |
| 11 Berlinische.................. | 160.891 | 1.93 | 1.027 | 434 | 162.352 | 95.923 | 1.15 | 59.6 | 1.769 | 97.692 | 64.660 |
| 12 Preuss. nationale in Stettin..... | 49.889 | 1.83 | 794 | 181 | 50.864 | 40.836 | 1.50 | 81.8 | 710 | 41.546 | 9.318 |
| 13 Magdebürger.................. | 553.571 | 2.74 | 3.548 | 125 | 557.244 | 357.108 | 1.77 | 64.5 | 7.498 | 364.606 | 192.638 |
| 14 Schlesische in Breslau......... | 215.526 | 2.53 | 1.953 | 680 | 218.159 | 107.490 | 1.26 | 49.9 | 3.398 | 110.888 | 107.271 |
| 15 Azienda assicuratrice i. Triest.. | 8.805 | 1.13 | 188 | — | 8.993 | 29 | 0.00 | 0.3 | 88 | 117 | 8.876 |
| 16 Dresdener..................... | 677.540 | 2.20 | 11.804 | 4.865 | 694.209 | 351.539 | 1.14 | 51.9 | 9.589 | 361.128 | 333.081 |
| 17 Thuringia in Erfurt.......... | 205.350 | 1.94 | 4.027 | 1.688 | 211.065 | 113.380 | 1.07 | 55.2 | 1.181 | 114.561 | 96.504 |
| 18 Providentia in Francfurt a/ M... | 92.441 | 1.69 | 1.229 | 677 | 94.347 | 35.541 | 0.65 | 38.4 | 1.534 | 37.075 | 57.262 |
| 19 Oldenburger ................. | 81.279 | 1.97 | 1.649 | 900 | 83.828 | 51.584 | 1.25 | 63.5 | 1.209 | 52.793 | 31.035 |
| 20 Deutsche in Berlin............ | 101.773 | 2.82 | 1.609 | 560 | 103.942 | 34.392 | 0.95 | 33.8 | 1.722 | 36.114 | 67.828 |
| 21 F. V. A. d. Bayer hypo. in Munchen | 32.910 | 1.63 | 1.468 | 382 | 34.760 | 5.163 | 0.26 | 16.0 | 764 | 5,927 | 28.833 |
| 22 Deutsche auf Gegensat. Nurnberg | 12.438 | 3.12 | 498 | 118 | 13.054 | 7.913 | 1.99 | 63.6 | 445 | 8,358 | 4.696 |
| 23 Reichrische in Mainz......... | 15.769 | 3.69 | 612 | 248 | 16.629 | 6.763 | 1.58 | 42.9 | 471 | 7,234 | 9.395 |
| 24 Westdeutsche in Essen........ | 43.449 | 1.91 | 1.216 | 64 | 44.729 | 7.496 | 0.33 | 17.2 | 505 | 8,001 | 36.728 |
| Totaux.......... | 5.192.993 | | 71.547 | 15.137 | 5.279.677 | 2.742.820 | | | 75.567 | 2.818.387 | 2.461.290 |
| Moyenne..... | | 1.90 | | | | | 1.00 | 52.8 | | | |

Voici maintenant les résultats de toutes les Compagnies réunies pour les années :

| | | | | | | | | | | | |
|---|---|---|---|---|---|---|---|---|---|---|---|
| 1864 ................ | 663.849 | 1.96 | 9.279 | 1.945 | 675.073 | 266.720 | 0.79 | 40.2 | 9.766 | 276.486 | 398.587 |
| 1865 ................ | 719.486 | 1.98 | 9.450 | 2.941 | 731.877 | 347.120 | 0.96 | 48.2 | 11.182 | 358.302 | 373.575 |
| 1866 ................ | 736.070 | 1.98 | 9.200 | 2.196 | 747.466 | 408.862 | 1.10 | 55.5 | 10.496 | 419.358 | 328.108 |
| 1867 ................ | 720.494 | 1.90 | 10.315 | 2.172 | 732.981 | 414.293 | 1.09 | 57.5 | 9.429 | 423.722 | 309.259 |
| 1868 ................ | 776.527 | 1.91 | 11.626 | 2.353 | 790.506 | 544.230 | 1.34 | 70.1 | 12.621 | 556.851 | 233.655 |
| 1869 ................ | 783.939 | 1.84 | 11.698 | 2.155 | 797.792 | 455.913 | 1.07 | 58.2 | 12.580 | 468.493 | 329.299 |
| 1870 ................ | 792.628 | 1.78 | 9.979 | 1.375 | 803.982 | 305.682 | 0.69 | 38.6 | 9.493 | 315.175 | 488.807 |
| Totaux......... | 5.192.993 | | 71.547 | 15.137 | 5.279.677 | 2.742.820 | | | 75.567 | 2.818.387 | 2.461.290 |
| Moyenne......... | | 1.90 | | | | | 1.00 | 52.8 | | | |
| Résultats de la Caisse publique.. | 9.288.034 | 2.49 | | | 9.288.034 | (1) 8.296.080 | 2.22 | 89.3 | (2) 219.337 | 8.515.417 | 772.617 |

OBSERVATIONS

(1) Remarquons que dans ce chiffre de 8.296.080 ne sont pas compris comme dans le chiffre de 2.747.820 pour les Compagnies privées les frais de perception. Ils sont comptés avec les frais d'administration.

(2) Ce chiffre représente non seulement les frais provenant des sommes versées au service des Sapeurs-Pompiers, mais encore ceux entraînés par la satisfaction donnée par la Caisse à d'autres intérêts d'utilité publique tels que : découverte d'incendiaires, encouragement donné à l'amélioration apportée dans la bâtisse, etc. (Voir nos explications de suprà sur ce point).

Nous en aurions fini avec les Compagnies privées si nous n'avions encore à donner quelques renseignements statistiques sur les résultats de l'assurance privée, dans les grandes villes. C'est ordinairement sur ce terrain qu'on aime à se placer pour défendre les Compagnies privées. On concède *quelquefois* volontiers encore aux Sociétés publiques une certaine supériorité dans l'assurance des mauvais risques et particulièrement des risques ruraux. Mais on s'empresse d'ajouter que c'est au détriment des risques urbains. Il en résulterait que ce que les assurés des campagnes gagnent, ceux des villes le perdraient. Seules les Compagnies privées ne prenant qu'une quantité limitée de pleins, peuvent faire *entièrement* bénéficier les habitants des villes de la meilleure construction de leurs immeubles et des risques bien moins grands qu'ils courent. Il n'est donc pas superflu d'étudier les conditions faites aux assurés par les Compagnies privées dans les grandes villes. Nous essayerons également ce travail pour les 5 grandes villes de Dresde, Leipzig, Chemnitz, Zwickau et Freiberg, mais en considérant les résultats obtenus par la Caisse publique. Ceci fait, nous tenterons une comparaison qui, je l'espère, sera pleine d'intérêt pour tout homme qui désire se faire une idée sur la question.

Tout d'abord nous nous occuperons de la *Caisse d'Etat* (de 1864-1870).

### Résultats de la Caisse d'État de 1864-1870 (1)

| Noms des villes | Sommes assurées | Primes d'assur. | Incendies | Indem. versées | Pour 1000 Thl. de sommes assurées Primes prélevées | Pour 1000 Thl. de sommes assurées Dédommagements | 1000 Thl. d'indemnités sont payés pour les sommes assur. suivantes. |
|---|---|---|---|---|---|---|---|
| | Thl. | Thl. Ngr. pf. | | Thl. Ngr. pf. | Thl. Ngr. pf. | Thl. Ngr. pf. | |
| Dresde........ | 330.466.940 | 531.473,15,1 | 153 | 56.178, 6 | 1,18,2,5 | — 5,1, | 5.882.497 |
| Leipzig........ | 265.508.440 | 526.892,13,7 | 84 | 26.226, 1,2 | 1,29,5.2 | 2,9,4 | 10.123.863 |
| Chemnitz...... | 124.765.920 | 245.352, 3, | 88 | 160.365,13,5 | 2,—,4,4 | 9,5,1 | 759.304 |
| Zwickau....... | 38.194.250 | 69.119,10, | 18 | 9.056,22,1 | 1,24,2,1 | 7,1,1 | 4.217.562 |
| Freiberg ...... | 32.285.410 | 59.251, 5,5 | 16 | 18.144,14,1 | 1,25,0,5 | 16,9,5 | 1.779.399 |
| Totaux......... | 788.220.960 | 1.432.089, 5,3 | 359 | 269.970,26,9 | | | |
| Moyennes ........................ | | | | 752 1 | 1,24—5 | 10,2,7 | 2.149.500 |

Déduisant le montant des indemnités 269.970,26,9

Reste 1.162.118, 8,4 = 81,15 % des primes.

### Résultats des Compagnies privées de 1864-1870

| Noms des villes | Sommes assurées | Sommes versées à la caisse du service des pompiers | Primes perç. | Incend. | Indemnités versées | Pour 1000 Thl. de sommes assurées Primes | Pour 1000 Thl. de sommes assurées Dédommagem. | 1000 Thl. d'indemnités sont payés pour les som. assur. suivantes: |
|---|---|---|---|---|---|---|---|---|
| | Thl. | Thl. Ngr. pf. | Thl. Ngr. | | Thl. Ngr. pf. | Thl. Ngr. pf. | Thl. Ngr. pf. | |
| Dresde.... | 281.547.315 | 5.368,16,6 | 536.855,10 | 237 | 156.829.28, | 1 25,0,5 | — 16,6,8 | 1.795.237 |
| Leipzig... | 523.030.219 | 7.522,16,1 | 752.253,20 | 171 | 54.272, 4,4 | 1 13,1,4 | — 3,1,1 | 9.637.200 |
| Chemnitz. | 162.018.241 | 4.392,—,7 | 439.202,10 | 159 | 148.393,21,5 | 2 21,3,2 | — 27,6,9 | 1.091.878 |
| Zwickau . | 30.548.279 | 709,15,8 | 70.952,20 | 12 | 2.765,14, | 2 9,6,9 | — 2,7,1 | 11.048.202 |
| Freiberg.. | 20.066.479 | 389,21,5 | 38.971,20 | 24 | 3.967,15,5 | 1 28,2,6 | — 5,9,3 | 5.058.351 |
| Totaux... | 1.017.210.503 | 18.362,10,7 | 1.838.235,20 | 603 | 366.228,23,4 | | | |
| Moyennes............................. | | | | | 607,10,3,3 | 1 242,1 | — 10,8,0 | 2.777.745 |

Si nous déduisons les indemnités payées 366.228,23

Reste..... 1.472.006,26 = 80,08 % des primes perçues.

Voilà qui termine les quelques renseignements généraux que nous voulions donner sur les Compagnies privées. Mais l'assurance contre l'incendie est également exploitée par des Sociétés Mutuelles. C'est de ces dernières dont il nous reste maintenant à parler.

Sans entrer dans autant de détails que pour les Compagnies privées, nous ne pouvons pas nous dispenser de donner les principaux chiffres qui résument leurs opérations pendant les années s'étendant entre 1864 et 1870. C'est ce que nous tentons de faire dans le petit tableau que voici.

| Années | Nombre des Unions | Nombre des membres | Sommes totales assurées | Cotisations perçues | Montant des indemnités versées | Mont. des frais d'adm. | Frais d'adm. °/oo de sommes assurées | Thl. de cotisations versées |
|---|---|---|---|---|---|---|---|---|
| | | | Thl. | Thl. | Thl. | Thl. | Ngr. pf. | Thl. |
| 1864 | 4 | 4.389 | 4.317.185 | 5.252 | 3.777 | 712 | 4,9,5 | 135,570 |
| 1865 | 7 | 4.917 | 5.162.994 | 6.816 | 3.321 | 1.100 | 6,3,9 | 161,374 |
| 1866 | 8 | 5.071 | 5.331.052 | 5.786 | 592 | 951 | 5,3,5 | 164,787 |
| 1867 | 9 | 5.183 | 5.702.661 | 7.598 | 4.887 | 921 | 4,8,3 | 121,213 |
| 1868 | 10 | 5.497 | 6.373.517 | 10.377 | 5.911 | 1.239 | 5,8,3 | 120,034 |
| 1869 | 11 | 8.807 | 9.737.615 | 16.116 | 12.988 | 2.642 | 8,1,4 | 163,954 |
| 1870 | 13 | 10.777 | 11.429.863 | 24.821 | 12.434 | 3.835 | 9,9,6 | 154,499 |
| Totaux | | 44.641 | 48.054.887 | 76.767 | 43.910 | 11.400 | | |
| | | | | 55.310 | 55.310 | Thl. | | |
| | | | | 21.457 | | Moyennes | 7,1,2 | 148,603 |

Avec les données de ce tableau nous pouvons établir les proportions suivantes :

Ces Sociétés Mutuelles envisagées dans leur ensemble ont obtenu pendant ces sept années considérées un reliquat pouvant s'élever à 27,95 °/o des cotisations reçues. Quant aux frais d'administration, ils n'atteignent guère que 14,86 °/o des cotisations perçues, 57,19 °/o des cotisations ont été employés à fournir des indemnités aux associés.

Bien que nous n'ayions pas ici à comparer les mutuelles et les Compagnies privées, il est difficile de résister à cette tentation. Disons seulement en passant que si un peu plus de la moitié seulement des cotisations reçues a été employée à fournir des indemnités aux associés, cependant une portion plus élevée des cotisations que chez les Compagnies privées a été consacrée à ce but. Mais nous restons encore bien en-dessous des 89,3 % des primes qui est le chiffre trouvé pour la Caisse d'Etat.

Par contre on sait que le reliquat ne profitera qu'aux seuls assurés.

Cela dit, essayons de dégager de la comparaison de tous ces chiffres quelques observations générales en nous abstenant de toute partialité.

Tout d'abord nous savons qu'un des principaux reproches adressés aux Compagnies privées est de préférer trop les bons risques et de se montrer dédaigneuses non seulement des mauvais risques mais encore des petites polices.

De l'ensemble des chiffres contenus dans nos tableaux 1 et 2 nous sommes malheureusement obligé de nous rallier à cette critique.

Il ressort, en effet, que pendant cette période de sept ans, la caisse d'Etat a assuré en moyenne 22,43 % des valeurs immobilières totales en immeubles n'ayant pas une toiture consistante. Pendant la même période les Compagnies n'ont assuré de valeurs mobilières sous toiture légère que pour une moyenne de 11,49 % des sommes totales assurées par elles. Bien plus, d'après l'ordonnance de 1862, art. 9, les Compagnies privées pouvaient désormais assurer non seulement les valeurs mobilières, mais encore certains immeubles consacrés à l'industrie ainsi que les meubles, immeubles par nature ou destination qu'ils contenaient sans distinguer si c'était un immeuble couvert ou non d'une toiture légère. C'est à peine si le chiffre d'affaires des Compagnies s'est relevé de ce chef. En tout cas, en 1870 ces risques plutôt mauvais, ainsi que les meubles situés sous toiture non métallique ou de tuile et d'ardoise, ne figurent plus dans le total des valeurs assurées par les Compagnies que pour 9,7 %. La Caisse d'Etat au contraire assure encore des immeubles à toiture légère dans la proportion de 19,7 % des valeurs immobilières totales. Nous demandons aux Compagnies privées à qui sont assurées les valeurs mobilières situées sous une grande partie de ces toitures en paille, en jonc, etc.

Essayons maintenant une sorte de contre-épreuve. De tout temps les risques urbains ont été classés, surtout lorsqu'il s'agit de grandes villes, parmi les meilleurs risques. Ceci rappelé, il est curieux de constater que sur 2.730,80 millions de thalers assurés pendant cette période de sept ans par les Compagnies, 37,2 %, soit 1.017, 21 millions de thalers sont des valeurs situées dans les cinq grandes villes que nous avons prises comme exemple. Dans notre tableau de 1864 à 1870, au contraire, la Caisse d'Etat n'a assuré dans les villes de Dresde, Leipzig, Chemnitz, Zwickau et Freiberg, que pour 788,23 millions de thalers sur un total de 3.735 millions de thalers, c'est-à-dire un peu plus de

21 °/₀ des valeurs totales. De ce rapprochement la tiedeur des Compagnies pour accepter d'assurer dans des petites villes et dans les campagnes, semble quelque peu démontrée.

Si maintenant quittant nos tableaux 1 et 2 nous passsons au tableau 3 (1) un fait attire aussitôt notre attention : c'est l'écart qui existe entre le total des primes perçues par les Compagnies et le montant des indemnités qu'elles ont payées. Tandis qu'elles perçoivent une prime moyenne s'élevant à 1,90 °/₀₀ des sommes assurées, elles ne payent à leurs assurés, sous forme d'indemnité, qu'en moyenne 52,8 °/₀ des primes encaissées. La Caisse d'Etat, au contraire, paye plus du double, soit 2,22 °/₀₀ du capital assuré et par rapport aux primes 89,3 °/₀. Perçevant une moyenne de prime de 2,49 °/₀₀, elle en consacre en indemnité une moyenne de 2,22 °/₀₀ des sommes assurées; une différence de 0,27 entre les primes et les montants des indemnités versées, voilà ce que nous relevons à la charge de la Caisse d'État. L'écart est plus de trois fois plus grand, si nous consultons les chiffres donnés pour les Compagnies privées. Percevant une prime moyenne de 1,90, elles ne fournissent à leurs assurés, sous forme d'indemnité, que 1 °/₀₀ des sommes assurées. Ce n'est donc plus d'une différence de 0,27, mais de 0,90 °/₀₀ qu'il faut parler. Il en résulte que les Compagnies privées, sur 5.279.677 thl. de primes recueillies pendant nos sept années, — les dépenses touchant à l'incendie proprement dit soldées, — ont obtenu un reliquat de 2.461.290 thl. Ces sommes furent absorbées en frais d'administration et en paiement de dividendes. Pendant la même période la

(1) Page 367.

Société publique n'obtenait qu'un reliquat de 772.617, bien que percevant une somme totale de primes s'élevant à près du double : 9.288.034 M.

Comparons maintenant le coût d'assurance de la caisse publique avec celui des compagnies privées. Il est évident que ces dernières ayant non seulement à payer les indemnités et solder les frais d'administration, mais encore à payer des dividendes aussi élevés que possible, ne peuvent pas fournir l'assurance à aussi bon compte que notre caisse publique. Après cette démonstration à priori, passons à la démonstration à prostériori.

Pour ce, voyons quelles sommes les compagnies privées devraient demander pour assurer un capital aussi élevé que notre caisse publique. Nous savons que les compagnies privées, en moyenne, perçoivent une prime annuelle égale à 1,90 °/₀₀ du capital assuré. Si l'on y joint les frais de police, ainsi que les frais de plaque on arrive environ au chiffre de 1,933 °/₀₀ des valeurs assurées. D'autre part nous savons que 1,004 °/₀₀ est seul consacré à payer des indemnités.

| | | |
|---|---|---|
| Dès lors, puisque les indemnités servies par la caisse se sont élevées à ............ | 8.296.080 | thl. |
| que les compagnies auraient dû consacrer 0,929 °/₀₀ des 3.735.009.420 (1) soit ........ | 3.469.823 | — |
| pour couvrir les frais d'administration et faire un bénéfice suffisant ; | | |
| qu'il faut ajouter les sommes versées en vue de satisfaire des intérêts généraux et s'élevant à .................................... | 219.337 | — |
| Il aurait fallu que les compagnies prélevassent sur leurs assurés un total de ...... | 11.985.240 | th. |

(1) C'est le chiffre auquel s'élève le montant du capital assuré pendant ces sept ans par la caisse publique.

| | |
|---|---|
| La caisse publique, au contraire, pour atteindre le même résultat n'a réclamé que la somme de ........................ | 9.288.034 thl. |
| C'est-à-dire qu'il existe une différence en faveur de la caisse de .................. | 2.967.206 — |

Cette économie dont a profité la communauté n'est, on en conviendra, pas à dédaigner. Enfin ajoutons qu'une partie des frais rangés sous la rubrique « frais d'administration de la caisse » ont servi à constituer un fonds de réserve. A la différence des compagnies privées, ce fonds appartient non à quelques actionnaires mais à tous les assurés. Comme nous savons que les frais d'administration proprement dits se sont élevés pour notre caisse, pendant ces sept ans, à 635.733 thl., que le reliquat, indemnités payées, se chiffrait par 772.617 thl., il a été versé à ce fonds de réserve 136.884 thl.

Il faudrait donc, pour être tout à fait exact, ajouter cette somme aux 2.697.206 thl. Ce faisant nous trouvons en faveur de la Caisse une différence de 2.834.090 thl (1).

Terminons enfin ces observations générales par l'examen d'une critique que l'on trouve trop souvent formulée par les propriétaires des grandes villes déclarant qu'ils pourraient s'assurer à meilleur compte auprès des

(1) Si dans nos calculs nous n'avons pas tenu compte des 75.567 thl que ces compagnies privées payent au service incendie, ce n'est pas par oubli mais pour simplifier. L'introduction de ce chiffre ne changerait rien à ce total puisque les compagnies réunissent cette somme au moyen de primes spéciales supplémentaires demandées à leurs assurés.

compagnies privées. Qu'il nous suffise, pour montrer combien cette critique n'est peu fondée, de jeter les yeux sur notre tableau 4 (1). Nous y verrons que, tandis que la Caisse a perçu une cotisation moyenne de 1 Thl 24 Ngr. 0,5 pf., les compagnies privées, au contraire, ont réclamé une prime moyenne de 1 Thl 24 Ngr. 2,1 pf. et ont consacré aux indemnités une somme inférieure, naturellement toute proportion gardée, à celle dépensée par la Caisse publique. Tandis que pour cette dernière, 1.000 Thl d'indemnité correspondent à un capital assuré de 2.149.500, pour les compagnies privées, 1.000 Thl correspondent à un capital assuré de 2.777.745. Ajoutons enfin que les compagnies privées sont exonérées d'une série de versements à faire en vue de certains intérêts généraux. En voilà assez pour démontrer que même sur le terrain des grandes villes la Caisse publique s'est encore montrée supérieure.

*Législation actuelle à laquelle est soumise la Caisse.* — Elle est contenue dans la loi du 26 août 1876 et le règlement d'administration publique (Ausführungsverordnung) du 18 novembre 1876 qui en régla les détails. Mais si cette loi reste toujours la disposition législative capitale, il faut cependant noter les lois du 13 octobre 1886 et du 5 mai 1892. Elles ont apporté des modifications assez sérieuses au régime institué par la loi du 26 août 1876.

Voulant ici faire connaître d'une manière sommaire l'organisation de la Caisse, nous ne pouvons pas séparer ces différentes lois. C'est par la combinaison de ces di-

(1) Page 369.

verses dispositions législatives que nous espérons atteindre notre but.

Incidemment seulement nous pourrons indiquer quelle est la loi qui a prescrit telle disposition.

Dans l'historique que nous avions précédemment fait, nous nous étions familiarisés avec le nom de baptême de Caisse nationale d'assurance immobilière contre l'incendie : « Landes Immobiliar Brandversicherungs Anstalt ». Désormais, depuis la loi du 13 octobre 1886, cet établissement public sera désigné sous le nom plus court d'Etablissement national d'assurance contre l'incendie « *Landes Brandversicherungs Anstalt.* »

Son nouveau nom de baptême connu, cherchons en l'organisation nouvelle.

Disons de suite que l'assurance des immeubles est obligatoire et que, seul en principe, par l'intermédiaire de cette caisse, l'Etat est l'assureur des immeubles. Ce n'est qu'exceptionnellement et pour les immeubles que l'Etat ne veut ou ne peut pas assurer, qu'il est permis de s'adresser à des entreprises privées. C'est une loi du 28 août 1876, modifiée par celles du 18 octobre 1886 et du 5 mai 1892 qui s'appliqueront à ces dernières. Notre loi du 25 août 1876, réglementant la Caisse publique, ne s'occupe que des assurances reçues par l'Etat. Bien que la loi ne distingue que deux grandes divisions (1), pour plus de clarté dans notre exposé nous dirons qu'on peut diviser les immeubles, au point de vue de l'assurance, en quatre classes. La première comprend les immeubles

(1) La loi distingue l'assurance immobilière obligatoire d'une part et l'assurance industrielle facultative.

pour lesquels l'assurance est obligatoire. Ce sont les bâtiments couverts et édifiés d'une manière permanente et leurs annexes, ainsi que les orgues, chaires, fonts baptismaux, horloges, etc., dépendant des églises et des monuments publics qu'on pourrait appeler immeubles par nature.

La seconde classe se compose d'immeubles dont l'assurance est encore obligatoire mais subordonnée à certaines conditions. Dans cette catégorie, il faut ranger les bâtiments construits temporairement d'une part, les ornements ne faisant pas nécessairement partie du bâtiment d'autre part. Leur admission dépendra de la décision de la Chambre des assurances (Brandversicherungs Kammer).

L'assurance est facultative pour les immeubles de la troisième classe dont voici l'énumération sommaire : 1° les kiosques et pavillons qui ne servent pas à l'habitation ou à l'exercice d'une industrie ; 2° les théâtres; 3° les tombeaux ; 4° certains objets d'ornementation ; 5° les fours à chaux et à briques, etc. ; 6° les ponts et viaducs ; 7° les appareils industriels ou agricoles fixés à demeure à des constructions.

L'assurance est toujours facultative pour les bâtiments de la liste civile.

Enfin la quatrième classe comprend les immeubles qu'on ne peut pas assurer auprès de l'Etat. Dans cette catégorie on trouve : 1° les moulins à poudre, poudrières, etc. ; 2° les fabriques de matières explosibles ; 3° les bâtiments qui leur sont contigus ou qui n'en sont séparés que par des murs insuffisamment épais ;

4° les grottes et caves non surmontées de bâtiments ; 5° les constructions transportables ; 6° les bâtiments dont la valeur est inférieure à 30 M.

Les immeubles soumis à l'assurance obligatoire ne peuvent être assurés qu'à l'Etat. Les immeubles rangés dans la troisième classe, dont l'assurance est facultative, peuvent être assurés, au gré du propriétaire, soit auprès de l'établissement national d'assurance (*Landesbrandversicherungsanstalt*), soit auprès des sociétés privées. Mais l'art. 10 prescrit formellement qu'ils ne sauraient être assurés simultanément à l'Etat et aux Compagnies ou Sociétés Mutuelles.

Voici déterminé le domaine auquel la Caisse publique applique son activité, voyons maintenant contre quels risques elle assure. Jusqu'à la loi de 1892, cet établissement national ne se déclarait obligé que pour les dégâts causés par l'incendie proprement dit. Ceci comprenait non seulement les sinistres entraînés par un feu terrestre, mais encore les dommages occasionnés par la foudre. Depuis la loi du 5 mai 1892, l'entreprise nationale des assurances contre l'incendie est autorisée à assurer contre les chances d'explosion. Les bâtiments comme les machines et appareils pourront être assurés à la caisse publique contre les risques d'explosion. Cette assurance n'est pas obligatoire. Mais les bâtiments et les appareils d'exploitation avec leurs dépendances déjà assurés contre l'incendie auprès de l'entreprise nationale ne sauraient été assurés à d'autres établissements contre les chances d'explosion. Naturellement la caisse perçoit un supplément de prime dans ces cas. Le montant en est fixé par la chambre des assurances selon le danger plus ou moins grand d'explosion. Cependant elle ne peut se mouvoir qu'entre deux limites. L'art 196 de la loi du 5 mai 1892 prescrit comme minimum 0,25 M. ‰ et comme maximum 0,50 M. ‰.

Disons de suite qu'en règle générale, sauf de rares exceptions, la Chambre des assurances prend comme base dans la pratique le chiffre de 0,25 M. ‰ pour déterminer le montant de la prime supplémentaire à payer par l'intéressé. En principe le contrat d'assurance contre les chances d'explosion prend fin en même temps que le contrat d'assurance contre l'incendie (1).

Nous venons plusieurs fois déjà de prononcer le mot de Chambre d'assurance. Le moment est venu de fournir quelques explications à ce sujet. L'établissement national est dirigé par une sorte de commisssion connue sous le nom de Chambre royale des assurances (*Konigliche Brandversicherungs-Kammer*) ayant son siège à Dresde, Kaiser Wilhelms Platz. Elle a pour directeur Herr Geheime-Regierurgs-Rath Dr. Haberkorn (2). Il est assisté de 3 conseillers. Un d'eux remplit les fonctions de sous-directeur. A ce titre il touche un traitement supérieur aux deux autres. Tandis que ces derniers reçoivent une somme pouvant varier de 6000 à 7,800 M.

(1) Voir pour les exceptions l'art. 198, modifié par la loi du 5 mai 1892.

(2) Nous sommes heureux de pouvoir ici lui témoigner notre reconnaissance pour l'amabilité qu'il nous a prodiguée. C'est grâce à son obligeance que nous sommes en mesure de fournir au lecteur une foule de détails intéressants sur cette institution.

suivant leurs années de service (1), le premier conseiller débute à 7,200 M. et peut arriver à toucher 8.400 M. Le directeur reçoit un traitement s'élevant de 8.400 M. à 10.200 M. suivant les cas.

Le président entouré de ses trois conseillers forme une commission désignée sous le nom de Collège (*Kollegium*) dont les membres sont nommés par le roi.

Cette commission est secondée par tout un personnel de fonctionnaires qu'elle a sous ses ordres. Mais comme nous ne voulons pas prêter le flanc à l'argument, souvent mis en avant, d'après lequel l'assurance publique doit nécessairement développer le fonctionnarisme dans des proportions effroyables, qu'il nous soit permis d'indiquer rapidement de quoi se compose ce personnel.

Parmi les fonctionnaires supérieurs nous citerons : un caissier touchant de 3900 à 5100 M. (2), un chef du secrétariat, un inspecteur des comptes, un comptable, un inspecteur des bureaux. Chacun de ces employés supérieurs touche un traitement s'élevant de 3600 M. à 4800 M. (3).

Parmi les fonctionnaires secondaires nous comptons : 32 rédacteurs en comprenant les 4 attachés à la caisse,

(1) Jusqu'à 7.800 M. leur traitement s'élève de 600 M. tous les 5 ans. Il faut en dire autant pour le sous-directeur et le directeur : jusqu'à 10.200 m. pour ce dernier et jusqu'à 8.400 M. pour le sous-directeur.

(2) Il peut prétendre à une augmentation de 300 M. jusqu'à 5400 M. tous les 4 ans.

(3) Ils ont droit à une augmentation de 300 M. tous les 4 ans, jusqu'à ce qu'ils aient atteint le maximum.

recevant de 2400 à 3600 M. (1). Ajoutons 15 commis-rédacteurs gagnant de 1600 à 2400 M., et 8 expéditionnaires ne dépassant pas un traitement de 1500 M. (2).

Enfin comme domestiques il y a un employé de caisse, un garçon de salle et deux garçons. Chacun touche un salaire variant de 1300 à 1600 M. Ce personnel coûte à l'établissement, en comptant les 32.700 M. destinés à payer les traitements des membres du collège et quelques faux frais, 195.420 M. C'est le chiffre prévu dans l'état de 1900-1901.

Ce personnel est réparti entre 15 bureaux dont voici les principaux :

1° Le secrétariat comprenant le chef du secrétariat, un secrétaire, un attaché, 4 expéditionnaires, 13 copistes et deux commis.

2° Le bureau des comptes (*Rechnungs-Kanzlei*) composé de l'inspecteur des comptes, de 23 secrétaires et de 4 attachés.

3° Le bureau où est la caisse et la comptabilité (*Kasse und Buchhalterei*). On y trouve le caissier, le comptable, le contrôleur de la caisse et les 4 comptables secondaires, le commis et le garçon de caisse.

Le 4e bureau est celui de la statistique. Il est formé de l'inspecteur des bureaux, d'un secrétaire, de 9 attachés et de 4 expéditionnaires.

(1) Une augmentation de 300 M. tous les 4 ans sera accordée jusqu'à 3600 M.

(2) Les commis rédacteurs ainsi que les expéditionnaires pourront obtenir une augmentation de 100 M. tous les 3 ans jusqu'à ce qu'ils touchent le maximum. Même observation pour les garçons de salle.

Voilà les 4 bureaux importants, le reste du personnel est réparti dans les 11 autres petits bureaux restant.

Dans certaines circonstances le Collège doit, pour délibérer valablement, s'adjoindre un comité (*Auschuss*) parlementaire. Il compte 5 membres nommés non plus par le roi mais par le *Standeversammlung* (1). La *Herrenhausstand* choisit deux de ces membres, la Chambre des députés (*Abgeordnetenhausstand*) les 3 autres.

Le Collège (*Kollegium*) et le comité (*Auschuss*) réunis constituent le *Plenum*. Il est appelé à délibérer : 1° sur les questions concernant la législation des assurances ou l'organisation de l'établissement national ; 2° sur la composition des états relatifs au personnel et aux traitements accordés au *Collège* ; 3° sur la rédaction du compte rendu général et du rapport annuel sur les recettes et les dépenses ; 4° sur les propositions tendant à l'imposition de contributions extraordinaires ou à la réduction des contributions ordinaires ; 5° sur les emprunts et les prêts ; 6° sur les aides et secours à accorder ; 7° sur toutes les questions que le président juge à propos de lui soumettre.

En dehors de ces cas le Collège dirige et gère seul l'établissement national. Cependant il a pour l'aider dans cette tâche tout un personnel technique d'une part, administratif de l'autre.

Occupons-nous d'abord de l'élément administratif.

Au-dessous de la commission, on rencontre : le conseil

(1) Il comprend la Chambre Haute ou Herrenhausstand et les Abgeordnetenhaus ou Chambre des députés.

de ville, *Stadtrath*, dans les villes régies par la loi organique municipale révisée. Dans les villes soumises à la loi municipale applicable aux villes moyennes et aux petites villes c'est le *bourgmestre*. Se trouve-t-on en présence d'une de ces communes rurales où la compétence a été étendue aux assurances, par une décision ministérielle, au comité directeur de la commune, ce sera à ce *Gemeindevorstand* que le *Collège* s'adressera. Enfin dans les autres communes rurales et les domaines indépendants (*Selbstständige Gutsbezirke*), ce sera le chef de baillage qui formera comme les autres autorités que nous venons de mentionner, le premier degré administratif.

Le personnel technique dont il nous faut maintenant parler comprend : 5 inspecteurs supérieurs d'assurance coûtant 27.600 M. par an à l'Établissement national ; 28 inspecteurs d'assurance touchant une somme de 98.400 M. et 28 sous-inspecteurs se partageant 80.000 M. par an.

Voilà ce que coûte à la Caisse son service technique.

Nous avons vu précédemment que les états de 1900-1901 portaient une somme de 195.410 M. comme devant suffire à payer tous les frais de personnel proprement dit. Ajoutons à ces 195.410 M., les 210.800 M. montant des frais qu'entraîne la rémunération du personnel technique et nous trouvons que tout le personnel de l'Etablissement national ne coûte que 406.210 M. par an.

Au point de vue technique de l'assurance le royaume

est partagé en 4 cercles : celui de Bautzen, de Dresde, de Leipzig et de Zwickau. A la tête de chacun d'eux se trouve un inspecteur supérieur qui a sous ses ordres des inspecteurs qui dirigent chacun une circonscription d'inspection.

Chaque cercle en effet est subdivisé en un certain nombre de circonscriptions. Le cercle de Bautzen en compte 4 qui sont celles de Zittau, Lœbau, Bautzen, Kamenz. Le cercle de Dresde est divisé en 8 circonscriptions d'inspection qui sont celles de la ville de Dresde, du vieux Dresde, du nouveau Dresde, de Pirna, de Dippoldiswalde, de Freiberg, Meissen, et de Grossenhain.

Le cercle de Leipzig comprend 7 circonscriptions d'inspection : celles de la ville de Leipzig, Leipzig de Borna, Grimma, Oschatz, Dœbeln, Rochlitz. Dans le cercle de Zwickau on compte 11 circonscriptions, ce sont celles de la ville de Chemnitz, Chemnitz, Flœha, Marienberg, Annaberg, Schwarzenberg, Zwickau, Plauen, Auerbach, Oelsnitz, Glauchau. Il y a donc en tout 30 circonscriptions d'inspection.

Mais il n'y a que 28 inspecteurs. Bien plus il faut encore noter que deux parmi eux sont exclusivement occupés par l'assurance facultative concernant les risques industriels ainsi qu'un inspecteur supérieur parmi les cinq dont nous avons parlé antérieurement. C'est qu'en effet dans les circonscriptions où siège l'inspecteur supérieur, il n'y pas d'inspecteur.

Dès lors, 26 suffisent puisqu'il y a quatre inspecteurs préposés à la direction de l'assurance immobilière.

Chaque circonscription se trouve ainsi dotée soit d'un inspecteur supérieur, soit d'un inspecteur.

Comme il y a des circonscriptions très chargées, on adjoint à certains inspecteurs des sous-inspecteurs pour les seconder.

Il existe ainsi 28 sous-inspecteurs pour le royaume n'ayant ni direction ni ressort déterminé, mais dont la tâche se ramène à exécuter les ordres que les inspecteurs pourraient leur donner. Ainsi, par exemple, pour la circonscription de la ville de Dresde, il existe quatre sous-inspecteurs qui aident l'inspecteur supérieur.

Pour la circonscription du vieux Dresde il est adjoint à l'inspecteur un sous-inspecteur. Dans la circonscription du nouveau Dresde, on compte à côté de l'inspecteur, deux sous-inspecteurs.

Par contre telle circonscription peu importante au point de vue du chiffre d'affaires n'aura qu'un inspecteur et pas de sous-inspecteur.

Pour terminer avec l'organisation administrative de l'Etablissement national des assurances, ajoutons que la comptabilité est vérifiée annuellement par la Cour suprême des comptes Le Collège publie chaque année également un rapport sur les recettes et les dépenses. Cette commission dépose en outre, à chaque session ordinaire du Landtag, un compte rendu destiné à faire connaître la situation générale de la Caisse.

Examinons maintenant les rapports de l'Etat assureur avec les assurés. Comme l'assurance des appareils agricoles et industriels forme une branche à part ayant son budget propre et ses règles particulières, nous l'étudierons séparément lorsque nous en aurons fini avec l'assurance immobilière obligatoire qui seule va d'abord nous occuper.

Commençons par donner quelques dispositions se rapportant à l'assurance des constructions en général. Le propriétaire qui s'assure doit faire une déclaration aux autorités administratives du premier degré que nous avons appris à connaître dans nos explications antérieures. Une déclaration sera encore nécessaire si l'objet précédemment assuré vient à changer de valeur. Toutefois faut-il que l'augmentation ou la diminution en vaille la peine. La loi déclare que la variation doit être de plus de 5 % du capital. Le propriétaire devra encore faire une déclaration lorsqu'il change la destination du bâtiment assuré ou lorsqu'il le démolit sans intention de le reconstruire. La déclaration peut être écrite ou verbale. Dans le premier cas elle est transcrite sur un registre *ad hoc* appelé *Anmelderegister*, tenu par les autorités administratives du premier degré. Est-elle verbale, elle est inscrite sur le même registre et signée par l'assuré. Cette insertion a une grande importance. Elle servira de point de départ aux droits et aux obligations réciproques qui naissent du contrat d'assurance.

La déclaration est suivie d'une estimation de l'objet assuré. Cette opération connue sous le nom de *Katastration* est l'œuvre du personnel technique. L'assuré peut réclamer contre cette estimation. La réclamation peut porter, soit sur le montant de la valeur reconnue à son bien, soit parcequ'il estime que l'objet a été, à tort, rangé dans une catégorie ayant une prime afférente trop élevée. Dans le premier cas le réclamant est invité à établir, avec pièces à l'appui, la valeur qu'il entend donner à son immeuble. S'il est impuissant à établir d'une manière probante cette valeur, ou bien si elle diffère, de l'estimation précédemment faite par la Caisse, de moins de 5 %, sa réclamation ne sera pas prise en considération.

Dans le deuxième cas où l'intéressé se plaindrait de voir ranger son bien dans une catégorie autre que celle dans laquelle il devrait être classé, pour que sa réclamation soit admise, il doit produire, à l'appui de sa prétention, les erreurs commises et établir comment, selon lui, on aurait dû procéder. L'assuré qui ne donnera pas satisfaction à ces exigences ou qui ne sera plus dans les délais voulus devra être débouté dans sa réclamation par les autorités du premier degré.

L'intéressé a-t-il au contraire rempli ces conditions, la réclamation est portée à la connaissance de l'inspecteur d'assurance contre l'incendie du ressort. De deux choses l'une: ou bien l'inspecteur reconnaît le bien fondé de la réclamation et donne satisfaction au réclamant ; alors tout est fini. Ou bien l'inspecteur, contestant les prétentions émises, maintient l'ancienne estimation et fait connaître les raisons de sa décision dans un procès-verbal. Si le réclamant s'incline devant les raisons fournies par l'inspecteur, tout sera encore fini. Supposons au contraire que le propriétaire conteste la solution à laquelle a cru devoir s'arrêter l'inspecteur, sa réclamation sera communiquée à la Chambre des assurances. Le collège commettra un inspecteur en chef des assurances qui présidera un tribunal composé de deux experts désignés par l'autorité administrative du 1er degré. Ce tribunal connaîtra de la réclamation. Les autorités du 1er degré devant constituer le dossier qu'elles auront à remettre au tribunal du 2e degré, jouissent d'un délai d'au moins 14 jours pour se livrer à ce travail. Ceci n'est pas excessif si l'on songe que pendant ce temps les autorités doivent convoquer l'inspecteur et le réclamant, et les entendre chacun dans leurs dires et leurs conclusions.

D'autre part, il faut bien également que les experts nommés puissent examiner les choses suffisamment pour leur permettre de se former une opinion.

La décision du tribunal devra être communiquée à l'intéressé par les autorités locales dans les huit jours au plus tard. Lorsque le jugement déboute le demandeur, il est condamné aux dépens. Naturellement cela ne le dispense pas du paiement de l'indemnité d'estimation due par tout futur assuré. Elle est fixée ainsi qu'il suit : pour un capital assuré s'élevant à 3000 M. une prime de 3 M. devra être payée ; 6 M. jusqu'à 15.000 M.; 9 M. jusqu'à 30.000 M., 12 M. jusqu'à 45.000 M. et 15 M. au delà de 45.000 M.

L'estimation terminée, le Collège délivre à l'assuré une police d'assurance.

Au point de vue de la prime annuelle à verser, les immeubles assurés sont divisés en classes suivant les risques plus ou moins grands d'incendie qu'ils présentent. Tout d'abord on distinguera les risques directs et les risques indirects.

Pour les risques directs on prendra en considération plusieurs éléments dont voici les principaux. L'immeuble a-t-il ou non des appareils de chauffage ; dans le cas d'affirmative, ces appareils sont-ils conformes ou plus ou moins conformes aux règles prescrites par la sécurité. La toiture de l'immeuble est-elle légère ou composée de matières non inflammables ? Dans quelle mesure l'immeuble se compose-t-il de parties pouvant être la proie des flammes ? Quel est l'usage que l'on fait du bâtiment ? Enfin le bâtiment possède-t-il ou non des paratonnerres ? Tablant sur ces principes, on établira 9 catégories d'immeubles. Dans la première on rangera les immeubles présentant le moins de risques, tels que églises, tours, belvédères, chapelles, sacristie. La deuxième comprendra les maisons d'habitation servant uniquement à cet effet ou bien encore les dépendances contigues contenant des étoffes par exemple, mais ne présentant pas de risques d'incendie.

Dans la 3e catégorie on réunira : les immeubles contenant des appareils de chauffage, n'employant pas des fluides inflammables ; les immeubles servant à exploiter une industrie, mais ne contenant que des machines en fer ; séchoirs chauffés à la vapeur ou à l'eau chaude ; fonderies ; maisons où l'on travaille des étoffes n'étant pas facilement inflammables ; bâtiments, magasins contenant des substances ne présentant pas de grandes chances d'incendie. Dans la 4e catégorie, au contraire, on trouve des immeubles contenant des appareils de chauffage exigeant l'emploi de fluides inflammables, fonderies de fer et de bronze, entreprises de gazerie, bâtiments où l'on travaille des étoffes plus facilement inflammables mais avec des machines et des moteurs mécaniques en fer ; salles qui, sans être des théâtres, servent à des représentations. Si l'on passe à la 5e catégorie, on y trouve tous les immeubles où l'on exploite une industrie ainsi que les fermes et hangars servant à rentrer les récoltes, et les bâtiments contigus à des remises et à des écuries. Lorsque ces bâtiments, servant aux industries de produits facilement inflammables, ne sont pas en pierre, ils sont rangés dans la 6e catégorie. Avec la 7e catégorie nous rencontrons les immeubles possédant des appareils de chauffage pour lesquels on utilise des fluides plus facilement inflammables, bâtiments où l'on travaille et apprête des matières premières et des étoffes plus facilement inflammables dans des locaux plus fermés que dans les précédentes classes, bâtiments servant à des usages industriels ou commerciaux où sont mis en mouvement des machines en fer ; maisons servant de magasins ou de dépendances pour entreposer des marchandises plus inflammables que celles déjà vues dans les catégories antérieures, séchoirs où les objets sont chauffés directement par un fourneau ou l'air chaud ; mais les matériaux exposés ne doivent pas présenter un grand degré d'inflammabilité pas plus que les matériaux composant le four ; les fours à briques qui ne sont pas entièrement construits en pierre. Dans la 8e catégorie on rangera les fabriques de laque et de vernis, de noir chimique et de goudron, fabriques de substances inflammables, travaillées dans des locaux clos et exigeant pour leur manipulation un machinisme en fer, moulins, scierie, coutellerie. Enfin dans la 9e catégorie sont réunies les fabriques de substances inflammables, les fabriques d'huile ainsi que les usines d'épuration, usines à gaz, théâtres et salles de spectacle. Remarquons que pour ces derniers on tiendra compte d'un élément sui generis, le temps pendant lequel ils donnent des représentations.

Voilà donc 9 catégories, mais elles sont, pour répondre mieux aux nécessités pratiques, subdivisées en soixante classes. Chacune de ces dernières aura une unité de prime conventionnelle qui légalement peut s'élever à trois pfennigs. Pour ranger un immeuble appartenant à telle ou telle catégorie, on fera rentrer en ligne nombre d'éléments d'appréciation dont voici simplement, à titre d'exemple, les principaux.

On se demandera notamment s'il y a ou non des appareils de chauffage, quel est leur état ; l'immeuble possède-t-il ou non un paratonnerre ; la toiture présente-t-elle beaucoup de dangers d'incendie ou bien est-elle construite en matériaux peu inflammables.

D'ailleurs les tableaux annexés à la loi feront mieux comprendre que toutes les explications que nous pourrions donner : aussi allons-nous reproduire ici les principaux tableaux relatant les explications les plus intéressantes.

*(Voir pages suivantes les principaux tableaux annexés à la loi. Tableaux A (A* A) B (B* B) C (C* C).*

## A* Bâtiments possédant de bons paratonnerres

Avec toit ininflammable — Avec toiture légère

Etendue des parties inflammables

Appartiennent aux *classes de primes* suivantes et payent 0/0 Mk. de valeur assurée conformément aux *unités de primes* ci-dessous.

| Immeubles sans appareils de chauffage — Qui par leur affectation appartiennent à la | | Avec toit ininflammable — Jusqu'à 1/10 | 1/10 | 2/10 | 3/10 | 4/10 | Au delà 5/10 | 6/10 | 7/10 | 8/10 | 9/10 | Avec toiture légère — Jusqu'à 1/10 | 1/10 | 2/10 | 3/10 | 4/10 | Au delà 5/10 | 6/10 | 7/10 | 8/10 | 9/10 |
|---|---|---|---|---|---|---|---|---|---|---|---|---|---|---|---|---|---|---|---|---|---|
| I. | cl. | 1 | 1 | 1 | 1 | 2 | 2 | 2 | 2 | 2 | 2 | 2 | 2 | 3 | 3 | 4 | 4 | 4 | 5 | 5 | 5 |
| | unité | 0,9 | 0,9 | 0,9 | 0,9 | 1,0 | 1,0 | 1,0 | 1,0 | 1,0 | 1,0 | 1,0 | 1,0 | 1,2 | 1,2 | 1,3 | 1,3 | 1,3 | 1,4 | 1,4 | 1,4 |
| II. | cl. | 3 | 4 | 6 | 7 | 9 | 10 | 12 | 13 | 14 | 15 | 11 | 14 | 15 | 16 | 17 | 18 | 18 | 19 | 19 | 19 |
| | unité | 1,2 | 1,3 | 1,5 | 1,6 | 1,8 | 1,9 | 2,2 | 2,3 | 2,4 | 2,5 | 2,0 | 2,4 | 2,5 | 3,0 | 3,6 | 4,2 | 4,2 | 4,7 | 4,7 | 4,7 |
| III. | cl. | 3 | 5 | 7 | 8 | 10 | 11 | 13 | 15 | 15 | 16 | 11 | 15 | 16 | 17 | 18 | 19 | 19 | 20 | 20 | 20 |
| | unité | 1,2 | 1,4 | 1,6 | 1,7 | 1,9 | 2,0 | 2,3 | 2,5 | 2,5 | 3,0 | 2,0 | 2,5 | 3,0 | 3,6 | 4,2 | 4,7 | 4,7 | 5,3 | 5,3 | 5,3 |
| IV. | cl. | 5 | 8 | 11 | 14 | 16 | 16 | 17 | 18 | 18 | 18 | 14 | 16 | 17 | 18 | 19 | 20 | 20 | 21 | 21 | 22 |
| | unité | 1,4 | 1,7 | 2,0 | 2,4 | 3,0 | 3,0 | 3,6 | 4,2 | 4,2 | 4,2 | 2,4 | 3,0 | 3,6 | 4,2 | 4,7 | 5,3 | 5,3 | 5,8 | 5,8 | 6,4 |
| V. | cl. | 6 | 11 | 15 | 16 | 17 | 18 | 19 | 19 | 20 | 21 | 15 | 17 | 18 | 19 | 20 | 21 | 22 | 23 | 23 | 24 |
| | unité | 1,5 | 2,0 | 2,5 | 3,0 | 3,6 | 4,2 | 4,7 | 4,7 | 5,3 | 5,8 | 2,5 | 3,6 | 4,2 | 4,7 | 5,3 | 5,8 | 6,4 | 6,9 | 6,9 | 7,5 |
| VI. | cl. | 7 | 12 | 16 | 17 | 18 | 19 | 20 | 20 | 21 | 22 | 16 | 17 | 19 | 20 | 21 | 22 | 23 | 24 | 24 | 25 |
| | unité | 1,6 | 2,2 | 3,0 | 3,6 | 4,2 | 4,7 | 5,3 | 5,3 | 5,8 | 6,4 | 3,0 | 3,6 | 4,7 | 5,3 | 5,8 | 6,4 | 6,9 | 7,5 | 7,5 | 8,0 |
| VII. | cl. | 10 | 15 | 17 | 18 | 19 | 21 | 22 | 23 | 24 | 25 | 17 | 18 | 20 | 21 | 23 | 25 | 26 | 26 | 27 | 28 |
| | unité | 1,9 | 2,5 | 3,6 | 4,2 | 4,7 | 5,8 | 6,4 | 6,9 | 7,5 | 8,0 | 3,6 | 4,2 | 5,3 | 5,8 | 6,9 | 8,0 | 8,6 | 8,6 | 9,2 | 9,7 |
| VIII. | cl. | 15 | 17 | 20 | 22 | 24 | 27 | 29 | 31 | 32 | 35 | 19 | 22 | 25 | 27 | 30 | 32 | 34 | 35 | 37 | 37 |
| | unité | 2,5 | 3,6 | 5,3 | 6,4 | 7,5 | 9,2 | 10,3 | 11,4 | 11,9 | 13,6 | 4,7 | 6,4 | 8,0 | 9,2 | 10,8 | 11,9 | 13,0 | 13,6 | 14,7 | 14,7 |
| IX. | cl. | 18 | 22 | 26 | 30 | 34 | 39 | 43 | 47 | 49 | 53 | 25 | 29 | 34 | 38 | 42 | 47 | 50 | 52 | 54 | 55 |
| | unité | 4,2 | 6,4 | 8,6 | 10,8 | 13,0 | 15,8 | 18,0 | 20,3 | 21,4 | 23,6 | 8,0 | 10,3 | 13,0 | 15,3 | 17,5 | 20,3 | 21,9 | 23,0 | 24,2 | 24,7 |

## A. — Bâtiments sans ou avec paratonnerre insuffisant.

sous toit ininflammable — avec toiture molle

### Etendue des parties inflammables

Immeubles sans appareils de chauffage

| Qui par leur affectation appartiennent à la | | jusqu'à 1\|10 | 1\|10 | 2\|10 | 3\|10 | au delà 4\|10 | 5\|10 | 6\|10 | 7\|10 | 8\|10 | 9\|10 | jusqu'à 1\|10 | 1\|10 | 2\|10 | 3\|10 | au delà 4\|10 | 5\|10 | 6\|10 | 7\|10 | 8\|10 | 9\|10 |
|---|---|---|---|---|---|---|---|---|---|---|---|---|---|---|---|---|---|---|---|---|---|
| | | Appartiennent aux *classes de primes* suivantes et payent 0\|0 Mk. de valeur assurée conformément aux *unités de primes* ci-dessous | | | | | | | | | | | | | | | | | | | |
| I. | cl. | 2 | 2 | 3 | 4 | 5 | 5 | 6 | 7 | 7 | 8 | 5 | 6 | 7 | 9 | 10 | 11 | 12 | 13 | 14 | 14 |
| | unité | 1,0 | 1,0 | 1,2 | 1,3 | 1,4 | 1,4 | 1,5 | 1,6 | 1,6 | 1,7 | 1,4 | 1,5 | 1,6 | 1,8 | 1,9 | 2,0 | 2,2 | 2,3 | 2,4 | 2,4 |
| II. | cl. | 4 | 6 | 8 | 10 | 12 | 14 | 16 | 16 | 16 | 17 | 12 | 15 | 16 | 17 | 18 | 19 | 19 | 20 | 20 | 20 |
| | unité | 1,3 | 1,5 | 1,7 | 1,9 | 2,2 | 2,4 | 3,0 | 3,0 | 3,0 | 3,6 | 2,2 | 2,5 | 3,0 | 3,6 | 4,2 | 4,7 | 4,7 | 5,3 | 5,3 | 5,3 |
| III. | cl. | 4 | 7 | 9 | 11 | 13 | 15 | 17 | 17 | 17 | 18 | 12 | 16 | 17 | 18 | 19 | 20 | 20 | 21 | 21 | 21 |
| | unité | 1,3 | 1,6 | 1,8 | 2,0 | 2,3 | 2,5 | 3,6 | 3,6 | 3,6 | 4,2 | 2,2 | 3,0 | 3,6 | 4,2 | 4,7 | 5,3 | 5,3 | 5,8 | 5,8 | 5,8 |
| IV. | cl. | 6 | 9 | 13 | 16 | 17 | 17 | 18 | 19 | 19 | 20 | 15 | 17 | 18 | 19 | 20 | 21 | 21 | 22 | 22 | 23 |
| | unité | 1,5 | 1,8 | 2,3 | 3,0 | 3,6 | 3,6 | 4,2 | 4,7 | 4,7 | 5,3 | 2,5 | 3,6 | 4,2 | 4,7 | 5,3 | 5,8 | 5,8 | 6,4 | 6,4 | 6,9 |
| V. | cl. | 7 | 12 | 16 | 17 | 18 | 19 | 20 | 20 | 21 | 22 | 16 | 18 | 19 | 20 | 21 | 22 | 23 | 24 | 24 | 25 |
| | unité | 1,6 | 2,2 | 3,0 | 3,6 | 4,2 | 4,7 | 5,3 | 5,3 | 5,8 | 6,4 | 3,0 | 4,2 | 4,7 | 5,3 | 5,8 | 6,4 | 6,9 | 7,5 | 7,5 | 8,0 |
| VI. | cl. | 8 | 14 | 17 | 18 | 19 | 20 | 21 | 21 | 22 | 23 | 17 | 18 | 20 | 21 | 22 | 23 | 24 | 25 | 25 | 26 |
| | unité | 1,7 | 2,4 | 3,6 | 4,2 | 4,7 | 5,3 | 5,8 | 5,8 | 6,4 | 6,9 | 3,6 | 4,2 | 5,3 | 5,8 | 6,4 | 6,9 | 7,5 | 8,0 | 8,0 | 8,6 |
| VII. | cl. | 11 | 16 | 18 | 19 | 20 | 22 | 23 | 24 | 25 | 26 | 18 | 19 | 21 | 22 | 24 | 26 | 27 | 28 | 28 | 29 |
| | unité | 2,0 | 3,0 | 4,2 | 4,7 | 5,3 | 6,4 | 6,9 | 7,5 | 8,0 | 8,6 | 4,2 | 4,7 | 5,8 | 6,4 | 7,5 | 8,6 | 9,2 | 9,7 | 9,7 | 10,3 |
| VIII. | cl. | 16 | 18 | 21 | 23 | 25 | 28 | 30 | 32 | 33 | 36 | 20 | 23 | 26 | 28 | 31 | 33 | 35 | 36 | 38 | 38 |
| | unité | 3,0 | 4,2 | 5,8 | 6,9 | 8,0 | 9,7 | 10,8 | 11,9 | 12,5 | 14,2 | 5,3 | 6,9 | 8,6 | 9,7 | 11,4 | 12,5 | 13,6 | 14,2 | 15,3 | 15,3 |
| IX. | cl. | 19 | 23 | 27 | 31 | 35 | 40 | 44 | 48 | 50 | 54 | 26 | 30 | 35 | 39 | 43 | 48 | 51 | 53 | 55 | 56 |
| | unité | 4,7 | 6,9 | 9,2 | 11,4 | 13,6 | 16,4 | 18,6 | 20,8 | 21,9 | 24,2 | 8,6 | 10,8 | 13,6 | 15,8 | 18,0 | 20,8 | 22,5 | 23,6 | 24,7 | 25,3 |

B*. — **Bâtiments possédant de bons paratonnerres.**

Bâtiments ayant des appareils de chauffage conformes aux règlements

Etendue des parties inflammables.

| Bâtiments qui, par leur destination appartiennent à la | | sous toits durs jusqu'à 1/10 | 1/10 | 2/10 | 3/10 | 4/10 | au-delà 5/10 | 6/10 | 7/10 | 8/10 | 9/10 | sous toits mous jusqu'à 1/10 | 1/10 | 2/10 | 3/10 | 4/10 | au-delà 5/10 | 6/10 | 7/10 | 8/10 | 9/10 |
|---|---|---|---|---|---|---|---|---|---|---|---|---|---|---|---|---|---|---|---|---|---|
| | | Appartiennent aux *classes de primes* suivantes et payent 0/0 Mk de capital assuré conformément aux *unités de primes* ci-dessous. | | | | | | | | | | | | | | | | | | | |
| I. | cl. | 2 | 3 | 4 | 5 | 6 | 7 | 8 | 9 | 9 | 10 | 6 | 7 | 9 | 11 | 12 | 14 | 15 | 16 | 16 | 16 |
| | unité | 1,0 | 1,2 | 1,3 | 1,4 | 1,5 | 1,6 | 1,7 | 1.8 | 1,8 | 1,9 | 1,5 | 1,6 | 1,8 | 2,0 | 2,2 | 2,4 | 2,5 | 3.0 | 3,0 | 3,0 |
| II. | cl. | 4 | 6 | 8 | 11 | 13 | 15 | 16 | 16 | 17 | 17 | 12 | 15 | 16 | 17 | 18 | 19 | 19 | 20 | 20 | 20 |
| | unité | 1,3 | 1,5 | 1,7 | 2,0 | 2,3 | 2,5 | 3,0 | 3.0 | 3,6 | 3.6 | 2.2 | 2,5 | 3,0 | 3,6 | 4,2 | 4,7 | 4,7 | 5,3 | 5.3 | 5,3 |
| III. | cl. | 4 | 7 | 9 | 12 | 14 | 16 | 17 | 17 | 18 | 18 | 13 | 16 | 17 | 18 | 19 | 20 | 20 | 21 | 21 | 21 |
| | unité | 1,3 | 1,6 | 1,8 | 2,2 | 2,4 | 3,0 | 3,6 | 3,6 | 4,2 | 4,2 | 2,3 | 3,0 | 3,6 | 4,2 | 4,7 | 5,3 | 5,3 | 5,8 | 5,8 | 5,8 |
| IV. | cl. | 6 | 10 | 14 | 16 | 17 | 17 | 18 | 19 | 19 | 20 | 15 | 17 | 18 | 19 | 20 | 21 | 22 | 22 | 23 | 23 |
| | unité | 1,5 | 1,9 | 2,4 | 3,0 | 3,6 | 3,6 | 4,2 | 4,7 | 4,7 | 5.3 | 2,5 | 3,6 | 4,2 | 4.7 | 5,3 | 5,8 | 6.4 | 6.4 | 6,9 | 6,9 |
| V. | cl. | 8 | 13 | 16 | 17 | 18 | 19 | 20 | 21 | 21 | 22 | 16 | 18 | 19 | 20 | 21 | 22 | 23 | 24 | 25 | 25 |
| | unité | 1,7 | 2,3 | 3.0 | 3,6 | 4,2 | 4,7 | 5,3 | 5,8 | 5,8 | 6,4 | 3.0 | 4,2 | 4,7 | 5,3 | 5,8 | 6,2 | 6,9 | 7,5 | 8,0 | 8,0 |
| VI. | cl. | 9 | 14 | 17 | 18 | 19 | 20 | 21 | 22 | 22 | 23 | 17 | 18 | 20 | 21 | 22 | 23 | 24 | 25 | 26 | 26 |
| | unité | 1,8 | 2,4 | 3,6 | 4,2 | 4,7 | 5,3 | 5,8 | 6,4 | 6,4 | 6,9 | 3.6 | 4,2 | 5,3 | 5,8 | 6,4 | 6,9 | 7,5 | 8,0 | 8,6 | 8,6 |
| VII. | cl. | 11 | 16 | 18 | 19 | 20 | 22 | 23 | 24 | 25 | 26 | 18 | 19 | 21 | 22 | 29 | 26 | 27 | 28 | 29 | 29 |
| | unité | 2,0 | 3,0 | 4,2 | 4,7 | 5,3 | 6,4 | 6,9 | 7,5 | 8,0 | 8,6 | 4,2 | 4.7 | 5,8 | 6.4 | 7,5 | 8,6 | 9,2 | 9,7 | 10,3 | 10,3 |
| VIII. | cl. | 16 | 18 | 21 | 23 | 25 | 28 | 30 | 33 | 34 | 36 | 20 | 23 | 26 | 28 | 31 | 34 | 36 | 37 | 38 | 39 |
| | unité | 3,0 | 4,2 | 5,8 | 6,9 | 8.0 | 9,7 | 10,8 | 12,5 | 13,0 | 14,2 | 5,3 | 6,9 | 8,6 | 9,7 | 11,4 | 13,0 | 14,2 | 14.7 | 15,3 | 15,8 |
| IX. | cl. | 18 | 23 | 27 | 31 | 35 | 40 | 44 | 48 | 50 | 54 | 26 | 30 | 35 | 39 | 43 | 48 | 51 | 54 | 56 | 57 |
| | unité | 4,2 | 6.9 | 9,2 | 11,4 | 13,6 | 16,4 | 18,6 | 20,8 | 21,9 | 24,2 | 8,6 | 10,8 | 10,8 | 13,6 | 15,8 | 20.8 | 22.5 | 24,2 | 25,3 | 25,8 |

**B. — Bâtiments sans ou avec paratonnerre insuffisant.**

Appareils de chauffage conformes aux règlements.

Sous toits résistants. — Sous toits mous.

Etendue des parties pouvant être enflammées.

| Qui par leur affectation appartiennent à la | | Sous toits résistants: jusqu'à 1/10 | 1/10 | 2/10 | 3/10 | 4/10 | au-delà 5/10 | 6/10 | 7/10 | 1/08 | 9/10 | Sous toits mous: jusqu'à 1/10 | 2/10 | 3/10 | 4/10 | 5/10 | au-delà 6/10 | 7/10 | 8/10 | 9/10 | |
|---|---|---|---|---|---|---|---|---|---|---|---|---|---|---|---|---|---|---|---|---|---|
| Appartiennent aux *classes de primes* suivantes et payent 0/0 Mk de capital assuré conformément aux *unités de primes* ci-dessous : | | | | | | | | | | | | | | | | | | | | | |
| I. | cl. | 3 | 4 | 6 | 7 | 9 | 10 | 12 | 13 | 14 | 16 | 8 | 10 | 12 | 15 | 16 | 16 | 17 | 17 | 17 | 17 |
| | unité | 1,2 | 1,3 | 1,5 | 1,6 | 1,8 | 1,9 | 2,2 | 2,3 | 2,4 | 3,0 | 1,7 | 1,9 | 2,2 | 2,5 | 3,0 | 3,0 | 3,6 | 3,6 | 3,6 | 3,6 |
| II. | cl. | 5 | 8 | 10 | 13 | 15 | 16 | 17 | 17 | 18 | 18 | 14 | 16 | 17 | 18 | 19 | 20 | 20 | 21 | 21 | 21 |
| | unité | 1,4 | 1,7 | 1,9 | 2,3 | 2,5 | 3,0 | 3,6 | 3,6 | 4,2 | 4,2 | 2,4 | 3,0 | 3,6 | 4,2 | 4,7 | 5,3 | 5,3 | 5,8 | 5,8 | 5.8 |
| III. | cl. | 5 | 9 | 11 | 14 | 16 | 17 | 18 | 18 | 19 | 19 | 14 | 17 | 18 | 19 | 20 | 22 | 21 | 22 | 22 | 22 |
| | unité | 1,4 | 1,8 | 2,0 | 2,1 | 3,0 | 3,6 | 4,2 | 4,2 | 4,7 | 4,7 | 2,4 | 3,6 | 4,2 | 4,7 | 5,3 | 5,8 | 5,8 | 6,4 | 6,4 | 6,4 |
| IV. | cl. | 7 | 11 | 16 | 17 | 18 | 18 | 19 | 20 | 20 | 21 | 16 | 18 | 19 | 20 | 21 | 22 | 23 | 23 | 24 | 24 |
| | unité | 1,6 | 2,3 | 3,0 | 3,6 | 4,2 | 4,2 | 4,7 | 5,3 | 5,3 | 5,8 | 3,0 | 4,2 | 4,7 | 5,3 | 5,8 | 6,4 | 6,9 | 6,9 | 7,5 | 7,5 |
| V. | cl. | 9 | 14 | 17 | 18 | 19 | 20 | 21 | 22 | 22 | 23 | 17 | 19 | 20 | 21 | 22 | 23 | 24 | 25 | 26 | 26 |
| | unité | 1,8 | 2,4 | 3,6 | 4,2 | 4,7 | 5,3 | 5,8 | 6,4 | 6,4 | 6,9 | 3,6 | 4,7 | 5,3 | 5,8 | 6,4 | 6,9 | 7,5 | 8,0 | 8,6 | 8,6 |
| VI. | cl. | 10 | 15 | 18 | 19 | 20 | 21 | 22 | 23 | 23 | 24 | 18 | 19 | 21 | 22 | 23 | 24 | 25 | 26 | 27 | 27 |
| | unité | 1,9 | 2,5 | 4,2 | 4,7 | 5,3 | 5,8 | 6,4 | 6,9 | 6,9 | 7,5 | 4,2 | 4,7 | 5,8 | 6,4 | 6,9 | 7,5 | 8,0 | 8,6 | 9,2 | 9,2 |
| VII. | cl. | 12 | 17 | 19 | 20 | 21 | 23 | 24 | 25 | 26 | 27 | 19 | 20 | 22 | 23 | 25 | 27 | 28 | 29 | 30 | 30 |
| | unité | 2,2 | 3,6 | 4,7 | 5,3 | 5,8 | 6,9 | 7,5 | 8,0 | 8,6 | 9,2 | 4,7 | 5,3 | 6,4 | 6,9 | 8,0 | 9,2 | 9,7 | 10,3 | 10,8 | 10,8 |
| VIII. | cl. | 17 | 19 | 22 | 24 | 26 | 29 | 31 | 34 | 35 | 37 | 21 | 24 | 27 | 29 | 32 | 35 | 37 | 38 | 39 | 40 |
| | unité | 3,6 | 4,7 | 6,4 | 7,5 | 8,6 | 10,3 | 11,4 | 13,0 | 13,6 | 14,7 | 5,8 | 7,5 | 9,2 | 10,3 | 11,9 | 13,6 | 14,7 | 15,3 | 15,8 | 16,4 |
| IX. | cl. | 19 | 24 | 28 | 32 | 36 | 41 | 45 | 50 | 51 | 55 | 27 | 31 | 36 | 40 | 44 | 49 | 52 | 55 | 57 | 58 |
| | unité | 4,7 | 7,5 | 9,7 | 11,9 | 14,2 | 16,9 | 19,2 | 21,9 | 22,5 | 24,7 | 9,2 | 11,4 | 14,2 | 16,4 | 18,6 | 21,4 | 23,0 | 24,7 | 25,8 | 26,4 |

C* — **Bâtiments ayant de bons paratonnerres**

| Qui par leur affectation appartiennent à la | | Sous toit résistant — Etendue des parties inflammables: jusqu'à 1/10 | 1/10 | 2/10 | 3/10 | 4/10 | au-delà 5/10 | 6/10 | 7/10 | 8/10 | 9/10 | Sous toit mou: jusqu'à 1/10 | 1/10 | 2/10 | 3/10 | 4/10 | au-delà 5/10 | 6/10 | 7/10 | 8/10 | 9/10 |
|---|---|---|---|---|---|---|---|---|---|---|---|---|---|---|---|---|---|---|---|---|---|
| | | Appartiennent aux *classes de primes* suivantes et payent 0/0 Mk de capital assuré conformément aux *unités de primes* ci-dessous. | | | | | | | | | | | | | | | | | | | |
| I. | cl. | 4 | 6 | 8 | 10 | 12 | 14 | 16 | 16 | 16 | 17 | 10 | 13 | 15 | 16 | 17 | 17 | 18 | 18 | 18 | 19 |
| | unité | 1,3 | 1,5 | 1,7 | 1,9 | 2,0 | 2,4 | 3,0 | 3,0 | 3,0 | 3,6 | 1,9 | 2,3 | 2,5 | 3,0 | 3,6 | 3,6 | 4,2 | 4,2 | 4,2 | 4,7 |
| II. | cl. | 6 | 9 | 12 | 15 | 16 | 17 | 18 | 18 | 19 | 19 | 15 | 16 | 17 | 18 | 19 | 20 | 21 | 22 | 22 | 22 |
| | unité | 1,5 | 1,8 | 2,2 | 2,5 | 3,0 | 3,6 | 4,2 | 4,2 | 4,7 | 4,7 | 2,5 | 3,0 | 3,6 | 4,2 | 4,7 | 5,3 | 5,8 | 6,4 | 6,4 | 6,4 |
| III. | cl. | 6 | 9 | 13 | 16 | 17 | 18 | 19 | 19 | 20 | 20 | 16 | 17 | 18 | 19 | 20 | 21 | 22 | 23 | 23 | 23 |
| | unité | 1,5 | 1,8 | 2,3 | 3,0 | 3,6 | 4,2 | 4,7 | 4,7 | 5,3 | 5,3 | 3,0 | 3,6 | 4,2 | 4,7 | 5,3 | 5,8 | 6,4 | 6,9 | 6,9 | 6,9 |
| IV. | cl. | 8 | 13 | 16 | 17 | 18 | 19 | 20 | 21 | 21 | 22 | 16 | 18 | 19 | 20 | 21 | 23 | 24 | 24 | 25 | 25 |
| | unité | 1,7 | 2,3 | 3,0 | 3,6 | 4,2 | 4,7 | 5,3 | 5,8 | 5,8 | 6,4 | 3,0 | 4,2 | 4,7 | 5,3 | 5,8 | 6,9 | 7,5 | 7,5 | 8,0 | 8,0 |
| V. | cl. | 9 | 15 | 17 | 18 | 19 | 20 | 21 | 23 | 23 | 24 | 17 | 18 | 20 | 21 | 23 | 24 | 25 | 26 | 27 | 27 |
| | unité | 1,8 | 2,5 | 3,6 | 4,2 | 4,7 | 5,3 | 5,8 | 6,9 | 6,9 | 7,5 | 3,6 | 4,2 | 5,3 | 5,8 | 6,9 | 7,5 | 8,0 | 8,6 | 9,2 | 9,2 |
| VI. | cl. | 10 | 16 | 18 | 19 | 20 | 21 | 22 | 24 | 24 | 26 | 17 | 19 | 21 | 22 | 24 | 25 | 26 | 27 | 28 | 28 |
| | unité | 1,9 | 3,0 | 4,2 | 4,7 | 5,3 | 5,8 | 6,4 | 7,5 | 7,5 | 8,6 | 3,6 | 4,7 | 5,8 | 6,4 | 7,5 | 8,0 | 8,6 | 9,2 | 9,7 | 9,7 |
| VII. | cl. | 13 | 17 | 19 | 20 | 21 | 23 | 25 | 26 | 27 | 29 | 19 | 20 | 22 | 24 | 26 | 28 | 29 | 30 | 31 | 31 |
| | unité | 2,3 | 3,6 | 4,7 | 5,3 | 5,8 | 6,9 | 8,0 | 8,6 | 9,2 | 10,3 | 4,7 | 5,3 | 6,4 | 7,5 | 8,6 | 9,7 | 10,3 | 10,8 | 11,4 | 11,4 |
| VIII. | cl. | 16 | 19 | 22 | 24 | 27 | 29 | 32 | 34 | 36 | 38 | 21 | 24 | 27 | 29 | 32 | 35 | 37 | 39 | 40 | 41 |
| | unité | 3,0 | 4,7 | 6,4 | 7,5 | 9,2 | 10,3 | 11,9 | 13,0 | 14,2 | 15,3 | 5,8 | 7,5 | 9,2 | 10,3 | 11,9 | 13,6 | 14,7 | 15,8 | 16,4 | 16,9 |
| IX. | cl. | 19 | 24 | 28 | 32 | 37 | 41 | 45 | 50 | 52 | 57 | 27 | 31 | 36 | 40 | 45 | 50 | 53 | 56 | 58 | 59 |
| | unité | 4,7 | 7,5 | 9,7 | 11,9 | 14,7 | 16,9 | 19,2 | 21,9 | 23,0 | 25,8 | 9,2 | 11,4 | 14,2 | 16,4 | 19,2 | 21,9 | 23,6 | 25,3 | 26,4 | 26,9 |

Dont les appareils de chauffage ne sont pas conformes aux règlements.

## C. — Bâtiments n'ayant pas de paratonnerre ou un paratonnerre défectueux.

Sous toiture résistante. — Sous toiture molle

Etendue des parties pouvant prendre feu

| | | Sous toiture résistante: Jusqu'à | | | | | Au delà | | | | | Sous toiture molle: Jusqu'à | | | | | Au delà | | | | |
|---|---|---|---|---|---|---|---|---|---|---|---|---|---|---|---|---|---|---|---|---|---|
| | | 1/10 | 1/10 | 2/10 | 3/10 | 4/10 | 5/10 | 6/10 | 7/10 | 8/10 | 9/10 | 1/10 | 1/10 | 2/10 | 3/10 | 4/10 | 5/10 | 6/10 | 7/10 | 8/10 | 9/10 |
| | | Appartiennent aux *classes de primes* suivantes et payent 0/0 Mk. de capital assuré conformément *aux unités de primes* ci-dessous. | | | | | | | | | | | | | | | | | | | |
| I. | cl. | 5 | 7 | 10 | 12 | 15 | 16 | 17 | 17 | 17 | 18 | 11 | 15 | 16 | 17 | 18 | 18 | 19 | 19 | 20 | 20 |
| | unité | 1,4 | 1,6 | 1,9 | 2,2 | 2,5 | 3,0 | 3,6 | 3,6 | 3,6 | 4,2 | 2,0 | 2,5 | 3,0 | 3,6 | 4.2 | 4,2 | 4,7 | 4,7 | 5,3 | 53 |
| II. | cl. | 7 | 10 | 14 | 16 | 17 | 18 | 19 | 19 | 20 | 20 | 16 | 17 | 18 | 19 | 20 | 21 | 22 | 23 | 23 | 23 |
| | unité | 1,6 | 1,9 | 2,4 | 3,0 | 3,6 | 4,2 | 4,7 | 4,7 | 5,3 | 5,3 | 3,0 | 3,6 | 4,2 | 4,7 | 5,3 | 5,8 | 6,4 | 6,9 | 6,9 | 6,9 |
| III. | cl. | 7 | 11 | 15 | 17 | 18 | 19 | 20 | 20 | 21 | 21 | 17 | 18 | 19 | 20 | 21 | 22 | 23 | 24 | 24 | 24 |
| | unité | 1,6 | 2,0 | 2,5 | 3,6 | 4,2 | 4,7 | 5,3 | 5,3 | 5,8 | 5,8 | 3,6 | 4,2 | 4,7 | 5,3 | 5,8 | 6,4 | 6,9 | 7,5 | 7,5 | 7,5 |
| IV. | cl. | 9 | 14 | 17 | 18 | 19 | 20 | 21 | 22 | 22 | 23 | 17 | 19 | 20 | 21 | 22 | 24 | 25 | 25 | 26 | 26 |
| | unité | 1,8 | 2,4 | 3,6 | 4,2 | 4,7 | 5,3 | 5,8 | 6,4 | 6,4 | 6,9 | 3,6 | 4,7 | 5,3 | 5,8 | 6,4 | 7,5 | 8,0 | 8,0 | 8,6 | 8,6 |
| V. | cl. | 10 | 16 | 18 | 19 | 20 | 21 | 22 | 24 | 24 | 26 | 18 | 19 | 21 | 22 | 24 | 25 | 26 | 27 | 28 | 28 |
| | unité | 1,9 | 3,0 | 4,2 | 4,7 | 5,3 | 5,8 | 6,4 | 7,5 | 7,5 | 8,6 | 4,2 | 4,7 | 5,8 | 6,4 | 7,5 | 8,0 | 8,6 | 9,2 | 9,7 | 9,7 |
| VI. | cl. | 11 | 17 | 19 | 20 | 21 | 22 | 23 | 25 | 25 | 27 | 18 | 20 | 22 | 23 | 25 | 26 | 27 | 28 | 29 | 29 |
| | unité | 2,0 | 3,6 | 4,7 | 5,3 | 5,8 | 6,4 | 6,9 | 8,0 | 8,0 | 9,2 | 4,2 | 5,3 | 6,4 | 6,9 | 8,0 | 8,6 | 9,2 | 9,7 | 10,3 | 10,3 |
| VII. | cl. | 14 | 18 | 20 | 21 | 22 | 24 | 26 | 27 | 28 | 30 | 20 | 21 | 23 | 25 | 27 | 29 | 30 | 31 | 32 | 33 |
| | unité | 2,4 | 4,2 | 5,3 | 5,8 | 6,4 | 7,5 | 8,6 | 9,2 | 9,7 | 10,8 | 5,3 | 5,8 | 6,9 | 8,0 | 9,2 | 10,8 | 10,8 | 11,4 | 11,9 | 12,5 |
| VIII. | cl. | 17 | 20 | 23 | 25 | 28 | 30 | 33 | 35 | 37 | 39 | 22 | 25 | 28 | 30 | 33 | 36 | 38 | 40 | 41 | 42 |
| | unité | 3,6 | 5,3 | 6,9 | 8,0 | 9,7 | 10,8 | 12,5 | 13,6 | 14,7 | 15,8 | 6,4 | 8,0 | 9,7 | 10,8 | 12,5 | 14,2 | 15,3 | 16,4 | 16,9 | 17,9 |
| IX. | cl. | 20 | 25 | 29 | 33 | 38 | 42 | 46 | 51 | 53 | 58 | 28 | 32 | 37 | 41 | 46 | 51 | 54 | 57 | 59 | 60 |
| | unité | 5,3 | 8,0 | 10,3 | 12,5 | 15,3 | 17,5 | 19,7 | 22,5 | 23,6 | 26,4 | 9,7 | 11,9 | 14,7 | 16,9 | 19,7 | 22,5 | 24,2 | 25,8 | 26,9 | 27,5 |

Les primes sont payées en deux termes : au 1er avril et au 1er octobre de chaque année. Elles sont recouvrées par l'intermédiaire des communes et des propriétaires de biens indépendants. C'est ainsi que dans les deux années 1895 et 1896 on a recueilli, pour l'assurance contre l'incendie, 9.407.116 M., et pour l'assurance contre l'explosion 55.137 M.

Dans les deux années 1897 et 1898 le montant des primes perçues s'est augmenté. Il passe à 9.988.951 M. pour l'assurance contre l'incendie ; 4.905.468 M. ont été recueillis en 1897 et 5.083.483 M. en 1898. Pour l'assurance contre l'explosion, on a recueilli en 1897, en primes, 37.658 M. 94 pf., et en 1898 une somme de 43.845 M. 86, soit pour les deux années 81.504 M. 80, c'est-à-dire une augmentation de plus de 2.600 M.

Par contre, les sommes assurées ont égalcment beaucoup progressé. Ainsi, en 1897, le capital assuré contre l'incendie s'élevait, pour le terme du 1er avril, à 4.679.790.950 M., pour lesquels on a prélevé 238.292.132 unités de primes ; pour le terme du 1er octobre, les sommes assurées s'élèvent à 4.767.842.910 M. pour lesquelles la caisse a demandé 241,517.956 unités conventionnelles. Voici comment ces sommes étaient réparties entre les villes et les campagnes. Tout d'abord pour le terme du 1er avril : 2.645.323.950 M. assurés dans les villes contre le paiement de 123.394.040 unités conventionnelles ; dans les campagnes, 2.034.467.000 M. ont été assurés contre le paiement de 114.898.092 unités de prime. Pour le terme d'octobre, le capital assuré est de 2.718.050.500 M., les unités de prime perçues se monlent à 126.088.693. Dans les villages, le capital assuré se chiffre par 2.049.792.410 M. contre une perception de 115.429.263 unités conventionnelles.

Ont été assurés contre l'explosion, au terme d'avril, des immeubles pour une valeur de 116.062.390 M. pour lesquels on a prélevé un supplément de prime de 16.765 M. 74 pf., et, pour le terme d'octobre, les valeurs assurées s'élèvent à 124.472.440 M. et les primes perçues à 18.195 M. 78 pf. N'oublions pas que cette assurance est purement facultative ; dès lors, cette augmentation prouve en faveur de la Caisse.

Si nous passons à 1898, nous relevons pour l'assurance immobilière contre l'incendie, pour le terme d'avril, 4.878.890.630 M., et, le 1er octobre, le capital assuré est de 4.981.178.140 M., dont 2.841.681.650 pour les villes et 2.139.496.490 pour les campagnes.

L'assurance facultative contre l'explosion est également en progrès. Au lieu de 116 millions nous relevons au 1er avril près de 132 millions de valeurs asssurées, et, au 1er octobre, 141.552.740 M. pour lesquels la Caisse a recueilli 20.712 M. 26 pf.

Le rapport annuel de 1899 qui vient de paraître nous fournit des résultats aussi satisfaisants.

Le 1er avril 1899 l'établissement national assurait pour 5.122.360.340 M.

Le 1er octobre 1899 cette somme s'élève à 5.240.646.980 M. Ils se répartissent ainsi qu'il suit :

3.001.503.160 M. de valeurs assurées dans les villes ayant entraîné la perception de 137.353.534 unités de prime. Pour les campagnes le capital assuré s'élève à

2.239.143.820 M. pour lesquels les assurés ont été obligés de payer 122.258.524 unités de prime.

Passons maintenant à l'assurance facultative contre l'explosion. C'est une nouvelle augmentation comme pour les années précédentes que nous enregistrons. Le 1er avril l'établissement national, moyennant le versement de 22.736 M. 83 pf. de primes, assurait pour 157.656.490 M. de valeurs immobilières ; le 1er octobre cette somme s'élève à 176.773.130 M. pour laquelle l'établissement a encaissé en primes 25.551 M. 25 pf.

Lorsque les primes perçues par l'établissement national, conformément à des taux de prime, déterminés par la loi, donnent des reliquats, ils constituent des bénéfices. Ceux-ci tombent chaque année dans une caisse de réserve. Elle servira à faire face aux dépenses imprévues. Ces recettes ne sont pas, comme on serait tenté de le croire, purement théoriques. Si nous prenons les trois dernières années, nous trouvons pour l'assurance contre l'incendie un reliquat de 13.780 M., pour l'assurance contre l'explosion un reliquat de 29 M. En 1898 nous relevons un reliquat sur l'assurance contre l'incendie de 22.786 M. et pour l'assurance contre l'explosion un bénéfice de 25 M. En 1899 nous trouvons un reliquat de 18.920 M. pour l'assurance contre l'incendie et de 63 M. pour l'assurance contre l'explosion. D'ailleurs empressons-nous d'ajouter que si ces bénéfices sont relativement modestes, cela tient aux dispositions de l'article 83. Aux termes de cet article, en effet, il est permis de réduire, lorsque ces bénéfices dépassent un certain quantum fixé par la loi, le taux des primes pour l'année suivante. Sans vouloir ici remonter bien avant, contentons-nous d'étudier les finances de la caisse des cinq dernières années. Voici les résultats que nos recherches nous permettent d'établir. On se rappelle que l'unité de prime (*Beitrageinheit*) est fixée législativement à 3 pf. Ceci rappelé, disons qu'en 1895, 1896, 1897, et 1898 la caisse a renoncé à 1 pf. par unité de prime. C'est comme si elle avait diminué les primes de 1/3. Bien plus en 1899, avec l'agrément du Ministre de l'Intérieur, la caisse n'a perçu, pour le terme du 1er avril, les primes que sur le taux de 1 1/2 pf. par unité de prime et au terme du 1er octobre, sur une base de 1 pf. par unité de prime.

Pour nous rendre compte de l'importance de cette diminution, dressons un tableau des sommes assurées depuis 1892 à 1899 en supposant qu'on se conforme au taux de la loi. Essayons en même temps d'établir le °/₀ des valeurs assurées aux différents tarifs de primes correspondants en conservant toujours la valeur légale de 3 pf. à l'unité de prime. Voici ce que nous obtenons :

| Sommes assurées à fin de 1893-94. | 0/0 du montant total des sommes assúrées | Sommes assurées à fin de 1895-96 | 0/0 du total des sommes assurées | Sommes assurées à fin de 1897-98 | 0/0 du total des sommes assurées | Primes pour 0/00 M. de capital assuré (*Valeur de l'unité de prime, 3 pf.*) | | | |
|---|---|---|---|---|---|---|---|---|---|
| M. | | M. | | M. | | | M. pf. | | M. pf. |
| 56.500.100 | 1,315 | 59.862.260 | 1,306 | 65.986.540 | 1,325 | | | jusqu'à | 50 |
| 1.023.131.790 | 23,813 | 1.143.129.050 | 24,945 | 1.311.239.210 | 26,324 | au-des. | — 50 | — | 1 — |
| 1.333.547.140 | 31,037 | 1.447.646.680 | 31,591 | 1.598.453.760 | 32,090 | — | 1 — | — | 1 50 |
| 887.124.880 | 20,647 | 937.927.030 | 20,467 | 1.003.690.190 | 20,150 | — | 1 50 | — | 2 — |
| 516.766.610 | 12,027 | 526.490.710 | 11,489 | 546.173.740 | 10,965 | — | 2 — | — | 2 50 |
| 249.812.240 | 5,814 | 246.878.380 | 5,387 | 243.233.200 | 4,883 | — | 2 50 | — | 3 — |
| 129.382.290 | 3,011 | 125.089.059 | 2,730 | 121.601.750 | 2,441 | — | 3 — | — | 3 50 |
| 53.405.470 | 1,243 | 49.883.940 | 1,089 | 46.769.610 | 0,939 | — | 3 50 | — | 4 — |
| 25.660.630 | 0,597 | 23.683.750 | 0,517 | 22.570.920 | 0,453 | — | 4 — | — | 4 50 |
| 7.230.520 | 0,168 | 7.672.850 | 0,167 | 7.718.200 | 0,155 | — | 4 50 | — | 5 — |
| 5.412.030 | 0,126 | 5.119.000 | 0,112 | 5.041.750 | 0,101 | — | 5 — | — | 5 50 |
| 2.844.610 | 0,066 | 3.093.270 | 0,068 | 2.929.910 | 0,058 | — | 5 50 | — | 6 — |
| 5.833.900 | 0,136 | 6.038.740 | 0,132 | 5.769.360 | 0,116 | — | 6 — | | |

Si nous jetons les yeux sur ce tableau, nous voyons que près de 60 °/₀ des sommes totales assurées sont réparties dans les 3 classes de primes les plus basses s'échelonnant de 50 pf. à 1 M. 50 pf. °/₀₀. Si nous faisons subir à nos chiffres la réduction provenant de la diminution dont l'unité de prime a été l'objet, nous aboutissons à cette constatation que 60 °/₀ du capital assuré n'a entraîné pour les intéressés qu'une dépense de 30, 59, 85 pf. °/₀₀ M. de valeur assurée, et qu'environ 20 °/₀ du reste des sommes assurées l'ont été moyennant 1 M. 17 °/₀₀.

Pour l'année 1899 c'est encore un tiers de moins. Les valeurs assurées appartenant aux trois premières classes de primes auront pu l'être pour la première classe moyennant 16 pf. °/₀₀ M., pour la deuxième classe moyennant 30 pf. ‰ M., et pour la troisième classe moyennant 46 pf. ‰ M. Enfin les immeubles assurés rangés dans la quatrième classe de prime, n'entraîneront pour leurs propriétaires que le versement d'une prime annuelle inférieure à 70 pf. ‰ M.

Bref, près de 90 % des sommes assurées l'auront été moyennant une prime ne dépassant guère 80 pf. ‰ M., ce qui ferait une moyenne de 46 1/2 pf. ‰. C'est là une moyenne qu'il est intéressant de retenir. Surtout si l'on cherche un peu quelle est la nature de ce capital assuré.

Nous trouvons que pour l'exercice 1897-1898 on compte encore pour 150.412.510 M. d'immeubles assurés possédant des toitures légères. Sans doute, grâce aux progrès introduits dans l'industrie du bâtiment et les encouragements donnés par notre établissement national dans ce but, c'est une diminution de 8.839.300 M. sur l'exercice 1895-1896 à enrègistrer. Mais il reste acquis que la Caisse a encore pour environ 3 %, des valeurs immobilières qu'elle assure, représenté par des bâtiments n'ayant qu'une toiture légère.

Ajoutons encore parmi les risques dangereux dont elle a la charge, les fabriques, usines et les immeubles par nature s'y trouvant. Ceci connu, on nous accordera volontiers que la prime réclamée est vraiment bien modique. Lorsque plus loin nous fournirons quelques chiffres permettant de donner une idée du nombre et de la nature des indemnités que la Caisse a eu à payer dans les dernières années, cette appréciation paraîtra, peut-être, même comme trop sévère encore.

Il est vrai, pour être tout à fait impartial, que l'art. 67 donne à notre établissement le droit de recourir à une contribution extraordinaire.

Mais cela seulement dans des cas extrêmes. Il faut que le montant des primes et le fonds de réserve soient insuffisants pour couvrir tous les frais.

Nous venons de voir quelles sont les charges qui incombent aux assurés, occupons-nous maintenant des droits qu'ils ont à l'encontre de notre établissement national en cas d'incendie.

Lorsqu'un bâtiment assuré vient à être détruit en totalité ou en partie par un incendie, le propriétaire a droit à une indemnité représentant la valeur de l'immeuble au moment du sinistre mais ne pouvant jamais s'élever au delà du capital assuré. Le chiffre de cette indemnité est fixé par les agents techniques dont nous avons longuement parlé antérieurement. Voici brièvement comment on procédera. Les autorités locales ont soixante-douze heures pour dresser un rapport contenant le nom de la localité où a éclaté l'incendie, quel jour à quelle heure, indiquer si l'immeuble a été entièrement détruit ou simplement endommagé, le numéro et la lettre sous lequel il figure au cadastre ou au registre des déclarations, le ou les noms des propriétaires, enfin si la reconstruction exige des modifications. Pour faciliter cette tâche aux autorités locales et leur permettre de l'accomplir dans les délais, la Direction leur fournit des formulaires imprimés qu'ils remplissent et envoient aussitôt à la Chambre des assurances.

Les autorités locales doivent également avertir l'inspecteur, dans le ressort duquel l'incendie a éclaté. Dans les plus brefs délais, variant avec l'importance du sinistre, on fera connaître à l'intéressé l'évaluation de l'inspecteur.

Les réclamations qui s'élèveront contre la décision des agents techniques seront jugées dans la forme usitée en matière de cadastration.

Nous n'avons donc plus à insister ici sur cette procédure.

L'indemnité ne peut, à moins d'autorisation expresse, être employée qu'à la reconstruction du bâtiment détruit. Elle est généralement payée en deux termes : la première moitié est remise lorsque les travaux sont commencés et tous les matériaux nécessaires à la réédification apportés sur les lieux; la seconde lors de l'achèvement du bâtiment. Lorsqu'il s'agit de simples réparations la seconde moitié sera payée quand il aura été démontré que la première portion est dépensée. Les indemnités inférieures à 100 Marks sont payées en une seule fois, au commencement des travaux.

Le bâtiment incendié doit, en principe, être reconstruit sur le même fonds. Les indemnités qui n'ont pas été employées dans les dix ans aux travaux de reconstruction peuvent être revendiquées par la Caisse. L'assuré, condamné par application des articles 265, 306, 308 et 311 du Code pénal allemand ou comme complice des crimes prévus dans ces articles ou pour défaut de dénonciation, est déchu de tout droit à l'indemnité. L'article 148 fixe les délais pendant lesquels les demandes relatives au payement des indemnités, secours et gratifications sont recevables. Voici les principaux. Une demande en dommage, en général, est prescrite par trente jours à compter du jour où les autorités locales ont fait connaître, s'il y a lieu, à l'intéressé le sinistre.

Les créanciers hypothécaires ont 3 ans à compter du jour où ils ont eu connaissance du sinistre, pour faire valoir leurs prétentions. Les récompenses ou primes qu'on pourrait réclamer à l'établissement national doivent être établies, dans les huit jours qui suivent l'incendie, par les autorités locales. Quelques chiffres fixeront mieux les résultats obtenus sous ce rapport que de longues dissertations.

En 1897, on compte 3027 incendies, en 1898 le nombre se réduit à 2973. Dans ces deux années il y a donc eu 6000 incendies en Saxe. Pour l'année 1897, nous trouvons que 2052 ont été indemnisés, en 1898, des indemnités n'ont été versées que dans 1976 cas. Dans les deux années réunies on a indemnisé dans 4028 cas. Si nous comparons ce chiffre au total des incendies, nous trouvons qu'une indemnité a été servie dans 67,13 % des cas. Par rapport aux années 1895 et 1896, cela fait une diminution, quant aux incendies, de 20, et sur le nombre d'incendies qui ont été suivis de dédommagements, de 59. La diminution dans le nombre des incendies tient surtout à l'augmentation des immeubles possédant des paratonnerres. En 1896 il n'y avait dans les villes que 16.469 maisons possédant des paratonnerres sur 224.784 maisons assurées. Pour les campagnes on compte sur 554.080 maisons assurées, 33.815 maisons étant dotées de cet instrument protecteur. Mais il faut également noter qu'en 1896, pour le royaume de Saxe, il y avait, tant dans les villes que dans les campagnes, 81.289 maisons assurées, couvertes en toitures légères, pour 691.990 couvertes en substances non inflammables. En 1898 sur 814.954 immeubles assurés, 52.594 ont des paratonnerres, soit une augmentation de 2.310 possédant cet instrument protecteur. D'autre part, 713.193 maisons ont des toitures ne donnant pas de prise aux flammes, soit une augmentation de 23.203, tandis qu'on enregistre par rapport à 1896, une diminution de 790 sur le nombre de maisons ayant une médiocre toiture et 6.323 maisons de moins qu'en 1896 ayant encore une toiture légère.

Admettons que les progrès du luxe et de la civilisation aient leur part dans cette transformation, mais remarquons, encore une fois en passant, que les encouragements donnés par la Caisse n'ont pas nui à cette amélioration apportée dans la construction du bâtiment. Les effets ne se sont pas laissés attendre ; de 1896 à 1898 on compte une diminution de 32 cas d'incendie, et une diminution de 213 cas de ravages causés par la foudre. Grâce à la construction moderne des bâtiments, souvent un incendie n'a pas le temps de faire des dégâts, ou ils sont insignifiants. Aussi enregistrons-nous une diminution de 56 dans le nombre des sinistres n'entraînant pas de dédommagement. Si nous nous demandons maintenant quelle est la moyenne de l'indemnité payée pour dégâts causés par un incendie, nous trouvons en rapprochant les cinq dernières périodes, pour 1889-1890 environ 2890 M., pour celle de

1891-1892 : 2.916 M., pour celle de 1893-1894 environ 2.717, pour 1895-1896 : 2.393, et enfin pour 1897-1898 : 3.054.

Il paraîtrait tout naturel d'en déduire que puisque la moyenne d'indemnité allouée a été bien supérieure, pour chaque espèce isolée il dût en être également de même. Pourtant il n'en est rien. Une fois de plus nous nous trouvons en présence des vices que recèle la méthode consistant à raisonner sur des moyennes pour donner satisfaction à notre esprit qui aime la généralisation. Hélas, souvent ce procédé peut conduire à des inexactitudes. Aussi est-ce pour cette raison que, trop souvent pour le lecteur peut-être, nous avons préféré la méthode plus ennuyeuse mais plus sûre de l'analyse.

Dans notre espèce, en effet, cette moyenne élevée est due à deux faits, à deux grands incendies, l'un qui éclata à Dresde le 16 février 1898, qui détruisit l'Eglise de la Croix, l'autre du 29 avril de la même année qui réduisit en cendres une caserne du district de Zwickau. Ces deux incendies à eux seuls rendirent la Caisse débitrice d'une somme de 1.869.850 M. Faisons-nous au contraire abstraction de ces deux événements isolés, la moyenne tombe brusquement à 2530 M. Sans doute c'est encore une moyenne supérieure à celle qu'on enregistre pour les années 1895-1896, mais combien l'écart est moins grand.

On nous pardonnera donc, poussé par le désir d'être aussi exact que possible, de consigner encore (car c'est à notre point de vue le moyen le plus efficace et en même temps le plus bref pour frapper l'esprit), sous forme de tableau, des explications que la prose ne saurait rendre que très imparfaitement.

| de au-dessus | jusqu'à | dans les années 1864 à 1866 | 1864 à 1876 | 1864 à 1884 | 1864 à 1888 | 1864 à 1892 | 1864 à 1896 | 1864 à 1898 |
|---|---|---|---|---|---|---|---|---|
| M | M | °/₀ | °/₀ | °/₀ | °/₀ | °/₀ | °/₀ | °/₀ |
| » | 300 | 20,234 | 23,521 | 25,239 | 27,653 | 30,085 | 32,882 | 34,239 |
| 300 | 1,500 | 23,749 | 24,255 | 24,005 | 22,748 | 21,443 | 20,402 | 19,847 |
| 1,500 | 3,000 | 20,128 | 18,494 | 18,668 | 18,396 | 18,087 | 17,611 | 17,326 |
| 3,000 | 15,000 | 30,245 | 28,448 | 27,768 | 27,036 | 26,488 | 25,514 | 25,098 |
| 15,000 | 30,000 | 3,621 | 3,448 | 3,007 | 2,941 | 2,784 | 2,571 | 2,501 |
| 30,000 | 60,000 | 1,491 | 1,179 | 0,908 | 0,851 | 0,779 | 0,727 | 0,703 |
| 60,000 | 120,000 | 0,213 | 0,422 | 0,266 | 0,258 | 0,230 | 0,208 | 0,201 |
| 120,000 | | 0,319 | 0,233 | 0,139 | 0,117 | 0,104 | 0,085 | 0,085 |
| | | 100,000 | 100,000 | 100,000 | 100,000 | 100,000 | 100,000 | 100,000 |

En présence d'aussi lourdes charges incombant à la caisse qui peut, du jour au lendemain, avoir deux incendies entraînant le versement d'une indemnité de 60.000 M. à 120.000 M., on est en droit de se demander si les assurés ne courent pas le risque de n'être pas ou que partiellement indemnisés. L'objection serait fondée, mais remarquons que près de 95 °/₀ des indemnités servies ne dépassent pas 15.000 M. et que les grands incendies entraînant une indemnité de 120.000 M. sont tout-à-fait exceptionnels. Mais cette crainte n'est plus justifiée, si l'on songe que le législateur pour parer à cette éventualité a exigé la formation d'un fonds d'avance et de réserve. La loi récente du 5 mai 1892, dans son article 1<sup>er</sup>, a encore augmenté les exigences des lois anciennes. Voici avec le capial assuré de 1899 qui s'élève à 5.240.646.980 M., quel doit être le fonds de réserve.

Pour les 3.725.000.000 premiers M. afin d'être égal à 3/10 % des sommes assurées, il doit être de 11.175.000 M. Pour les 1.515.646.980 M. d'après la proportion de 1/20 % du capital assuré, il faut ajouter encore une somme de 757.823, soit en tout 11.932.823 M. Voilà quel est le montant du fonds de réserve.

Voyons maintenant quel est le patrimoine de la caisse. En 1899 il s'élevait à 18.644.224 M. Cette somme était ainsi employée : à la fin de 1898, 14.519.100 en fonds d'Etat ou valeurs de grands établissements publics dont voici le détail :

| | | | Cours des valeurs au 31 décembre 1898 | |
|---|---|---|---|---|
| 107.700 | M. en achat de rente 3 0/0 Saxonne 1855 au cours de... | 93,25 | 100.430 M. | 25 |
| 3.770.000 | — en 3 0/0 de rente, Saxonne, Série A.-B. 1876........ | 92,00 | 3.468.400 | » |
| 5.065.000 | — en 3 0/0 » » A.-C. 1878-92..... | 92,00 | 4.659.800 | » |
| 500 | — » » » D. 1892........ | 92,10 | 460 | 50 |
| 611.000 | — » » » A.-C. 1894....... | 92,00 | 562.120 | » |
| 102.000 | — » » » A.-C. 1897....... | 92,00 | 93.840 | » |
| 423.600 | — en 3 1/2 obligations » A.-B............. | 98,75 | 418.305 | » |
| 697.200 | — 3 1/2 de rente » I et II 1852-68.... | 100,60 | 701.383 | 20 |
| 1.161.300 | — 3 1/2 » A et B 1869....... | 100,60 | 1.168.267 | 80 |
| 13.200 | — 3 1/2 de Société de ch. de fer Lobau Zittau, S. A.. | 99,75 | 13.167 | » |
| 600.000 | — 3 1/2 de consolidés prussiens, 1886, S. A à C....... | 101,40 | 608.400 | » |
| 11.000 | — 3 1/2 d'obl. de l'empr. de ville de Leipzig, 1887, S. I | 91,00 | 10.000 | » |
| 11.900 | — 3 1/2 Série I (c)................................ | 99,70 | 11.864 | 30 |
| 35.000 | — 3 0/0 d'hypothèques de banque de Saxe........... | 90,00 | 31.500 | » |
| 794.000 | — 3 1/2 » » ........... | 99,25 | 788.045 | » |
| 230.400 | — 3 1/2 0/0 oblig. ch. de fer Dresde à Leipzig, 1872.. | 99,80 | 229.939 | 20 |
| 391.000 | — 3 0/0 en consolidés allemands, 1891 à 1893........ | 94,40 | 369.104 | » |
| 250.000 | — 3 1/2 » » 1892 (A-E)....... | 101,50 | 253.750 | » |
| 244.300 | — 3 1/2 » » 1877-1892......... | 101,40 | 247.720 | 20 |
| 14.519.100 | M. Total.......................................... | Total | 13.736.506 M. | 45 |

A cette somme de 14.519.100 M. employée comme nous venons de voir, il faut ajouter 650.000 M. en bons du Trésor, 3.418 en prêts hypothécaires, 71.105 en avances et prêts gratuits faits aux communes, conformément à l'obligation imposée par le règlement d'administration publique de 1876, enfin 284.472 M. employés en valeurs immobilières. Comme argent liquide il y avait dans la caisse 11.355 M. Mais si l'on déduit le passif on trouve un fonds de réserve et d'avance pour 1899 de 11.368.192, soit un découvert de 564.631 M. pour atteindre le chiffre fixé par la loi. En remontant à 1898, nous trouvons un recul dans le patrimoine de 2.403.234 M. 91 pf. qui se décompose ainsi : en 1897, un recul de 1,922.418 M. provenant d'une augmentation du passif de 2.060.459 M. 37 pf. contre une augmentation d'actif qui n'est que de 138.041 M. 25 pf. Mais en 1898 le recul n'est plus que de 480.816 M. 70 pf. Il résulte d'une diminution de l'actif de 857.152 M. 93 pf. contre une diminution de passif ne s'élevant qu'à 376.336 M. Il faut attribuer cette baisse aux deux grands incendies de l'église de la Croix à Dresde, l'autre de la caserne du district de Zwickau, ainsi qu'à une diminution de 639.732 M. des valeurs en portefeuille provenant de l'affaissement des cours. Aussi en est-il résulté que le fonds de réserve qui en 1896 s'élevait à 13.553.171 M. tombe, en raison d'un appauvrissement de 1.922.418, éprouvé en 1897, à 11.630.753, soit un découvert de 65.668 M. par rapport au taux fixé par la loi. Un nouvel appauvrissement fait tomber en 1898 le fonds de réserve à 11.149.936 M., soit un découvert de 653.152 M.

De ces constatations il ressort qu'en 1899 nous trouvons une amélioration. Le fonds de réserve grevé d'un déficit provenant de l'exercice précédent s'élève de 11.149.192 à 11.149.936 M. ne laissant plus qu'un découvert de 564.631 M. alors que le capital assuré augmentant entraînait une élévation du taux exigé par la loi de près de 130.000 M. Si maintenant nous nous rappelons qu'on a abaissé l'unité de prime de 2/3, on devra conclure que les résultats financiers de la Caisse sont très rassurants. D'ailleurs, si l'on jette les yeux sur les chefs de dépenses on rencontre des frais provenant de paiements de gratifications et de récompenses accordées. Ainsi, par exemple, nous voyons dans le budget de 1899 une somme de 1.117 M. allouée pour récompenser ceux qui ont découvert des incendiaires. C'est une somme de 18.690 M. qui a été consacrée en avances faites aux sinistrés ou autres ayant apporté des améliorations dans leurs constructions. Nous ne parlons pas ici, à dessein, des frais que la loi de 1876, après bien d'autres plus anciennes, impose à l'établissement pour venir en aide aux pompiers et aider les communes dans l'entretien des appareils destinés à éteindre l'incendie. Cette obligation portant également sur les deux sections de l'industrie dont l'Etablissement a la gestion, il est plus logique d'en parler à la fin.

Ceci nous permet donc d'aborder de suite la 2e section dont il nous reste à traiter : l'assurance facultative.

### *Assurance facultative.*

Il n'est peut-être pas inutile de tracer à nouveau le domaine auquel s'applique l'assurance facultative. Elle s'étend aux immeubles dont voici l'énumération : 1° les kiosques et pavillons qui ne servent pas à l'habitation ou à l'exercice d'une industrie et les bâtiments de la liste civile ; 2° les théâtres ; 3° les tombeaux ; 4° certains objets d'ornementation ; 5° les fours à briques, à chaux, etc. ; 6° les ponts et viaducs ; 7° les appareils industriels ou agricoles fixés à demeure à des constructions.

Des bâtiments et des théâtres nous n'avons plus à parler ici. Ils ont été l'objet d'une étude antérieure. Rappelons seulement que les théâtres sont rangés dans la dernière section et qu'ils ont été soumis à des tarifs spéciaux qu'un tableau relate (1). Il n'en est plus de même des appareils industriels et agricoles qui vont maintenant nous occuper. Une section tout entière de la loi du 25 août 1876 leur est consacrée. Les règles qui doivent être appliquées au matériel agricole et industriel sont établies dans les articles 149 à 180. Elles diffèrent d'ailleurs peu de celles applicables aux immeubles. L'assurance des objets de cette catégorie n'est pas obligatoire pour le propriétaire. De son côté, l'établissement pouvait toujours refuser ces risques.

Depuis la loi du 13 octobre 1886, les instruments servant à l'industrie, à l'agriculture ou à une exploitation quelconque sont assurés de droit s'ils sont attachés à un immeuble assuré à l'Etablissement national. La déclaration de la personne qui s'assure doit être faite par

(1) On tiendra compte non seulement de la structure de l'immeuble, de son agencement, s'il a ou non un paratonnerre, s'il a des appareils de chauffage conformes aux règlements, mais encore du temps pendant lequel le théâtre joue.

écrit. Comme l'estimation ou cadastration qui suit cette déclaration se fait de la même manière que pour les immeubles, nous passons. L'indemnité allouée devait servir à rétablir les choses en l'état où elles étaient avant l'incendie et ne pouvait être détournée de cet emploi qu'avec l'autorisation de la Chambre des assurances. La loi du 13 octobre 1886 a déclaré que désormais l'indemnité serait remise sans conditions. Le bénéficiaire en pourrait faire l'usage que bon lui semble. Avec une pareille réforme les fractionnements dans le paiement de l'indemnité, prescrits par la loi du 28 août 1876, devenaient inutiles.

Pour savoir quelles sont les primes que l'Etablissement national pourrait percevoir, la loi range tous ces objets et appareils industriels et agricoles sous *six catégories*.

La *première catégorie* comprend les fours et appareils de chauffage utilisés dans un but industriel qui ne sont pas immeubles par nature comme les fourneaux, rôtissoires, fourneaux de forge, calorifères, etc.

Les moteurs tels que roues en fer mues par l'eau, machines à vapeur, moteurs à gaz, moteurs électriques, presses hydrauliques ainsi que tous les appareils de transmission d'énergie et rouages mécaniques en fer.

Les élévatrices d'eau, les conduites métalliques de vapeur d'eau ou de gaz et leurs accessoires ainsi que les gazomètres.

Les chaudières à vapeur et toutes chaudières en général contenant des liquides ou des matières à transformer par fusion, telles que chaudières de teintureries, de brasseries, de blanchisseries, lessiveuses, chaudières d'établissements de bain.

Les métiers et machines destinés à transformer ou travailler des substances telles qu'étoffes non inflammables, métaux, les laminoirs, la machinerie de forge, les appareils en fer destinés à recevoir des métaux fondus, les souffleries métalliques et ventilateurs.

Comme appartenant à la *deuxième catégorie* citons :

Les appareils et machines servant à forger, les métiers et instruments servant à la tissanderie et à la broderie, les fuseaux (instruments servant à faire de la dentelle), les appareils et instruments servant à la fabrication de la passementerie et des lacets ainsi que le matériel de cardage.

Les métiers servant au tissage des cotonnades, toiles et étoffes.

Le matériel des imprimeries, presses et autres mécaniques.

La machinerie employée pour la fabrication du pain, du chocolat ou produits similaires.

Appareils et accessoires servant, à la fabrication du gaz.

Ensemble des appareils mus par la main tant dans les ateliers domestiques que dans les exploitations agricoles englobant les presses à main, les voitures et véhicules.

Installations servant à faire sécher les étoffes tant dans les tissanderies que dans les teintureries et blanchisseries.

Dans la *troisième catégorie*, sont rangés :

Le matériel, partie en bois, partie en métal, employé pour la transformation ou la construction de machines ou la machinerie manipulant des substances inflammables.

Les machines et instruments employés dans la fabrication de la cellulose, dans les ébénisteries et les fabriques de carton.

Les métiers servant à tisser la soie pure.

Toute la machinerie employée dans la fabrication de l'alcool, dans les distilleries, laboratoires et fabriques de produits chimiques ainsi que dans les sucreries et raffineries.

Le matériel agricole utilisé à un endroit déterminé.

Tout le matériel des mines et carrières.

Tout le machinisme des malteries, fabriques de cigares.

La *quatrième catégorie* comprend :

Les moulins de toute sorte, tels que les moulins à moudre le blé, l'orge à gruau, ainsi que les moulins à graines oléagineuses.

Les machines à carder et à peigner les laines.

Tout le matériel des usines d'épuration d'huiles.

Les machines destinées à travailler le bois, etc.

Dans la *cinquième catégorie* on trouve :

La machinerie des filatures de coton, de laine travaillée, de laine de soie, le matériel des scieries et des verreries, des fabriques de papier et de carton.

Nous citerons comme appartenant à la *dernière caté gorie* :

Les métiers de filatures de chanvre, de lin, et le matériel des fabriques de ouate, les machines à broyer le charbon, les appareils destinés à la fabrication de matière, inflammables telles que du naphtol, de la benzine, et autres produits similaires, les outils servant à la manipulation d'objets ou marchandises très inflammables ainsi que la machinerie des fabriques de produits et substances très inflammables et très explosives.

Connaissant maintenant les six catégories établies par la loi il nous faudrait essayer d'indiquer les primes correspondantes à ces divisions. Malheureusement le système établi par la loi est assez compliqué et nous n'aurons pas trop de toute l'indulgence du lecteur pour en établir ici le mécanisme.

Comme pour l'assurance immobilière on distingue les risques directs et les risques indirects. Pour ne pas compliquer, nous ne nous occuperons ici que des risques directs. Faisons de suite remarquer qu'on utilise la classification immobilière qui nous est déjà connue.

Nous savons que les immeubles peuvent être rangés dans 60 classes.

Selon qu'un des objets ayant un usage industriel ou agricole sera situé dans un immeuble rangé dans l'une ou l'autre de ces classes il devra acquitter une prime correspondante à la classe. Bien plus les primes seront encore majorées suivant la catégorie dans laquelle l'objet aura été placé.

D'une manière générale nous pouvons dire que cette augmentation sera environ :

| | | | |
|---|---|---|---|
| de 0,2 | pour la | 1re | catégorie |
| — 0,5 | — | 2e | — |
| — 0,8 | — | 3e | — |
| — 1,2 | — | 4e | — |
| — 1,6 | — | 5e | — |
| — 2 | — | 6e | — |

Mais comme la loi ne parle que d'unité de prime, cela ne pouvait pas être aussi simple que nous venons de l'indiquer. Le législateur se voyant dans la nécessité de sous-diviser chaque classe d'immeubles en six nouvelles classes, a créé 167 classes et a déterminé pour chacune de ces classes le nombre d'unités de prime qu'on pourrait percevoir.

Voici d'ailleurs sous forme de tableau les chiffres exacts.

Tableau des *classes de primes* avec l'unité de prime qu'on devra payer 0/0 Mk de capital assuré.

| Cl. | Unités | Cl. | Unités | Cl. | Unités | Cl. | Unités | Cl. | Unités |
|---|---|---|---|---|---|---|---|---|---|
| 1 | 0,9 | 35 | 13,6 | 69 | 32,5 | 103 | 51,4 | 137 | 70,3 |
| 2 | 1,0 | 36 | 14,2 | 70 | 33,0 | 104 | 51,9 | 138 | 70,8 |
| 3 | 1,2 | 37 | 14,7 | 71 | 33,6 | 105 | 52,5 | 139 | 71,4 |
| 4 | 1,3 | 38 | 15,3 | 72 | 34,2 | 106 | 53,0 | 140 | 71,9 |
| 5 | 1,4 | 39 | 15,8 | 73 | 34,7 | 107 | 53,6 | 141 | 72,5 |
| 6 | 1,5 | 40 | 16,4 | 74 | 35,3 | 108 | 54,2 | 142 | 73,0 |
| 7 | 1,6 | 41 | 16,9 | 75 | 35,8 | 109 | 54,7 | 143 | 73,6 |
| 8 | 1,7 | 42 | 17,5 | 76 | 36,4 | 110 | 55,3 | 144 | 74,2 |
| 9 | 1,8 | 43 | 18,0 | 77 | 36,9 | 111 | 55,8 | 145 | 74,7 |
| 10 | 1,9 | 44 | 18,6 | 78 | 37,5 | 112 | 56,4 | 146 | 75,3 |
| 11 | 2,0 | 45 | 19,2 | 79 | 38,0 | 113 | 56,9 | 147 | 75,9 |
| 12 | 2,2 | 46 | 19,7 | 80 | 38,6 | 114 | 57,5 | 148 | 76,4 |
| 13 | 2,3 | 47 | 20,3 | 81 | 39,2 | 115 | 58,4 | 149 | 77,0 |
| 14 | 2,4 | 48 | 20,8 | 82 | 39,7 | 116 | 58,6 | 150 | 77,5 |
| 15 | 2,5 | 49 | 21,4 | 83 | 40,3 | 117 | 59,2 | 151 | 78,0 |
| 16 | 3,0 | 50 | 21,9 | 84 | 40,8 | 118 | 59,7 | 152 | 78,6 |
| 17 | 3,6 | 51 | 22,5 | 85 | 41,4 | 119 | 60,3 | 153 | 79,2 |
| 18 | 4,2 | 52 | 23,0 | 86 | 41,9 | 120 | 60,8 | 154 | 79,8 |
| 19 | 4,7 | 53 | 23,6 | 87 | 42,5 | 121 | 61,4 | 155 | 80,3 |
| 20 | 5,3 | 54 | 24,2 | 88 | 43,0 | 122 | 61,9 | 156 | 80,8 |
| 21 | 5,8 | 55 | 24,7 | 89 | 43,6 | 123 | 62,5 | 157 | 81,4 |
| 22 | 6,4 | 56 | 25,3 | 90 | 44,2 | 124 | 63,0 | 158 | 81,9 |
| 23 | 6,9 | 57 | 25,8 | 91 | 44,7 | 125 | 63,6 | 159 | 82,5 |
| 24 | 7,5 | 58 | 26,4 | 92 | 45,3 | 126 | 64,2 | 160 | 83,1 |
| 25 | 8,0 | 59 | 26,9 | 93 | 45,8 | 127 | 64,7 | 161 | 83,6 |
| 26 | 8,6 | 60 | 27,5 | 94 | 46,4 | 128 | 65,3 | 162 | 84,2 |
| 27 | 9,2 | 61 | 28,0 | 95 | 46,9 | 129 | 65,8 | 163 | 84,7 |
| 28 | 9,7 | 62 | 28,6 | 96 | 47,5 | 130 | 66,4 | 164 | 85,3 |
| 29 | 10,3 | 63 | 29,2 | 97 | 48,0 | 131 | 66,9 | 165 | 85,8 |
| 30 | 10,8 | 64 | 29,7 | 98 | 48,6 | 132 | 67,5 | 166 | 86,4 |
| 31 | 11,4 | 65 | 30,3 | 99 | 49,2 | 133 | 68,0 | 167 | 87,0 |
| 32 | 11,9 | 66 | 30,8 | 100 | 49,7 | 134 | 68,6 | | |
| 33 | 12,5 | 67 | 31,4 | 101 | 50,3 | 135 | 69,2 | | |
| 34 | 13,0 | 68 | 31,9 | 102 | 50,8 | 136 | 69,8 | | |

Ceci bien compris, on pourra calculer exactement la prime correspondante à chaque catégorie d'objets.

Pour faciliter ces recherches il faut que nous mettions sous les yeux du lecteur un autre tableau (1) où nous indiquerons dans une colonne la classe de primes des immeubles et en regard les différentes classes de primes dans lesquelles les objets industriels ou agricoles doivent être rangés pour tenir compte de la majoration. La classe de primes pour un appareil industriel donné étant connue, il suffira de se reporter au tableau précédent. Aussitôt on y verra le nombre d'unités de primes correspondant. Comme on se rappelle que cette unité conventionnelle peut s'élever légalement au taux de trois pfennigs, en multipliant ce nombre par trois on aura la prime en pfennigs qu'il faudra payer pour assurer une valeur mobilière donnée de 100 marks.

(1) *(Voir ce tableau page suivante).*

**Répartitions par catégories.**

| classes de primes | I | II | III | IV | V | VI | classes de primes | I | II | III | IV | V | VI | classes de primes | I | II | III | IV | V | VI |
|---|---|---|---|---|---|---|---|---|---|---|---|---|---|---|---|---|---|---|---|---|
| **1** | 3 | 5 | 8 | 11 | 14 | 16 | **21** | 24 | 27 | 30 | 34 | 38 | 42 | **41** | 47 | 57 | 66 | 78 | 90 | 102 |
| **2** | 3 | 6 | 9 | 12 | 16 | 16 | **22** | 25 | 28 | 32 | 36 | 41 | 45 | **42** | 49 | 58 | 68 | 80 | 93 | 105 |
| **3** | 6 | 9 | 12 | 16 | 17 | 17 | **23** | 26 | 30 | 33 | 38 | 43 | 48 | **43** | 50 | 60 | 69 | 82 | 95 | 108 |
| **4** | 7 | 11 | 14 | 16 | 17 | 18 | **24** | 27 | 31 | 35 | 41 | 46 | 51 | **44** | 51 | 61 | 71 | 85 | 98 | 111 |
| **5** | 8 | 12 | 16 | 17 | 18 | 18 | **25** | 28 | 33 | 37 | 43 | 48 | 54 | **45** | 53 | 63 | 73 | 87 | 101 | 115 |
| **6** | 9 | 13 | 16 | 17 | 18 | 19 | **26** | 30 | 34 | 39 | 45 | 51 | 57 | **46** | 54 | 64 | 75 | 89 | 103 | 117 |
| **7** | 11 | 14 | 16 | 17 | 18 | 20 | **27** | 31 | 36 | 41 | 47 | 54 | 61 | **47** | 55 | 66 | 77 | 91 | 106 | 121 |
| **8** | 12 | 16 | 17 | 18 | 19 | 20 | **28** | 32 | 37 | 42 | 49 | 56 | 63 | **48** | 56 | 67 | 78 | 93 | 108 | 123 |
| **9** | 12 | 16 | 17 | 18 | 19 | 21 | **29** | 33 | 39 | 44 | 52 | 59 | 67 | **49** | 57 | 69 | 80 | 96 | 111 | 126 |
| **10** | 13 | 16 | 17 | 18 | 20 | 21 | **30** | 34 | 40 | 46 | 54 | 62 | 69 | **50** | 58 | 70 | 82 | 98 | 114 | 129 |
| **11** | 14 | 16 | 17 | 19 | 20 | 22 | **31** | 36 | 42 | 48 | 56 | 64 | 72 | **51** | 60 | 72 | 84 | 100 | 116 | 132 |
| **12** | 16 | 17 | 18 | 20 | 21 | 23 | **32** | 37 | 43 | 50 | 58 | 67 | 75 | **52** | 61 | 73 | 85 | 102 | 119 | 135 |
| **13** | 16 | 17 | 18 | 20 | 22 | 23 | **33** | 38 | 45 | 51 | 60 | 69 | 78 | **53** | 62 | 75 | 87 | 105 | 121 | 138 |
| **14** | 16 | 17 | 19 | 20 | 22 | 24 | **34** | 39 | 46 | 53 | 62 | 72 | 81 | **54** | 63 | 76 | 89 | 107 | 124 | 142 |
| **15** | 16 | 18 | 19 | 21 | 23 | 24 | **35** | 40 | 48 | 55 | 65 | 75 | 84 | **55** | 64 | 78 | 91 | 109 | 127 | 144 |
| **16** | 17 | 19 | 21 | 23 | 25 | 27 | **36** | 42 | 49 | 57 | 67 | 78 | 88 | **56** | 66 | 79 | 93 | 111 | 129 | 148 |
| **17** | 19 | 21 | 23 | 25 | 28 | 30 | **37** | 43 | 51 | 59 | 69 | 80 | 90 | **57** | 67 | 81 | 95 | 113 | 132 | 150 |
| **18** | 20 | 22 | 25 | 28 | 31 | 34 | **38** | 44 | 52 | 61 | 72 | 83 | 94 | **58** | 68 | 82 | 97 | 116 | 135 | 153 |
| **19** | 21 | 24 | 26 | 30 | 33 | 36 | **39** | 45 | 54 | 62 | 74 | 85 | 96 | **59** | 69 | 84 | 98 | 117 | 137 | 156 |
| **20** | 22 | 25 | 28 | 32 | 36 | 40 | **40** | 46 | 55 | 64 | 76 | 88 | 99 | **60** | 70 | 85 | 100 | 120 | 140 | 159 |

Voici d'ailleurs quelques exemples qui nous permettront de mettre à profit les données que nous fournissent les tableaux dressés à propos de l'assurance immobilière.

Tout d'abord prenons un exemple en nous servant de notre tableau A* (1) où nous avons classé, on se le rappelle, les immeubles possédant de bons paratonnerres tandis que dans notre tableau A (2) nous avons rangé les immeubles ne possédant pas de paratonnerres, ou des paratonnerres défectueux.

(1) Page 394. (2) Page 395.

Ceci posé, voici l'espèce : Il s'agit d'un bâtiment appartenant à la IXe catégorie d'immeubles, ayant une toiture légère, composée pour les 9/10 de matières inflammables mais ayant un bon paratonnerre et pas d'appareil de chauffage ; pour savoir à quelle classe de prime il appartient, il nous suffit de consulter la dernière colonne, avant-dernière ligne, de notre tableau A*. Nous savons aussitôt qu'il appartient à la 55e classe de prime dans la classification immobilière.

Ceci connu reportons-nous à notre dernier tableau et achevons les données de notre espèce : l'objet à assurer est un métier d'une filature, appartenant dès lors à la VIe catégorie d'objets industriels.

Dans quelle classe de prime va-t-il être rangé ? Jetons les yeux sur la dernière colonne de notre dernier tableau à la 15e ligne. Nous y trouvons de suite la réponse, il doit être placé dans la 144e classe de prime. Grâce à notre tableau précédent (1), nous savons qu'à la classe 144e correspond le nombre de 74,2 unités de prime ; en multipliant 74 par 3 ($74 \times 3 = 222$ pf.) nous trouvons 222 pf. environ, soit 2 M. 22 pf. pour 100 M. Ainsi le plus dangereux des risques industriels devra être accepté par la caisse, si l'immeuble est assuré à l'établissement national (loi de 1886) et que l'intéressé le désire, contre une prime annuelle qui ne pourra pas dépasser 2 M. 22 pf. %. Toutefois faut-il que l'immeuble possède un paratonnerre et n'ait pas d'appareil de chauffage.

Faisons maintenant varier les données de l'espèce et

(1) Page 421.

supposons que notre métier se trouve dans un immeuble de construction identique, mais n'ayant pas de paratonnerre et possédant des appareils de chauffage qui d'ailleurs sont conformes aux prescriptions édictées en vue de la sécurité. Pour résoudre le problème, consultons notre tableau B (1) que nous avons dressé pour l'assurance immobilière. Nous voyons que l'immeuble est rangé dans la 58e classe de prime. Reportons-nous maintenant à notre dernier tableau (2), nous pouvons répondre d'après le chiffre que nous fournit la dernière colonne à la 17e ligne, que notre métier de filature de lin sera assuré moyennant le versement d'une prime de 79,2 unités conventionnelle ou (79 × 3 = 237 pf.), 237 pf. soit 2 M. 37 pf. pour 100 M.

Une 3e espèce pourrait se présenter. Il suffit de supposer que notre métier de filature de lin se trouve situé dans un bâtiment rangé dans la IXe catégorie d'immeubles possédant des appareils de chauffage défectueux et n'ayant pas de paratonnerre. Voilà bien le plus mauvais risque. D'après le tableau (3) l'immeuble appartient à la 60e classe de prime, alors le métier qu'il contient doit être rangé dans la 159e classe de prime et il devra acquitter une prime de 82,5 unités de primes ou (82 × 3 = 246 pf.) 2 M. 46 pf. pour 100 M.

Ces trois exemples suffisent à faire comprendre le mécanisme de ce système. On peut, à la rigueur, lui reprocher d'être un peu compliqué.

Par contre on conviendra, avec nous, qu'il était difficile d'abandonner moins à l'arbitraire. Les questions

(1) Page 397. (2) Page 423. (3) Page 399.

de faits seront réduites au minimum. La marge laissée à l'établissement est vraiment bien mince. Il peut se faire qu'il se présente dans la pratique des conditions telles qui aggravent le risque. Comme elles sont tout à fait exceptionnelles, le législateur a préféré ne pas les prévoir. Mais là encore il a soigneusement limité les pouvoirs d'appréciation de la Caisse. Il ne lui reste que huit classes de primes de la 159ᵉ à la 167ᵉ et une aptitude d'élévation de prime de quatre unités.

Les résultats ont-ils répondu au perfectionnement du système ? C'est ce qu'il nous faut maintenant rapidement examiner.

Certes il serait très intéressant de poursuivre en détail les résultats obtenus depuis 1876, mais cela nous entraînerait trop loin. Aussi devons-nous nous borner. Considérons simplement les dernières années.

Dans la section de l'assurance immobilière, ainsi que pour l'assurance facultative contre l'explosion, nous avions enregistré pour les années 1897, 98, 99 une augmentation ininterrompue sur les années 1895, 1896, il en est de même pour l'assurance purement facultative des risques industriels et agricoles.

Dans les années 1897-1898 nous constatons les accroissements suivants sur les années 1895-1896.

Tout d'abord, le nombre des patrimoines auxquels appartenaient des objets assurés à la section a augmenté de 4821 à 4977 et le montant des valeurs assurées s'est élevé de 103.601.960 M. à 114.475.380 M. soit une progression de 10.873.420 M. pour les années 1897 et 1898 tandis que dans les années 1895-1896 elle n'avait été que de 7.739.770. Pour le terme d'octobre 1899, le capital assuré s'élève à 118,104.960 M. En moins d'une année, du 31 décembre 1898 au 1er octobre 1899, les valeurs assurées ont augmenté de 3.629.580 M.

Si nous remontons à 1888, nous trouvons pour l'année 1888-1889 une augmentation dans le nombre des patrimoines assurés s'élevant à 114, une progression dans le montant du capital assuré de 4.342.770. Les valeurs assurées s'élevaient alors à 2.341.910 M. pour lesquelles la caisse avait perçu 9.155.618 unités de prime ou 274.668 M. 39 pf, soit 1,17 °/₀₀. Pendant cette année le montant des primes s'est élevé de 327.911 unités.

Pour l'année 1889-1890, augmentation de 143 dans le nombre des assurances, et de 6.624.500 M. dans le capital assuré, le total des unités de primes perçues s'est élevé de 660.189.

Dans l'année 1890-1891 le nombre des assurances progresse de 56 et le capital assuré de 3.976,620 M. et le chiffre des unités de prime de 2.271.861. On a perçu 12.332.258 unités de primes ou 369.967 M. 74 pf. Cette augmentation s'explique par ce fait que cette année la caisse a assuré des risques très mauvais pour lesquels on demandait d'après les tarifs de la loi de fortes primes.

Pendant l'année 1891-1892 le nombre des assurances s'est accru de 41 et le montant des valeurs assurées de 6.059.870 M. tandis que le total des unités de primes ne s'est élevé que de 539.296.

En 1892-1893, augmentation de 56 dans le total des assurances, mais une diminution de 1.646.120 M. est à enregistrer dans le montant des valeurs assurées ainsi que dans le total des unités de primes perçues qui est de 692.106 unités. Le nombre des assurances était, le 31 décembre 1892, de 4650, le capital assuré s'élevait à 93.074.400 et le chiffre total des unités de primes à 12.871.554. Le 30 juin 1893, le nombre des assurances s'était élevé à 4675 mais le capital assuré s'affaisse de 93.074.400 M. à 89.150.960 M. soit une diminution de 3.923.440 M.. Mais le 31 décembre de la même année, il s'est déjà relevé à 91.428.280 M. soit de 2.277.320. Le 30 juin 1894, il a dépassé le taux antérieur, il est de 93.318.280 M. et le 31 décembre, le montant des valeurs assurées est de 95.862.190 M., ce qui fait pour l'année 1893-1894 une augmentation de 4.433.910 M. à enregistrer pour le montant du capital assuré.

L'année 1895 fut encore meilleure. Le nombre des assurances augmente de 62 le total des valeurs assurées de 5.151.810 M. et le nombre des unités perçues de 528.632 unités.

Avec l'année 1896 nous assistons à un ralentissement. Une diminution dans le nombre des assurances du 19 janvier à juin, une reprise dans le semestre suivant de 22 nouvelles assurances. Il en résulte qu'il n'y a eu pendant toute l'année 1896 qu'une augmentation de 3 dans le nombre des assurances. Le montant des valeurs assurées progresse de 2.587.960 M. et le total des unités perçues de 111,612, ce qui dénote que les risques assurés sont meilleurs.

En 1897, on enregistre une élévation de 54 dans le nombre des assurances et une grosse augmentation dans le montant du capital assuré. Elle n'est pas moins de 7.054.810. Le 31 décembre 1896, le total des valeurs assurées atteignait 103.601.960 M ; le 31 décembre 1897, l'établissement assurait pour 110.656.770 M. de valeurs. Mais si nous rapprochons de ce chiffre, celui qui relate l'augmentation dans le nombre des assurances, nous pouvons en déduire que les nouvelles polices portaient sur des valeurs plus élevées que celles assurées les années précédentes. C'est ce qui explique que pour cette période décennale, bien qu'on ait souvent une élévation plus grande du nombre des assurances, jamais en une année le montant du capital assuré ne s'était pareillement accru. Ainsi en 1890 le capital assuré ne s'était élevé que de 6.624.500 M., tandis que le nombre des assurances s'était augmenté de 143. Jamais il n'y eut pendant notre période un accroissement aussi important dans le nombre des assurances. En 1898 il n'est que de 102, mais tandis que ce chiffre est près du double de celui que nous enregistrons pour l'année précédente, le capital assuré ne s'est grossi que de 3.818.610 M. Nous assistons donc à un phénomène inverse.

Voici en quelles valeurs se répartissait, le 1er janvier 1898, le capital assuré de 111.384.270 M. et appartenant à 4895 patrimoines.

| | M. |
|---|---|
| 79 assurances contractées pour matériel de filatures de toutes sortes pour une valeur de....... | 24.716.000 |
| 1039 moulins, de tous les genres assurés pour une valeur de................................ | 17.701.260 |

| | M. |
|---|---|
| 75 assurances portant sur des fabriques de papier, de carton, papier de couleur et d'émeri ainsi que de cellulose pour une valeur de........ | 11.530.070 |
| 234 assurances de métiers de tissage de dentelle, fabriques de bas, de passementerie, de mercerie pour une valeur de................................ | 8.776.720 |
| 198 assurances d'objets en charbon, en chaux, d'objets en fer blanc, marteaux, et instruments de toute sorte servant à broyer, pour une valeur de................................ | 7.968.960 |
| 653 assurances portant sur des chaudières, moteurs à gaz, installation de vapeur d'eau et d'air ainsi que des installations d'éclairage électrique ou par le gaz pour une valeur de............... | 5.982.280 |
| 335 assurances de brasseries et malteries pour une valeur de................................ | 4.139.330 |
| 106 assurances portant sur des briqueteries, fabriques de poteries, fours et fabriques à porcelaine pour une valeur de........................... | 3.830.020 |
| 229 assurances portant sur le matériel de fabriques de tabletterie et ébénisterie, pour une valeur de................................ | 3.365.910 |
| 127 assurances portant sur des appareils de teinturerie, de blanchisserie, d'instruments pour fouler la laine ainsi que le matériel nécessaire pour laver et sécher les laines s'élevant à une valeur de................................ | 3.126.590 |
| 67 assurances portant sur de la machinerie de scierie pour une valeur de...................... | 3.037.830 |
| 26 assurances de matériel d'usines à gaz, pour une valeur de................................ | 1.615.660 |
| 55 assurances de distilleries s'élevant à une valeur de................................ | 1.430.780 |
| 40 assurances portant sur des presses hydrauliques, pour une valeur de...................... | 1.056.040 |

| | M. |
|---|---|
| 7 assurances de verreries s'élevant à une valeur de........................................ | 468.590 |
| 529 assurances portant sur des machines et outils agricoles pour une valeur de............... | 411.470 |
| 702 assurances de machines et outils d'ateliers domestiques, pour une valeur de............... | 382.050 |
| 12 assurances de fabriques de ouate, pour une somme de.................................. | 377.630 |
| 3 sucreries et raffineries d'huiles assurées pour une valeur de................................ | 302.340 |
| 11 assurances de matériel servant à la reliure, la lithographie et l'imprimerie pour un total s'élevant à........................................ | 248.810 |
| 17 assurances de matériel de fabriques de produits chimiques et ustensiles de laboratoires pour une somme de.................................. | 211.360 |
| 4 assurances de matériel employé pour la fabrication de chapeaux de paille, d'objets de mercerie et de corsets pour une somme de.......... | 108.230 |
| 26 assurances de matériel nécessaire pour préparer la charcuterie, les conserves et pâtes alimentaires ainsi que pour la boulangerie pour une valeur de.................................. | 600.240 |
| 2 assurances de machinerie employée à la fabrication des cigarettes et à la préparation du tabac pour la somme de.......................... | 62.520 |
| Jusqu'à une assurance de matériel de bijouterie pour une valeur de.......................... | 41.690 |

En voilà assez pour montrer que l'établissement assure non seulement contre les risques industriels et agricoles les plus variés, mais encore que presque tous les appareils tant industriels qu'agricoles, dans des proportions différentes, sont assurés à la caisse. Cette assurance étant, nous ne saurions trop le répéter, purement facultative, cette observation a sa portée.

Il serait intéressant maintenant de connaître, au milieu de ces risques les plus divers, quels ont été les résultats tant au point de vue des incendies dont la caisse a dû couvrir les dégâts qu'au point de vue des sommes consacrées à cet effet.

Si nous examinons les rapports des cinq dernières années nous voyons que dans les années 1897-98, les sinistres ont été moins nombreux que dans les deux années précédentes 1895-96. Tandis qu'ils furent alors de 91, pour 1897 et 1898 on n'en compte que 86. Il faut en dire autant pour les indemnités servies. Leur montant s'est élevé pendant la période 1895 et 1896 à la somme de 489.035 M. Pour la période 1897 et 1898 nous constatons une diminution de 76.675 M. Sur les 412.360 M. qui ont été alloués en indemnités, 87,55 % l'ont été pour dédommager des propriétaires de matériel de filature ou de moulin. En effet, sur 86 incendies, 36 ont éclaté dans des moulins de toute nature pour lesquels il a été fourni en moyenne une indemnité de 3.992 M. Douze ont endommagé des métiers et matériels de filature. Deux de ces incendies à eux seuls ont imposé un débours à la Caisse de 197.260 M. tandis que les 10 autres n'ont entraîné pour la Caisse que le paiement d'une somme de 20.037 M.

Sous le bénéfice de cette observation disons que la moyenne d'indemnité allouée dans chaque cas a été à peu près de 2.004 M.

Avant de passer à l'assurance contre l'explosion, arrêtons-nous un instant seulement sur les résultats de 1899.

Nous avons déjà vu que le capital assuré s'est élevé à 118.104.960 M. dont 58.758.920 M., moyennant une perception de 6.330.354 unités de primes, ont été assurés dans les villes et 59.346.040 M., moyennant le paiement de 8.298.210 unités de primes, dans les villages. En tout, l'établissement a encaissé pour 1899, la somme de 453.891 M. 20 pf. de primes.

La modicité de cette somme, si on la compare au chiffre total des unités de prime, s'explique par ce fait que, tandis que dans les années 1897 et 1898 ainsi que dans toutes les années antérieures on avait établi les primes sur le taux légal de l'unité de prime à 3 pf., pour l'année 1899 on a perçu les primes sur un taux beaucoup plus faible. L'unité de prime fut abaissée de moitié, c'est-à-dire à 1,5 pf. au lieu de 3 pf.

En d'autres termes toutes les primes ont été diminuées de moitié.

Sur cet encaisse primes de 453.891 M. 20 pf., rien que pour l'année 1899, l'établissement a déboursé en seuls dédommagements pour sinistrés la somme de 414.831 M. Comme il y avait un arriéré de 7162 M. que la Caisse a soldé en 1899, l'établissement a payé en indemnités 421.994 M. 20 pf.

L'assurance contre l'explosion a donné des résultats aussi satisfaisants.

Si nous nous bornons aux cinq dernières années nous remarquons une amélioration sensible dans les années 1897 et 1898 sur les années précédentes. Tandis qu'en

1895 et 1896 on comptait 554 assurances s'élevant à une valeur totale de 56.329.670 M., pour la période des années 1897 et 1898, le nombre des assurances est de 868 et le capital assuré de 78.203.120 M. On a relaté deux explosions seulement, l'une en date du 8 février 1897, à Dippoldwald, l'autre en date du 15 janvier 1898 à Serkowitz. Ces deux explosions réunies ont coûté à la Caisse en indemnités 4590 M. Les primes supplémentaires perçues dans la période bisannuelle 1895-96 s'élevaient à 35.189 M., tandis qu'en 1897 l'établissement a encaissé 23.338 et en 1898 la somme de 26.534, soit pour les deux années réunies 49.873. L'augmentation a donc été de 14.683 M.

En 1899, la Caisse assurait pour une valeur s'élevant au terme d'avril à 79.646.920 M. et recevait pour ce 13.147 M. 74 pf. de primes. Au terme d'octobre le capital assuré était de 82.046.230 M. et la recette en primes de 13.762 M. 10 pf. L'augmentation des valeurs assurées sur l'année précédente est donc de plus de 3 millions et demi et sur l'année 1897 de plus de 13 millions. C'est là une progression qui dénote, en même temps qu'un grand développement de la Caisse, une confiance du public de plus en plus grande dans la gestion de l'établissement. Les explosions survenues pendant cette année n'ont entraîné pour la Caisse qu'une dépense de 4.577 M. Mais l'établissement a bien d'autres débours à faire que ne connaissent pas les Compagnies et les Sociétés privées. C'est ainsi qu'en 1899 il alloue à titre de récompense aux premiers pompiers rendus sur les lieux du sinistre 22 M. 59. Mais nous voudrions surtout insister sur une obligation qui incombe à la Caisse en général sans distinction de section : la dépense imposée à l'établissement de contribuer aux frais qu'entraînent pour les communes le service d'incendie et l'entretien des appareils des pompiers.

Déjà des lois antérieures fixaient l'indemnité à payer par l'établissement à 1 % des primes encaissées. La loi du 25 août 1876 avait maintenu cette contribution, mais la loi du 13 octobre 1886 l'a singulièrement augmentée. Désormais elle pourra être fixée suivant les cas jusqu'à 6 % des primes encaissées dans les localités sur la proposition des communes et par décision de la Chambre des assurances. Cette subvention devant contribuer à l'entretien des appareils destinés à l'extinction des incendies devra également être versée par l'établissement national aux propriétaires de biens indépendants. Bien plus, les usiniers qui entretiendront des appareils convenables pour l'extinction des incendies pourront obtenir de la Chambre des assurances une réduction de 3 % sur le montant de la prime due par l'assuré.

La loi du 5 mai 1892 est encore venue augmenter la charge de la Caisse. La subvention allouée, sur la Caisse de l'entreprise nationale, aux communes et aux propriétaires de domaines indépendants qui possèdent des pompes à incendie en bon état, peut maintenant, suivant les cas être de 1 %, de 4 %, de 5 %, de 6 % et 8 % du total des primes payées dans la localité.

Voici quels ont été les résultats de cette disposition législative dans les dernières années. Pendant les années 1895 et 1896 la Caisse a payé dans ce but 403.407 M. Pour les années 1897 et 1898, elle a déboursé 439.255 M., soit une augmentation sur la période biennale précédente de 35.768 M. L'Etablissement a versé 214.420 M. pour l'année 1897 et 224.835 M. pour 1898. Voici dans quels pourcentages se répartissaient ces sommes.

*Pour l'année 1897*

| | | | | | |
|---|---|---|---|---|---|
| 6 | communes urbaines | ont reçu | 1 0/0 | des primes | perçues |
| 55 | — | — | 4 0/0 | — | — |
| 77 | — | — | 5 0/0 | — | — |
| 3 | — | — | 6 0/0 | — | — |
| 2 | — | — | 8 0/0 | — | — |
| 23 | communes rurales | — | 5 0/0 | — | — |
| 462 | — | — | 4 0/0 | — | — |
| Toutes les autres communes rurales | | — | 1 0/0 | — | — |

*Pour l'année 1898*

| | | | | | |
|---|---|---|---|---|---|
| 6 | communes urbaines | ont reçu | 1 0/0 | — | — |
| 52 | — | — | 4 0/0 | — | — |
| 79 | — | — | 5 0/0 | — | — |
| 3 | — | — | 6 0/0 | — | — |
| 2 | — | — | 8 0/0 | — | — |
| 26 | communes rurales | — | 5 0/0 | — | — |
| 474 | — | — | 4 0/0 | — | — |
| Toutes les autres communes rurales | | — | 1 0/0 | — | — |

Mais la loi du 5 mai 1892 parle également de remise à accorder aux usiniers possédant des appareils d'extinction d'incendie convenables. A ce titre en 1897 la

Chambre des assurances a accordé une remise de 4 % sur le montant de la prime qui aurait dû être perçue à 43 usiniers dont 15 avaient leurs ateliers situés dans des villes et 28 d'entre eux avaient leurs usines à la campagne.

En 1898 la Chambre des assurances fit bénéficier d'un pareil dégrèvement 44 usiniers dont 13 avaient leurs fabriques dans les villes et 31 leurs établissements dans les campagnes.

Voilà indiquée la part versée aux communes par la section de l'assurance immobilière. Voyons maintenant les sommes versées par la section de l'assurance mobilière facultative pendant ces mêmes dernières années.

Nous trouvons que cette section a payé à cet effet pour la période biennale 1895-1896 une somme de 29.903 M., et, pour la période 1897-1898, une somme de 33.068 M., soit une augmentation de 3.165 M.

Pour l'année 1897 notre section a déboursé 16.471 M. et 16.597 pour 1898.

Si nous passons à l'année 1899, la progression augmente encore. Notre section a compté 17.583 M. aux communes. Quant à la section assurance immobilière, elle a versé de ce chef 297.918 M., soit une augmentation de 73.083 par rapport à l'année précédente, tandis que l'augmentation n'avait guère dépassé 10.000 M. de 1897 à 1898. L'explication de cette brusque progression se trouve dans le fait que le nombre des communes ayant bénéficié d'un fort pourcentage s'est sensiblement accru.

5 seulement au lieu de 6 communes urbaines ont reçu 1 % des primes perçues.

49 seulement au lieu de 52 communes urbaines ont reçu 4 % des primes perçues.

83 au contraire au lieu de 79 communes urbaines ont reçu 5 % des primes perçues.

Comme l'année précédente 3 communes urbaines ont reçu 6 % des primes perçues.

Comme l'année précédente 2 communes urbaines ont reçu 8 % des primes perçues.

Mais 28 au lieu de 26 communes rurales ont reçu 5 % des primes perçues.

492 au lieu de 374 communes rurales ont reçu 4 % des primes perçues.

Quant aux propriétaires d'usines ayant profité d'une remise de 4 % du montant de leur prime, leur nombre fut élevé de 44 à 47 en 1899. Parmi ceux-ci, 14 avaient leurs fabriques dans les villes et 33 dans les campagnes.

D'ailleurs cette progression n'a rien d'accidentel. Il suffit de rapprocher les chiffres que nous avons fournis pour s'en convaincre.

Cette largesse de la Caisse ne doit pas d'ailleurs nous surprendre lorsqu'on se rappelle que la section d'assurance immobilière a fourni, en secours accordés aux propriétaires pour améliorer leurs constructions au point de vue des risques d'incendie qu'ils courent, une somme de 15.600 M. en 1899. En 1898 la somme s'élevait à 18.695, en 1897 à 19.150 M. Cette diminution s'explique tout naturellement par ce fait que nous avons déjà maintes fois eu l'occasion de signaler, à savoir que d'année en année les constructions légères deviennent de moins en moins nombreuses.

Quelque esprit malicieux, souriant de notre naïveté, ne manquera peut-être pas de nous répondre que la Caisse trouve, dans cette amélioration, son avantage.

Il nous serait possible de riposter en faisant remarquer que si l'on peut à la rigueur le soutenir en présence des allocations fournies par la Caisse aux premières pompes et pompiers rendus sur les lieux des sinistres ainsi que pour les récompenses décernées par la Caisse — faisant abstraction du point de vue moral — à celui qui a découvert un incendiaire, cette observation n'est plus de mise dans notre espèce. En effet, on n'a pas oublié que la prime n'est pas fixée d'une manière uniforme. Nous avons vu avec quel soin on augmente la prime proportionnellement à la nature de la construction. Ceci rappelé, il semble qu'il lui est indifférent que les immeubles soient couverts d'une toiture légère ou de matériaux résistant au feu.

On concevrait à la rigueur ce calcul si nous étions en présence d'un système d'assurance facultative. Mais tel n'est pas ici le cas. L'assurance immobilière est non seulement obligatoire mais la caisse a encore le monopole de l'assurance immobilière. En agissant ainsi, il faut le reconnaître, l'établissement national est mu par un sentiment plus généreux. Il veut avant tout donner satisfaction à un intérêt général.

Cette incidente, peut-être trop longue, achevée, revenons à notre assurance facultative et reprenons nos explications, au point où nous les avions laissées.

Par nos développements antérieurs, nous avons fait connaître au lecteur quel était le domaine et la sphère d'application de la section. Traitant de l'organisation de cette branche d'assurance de l'établissement national, nous avons été amené à indiquer tous les rouages du mécanisme. Nous avons essayé de le mettre en mouvement. Les résultats obtenus, nous les avons brièvement, mais suffisamment mentionnés. Sommes assurées, primes payées, dommages supportés par la caisse sont des renseignements que nous possédons maintenant. Poussant plus loin notre analyse, nous avons été conduits à étudier les charges que la loi de 1892, après celle de 1886 et les lois antérieures, imposait à notre établissement national pour venir en aide aux communes dans le service-incendie. Logiquement nous devrions maintenant nous occuper, avant de parler du patrimoine de la caisse de notre section, des dépenses administratives que le fonctionnement de notre caisse spéciale entraîne. Cependant nous réservons ce point. La raison en est fort simple. C'est la même que celle qui nous a guidé dans notre étude de l'assurance immobilière.

Les frais d'administration étant supportés par l'établissement national tout entier puis, postérieurement partagés entre les deux sections, il vaut mieux pour éviter des redites, terminer avec les développements que nous voudrions donner sur les deux sections. Sans nous expliquer davantage sur la méthode que nous suivons, examinons brièvement quel est le patrimoine de la caisse de la section d'assurance facultative.

Au 31 décembre 1896, le patrimoine de la section d'assurance facultative se composait d'un encaisse de 10.465 M. et d'un portefeuille comprenant des valeurs s'élevant, d'après le cours du jour, à une somme de 531.375 M. et pour 350.000 M. en bons du Trésor ; si on y ajoute pour 1.404 de recettes de primes arriérées, on arrive à un total de 893.244 M. Mais il faut déduire de cette somme un passif de 834, reste donc comme formant le patrimoine de la section 892.410 M.

Au 31 décembre 1898, son encaisse était de 39.391 M. et son portefeuille comprenait pour 820.000 M. en fonds d'Etat. A la fin de 1896 ces valeurs se seraient négociées à 531.375 M., à la fin de 1898 elles ne valaient plus que 501.400 M. La caisse eut donc à subir une baisse de 29.975. Il est vrai que pendant l'année 1898 la caisse en a racheté pour 326.245 M. ; grâce à une hausse, la caisse a bénéficié de 355 M. Les valeurs d'Etat qu'elle avait en portefeuille au cours de fin 1898 s'élevaient donc à 828.000 M. Elle avait également en portefeuille 450.000 M. en bons du Trésor, enfin elle a fait une recette de 2.531 M. de primes arriérées. L'actif de la caisse s'élevait donc le 31 décembre 1898 à 1.319.923 M. Si nous en déduisons un passif de 7.162 M. provenant d'indemnités servies, nous trouvons un actif net de 1.312.760 M. tandis qu'en fin 1896, il ne s'élevait qu'à 892.410. Cette somme de 1.312.760 constitue le fonds d'avance et de réserve de la caisse de l'assurance facultative. Conformément à la loi du 13 octobre, ce fonds de réserve doit s'accumuler jusqu'à ce qu'il atteigne 2 % du capital assuré. Or le montant des valeurs assurées atteignant 114.475.380 M., la limite d'accroissement serait de 2.288.507 M. 60 pf. En 1899 le patrimoine de la caisse formant le fonds de réserve est de 1.308.388 M. 94 pour un capital assuré de 118.104.960 M. Voici de quoi il se compose : 21.595 M. 81 pf. d'argent liquide, 910.000 M. de valeurs au point de vue nominal, et au cours du 30 décembre 1899, représentant une somme de 785.550 M. en bons du Trésor 500.000 M. enfin pour 1.243 M. 13 de recettes de primes arriérées.

Malheureusement, par rapport à 1898, la caisse a encore eu à supporter une baisse dans les cours se traduisant par un appauvrissement de 5.200 M.

Cela n'empêche pas la caisse de jouir d'une excellente situation financière qui, graduellement, va encore s'améliorant. Cette augmentation dans l'actif net pour 1899 est d'autant plus remarquable que la caisse avait perçu pour l'année des primes moitié moins fortes.

Mais j'ai hâte d'en arriver aux frais de gestion, d'administration de l'établissement national considéré dans son ensemble.

Les frais généraux d'administration se sont élevés pour la période biennale 1897-1898 à 1.171.529 M. 47 pf. qui, conformément à l'art. 35 de la loi du 25 août 1876, ont été répartis entre les sections ainsi qu'il suit : 1.145.090 M. 76 sont restés à la charge de la section de l'assurance immobilière et 26.438 M. 71 pf ont été supportés par la caisse de la section de l'assurance facultative.

A ces frais généraux il faut ajouter des frais particuliers que chaque section naturellement a soldés. Ils étaient de 5.372 M. 50 pf. pour la section d'assurance immobilière, et de 1.100 M. 10 pf. pour la section de l'assurance facultative. Si l'on tient compte de ces nouveaux frais, on arrive à un total de 1.150.463 M. 26 pf. pour la section d'assurance immobilière et à 27.538 M. 82 pf. pour la section d'assurance facultative. Pour la période 1895-1896, ils s'étaient élevés à 1.033.649 M. pour la 1re section, à 23.744 M. pour la 2e section.

En 1897 la caisse de l'assurance immobilière a versé de ce chef 542.690 M. en comprenant les frais particuliers. Mais sur les 552.182 M. de frais généraux, la section n'a payé que 539.657 M., car l'autre section a soldé 12.524 M. En 1898 cette dernière section a payé sur le montant des frais généraux, qui était de 619.346 M., 13.913 M.; la section de l'assurance immobilière a supporté le reste des frais, soit 605.433 M. Pour l'année 1899, c'est une nouvelle progression que nous devons enregistrer.

La section d'assurance immobilière a payé en frais d'administration, englobant les frais généraux proprement dits et les frais ayant un caractère plus spécial, la somme de 612.878 M., elle ne s'élevait en 1898 qu'à 607 772 M. L'autre section a soldé à cet effet une dépense de 14.157 M., tandis qu'en 1898 elle a versé une somme de 14.692 M. C'est donc une diminution qu'il faut noter pour l'année 1899, bien que sa quote part dans les frais généraux n'ait pas été moindre.

Ceci connu, nous voudrions maintenant, prendre un

chiffre global des frais d'administration d'une année déterminée et en analyser les éléments. Prenons, par exemple, l'année 1898. Nous trouvons que le total des frais généraux s'élève à 619.346 M. Ce chiffre peut se décomposer en deux chefs de dépenses principaux. Les frais de personnel d'une part qui ont été de 466.531 M. et qui sont mentionnés dans les états de prévision, et les autres dépenses qui n'ont pas pu figurer dans les états, d'autre part, représentant une somme de 152.815 M.

Des frais de personnel, nous n'avons plus à en parler ici, ils ont fait l'objet déjà de longs développements. Nous y renvoyons le lecteur (1). Il n'en est plus de même pour les autres dépenses sur lesquelles nous n'avons pas encore eu l'occasion d'attirer l'attention.

Voici, très brièvement d'ailleurs, quels sont les principaux chiffres de dépenses donnant pour l'année 1898 le total de 177.505 M.

Une somme de 375 M. a été consacrée en gratifications et secours en cas de maladie au personnel de bureau et aux serviteurs.

102.034 M. ont été employés en salaires, pensions et secours accordés à d'anciens fonctionnaires. 21 employés, 35 veuves et 25 enfants, tant en bas-âge que filles non mariées de fonctionnaires, se sont partagé cette somme.

2.603 M. ont été distribués à titre de gratification à des copistes et des commis.

2.067 M. ont servi à payer des indemnités journa-

(1) Voir page 381 et suivantes.

lières et de voyage aux divers fonctionnaires ainsi qu'aux membres de la commission parlementaire.

8.673 M. ont été dépensés dans des buts divers tels que 121 M. en frais d'impression. 2.500 M. en fournitures de bureau de toute sorte, 1.000 M. en frais de nettoyage.

L'éclairage et le chauffage ont été assurés pour une somme de 2.065 M.

Les frais d'inventaire, de comptabilité et d'impression se sont élevés à 2.069 M.

En frais d'entretien des locaux il a été dépensé 7.371 M.

Enfin 9.180 M. ont servi à solder des dépenses diverses telles que la prime de 860 M. payée à l'*Union des Sociétés publiques*, la prime payée à la Caisse invalidité et vieillesse pour les copistes, etc., etc.

Comme cette énumération permet de le démontrer, toutes ces dépenses sont très raisonnables et n'ont rien d'excessif. Bien plus, certaines ont même une haute portée morale.

Ces explications terminent l'analyse des principaux points de la situation financière de la Caisse. Mais il n'est peut-être pas inutile de nous livrer à une petite synthèse permettant en quelques lignes de rendre compte des résultats de l'exploitation de l'assurance contre l'incendie par notre établissement national dans ces dernières années.

Tout d'abord occupons-nous de la section assurance-immobilière.

Si nous cherchons à connaître les principales recettes de la Caisse, nous trouvons que dans la période biennale 1895-96 il a été recueilli 10.407.617 M. et pour la période 1897-98 une somme de 11.051.248 M. dont 5.430.972 en 1897 et 5.620.276 en 1898. En voici le détail :

Le montant des primes perçues pour l'assurance contre l'incendie s'est élevé pour les années 1895-1896 à 9.407.116 avec un capital assuré de 8.945.038.310 M. et pour la période 1897-98 à 9.988.951 M. pour un capital assuré de 9.749.021.050 M. En 1897, la caisse a perçu 4.905.468 M. de primes et 5.083.483 M. en 1898.

Passons à l'assurance contre l'explosion, assurance purement facultative. Dans les années 1895-96, la caisse a perçu 55.137 M. de primes et 81.504 M. pour la période 1897-98 dont 37.658 M. en 1897 et 43.845 en 1898. Réunissant ces deux recettes, nous voyons que l'établissement a encaissé pour la section assurance immobilière 9.462.254 M. dans les années 1895-96 et 10.070.456 dans les années 1897-98 dont 4.943.127 en 1897 et 5.127.329 M. en 1898.

Citons encore 6.765 M. pour versement de primes arriérées et de ce chef 15.267 M. en 1898. En indemnités pécuniaires et en dédommagements liquidés, mais acquis à la Caisse par prescription, il faut ajouter pour l'année 1897 une recette de 341 M. et de 847 M. pour 1898. Les droits perçus se sont élevés en 1897 à 3.112 M. et à 3.539 en 1898. Une recette de 1.821 M. en 1897 et de 677 M. pour 1898, représentant les primes versées au fonds des pensions. Dans la période 1895-96, la Caisse a touché 919.693 M. d'intérêt de ses capitaux et 4.860 M.

de revenus locatifs et pour la période 1897-98 en intérêts 938.546 M., plus 4.860 M. en revenus locatifs.

Si nous ajoutons encore quelques autres recettes, nous retrouvons nos chiffres antérieurs, 10.407.617 M. pour la période 1895-96, pour 1897 une somme de 5.430.972 M. et une recette de 5.620.276 M. en 1898.

Malheureusement les dépenses ont été quelquefois supérieures aux recettes. Les chefs de dépenses étant très nombreux, nous devons nous borner et ne rappeler que tout à fait les principaux.

En indemnités pour couvrir les dommages causés par l'incendie, la caisse a déboursé dans la période 1895-96 la somme de 8.694.107 M. et dans les années 1897-98 la somme de 9.235.966 M., dont 4.233,692 en 1897 et 5.002.214 en 1898. En indemnités à la suite de dommages causés par une explosion 1755 M. dans la période 1895-96 et 461 M. dans la période 1897-98 dont 411 M. en 1897 et et 50 M. en 1898, soit une diminution de 1294 M. sur la période précédente.

Il semble que ce dûssent être les seules dépenses, il n'en est rien pourtant. Pour ne citer que les plus importantes parmi les dépenses que s'impose la section, disons qu'en récompenses ou primes payées aux pompiers et pour usure du matériel, la caisse a payé dans la période 1895-96 une somme de 57.327 M. et dans les années 1897-98 environ 60.352 M., dont 29.211 en 1897 et 31.140 en 1898 soit une augmentation de 3.024 M. pour la dernière période.

Pour dommages causés par les pompes aux bâtiments dont l'assurance n'est pas reçue par l'établissement, la caisse a soldé en 1895-96 pour 18.097 M. d'indemnités et dans la période 1897-98 pour 18.832 M., dont 8.814 M. en 1897 et 10.018 en 1898.

En secours fournis pour transformer les bâtisses et les rendre moins sujettes à être la proie des flammes, la caisse a donné dans la période 1895-96 : 33.750 M. et dans la période 1897-98 une somme de 46.145 M., dont 22.325 M. en 1897 et 23.820 M. en 1898.

En récompenses allouées à ceux ayant découvert des incendiaires, une somme de 1.757 M. fut versée dans les années 1895-96 et de 2.022 M. pour la période 1897-98 dont 582 M. en 1896 et 1440 M. en 1897.

La caisse a dépensé en restitution de primes, en indemnités allouées aux percepteurs et en secours accordés aux organisations locales d'extinction d'incendies, une somme de 601.170 M. dans la période 1895-96, de 651.503 M. dans celle de 1897-98 dont 319.249 M. en 1897 et 332.253 en 1898. Voilà pour ce qui concerne l'assurance contre l'incendie. De ce chef il faut ajouter pour l'assurance contre l'explosion 1.428 M. dans la période 1895-96 et 2.049 pour celle allant de 1897-98, dont 971 M. en 1897 et 1077 M. en 1898.

En frais généraux d'administration, la caisse a déboursé dans les années 1895-96 1.033.649 M. et dans les années 1897-98 une somme de 607.772 M.

Si nous totalisons toutes ces dépenses, nous arrivons au chiffre de 10.449.874 M. pour la période 1895-96 et de 11.167.744 M. pour celle de 1897-98, dont 5.157.956 pour 1897 et 6.009.787 pour 1898. Rapprochons ces totaux de ceux des recettes, nous constatons pour les années

1895-96 un surplus de dépenses de 42.256 M. et pour la période 1897-98 un peu moins de 116.496 M. de différence entre le montant des recettes et celui des dépenses. En 1897, nous relevons un reliquat de recettes sur les dépenses de 273.015 M. Mais en 1898 les dépenses l'emportent sur les recettes de 389.510 M.

Mais l'année 1899, comme l'année 1897, fut très favorable.

Les recettes de la caisse de la section immobilière se sont élevées à 7.170.285 M. tandis que les dépenses n'ont atteint que le chiffre de 6.945.877 M. C'est donc un reliquat de recettes de 324.408 M. qui est allé enrichir le patrimoine de la caisse. Cette forte recette est due principalement à ce fait qu'au lieu de percevoir 5.083.483 M. de primes d'assurance contre l'incendie, l'établissement a encaissé en 1899 en primes 6.621.210 M. tout en percevant des primes de 2/3 inférieures aux primes légales. Il faut en dire autant pour l'assurance contre l'explosion. Tandis qu'en 1898 la caisse n'a touché en primes que 43 845 M., en 1899 elle a reçu 55.914 M.

Ce reliquat considérable non seulement permet de combler le découvert de l'année précédente, mais encore procure un bénéfice de 207.913 M., si l'on a soin de déduire de 389.510 M. de supplément de dépenses de l'année 1898, le reliquat de recettes de l'année 1897 qui fut de 273.015 M.

Ces renseignements suffisent à rassurer les plus sceptiques sur la solidité de la situation financière de notre section ainsi que sur la bonne gestion de l'assurance immobilière.

Devons-nous également nous réjouir des résultats obtenus par la section d'assurance facultative ? C'est ce qu'il nous faut actuellement examiner.

La caisse de la section a fait dans les années 1895-1896, une recette de 873.831 M. et dans la période 1897-1898 environ 951.933 M. dont 468.345 M. en 1897 et 483.589 M. en 1898.

Voici le détail de ces chiffres :

Dans les années 1895-1896, la caisse a prélevé 802.791 M. en primes d'assurance contre l'incendie et 856.886 M. pour les années 1897-1898 dont 424.911 M. pour 1897 et 431.974 M. pour 1898. En primes d'assurance contre l'explosion, notre section d'assurance facultative a encaissé 35.189 M. de primes dans les années 1898-1896 et pour 1897-1898 la somme de 49.873 M. dont 23.338 en 1897 et 26.534 en 1898.

En amendes et indemnités acquises à la caisse, celle-ci a touché pour 1895-1896 la somme de 555 M. et de 315 M. pour les années 1897 et 1898 dont 141 M. pour 1897 et 174 pour 1898.

La section avait encaissé dans les années 1895-1896 en intérêts 35.154 M.; dans les années 1897-1898 une somme de 39.489 M. dont 19.850 en 1897 et 19.639 en 1898. Enfin diverses petites autres recettes sur lesquelles nous ne pouvons insister.

Les dépenses se sont élevées pour 1895-96 à 571.439 M. et pour les années 1897-98 à 496.761 M., dont 325.787 en 1897 et 170.973 M. en 1898.

Ces chiffres se décomposent ainsi :

En indemnités pour couvrir les dégâts causés par l'incendie 490.098 M., pour la période 1895-96 et pour celle de 1897-98 environ 406.028 M., dont 284.038 M. en 1897 et 121.990 en 1898, soit une diminution de 84.070 M.

Quant aux dommages causés par l'explosion ils ont imposé à notre section pour 1895-96 une dépense de 3.788 M., et pour 1897-98 une somme de 4.420 M., dont 170 M. en 1897 et 4.420 M. en 1898, soit une augmentation de 802 M. Citons encore en remise de primes et indemnités abandonnée aux percepteurs ainsi qu'en secours accordés aux institutions locales d'extinction d'incendie, une dépense de 52.614 M. pour la période 1895-96, pour la suivante elle s'élève à 57.028 M., dont 27.981 M. en 1897 et 29.046 M. en 1898. Pour l'assurance contre l'explosion, ces dépenses ne sont que de 1.127 M. en 1895-96 et de 1.514 M. pour les années 1897-98.

Les frais généraux d'administration ne dépassent pas 23.744 M. pour la période 1895-96 et n'atteignent, pour la période suivante, que 27.538 M. dont 12.845 M. en 1897 et 14.692 M. en 1898.

Comparons maintenant les recettes et les dépenses et nous constatons un supplément de recettes pour la période 1895-96 de 302.391 M., et pour la période suivante 455.171 M., dont 142.557 en 1897 et 312.613 M. en 1898.

Les résultats de l'année 1899 sont encore plus satisfaisants. Bien qu'on ait abaissé les primes de moitié, la section, par l'intermédiaire de sa caisse, à fait une recette de 515.490 M. et n'a déboursé que 473.536 M., soit un reliquat de recettes de 41.954 M.

L'assurance facultative abandonnée à la concurrence de toutes les entreprises privées, a donné des résultats meilleurs encore que sa sœur la section d'assurance immobilière. Voilà une constatation trop éloquente par elle-même pour exiger des commentaires. Aussi arrêterons-nous là nos développements pour essayer de jeter un coup d'œil général sur tout l'établissement national d'assurance, sur son avenir, son passé, son présent.

Son présent, il nous suffit de le rappeler d'un mot.

En 1896 la section d'assurance immobilière assurait 798.864 maisons dont 244.784 situées dans les villes et 554.080 dans les villages, représentant une valeur s'élevant à 2.589.212.520 M. pour les bâtiment urbains et de 1.993.302.190 M. pour les maisons sises dans les villages soit un total de 4.582.514.710 M. Les maisons recouvertes encore d'une toiture légère figurent pour 159.251.810 M. dans cette somme. La perception des primes fut de 4.756.093 M., dont près d'une moitié est afférente à des polices portant sur des immeubles ruraux.

En 1899, le capital assuré est en augmentation au 1er octobre de 662.132.270 M. Par contre le nombre des incendies a diminué de près de 40 et parmi les incendies ayant entraîné indemnité, on enregistre une diminution de près de 50 cas.

L'autre section fait preuve d'une prospérité peut-être plus grande encore. Nous enregistrons en 1898 une augmentation dans le nombre des assurances de 156 et sur le capital assuré en 1896, l'élévation se traduit par 10.873.420 M. Le nombre des incendies au contraire par rapport à 1896 a diminué de 131.448 et n'est plus en 1898 que de 109.877.

Si nous jetons les yeux sur le passé de la Caisse, nous voyons les améliorations se succéder dans les diverses étapes que nous avons parcourues. C'est d'abord le mandat du 10 novembre 1784 qui reste en vigueur jusqu'en 1839, puis la loi du 14 novembre 1835, celle du 23 août 1862 successivement modifiées par les ordonnances du 28 mars 1863, du 8 décembre 1868 et du 7 mars 1870, qui nous permettent de suivre toutes les transformations par lesquelles l'établissement a passé. On était encore loin de la perfection. Les autorités la visaient toujours. Malgré la raideur traditionnelle dont on se plait à revêtir toute institution d'Etat, nous la voyons encore évoluer. De 1787 à 1870, la Caisse a assuré un capital de 13.668.585.822 thl. et a versé en indemnités une somme de 40.525.371 thl., soit 2,965 ‰ du capital assuré.

Après 1870 nous avons rencontré parmi les lois importantes relatives à l'organisation de la Caisse, celle du 25 août 1876, modifiée par celles du 13 octobre 1886 et du 5 mai 1892 sur lesquelles nous n'avons pas à revenir dans ce rappel.

Le chiffre d'affaires de l'établissement pendant cette nouvelle période a répondu aux améliorations apportées dans la législation.

De 1871-1880 l'établissement a assuré un capital de

21.829.811.000 M. et a payé en indemnités 29.830.173 M. soit 1,37 ‰ de valeur assurée.

De 1881 à 1890, les valeurs assurées se sont élevées à 31.884.708.000 M. et le montant des indemnités versées à 34.387.632 M., soit 1,08 ‰ des sommes assurées ou une diminution de 0,29 ‰.

Resterait à prévoir l'avenir. Nous ne sommes pas prophète, mais avec un pareil passé et un présent si prospère, ne peut-on pas augurer un brillant avenir ?

### B. — **Etude sur la Société d'assurance contre l'incendie de la Province rhénane** (1).

La Société provinciale d'assurance contre l'incendie de la province rhénane fut fondée par une ordonnance du 5 janvier 1836. Elle embrasse dans sa sphère d'action toute la province rhénane.

Lors de l'annexion des territoires formant la province rhénane à la couronne de Prusse, il existait pour ces régions deux sociétés publiques : celle de Berg et celle de Nassau.

La première fut créée le 26 septembre 1801 par l'électeur Maximilien Joseph. Elle s'étendait non seulement au duché de Berg mais encore aux régions situées sur la rive gauche du Rhin formant aujourd'hui les régences de Dusseldorf, de Cologne et d'Aix-la-Chapelle.

Celles-ci possédaient des établissements mais ils étaient gérés par l'administration royale de Dusseldorf.

(1) Nous nous sommes servis, pour cet historique, de l'étude faite par Herr Geheimer Regierungs-Rath Seul, à l'occasion de l'anniversaire de la cinquantième année de la Caisse.

En 1821, la Caisse assurait un capital de 78 millions de thl. bergeois, et en 1835 pour 103 millions de thl. prussiens de valeurs.

La Caisse de la Principauté de Nassau fut fondée par une ordonnance de Frédéric Auguste du 17 janvier 1806.

L'ordonnance du prince de Nassau du 17 mars 1808 acheva d'organiser cette institution.

En 1816, lorsque les territoires de Nassau et de Siegen furent réunis à la Prusse, dans l'intérêt des créanciers hypothécaires et dans l'intérêt public cette caisse fut conservée provisoirement. Mais on songea aussitôt à constituer une nouvelle caisse d'assurance contre l'incendie embrassant toute la Régence. Mais avant que la caisse ait eu le temps d'être organisée, successivement à la fin d'octobre 1816, les baillages de Siegen et Netphen, le 1er janvier 1817 les baillages d'Asbach, Bourbach et Neuenkirchen, le 1er octobre 1817, la ville de Wetzlar — qui jusqu'à ce jour s'assurait à la Société d'assurance d'Aschaffenbourg — s'assurent à la Caisse de Nassau-Siegen.

Plus tard, les communes de Wissen et Friesenhagen — qui jusqu'alors étaient assurées par la caisse de Bergen — s'adressèrent également à la caisse. A partir de 1819 entrèrent également dans la sphère d'action de la Caisse, les territoires situés sur la rive gauche du Rhin, faisant partie de la Régence de Coblentz et n'appartenant pas encore à la Caisse. Enfin la Régence de Triest suivit l'exemple. Si bien que les ordonnances d'assurance contre l'incendie du 17 janvier 1806 et du 17 mars 1808 ne s'appliquaient plus qu'à une toute petite étendue de territoire. L'Union d'assurance contre l'incendie s'étendait aux cercles de Trèves, de Coblentz ainsi qu'au cercle de Siegen faisant avant partie du domaine de la Caisse d'Arnsberg.

La rédaction de nouveaux statuts s'imposait donc. C'est ce que firent en 1821 les 12 et 18 décembre les régences royales de Trèves et Cologne. Ce nouvel établissement d'assurance était administré par la régence de Coblentz où se trouvait la direction centrale. Mais la régence de Trèves conservait la gestion et l'administration de l'assurance pour les localités de son cercle.

Cette réforme augmenta considérablement le montant des valeurs assurées. Tandis qu'en 1816 le capital assuré était de 8 1/2 millions de gulden, il se chiffrait en 1835 par 14 1/2 millions de thl.

Ces deux établissements : la Société s'étendant aux cercles de Dusseldorf, Aix-la-Chapelle, Cologne et celle comprenant les cercles de Trèves et Coblentz, étaient deux Caisses publiques pratiquant l'assurance mutuelle mais seulement pour les immeubles.

Elles réclamaient, pour se charger des risques, une prime uniforme. La qualité des risques, les dangers d'incendie plus grands que pouvait présenter tel immeuble par rapport à tel autre, en raison de la construction ou de l'usage auquel il était affecté, n'étaient pas pris en considération. On ne se basait, pour fixer la cotisation, que sur le montant de la valeur assurée. Chaque assuré supportait une partie des frais occasionnés tant par le paiement d'indemnités, que par les dépenses d'administration, le versement des arrérages, déterminée proportionnellement au montant de sa police.

L'importance des dégâts était appréciée par deux associés. Sous le contrôle de l'administration locale ils estimaient le montant des sommes nécessaires pour la reconstruction ou la réparation de l'immeuble détruit ou simplement endommagé.

Ces deux dispositions, à savoir : l'uniformité de la cotisation perçue quel que soit le risque d'une part, l'obligation de consacrer l'indemnité à la reconstruction, d'autre part, étaient de nature à retarder le développement de ces Caisses.

En introduisant une classification des risques, sans conteste, on allège la prime que devront payer les propriétaires, favorisés par la fortune, ayant pu se faire construire des immeubles en matériaux à l'épreuve du feu. Mais du même coup inévitablement on rend la prime plus lourde pour toute cette catégorie de petits propriétaires qui, ne disposant que de modestes économies, n'ont pu se faire édifier une maison qu'en matériaux moins coûteux, mais hélas ! également moins ininflammables.

Il faudrait se rabattre sur ceux-là précisément qui sont dignes de tant d'intérêt, les petites gens. De ces petits propriétaires, il y en avait beaucoup sur le territoire de la régence de Coblentz. Ils étaient bien moins nombreux dans la régence de Trèves. Il en résultait que les incendies étaient beaucoup plus fréquents dans un cercle que dans l'autre. Aussi — c'était bien humain — les associés appartenant à la régence de Trèves se plaignirent amèrement au ministre. Instamment ils réclamaient en leur faveur une séparation des deux régences.

Pendant ce temps des Sociétés privées se constituaient et travaillaient avec ardeur. Leur exploitation dans la province rhénane faisait tous les jours des progrès.

Demandant une prime moins élevée pour les immeubles massifs (Massive gebaüde), c'est-à-dire construits entièrement en matériaux résistants au feu, et se gardant bien de prescrire que l'indemnité devait être consacrée à la réédification de l'immeuble détruit, les Sociétés privées voyaient avec satisfaction leur portefeuille s'enfler.

Aussi tandis que jusqu'en 1830 le capital assuré par nos deux Sociétés publiques n'avait cessé de s'accroître et atteignait en 1830 le total de 134 millions de thl., à partir de cette date il diminue.

Les propriétaires de belles et solides maisons bâties tout en pierre ainsi que de celles édifiées dans les villes quittent les Caisses publiques pour s'adresser aux Compagnies. Celles-ci s'engageaient à assurer leurs hôtels et somptueuses maisons, moyennant une prime de 0,7/8 ‰ qui était le taux des bons risques. Les deux Sociétés publiques qui ne connaissent pas les bons et les mauvais risques, perçurent au contraire pendant les années 1827, 1828 et 1829 des cotisations s'élevant successivement jusqu'à 1 1/9, 1 1/2 et 1 1/3 ‰. La voix de l'intérêt personnel devenait, on le conçoit, irrésistible. Mais celui qui recherche la portée sociale d'une institution s'occupera de toutes les classes de la Société. Il essayera de se rendre compte des causes de ce taux de cotisation qui paraît élevé à une catégorie de privilégiés de la fortune.

Il apprendra que sur 1.000 maisons qui pendant la période 1827 à 1829 furent endommagées par l'incendie, 434 étaient couvertes en ardoise et 632 en paille ou bardeau. Parmi les maisons réduites en cendres, 236 étaient situées dans les villes et 830 dans les campagnes. Une courte réflexion et l'on s'expliquera facilement pourquoi, dans la seule année 1829, la Société publique de Bergen a vu son portefeuille s'appauvrir de 1 1/3 de millions de thl. représentant des immeubles massifs, ces bons risques que convoitent presque exclusivement les Sociétés privées. Remarquons de plus que sur ce total 688.000 thl. de valeurs étaient des risques urbains situés dans les villes de Cologne, Bonn, Aix-la-Chapelle.

Cette désertion des bons risques allait sans cesse en augmentant. Le moment où les sociétés publiques n'allaient plus conserver en portefeuille que tous les mauvais semblait proche. La ruine des sociétés publiques avançait à grands pas, car cet état de choses se généralisait dans toute la province. Le Landtag comprit le danger. Le 30 mai 1830, les membres du troisième Landtag provincial du territoire du Rhin votèrent une adresse à Sa Majesté. Ils demandaient au roi de vouloir bien partager l'opinion des Etats du Rhin et d'établir, par une loi, une institution d'assurance contre l'incendie s'étendant à toute la monarchie.

Cette adresse était accompagnée d'un projet de règlement d'assurance contre l'incendie applicable à une institution embrassant dans sa sphère d'action toute la monarchie ainsi que d'un projet de règlement d'une société rhénane s'étendant à toute la Province. D'autre part étaient joints un projet d'ordonnance dissolvant les deux sociétés publiques d'assurance contre l'incendie existantes et un projet d'ordonnance permettant à la Caisse d'exploiter l'assurance mobilière.

Enfin à toutes ces pièces on ajoutait une adhésion pleine et entière des deux sociétés publiques existantes à la création d'une Société provinciale unique.

Cette institution réclamerait des primes différentes dont le taux serait basé sur une classification des risques mais persisterait à déclarer que les indemnités devraient être affectées à la modification ou à la réparation des immeubles détruits ou endommagés. Par contre on demandait que ces dispositions fussent législativement étendues à toutes les sociétés d'assurance. Tant en vue de l'assureur que de l'assuré, les Etats ont voté à l'unanimité cette réforme.

La classification, est-il dit, est instamment désirée. Une ordonnance l'autorisant est impatiemment attendue. C'est le seul moyen d'éviter la ruine des deux sociétés pleines de bonne volonté. Il est inévitable que les bons risques, payant une cotisation élevée, se retireront et les mauvais risques, payant une cotisation trop faible, afflueront. Plus loin on lit : sept compagnies se font concurrence pour s'arracher ces bons risques. Rivalisant d'ardeur pour obtenir ces risques, elles abaissent de plus en plus les primes. Mais toutes également, abandonnent aux sociétés publiques les mauvais risques et même les risques médiocres.

Rien ne s'opposant à cette combinaison, les sociétés privées satisfont largement leurs instincts de lucre. Tandis que nos institutions publiques sont obligées d'accepter tous les risques, les sociétés privées sont libres d'accepter ou de refuser les risques qu'on leur apporte.

Il est vraiment étrange de voir des sociétés publiques astreintes à mettre sur la même ligne, la cathédrale de Cologne et les granges, brasseries, distilleries, boulangeries, forges, fabriques, fabriques de couleurs, moulins à vent, à eau ou à vapeur les théâtres.

Le 10 novembre 1833, le Landtag, dans sa 4e session réclame encore une ordonnance établissant une Société d'assurance contre l'incendie pour la Province rhénane. Cette nouvelle adresse conservait les vœux déjà émis dans celle envoyée au roi par le 3e Landtag trois ans avant. Elle se terminait par une prière faite à Sa Majesté de ne pas tarder à doter la Province de l'institution tant désirée. Tout retard serait éminemment préjudiciable aux institutions provinciales existantes. Depuis la première proposition, les caisses s'étaient encore appauvries pour plus de cinq millions et demi de bons risques. Si l'on voulait encore conserver quelque espoir de sauver les caisses publiques, il ne fallait pas perdre un instant.

En attendant tous les jours les portefeuilles des compagnies se gonflaient de bons risques. Ceci les mettait plus à même de consentir de nouvelles diminutions de primes pour les tout à fait bons risques tandis qu'elles conservaient des taux de primes, afférentes aux risques moins bons, absolument inabordables ; aussi, attirés par le bon marché des primes, tous les mauvais risques, tels que fabriques de toutes sortes, théâtres, maisons et huttes présentant de grandes chances d'incendie affluaient aux sociétés publiques, bénéficiant d'une prime dix fois moins élevée que celle des sociétés privées.

Le 3 mars 1835, grâce aux convaincantes explications fournies par le 4e Landtag et au remarquable projet de Société provinciale présenté, le Ministre se montrait disposé à apporter certaines modifications au règlement existant. Il promettait en outre de faire preuve d'une grande célérité.

Il remplit vite sa promesse. Le 5 janvier 1836 fut publié dans le recueil des lois le règlement pour la Société rhénane d'assurance contre l'incendie. Il décidait qu'il n'y aurait plus désormais qu'une seule caisse publique d'assurance contre l'incendie pour toute la province rhénane. Elle pratiquerait l'assurance mutuelle contre l'incendie dans tout le ressort du premier président de la Province.

De plus, toute Société mutuelle, soit nationale, soit étrangère, devait cesser toute exploitation similaire sur le territoire de la province.

Ce règlement comprenait 125 paragraphes. Il prescrivait sept classes entre lesquelles les bâtiments seraient répartis. Cette classification était basée sur les dangers plus ou moins grands d'incendie que pouvait présenter tel ou tel bâtiment. Non seulement une prime afférente à chaque classe avait été fixée, mais encore à cet effet chaque classe était divisée en deux subdivisions. Les droits et obligations des assurés étaient soigneusement indiqués, ainsi que l'ensemble des agents qui devaient participer à la gestion de l'établissement. Celui-ci jouissait aux termes de ce règlement de la franchise postale, était exonéré des droits de timbre et pouvait utiliser les organes administratifs de l'Etat ainsi que les administrations locales.

La surveillance de la Société incombait au président supérieur de la province. Pour veiller aux affaires courantes de la Société, un membre du Landtag provincial devait être choisi. Un directeur, dont la nomination devait être approuvée par le roi, était préposé à la gestion de l'institution.

Par une ordonnance du même jour, du 5 janvier 1836, les deux Sociétés publiques opérant alors dans la province furent dissoutes. Conformément à cette ordonnance, un directeur fut aussitôt choisi par le Landtag provincial, agréé par le gouvernement, il entra immédiatement en fonction.

Le conseiller du cercle de Solingen, M. de Hauer, le directeur de la Société, qui venait d'être nommé, fut logé ainsi que les bureaux de la direction à Coblentz, en attendant qu'on construisît à Dusseldorf les locaux nécessaires.

C'était un établissement nouveau qu'il fallait organiser, une classification à dresser conformément au règlement, bref, c'était une grave responsabilité et une lourde charge qu'il fallait assumer. Mais le fonctionnaire choisi, par son énergie et son grand savoir, surmonta toutes les difficultés et se montra à la hauteur de sa tâche.

Malheureusement il fallut établir des primes assez élevées. Cette nouvelle Société, à l'instar de l'ancienne, n'ayant en portefeuille qu'un grand nombre de mauvais risques, ne pouvait pas compter sur les bons risques, accaparés par les Sociétés privées, ne pouvait pas songer à compenser les mauvais risques par les bons.

D'autre part les premières années de fonctionnement de la Caisse furent particulièrement désastreuses.

Le pays fut désolé par une grande quantité d'incendies. Pour permettre de faire face aux frais, une élévation des primes s'imposait encore pour les années suivantes.

On essaya toutefois d'abaisser les tarifs en percevant une prime moitié moins forte que celle fixée par le règlement. Les insuffisances de recettes par rapport aux dépenses obligèrent la Caisse à renoncer à cette mesure.

En 1839, une proposition fut faite au Landtag d'ajouter à la branche d'assurance-incendie l'assurance contre la grêle. Mais en présence des difficultés que la Caisse a eu à surmonter pendant les premières années de sa fondation, on renonça à ce projet.

Bientôt la Société connut des jours meilleurs. Tandis qu'avant 1836 les deux Sociétés publiques (celle de Bergen et celle de Coblentz-Trèves) n'assuraient qu'un capital de 117 millions de thl., la nouvelle Société qui leur était substituée ne tarda pas à assurer pour 177 millions de thl. Le capital assuré s'accroît d'années en années. De 210 millions en 1840 il est en 1843 de 223 millions.

Quant au montant des sinistres, il présentait de très grandes variations suivant les années. Il fallait donc augmenter la cotisation réclamée aux assurés. En 1840 on avait été obligé, pour pouvoir faire face aux dépenses, de percevoir une cotisation supplémentaire s'élevant à près de 33 1/2 °/₀ du montant des primes perçues. A la fin de 1842 on enregistrait un déficit de 230.000 thl. qu'il fallut combler en réclamant une prime supplémentaire aussi élevée que celle payée deux ans avant. En 1844 nouveau déficit. Il s'élevait à 170.000 thl. Il fallait renoncer à assurer d'après ces tarifs trop bas. Non seulement on avait à combler des déficits, mais encore à payer les frais de construction de l'hôtel de la direction. On ne pouvait plus faire face aux dépenses par la perception d'une prime ne s'élevant qu'à la moitié du tarif fixé dans le règlement. Aussi en 1845 le Landtag provincial décida qu'il fallait élever les primes ordinaires et remanier la classification en vue d'arriver à une meilleure délimitation des primes.

Cette proposition ne figura pas dans l'acte final de la session du Landtag, du 27 décembre 1845. On demandait seulement que la motion fût l'objet d'une nouvelle délibération dans la session prochaine. Mais remarquons que la proposition faite par l'auteur de la motion, de supprimer l'obligation de consacrer l'indemnité à la reconstruction au lieu de l'imposer également aux Compagnies par une loi, fut fort bien accueillie par le Landtag. Une très faible majorité seulement s'était prononcée contre l'adoption de la proposition.

Le 20 juin 1844 M. de Hauer décédait. Le landtag allait être appelé à lui désigner un successeur.

Le 6 mars 1845, cette assemblée nommait directeur de la Société M. de Waldbott-Bassenheim-Bornheim. A cette occasion, la question d'une réforme de la classification des tarifs se posa à nouveau. Elle ne devait être résolue qu'en septembre 1851.

Pendant les années 1846, 1847 et 1848, on fut obligé de recourir à la perception de primes extraordinaires.

En 1849, c'est une prime extraordinaire égale à un tiers de la prime ordinaire, en 1850 et en 1851 une prime extraordinaire égale à la moitié de la prime ordinaire indiquée dans les tarifs qu'il fallut percevoir. Malgré tout, à la fin de 1850, on enregistrait encore un déficit de 252.000 Thl. Quinze ans d'expérience démontraient l'insuffisance des primes perçues. Aussi le landtag en 1851 se décida à agir et à élever les primes.

Désormais les primes réclamées seront fixées d'après un tarif trois quarts de fois plus élevé que celui figurant dans le règlement du 5 janvier 1836. On s'occupa également de la modification à apporter dans la classification des risques. Les dispositions du règlement furent l'objet d'une profonde revision. Les conditions de l'assurance s'étant transformées considérablement depuis 1836, il fallait des prescriptions répondant aux besoins de l'assurance d'alors. Ce règlement revisé parut le 1er septembre 1852. Bien des remaniements avaient été opérés, mais ce nouveau règlement ne donnait encore satisfaction qu'à une partie seulement des réclamations. On avait notamment proposé de soumettre l'exploitation de l'assurance par les Compagnies à l'agrément du landtag. D'autres demandaient qu'on remît en vigueur l'ancienne prohibition de 1836 relative aux Sociétés mutuelles. Une proposition avait été également déposée pour l'établissement d'une loi générale applicable à l'assurance immobilière contre l'incendie à l'instar de ce qui avait été fait pour l'assurance mobilière par la loi de 1837. Toutes ces motions furent rejetées. Le landtag consacra à la discussion de toutes ces questions sa dixième session. Ce temps ne fut pas perdu. Peu de temps après, en effet, était votée la loi du 17 mai 1853 concernant les agents des compagnies d'assurance. Aux termes de cette loi notamment, les agents ne pourraient opérer que s'ils obtenaient une concession.

En tout cas, dès 1852, une nouvelle tarification et classification entrait en vigueur. Les bons effets de cette réforme ne tardèrent pas à se faire sentir. Sans doute le capital assuré diminue pendant les années 1852 et 1853 de 22 millions et demi de Thl. et encore pendant les années 1854 et 1855 de plus de 4 millions de Thl. Mais, 20.000 Thl. avaient été affectés en frais de construction de l'hôtel de la direction.

Bientôt, non seulement le déficit est comblé, mais on inscrit à l'actif 13.000 Thlr. La direction, pendant ce temps, fait preuve d'une grande activité stimulée par les encouragements que le landtag provincial lui donnait. Cette assemblée, en effet, résolut d'améliorer la situation de la Société de manière à lui faciliter la lutte contre les Sociétés privées tant anciennes que nouvelles, tant nationales qu'étrangères.

Le landtag, en 1854, dans sa onzième session, propose d'autoriser la Société à exploiter, à côté de l'assurance immobilière, l'assurance mobilière, de recourir à la réassurance, de former une commission d'administration composée d'assurés habitant la ville. Enfin il fut émis le vœu de charger la province de la perception des primes fixées d'après le nouveau tarif. Les excédents de recettes que réaliserait la Caisse devaient tomber dans la Caisse provinciale. Par contre en cas de déficit il serait comblé au moyen des impôts indirects et de l'impôt de mouture et d'abattage. Ces propositions furent reprises dans les deux sessions suivantes ainsi que dans la session de 1858.

Ce ne fut que dans la session du 15 novembre 1862 que le landtag concédait à la Caisse le droit de pratiquer l'assurance mobilière et lui accordait la garantie de la province.

Mais il refusait à la Caisse la franchise postale le droit de contrainte, l'exemption du droit de timbre et le droit de recourir aux bureaux des mairies et aux caisses publiques pour la perception des primes.

Par une ordonnance en date du 2 juin 1863, le gouvernement approuvait la décision du landtag.

La Caisse acquérait définitivement le droit d'étendre ses opérations à l'assurance mobilière. Mais elle n'obtenait aucun des privilèges dont elle jouissait pour l'exploitation de l'assurance immobilière.

Ni la franchise postale, ni l'exemption des droits de timbré, ni le droit de contrainte, ni le droit de se servir des caisses ou bureaux municipaux ou d'Etat pour la perception des primes ou la réception des polices ne lui étaient accordés.

Une proposition faite au landtag en 1864 en vue de diminuer la rigueur de ces conditions n'obtint aucun succès. La Caisse fut et continue à être soumise exactement au même régime que celui des Sociétés privées ordinaires pour l'exploitation de l'assurance mobilière.

Elle aura à établir des agences dans la province. Des « Geschaftsführer » seront préposés à cet effet. Mais elle n'est pas tenue d'accepter tous les risques qu'on lui apporte. Comme les autres Sociétés privées elle est tenue sur ce point de se conformer aux dispositions de la loi du 8 mai 1837.

La situation financière de la Société qui jusqu'en 1855 n'avait pas été brillante s'améliore. Avant, trop souvent, on enregistrait des déficits, maintenant ce sont des excédents qu'on encaisse d'une manière continue.

De jour en jour la Société s'attire la sympathie du public. D'année en année le capital assuré et les recettes s'accroissent. A la fin de 1863, date de la fondation de la Caisse d'assurance mobilière le capital assuré s'élevait à 286 millions de Thl. pour lequel on percevait annuellement 453.000 Thl. de primes.

En présence de cette prospérité, de la confiance

qu'inspirait la Société au public et de l'espérance qu'avait la Caisse d'être en mesure de pouvoir toujours faire face à ses obligations, la proposition d'accorder, à la Société la garantie de la province faite, en 1854, mais repoussée par le landtag en novembre 1862, ne fut pas reprise.

L'adjonction de l'assurance mobilière à l'assurance immobilière en 1864 augmentait considérablement les frais d'administration de la Société. Toute une organisation nouvelle devenait nécessaire. Il fallait des comptables, un grand nombre d'agents. La tâche de la direction était pénible et les finances de la Société avaient un rude assaut à subir.

Aussi en 1868, le landtag s'efforça d'obtenir, en faveur de la Caisse, le droit de mettre à contribution les perceptions et bureaux municipaux et d'Etat même pour l'exploitation de l'assurance mobilière. Les percepteurs furent autorisés à recevoir les primes, mais on refusa à la Caisse la faveur de recourir aux maires pour les besoins de l'exploitation de l'assurance mobilière.

En présence de ces difficultés et des craintes que l'exploitation de cette nouvelle branche d'assurance pouvait inspirer aux assurés, il fut convenu que l'organisation de l'assurance mobilière serait séparée de l'organisation de l'autre branche d'assurance.

Cette solution aplanissait bien des difficultés et permettait à l'exploitation de l'assurance immobilière de se développer plus rapidement.

L'ordonnance du 3 juillet 1863 en même temps qu'elle autorisait la Société à pratiquer l'assurance mobilière lui conférait le droit de recourir à la réassurance. Malgré la tardivité de cette dernière disposition réclamée depuis si longtemps déjà, la Société peut encore largement retirer des bénéfices de cette permission. Elle réassura tant son portefeuille de polices mobilières que celui des polices immobilières. Cette mesure était de nature à faciliter son développement.

En 1871, la Société fut dotée d'une certaine autonomie. Elle cessait d'être sous la haute surveillance du premier président de la province. Désormais elle ne subira plus le contrôle administratif que dans les limites déterminées par la loi du 27 septembre 1871 sur l'organisation et l'administration du patrimoine des assemblées et établissements provinciaux. Depuis 1852, plusieurs dispositions tendant à ce but avaient déjà été prises et insérées dans le cinquième supplément aux statuts. Mais cette décision de 1871 avait une étendue beaucoup plus considérable. Conformément aux prescriptions du landtag de 1872, elle fut ajoutée au règlement dans le sixième supplément qui fut approuvé par le gouvernement le 6 janvier 1873.

Il ne fut pas donné à M. de Waldbott-Bassenheim-Bornheim de connaître cette importante réforme. Il mourut le 25 avril 1872. Directeur de la Société depuis 1845, il avait rendu à l'institution des services innombrables. Sous sa direction, la Caisse a subi une véritable transformation. Lorsqu'il entrait en fonction, ce n'était encore qu'une petite Société végétant, il la laissait à sa mort, forte et prospère.

En 1874, le landtag lui désignait pour successeur le conseiller du cercle de Neuss. Ce choix fut ratifié par le gouvernement et le 1er septembre 1874, il entrait en fonction.

Le 20 novembre 1874 le règlement fut augmenté d'un nouveau supplément qui donnait satisfaction à une proposition qui, depuis longtemps déjà, avait occupé le landtag. C'est à l'obligation de consacrer le produit de l'indemnité à la réédification ou la réparation de l'immeuble endommagé que nous faisons allusion. Jusqu'à cette époque nul ne pouvait se soustraire à cette prescription établie par le règlement de 1863. Pour assurer l'exécution de cette disposition, l'indemnité n'était versée que par fractions au fur et à mesure que la construction augmentait. Cette clause — il est superflu d'y insister — était habilement invoquée par les Compagnies pour lutter contre la Société publique. Elles se chargeaient avec amples détails, de faire ressortir tous les inconvénients qu'une pareille obligation entraînait pour le public. Cette obligation ayant été abolie en 1874, il est inutile d'ajouter que les Compagnies perdaient une de leurs meilleures armes de combat.

En mars 1875, la Société fut dotée d'une classification nouvelle et d'une tarification appropriée. Aux termes du règlement, il existait sept classes comprenant chacune deux subdivisions. La nouvelle classification établissait treize classes et des primes afférentes à chacune de ces divisions. Pour dresser cette classification on se basait sur la structure de l'immeuble, la situation qu'il occupait et l'usage auquel il était destiné. Cette réforme modifiait le montant d'un grand nombre de polices et entraînait pour la Caisse un travail colossal.

Le 20 juin 1877, un nouveau supplément fut ajouté au règlement donnant à la Caisse une certaine latitude dans la fixation des risques et des primes ainsi que pour l'acceptation de certains risques, tout particulièrement dangereux. On lui reconnut également certains droits relatifs à l'administration du fonds de réserve, aux modifications qu'il convient d'apporter aux bâtiments assurés.

Conformément à une décision approuvée par le gouvernement le 10 mai 1875, en automne, la Direction transféra son siège à Dusseldorf. Par suite du développement qu'avait pris l'institution, les locaux devenaient insuffisants et il était impossible de trouver à Coblentz un emplacement convenable pour l'édification d'un hôtel suffisamment spacieux. Voilà pourquoi cette construction fut édifiée à Dusseldorf, Frederichstrasse. Ces bâtiments furent tout dernièrement encore l'objet d'agrandissements. Dans cet hôtel se trouvent réunis les bureaux et appartements du Directeur. L'achat du terrain et la construction coûtèrent à la Caisse 280.000 M. mais il restait encore du terrain libre permettant d'augmenter en cas de besoins les locaux. Grâce à cette sage précaution des agrandissements ont pu être effectués dans ces dernières années.

Peu de temps après il fut décidé que le Comité du Landtag pourrait apporter les modifications et faire les additions nécessaires pour compléter le règlement dans la mesure où elles seraient indispensables pour la bonne gestion et l'administration de l'institution.

Ces changements seraient applicables dès qu'ils

auront reçu l'approbation du gouvernement. Cette mesure était fort sage. C'est qu'en effet le règlement ne contient pas seulement les bases de l'assurance pratiquée par la Société, mais encore des dispositions de nature des plus variées touchant aux matières si nombreuses que l'on rencontre dans le fonctionnement d'une pareille institution. De plus, bien souvent, une modification peut exiger célérité. Cette réforme, il est vrai, devait entraîner un assez grand nombre de suppléments à ajouter au règlement.

Mais n'oublions pas, comme on peut le lire dans le § Ier du supplément ajouté au règlement, le 2 septembre 1879, que ces modifications, proposées par le Directeur, mais qui ne peuvent être faites que par la commission du Landtag, doivent de plus, pour être valables, recevoir l'approbation du Président supérieur de province. Malgré tout, le nombre des suppléments était tel qu'une nouvelle rédaction semblait s'imposer.

Jusqu'à présent nous nous sommes surtout occupés des modifications ayant plutôt une portée technique. Il est temps de faire remarquer que, dès le premier règlement de 1836, la Société s'est également préoccupée du crédit réel. Le règlement de 1852 est venu encore améliorer la situation des créanciers hypothécaires qui trouvaient auprès de la caisse une plus grande sécurité que dans les sociétés privées. Ces créanciers étaient sûrs de trouver une indemnité leur permettant de se faire payer de leur créance. Mais les compagnies ne manquaient pas de se servir de cette clause si favorable aux créanciers hypothécaires pour faire remarquer aux assurés combien elle était peu avantageuse pour eux.

Les sociétés purent tirer profit de cet argument jusqu'en 1884. Mais la loi du 17 mai 1884 obligeant les compagnies à tenir compte des créanciers hypothécaires, c'était une nouvelle arme de combat qui leur tombait des mains. Avant cette date, seule, la Société publique, par ses stipulations, pouvait protéger le crédit réel. Aussi, arrivait-il parfois que la Caisse avait près de 100.000 inscriptions hypothécaires sur les immeubles qu'elle assurait.

D'autre part, à mesure que la Société se développait, grandissait également son désir de donner de plus en plus satisfaction à l'intérêt public. Son attention fut bientôt attirée vers la réalisation des vues les plus nobles. C'est ainsi qu'elle consacrait une partie de ses ressources à donner des secours aux incendiés, à distribuer des sommes aux communes en vue d'améliorer leur service de secours en cas d'incendie. Elle a fondé une caisse de secours pour venir en aide aux pompiers victimes de leur devoir. Elle a également créé une caisse de décès pour les employés de la Société provinciale d'assurance contre l'incendie.

Dès les premières années de sa fondation, lorsque la Société arrivait péniblement à surmonter les difficultés multiples qu'elle rencontrait, nous la voyons donner son obole à toutes ces bonnes œuvres, favorisant ainsi leur développement. C'est ainsi qu'en 1838 elle donne déjà 320 thl. pour venir en aide aux pompiers blessés en voulant éteindre un incendie. A partir de 1843 elle consacre déjà une somme de 600 thl. annuellement pour développer ces institutions de secours. Déjà en 1852 cette somme est portée à 1.000 thl., l'année suivante à 2.000 thl., à 4.000 thl. en 1857, à 4.000 thl. par an. En 1874 c'est une somme de 8.000 thl. qui servit à distribuer des récompenses et figura aux états pour être affectée en allocations aux communes pour développer leur service de secours en cas d'incendie. Si l'on additionne toutes les sommes versées par la Caisse dans ce but, jusqu'en 1885, on arrive à un total de 632.000 M.

Depuis 1882 une somme de 24.000 M. est prévue dans les états pour être ainsi distribuée : 4.000 M. pour venir en aide aux personnes ou à leurs héritiers qui ont été blessées en servant les intérêts de la Société ou bien ont péri dans le feu qu'elles essayaient d'étouffer. Celui qui aura contracté une incapacité de travail pourra recevoir pendant deux ans un secours de la Société d'assurance. Celui qui, en raison de l'insuffisance des crédits disponibles à cet effet, ne pourrait pas recevoir de secours serait inscrit pour l'année suivante à ce chapitre. Mais pour pouvoir lui procurer aussitôt du secours, on puisera dans un fonds à ce destiné s'élevant à 7.200 M. Le blessé meurt : ses héritiers toucheront une pension annuelle qui sera imputée sur le fonds susnommé. En 1885 on comptait 72 cas ayant entraîné l'allocation de secours dont le total s'est élevé à 2.785 M.

Enfin le 1er septembre 1885 fut fondée une Caisse de décès pour les fonctionnaires de la Société rhénane d'assurance contre l'incendie conformément à des statuts approuvés par le ministre de l'Intérieur, le 9 juillet de la même année. Le nombre des membres de cette Caisse était de 700. A la mort d'un membre il est compté à ses ayants droit 1.200 M. Pour réunir cette somme, on retient 1,80 M. sur les appointements de tous les membres de la Caisse. Celle-ci est administrée par un président élu par les membres de la Caisse. Cette Caisse fonctionne à la satisfaction de tous, comme le prouvent l'empressement mis à s'affilier à cette Société purement facultative et la persévérance des membres à faire partie de cette Caisse alors que tant d'autres s'offrent à leur choix.

Ceci termine l'aperçu historique du développement de la Société. Essayons maintenant, toujours en utilisant cette remarquable étude de M. Seul, de faire connaître la situation financière de la Caisse aux principales époques de son histoire et de comparer les résultats financiers obtenus aux principales étapes de ses 50 premières années d'existence. Il eût été certes très intéressant de représenter dans un tableau les résultats obtenus année par année par la Société ; craignant de fatiguer le lecteur par cette abondance de chiffres, nous nous contenterons simplement d'envisager les années qui font époque dans la marche de la Société.

En 1836, date de la fondation de notre institution, le nombre des assurances s'élevait à 241.932, il est en 1886 de 444.642, dont 348.725 représentent des polices de valeurs immobilières et 96.232 des polices de valeurs mobilières, soit une augmentation totale de 87,93 %.

Le capital assuré en 1836 était de 531 millions de M.,

il est en 1886 de 2.036 millions de M., soit une augmentation de 1.505 millions de M. ou de 283 %. Le total des primes perçues s'est élevé de 602.895 M. à 3 1/5 millions de M., soit une augmentation de 400 %. Les valeurs immobilières assurées représentaient 1.618 millions pour lesquels 2 1/2 millions de primes ont été perçus. Le capital mobilier assuré se chiffrait par 418 millions de M., pour lesquels 720.000 M. de primes ont été encaissés.

La valeur moyenne assurée pour un immeuble s'est élevée à 2.196 M. pour 1837, à 2.317 M. pour 1855, en 1865 à 2.801 M. en 1875 à 3.736 M., en 1885 à 4.638 M. Cette progression continue est due à l'amélioration sans cesse croissante des constructions.

La valeur moyenne des polices d'assurance mobilière n'a guère varié : de 4.382 M. en 1836, de 4.225 M. en 1875, de 4.382 M. en 1885.

La prime moyenne pour 1.000 M. de capital assuré s'est élevée à 1,44 M.

Mais ces chiffres absolus ne nous donnent qu'une idée très imparfaite de la situation de l'assurance. Ce qu'il est surtout intéressant de connaître, c'est la qualité des risques assurés par la Société. Car n'oublions pas que, sauf quelques exceptions, en matière d'assurance immobilière, la Caisse doit accepter tous les risques. Nous ne saurions trop insister sur ce fait. Tandis que les Sociétés privées peuvent refuser les mauvais risques, la Société est obligée statutairement d'assurer également les rebuts des Compagnies, ces risques dont elles ne veulent à aucun prix. Les Compagnies ne voulant pas assez se rendre compte du fait ne manquent pas, pour défendre leurs institutions, de comparer la moyenne de leurs primes à la moyenne relativement élevée de la Société publique.

D'autres Sociétés au contraire, reconnaissant le fait, déclarent qu'il est à craindre que la Société publique n'assure que les mauvais risques ou tout au moins les risques médiocres.

Cet argument fort heureusement ne porte pas, cet excédent de mauvais risques ne s'est pas encore réalisé et a de moins en moins de chance de se produire.

Un examen de la qualité des risques composant le portefeuille de la Caisse en 1886 va le démontrer : 43 °/₀ de l'ensemble des polices représentent des risques rangés dans les trois premières classes, c'est-à-dire des bâtiments massifs à l'épreuve du feu et hors de tout voisinage dangereux au point de vue de l'incendie ainsi que les meilleurs risques mobiliers. Les immeubles rangés dans les classes suivantes de la cinquième à la huitième comprenant tous les meilleurs risques agricoles représentent 39 °/₀ du nombre total des assurances. Les immeubles rangés dans les classes suivantes de la neuvième à la treizième comprenant les bâtiments construits en matériaux inflammables et couverts en matières n'étant pas réfractaires à l'incendie ne représentent que 13 °/₀ du total des polices. Enfin, 5 °/₀ du total des polices s'appliquent à des risques industriels.

Les mauvais risques ne l'emportent donc pas sur les bons risques.

Si nous cherchons maintenant comment se répartit

le montant global des primes perçues, nous trouvons que 18 % du total des primes a été perçu pour couvrir des risques appartenant aux quatre premières classes, 41 % pour les risques des classes suivantes jusqu'à la huitième et 33 % pour les risques des classes allant de la huitième à la treizième classe ; enfin 7 % pour les risques industriels. Par ces chiffres, on voit que ce ne sont pas davantage les primes payées par les mauvais risques qui l'emportent sur le produit des primes encaissées pour couvrir les bons risques. Mais cette statistique permet également de réfuter un argument mis en avant par les Sociétés privées pour combattre la Société publique, à savoir que les bons risques paient pour les mauvais risques et que la Société était incapable d'assurer à bon marché les bons risques.

Pendant les cinquante premières années de son existence la Société a payé en indemnités 68 2/3 de millions de M. dont 61 8/10 pour des immeubles endommagés. Pendant ce temps la Société a eu à supporter les dégâts causés par 32.779 incendies ayant détruit entièrement ou partiellement 98.571 immeubles. Quant au nombre d'incendies et au montant des indemnités payées, ils ont été très variables suivant les années.

Mais on peut, en rapprochant le montant des indemnités de celui des primes, donner une idée assez exacte de l'importance des sommes versées pour couvrir les dégâts causés par l'incendie.

De 1837 à 1840, les indemnités se sont élevées à 102,13 % du montant des primes perçues ; à 113 % de 1841-1850 ; à 75 % de 1851 à 1860 ; à 89 % de 1861 à

1870; à 94 % de 1871 à 1880; à 77 % de 1881 à 1885. Pour toute cette période de cinquante ans, l'année la plus malheureuse fut celle de 1880 pendant laquelle la Caisse a eu à supporter 2013 incendies lui ayant coûté en indemnités versées 4 millions de M.

Le montant des indemnités a dépassé celui des primes perçues de 52 %. L'année la plus favorable à la Société fut celle de 1882 pendant laquelle la Caisse n'a eu à s'occuper que de 1471 incendies pour lesquels elle a versé 1 3/4 millions de M. ou 64 % du montant des primes.

Sans insister ici sur les causes des incendies qui le plus souvent sont mal connues, remarquons seulement qu'ils sont dus le plus souvent à des défectuosités de construction des cheminées, à l'imprudence des enfants jouant avec des allumettes et, chose curieuse, le nombre des incendies allumés par la foudre va sans cesse en augmentant.

Il est beaucoup plus intéressant de rechercher quelles classes d'immeubles sont atteints par le fléau et les indemnités qu'il a fallu verser pour couvrir les dégâts. Nous constatons que les immeubles les plus atteints et entraînant pour la Caisse les plus lourdes charges appartiennent aux classes allant de la quatrième à la huitième comprenant les immeubles montés sur des travées en bois et les meilleurs risques agricoles. Ainsi ce sont les quatre premières classes et les quatre dernières classes de risques qui coûtent le moins à la Caisse. Si l'on ne craignait d'être paradoxal, il faudrait dire que ce sont les plus mauvais risques qui dans la pratique sont les meilleurs.

Cette constatation est bien peu rassurante pour les agriculteurs mais explique bien pourquoi, soit dit entre parenthèses, les Sociétés privées se montrent si peu enthousiastes à accepter d'assurer dans les campagnes.

Après nous être occupés des recettes de la Caisse et des indemnités versées, abordons maintenant un autre chef de dépenses : les frais d'administration.

Voyons d'abord en quoi ils consistent :

Ce sont en premier lieu les frais de la direction dont le montant est fixé par le Landtag dans le budget des dépenses. Ils comprennent non seulement le traitement des fonctionnaires attachés à la direction mais encore les frais de bureaux et de matériel : les frais de correspondance, d'impression, de chauffage, d'éclairage, d'entretien des locaux. A ces dépenses il faut ajouter celles occasionnées par l'établissement d'un matériel de pompes et celles qu'entraîne la dotation faite à la Caisse de secours.

En second lieu, il faut citer les rémunérations accordées aux maires et agents qui se chargent de l'administration locale.

En troisième lieu, il faut compter les remises allouées aux percepteurs pour se charger de l'encaisse des primes.

Additionnant tous ces chapitres de dépenses, nous trouvons que de 1875 à 1885 la moyenne annuelle des frais d'administration s'est élevée à 13,3 % du montant des primes brutes. En 1837, les frais d'administration s'élevaient à 14,33 %. Remarquons de plus que dans la période décennale que nous envisageons la Caisse a été obligée de payer des frais d'administration extraordinaires tels que ceux qu'occasionnèrent le transfert du siège de la direction de Coblentz à Dusseldorf, ainsi que la réfection du cadastre pour toutes les assurances immobilières. Cette dernière opération à elle seule a coûté 56.000 M. Veut-on maintenant connaître la moyenne par rapport au montant des primes nettes encaissées, nous trouvons pour 1837 le chiffre de 14,63 % et pour 1885 le taux de 14,79 % (1). Les frais d'administration des Sociétés privées, au contraire, absorbent de 25 à 40 % du montant des primes.

Conformément au § 35 du règlement, les excédents de recettes doivent servir à alimenter un fonds de réserve destiné à couvrir les dépenses occasionnées par un événement particulièrement malheureux. Lorsque le fonds de réserve dépasse de 1 1/2 le total des primes perçues, les reliquats sont restitués aux assurés sous forme de réduction de prime. Cette dernière disposition n'avait pas encore reçu son application jusqu'en 1885. Le grand nombre des sinistres que la Caisse fut obligée de subir en 1880 ayant considérablement diminué le fonds de réserve, il n'a pu encore atteindre le niveau exigé par le règlement. En 1885, il s'élevait pourtant à 4.356.200 M., dont 3.779.200 M. étaient

(1) 39 % du montant de ces sommes servent à payer les frais de la direction.

placés en valeurs de tout repos (valeurs de placement de biens de mineurs) et 577.000 M. en prêts hypothécaires. Si maintenant on compte l'hôtel de la direction, inventorié pour 292.000 M., on voit qu'en 1885 le patrimoine de la Caisse s'élevait à 4.658.200 M. Déduisant de ce chiffre un passif de 662.165 M., on peut dire qu'à la fin de 1885 l'actif net de la Société s'élevait à 3.986.035 M.

Pour terminer avec cet exposé de la situation financière de la Société pendant les cinquante premières années de son existence, il nous reste à parler des immeubles non compris dans la classification et la tarification du règlement, de ces bâtiments qui sont assurés par une entente intervenant entre la Société et le propriétaire. Dans cette catégorie on rangera les établissements industriels, les fabriques, les moulins, les théâtres, les séchoirs, et en général tous ces bâtiments présentant des risques spéciaux d'incendie.

En immeubles de cette nature, la Caisse assurait en 1837 pour une valeur de 5 millions et demi, soit 1,06 % de l'ensemble de son portefeuille. La prime moyenne perçue s'élevait à 4,63 ‰. Puis dans les années suivantes on relève une diminution dans le montant de ces valeurs.

En 1855, la Caisse n'assurait plus que 4 millions, soit 0,59 % de son portefeuille, de valeurs appartenant à cette catégorie. Mais bientôt ce capital assuré augmente.

En 1865, il représentait déjà 2,25 % du portefeuille, en 1875, près de 3,20 %, en 1885, il peut être évalué à 5 % du total des valeurs assurées par la Caisse. Elle assurait pour 70 millions de ces valeurs industrielles pour lesquelles elle percevait une prime moyenne annuelle de 2,47 °/₀₀.

Cette augmentation s'explique par cette raison que la Société se montre d'année en année plus accommodante dans l'acceptation de ces risques.

Si nous envisageons l'ensemble de la situation de la Caisse pendant ces 50 ans, nous pouvons dire qu'elle est très satisfaisante. Presque d'une manière continue, nous avons vu le nombre de ses associés s'accroître ainsi que le montant du capital assuré.

Il dépassait en 1885 les 2 milliards et s'était accru de 117 °/₀ dans les 20 dernières années.

Tant par sa sphère d'action que par son chiffre d'affaires, la Société peut être placée en tête des Sociétés prussiennes provinciales.

Elle ne peut être comparée qu'à certaines Caisses d'Etats allemands telles que celle de Bavière et de la Saxe royale.

Malgré le grand nombre et l'importance extraordinaire des sinistres dont elle a eu à supporter les conséquences, non seulement elle a pu faire face aux dépenses avec le produit des primes, mais encore elle a pu constituer un fonds de réserve.

La Société est parvenue à surmonter les difficultés des plus sérieuses. On comprend donc, sans peine, qu'elle a su gagner la confiance du public qui va sans cesse grandissante.

Il suffit de jeter un coup d'œil sur ces 50 années pour se rendre compte de sa vitalité. Après bien des efforts, petit établissement d'assurance au début, elle est, 50 ans plus tard, devenue une importante Société d'assurance.

Ce merveilleux développement et la situation qu'occupe la Caisse en 1885 ne doit pas nous faire oublier tous les obstacles qu'elle à eu à surmonter.

C'est l'obligation d'accepter tous les risques même les plus mauvais. Mais, comme c'est une Société publique qui ne doit envisager que le bien public et venir en aide à toutes les catégories de la Société en les dédommageant des dégâts causés par l'incendie, on ne pouvait pas songer à l'alléger de cette obligation.

Pour démontrer que la Société a pris à sa charge une grande quantité de mauvais risques il suffit de se reporter aux grands incendies qui ont dévasté les campagnes. On verra que dans ces régions de la province, peuplées par une population peu aisée, tous les dégâts causés par l'incendie, lorsqu'ils étaient couverts par une assurance, étaient indemnisés par la Société publique. Car elle seule avait consenti à assurer ces risques.

Aussi aux périodes critiques de son histoire, lorsque la Caisse avait perdu une grande quantité de ses bons risques, fut-elle obligée, pour faire face aux dépenses, d'augmenter le taux des primes frappant les petites assurances.

Si cette situation avait dû persister, les pauvres gens auraient dû, devant une élévation progressive des primes, renoncer à s'assurer. C'était la misère complète dans les campagnes qui avaient été visitées par le fléau.

Voilà pourquoi avant on accordait aux Sociétés publiques, comme corollaire à cette obligation, le bénéfice de l'assurance obligatoire et de l'affiliation forcée à leur Caisse.

Tous les immeubles devaient être assurés à ces Sociétés qui étaient obligatoires. Mais nous savons que cette faveur, qui n'existe plus en Prusse que pour les Sociétés communales de Berlin, Stettin et Breslau, pour les Sociétés de la Frise orientale, de Hohenzollern et jusqu'à un certain point pour les Sociétés de Nassau et d'Hessen Cassel, n'a jamais été accordée, à notre Société provinciale rhénane.

La seule restriction introduite par le règlement de 1836 en faveur de notre Société fut la défense faite aux Sociétés mutuelles privées d'exploiter l'assurance immobilière contre l'incendie dans la province rhénane à moins qu'il ne s'agisse de risques que la Société publique n'assurât pas. En 1852, lors de la revision du règlement de notre Société, cette défense fut levée. On vit alors la grande mutuelle de Gotha, établir dans la province une succursale. Mais cette Société, bien que mutuelle, n'accepte en principe que les bons risques pour attirer à elle un plus grand nombre de propriétaires que l'espérance d'une importante répartition fait affluer. Cette Société, pas plus que les Compagnies par actions, n'envisageait l'intérêt public. D'ailleurs, étant donné le but qu'elles poursuivent : réaliser des gains, on comprend aisément qu'elles emploient, dans l'exploitation de l'assurance, des procédés commerciaux. Aussi par un abaissement de tarif, cette mutuelle arrachait à la Société publique ses meilleures polices et accaparait l'assurance des bons risques.

Tous ces procédés ne parvinrent pas à décourager la Société rhénane qui se défendit énergiquement. Mais dans la suite toute une série de dispositions législatives préjudiciables à la Société publique venaient, au contraire, favoriser les entreprises privées. Ce n'est qu'en 1863, après bien des propositions restées sans effet, que la Société provinciale obtint le droit de pratiquer l'assurance mobilière qui jusqu'alors avait été le monopole des entreprises privées.

Par contre une ordonnance royale du 18 septembre 1859 proclamait la liberté de l'assurance privée, l'ordonnance du 18 septembre 1861 examinait les conditions à établir en vue de nouvelles concessions à octroyer aux sociétés privées, une loi du 21 juin 1861 accordait le bénéfice des concessions aux agences, l'ordonnance générale sur l'industrie du 21 juin 1869 rapportait la défense faite aux agents relative au colportage des polices d'assurance. La chasse aux polices devient à nouveau permise. Enfin c'est la loi du 31 mars 1877, qui supprime toute surveillance exercée avant sur les tarifs des sociétés privées. Bref c'est la liberté complète du trafic de l'assurance privée qui est proclamée.

Malgré toutes ces lois, non seulement la Société s'est maintenue mais encore s'est considérablement développée. Mais il faut reconnaître qu'elle est quelque peu gênée, dans son essor et dans sa lutte contre les sociétés privées, par cette obligation qui lui est imposée, d'assurer tous les risques. Il en résulte pour l'administration de la Caisse l'impossibilité d'arriver à une bonne répartition des risques. Les sociétés privées peuvent, lorsqu'un risque leur paraît difficile à établir, ou bien le refuser ou bien limiter leur obligation d'indemniser à un maximum déterminé par avance. Il n'est pas permis à notre Société publique de procéder ainsi.

Le seul moyen efficace de remédier à ces inconvénients serait d'établir au profit de la Société rhénane un monopole de l'assurance immobilière. Cette réforme non seulement eût considérablement augmenté son développement mais lui eût permis d'assurer à bien meilleur marché encore. Ce vœu, émis en 1886 par M. Seul, est loin d'avoir été pris en considération depuis cette époque.

La Caisse conserve toujours son obligation d'assurer tous les risques et reste toujours une Caisse facultative, comme va nous le démontrer l'étude de la situation actuelle de la Société que nous entreprenons maintenant.

La Société d'assurance contre l'incendie de la province rhénane est actuellement régie par le règlement du 25 avril 1889 qui apporta au règlement revisé de 1852 de très sérieuses modifications. Ce n'est que par l'analyse de ce règlement qu'on peut donner une idée exacte de l'organisation et du fonctionnement de cette caisse.

Cet établissement provincial se charge de l'assurance mobilière et immobilière. Il a son siège à Dusseldorf. C'est une société publique investie de la personnalité, possédant, dès lors, les droits et privilèges qu'elle confère.

Son cachet porte les armes de la province rhénane. En dessous l'inscription « Société du feu de la province rhénane » (Rheinische Provinzial-Feuer Societat) s'y trouve gravée.

Sa sphère d'action, comme son nom l'indique, est la province rhénane. L'assurance mobilière et immobilière, voilà son but.

La Société jouit de certains privilèges. D'une manière générale elle est exonérée des impôts d'Etat, mais nullement de ceux établis par les communes. Elle a le droit de recourir aux services des fonctionnaires et des administrations publiques qui devront se charger d'une partie de la gestion de l'institution. Le directeur peut requérir un fonctionnaire pour s'occuper d'une affaire rentrant dans l'exploitation de l'assurance. Sous aucun prétexte un refus ne pourra être opposé au directeur lorsqu'il s'agira de donner satisfaction aux intérêts de la Société. Aussi, en parcourant les salles de divers Hôtels de ville de la province, avons-nous pu voir un bureau, affecté à la gestion de l'assurance contre l'incendie pour le compte de la Société provinciale, où les bourgeois peuvent s'assurer.

Les primes ordinaires sont perçues par les agents du fisc qui en donnent décharge. Pour le recouvrement des cotisations en retard, la Société jouit d'un droit de contrainte comme l'Etat en matière d'impôt. Chaque perception reçoit de la direction de la Société les rôles annuels dressés par ses bureaux. La perception les fait parvenir aux intéressés.

La Société jouit encore de la franchise postale pour

les besoins du service ; elle sera exempte des droits d'enregistrement et de timbre.

Connaissant les principaux avantages dont profite notre Société, occupons-nous de son organisation et de son administration.

La Société est régie par l'union provinciale (Provinzialverband) de la province rhénane comme tout établissement provincial. On se conformera aux dispositions de l'ordonnance provinciale du 1er juin 1887 et du règlement du 25 avril 1889.

L'administration de la Société se compose *d'un directeur*. Il représente la Société au dehors, en justice et, notamment aussi, chaque fois que les intérêts de la Société sont en jeu, pour lesquels la loi lui donne plein pouvoir. Il veille à l'administration générale de la Société et donne satisfaction à tous les intérêts de la Société dans la mesure où notre règlement ne réserve pas cette mission soit au comité de curatelle soit au Landtag provincial.

Le directeur signe au nom de la Société toutes les pièces avec la mention : « le directeur de la Société d'assurance contre l'incendie de la province rhénane ».

Le directeur est nommé par le Landtag provincial soit à vie, soit à temps. Dans ce dernier cas il doit être nommé au moins pour 6 ans. Il a les droits et les obligations d'un fonctionnaire de la province. Sous les ordres du « Landes director », ce dernier peut l'inspecter et requérir de lui tel renseignement qui lui plait sur la marche de l'institution. Mais le directeur dans l'ordre hiérarchique vient immédiatement après le Landesdirector.

Le directeur est secondé dans sa tâche par un fonctionnaire supérieur dont la mission principale est la surveillance des fonctionnaires des bureaux de la Société. Ce fonctionnaire est nommé, sur la proposition du directeur, par la commission provinciale soit à vie, soit au moins pour 6 ans. Il peut en cas de maladie ou d'absence du directeur le remplacer pour une durée de 6 semaines. Au-delà une décision de la commission provinciale sera nécessaire.

*Un comité de curatelle* (*Kuratorium*) est constitué pour diriger en même temps que contrôler l'administration du directeur.

Ce comité se compose du « *Landesdirector* », du directeur de la Société et de 5 membres du comité du Landtag provincial choisis parmi ceux faisant partie de la Société d'assurance contre l'incendie. C'est le comité du Landtag qui nomme le président et le vice-président de ce comité de curatelle. Les membres de cet organe sont élus pour 3 ans mais rééligibles. Si l'un des membres, au cours de cette période, vient à quitter son poste, il devra se trouver un remplaçant pour le temps qui reste à courir. Ne peuvent être élus à ce comité que les assurés éligibles au Landtag provincial ayant au moins, tant en meubles qu'en immeubles, une police de 30.000 M. Qu'une de ces conditions cesse d'être satisfaite, aussitôt l'élu perd ses pouvoirs. Le comité du Landtag se prononcera sur les mesures à prendre, mais l'intéressé peut en appeler devant le Landtag.

Connaissant les membres composant ce comité, voyons-en maintenant les attributions. Un règlement intérieur, que le comité se donne mais qui doit recevoir l'approbation du comité du Landtag, nous renseigne sur ce point. Ce comité se réunit toutes les fois que les besoins l'exigent, mais au moins 6 fois l'an. Le président fait parvenir des convocations et y joint un ordre du jour. Le comité ne peut valablement délibérer que s'il se compose d'au moins 3 membres. Les décisions seront prises à la majorité. En cas d'égalité de voix celle du président fera la majorité.

Voici les principales attributions de ce comité :

L'examen préalable de toutes les propositions à adresser au comité du Landtag provincial, ainsi que l'examen des difficultés dont la solution rentre dans la compétence du comité.

Il approuvera les projets du directeur qui, le plus souvent, aura besoin de cette approbation pour les mettre à exécution.

Il connaîtra des difficultés qui pourraient s'élever relatives à l'évaluation des sommes à assurer et à la fixation du montant des cotisations ; il indiquera le mode de placement des disponibles ; se prononcera sur l'achat d'immeubles, la construction de bâtiments ou bien encore sur l'ordonnancement de dépenses ne s'élevant pas à plus de 10.000 M. Au-delà l'approbation du Landtag provincial sera requise.

Il s'occupera de la conclusion des contrats de réassurance avec des Compagnies privées ou bien de l'affiliation de la Caisse à la section de réassurance du syndicat des Sociétés publiques allemandes ou bien d'actes de ce genre à passer avec d'autres personnes morales ou associations fondées dans la province pour l'exploitation de l'assurance.

Il se prononcera sur l'opportunité de l'élévation ou de la diminution des cotisations réclamées pour un cercle déterminé. Quant aux autres attributions, pour éviter les redites, nous les verrons chemin faisant à mesure que nous ferons connaître l'organisation de la Société.

Dans les séances du comité, le directeur de la Société doit donner aux membres les détails les plus minutieux sur l'administration de manière à les mettre bien au courant de la marche des affaires de la Société. Le comité peut demander toutes explications qu'il lui plaira de nature à renseigner les membres sur la situation de l'administration. Dans ce but, il lui est loisible de demander communication des livres de la Société et d'être mis au courant des actes passés par la Société. Le rapport annuel, que les statuts imposent au directeur, doit, avant d'être remis au comité du Landtag, être communiqué, au préalable, au Curatorium. Celui-ci le remettra au comité du Landtag qui fera, s'il y a lieu, ses observations.

La gestion et l'administration supérieures de la Société appartiennent (1) au *comité du Landtag* qui s'occupera spécialement :

(1) Les prescriptions furent édictées par le Landtag dans sa séance du 30 mai 1894.

Du choix des membres du comité de Curatelle;

Du choix des fonctionnaires supérieurs tels que directeur et sous-directeur;

De la nomination de tous les autres fonctionnaires de la Société;

Des changements à introduire dans la classification et les tarifs;

Tranchera les différends qui viendraient à surgir entre la Société et les assurés;

Appréciera les réclamations formulées contre les décisions du directeur ou du comité de Curatelle;

Examinera les états annuels de gestion avant de les soumettre à la session du Landtag;

Approuvera, s'il y a lieu, les inobservations des états;

Indiquera les moyens auxquels il faudra recourir pour combler un déficit qui viendrait à se produire;

Examinera toutes les pièces qui doivent être soumises au Landtag;

Signera le congé du directeur tant qu'il ne dépasse pas six semaines. Au-delà de ce maximum, seul le Landesdirector pourra accorder un congé plus long.

Les décisions du Landtag provincial porteront sur le choix du directeur, l'approbation des états, la revision des comptes annuels. Le Landtag en donnera décharge, se prononcera sur les modifications à apporter au règlement dépassant la compétence du comité du Landtag.

Quant aux droits et obligations des fonctionnaires, ce

sont les mêmes que ceux des autres fonctionnaires de la province.

Les commis de bureaux toucheront un salaire journalier.

Les indemnités de déplacements et de voyage seront les mêmes que celles allouées aux autres fonctionnaires de la province.

Les fonctionnaires s'occupant des services techniques de la Société, de l'évaluation des dommages et des affaires extérieures auront un traitement fixé, sur la proposition du directeur, par le comité de Curatelle et approuvé par le comité du Landtag.

Les affaires courantes relatives à l'exploitation de l'assurance immobilière sont expédiées par les bureaux des mairies.

Pour l'assurance mobilière, la Société nomme des agents spéciaux (Geschaftsfuhrer) qui pourront également aider les maires dans leur gestion de l'assurance immobilière.

Le directeur est autorisé, à titre exceptionnel s'il obtient l'agrément du comité de Curatelle, à substituer aux maires d'autres personnes chargées d'expédier les affaires courantes de la Société. Ce seront des employés de la Société d'assurance. Aussi, si les maires intéressés se refusaient à admettre ce changement, cette substitution devra, pour être exécutée, obtenir l'approbation du premier président de la province. Cette mesure est-elle agréée par le premier président, les sommes destinées aux communes intéressées tomberont dans la Caisse de la Société d'assurance.

En dehors de ce cas, les maires touchent, à titre d'indemnité, 6 % du montant des encaisses de primes faits par leurs bureaux dans leur circonscription. Les communes touchent 1 1/2 % du montant des primes qu'elles ont effectivement encaissées. Les communes peuvent également encaisser des primes afférentes à des polices mobilières, elles toucheront alors indépendamment de la première indemnité une nouvelle somme égale à 2 % du montant de leur encaisse.

Les primes d'assurances sont destinées à couvrir les dépenses ; s'il y a des excédents, ils iront alimenter le fonds de réserve. Ce dernier est placé à intérêt à la banque provinciale. Ces intérêts, s'ils ne sont pas consacrés à solder des dépenses courantes, devront aller grossir le fonds de réserve.

Lorsque le fonds de réserve sera égal à 1 fois et demi le montant des primes perçues annuellement, le surplus pourra être consacré, suivant la décision du comité du Landtag, soit à augmenter encore le fonds de réserve, soit à donner satisfaction à des besoins d'intérêt public que le Landtag désigne, ces sommes pourront également être distribuées entre les assurés ou bien encore abandonnées à la Société qui s'en servira comme elle le jugera bon.

L'hypothèse inverse peut se présenter. L'année a été exceptionnellement abondante en sinistres.

Les primes perçues ne parviennent pas à solder les indemnités dues. On fera appel au fonds de réserve. S'il ne suffit pas, on recourra à un emprunt fait à la banque provinciale et l'année suivante on percevra une prime supplémentaire.

Le budget des dépenses est en général fixé pour deux ans par le directeur, le comité de Curatelle entendu. Le comité du Landtag le soumet au Landtag qui en fixera définitivement les bases. Cet état, ainsi arrêté, restera en vigueur tant qu'on ne lui en aura pas substitué un autre. Toute dépense non conforme aux prévisions budgétaires doit être approuvée par le comité du Landtag.

Pour permettre à la « *Provinzialverband* » de surveiller l'administration de la Société, l'état des frais doit être accompagné d'un relevé d'administration qui annuellement doit être envoyé au conseil administratif central de la province (Provinzial-Central-Verwaltungsbehorde). On recourt à la gestion. A la fin de chaque année c'est-à-dire le 31 décembre, les comptes annuels sont arrêtés. Ils sont remis au Landes-director. Et finalement ils seront approuvés par le Landtag. De plus à chaque session ordinaire de cette assemblée le directeur de la Société doit lui remettre un rapport sur l'administration et la situation de la Société.

Pour terminer avec l'organisation et l'administration de la Société, ajoutons que le directeur est autorisé, avec l'approbation du comité de Curatelle, à réassurer une partie de son portefeuille à des sociétés privées ou à d'autres sociétés publiques ou à la section de réassurance du syndicat des sociétés publiques allemandes.

Voyons maintenant suivant quelles règles est pratiquée l'assurance des immeubles.

En principe la Société est obligée d'accepter d'assurer tous les immeubles situés dans la province sur la demande de leurs propriétaires. Elle est également obligée de maintenir la police d'assurance tant que le propriétaire n'aura pas manifesté un désir contraire.

Toutefois quelques exceptions existent en faveur de la Société.

Un bâtiment qui serait sur le point de tomber en ruine, qui serait inhabitable ou bien un immeuble déjà assuré à d'autres compagnies d'assurance, ou bien une construction achetée pour le terrain, destinée à être démolie, ne sauraient être assurés auprès de la Société. Le directeur a un pouvoir discrétionnaire sur le point de savoir si une de ces conditions, constituant des obstacles à l'assurance, se trouve réalisée. Son appréciation sera souveraine. Tout appel aux tribunaux se heurterait à une fin de non recevoir.

Une autorisation spéciale du directeur sera nécessaire pour que la Société puisse accepter d'assurer un bâtiment situé au milieu d'un corps de construction, lorsque les autres parties de cet immeuble sont assurées auprès de compagnies. De même la Caisse n'acceptera pas d'assurer un immeuble qui est déjà l'objet de plusieurs autres polices d'assurance. Toute assurance qui aurait été contractée en violation de ces règles exposerait l'assuré à se voir refuser, en cas d'incendie, l'indemnité sur laquelle il comptait.

Reste encore une exception à citer. En temps de

guerre, c'est-à-dire pendant la période qui commence le jour de la proclamation de guerre et se termine le jour où la signature de la paix a été rendue officielle, le directeur est autorisé à refuser d'accepter toute police et toute augmentation de police antérieure.

Mais il y a des cas où l'assurance pourra être suspendue. Tant que durera la suspension, l'assuré sera déchu de tout droit à une indemnité. Aussi la Caisse fait-elle connaître cette situation aux créanciers hypothécaires inscrits.

Cette décision sera prise devant l'inaction d'un propriétaire averti que son immeuble présente des défectuosités constituant des infractions aux règles de police du feu. Son bâtiment contient des appareils de chauffage dangereux, au point de vue de l'incendie, on l'avise de ce vice de construction ; s'il n'y porte pas remède, son assurance sera suspendue jusqu'à ce qu'il ait fait les réparations nécessaires.

Ainsi en principe la Caisse accepte tous les risques situés dans la province. Mais pour l'assurance d'établissement industriels ou de bâtiments qui, en raison de l'industrie qu'on y exploite ou de leur situation, présentent des chances exceptionnelles d'incendie, le directeur pourra subordonner cette assurance à des conditions spéciales. De plus le directeur peut dénoncer ces polices trois mois avant la fin de chaque année.

Tout propriétaire peut s'assurer à la Caisse ou demander une augmentation de la police ancienne à toute époque de l'année. Mais tout contrat d'assurance pour être valable doit obtenir l'approbation de la direc-

tion. En général les assurances sont contractées pour trois ans. A moins de suspension ou de dénonciation à l'expiration de cette période, l'assurance se renouvelle, par tacite reconduction, pour une nouvelle période de même durée.

Toute assurance contractée dans le cours d'une année ne part qu'à compter du 1er janvier suivant.

Chaque assuré peut demander à faire modifier sa police : soit en augmenter ou en diminuer le montant. Mais ce changement sera considéré comme une nouvelle assurance et, dès lors, soumis aux conditions précitées.

L'associé peut également se retirer de la Société lorsque la police est échue et si son immeuble n'est pas grevé d'hypothèques. Des créanciers hypothécaires, au contraire, se sont-ils fait connaître, aussitôt ceux-ci seront avertis du projet de leur débiteur. Celui-ci ne pourra se retirer de la Société que s'il apporte un consentement signé de tous les créanciers hypothécaires. Sans sortir de la Société, l'assuré pourrait demander une diminution de sa police.

S'il y a des créanciers hypothécaires qui se sont fait connaître, ceux-ci seront avisés et la modification ne sera accordée au requérant que s'il produit une pièce faisant connaître l'adhésion des créanciers.

L'immeuble assuré est vierge d'hypothèque. Le propriétaire qui veut se retirer, devra dénoncer par écrit son assurance. Il adressera une lettre au Directeur, lui faisant part de son intention et désignant exactement les immeubles qui doivent être rayés du cadastre. Il devra faire parvenir cette missive entre le 1er juin et le 1er octobre, et déclarer par écrit qu'il a satisfait aux conditions précitées.

Comment sera fixé le montant de la police ?

Jamais on ne pourra dépasser la valeur courante du bâtiment à l'époque de l'assurance. Toutes les constructions sortant de terre seront évaluées ; quant aux fondations et aux sous-sols, l'assuré est autorisé à demander qu'ils ne rentrent pas en ligne de compte dans l'évaluation du montant de la valeur à assurer. Le propriétaire devra encore répondre sans réserve et sincèrement à toutes les questions qui lui seront posées relatives au bâtiment. Toute fausse déclaration découverte autoriserait la Société à se dégager de toute obligation à indemniser en cas d'incendie.

Chaque immeuble qui doit être assuré à la Société doit être l'objet d'une évaluation spéciale.

La description des immeubles, la réception des demandes d'assurance et des formulaires remplis par le postulant sont considérées comme des affaires courantes dont la charge incombe aux maires. Ils doivent également veiller à ce que les dispositions contenues dans le règlement soient strictement observées.

Ces pièces sont envoyées à la Direction qui les examine et fait connaître au postulant la prime qu'il aura à payer et les modifications qu'il devra opérer, s'il y a lieu, et y joint un projet de police. Le propriétaire est-il d'accord avec la Société sur le montant de l'assurance et celui de la cotisation, il apposera sa signature au bas de la police. Cette pièce est renvoyée à la Direction qui

ait figurer cette police au cadastre destiné à faire connaître le montant des valeurs assurées et des primes payées. Une copie de ce cadastre sera envoyée à chaque mairie, au bureau de l'assurance incendie. La communication du cadastre n'est donnée qu'à ceux qui justifient d'un intérêt. Mais un extrait de ce cadastre devra être délivré gratuitement par le maire ou le fonctionnaire à ce préposé aux assurés.

Le Directeur peut en tout temps ordonner une revision des polices aux frais de la Société. Cette opération permet à la Direction de se rendre compte si la valeur assurée correspond bien à la valeur réelle de l'objet assuré. S'il y a désaccord, la police sera modifiée tant au point de vue de son montant qu'au point de vue de la cotisation à payer et il en sera donné immédiatement connaissance à l'intéressé. Celui-ci peut contester cette nouvelle évaluation et adresser une réclamation à la Direction. Si elle ne l'admet pas et maintient l'estimation faite, l'assuré a quatorze jours pour se retirer de la Société. Passé ce délai, la diminution prescrite fera immédiatement sentir ses effets. Mais l'abaissement de la cotisation ne commencera que le 1er janvier suivant.

D'autres modifications peuvent se produire au cours de l'assurance. L'immeuble peut changer de mains. L'ancien propriétaire restera tenu de ses obligations et continuera à jouir des droits que lui confère la police tant que la Société n'aura pas été mise au courant du transfert de propriété.

L'immeuble assuré peut être modifié par des annexions,

ou bien dans le voisinage c'est un bâtiment présentant de grandes chances d'incendie qui vient à être construit. Bref, tout changement de nature à augmenter le risque et entraînant son classement dans une catégorie inférieure devra être porté dans le mois à la connaissance de l'administration de la Société. Faute de quoi l'assuré sera condamné à verser à la Caisse une amende égale au quadruple de la différence des tarifs calculée depuis le jour où la dénonciation aurait dû être faite jusqu'au jour de la découverte de l'infraction au règlement, sans pouvoir dépasser le maximum de cinq ans. Comme c'est une amende, cette perception n'empêchera aucunement la caisse de réclamer le supplément de prime que l'assuré aurait dû payer à compter du jour où il aurait fait connaître cette modification. Enfin si l'associé avait reculé devant cette déclaration parce que son assurance tombait dans la catégorie de celles soumises à des conditions spéciales, sa situation sera plus grave. Il perd son droit à être indemnisé en cas d'incendie, s'il a introduit ce changement ou s'il en a eu connaissance.

Ceci nous amène tout naturellement à nous demander quelle est la classification en vigueur et quels sont les montants des primes afférentes à chaque classe de risques.

Et d'abord quelle est la classification adoptée ?

Pour la dresser on s'est basé sur la structure de l'immeuble, sa situation, l'usage auquel il était destiné. Prenant en considération ces divers éléments permettant d'établir le coefficient de risques, 13 classes furent distinguées :

*1re classe.* — Les bâtiments entièrement massifs qui, par leur construction, leur situation et l'usage auquel ils sont consacrés, présentent le moins de dangers d'incendie. Cette catégorie comprendra notamment les maisons bourgeoises d'habitation montées entièrement en matériaux ininflammables situées dans les villes et dans les cités, où sont installés de larges conduites d'eau et un service municipal de secours en cas d'incendie.

*2e classe.* — Les immeubles entièrement édifiés en matières à l'épreuve du feu, mais qui, par leur situation et l'usage auquel ils sont affectés, présentent plus de dangers d'incendie que ceux de la 1re classe.

*3e classe.* — Elle comprend des immeubles entièrement massifs situés dans des endroits où existent de larges conduites d'eau ainsi qu'un service de secours en cas d'incendie, des bâtiments entièrement massifs de plusieurs étages dans des endroits où il n'y a pas de canalisation d'eau ni service de secours en cas d'incendie, lorsque ces maisons sont isolées et ne servent qu'à l'habitation bourgeoise. Il faut de plus que ces bâtiments soient couverts de tuiles, d'ardoises ou d'autres matières réfractaires au feu.

*4e classe.* — Bâtiments entièrement massifs ne rentrant pas dans la classe précédente et ne servant pas à abriter du foin, de la paille ou autres produits similaires aussi inflammables.

Bâtiments isolés dont la carcasse est montée en briques soigneusement recouvertes de mortier ou d'ardoises et situés dans des endroits où existent des canalisations d'eau et un service de secours en cas d'incendie.

Toutes ces constructions doivent être recouvertes de zinc ou en ardoises.

5ᵉ *classe*. — Bâtiments massifs isolés en pierre ponce, montés en briques ou matériaux similaires, ou bien construits pour partie en pierres dures et pour partie de matériaux en terres cuites, pourvu qu'ils ne servent pas à loger du foin, de la paille ou d'autres produits inflammables. Ils doivent avoir une couverture en tuiles ou en ardoises.

6ᵉ *classe*. — Constructions en pierre, granges et autres bâtiments massifs dans lesquels on entasse du foin, de la paille ou autres produits non moins à l'épreuve du feu.

Des bâtiments isolés n'étant pas affectés à un usage rural dont la charpente est toute ou pour partie seulement en terre glaise ou en briques, ou bien bâtiments sans charpente construits simplement en lattes de bois recouvertes en terre glaise desséchée ou montés tout en terre glaise et recouverts à l'extérieur de lattes de bois sur lesquelles sont fixées des ardoises ou appliqué du mortier.

Bâtiments isolés n'ayant pas d'affectation agricole dont la charpente est en pierre ponce.

Tous ces immeubles doivent être couverts en tuiles ou en ardoises.

7ᵉ *classe*. — Les bâtiments dont la charpente ou toute la construction est en pierre ponce et toutes les constructions rangées dans les deux classes précédentes, lorsqu'ils sont consacrés à un usage agricole. Les bâtiments montés en pierre ponce dont le recouvrement

extérieur n'est pas entièrement en mortier ou en ardoises.

Les bâtiments dont les murs sont montés entièrement en argile, en lattes, pourvu qu'ils ne soient pas utilisés à des buts agricoles.

La toiture devra toujours être en matériaux réfractaires au feu.

*8e classe.* — Les bâtiments montés en briques de la classe précédente affectés à un usage agricole, et les bâtiments isolés dont la charpente même est en argile, retenue par des lattes de bois non recouvertes d'ardoises. La toiture de ces bâtiments doit être en tuiles ou en ardoises.

*9e classe.* — Bâtiments entièrement montés en argile non recouverts de mortier ou d'ardoises mais dont la toiture est formée de matériaux à l'épreuve du feu.

Bâtiments isolés et massifs dont la toiture est construite pour partie en matières réfractaires au feu et pour partie en bois, paille, jonc, toiles, sans que toutefois elle abrite de la paille, du foin ou autres produits similaires aussi inflammables.

*10e classe.* — Bâtiments massifs recouverts en bois, paille, jonc, chaume ou toiles.

Bâtiments en bois non couverts sur les côtés ou avec des planches unies ou en lattes, mais dont le toit est en tuiles, en ardoises, ou tout au moins en carton.

*11e classe.* — Les bâtiments massifs de la classe précédente, mais dont le toit est en chaume pourvu qu'il n'abrite ni foin ni paille ou autres produits aussi exposés au feu. De plus, la cheminée devra avoir un coffre en pierre allant jusqu'au toit.

*12e classe.* — Les bâtiments de la classe précédente contenant du foin, de la paille ou autres produits aussi inflammables.

*13 classe.* — Bâtiments ayant la structure décrite dans les deux classes précédentes, où l'on fait du feu sans cheminée ou bien lorsque le coffre de la cheminée ne sort pas du toit par une souche en pierre.

Les bâtiments dont les tuiles, formant le toit, sont couvertes de feuilles sèches ou dont la cheminée ne présente qu'une souche extérieure en pierre ou bien encore des cheminées dont le coffre, bien qu'en pierre, n'a qu'une épaisseur de moins de 0,40. Rentreront également dans cette classe les constructions qui, en raison des chances exceptionnelles d'incendie qu'elles présentent, ne peuvent être assurées qu'après avis préalable du directeur de la Société.

Toute contestation relative à la classification d'un immeuble pourra être portée devant le « Kuratorium » qui la tranchera souverainement.

Les primes seront établies d'après un tarif qu'il nous reste à faire connaître.

Pour 1000 de valeur assurée.

| | | | | | |
|---|---|---|---|---|---|
| Ire | classe, | 0,40 | VIIIe | classe, | 2,00 |
| IIe | — | 0,50 | IXe | — | 2,50 |
| IIIe | — | 0,60 | Xe | — | 3,30 |
| IVe | — | 0,80 | XIe | — | 4,00 |
| Ve | — | 1,00 | XIIe | — | 5,00 |
| VIe | — | 1,25 | XIIIe | — | 5,80 |
| VIIe | — | 1,70 | | | |

Dans le calcul de la cotisation annuelle toute dizaine de pfennig entamée sera due entièrement. Mais après plusieurs années d'assurance, lorsque le trop perçu atteindra 1 M., il sera déduit sur la cotisation de l'année suivante.

La prime est due le 1er janvier. On a quatre semaines pour se mettre en règle. Pour une assurance contractée pendant l'année au cours d'un mois, la cotisation est calculée à partir du 1er de ce mois. Il est est de même en matière d'augmentation du montant de la police.

Ajoutons enfin, pour terminer avec ce sujet, que sur une décision du « Kuratorium » les primes pourront être élevées, pour les immeubles situés dans toute une localité ou tout un cercle ou bien pour ceux seulement appartenant à une classe déterminée, lorsque dans ces localités ou ces cercles, pendant cinq ans, les sinistres ont atteint un nombre supérieur, au total ordinaire, sur lequel les primes avaient été établies.

Réciproquement, un abaissement des primes pourra également être décidé pour les assurances immobilières de toute une localité ou de tout un cercle lorsque, pendant cinq ans, soit en raison des améliorations apportées dans les constructions, soit en raison de l'installation de postes d'incendie et de bouches d'incendies nombreuses, le total des sinistres et leur importance auront diminué.

Un sinistre se produit, dans quelle mesure la Société est-elle obligée d'indemniser ?

La Société couvrira les dégâts causés, à l'immeuble

assuré, par le feu et les moyens destinés à éteindre l'incendie sans s'inquiéter de la cause de l'incendie. Elle ne recherchera pas si l'on est en présence d'un événement imprévu, s'il y a force majeure, vengeance ou négligence.

Les dégâts occasionnés par la foudre, alors même qu'elle n'aurait pas allumé d'incendie, seront indemnisés par la Caisse. Il faut en dire autant des dégâts produits par une explosion de gaz lorsque celui-ci était employé comme mode d'éclairage et non comme moteur industriel. Mais, moyennant une légère prime supplémentaire, le propriétaire pourra s'assurer contre toutes autres explosions. Les dégâts entraînés par un tremblement de terre ou par les explosions de poudre ou autres matières explosives similaires n'engageront la Caisse que s'ils proviennent d'un incendie que ces catastrophes auraient allumé. Mais la Société ne s'occupe pas des frais de démolition et de déblayage que l'incendie a rendus nécessaires. Ces dépenses restent à la charge de l'assuré.

Par contre, les incendies allumés, en temps de guerre, par une troupe ennemie ou nationale donneront droit, à celui qui en aura souffert, de réclamer à la Caisse une indemnité. Mais ici il y a une distinction subtile à faire. Si l'on est en temps de paix, que des incendies aient été allumés pendant des grandes manœuvres par les projectiles, qu'il y ait faute ou non du commandant, n'importe, la Caisse ne s'en occupera pas. La Société n'est pas davantage tenue à verser une indemnité à un assuré qui est incendiaire ou complice de l'incendiaire de sa

maison. Tant que l'enquête, sur les causes de l'incendie, ne sera pas achevée, le paiement de l'indemnité peut être différé. La somme ne sera payée à l'incendié que sur production d'un extrait du jugement le déclarant étranger à toute action criminelle.

Un incendie allumé par la faute de l'assuré, des membres de sa famille, voire même de ses domestiques ne privera pas l'incendié de l'indemnité, mais la Société se réserve le droit d'user du recours que lui confère la loi. Il en sera de même lorsque l'incendie est dû au fait d'un tiers.

Mais pour fixer l'indemnité, il importe avant tout de connaître le montant des dommages causés par le sinistre.

Trois jours après l'extinction de l'incendie, le sinistré doit faire connaître au maire le montant des dommages qu'il a subis. Mais il peut se faire qu'il ait eu un empêchement. Ce délai de trois jours ne partira, dans ce cas, que du jour où l'obstacle aura cessé. Faute d'observer cette disposition, l'assuré n'obtiendrait plus d'indemnité. Le maire après tout incendie, intéressant la Société, doit faire connaître, le plus rapidement possible, au Directeur de la Société, le numéro du cadastre sous lequel est enregistré l'immeuble visité par le fléau et indiquer aussi exactement que possible quel peut être le montant des dommages.

L'assuré, de son côté, est tenu de déclarer que l'immeuble n'a subi aucune modification depuis l'appréciation des dommages, que les parties épargnées par le feu ont été protégées contre tout dommage. On cherchera également à savoir si l'assuré a fait tout ce qui était en son pouvoir pour empêcher l'incendie de se propager.

De son côté le maire, à titre de représentant de la Société, dès qu'il a connaissance de l'incendie d'un immeuble assuré à la Société, doit inspecter les lieux et donner toutes instructions de nature à enrayer les ravages causés par le fléau. Dans un procès-verbal, le maire doit relever tous les renseignements relatifs au commencement de l'incendie et à sa découverte, sur les mesures prises pour le circonscrire et s'en rendre maître, sur le dévouement montré par les pompiers. A ce projet il joint également un relevé estimatif des dégâts causés par l'incendie. Le tout est envoyé à la Direction.

Après chaque incendie, l'indemnité est fixée, contradictoirement, par deux experts, l'un représentant la Direction, l'autre l'assuré. Si celui-ci ne veut pas ou ne sait pas quel expert choisir, le maire, à sa place, en désignera un. Ces deux experts, avant de commencer leur estimation, choisissent un arbitre comme président. Il tranchera les difficultés et différends qui se présenteraient au cours de l'opération. Si les experts ne peuvent s'entendre sur le choix de cet arbitre, il est nommé par le premier président de la province.

Les experts commenceront par apprécier la valeur des parties du bâtiment, respectées par les flammes. Ceci fixera, d'autre part, le prix des parties détruites entièrement ou endommagées. Ces deux chiffres : la valeur des parties épargnées d'une part et le montant

des sommes nécessaires pour la reconstruction, tant des parties détruites que de celles simplement endommagées, d'autre part, seront déterminées. On additionne ces deux résultats ; si le total atteint ou dépasse le montant des valeurs assurées, on déterminera à quel taux peuvent s'élever les frais de reconstruction. Cette somme indiquera l'importance de l'indemnité à verser. Bien entendu on envisagera l'état de l'immeuble au moment de l'incendie pour calculer les frais de reconstruction.

Si les deux experts ne sont pas d'accord sur la valeur des parties détruites ou endommagées et la valeur des parties restées intactes, l'arbitre intervient pour trancher le différend. Contre une majoration de dommages ainsi fixés il n'y a pas de recours.

Lorsque les deux experts se sont mis d'accord sur la valeur des dommages, leur estimation est envoyée à la Direction avec les autres pièces précitées.

Si l'immeuble a entièrement brûlé, l'estimation devient inutile. De ce jour, sans qu'il soit besoin de le dire, le sinistré cesse d'être membre de la Société, mais il doit sa prime jusqu'à la fin de l'année. Si l'incendie n'est que partiel, il continue à rester assuré jusqu'à la fin de la période d'assurance, mais sa police est, bien entendu, diminuée. Elle ne s'élèvera plus qu'au montant de la valeur de l'objet après l'incendie.

L'indemnité est fixée, comment va s'effectuer son versement ?

A moins que le sinistré n'ait perdu tout droit à l'indemnité, celle-ci est versée, par la Caisse de la Société, quatre semaines après sa fixation.

Le sinistré veut-il reconstruire à nouveau l'immeuble détruit pour l'hypothéquer, il ne recevra que les sommes nécessaires permettant de jeter les fondations. A mesure que le bâtiment s'édifiera, le maire lui abandonnera les 2/3 de l'indemnité.

Le sinistré, au contraire, peut avoir besoin de cette somme pour donner un cautionnement. Dans ce cas il en avertira la Caisse qui lui versera en une fois l'intégralité de l'indemnité.

Notons que dans le cas où l'assuré ferait reconstruire son immeuble, les créanciers hypothécaires n'auraient pas le droit d'exiger de leur débiteur lê remboursement de leur créance. Toute saisie de leur part, faite à cette fin, resterait infructueuse. Mais le sinistré ne saurait reconstruire à un autre endroit, sans l'assentiment des créanciers hypothécaires. La 2e portion de l'indemnité ne pourra être touchée de l'incendié que s'il est en mesure de prouver le consentement de ses créanciers. Si ces derniers se refusent à donner leur adhésion, les sommes restent entre les mains du maire. Si, dans un délai de 10 ans, l'immeuble n'est pas reconstruit, le sinistré perd le droit que nous venons de signaler. Les créanciers hypothécaires pourront se payer sur le montant de l'indemnité.

Les créanciers hypothécaires possèdent d'autres garanties qu'il nous faut passer en revue.

Et d'abord, tout créancier, ayant une hypothèque sur un immeuble assuré auprès de la société, peut faire connaître le droit dont il jouit au Directeur. Il en fera mention dans le cadastre. Un certificat sera remis à l'intéressé. La radiation, d'une hypothèque portée sur le cadastre de la Société, ne peut avoir lieu que si l'on apporte la preuve de l'extinction de la dette ou une déclaration écrite du créancier qu'il consent à cette radiation.

On se rappelle que, dans certains cas, l'assurance peut être suspendue ; 14 jours avant la mise en exécution de cette mesure, les créanciers hypothécaires sont avertis par lettre. D'autre part si l'assurance est résiliée pour défaut de paiement des primes, les créanciers sont avisés 14 jours avant. Il leur est donc loisible de payer les primes pour sauvegarder leurs intérêts. Dès qu'un immeuble grevé d'hypothèque est victime d'un incendie, aussitôt les créanciers en sont instruits par lettre envoyée à leur dernière adresse. L'immeuble n'est-il pas reconstruit. On commence d'abord par payer les créanciers hypothécaires sur le montant de l'indemnité d'après leur rang d'inscription et à égalité de rang aux plus diligents. L'assuré peut perdre son droit à être indemnisé ; dans ce cas encore la Société avertit les créanciers hypothécaires qu'ils ne peuvent plus compter sur une indemnité éventuelle pour se rembourser de leur créance.

De l'assurance mobilière nous ne dirons qu'un mot en raison de la grande similitude des règles appliquées à cette branche d'assurance et à l'assurance immobilière dont nous venons d'étudier le mécanisme.

La Société assure les meubles de toutes sortes situés dans la province, en exceptant toutefois l'argent et les titres ; comme différence notons que la Société n'est pas obligée d'assurer les meubles. La Direction appréciera si elle doit accepter ou non tel risque mobilier. C'est le comité du Landtag qui fixe les règles à suivre dans l'assurance mobilière sans toutefois pouvoir s'écarter des prescriptions de la loi de 1837. Les primes seront fixées par le directeur. Des agents spéciaux appelés « Geschaftsfuhrer » reçoivent les polices et, en pratique, n'acceptent pas d'assurer un objet d'une valeur inférieure à 3 M. Ces agents sont nommés par le Directeur de la Société. Ils touchent, à titre de rémunération, une remise sur les primes d'assurance qu'ils encaissent. Mais on pourrait leur donner un traitement fixe dont le montant devrait être approuvé par le « Kuratorium ».

Il ne nous reste plus, pour en avoir terminé avec cette étude, qu'à ajouter quelques observations relatives aux recours ouverts aux intéressés en cas de contestation.

Tout assuré a deux semaines pour réclamer contre un acte ou une décision du directeur. Le différend sera porté devant le comité de Curatelle. Un délai de deux autres semaines est accordé aux intéressés pour en appeler de ces sentences devant le comité du Landtag provincial. On peut également se plaindre devant ce même comité des décisions du comité de Curatelle.

Connaissant l'organisation actuelle de la Caisse ainsi que les règles suivies tant en matière d'assurance immobilière qu'en matière d'assurance des meubles, nous devons maintenant faire connaître les résultats financiers obtenus par la Caisse depuis 1886.

Au 1er janvier 1887 la Caisse assurait pour 2.112 millions de M. de valeurs mobilières et immobilières et dix ans plus tard, au 1er janvier 1897, un capital de 2.717 1/2 millions de M., soit une augmentation de 605 1/2 millions de M.

Le montant des primes perçues s'élevait, en janvier 1887, à 3.167.000 M. et au 1er janvier 1897 s'était accru de 650.000 M. Pendant ces dix années la Caisse a payé pour 27.800.436 M. d'indemnités ayant absorbé 79,67 % du total des primes encaissées. Elle a consacré à donner satisfaction à des besoins d'utilité publique 863.039 M. Ils ont été affectés, notamment, à l'amélioration du service de secours en cas d'incendie, des canalisations d'eau, du matériel d'incendie. Des allocations ont été faites à la caisse d'assurance contre les accidents des pompiers. Le patrimoine de la Caisse, qui est la propriété des assurés, s'élevait en 1887 à 4.039.600 M. et au 1er janvier 1897 à 6.825.000 M. soit une augmentation en dix ans de 2.785.400 M. Sur cette somme 5.500.000 M. ont été versés au fonds de réserve et 1.025.000 M. furent distribués aux assurés sous forme de diminution de prime.

En 1877, le total des recettes s'était élevé à 2.923.624 M. Ce total se divise ainsi : pour l'assurance immobilière en primes ordinaires 1.961.641 M., en droit d'entrée 61.100, mais 4661 M. ont été remboursés sous forme de diminution de primes.

Pour l'assurance mobilière les recettes totales se sont

élevées à 521.511 M., dont 477.324 M. de primes ordinaires, mais 8.018 M. ont été remboursés.

Les indemnités payées se sont élevées à 1.632.766 M. pour couvrir des dégâts causés à des immeubles et 403.905 M. pour des assurances mobilières.

En 1877, la Caisse assurait pour 1.446.535.710 M. de valeurs immobilières soit une augmentation sur l'année précédente de 61.634.180 M.

En valeurs mobilières, la Caisse couvrait pour 313.200.958 M., ou une augmentation par rapport à l'année 1876 de 23.078.577 M. Si nous additionnons ces deux chiffres, nous trouvons qu'en 1877 la Caisse assurait un capital total de 1.759.736.668 M. soit une augmentation sur l'année précédente de 84.712.757 M.

Sur ce total de 1.759.736.668 M. la Caisse a réassuré en 1877 en polices immobilières : 39.090.883 M., en valeurs mobilières : 19.600.402 M.

Cette réassurance lui a coûté 48.598 M. d'une part, 29.206 M. d'autre part.

Au service d'incendie elle a consacré 24.366 M., en frais d'administration 364.629 M. dont 76.904 M. représentent les allocations faites à ceux qui s'occupent de la perception des primes.

*Les résultats de 1883* sont aussi brillants :

Pour les immeubles assurés la Caisse a perçu 2.224.764 M. et 51.491 M. de droits d'entrée ; mais 7.948 M. ont été remboursés, recette nette : 2.268.551 M.

Pour les meubles 632.571 M. de primes et 75.414 M. de droits d'entrée ont été perçus, mais 8.274 M. ont été restitués, la recette nette est donc de 699.616 M. Les recettes totales se sont élevées à 2.968.467 M., auxquels il faut ajouter 1.278.769 M. reçus par la réassurance sur les immeubles et 301.364 M. au même titre pour les meubles, soit 1.580.134 M. Enfin si l'on compte les 45.039 M. de gains de placement, on arrive à un total de recettes général *de 4.788.104.*

Les dépenses au contraire ne se sont élevées qu'*à 4.640.688* M. dont 2.612.157 M. en indemnités, 2.141.768 pour assurances immobilières et 470.389 pour assurances mobilières. Frais d'évaluation des dommages : 37.095 M. ; montant des primes de réassurance : 1.174.141 M. pour les immeubles et 374.197 M. pour les polices mobilières, total : 1.548.339 M. payés en primes de réassurance. Le service d'incendie, y compris les 4.000 M. versés à la Caisse de secours des pompiers, a coûté 23.996 M.

Les frais d'administration se sont élevés à 412.694 M. dont 89.702 M. ont été affectés en allocations accordées aux percepteurs des primes.

Le total des dépenses s'élève à 4.640,688 M., il ressort donc un bénéfice de 147.415 M. à porter à l'actif de la Caisse, étant alors de 3.496.653 M.

Voici comment se répartit le capital immobilier de 1.482,986.870 M. assuré par la Caisse en 1883, d'après les classes de risques ainsi que cette même distribution pour 1877.

| | 1877 | 1883 |
|---|---|---|
| 1re classe | 123.877.020 | 113.910.070 |
| 2e — | 71.192.810 | 83.191.790 |
| 3e — | 24.481.140 | 40.460.950 |
| 4e — | 431.308.660 | 378.097.920 |

| | 1877 | 1883 |
|---|---|---|
| 5e classe .................. | 54.758.960 | 108.514.500 |
| 6e — .................. | 332.868.400 | 372.505.180 |
| 7e — .................. | 115.773.256 | 145.982.660 |
| 8e — .................. | 13.939.010 | 50.731.890 |
| 9e — .................. | 110.963.640 | 98.478.770 |
| 10e — .................. | 63.409.100 | 61.282.760 |
| 11e — .................. | 39.145.410 | 29.404.540 |
| 12e — .................. | 4.269.560 | 14.337.140 |
| 13e — .................. | 15.554.500 | 18.822.200 |
| 14e — .................. | (1) | 67.204.500 |

En rapprochant ces chiffres et si l'on se rappelle la nature des immeubles rangés dans chaque classe, on peut aisément se rendre compte que ce sont surtout les immeubles situés dans les campagnes et servant à une exploitation agricole qui ont augmenté, les bâtiments couverts en chaume, ainsi que les risques industriels.

Mais nous voudrions insister encore quelque peu sur les résultats de 1897 qui nous sont déjà connus en gros, de manière qu'ils puissent être rapprochés de ceux obtenus en 1877.

Le total des primes perçues s'est élevé à 3.882.323 M. au lieu de 2.923.624 M. en primes immobilières, 2.726.603 M., non compris les 7.013 M. restitués ; en primes mobilières à 1.155.719 M., non compris les 18.558 M. restitués. Le montant total des recettes s'est élevé à *4.185.800 M.*, tandis que celui des dépenses n'a atteint que 4.025.800 M., d'où il ressort un excédent de recettes de 160.000 M. Sur ce chiffre global de dépenses, 3.328.653 M. ont été consacrés en paiement

(1) Etablissements industriels.

d'indemnités, 2.388.989 pour des polices immobilières, et 939.663 pour des polices mobilières. Les frais d'évaluation des dommages ont été de 34.984 M., une somme de 54.898 M. a été consacrée au service de secours en cas d'incendie, dont 6.136 M. ont été versés à la Caisse-accidents des pompiers. Les frais d'administration se sont élevés à 576.369 M. au lieu de 364.629 M. en 1877, mais 80.788 M. ont été distribués en allocations aux percepteurs de primes, au lieu de 76.904 M. en 1877.

L'actif de la Caisse s'élève à la fin de 1897 à 7.245.741 M., dont 5.500.000 M., constituent le fonds de réserve. Comme le passif de la Caisse n'est que de 260.741 M., il ressort un *actif net de 6.985.000 M.* Mais nous tenons surtout à montrer, par la nature des risques assurés, que malgré une grande quantité de mauvais risques en portefeuille, la Caisse est arrivée à ces beaux résultats. Voilà surtout le point que nous essayons toujours de mettre en relief.

Malheureusement cette démonstration ne peut être faite qu'en recourant à une série de chiffres, dont la lecture est toujours un peu fatigante. Mais nous ne craignons pas de le faire, car nous estimons que c'est la seule manière d'arriver à donner des idées justes et précises. Les moyennes ne rendent compte des résultats que d'une manière toujours quelque peu imparfaite. Qu'on nous pardonne donc de faire connaître par la statistique suivante, comment se répartit, entre les classes, le capital assuré par la Caisse, pour quelles classes de risques il faut enregistrer une augmentation ou une diminution, quel est le montant des primes perçues dans chaque classe de risques et les indemnités versées pour chacune de ces catégories de risques. Le lecteur aura ainsi une idée d'ensemble beaucoup plus exacte que si nous nous contentions, pour rendre notre exposé moins ennuyeux à lire, de donner des moyennes. Il suffit de jeter un coup d'œil sur ce tableau pour se rendre compte immédiatement des choses.

| Classes de risques | CAPITAL ASSURÉ A la fin de 1897 M. | Augmentat. M. | 0/00 | PRIMES ORDINAIRES M. | INDEMNITÉS M. |
|---|---|---|---|---|---|
| 1. | 157.550.330 | 599.030 | 0,4 | 54.417,12 | 63.314,72 |
| 2. | 135.529.430 | 5.934.770 | 0,5 | 60.206,90 | 12.736,80 |
| 3. | 99.570.110 | 7.136.390 | 0,6 | 53.592,36 | 3.666,45 |
| 4. | 384.620.830 | 555.540 | 0,8 | 302.850,98 | 153.194,08 |
| 5. | 197.326.110 | 4.051.810 | 1,0 | 190.412,07 | 137.018,01 |
| 6. | 502.595.280 | 12.732.300 | 1.25 | 609.853,30 | 728.129,05 |
| 7. | 211.492.400 | 7.186.860 | 1,7 | 346.604,19 | 371.671,50 |
| 8. | 107.882.860 | 4.287.430 | 2,0 | 206.873,82 | 249.355,60 |
| 9. | 97.435.380 | 256.540 | 2,5 | 242.792,88 | 182.610,43 |
| 10. | 52.361.970 | (1) — 714.190 | 3,3 | 175.060,15 | 163.079,50 |
| 11. | 15.526.640 | — 963.700 | 4,0 | 65.957,16 | 57.484,80 |
| 12. | 13.091.440 | — 268.590 | 5,0 | 66.800,15 | 38.806,50 |
| 13. | 10.295.970 | — 502.380 | 5,8 | 62.607,40 | 57.322,50 |
| Bât. industr[els] | 113.232.875 | 8.150.705 | | 211.081,01 | 170.599,94 |
| Total....... | **2.098.511.625** | **48.442.515** | | **2.733.617,21** | **2.388.989,88** |
| Membres... | **694.145.315** | **26.781.869** | | **1.174.277,89** | **939.663,94** |
| Total génér. | **2.792.656.940** | **75.224.384** | | **3.907.895,10** | **3.328.653,82** |

(1) Ce signe — signifie qu'il y a diminution par rapport à l'année 1896, dans le montant des sommes assurées appartenant à la classe envisagée.

Voici enfin pour terminer cette étude statistique quelques chiffres pour donner une idée des résultats obtenus par la Caisse pendant les années 1898, 1899 et 1900.

Le nombre des polices était au 1er janvier 1898 de 515.482, au 1er janvier de l'année suivante de 522.272 et au 1er janvier 1900 de 531.756, soit une augmentation pour 1899 de 1,32 %, tandis qu'elle n'avait été pour l'année précédente que de 1,12 %.

Le capital assuré s'élevait au 1er janvier 1898 à 2.792.656.940 M., au 1er janvier suivant à 2.878.752.317 M. et au 1er janvier 1900 à 2.992.831.145 M. L'augmentation pour 1899 fut donc de 3,08 % tandis qu'elle n'avait été que de 2,76 % pour l'année précédente.

Les primes perçues pour l'année 1897 s'élevaient à 3.907.895 M., pour l'année suivante à 4.041.492 M. et pour 1900 à 4.189.147 M., soit une augmentation de 2,81 % au lieu de 2,27 % pour l'année 1898.

Les frais d'administration se sont élevés à 614.467 soit 15,2 % du total des primes en 1898, mais à 583.293, en 1897, soit seulement 14,92 % ; en 1900 à 633.710 M.

Le montant des indemnités et des frais d'évaluation de 3.363.638 M. en 1897, est tombé en 1898 à 2.832.180 M. soit une diminution de 531.449 M.

Pour l'amélioration du service de secours en cas d'incendie, la Caisse a versé en 1899 45.000 M. et a versé à la Caisse accidents des pompiers de la province rhénane 6.362 M.

Ces résultats permettent de bien augurer de l'avenir de la Caisse. Nous l'avons vue à travers toutes les phases de son développement, non seulement résister avec succès à la concurrence effrénée que lui faisaient les compagnies, mais encore se perfectionner et se développer. Malgré la lourde charge que lui impose l'obligation d'accepter, en principe, tous les risques, elle a su montrer aux adversaires, qu'une Caisse publique, tant soit peu soutenue, peut rendre les plus grands services à toutes les classes de la Société tout en obtenant des résultats financiers des plus satisfaisants. Si c'est un des plus beaux exemples que l'on puisse citer, il n'est pas unique. Ne faisant pas ici œuvre de polémique mais d'étude scientifique, nous ne voulons en rien influer sur l'opinion du lecteur auquel nous disons seulement : lisez et vous apprécierez.

**C. — Etude sur la société rurale d'assurance contre l'incendie de la Marche électorale et de la Basse-Lusace.**

L'étude que nous venons de faire de la Société rhénane nous a donné un exemple de caisse publique étendant sa sphère d'action à toute une province, exploitant l'assurance tant dans les villes que les campagnes et acceptant des polices mobilières et immobilières. Mais il y a d'autres provinces où nous sommes loin de rencontrer la même unité. C'est ainsi que dans la province de Brandebourg, nous rencontrons trois caisses publiques se partageant en quelque sorte l'exploitation de l'assurance contre l'incendie. Toutes trois pratiquent l'assurance mobilière et immobilière. Mais une se charge des risques urbains, les deux autres des risques ruraux.

La « Stadte Feuer Societat » ayant son siège à Berlin, Matthaikirchestrasse, 13, assure les meubles et immeubles situés dans les villes de la province. Un peu plus bas, dans la même rue, aux n$^{os}$ 20, 21, on rencontre la direction générale de la Société assurant les meubles et immeubles situés dans les campagnes, le pays plat « Platte Land » comme disent les Allemands. Mais encore faut-il que ces risques se trouvent sur les territoires de la Marche électorale et de la Basse-Lusace. Aussi est-elle connue sous la dénomination de « *Land Feuer Societat fur die Kurmark und die Niederlausitz* ».

Une autre Société ayant son siège à Drossen s'occupera de l'assurance contre l'incendie pour les meubles et immeubles situés dans les campagnes de la Nouvelle Marche. La « *Land-Feuer Societat der Neumark* », tel est son nom. Toutes ces caisses présentent un caractère commun : elles sont facultatives, et assurent les risques mobiliers et immobiliers. Mais l'une cantonne son exploitation aux risques urbains tandis que les deux autres limitent leur sphère d'action à l'assurance des objets situés dans les campagnes.

Il nous suffira donc d'étudier l'organisation et le mécanisme de l'assurance telle qu'elle est pratiquée par l'une de ces deux caisses. Nous choisirons celle qui a la sphère d'application la plus étendue, la « Land Feuer Societat für die Kurmark und die Niederlausitz », puis nous insisterons un peu sur la « Stadte Feuer Societat ».

*Etude sur la « Land-Feuer-Societat » de la Marche électorale et de la Basse-Lusace.*

Cette Caisse créée en 1765 n'assura d'abord que les immeubles. En 1872 elle entreprit l'exploitation de l'assurance mobilière. Elle est actuellement régie par le règlement revisé du 17 avril 1895 auquel il faut nous reporter pour avoir une idée exacte du mécanisme de cette institution.

Cette société exploite l'assurance sur les territoires de la Marche électorale Brandebourgeoise du comté de la Basse-Lusace et des districts de Juterbog et Belzig.

Elle a pour but l'assurance mutuelle des meubles et immeubles compris dans ces limites. Elle couvrira les dégâts causés par l'incendie et la foudre. Elle jouit de la franchise postale et de l'exemption des droits de timbre et d'enregistrement.

Sur l'organisation et l'administration de la Société, nous seront brefs, ces idées nous étant déjà connues par nos développements antérieurs.

Cette Société publique est sous la haute surveillance de l'Etat et du Landtag communal « Kommunal-Landtage der Kurmark » de la Marche électorale. L'administration centrale se trouve à Berlin. Le Kommunal-Landtag du Margraviat de la Basse-Lusace peut envoyer un ou plusieurs députés choisis dans son sein, pour prendre part aux délibérations et aux décisions,

Le Landtag communal de la Marche électorale auquel viennent s'adjoindre les délégués du Communal

Landtag de la Basse-Lusace se réunit toutes les fois que le besoin s'en fait sentir. L'administration est assurée, sous la surveillance et le contrôle du Landtag communal, par un Directeur général qui a sous ses ordres, dans chaque cercle, un directeur de cercle. Ajoutons que la diète du cercle coopère à cette gestion. La Société est représentée par le Directeur général qui reçoit ses pouvoirs du Landtag communal de la Marche électorale. Le Directeur général et les Directeurs de cercle peuvent mettre à contribution les administrations officielles pour donner satisfaction aux intérêts de la Société.

Le Directeur général est nommé par les membres du Landtag communal mais cette nomination doit être agréée par le gouvernement de la Province. Les Directeurs de cercle sont nommés par la Diète de cercle. Le Directeur général ne peut être choisi que parmi les propriétaires de terres nobles situées dans la sphère d'action de la Société. Les Directeurs de cercle doivent être désignés parmi les gros propriétaires fonciers ayant leurs biens dans les limites de la sphère d'application de la Caisse. Il va sans dire que ces propriétaires doivent être membres de la Société. Le conseiller du cercle pourra également occuper cette fonction. Lorsque le Landtag communal aura ratifié le choix des directeurs de cercles, ils prêtent serment devant les présidents de cercle ou leurs suppléants.

Le directeur général, comme chef de l'administration de la Société, peut prononcer des amendes s'élevant jusqu'à 30 M. Lorsque, pour une raison quelconque, la fonction devient brusquement vacante, même si le

Landtag communal n'a pas pris de décision à ce sujet, c'est un des directeurs des cercles de « Osthavelland », de l' « Oberbarium », du « Niderbarium » ou de « Teltow », le plus ancien et demeurant à Berlin, qui exercera l'intérim. Mais le Landtag communal pourra également charger de cette fonction un des fonctionnaires de la direction générale qui signera les pièces et auquel le directeur peut même, pendant son absence, déléguer ses pouvoirs. Les diètes des cercles choisissent des suppléants qui remplaceront, en cas d'absence ou de vacance, le directeur de cercle.

Les directeurs de cercles, comme le directeur général, sont nommés à la majorité absolue. Mais ne peuvent prendre part au vote au Landtag communal pour l'un, à la diète de cercle pour les autres, que les députés représentant des circonscriptions rurales, qu'ils soient ou non membres de la Société.

Le directeur général est nommé pour 12 ans ; les directeurs de cercle et leurs suppléants pour 6 ans. Les directeurs sortants sont rééligibles ; ils restent en fonction jusqu'à la fin du temps pour lequel ils ont été nommés à moins qu'il ne perdent les conditions d'éligibilité. Mais ils peuvent être suspendus, par mesure disciplinaire, pour faute grave commise dans l'exercice de leurs fonctions.

Les *syndics* de la Société sont désignés par le directeur général, parmi des gens de loi. Cette nomination devra recevoir l'approbation du Landtag communal.

L'*inspecteur des bâtiments de la société*, le *caissier* et le *contrôleur* de la Caisse centrale sont nommés à vie par le Landtag communal sur la proposition du directeur général. Les autres nominations appartiennent au directeur général pourvu qu'il se maintienne dans les limites fixées par le Landtag communal.

Tous ces fonctionnaires ont les droits et les obligations des autres fonctionnaires des administrations de la province, mais ils ne peuvent prétendre à une retraite qui si le Landtag communal l'a accordée.

Elle devra, en tous cas, être payée sur le budget de la Société.

Le caissier général devra déposer un cautionnement de 6.000 M.

Le directeur général, les directeurs de cercle et les autres fonctionnaires de la Société émargent au budget de la Société. Ils reçoivent les sommes pour lesquelles ils sont portés. Mais, outre leur traitement, ils pourront recevoir une indemnité de frais de déplacement.

A l'intérieur de chaque cercle, le directeur de cercle organisera la gestion comme il l'entend. Mais s'il installe un caissier, il en sera responsable. La Caisse sociale du cercle doit être située — à moins que la diète du cercle n'en ait disposé autrement par des raisons motivées — à l'endroit où se trouve la Caisse de cercle royale.

Pour établir le montant des valeurs à assurer ainsi que celui des dommages, les directeurs de cercle doivent choisir les entrepreneurs les plus honnêtes et les plus capables en nombre suffisant. Ils devront prêter serment. On devra en faire connaître les noms au directeur général qui peut les suspendre de leurs fonctions pour manquement à leurs devoirs.

Les directeurs de cercles fixeront une fois pour toutes le montant des rétributions auquel ils peuvent prétendre.

Un fonctionnaire assermenté fera la revision des évaluations qui, en haut lieu, seront vérifiées par l'inspecteur des bâtiments de la Société.

Tous les 3 ans, le directeur général remettra au Landtag communal un état des frais d'administration permettant à cette assemblée de suivre la marche de la Société. Le Landtag communal peut réclamer des états sur d'autres matières, sur le contentieux ou sur d'autres dépenses que les frais d'administration.

La Caisse générale doit être l'objet d'un relevé mensuel et doit être revisée au moins une fois l'an par le directeur général. Le 1er juin de chaque année, les comptes sont arrêtés et l'on établit le bilan de la gestion de l'année écoulée.

Les comptes de gestion sont établis par le Directeur général qui examine l'ensemble des comptes des caisses de cercle. Ce compte est soumis à l'approbation du Landtag communal qui en donnera quittus.

Les caisses de cercle sont également l'objet d'un relevé mensuel et vérifiées au moins une fois l'an par le Directeur général et la députation de revision des comptes de la diète du cercle. Le 15 juin de chaque année, les comptes sont arrêtés et le rapport de gestion pour l'année écoulée est rédigé et envoyé au Directeur général. Ce dernier remettra annuellement au Landtag communal un rapport sur l'administration et la situation de la Société indiquant le nombre des sinistres, le chiffre d'indemnités qu'il a fallu verser et le montant des primes perçues. Ces résultats seront publiés dans la feuille officielle de la Caisse.

Terminons-en, avec l'administration de la Société, en disant un mot des recours ouverts aux intéressés ainsi que des moyens qui leur sont offerts pour faire connaître leurs réclamations.

On pourra réclamer contre les décisions du directeur du cercle et des commissions de revision auprès du directeur général et aller en appel devant la Diète du cercle, enfin on peut encore faire valoir sa réclamation devant le Landtag communal. Mais en principe tout assuré qui rentre dans la Société doit renoncer à s'adresser aux tribunaux pour toutes les questions relatives à l'administration de l'assurance par la Société. Insistons donc un peu sur ces moyens de recours ainsi substitués au recours ordinaire devant les tribunaux.

Tout associé qui aura à se plaindre d'un acte des fonctionnaires de la Société devra, dans les quinze jours qui suivent la décision prise, faire parvenir ses réclamations, par écrit, au Directeur du cercle. Le fonctionnaire, objet des plaintes, devra être également averti. Le Directeur est autorisé à accorder un nouveau délai de quinze jours pour faire valoir, par écrit, ses réclamations. Mais tant que la décision attaquée n'aura pas été reformée, elle fera sentir ses effets. Si les réclamations ont entraîné une nouvelle décision augmentant ou diminuant la police, rangeant l'immeuble dans une meilleure classe de risques, les effets de cette nouvelle décision rétroagiront au jour où la réclamation aura été déposée. Les réclamations ne sont-elles pas admises ou leur bien-fondé n'est-il que partiellement reconnu, les frais occasionnés par le recours tomberont, entièrement ou pour partie seulement, à la charge du réclamant.

Abordons maintenant l'étude des principales règles auxquelles sont soumises tant l'assurance mobilière que l'assurance immobilière.

*Assurance des bâtiments.* Ne peuvent être assurés que les immeubles situés dans le ressort de la Société ou se rattachant à un corps de bâtiment en faisant partie, s'il atteint au moins un valeur de 100 M. La Caisse assurera également les immeubles par nature et par destination.

Un même immeuble ne pourra être assuré auprès de la Société, s'il est déjà assuré auprès d'une société privée à moins que le bénéficiaire de la police ne démontre qu'il a renoncé en cas d'incendie à se prévaloir de ce contrat. S'agit-il d'immeubles formant un même patrimoine dont une partie est déjà assurée à des sociétés privées, la Société publique ne pourra assurer les bâtiments, qui ne sont pas encore assurés qu'avec une autorisation expresse du directeur général. Tout associé qui n'observerait pas ces dispositions serait déchu, en cas d'incendie, de tout droit à une indemnité. Il n'en reste pas moins tenu du versement des primes jusqu'à l'expiration du contrat.

La Société n'assure pas les fabriques de poudre ou poudrières, les fonderies ou forges diverses, les fonderies de canons, les verreries ou fabriques de glaces, les goudronneries et fabriques de noir animal, les séchoirs de lin et chanvre, les raffineries de souffre, les théâtres et autres salles de divertissements publics, particulièrement exposées à l'incendie, mais assure les salles de danse.

A cette liste il faut ajouter les bâtiments où se fabriquent et sont séchées au four les matières où entrent les produits suivants : papier, laque, térébenthine, verni, acide pyrohyneux, acide prussique, soude, salpêtre, sel ammoniaque, potasse, acide sulfurique, éther, gaz, phosphore, mercure, or, argent fulminant ou autres matières inflammables et explosibles. Il faut étendre cette même disposition aux bâtiments qui doivent servir de dépôt à toutes ces matières.

Les fabriques de chicorée, les chambres graduées, les salines et usines de gélatine. Il faut étendre cette même disposition aux bâtiments qui ne seraient pas éloignés de ceux sus-mentionnés d'au moins 10 mètres.

Si par suite de modifications ultérieures, un bâtiment assuré rentre dans notre catégorie, l'assurance *ipso facto* cesse. Il en sera de même, si un immeuble a été acheté pour le terrain qu'il occupe et doit être démoli. L'assuré n'aura droit, en cas d'incendie, à aucune indemnité, mais il n'en devra pas moins payer six mois de primes à moins que sa police n'arrive à expiration.

La Société également refuse d'assurer un immeuble qui présente de grandes chances d'incendie soit en raison de ses vices de construction, soit en raison de l'abandon dans lequel il est laissé, ou pour toute autre raison relative à la personne de l'assuré, à sa conduite, aux locataires de l'immeuble. En temps de guerre, c'est-à-dire pendant la période s'étendant entre le jour de la déclaration de guerre et le jour de la conclusion de la paix, la Société peut refuser d'accepter des polices ou d'augmenter une police antérieurement contractée.

Dans certains cas la Société peut refuser d'assurer ou de diminuer une police. Citons notamment les immeubles qui doivent être démolis ou situés sur un terrain appartenant à une tierce personne ou faisant partie d'un domaine que l'on va diviser en lots ; les immeubles situés sur un terrain mis en vente forcée ; les bâtiments où l'on est obligé de faire beaucoup de feu ou dans lesquels on exerce un métier ou un commerce nécessitant un grand usage du feu. Citons, comme exemple, les chaudronneries, les fours à chaux, les tuileries, les filatures, les fabriques de tissus, les manufactures de tabac, poteries, savonneries, distilleries, menuiseries, boulangeries, teintureries, fabriques de sirops et de sucre, séchoirs en bois, fabriques de produits chimiques, scieries, etc.

Voyons maintenant comment se fait l'évaluation des valeurs à assurer. Tout bâtiment que l'on veut assurer doit être estimé par un entrepreneur assermenté au choix de la personne ou par un expert désigné par la Société. Si l'expert se trouve avec le propriétaire dans des relations telles qu'il ne pourrait témoigner en justice, il doit se refuser à opérer l'évaluation. Autant que ces considérations ne s'y opposent pas, on choisira de préférence un expert domicilié à proximité de l'immeuble à estimer alors même qu'il habiterait dans un cercle n'appartenant pas au ressort de la Société.

Toute évaluation doit être faite en double et doit contenir une description sommaire de l'immeuble estimé. Le directeur général indique la forme dans laquelle ces évaluations doivent être libellées. Elles feront connaître la structure de la maison, sa disposition intérieure, l'usage auquel elle est destinée ainsi que sa situation. L'expert indiquera dans quelle classe de risques l'immeuble envisagé doit être rangé, et enfin quel est le maximum pour lequel il peut être assuré. On se basera pour établir ce chiffre sur les prix existant au moment de l'estimation.

Il n'est pas permis au propriétaire de n'assurer qu'une portion d'un même immeuble. Toutefois il peut faire assurer sa maison et non les fondations, mais alors il devra y avoir dans l'évaluation une stipulation formelle, sinon les fondations seront comptées dans l'estimation.

En cas d'incendie les dommages seront fixés d'après les sommes nécessaires pour reconstruire les parties détruites. Mais si dans les démolitions se trouvent des matériaux qui peuvent encore être utilisés, le sinistré pourra s'en servir mais leur valeur sera déduite sur le montant de l'indemnité qu'il recevra. La Société pourra même accepter d'assurer les matériaux ainsi sauvés des flammes. Jamais la police ne pourra être supérieure au montant de la valeur pour laquelle ils sont comptés dans l'évaluation de l'indemnité.

Nous venons de voir que les experts indiqueraient à

quelle classe appartenait tel ou tel immeuble qu'on demandait à assurer. Quelle est donc cette classification ?

Les bâtiments qui peuvent faire l'objet d'une assurance sont rangés suivant leur structure, leur organisation, leur plus ou moins grande facilité à prendre feu, en quatre classes.

*1° classe.* — Les immeubles massifs dont le toit est à l'épreuve du feu; cette classe se subdivise en trois paragraphes.

*A*). Bâtiments d'une haute valeur, particulièrement à l'abri du feu ;

Bâtiments isolés munis d'un paratonnerre ;

Bâtiments situés dans des endroits où l'on peut compter sur des secours rapides et efficaces.

*B*). Tous les bâtiments qui ne se trouvent pas dans les conditions particulièrement favorables précitées et qui néanmoins n'entrent pas dans la subdivision suivante.

*C*). Bâtiments également massifs mais dont les matériaux, de démolition, après un incendie, seraient de peu de valeur ainsi que les bâtiments dont les murs intérieurs ne sont pas massifs ou qui, en raison de l'affectation à laquelle ils sont soumis, présentent des dangers particuliers d'incendie.

*2° classe.* — Tous les bâtiments massifs ayant de grandes ouvertures ou pas de clôtures (hangars, remises) et les bâtiments non massifs mais dont la bâtisse est ininflammable.

Cette classe est également subdivisée en deux paragraphes :

*A*). Bâtiments construits et recouverts comme il vient d'être dit à l'exception des fertins de bois et des bâtiments dont les murs et le faîte sont complètement, ou en partie, en trevous de brousillage ou sont recouverts de planches non protégées extérieurement par des ardoises, du métal ou des tuiles, ou dont l'usage et la situation les exposent particulièrement aux incendies.

*B*). Tous les bâtiments non rangés dans le paragraphe précédent et dont la toiture est à l'abri de l'incendie. Font encore partie de cette subdivision toutes les clôtures en murs massifs et en grillages.

3e *classe*. — Bâtiments massifs ou non, recouverts d'une toiture ne présentant pas les mêmes avantages, au point de vue de la sécurité contre l'incendie, signalés précédemment.

Il y a aussi ici deux subdivisions à distinguer.

*A*). Tous les bâtiments dont les murs extérieurs ainsi que le toit sont massifs.

*B*). Tous les bâtiments ne rentrant pas dans A ainsi que les clôtures en bois.

4e *classe*. — Les fours à chaux et tuileries ancien-modèle et les bâtiments avoisinants qui ne s'en éloignent pas de plus de vingt mètres. Dans la même classe il faut citer les moulins à vent.

Mais il y a des cas où, en raison de certaines conditions, les immeubles seront rangés dans une classe inférieure à celle où leur construction aurait dû les faire rentrer. Ce sont :

Les bâtiments où se trouvent des machines mues par le vent, l'eau, la vapeur, le gaz, etc., ainsi que les filatures de lin, de coton, de laine ;

Les bâtiments où l'on travaille des céréales, des fruits huileux, du tan ou autres matières aussi inflammables.

Les brasseries ou brûleries, où le feu est allumé sous des chaudières, fours de potiers et bâtiments qui, malgré leur affectation première, renferment un four qui est à découvert.

Si un assuré, par des réponses mensongères, parvient à faire ranger son bien dans une classe de risque meilleure, il n'y gagnera rien. Il devra payer à la Société le double de la différence qu'il voulait éviter depuis le jour où il aurait dû payer ce supplément de prime. Toutefois cette condition ne sera rigoureusement appliquée que jusqu'à un montant basé sur quatre ans.

Cette classification, sur la proposition du directeur général, pourra être, tous les trois ans, modifiée par le Landtag communal. Mais toute modification semblable devra être publiée dans les feuilles officielles de tout le territoire constituant le ressort de la Caisse.

Au point de vue du montant pour lequel les immeubles peuvent être assurés, on peut dire qu'ils se répartissent en trois groupes.

Dans le premier on rangerait, par exemple, les bâtiments groupés dans la 1re classe et la 1re subdivision de la 2e classe. Ceux-ci pourront être assurés pour tout le montant de leur valeur. Dans l'autre groupe on ferait rentrer tous les autres immeubles qui ne pourront être assurés que pour les 7/8 de la valeur évaluée. Voilà le principe, mais la direction peut très bien n'accepter d'assurer les premiers que pour les 7/8 de leur valeur et les autres seulement pour les 3/4 de leur valeur. Enfin nous parlions d'un troisième groupe. Il comprendrait les immeubles qui ne sauraient être assurés pour plus de 24.000 M., citons, par exemple, les moulins à vent.

Les polices sont faites pour six ans et peuvent être contractées le 1er janvier ou le 1er juillet de chaque année. On peut néanmoins s'assurer au cours d'un semestre, mais alors la prime est calculée à compter du premier jour du semestre, tandis que l'assurance ne commence à courir qu'à partir du semestre suivant.

La demande d'assurance, qu'il s'agisse d'une police nouvelle ou d'une police à renouveler ou à augmenter, doit être faite par l'intéressé et signée de lui. On y joint la copie qu'en a faite l'autorité de police de la commune à laquelle appartient l'immeuble. On y ajoute également une estimation faite en double par un expert assermenté. Les autorités de police de la commune doivent contrôler les déclarations du demandeur et de l'expert, et donner, dans le délai de dix jours, à celui qui s'assure une attestation écrite affirmant que son enquête a eu lieu. Si celui qui s'assure n'habite pas dans l'endroit des bâtiments qu'il assure, il doit apporter les déclarations de police des deux localités. Ensuite il fait parvenir sa demande, à laquelle il joint les évaluations d'experts et le consentement des autorités de police, au directeur du cercle. Celui-ci examinera avec soin chaque demande qui lui parviendra aussi bien au point de vue de la somme d'assurance et de la classification que des réclamations que pourraient faire le demandeur et les autorités de police locale. S'il y a des doutes sur l'exactitude de l'évaluation ou si elle est l'objet de réclamations du demandeur, le directeur de cercle fait faire une revision par un architecte assermenté, ou, si c'est un architecte assermenté qui a fait l'évaluation, par l'architecte de la Société. Les autres difficultés, le directeur du cercle peut les résoudre. Il en rend compte immédiatement à l'intéressé. Les revisions et enquêtes étant provoquées par les réclamations de l'assuré, il en supportera les frais s'il résulte que ses plaintes étaient mal fondées. Si la police ne peut être acceptée, le requérant doit en être aussitôt averti par lettre recommandée. Si 15 jours après avoir déposé sa demande chez le directeur de cercle, le postulant n'a reçu aucune réponse, la requête doit être considérée comme acceptée et elle fera sentir ses effets à compter du jour où elle a été déposée. Le directeur général peut approuver purement et simplement l'acceptation du directeur de cercle ou bien y introduire des modifications ou bien s'y opposer. Dans ce cas il retourne au directeur de cercle le certificat d'acceptation avec la copie de la demande d'assurance et l'évaluation.

Les dispositions prises par le directeur général doivent être immédiatement communiquées par le directeur de cercle à l'intéressé et rentrent en vigueur dix jours après leur communication.

Si le requérant réclame contre l'abaissement de la police, une revision locale sera effectuée par les soins de l'architecte de la Société. Si la revision tourne contre le plaignant, il en payera les frais.

Dès que le directeur de cercle reçoit un certificat d'acceptation ratifié par le directeur général, il en porte le contenu au cadastre de sa localité et la copie qu'il a conservée, il l'envoie aux autorités de police compétentes qui la font parvenir à leur tour au cadastre de la localité. L'assuré a toujours le droit de consulter le cadastre local pour connaître les conditions de sa police ou demander au directeur de cercle un extrait du cadastre s'il veut en supporter les frais.

Les bâtiments peuvent changer de mains, l'assurance n'en subsiste pas moins. Le nouveau propriétaire jouit de tous les droits que lui confère la police, mais est également soumis aux charges qui en résultent. Néanmoins, le nouveau et l'ancien propriétaire sont tenus de mettre le directeur de cercle au courant dans les quinze jours, sinon les frais de l'assurance doivent être soldés par l'ancien propriétaire.

Quels sont les frais que devra payer l'assuré?

La Société, pour couvrir ses dépenses, perçoit des primes variant suivant la classe. Voici les tarifs qu'elle suit pour déterminer le montant de la cotisation.

Pour un semestre et pour 100 M. la Caisse perçoit pour la 1re classe A. 4 pf., B. 6 pf., C. 8 pf.; pour la

IIe casse A. 12 pf., B. 16 pf.; IIIe classe A. 42 pf., B. 56 pf. et pour la IVe classe, 72 pf.

Ces tarifs, comme la classification des risques, peuvent être modifiés tous les trois ans avec l'assentiment du Landtag communal. Pour les églises et leurs clochers, on percevra une prime fixée d'après un tarif moitié moins élevé.

Comme autre ressource tombant dans la Caisse, il faut citer le produit des droits d'entrée. Toute nouvelle police ou toute modification de police ancienne entraîne à la charge de l'assuré le paiement d'un droit d'entrée s'élevant à 5 pf. % M.

Toute modification survenant, soit dans l'immeuble assuré soit dans le voisinage aggravant le risque, doit être dénoncée au directeur de cercle dans les dix jours. Faute de satisfaire à cette condition, l'assuré sera passible d'une amende s'élevant au double du supplément qu'il aurait dû payer.

Si le produit des primes et droits d'entrée peut donner un reliquat qui tombera dans le fonds de réserve, l'inverse peut également se produire. Au cas de déficit, le directeur général peut imposer aux assurés une prime extraordinaire.

Puisque nous venons de parler du fonds, indiquons-en le but et les ressources. Le fonds de réserve est destiné à assurer l'équilibre du budget. Si les primes sont insuffisantes à faire face aux dépenses, le directeur général peut puiser dans le fonds de réserve tant qu'il ne sera pas tombé au-dessous de 450.000 M. Ce fonds de réserve, comme nous l'avons déjà dit, est alimenté par les excédents budgétaires. A cette ressource, ajoutons les intérêts du capital, les droits d'entrée, le produit des amendes. Lorsque le fonds de réserve atteint 4 °/₀₀ du montant du capital assuré, le surplus peut être employé aux dépenses courantes.

Le directeur peut, avec l'assentiment du Landtag communal, recourir à la réassurance.

Les polices sont l'objet de révisions. Le directeur général et les directeurs de cercle rechercheront s'il n'y a pas des raisons pour élever ou abaisser les assurances, pour changer les bâtiments de classes partout où une irrégularité du cadastre leur aura été signalée, ou s'ils soupçonnent que tel immeuble a été assuré pour une somme supérieure à sa valeur, ils font faire ou font eux-mêmes une révision. Ils s'adressent aux autorités de police locales ou au maire. Le résultat de la revision est porté aussitôt à la connaissance de l'intéressé. La police a-t-elle été diminuée, cette décision entrera immédiatement en vigueur.

Tous les 10 ans, toutes les assurances sont révisées. D'accord avec les directeurs de cercles, le directeur général en fixe le moment et le mode d'exécution. La Société en supportera les frais.

Sachant maintenant comment une police se contracte et à quelles modifications elle est soumise pendant sa durée, voyons comment elle cesse.

L'assurance peut cesser entièrement ou partiellement seulement. Ce sera notamment si l'assuré se retire de la Société ou diminue volontairement sa police, si le bâtiment disparaît. Mais on peut ne renoncer à son assurance ou la modifier qu'à l'issue d'une période d'assurance. Ce n'est qu'à titre exceptionnel que le Directeur général pourra accorder la permission de devancer ce terme. L'assuré devra faire connaître, par écrit, au directeur général son intention 4 mois ou 2 mois au moins avant la fin de l'expiration de la période sexennale. Il devra donner des explications précises. Sa signature devra être légalisée. Il devra en outre produire une pièce notariée faisant connaître le consentement des créanciers hypothécaires figurant au cadastre. Faute d'avoir satisfait à ces conditions, la cessation de l'assurance ne sera pas admise et elle se renouvellera par tacite reconduction pour une nouvelle période de six ans. En tout cas l'intéressé devra être informé par lettre recommandée sur l'acceptation ou le rejet de sa demande.

D'autre part, de même que la Société peut refuser certaines assurances, elle peut en annihiler d'autres existantes en prévenant l'assuré 4 semaines avant l'arrivée du terme.

L'assurance cesse dès le jour où le directeur aura fait connaître sa décision ou son acceptation suivant que c'est une mesure provoquée par l'assuré ou imposée par l'administration de la Société.

Une modification vient-elle à se produire dans le bâtiment assuré en diminuant la valeur, l'associé devra, sous peine de 30 M. d'amende, en avertir, dans les 10 jours, le directeur de cercle. Celui-ci abaissera la valeur de la police et en cas d'incendie, le sinistré n'aura droit qu'à une indemnité ne pouvant dépasser la valeur de l'immeuble après les modifications survenues.

Un bâtiment vient-il à s'écrouler, à brûler ou à être démoli, il va sans dire que l'assurance cesse si, sur le même emplacement, un nouveau bâtiment n'est pas édifié ou si ce bâtiment, par sa nature, ne saurait être assuré par la Société ou bien encore si le bâtiment est reconstruit sur un autre terrain. Mais le bâtiment est construit sur le même terrain. Il est assuré de droit par la Société qui se réserve toutefois de déterminer ultérieurement le montant de la police. L'incendie peut éclater avant que ces formalités n'aient été remplies. On se basera, pour déterminer l'indemnité, sur la valeur du nouveau bâtiment. Si l'immeuble n'était pas terminé, les matériaux apportés destinés à l'achever, s'ils viennent à brûler, donneront également droit à une indemnité. Mais elle ne pourra pas dépasser le montant de la somme cadastrée afférente à l'ancienne assurance.

Insistons un peu, avant de passer à l'assurance mobilière, sur les dispositions relatives aux créanciers hypothécaires.

Les directeurs de cercle doivent, sur la demande d'un créancier et avec l'assentiment de l'assuré, mettre en note dans le cadastre une mention indiquant que l'assurance ne peut être ni supprimée ni diminuée. Les directeurs de cercle donnent un certificat attestant que l'inscription désirée a été opérée. La Société veut-elle supprimer une police ou en diminuer le montant, la Caisse devra aussitôt en faire part, par lettre recommandée, aux créanciers. Si l'assuré perd entièrement ou partiellement son droit à une indemnité, les créanciers hypothécaires seraient, en cas d'incendie, payés du montant de leur créance, à moins que le débiteur n'ait d'autres biens permettant de dédommager les créanciers. Pour bénéficier de ce privilège, les créanciers hypothécaires doivent adresser, dans les trois ans au plus tard, une demande par écrit au directeur du cercle. Lorsque la cause, ayant provoqué la suppression de l'assurance, consiste dans le défaut de paiement des primes, les créanciers n'ont que deux semaines pour faire valoir leurs prétentions. Pendant ce temps chaque créancier peut faire continuer l'assurance en payant les primes dues.

*Assurance des biens meubles*

La Société assure des meubles de toute sorte, mais n'est pas tenue de le faire. Le directeur général se prononce sur l'acceptation ou le rejet des polices mobilières qu'on lui offre. Les risques mobiliers, situés dans un immeuble assuré auprès de la Société, qui, par suite d'une résiliation de police, cesserait de le couvrir, ne peuvent plus continuer à figurer dans le portefeuille de la Caisse.

Les polices d'assurance mobilière sont, à l'instar des polices immobilières, l'objet de revisions. Mais elles ne pourront être diminuées que si le montant des valeurs assurées a baissé. Tout ce qui est relatif à l'exploitation de l'assurance mobilière regarde le directeur général qui devra se conformer aux prescriptions contenues dans la loi du 8 mai 1837 sur l'assurance mobilière.

Mais l'assurance mobilière est pratiquée conformément à des règles rédigées en 1889 et approuvées par le premier président de la province le 26 juillet de la même année.

A côté, il existe toute une série d'instructions que devront observer ceux qui reçoivent les polices mobilières. Les anciennes instructions rédigées en août 1884 ont été considérablement modifiées. Aussi à partir du 1er janvier 1890, de nouvelles instructions, rédigées l'année précédente, actuellement encore applicables, rentreront en vigueur.

Les détails les plus infimes de l'exploitation de l'assurance mobilière y sont prévus et réglementés. Pour avoir une idée exacte de la pratique, il serait indispensable de parcourir ces instructions, mais voulant ici simplement donner une idée d'ensemble sur le mécanisme de l'assurance, nous nous contenterons de parcourir les règles générales suivies en matière d'assurance mobilière et d'en extraire quelques détails indispensables pour notre exposé général.

C'est ainsi que nous lisons que si, en principe, la Caisse assure les meubles de toute espèce, il y a cependant quelques exceptions, citons notamment l'argent, les titres, les produits explosifs, les documents, les pierres précieuses, les perles, les objets d'or et d'argent, tous les bijoux, les sculptures, les peintures, les horloges, tous les objets d'art en un mot et enfin les souvenirs de famille.

Si, d'une manière générale, les meubles assurés sont soumis à la même classification et au même tarif que les immeubles dans lesquels ils sont situés, il convient de faire remarquer, pour être tout à fait exact, qu'on distingue bien plus de subdivisions qu'en matière immobilière. Aussi, devons-nous faire connaître au lecteur cette classification ainsi que les tarifs correspondant à chaque classe.

Comme pour l'assurance immobilière, les tarifs sont fixés pour 100 M. et pour un semestre. Ceci rappelé, voici la classification mobilière appliquée : I^re^ classe, trois subdivisions : 1^re^, 2.5 pf. ; 2^e^, 5 pf. ; 3^e^, 7.5 pf. ; II^e^ classe, également trois subdivisions : 1^re^, 5 pf. ; 2^e^, 10 pf. ; 3^e^, 15 pf. ; III^e^ classe, sept subdivisions : 1^re^, 17.5 pf. ; 2^e^, 23.5 pf. ; 3^e^, 29.5 pf. ; 4^e^, 35 pf. ; 5^e^, 41 pf. ; 6^e^, 47 pf. ; 7^e^, 52.5 pf. ; IV^e^ classe, comprend onze subdivisions : 1^re^, 30 pf. ; 2^e^, 36 pf. ; 3^e^, 42 pf. ; 4^e^, 47.5 pf. ; 5^e^, 53.5 pf. ; 6^e^, 60 pf. ; 7^e^, 66 pf. ; 8^e^, 72 pf. ; 9^e^, 77.5 pf. ; 10^e^, 83.5 pf. ; 11^e^, 90 pf.

Nous avons donc quatre classes et vingt-quatre subdivisions. Cette classification encore ne comprend pas certains objets qui ne sont pas ordinairement logés dans les maisons, mais sous des hangars, tels les produits de la nature comme bois, les produits agricoles tels que céréales, foin et paille. Le directeur général déterminera la classification à laquelle ils doivent être soumis d'après le risque plus ou moins grand d'incendie qu'ils présentent.

Quant aux autres règles suivies, elles sont très semblables à celles observées en matière d'assurance immobilière. Nous pouvons donc, dans cet exposé général, les passer sous silence.

Mais il importe de signaler qu'aucun privilège ne

sera accordé à la Caisse en matière d'assurance mobilière. Elle est exactement sur le même pied que les autres Sociétés privées. Mais, à la différence de ce que nous constatons pour les Compagnies, les droits et obligations de la Caisse, sont contenus dans le règlement rédigé par les pouvoirs publics et qui ne saurait être modifié sans leur autorisation et leur approbation. Sans y insister donc autrement, continuons à indiquer les règles suivies, tant pour l'assurance mobilière que pour l'assurance immobilière.

La Société couvrira les dégâts causés par le feu, la foudre, même si elle n'a pas allumé d'incendie, et par l'explosion de gaz, dont auront souffert des meubles situés dans des bâtiments et dépendances assurés auprès de la Société. A cette liste il va sans dire qu'il faut ajouter les dégâts causés par les moyens employés pour éteindre l'incendie.

La Caisse dédommagera aussi des dégâts produits par des révolutions, des émeutes, voire même des guerres. Si l'assuré a mis le feu à son immeuble de propos délibéré ou s'il en a chargé un tiers, il perd tout droit à une indemnité. Il en sera de même si l'assuré a fait preuve d'une trop grande négligence. L'assuré, qui n'a été puni que d'une amende pour sa grande négligence, touchera une indemnité, mais égale à la moitié seulement de celle qui lui aurait été versée en cas normal. Si l'incendie est dû à une infraction aux règlements sur la police du feu, commise par l'associé, son indemnité sera diminuée de 1/10.

L'incendie est-il dû au fait d'un tiers, mais dont

l'assuré était responsable, le directeur général appréciera dans quelle mesure il a droit à être indemnisé. Remarquons cependant que l'assuré, avant de s'adresser aux tribunaux, peut en appeler de la décision du directeur devant le Landtag communal.

Tant que dure l'enquête ouverte sur les causes d'un incendie, le versement de l'indemnité est suspendu à moins que le procureur n'atteste qu'elle ne doit pas tourner contre l'assuré ou les siens. Le directeur général peut retenir de 1 à 25 % du montant de l'indemnité à titre d'amende, si l'enquête établit que l'associé a donné de fausses indications sur la destination de l'immeuble ou a procédé à des modifications pouvant entraîner un changement de classification sans en avertir la Société. Il en sera de même si l'assuré a négligé de faire connaître à temps le montant des dégâts ou a modifié l'état des lieux avant que l'importance des dégâts ait été déterminée.

Il convient de dire, à ce propos, que l'incendie doit être déclaré dans les vingt-quatre heures après l'extinction achevée, aux autorités de police locales et au directeur de cercle.

On fera également connaître à ce dernier l'importance approximative des dégâts, le n° du cadastre ou de la maison, le montant de la somme assurée. Faute d'avoir fait cette déclaration dans les 10 jours, l'assuré sera passible d'une amende que lui infligera le directeur général. Avant la détermination des dommages, l'assuré ne saurait entreprendre aucune réparation aux objets assurés à moins qu'il n'en obtienne l'autorisation. Le

Directeur de cercle l'accordera toutes les fois qu'elle sera nécessaire pour préserver les objets endommagés.

Mais, après la déclaration d'incendie, le Directeur de Cercle doit immédiatement procéder aux constatations et fixer le montant des dégâts en présence de l'assuré.

Les frais de cette opération sont supportés par la Société ; comme l'autorité de police locale peut y assister, elle doit être avertie à l'avance.

Un bâtiment est-il entièrement détruit, le sinistré touchera une indemnité égale au montant de sa police.

La valeur des matériaux encore utilisables ne viendra en déduction que si son total dépassait vraisemblablement les frais de déblaiement.

Les dégâts peuvent n'être que partiels. On évaluera alors la valeur des parties détruites par l'incendie et l'on établira, en se basant sur le montant de la valeur cadastrée, l'indemnité à verser. Mais ici on déduira de la valeur cadastrale les sommes que peuvent représenter les matériaux utilisables.

Lorsque la valeur cadastrale est inférieure à 1500 Mk., le Directeur du Cercle peut, assisté de 2 membres de la Société, établir le montant des dégâts. En cas contraire un expert assermenté sera nécessaire. Des dépendances de l'immeuble non assurées peuvent être endommagées. Le Directeur de cercle fixera les dédommagements à accorder de ce chef.

Le Directeur, le montant des dommages établi, fera connaître à l'intéressé ce résultat. Le sinistré, qui contesterait ce montant des dommages, pourra demander une revision par un expert assermenté. S'il estime qu'on ne lui a pas encore donné entièrement satisfaction, il pourra réclamer une nouvelle revision qui sera faite par l'inspecteur de la Société. Les frais tomberont à la charge du perdant.

L'assuré accepte-t-il l'évaluation des dommages ou la revision provoquée étant terminée, le Directeur de cercle transmet cette évaluation ainsi qu'un procès-verbal, consignant tous les détails relatifs à l'incendie et signé de toutes les personnes dont le témoignage a été recueilli, enfin une pièce où il fait connaître son avis, au Directeur général. Pour les meubles, la police étant très explicite, l'évaluation des dommages sera très rapide et très simple. Il suffira de constater quels ont été les objets détruits par l'incendie.

Le montant des dommages connu, l'indemnité fixée, comment va-t-elle être versée et à quel usage devra-t-elle être affectée ?

L'indemnité doit être consacrée à la reconstruction de l'immeuble détruit qui devra être affecté au même usage. Pour assurer l'exécution de cette disposition, l'indemnité n'est versée que par portions. Le premier quart doit être payé dans les deux mois qui suivent l'incendie, le reste au fur et à mesure que la reconstruction avance. Notons cependant que le dernier quart ne sera versé qu'après démonstration faite par le bénéficiaire que toutes les sommes qui lui ont été antérieurement versées, ont été dépensées à la réédification.

Pourtant le propriétaire est autorisé à ne pas reconstruire l'immeuble à la même place. Bien plus il peut même ne pas faire rebâtir l'immeuble détruit. Cette permission ne peut lui être accordée que s'il apporte un certificat extrait du cadastre constatant qu'aucune hypothèque ne grevait l'immeuble détruit, ou une autorisation des créanciers hypothécaires.

Remarquons enfin que le sinistré doit réclamer l'indemnité, à laquelle il a droit, dans les 10 ans. Passé ce délai, elle est atteinte de prescription.

Nous en aurions fini avec l'étude sommaire de cette Société si nous n'avions encore à insister un peu sur certaines allocations accordées par la Société au service de secours en cas d'incendie.

Pour encourager les pompiers à montrer de la célérité dans les secours qu'ils apportent, le directeur général pourra remettre une prime de 30 M. aux conducteurs de la première pompe arrivée sur les lieux du sinistre, 18 M. à ceux de la deuxième, et 12 M. à ceux de la troisième. Il pourra de même octroyer une récompense de 10 M. pour la première voiture à seaux amenée sur le théâtre de l'incendie, une somme de 6 M. à la deuxième voiture, et 4 M. à la troisième voiture.

Ces primes toutefois ne sont octroyées qu'aux conducteurs des pompes et voitures situées en dehors de la localité.

Mais les pompiers amenant un matériel de pompe qui, bien qu'appartenant à la localité, est distant du lieu du sinistre d'au moins 2 kilomètres, pourront recevoir également une récompense. Elle ne saurait être supérieure à la moitié des primes données aux pompiers de la localité voisine.

D'autre part si les pompiers se sont montrés particulièrement habiles à se rendre maîtres du feu, le directeur a le droit de leur accorder une nouvelle récompense. Elle pourra s'élever jusqu'à 60 M. par pompe. Les personnes qui se sont fait remarquer par leur zèle pourront recevoir une gratification allant jusqu'à 150 M. Les personnes blessées, en voulant éteindre un incendie, toucheront une somme qui pourra atteindre 50 M. Le directeur peut promettre jusqu'à 900 M. à celui qui dénoncerait un incendiaire.

Une pompe vient-elle à être endommagée ou détruite pendant l'incendie, la Société remboursera les deux tiers de sa valeur. Toutes ces sommes seront versées sur une proposition motivée des directeurs de cercle, par le directeur général.

Enfin, le directeur général peut venir en aide aux communes qui veulent acquérir un matériel d'incendie et leur accorder jusqu'à 30 °/。 du montant des sommes à payer pour l'acquisition d'un pareil matériel.

Terminons cette rapide étude de la Caisse rurale de la Marche électorale et de la Basse-Lusace en faisant connaître les résultats financiers obtenus depuis l'application de notre règlement. Publié en 1895 le 17 avril, il ne rentra en vigueur qu'à compter du 1er janvier 1896. C'est donc de cette date qu'il nous faut partir pour rechercher les résultats financiers obtenus.

C'est l'exercice 1896 qui va nous occuper.

Les recettes se sont élevées à 1.903.463 M. et les dépenses à 1.766.045 M., soit un reliquat de 137.418 M. Nos deux premiers chiffres se décomposent ainsi qu'il suit :

*Pour les recettes.* — On a perçu en primes 1.405.650 M. dont 1.307.436 M. pour les assurances immobilières et 98.214 M. pour les assurances mobilières.

Pour les assurances immobilières, on a perçu % de capital assuré et pour l'année : dans la Ire classe, 10, 15, 20 pf. suivant la subdivision; dans la IIe classe, 30 et 40 pf. suivant les subdivisions ; dans la IIIe classe, 105 et 140 pf. et dans la dernière classe, 180 pf.

*Pour les dépenses.* — Les 435 incendies ont coûté à la Caisse en indemnités pour les immeubles 1.166.132 M. et 126.809 M. pour les meubles, ajoutons 4.113 M. pour les dépendances et l'on arrive à un total d'indemnités versées de 1.297.056 M. qui ont entraîné en frais d'évaluation une dépense de 8.358 M.

En allocations distribuées aux pompiers les plus diligents qui ont amené les trois premières pompes dans chaque incendie la somme de 11.797 M. et aux conducteurs des premières voitures à seaux 3.560 M.

Le fonds de réserve s'élevait à 701.527 M. mais, conformément au règlement, pour solder les dépenses, il a fallu y faire appel pour une somme de 103.241 M. Le montant du fonds de réserve tombe donc à 598.285 M. dont 470.000 M. ont été placés et 128-285 M. conservés comme disponible en Caisse.

L'exercice 1897 est plus satisfaisant encore.

Les dépenses se sont élevées à 1.289.247 M. tandis qu'on a encaissé 1.428.025 M. de recettes, soit un reliquat de 138.777 M. qui est allé alimenter le fonds de réserve. Il s'élevait à la fin de l'exercice, après un prélèvement de 68.028 M., à 554.170. Remarquons que l'année précédente on avait fait appel à cette réserve pour 103.241 M.

Comme *recettes* citons : 1.060.798 M. de primes immobilières et 104.158 M. de primes mobilières, soit un total de 1.164.957 M. de primes perçues pour 1897.

Comme *dépenses* citons : 1.010.236 M. versés pour couvrir les dégâts causés par 430 incendies, les indemnités immobilières ont absorbé 948.696 M., les indemnités mobilières 58.026 M. et pour dégâts causés à des dépendances 3.512 M. ont été soldés. Pour évaluer toutes ces indemnités on a payé 6.422 M. On a distribué en allocations aux pompiers des premières pompes rendues sur les lieux 10.607 et aux conducteurs des premières voitures à seaux 3.108. Nous remarquons, en comparant les résultats des deux exercices, que les incendies ont été moins nombreux et les indemnités bien moins élevées. C'est une différence de près de 290.000 M. en faveur de notre dernier exercice.

L'exercice 1898 est plus satisfaisant encore.

Les dépenses se sont élevées à 1.649.683 M., tandis que les recettes encaissées ont été de 1.790.743 y compris les 26.766 M. puisés dans le fonds de réserve (l'année précédente cet emprunt s'élevait à 68.028 M., pour l'exercice 1896 à 103.241 M.). Il ressort donc un reliquat de 141.060 M. (pour 1897 il n'était que de 138.797 M. et pour l'exercice 1896 de 137.418 M. seulement). Le fonds de réserve est à la fin de l'exercice de 550.236 M.

Les primes prélevées se sont élevées à 1.317.157 M. dont pour les polices immobilières 1.208.316 M. et pour les polices mobilières 108.841 M.

Voici les principales dépenses: Pour couvrir les dégâts causés par 393 incendies la caisse a versé 1.119.997 M. dont 1.037.577 pour des immeubles et 78.440 pour des meubles. L'évaluation de ces indemnités a entraîné une dépense de 5.710 M. En récompenses accordées aux pompiers les plus diligents, la caisse a distribué 11.704 M.

Insistons un peu, avant d'abandonner cette étude, sur la composition du portefeuille de la caisse.

A la fin de 1898 le portefeuille des risques immobiliers de la caisse s'élevait à 460.539.125 M. se répartissant ainsi qu'il suit entre les différentes classes de risques:

I^re classe. — A. 44.351.500 M., B. 227.140.950, C. 32.603.500.

II^e classe. — A. 75.550.100 M, B. 36.629.150 M.

III^e classe. — A. 27.453.650 M., B. 16.668.800 M.

IV^e classe. — 141.475 M.

Voici maintenant quelle est la répartition des 48.553.250 M. de meubles assurés par la caisse :

2^e subdivision : 15.127.550 M., 3^e sub. : 11.924.100 M., 4^e sub. : 878.150, 5^e sub. : 8.943.250 M., 6^e sub. : 4.401.050 M., 7^e sub. : 3.514.250 M., 8^e sub. 2.300.550 M., 9^e sub. : 708.450 M., 10^e sub. : 440.975 M., 11^e sub. : 195.850 M., 12^e sub. : 65.250 M., 13^e sub. : 53.825 M.

Déjà à la fin du 1^er semestre 1899 nous enregistrons une augmentation du capital immobilier assuré par la caisse. Elle est de 2.589.325 M. Par contre il y a des diminutions à relever dont voici la répartition : 5.045.050 M. pour B. de la I^re classe, 5.235.225 M. pour A de la II^e classe et 3.241.600 M. pour A de la III^e classe,

Nous relevons au contraire des augmentations pour A de la Ire classe : 4.221.300 M ; pour C de la même classe, 4.365.100, pour B de la IIe classe, 5.058.700 et pour B. de la IIIe classe une augmentation de 2.466.100 M.

Cette statistique nous montre bien que la caisse assure beaucoup de mauvais risques et que tous les jours ils continuent à affluer.

En matière mobilière, à la fin du 1er semestre de 1899, la caisse assurait pour 49.568.925 M. de meubles, soit une augmentation en 6 mois de 1.015.675 M. dont voici la répartition d'après les subdivisions.

2e sub. : 293.925 M., 3e sub. : 112.150 M., 4e sub. : 9.300 M., 5e sub. : 242.575 M., 6e sub., 335.675 M., 7e sub. : 107.300 M., 10e sub., 5.050 M., 12e sub. : 1,625 M.

On ne relève que les diminutions suivantes : dans la 8e subdivision, 16.025 M., dans la 9e subdivision, 68.800 M., dans la 11e subdivision, 7.100 M. L'accroissement porte donc, on peut le dire, sur toutes les subdivisions.

Bien que la caisse provinciale présente par son organisation de nombreux points communs, nous voudrions, pour être fidèle à notre promesse, en dire un mot pourtant. Il faut que le lecteur ait une idée de ce type de caisse.

### D. — Société provinciale des risques urbains de la Province de Brandebourg.

Sur les débuts de cette Société nous n'avons plus à insister ici. Dans nos développements historiques antérieurs, nous avons eu occasion de faire connaître les débuts mouvementés de cette caisse. Dès les premières années du XVIIIe siècle, Frédéric estimant qu'il était du devoir de l'Etat d'organiser l'assurance contre l'incendie, avait publié le 15 octobre 1705, son fameux règlement sur les Caisses publiques. Le 1er juin 1706, il faisait connaître officiellement le règlement devant régir une Caisse d'assurance s'étendant à tout le territoire, « General-Feuer-Kassen-Reglement ». Bien qu'il eût, par un édit de la même année, menacé des peines les plus sévères, ceux qui se permettraient de critiquer la Caisse, en janvier 1711 il dut dissoudre la Société et renoncer à cette grande centralisation qu'il rêvait. Le 4 décembre 1719, paraissait le règlement applicable à notre caisse. Le 30 mai 1800, on rédigeait un nouveau règlement, ainsi que des instructions relatives aux estimateurs. Le 19 septembre 1838 parut le règlement applicable aux villes de la Marche électorale, de la Nouvelle-Marche, (Berlin excepté), aux villes de la Basse-Lusace, aux circonscriptions Senftenberg et Finsterwalde. Une ordonnance prescrivait qu'il rentrât aussitôt en vigueur.

Depuis cette époque ce règlement fut l'objet d'une série de revisions plus ou moins complètes, qui parurent successivement le 23 juillet 1848, le 2 juin 1852, le 3 février 1862, le 11 avril 1870, le 18 septembre 1871 ; il fut complété ensuite par 3 suppléments datant l'un du 11 mai 1877, le second du 7 mai 1880, et le troisième du 3 avril 1883 ; le 23 avril 1885 il est l'objet d'une revision. Enfin le règlement, actuellement applicable, est le règlement revisé du 25 février 1896. C'est à ce document qu'il faut se reporter pour connaître la situation actuelle de la Caisse, son organisation, les droits et obligations de la Société ainsi que ceux des assurés.

De l'administration et de l'organisation nous nous en sommes déjà occupés dans notre étude générale. Rappelons en donc, en quelques mots, les bases principales.

Tandis qu'anciennement prenaient part à cette administration le premier président de la Province, les Landtag communaux de la Marche électorale, de la Nouvelle-Marche et de la Basse-Lusace ; en troisième lieu des députés de ces Landtag délégués par les villes faisant partie du ressort de la Société ; en 4e lieu 3 membres de la Société, désignés pour se charger de la Direction et enfin en dernier lieu, les municipalités; aujourd'hui voici quels sont les organes d'administration que nous devons citer : 1° le Landtag provincial, 2° son comité, 3° un Conseil de Direction, 4° un Directeur et un Syndic, mais ce dernier n'a que voix consultative dans les décisions à prendre, et enfin les Municipalités.

La Caisse assure les meubles et immeubles contre les dégâts causés par l'incendie et la foudre. Elle peut se servir, pour exploiter cette assurance, des autorités administratives locales. Mais les municipalités, se chargeant des affaires courantes de la Société dans leur ressort, touchent à titre de rétribution 5 % du montant des primes inscrites et lorsqu'il y a un agent spécial de la Société seulement 4 %. Elle jouit de plus pour l'assurance immobilière de la franchise postale et est exonérée des droits de timbre et d'enregistrement.

Par contre elle assure tous les risques immobiliers, sauf ceux formellement exclus par les statuts dans le § 37, citons notamment les fabriques de poudre, les moulins à poudre, les magasins à poudre, les ateliers d'artifices, les fabriques de produits explosifs, tels que salpêtre, nitroglycérine, dynamite, coton-poudre, verreries, fabriques de chicorée, fabriques et dépendances où se font des produits chimiques, de l'éther, de la benzine, ainsi que les distilleries d'éther, d'huile minérale, de térébenthine, de pétrole, d'huile, de soufre, enfin toutes les fabriques de produits facilement inflammables, les séchoirs de chanvre et de lin, fabriques de noir de fumée et enfin les immeubles situés dans le voisinage de pareils établissements industriels et n'en étant pas séparés par un mur de protection. Aussi à cet effet les immeubles situés dans des régions industrielles seront surveillés.

Le directeur peut refuser une assurance ou tout au moins laisser le requérant son propre assureur, pour partie, lorsque l'immeuble qu'on lui présente a des vices de construction constituant des infractions aux règlements de police sur le feu ou bien des appareils de chauffage mal conditionnés ou pour d'autres raisons telles que l'affectation de l'immeuble, l'imprudence des gens qui l'habitent, le danger que présente, au point de vue de l'incendie, l'industrie exercée dans cette maison. Il en sera de même si l'immeuble n'est plus habitable ou a été acheté pour être démoli ; ou bien si c'est un corps de bâtiment dont une partie est déjà assurée à des Compagnies.

En temps de guerre le directeur peut refuser toute police d'assurance ainsi que l'augmentation d'une police déjà existante.

Si un immeuble est déjà assuré à une Compagnie, la Société n'acceptera pas de le couvrir. Inversement un immeuble assuré auprès de la Société ne saurait être l'objet d'une police d'assurance contractée auprès d'une autre Société privée. L'assuré qui n'observerait pas ces prescriptions serait déchu, en cas d'incendie, de tout droit à une indemnité. Si la violation de ces dispositions est découverte, aussitôt l'assuré cesse de faire partie de la Société, mais n'en est pas moins tenu de payer sa prime pour six mois encore. Il en sera de même si l'associé assure une partie de son corps de bâtiment à une Société privée, bien qu'ayant déjà obtenu une police pour une autre partie de ce même bâtiment.

L'évaluation du bâtiment à assurer se fera par un expert désigné par l'assuré. On se basera, pour faire cette évaluation, sur la valeur courante de l'objet. Elle sera déterminée d'après le prix de la main-d'œuvre et des matériaux au moment de l'estimation.

Les gros murs de fondation, entièrement en pierre, ne rentreront pas en taxe à moins que le requérant ne l'ait formellement demandé. L'estimation de la valeur à assurer est accompagnée d'une description de l'immeuble qui devra être faite dans la forme prescrite par le directeur. Elle indiquera notamment l'importance du bâtiment en donnant les trois mesures : longueur, largeur et profondeur de la maison, la nature des matériaux ayant servi à édifier l'immeuble, avec quelles matières il est recouvert. Enfin l'on indiquera l'usage auquel l'immeuble doit être consacré. Puis on rangera le bâtiment dans la classe à laquelle il doit appartenir par sa structure, sa situation et son affectation.

Ce sont ces trois facteurs que l'on envisage pour déterminer le risque d'incendie. Ils ont servi à dresser la classification dont nous devons dire un mot.

On distingue quatre classes :

A la première classe appartiendront les immeubles possédant une toiture à l'épreuve du feu entièrement montés en pierre ou en poutres de bois largement recouvertes de pierre et de maçonnerie, séparés d'immeubles exposés au feu et dont les cheminées sont entièrement construites en pierre.

Dans la deuxième classe on range les immeubles présentant la même structure extérieure, mais dont les murs de façade seraient formés de lattes recouvertes simplement de maçonnerie ayant des galeries et des escaliers extérieurs en bois.

Si les immeubles de cette catégorie sont entourés de bâtiments exposés au feu ou si les cheminées longent des charpentes en bois, on les groupera dans la troisième classe.

Les maisons couvertes en jonc, en chaume, en paille, en bois ou autres matières aussi inflammables feront partie de la quatrième classe.

Ajoutons que le directeur peut ranger un immeuble dans une classe de risques plus dangereux en considération de l'usage auquel il est affecté. D'ailleurs il existe, à cet effet, pour chaque classe une subdivision. Au-dessus de la première classe, pour les immeubles très peu exposés à l'incendie, il existe une division supérieure indiquée dans la classification par I A, puis la classe, et au-dessous une subdivision comprenant des immeubles moins à l'abri du feu, rangés dans I B. Il existe donc pour les deux premières classes une catégorie supérieure à la classe et une catégorie inférieure ; pour les deux dernières classes, la catégorie supérieure est supprimée. En additionnant, le directeur peut ranger les immeubles dans dix catégories : subd. I A, première classe, subd. I B; pour la classe suivante, une subd. supérieure: II A, la deuxième classe et II B; puis la troisième classé, subd. III B ; puis la quatrième classe subdivision IV B.

Selon qu'un immeuble est rangé dans la première ou dans les catégories suivantes, la prime sera de 0.60, 1, 1.80, 2, 3, 6, 7, 10, 14, 22 pour 1000 de capital assuré par an. Les églises et les monastères consacrés au culte ne payent que la moitié de ces tarifs.

Dans les villes où existera un service de secours en cas d'incendie bien organisé, le directeur pourra accorder aux assurés une réduction allant jusqu'à 10 °/₀ et même 20 °/₀ avec l'approbation du conseil de direction.

Par contre, lorsque, dans une ville ou une circonscription, pendant 10 ans, la moyenne des incendies a été supérieure à celle prévue lors de la classification, les tarifs pourront être augmentés. Mais cette modification devra être officiellement publiée.

Quant aux modifications ultérieures relatives, soit à

la structure de l'immeuble, au voisinage, à l'affectation de l'immeuble, elles devront être portées à la connaissance de la direction.

Si les primes, fixées d'après le tarif indiqué, sont insuffisantes à couvrir les dépenses de la Caisse, des primes extraordinaires seront réclamées. Leur montant sera porté à la connaissance des assurés par voie de publication. Chaque municipalité fera connaître, pour sa ville, la décision prise. Ces primes devront être payées dans un délai de quatre semaines à compter du jour de la publication.

La police d'assurance cesse d'exister lorsque l'assuré s'est retiré de la Société ou que l'immeuble, objet de la police, a été détruit. Si l'immeuble n'est brûlé que pour partie ou si l'assuré a fait abaisser le montant de son assurance, la police persiste, mais est diminuée.

L'assuré peut se retirer entièrement de la Société, mais seulement lorsque sa police arrive à expiration, c'est-à-dire après trois ans.

Il peut obtenir des modifications de police, au commencement de chaque semestre. Mais s'il demande une diminution de sa police et que sur le cadastre des créanciers hypothécaires sont inscrits, comme possédant des hypothèques sur l'immeuble assuré, aussitôt les créanciers sont avertis du projet de leur débiteur. La modification ne sera accordée à ce dernier que s'il présente le consentement des créanciers hypothécaires. Il en sera de même, à fortiori, si l'assuré veut sortir de la Société.

Survient un sinistre. La Société couvrira les dégâts causés par l'incendie ainsi que par les moyens employés pour éteindre l'incendie. En temps de guerre, la Société ne cherchera pas à distinguer si l'incendie a été allumé par une troupe nationale ou une troupe ennemie. Dans tous les cas, elle accordera une indemnité. Les dégâts causés par la foudre, n'aurait-elle même occasionné aucun incendie, seront indemnisés par la Caisse. Une explosion de gaz a-t-elle détérioré l'immeuble assuré auprès de la Société, celle-ci l'indemnisera sans rechercher si l'explosion a éclaté dans l'immeuble même ou le bâtiment voisin. Pour les autres explosions, moyennant un léger supplément, la Caisse s'engage également à dédommager l'assuré qui en aurait été victime.

Cependant si l'assuré a mis le feu à sa propre maison ou en a chargé un tiers et qu'après l'enquête il ait été condamné pour ce crime, il va sans dire qu'il ne recevra aucune indemnité. Ceci ne veut pas dire que la Caisse conservera cette indemnité dans tous les cas. L'assuré est-il seulement condamné à une amende pour sa négligence grossière, la Caisse se réserve le droit de lui retenir la moitié de son indemnité.

Enfin si l'incendie est le fait d'un tiers, l'assuré recevra l'indemnité mais la Société se réserve un droit de recours contre le tiers.

Comment cette indemnité sera-t-elle fixée? Par une commission locale convoquée par la Municipalité. Tant que le montant des dommages n'aura pas été déterminé par cette commission, l'assuré, sans la permission du Directeur, ne pourra apporter aucune modification dans l'état des lieux. L'estimation se fera conformément à des règles établies dans des instructions détaillées remises aux évaluateurs. On se basera surtout sur les sommes qu'il faudrait dépenser pour reconstruire, au moment présent, l'immeuble en cas d'incendie partiel. L'immeuble est-il entièrement détruit, les choses sont fort simplifiées. Sera versée une somme égale au montant de l'assurance.

Il n'y a place pour aucune contestation sur le chiffre de l'indemnité. Il peut n'en pas être de même si l'incendie n'a été que partiel. Les parties ont 2 semaines pour faire valoir leurs réclamations sur le taux de l'indemnité fixé. Elles devront constituer un tribunal comprenant 2 entrepreneurs choisis par chacune des parties. Ces 2 experts se nommeront un président. S'ils ne peuvent se mettre d'accord sur ce choix, le « Landesdirector » le désignera. La décision des arbitres tranchera définitivement le différend.

L'indemnité doit être consacrée à la reconstruction de l'immeuble détruit ou à la réparation de l'immeuble endommagé. La réédification doit avoir lieu sur le même terrain. Le Directeur peut toutefois autoriser le propriétaire à construire ailleurs. L'indemnité est versée par tiers au fur et à mesure que le bâtiment approche de son achèvement.

Le propriétaire, par suite de servitudes administratives, ou toute autre raison, ne peut pas reconstruire ou ne veut pas reconstruire, il en fera part à la Direction par l'intermédiaire des autorités locales.

Il faudra distinguer si l'immeuble est ou non vierge d'hypothèques. L'immeuble n'est pas grevé d'hypothèques, l'indemnité sera versée au sinistré. S'il est couvert d'hypothèques, les créanciers, qui se seront fait connaître, seront avertis et l'assuré ne pourra être payé de la somme qui lui est due que s'il apporte le consentement unanime des créanciers hypothécaires déclarant ne pas s'opposer à ce versement.

Terminons enfin en notant, qu'à l'instar de ce que nous avons vu pour la caisse rurale, et de ce qui existe pour la caisse de la Nouvelle Marche, notre caisse accorde des récompenses aux pompiers qui se seront montrés diligents, aux conducteurs de la 1re pompe, 18 Mark ; à ceux de la 2e pompe, 12 Mark et 6 M. à ceux de la 3e pompe; aux conducteurs de la 1re voiture à seaux, 9 Mark, 6 Mark à ceux de la 2e et 3 M. à ceux de la 3e. Ces primes sont remises aux maires des villes auxquelles ce matériel appartient. Le Directeur peut, en outre, consacrer annuellement une somme de 3.000 Mk. pour encourager ceux qui se sont montrés empressés à servir les intérêts de la Société. C'est ainsi que la caisse pourra promettre jusqu'à 1000 M. à celui qui découvrira un incendiaire. Quant aux personnes qui se seront distinguées par leur courage et leur zèle dans un incendie, elles pourront toucher, à titre de récompense, jusqu'à 150 M.

La Société, disions-nous au commencement de cette étude, assure également les meubles, mais non certains objets tels que valeurs, monnaie, or et argent en barre, pierres précieuses, perles et objets d'or et d'argent.

Pour l'exploitation de cette branche d'assurance la Société devra observer les prescriptions de la loi du 8 mai 1837, sur l'assurance mobilière. Elle ne jouit d'aucun privilège mais n'est pas obligée d'accepter tous les risques qu'on lui présente. Les dispositions générales suivies pour cette exploitation ont été arrêtées par le Comité du Landtag sur la proposition du conseil de Direction. Elles furent publiées dans la feuille officielle de la Province.

Dans certains cas, comme pour l'assurance de moulins ou de matériel industriel, le Directeur se prononcera pour chaque espèce. Il appréciera s'il doit ou non accepter la police qu'on lui présente.

Voici maintenant, par quelques chiffres, les résultats financiers obtenus par la caisse dans les années 1896, 1897 et 1898. A la fin de 1895 le capital assuré s'élevait à 638.992.875 M., à la fin de 1896 à 651.270.375 M. soit une augmentation de 12.277.500 M. Les polices mobilières entrent dans ce total pour 22.538.400 M. et les églises et chapelles assurées représentent une valeur de 9.126.650 M. En 1897, le nombre des immeubles assurés s'est abaissé de 23.811 tandis que l'augmentation avait été pour l'année précédente de 1.116. Le capital immobilier assuré est tombé de 79.792.625 M. Cette baisse s'explique par ce fait qu'en 1897 avait été opérée une revision de toutes les polices. On adoptait également une nouvelle règle pour l'évaluation des immeubles plus conforme à la valeur réelle des objets. Mais le montant des valeurs mobilières assurées progresse de plus de 3 millions. Malgré tout, au point de vue de la valeur des objets assurés, on relève une diminution de 77.550.880 M.

En 1898, au contraire nous revenons à la hausse du

capital assuré et du nombre des immeubles, qui s'élève de 1339.

L'assurance mobilière se développe également. Une progression de près de 2 millions de M. de capital assuré, est à relever. A la fin de 1898, la Caisse assurait pour 27.182.600 M. de meubles, en un capital total de 584.315.150 M. en augmentation sur le montant des valeurs assurées, l'année précédente, de 10.595.655 M.

Mais on se rappelle que la Caisse assure également, moyennant un petit supplément de prime, contre l'explosion. La Société assurait ainsi contre l'explosion en 1896, un capital de 3.155.325 M., 3.718.455 M. l'année suivante.

Voici comment se répartissent, entre les classes, les valeurs immobilières assurées par la Caisse, pendant ces trois années.

| | *Année 1896* | | *Année 1897* | | *Année 1898* | |
|---|---|---|---|---|---|---|
| Classes | Nombre des immeubles | Valeur des immeubles M. | Immeubles | Valeur des immeubles M. | Nombre des immeubles | Valeur des immeubles M. |
| IA. | 2.811 | 57.091.000 | 2.770 | 57.090.300 | 2.903 | 59.670.600 |
| I. | 81.774 | 359.960.975 | 71.982 | 313.519.875 | 73.409 | 319.299.550 |
| IB. | 6.359 | 26.514.950 | 5.849 | 24.398.400 | 6.099 | 25.587.725 |
| IIA. | 863 | 7.255.750 | 727 | 6.113.350 | 756 | 6.317.050 |
| II. | 65.117 | 130.373.625 | 54.900 | 106.669.125 | 54.707 | 106.618.625 |
| IIB. | 5.635 | 16.360.350 | 4.816 | 13.543.375 | 4.750 | 13.410.775 |
| III. | 11.996 | 13.463.125 | 9.977 | 10.859.900 | 9.785 | 10.464.350 |
| IIIB. | 1.303 | 4.809.325 | 1.166 | 4.138.625 | 1.146 | 3.972.675 |
| IV. | 1.120 | 2.234.375 | 1.031 | 2.025.500 | 1.017 | 2.029.250 |
| IVB. | 1.097 | 1.541.850 | 1.016 | 1.454.250 | 1.001 | 1.486.575 |
| Totaux | 178.045 | 619.605.325 | 154.234 | 539.812.700 | 155.573 | 548.857.175 |

Sur ces capitaux la Caisse a réassuré, en 1896, pour 129.266.760 M. et en 1897 pour 117.271.990 M. de risques à la section de réassurance du syndicat des Sociétés publiques. En risques mobiliers, la Société a réassuré en 1896 pour 8.529.930 M., en 1897 pour 9.505.270 M.

Pour un total de dépenses de 713.000 M., la Caisse a payé en 1896 en indemnités 451.818 M., et en récompense aux pompiers 12.615 M. Les frais d'administration se sont élevés à 65.198 M., dont 30.511 M. ont été remis aux municipalités à titre de dédommagement pour s'occuper des intérêts de la Société.

Les primes perçues se sont élevées à 667.232 M. dont 39.851 M. ont été octroyés aux 39 villes ayant un service de secours en cas d'incendie.

En primes mobilières la Société a encaissé 38.977 M. A titre de primes supplémentaires 3.762 M. ont été versés, soit un total général pour les primes, de 670.120 M. L'ensemble des recettes s'est élevé à 760.651 M. Un reliquat de 47.651 M. est donc tombé dans le fonds de réserve qui à la fin de 1895 était de 372.196 M. Le patrimoine de la Caisse s'élève à 1.312.547 M., tandis qu'à la fin de 1895 il n'était que de 1.249.835 M.

Les résultats financiers sont moins heureux pour les deux années suivantes.

Au lieu d'un reliquat c'est un déficit de 22.658 M. en 1897 et de 34.003 M. en 1898. Mais le fonds de réserve s'élève de 372.196 à 398.740 M. en 1897, mais tombe en 1898 à 364.906 M. Le patrimoine de la Caisse, de 1.309.388 M. à la fin de 1897, n'est plus, à la fin de 1898, que de 1.273.671 M. Cette baisse s'explique par ce fait que les dépenses sont restées les mêmes, tandis que les primes encaissées ont diminué dans leur montant.

Tandis que la caisse versait en indemnités 550.635 M. en 1898 au lieu de 509.000 M. en 1897 et 1896, le montant des primes encaissées est sensiblement le même. D'autre part tandis qu'en 1897 la caisse touchait de la section de réassurance 130.280 M., en 1898 ayant renoncé à la réassurance et ayant eu beaucoup d'indemnités à payer, forcément les finances de la Caisse devaient s'en ressentir. Sans être optimiste on peut pourtant être sans crainte sur le sort de la Société qui possède toujours un patrimoine de 1.273.671 M. pour parer à ces éventualités passagères.

Voilà un nouvel exemple de société publique facultative, réussissant et se développant malgré la concurrence des Sociétés privées et malgré la quantité de petites polices et de mauvais risques, qu'elle possède dans son portefeuille. Tous les assurés sont satisfaits de la Société. Les évaluations des commissions locales sont presque toujours acceptées sans contestation. L'estimation des dommages n'a donné lieu à un recours devant un tribunal arbitral que dans 5 cas, deux fois sur demande de la Société et 3 fois sur la demande des sinistrés. Une fois seulement le tribunal arbitral a maintenu l'estimation de la commission d'évaluation locale. Que la caisse se soit développée, c'est ce qui résulte des chiffres que nous avons produits. Nous pourrions encore ajouter que tandis que de 1871-1880, la caisse a assuré pour 4.125.505.000 M., de 1881-1890 elle a assuré 5.618.375.000 M. On ne peut guère soutenir en conséquence que ce développement soit passager. Par contre tandis que de 1871 à 1880 le ‰ des indemnités payées par rapport au capital assuré s'était élevé à 1.18 ‰, il tombe pour la période décennale suivante à 1,03 ‰ et de 1889-97 la moyenne n'est que de 0.95 ‰. Les encouragements donnés par la Société au service de secours en cas d'incendie, ont donc porté leurs fruits, puisque d'une période à l'autre, nous constatons une amélioration de 12,7 %.

# CHAPITRE V

## L'ASSURANCE COMMUNALE

### A. — Etude d'ensemble.

L'assurance communale a en Allemagne une importance trop grande pour pouvoir être étudiée accessoirement. Si jusqu'à présent, tant dans notre chapitre d'ensemble sur l'organisation des Sociétés publiques, que dans nos chapitres précédents, nous avons négligé d'insister sur les caisses municipales, c'était afin d'éviter des redites. Le moment est venu d'en faire l'étude. Comme pour les autres Sociétés publiques, nous commencerons par donner une idée d'ensemble de l'assurance communale. Nous essayerons de rechercher quelles ont été les causes de décadence de telle caisse, celles au contraire qui peuvent expliquer la prospérité des autres. Puis nous étudierons spécialement la *Société d'Elbing*, la plus ancienne caisse publique : *celle de Hambourg*. La *Caisse de Berlin* nous occupera ensuite. L'étude de la *Caisse de Breslau* terminera le chapitre que nous consacrons à l'assurance communale.

Depuis longtemps déjà on trouve des Sociétés publiques n'étendant leur sphère d'action qu'à une ville. Bien plus à l'origine elles étaient légion. Par suite d'un travail de fusion des Sociétés publiques, que nous avons étudié, le nombre des Sociétés communales a singulièrement diminué. De tout à fait grandes villes seulement ont conservé leur caisse propre. Les autres ont préféré se réunir au territoire d'une caisse voisine plus importante.

Enfin quelques-unes ont liquidé. Parmi les caisses municipales, les unes sont obligatoires, d'autres facultatives. Comme caisses obligatoires, il faut citer celles de Hambourg, de Berlin, de Breslau, de Stettin. Presque toutes les autres sont facultatives.

Comme caisse municipale ayant liquidé, on ne peut citer que celle de Francfort-sur-le-Mein. Nous proposant d'étudier les Sociétés municipales et ne voulant pas être taxé de partialité, nous tenons à insister quelque peu sur l'histoire de cette caisse, les raisons qui entraînèrent sa dissolution.

*Caisse de Francfort-sur-le-Mein.*—Elle fut créée par la loi du 20 mai 1817, et entièrement réorganisée par une loi du 6 août 1857. Elle reposait sur le principe de la mutualité.

L'entrée dans cette Mutuelle était entièrement libre. Remarquons de suite que cette faculté pour les propriétaires d'entrer ou de sortir de la Société comme il leur plait est pour une petite Société publique toujours dangereuse. Car elle aura à lutter contre les agences des Compagnies privées qui useront de tous les moyens pour détourner les citadins de la caisse communale. Ce qui, dans notre espèce, aggravait encore la situation, c'était l'imprudence des rédacteurs des statuts. Ils n'avaient pas pris de précautions pour éviter de surcharger, outre mesure, les membres de la Société par de fortes cotisations. On ne réclamait pas aux assurés une cotisation annuelle approximative permettant de faire face aux besoins ordinaires de l'assurance.

D'autre part la Société n'avait pas constitué de fonds de réserve pour parer aux dépenses extraordinaires entraînées par les grands incendies qui viendraient à éclater.

Enfin elle n'observait pas assez la division des risques.

Elle ne recourait pas à la réassurance.

Par contre elle acceptait tous les risques, même les plus dangereux tels que l'assurance de la cathédrale par exemple. On pourrait encore ajouter que, dès le début de sa constitution, cette Société a eu le tort de restreindre son champ d'application à un territoire limité. Mais nous n'attachons pas une importance illimitée à cet argument que l'on pourrait invoquer, et qu'on a maintes et maintes fois invoqué contre cette caisse. C'est, qu'en effet, si le territoire auquel la Société étendait sa phère d'action n'était pas très étendu, il était très peuplé et possédait beaucoup de maisons de grande valeur. En 1866, juste l'année avant la liquidation de la Caisse, celle-ci assurait un capital d'environ 43 millions de Thl.

D'autre part les maisons de Francfort sont somptueusement bâties et les très mauvais risques étaient bien peu nombreux. Aussi les immeubles rangés dans la première classe, présentant dès lors un minimum de risque en raison de leur nature de construction, entraient dans le montant des valeurs assurées pour près de 28 millions et demi de thl. Cependant la Société assurait de tout à fait mauvais risques pour près de 4 millions de thl., et ne recourait pas à la réassurance. Tandis qu'elle aurait pu s'adresser à une grande société publique étendant sa sphère d'action à un grand territoire telle que, par exemple, la Société rhénane assurant un capital de 350 millions. Renonçant à cette combinaison, il valait mieux réunir la société de Francfort à une autre voisine. C'était déjà l'avis d'un grand nombre. Les Compagnies privées, de leur côté, menaient une campagne tenace en faveur de la liquidation de la Caisse. Déjà en janvier 1867 une compagnie anglaise semblait devoir triompher. Aussi peut-on dire que l'incendie de la cathédrale, d'août 1867, fut plutôt un prétexte invoqué pour décider la liquidation de la Caisse.

Nous disons que c'était un prétexte. La ville de Francfort, en effet, avait en 1867 une population de 78.277 habitants et l'année d'avant la Caisse, avons-nous vu, assurait un capital de 43 millions de thl. Comment expliquer qu'un incendie n'ayant guère détruit que les 2/5 du capital assuré puisse être considéré comme un coup de massue de nature à exterminer une caisse. N'avons-nous pas d'exemple d'incendie beaucoup plus terrible n'ayant cependant pas occasionné de pareilles conséquences.

En 1842 la caisse de Hambourg eut à supporter un incendie ayant détruit le quart du capital assuré, elle n'est pas morte pour cela.

Enfin notre Caisse, pour avoir été imprudente et avoir encouru les critiques formulées antérieurement, n'en avait pas moins de bons antécédents.

La moyenne du capital assuré pendant la période décennale (1856-1865) s'élève à 39.598.142 thl. En 1866, la Caisse assurait 43.397.969 et en 1867, 43.712.191 thl. de valeurs immobilières ; soit donc de 1856-1867 une moyenne de 40.090.965 thl.

La moyenne du montant des indemnités payées est de 16.808 thl. pour la période décennale allant de 1856 à 1865. En 1866 la Caisse avait liquidé pour 43.024 thl. d'indemnités et 183 thl. en 1867. Mais cela ne fait, somme toute, qu'une moyenne de 32.866 thl. pour une période allant de 1856 à 1867.

En frais occasionnés par le service d'extinction des incendies, la Caisse a versé annuellement une moyenne de 63 thl. pour la période décennale 1856-1865. Mais en 1866 elle a déboursé de ce chef 155 thl., et 954 thl. en 1867. Cela fait une moyenne de 145 thl. pour la période 1856-1867. En frais d'administration il faut compter une moyenne de 2.573 thl., pour la période décennale 1856-1865 et 2.691 thl. pour 1866, enfin 2.480 thl. seulement en 1867, ce qui fait donc une moyenne de 2.575 thl. pour la période allant de 1856 à 1867. Si nous additionnons toutes ces dépenses, nous arrivons à une moyenne de 35.586 thl. pour la période 1856-1867. Pour frapper davantage, traduisons ces données en ‰ de valeurs assurées. Nous trouvons que les indemnités ont coûté en moyenne pour la période 1856-1865 environ 0,42 °/₀₀ du capital assuré, mais 0,99 pour 1866, enfin pour 1867 à peu près 4,39 °/₀₀ du capital assuré, soit une moyenne de 0,82 °/₀₀ du capital assuré pour la période allant de 1856 à 1867. Les frais entraînés par les nécessités du service d'incendie peuvent être évalués pour la période 1856-1867 à 0,004 °/₀₀ du total des sommes assurées, les frais d'administration à 0,064 °/₀₀ du montant des valeurs assurées, ou 0,89 °/₀₀ pour toutes les dépenses.

Quant aux primes perçues, elles s'élèvent pour la période décennale 1856-1865 à 0,46 °/₀₀ du capital assuré, à 0,56 °/₀₀ pour 1866 et à 0,57 °/₀₀ en 1867, et pour la période allant de 1856 à 1867 à 0,48 °/₀₀ du montant des valeurs assurées. En soustrayant, nous aboutissons aux résultats suivants : pour la période décennale 1856-1866 un déficit de 0,03 °/₀₀, pour 1866 un excédent de dépenses sur les recettes de 0,50 °/₀₀ du capital qui s'élève pour 1867 à 3,90 °/₀₀.

Malgré tout, la moyenne qui ressort pour la période 1856-1867 n'est que de 0,41 °/₀₀ du capital assuré.

Il eût été facile à la Société de parer à ces inconvénients en constituant un fonds de réserve. Sans doute cette création aurait engendré un supplément de dépenses. Mais cette légère surélévation n'est pas comparable aux prétentions exagérées des Compagnies privées. En 1869, celles-ci réclamaient déjà des primes pouvant être évaluées à 9/10 °/₀₀ pour assurer les édifices publics de la Ville.

Mais la poussée des Compagnies privées était

irrésistible. Une loi du 22 décembre 1869 réglementa la liquidation de la Société. Il fut décidé que le patrimoine de la caisse servirait d'abord à remplir les obligations contractées par la Société. Quant au reliquat il ferait retour de droit à la commune.

Voilà sans doute un échec ou, pour être tout à fait exact, une victoire remportée par l'assurance privée sur l'assurance publique communale. Mais elle est unique.

Nous rencontrons l'assurance publique dans les villes de *Berlin*, *Breslau*, *Elbing*, *Hambourg*, *Kœnigsberg*, *Lubeck*, *Luncbourg*, *Rostock*, *Stettin*, *Stralsund*, *Thorn* et *Wismar*.

Nous ne pouvons pas ici faire l'historique détaillé et donner les résultats obtenus depuis leur fondation, de toutes ces caisses de villes. Ceci nous entraînerait trop loin. Mais pour faire connaître au lecteur toutes les faces de la question, nous comptons prendre quelques-unes de ces caisses à titre d'exemple. Pour chacune nous ferons porter nos développements sur des points différents. Tantôt nous insisterons spécialement sur l'historique, tantôt nous nous appesentirons sur les résultats obtenus. Enfin l'organisation de ces caisses attirera spécialement notre attention, puisque nous n'en avons pas encore parlé dans nos développements antérieurs. Nous avons vu quelles furent les fautes commises par la Caisse de Francfort-sur-le-Mein en n'instituant pas l'obligation de s'affilier à la Caisse, en ne créant pas un fonds de réserve, partant en chargeant les assurés de lourdes cotisations pour certaines années. La Caisse de la ville de Thorn qui va maintenant nous occuper a évité ces écueils.

*Société publique d'assurance de la ville de Thorn*

Les statuts de la Société furent rédigés pour le 31 octobre 1821. Soumis à l'approbation du Ministre de l'Intérieur le 19 novembre de la même année, ils ne rentrèrent en vigueur que le 1er janvier 1822.

Voici, très brièvement résumés, les principes sur lesquels repose l'organisation de la Caisse.

C'est en premier lieu l'obligation pour tous les habitants demeurant dans l'intérieur des murs de la ville de s'assurer à la Caisse de Thorn. Voilà le principe. Mais en pratique nous croyons que c'est une caisse facultative. (1)

Quant aux cotisations, il faut distinguer entre les cotisations ordinaires et extraordinaires. Les premières étaient destinées à couvrir non seulement les risques éventuels mais encore à alimenter le fonds de réserve. A côté il pouvait être perçu des cotisations extraordinaires, lorsqu'en raison de l'importance ou de la fréquence des sinistres, le montant des indemnités à payer avait sensiblement dépassé la quotité prévue.

On faisait appel à ce mode de ressources avant même que le fonds de réserve fût entièrement dépensé. Par ce moyen on gardait toujours un certain fonds

(1) Voir les raisons qui nous ont porté à attribuer ce caractère à cette caisse, page 131.

d'avance permettant de solder même un très gros sinistre.

Pour atténuer dans la mesure du possible les effets dévastateurs du feu, la Ville avait organisé un service de pompiers et fait des règlements administratifs relatifs à la police des bâtiments et aux précautions à suivre pour éviter l'incendie.

L'administration de la Caisse rentrait dans les services de la ville. Elle était simple et peu coûteuse. La valeur des immeubles à assurer était déterminée par des experts assermentés et impartiaux. De cette manière on diminuait autant que possible le danger de surassurance. Disons enfin que les indemnités versées devaient être consacrées à la réédification des immeubles détruits.

Passons maintenant aux résultats obtenus.

En 1823 le capital assuré s'élevait à 887.915 thl. Depuis cette époque il n'a cessé de s'augmenter. Il atteint la somme de 2.496.733 thl. en 1868. Les indemnités payées pendant ces 46 années, se montent à 28.226 thl., ce qui fait une moyenne annuelle de 0,44 thl ‰ de valeurs assurées. Les frais d'administration se sont élevés pendant cette période en tout à 6.586 thl., desquels il faut déduire 600 thl., consacrés à la construction d'une pompe à incendie. Jusqu'en 1831 seulement la prime annuelle ordinaire s'élève à 2 1/2 ‰ du capital assuré. Puis ce chiffre ne fut maintenu que pour les tout à fait mauvais risques. La majorité des immeubles étaient assurés moyennant une moyenne de 1 ‰. Quant aux primes extraordinaires, on n'y a pas fait appel pendant ces 46 ans. Le fonds de réserve atteignait à la fin de 1868 la somme de 187.955 thl., soit environ 7 1/2 °/o du capital assuré. Cette réserve pouvait ainsi largement permettre de faire face même aux dégâts causés par un très grand incendie. Aussi la Société n'a-t-elle jamais eu besoin de recourir à la réassurance.

Comme il est de mode de dire qu'un des dangers de l'assurance publique est le développement de l'incendie-spéculation, nous voudrions, par un aperçu de l'importance et du nombre des incendies survenus pendant ces 46 ans, montrer ce qu'il faut penser de cette assertion.

De 1823 à 1830 pendant 6 années, la Caisse n'a payé aucune indemnité. Une année les indemnités se sont élevées à 1/4 °/oo des valeurs assurées et une autre année à 4 1/2 °/oo du montant des valeurs assurées. De 1831 à 1840 aucune indemnité n'a été versée pendant 3 ans. Pour 2 années la Caisse a versé des indemnités s'élevant à 1/4 °/oo des valeurs assurées ; pour une année, les indemnités payées s'élevaient à 1/2 °/oo ; pour 2 autres années de 1/2 à 1 °/oo ; enfin pour 2 autres années de cette période, de 1 à 1 1/2 °/oo du capital assuré. Dans la période allant de 1841 à 1850, pour 2 ans, les indemnités payées se sont élevées à 1/4 °/oo des sommes assurées, de 1/4 à 1/2 °/oo pour 2 autres années, de 1/2 à 1 pour deux autres années, de 1 à 1 1/2 °/oo pour les 2 autres années. Dans la période 1851 à 1860 la Caisse n'a rien payé pour 2 années ; 1/4 °/oo du montant des sommes assurées pour 6 années ; de 1/2 à 1 °/oo pour 1 année, de 1 à 1 1/2 pour une année. Enfin dans la période allant de 1861 à 1868, la Caisse n'a rien payé pour une année ; 1/4 °/oo du capital assuré pour 4 années, un total d'indemnités s'élevant de 1/2 à 1 °/₀₀ du montant des valeurs assurées pour 3 ans. Si nous additionnons, nous trouvons que pour la période allant de 1823 à 1868 la Caisse n'a payé aucune indemnité pendant 12 ans ; un total d'indemnités s'élevant à 1/4 °/₀₀ du montant des sommes assurées pour 15 ans ; des indemnités se chiffrant par 1/2 °/₀₀ des sommes assurées pour 4 ans ; les indemnités payées ne se sont élevées de 1/2 à 1 °/₀₀ des sommes assurées que pour 7 ans, et de 1 à 1/2 °/₀₀ que pour 6 ans. Enfin la Caisse n'a déboursé qu'une année, en indemnités, un total s'élevant de 2 1/2 à 3 °/₀₀ du montant des sommes assurées. Une année seulement dans toute notre période de 46 ans, la Caisse a soldé en indemnités pour 4 à 4 1/2 °/₀₀ du montant des sommes assurées.

Les résultats obtenus par les caisses de *Berlin*, *Stettin* et *Breslau*, sur lesquelles nous insisterons ultérieurement, méritent d'être signalés :

| ANNÉES | Sommes assurées Berlin Thl. | Sommes assurées Stettin Thl. | Sommes assurées Breslau Thl. | Primes °/.. Berlin Thl. | Primes °/.. Stettin Thl. | Primes °/.. Breslau Thl. |
|---|---|---|---|---|---|---|
| 1822 | 54.055.375 | | 13.276.330 | 0.22 | | 0.83 |
| 1823 | 56.426.050 | 5.592.200 | 14,000.000 | 0.22 | — | — |
| 1824 | 59.127.025 | 5.662.175 | 14.639.660 | 0.11 | 0.50 | 0.44 |
| 1825 | 61.306.000 | 5.700.575 | 15.000.000 | 0.22 | 0.67 | — |
| 1826 | 65.003.675 | 5.782.350 | 15.431.250 | 0.11 | — | 1.00 |
| 1827 | 68.811.975 | 5.799.750 | 15.600.000 | 0.44 | — | — |
| 1828 | 71.848.900 | 5.365.750 | 15.800.000 | 0.33 | 1.00 | — |
| 1829 | 73.620.550 | 5.919.200 | 16.088.000 | 0.33 | 1.67 | — |
| 1830 | 75.747.300 | 5.967.900 | 16.199.740 | 0.33 | — | — |
| 1831 | 77.724.000 | 5.996.350 | 16.319.580 | 0.67 | — | 0.32 |
| 1832 | 79.190.630 | 6.075.275 | 16.576.140 | 0,60 | — | 0.67 |
| 1833 | 80.362.000 | 6.308.950 | 20.810.230 | 0.67 | 1.07 | — |
| 1834 | 81.475.700 | 6.437.950 | 21.882.360 | 0.11 | — | — |
| 1835 | 81.653.450 | 6.634.575 | 22.330.130 | 0.33 | — | 0.58 |
| 1836 | 83.299.375 | 6.959.400 | 22.638.775 | 0.44 | — | 0.28 |
| 1837 | 85.523.225 | 7.188.425 | 22.832.705 | 0.22 | — | 0,67 |
| 1838 | 88.147.850 | 7.208.575 | 23.122.300 | 0.56 | 0.23 | 0.28 |
| 1839 | 90.845.700 | 7.755.625 | 23.419.105 | 0.22 | — | — |
| 1840 | 94.120.575 | 8.050.325 | 24.031.325 | 0.56 | — | 0.28 |
| 1841 | 97.855.250 | 8.319.675 | 24.730.080 | 0.22 | 0.33 | 0.17 |
| 1842 | 103.411.925 | 8.877.175 | 25.600.000 | 0.56 | 0.67 | — |
| 1843 | 106.907.750 | 9.332.450 | 26.600.000 | 0.67 | — | — |
| 1844 | 110.598.000 | 9.707.675 | 27.664.105 | 0.33 | 0.33 | 3.00 |
| 1845 | 114.095.875 | 10.092.900 | 28.706.865 | 0.33 | 4.33 | 0.67 |
| 1846 | 118.326.325 | 10.565.225 | 30.103.030 | 0.44 | — | 1.00 |
| 1847 | 121.954.925 | 10.833.775 | 32.152.385 | 0.44 | 0.67 | 0.67 |
| 1848 | 125.366.725 | 10.681.575 | 33.160.095 | 1.22 | 0.67 | 0.67 |
| 1849 | 126.611.300 | 10.846.550 | 33.572.905 | 0.22 | 0.67 | 1.06 |
| 1850 | 128.021.975 | 10.954.875 | 33.670.995 | 1.00 | 0.67 | 0.83 |
| 1851 | 128.492.525 | 11.090.450 | 33.995.070 | 0.22 | 0.67 | 0.33 |
| 1852 | 138.997.650 | 11.283.375 | 34.168.630 | 0.67 | 0.67 | 0.67 |
| 1853 | 131.169.900 | 11.581.925 | 35.570.400 | 0.44 | 1.00 | 0.50 |
| 1854 | 134.746.375 | 11.967.950 | 34.964.700 | 0.44 | 0.67 | 0.50 |
| 1855 | 136.846.225 | 12.236.950 | 35.424.180 | 0.44 | 0.67 | 1.17 |
| 1856 | 139.999.675 | 12.631.000 | 35.678.510 | 0.56 | 1.33 | 0.83 |
| 1857 | 145.015.925 | 13.190.675 | 36.662.008 | 0.56 | 0.67 | 1.17 |
| 1858 | 150.307.250 | 13.626.100 | 37.455.915 | 0.56 | 0.67 | 0.50 |
| 1859 | 156.795.400 | 14.405.275 | 38.772.265 | 0.56 | 0.67 | 1.17 |
| 1860 | 163.902.525 | 14.877.025 | 40.203.840 | 0.44 | 0.67 | 0.67 |
| 1861 | 178.815.875 | 15.359.350 | 41.710.570 | 0.56 | 0.67 | 0.39 |
| 1862 | 192 439.375 | 15.816.550 | 43.678.650 | 0.78 | 0.67 | 0 39 |
| 1863 | 209.850.250 | 16.377.975 | 45.715.750 | 0.56 | 0.67 | 0.39 |
| 1864 | 228.743.875 | 16.914.050 | 47.775.960 | 0.77 | 0.67 | 0.33 |
| 1865 | 215.491.225 | 17.531.545 | 49.523.910 | 0,67 | 0.67 | 1,08 |
| 1866 | 262.451.150 | 18.352.600 | 51.780.110 | 0.45 | 0.67 | 0.63 |
| 1867 | 272.187.100 | 19.026.350 | 53.273.600 | 0.56 | 0.67 | 0,63 |
| 1868 | 279.007.925 | | 55.104.090 | 0.56 | — | 0.61 |
| 1869 | 288.752.600 | | | 0.67 | — | |
| *Moyenne annuelle* | **128.203.116** | **10.249.248** | **29.711.067** | **0.53** | **0.67** | **0.60** |

Bien que la moyenne, pour mille, des primes perçues soit bien modeste, il convient encore de faire remarquer que notamment pour Berlin et Breslau, une portion du montant des primes a été affectée au service d'incendie et des pompiers.

*A Berlin* pendant les quatorze années qui s'écoulent de 1856 à 1869, la Caisse a prélevé en tout 1.748.885 thl. Mais sur cette somme il faut déduire 920.117 thl. affectés au service d'extinction des incendies.

Pendant cette période, la moyenne du capital assuré pouvant être fixée à 208.047.390 thl. et la moyenne des primes perçues pour 1000 thl. à 0,60, comme environ 0,32 °/₀₀ de ce montant a été consacré au service des pompiers, la prime d'assurance proprement dite *ne serait que de 0,28 °/₀₀*.

Quant à la *Caisse de Breslau*, depuis longtemps déjà elle consacrait annuellement une somme de 2000 thl. au service d'extinction des incendies et prélevait sur le montant des primes un fonds de réserve, qui en 1868 atteignait déjà 197.113 thl. Si l'on envisage la période s'écoulant de 1856 à 1868, on compte qu'une somme de 165.571 thl., prise sur le total des primes, a servi à alimenter le fonds de réserve. Pendant la même période 26.000 thl. ont été affectés au service des pompiers. Comme pendant ces treize ans, le total des primes perçues ne s'est élevé qu'à 394.071 thl. desquels il faut déduire le montant du fonds de réserve, nous trouvons que le total des primes consacré à l'assurance ne s'est élevé qu'à 202.500 thl. Quant à la moyenne des primes annuelles encaissées pendant cette période, elle est d'environ 15.577 thl., celle du capital assuré est de 44.410.432 thl. On voit donc que si la Société s'était strictement cantonnée dans son domaine, *une prime annuelle de 0,35 ‰ de capital assuré eût été suffisante.*

Enfin la Caisse *de Stettin* avec la faible prime annuelle est parvenue à amasser un fonds de réserve s'élevant en 1867 à 42.900 thl.

Nous n'avons malheureusement pas les mêmes éloges à adresser à la *Caisse de Königsberg*. Tandis qu'à Berlin, Breslau et Stettin, le capital assuré par les caisses de ces villes va sans cesse en augmentant, pour la Caisse de la ville de Konigsberg, c'est une diminution continue que nous devons enregistrer de 1823 à 1867. Il tombe de 12.801.710 thl. à 3.142.042 en 1867. C'est vraiment un chiffre trop modeste pour permettre à une caisse de se relever. Parmi les causes expliquant ce déclin, il faut citer en première ligne l'élévation des primes réclamées. La moyenne des primes perçues de 1822 à 1867 n'est guère inférieure à 2,02 thl. ‰ de capital assuré. Dans certaines années elle s'est même élevée à 4 ‰. Aussi en 1846, où la prime réclamée fut portée à 3,67 ‰, pendant cette seule année, le capital assuré tombe brusquement de 7.871.720 thl. à 4.309.810 thl.

On est en droit de demander à quelles raisons il faut attribuer cette prime élevée. Les causes en sont multiples. C'est d'abord la défectuosité des constructions de Konigsberg qui les rend facilement inflammables. C'est de plus l'état lamentable du service d'incendie comparé à celui que l'on rencontre dans les villes précitées. Ce sont enfin les principes sur lesquels repose cette Caisse.

Celle-ci, à l'instar de la Caisse de Francfort, mais à la différence des Sociétés de Berlin, Breslau et Stettin n'avait pas déclaré *l'affiliation à la Caisse obligatoire*, d'où la nécessité de percevoir des primes élevées n'assurant que les mauvais risques. D'autre part cela explique pourquoi, à mesure que la prime s'élève, le nombre des assurés va sans cesse en diminuant. Enfin, comme ce fut le cas pour la Caisse de Francfort, il n'y avait pas de fonds de réserve. La réassurance et la classification des risques laissaient beaucoup à désirer. Aussi tant que les primes réclamées furent très faibles, la Caisse de la ville l'emporta sur les Compagnies privées.

Celles-ci ont triomphé bientôt d'elle en sacrifiant momentanément une partie de leur capital pour assurer les bons risques à meilleur marché que la Caisse de la ville. Aussitôt les habitants aisés ont déserté la Caisse de Kouigsberg pour s'adresser aux Compagnies privées qui leur offraient, avec force réclames, de bien meilleures conditions. Seuls, les mauvais risques restaient à la Caisse de la ville. Les effets de l'inobservation de la division des risques, se font bientôt sentir. La prime réclamée alla sans cesse en augmentant. Le triomphe des Compagnies privées fut complet.

L'assuré préférait savoir à l'avance ce qu'il avait à payer pour l'année prochaine. Avec la Caisse de la ville jamais on ne pouvait affirmer qu'on ne serait pas obligé de payer une prime double l'année suivante. Aussi, si actuellement, la Caisse n'a pas liquidé, elle n'assure plus à vrai dire. Elle continue simplement à couvrir les risques anciens, en prélevant les indemnités à payer sur le fonds de réserve.

Mais il y a des caisses municipales qui, tout en étant facultatives, ont mieux réussi. C'est ce que nous allons voir en faisant l'étude de la Société d'Elbing, à laquelle nous arrivons.

### B. — Société d'assurance de la ville d'Elbing.

La Caisse existe depuis 1773. Mais on ne possède pas de renseignements sur l'organisation et les résultats de cette Caisse depuis sa fondation jusqu'en 1823. Cette date doit donc être le point de départ de notre étude.

A l'instar de ce que nous avons fait pour la Caisse de la ville de Thorn, nous allons envisager une même période de 46 ans.

A la fin de l'année 1823, la Caisse assurait un capital de 2.303.450 thl. Mais le montant des valeurs assurées, au lieu d'aller en augmentant comme pour la Caisse de la ville de Thorn, tombe très sensiblement. En 1828 il n'est plus que de 1.371.575 thl., il tombe à 1.235.225 thl. enfin en 1835. Cette chute est due d'abord à ce fait que l'entrée et la sortie de la Société étaient entièrement libres et également aux importants incendies qu'on a eu à déplorer dans les années 1824, 1826 et 1827. A tel point qu'il faut arriver à 1861 pour constater une reprise régulière. A cette date le capital assuré s'élevait à 1.984.320 thl. Mais la Caisse ayant eu à subir les conséquences de nouveaux grands incendies survenus dans les années 1861 et 1866, le capital assuré s'en est vivement ressenti. Nous le retrouvons en 1868 ne s'élevant plus qu'à 1.828.170 thl. Cette faible ascension s'explique tant par la fréquence des sinistres, que par la nature des risques acceptés par la Caisse. Celle-ci ayant assuré de très mauvais risques industriels, n'avait pas une organisation assez robuste pour assumer une pareille charge.

Elle aurait dû déclarer l'affiliation à la Caisse obligatoire et s'assurer un fonds de réserve suffisant. Ce qui lui manquait. Aussi tandis que la ville de Thorn, ne possédant en 1868 que 15.505 habitants, avait une Caisse couvrant un capital de 2.496.733 thl., la ville d'Elbing, bien qu'ayant une population de 28.055 habitants, n'assurait, par l'intermédiaire de sa Caisse, en 1868, qu'un capital de 1.828.170 thl. En raison précisément de ces défectuosités, qu'il nous soit permis d'insister un peu sur les règlements et statuts régissant cette Société.

Le premier règlement que nous connaissons date du 24 janvier 1826. Il resta en vigueur jusqu'en 1854. Il subit le 8 août de cette année une revision qui fut approuvée le 7 octobre de la même année par le premier président de la Province.

Malgré quelques modifications et additions postérieures, notamment dans l'année 1861, voici les principales dispositions qui régirent la Société jusqu'à la fin de la période sur laquelle nous raisonnons. La grande modification qui conduisit à la confection d'un nouveau règlement ne date que du 3 mai 1879; et n'entra en vigueur qu'au 1er janvier 1880.

Tout d'abord la Caisse n'assurait pas tous les risques. Etaient exclus les moulins à vents, théâtres et chaumières couvertes de paille. Rentraient également dans l'exception les immeubles abritant des marchandises inflammables ou ceux qui, pour certaines autres raisons, pouvaient facilement prendre feu.

L'entrée dans la Société, comme la sortie étaient absolument facultatives, cela même pour les propriétaires ayant leurs immeubles hypothéqués, sans qu'il soit besoin du consentement des créanciers. Par contre, la surassurance n'était pas permise. Seule devait rentrer en ligne de compte la valeur des objets pouvant être effectivement la proie des flammes. Des taxateurs étaient chargés d'y veiller. Tous les dix ans la Société faisait à ses frais la revision des immeubles assurés à sa Caisse. Tenant compte de la nature des risques, les immeubles étaient divisés en 4 classes. Dans la 1re classe étaient rangés les bâtiments entièrement construits en pierre et couverts d'une toiture réfractaire au feu. Dans la 2e classe les constructions pour partie seulement bâties en pierres, mais ayant une toiture n'offrant pas d'aliment au feu; dans la 3e classe étaient réunis les immeubles construits en lattes recouvertes ou tout en bois, mais n'ayant pas une toiture légère, et enfin la 4e classe comprenait les chaumières couvertes de jonc ou de paille restant encore assurées auprès de la Société et les bâtiments présentant des chances spéciales d'incendie, tels que ceux recouverts de cartons ou de ronces.

Les dégâts étaient évalués par l'architecte de la ville, deux entrepreneurs, un maçon et un charpentier. Le sinistré assistait à l'estimation qui était déterminée en considération du capital assuré.

Pouvaient engendrer une indemnité non seulement les dégâts causés par le feu et la foudre, mais encore ceux occasionnés par les moyens employés pour circonscrire ou éteindre l'incendie, à moins que le propriétaire ne soit incendiaire ou complice d'incendiaire. Dans ce cas, les créanciers hypothécaires étaient cependant payés sur l'indemnité. Ajoutons que les incendies allumés par la guerre n'étaient pas non plus indemnisés. Les indemnités devaient être affectées à la reconstruction ou à la réparation de l'immeuble détruit ou détérioré. Les versements étaient faits en quatre fois au fur et à mesure que la reconstruction s'avançait.

La députation de la Société d'assurance pouvait, avec l'agrément de la municipalité et du conseil municipal, recourir à la réassurance, auprès d'autres compagnies d'assurance.

On devait consacrer 1/20 °/₀ du capital assuré au fonds de réserve jusqu'à ce qu'il ait atteint le total de 2 °/₀ du total des sommes assurées. Lorsque les indemnités à solder dépassaient 1/2 °/₀ du capital assuré, on devait faire appel au fonds de réserve. La Caisse consacrait annuellement une certaine somme en récompenses allouées à ceux qui prenaient des précautions spéciales contre l'incendie.

*La gestion de la Société était entre les mains de la municipalité qui déléguait à cet effet un de ses membres.*

A côté, se trouvait un organe administratif, *la députation de la Société d'assurance contre l'incendie.* Elle comprenait deux membres de la municipalité, deux propriétaires désignés par le conseil municipal et quatre membres de la Société. Le service de caisse était assuré par les employés de la Caisse municipale et le service de bureau par les employés des bureaux de la municipalité.

Les primes à percevoir étaient fixées d'après les dépenses à solder et encaissées par la voie administrative.

En cas de contestation, une voie de recours était ouverte en faveur des intéressés auprès de la municipalité qui constituait *ad hoc.* un tribunal composé de trois membres, dont un nommé par la municipalité et les deux autres par les parties. Ils devaient être choisis parmi les propriétaires fonciers appartenant à la Société et habitant la commune.

D'après la décision de l'administration de la Société en date du 5 août 1867, un contrat de réassurance fut passé avec une compagnie privée, d'après lequel la Société cédait une moitié de son portefeuille moyennant une prime annuelle de 3, 4, 6 et 10 1/2 sgr. °/₀ thl. de capital assuré dans chaque classe.

Dans la période de 40 années s'étendant de 1828 à 1868, la Société a assuré un capital moyen de 1.680.882 thl. et a perçu en tout pour 164.425 thl. de primes. Les indemnités payées pendant cette période, s'élèvent à 136.595 thl. Ceci représente une prime moyenne de 2,13 ‰ des sommes assurées et en moyenne 1,70 ‰ du capital assuré, en indemnité. Donc 83,07 % du montant des primes était consacré au paiement des indemnités. Quant à la moyenne des incendies et celle de leur importance elle fut très variable.

Nous laissions prévoir antérieurement que la Caisse avait été dotée postérieurement de nouveaux statuts qui se substituèrent aux anciens. Nous les avons attentivement parcourus dans l'espérance d'y trouver des modifications sérieuses. Nous fûmes quelque peu déçu. Les principes directeurs de la Caisse sont restés les mêmes. Les statuts du 3 mai 1879 n'apportent guère de changements dans l'organisation administrative de la Caisse. Les mêmes risques sont exclus. On conserve le caractère facultatif de la Caisse.

Mais il est défendu d'assurer cumulativement les mêmes immeubles à la Caisse de la ville et à d'autres Sociétés. On peut s'assurer à tout moment de l'année à la Caisse. Le nouvel arrivé ne payera que la prime due à partir du commencement du trimestre. L'assuré peut se retirer quand il veut, mais il reste débiteur de la prime afférente à toute l'année. Le propriétaire ne cesse de faire partie de la Société que du jour où il est rayé du livre cadastral de la Société d'assurance contre l'incendie.

Il faudra de plus que cette radiation soit approuvée par la députation de la Société.

Pour accepter un risque, il faudra au préalable qu'il

y ait eu une évaluation de l'immeuble à assurer. La Société se réserve le droit de faire procéder à tout moment à des revisions. Si un risque lui paraît être devenu trop mauvais, elle pourra le refuser. Le propriétaire sera, par contre, admis à demander une augmentation du capital assuré. On a conservé les 4 classes de risques.

Les immeubles rangés dans la 1re classe payeront 1/2 °/₀₀, dans la 2e classe 2/3 °/₀₀, dans la 3e classe 5/6 °/₀₀, dans la 4e classe 1 °/₀₀. Si le montant du total des primes perçues sur cette base est insuffisant à payer les indemnités, on y consacrera les intérêts du fonds de réserve ; s'ils ne peuvent arriver à couvrir les dépenses, on doublera les primes. Si ces sommes ne permettent pas encore de solder les dépenses, on fera appel au fonds de réserve, tant qu'il n'aura pas baissé au-delà de 2 °/₀ du capital total assuré. Passée cette limite, en cas d'insuffisance des recettes, on élèvera alors les primes jusqu'au taux permettant de balancer les dépenses. Dans ces deux derniers cas, l'assemblée générale, avec l'approbation de la Municipalité, devra décider des mesures à prendre. Ajoutons, enfin, qu'on ne doublera pas les primes, même si les intérêts du fonds de réserve sont insuffisants à couvrir les frais, lorsque le fonds de réserve sera supérieur à 10 °/₀ du capital assuré.

Le propriétaire affilié à la Caisse qui apporte des modifications à son immeuble ou bien dont la situation se trouve changée par le voisinage d'un autre immeuble aggravant les chances de risques, doit en avertir de suite la Société qui classera le bien dans la catégorie à laquelle il doit appartenir. L'inobservation de cette obligation donnerait à la Société le droit de refuser toute indemnité en cas de sinistre.

S'il ne remplit pas cette obligation dans les deux mois à compter du jour où le changement est survenu, l'assuré sera passible d'une amende égale au quadruple de la différence de prime provenant de la modification dont l'immeuble a été l'objet.

L'estimation des dommages sera faite d'après les mêmes règles que celles déjà décrites antérieurement. Il faudra déclarer lorsque l'immeuble est encore réparable, si les dommages s'élèvent à 7/8, 3/4, 5/8, 1/2, 3/8, 1/4 ou 1/8 du montant total du capital assuré. Les dégâts sont-ils inférieurs à 1/8, ils devront être réparés et on estimera les frais que cette remise en état a entraînés et également si toute la valeur de l'immeuble avait été assurée auprès de la Société.

La Caisse n'indemnisera que pour les dégâts causés par l'incendie ou par les moyens employés pour l'éteindre sans distinguer quelle fût la cause du sinistre. Toutefois, si l'assuré est un incendiaire ou un complice d'incendiaire, l'obligation de la Caisse de servir une indemnité disparaît. Cela n'empêchera pas les créanciers hypothécaires de prétendre au paiement des sommes garanties par l'immeuble jusqu'à concurrence du montant de l'indemnité qui aurait été accordée, mais le propriétaire ne sera pas admis à assurer à nouveau ses biens immobiliers.

La Société peut se réassurer à une Compagnie privée mais ne saurait réassurer.

Nous voudrions insister un peu, en terminant avec cette Caisse, sur l'administration de la Société. Sous la haute surveillance de la Municipalité qui délègue à cet effet un de ses membres, la Caisse est administrée par la *Députation de la Société d'assurance contre l'incendie.*

Elle comprend deux membres de la Municipalité dont le syndic et quatre membres de la Société choisis comme les premiers pour trois ans, à raison d'un pour chaque classe de risque, parmi les propriétaires ayant des immeubles assurés dans la catégorie qu'il représente. La caisse est tenue par les fonctionnaires de la Caisse municipale. Ils sont astreints aux mêmes obligations et soumis au même contrôle que pour la gestion des fonds communaux. Pour expédier les écritures la députation de la Société, se sert des autres employés de la Municipalité.

La Société doit tenir un cadastre devant contenir toutes les opérations d'assurances faites. On devra faire figurer sur ce livre les noms des rues, les numéros, nom et prénoms de l'assuré, la description des immeubles assurés, la catégorie dans laquelle ils ont été rangés, les primes qu'on devra percevoir (1). Les modifications intervenues dans l'assurance devront figurer de suite au cadastre.

(1) *Modèle de Schema :*

| N° de cercle | rue. | N° de la maison et du livre foncier | Noms, prénoms et profession du propriétaire | Description des immeubles principaux ou annexe | Classes d'immeubles | | | | Primes perçues | | | | Observations sur l'entrée et la sortie. |
|---|---|---|---|---|---|---|---|---|---|---|---|---|---|
| | | | | | 1 | 2 | 3 | 4 | 1re cl. | 2e cl. | 3e cl. | 4e cl. | |

Le montant des primes à percevoir est porté à la connaissance de l'assuré par l'envoi d'un rôle. Ces sommes devront être versées à la caisse communale sans retard. Tout paiement de prime en retard sera effectué par la voie de l'exécution administrative. Les résultats de la caisse seront publiés dans les feuilles officielles du cercle. En dehors de cette publication la caisse devra faire un rapport annuel sur sa situation. Il sera examiné par la municipalité 14 jours après avoir été porté à la connaissance des assurés par une insertion dans les organes officiels.

La justification des recettes devra être faite au moyen de la production des rôles de primes et des bordereaux spéciaux pour les recettes extraordinaires. Quant aux dépenses, une vérification des quittances permettra d'en constater l'exactitude. La caisse est inspectée tous les mois et tous les ans en même temps que la caisse communale.

Reste à parler du contentieux et des moyens de recours offerts aux assurés pour faire valoir leurs prétentions. Dès qu'une difficulté vient à s'élever entre la députation de la caisse et l'assuré, ce dernier a le choix entre deux moyens : soumettre son cas à la municipalité qui rendra une décision ou bien provoquer une sentence arbitrale. Si l'une des parties ne se déclare pas satisfaite du jugement rendu, elle pourra recourir aux voies ordinaires de juridiction. Le conseil arbitral se compose de deux membres nommés chacun par une des parties et d'un arbitre. Les deux membres désignés par les parties doivent être nommés parmi les propriétaires fonciers de la ville assurés à la Caisse. Quant à l'arbitre, il est choisi par la municipalité, le plus souvent parmi les membres du tribunal de la ville. Les parties sont tenues de se procurer un représentant dans un délai de 10 jours. Passé ce délai, si le membre du conseil présenté par une des parties fait défaut ou est disqualifié, un nouveau délai de 10 jours est accordé pour permettre à l'intéressé de se mettre en règle. Mais après ce délai c'est la municipalité qui désigne un membre, s'il ne se présentait pas ou ne pouvait être accepté. Si les deux membres parviennent à se mettre d'accord, l'arbitre n'aura pas à intervenir. En cas contraire sa voix servira à faire la majorité. On pourra en appeler de la décision de la municipalité ou de la sentence arbitrale devant le juge de paix qui tranchera définitivement le différend.

Enfin disons en terminant que, sur la demande de 50 membres de la Société, l'*Assemblée générale des assurés* devra être réunie par la Députation. La date de convocation ainsi que l'ordre du jour devront être portés à la connaissance des intéressés par une insertion dans les journaux de la localité. Cette Assemblée se prononcera sur les intérêts supérieurs de la Société et pourra notamment demander la liquidation de la caisse, Cette grave décision ne sera exécutée que si elle réunit les deux tiers des voix après une triple publication et l'approbation de la municipalité. Le fonds de réserve serait alors affecté à la satisfaction de besoins communaux.

Pour terminer avec l'étude de cette caisse; donnons

quelques renseignements statistiques. Les résultats obtenus jusqu'en 1868 nous sont connus. En 1877, le capital assuré, par rapport au montant des valeurs assurées l'année précédente, s'abaisse de 402.960 M. Il s'élevait à 3.791.580 M. se répartissant ainsi qu'il suit entre les quatre classes de risques : I<sup>re</sup> classe, 1.685.128 M. ; II<sup>e</sup> classe, 940.465 M. ; III<sup>e</sup> classe, 1.044.424 M., et enfin dans la dernière classe, 121.565 M. Le montant des primes perçues s'est élevé à 821 M. dont 287 M. pour les risques de la 1<sup>re</sup> classe et 203 M., 291 M. et 39 M. pour les risques des classes suivantes. En indemnités la caisse a versé 182 M. L'excédent d'actif s'élevait à la fin de l'année à 128.964 M. De 1871 à 1880 la caisse a assuré un capital de 43.972.000 M. et a payé pour 109.495 M. d'indemnités soit 2,49 ‰. De 1881 à 1890 elle a assuré pour 75.544.000 M. de valeurs immobilières soit une augmentation de près des trois quarts du capital assuré pendant la période décennale précédente. D'autre part le montant des indemnités versées tombe de 109.495 à 13.385 M., soit 0,18 ‰. C'est donc une diminution dans le montant des dommages causés par l'incendie égale à 2,31 ‰ ou 92,7 %. De 1889 à 1897 la moyenne ne s'élève pas. A ce point de vue c'est le plus bel exemple qu'on puisse citer pour les caisses ne s'étendant qu'à une ville. Même pour la caisse de la ville de Stettin, cette diminution d'une période à une autre n'est que de 67 7 %, pour Berlin 41 %, pour Breslau 39,5 %, pour Thorn 29,8 % et pour Hambourg 21,7 % tandis que pour Stralsund c'est une augmentation de 133 % et pour Lubeck de 25 % qu'il faut enregistrer d'une période à l'autre.

En 1890 la caisse d'Elbing assurait 9.730.250 M. de valeurs soit une progression par rapport à la fin de l'année 1889 de 874.150 M. La moitié de son portefeuille était réassurée. Pour couvrir ces valeurs la caisse d'Elbing a perçu une prime moyenne égale à 0,59 ‰ et a encaissé du chef de sa réassurance 1.867 M. Les indemnités versées se sont élevées à 0,38 ‰ de capital assuré soit 65,8 % du montant des primes encaissées. Elle a payé en primes de réassurance 4.276 M. Les frais d'administration se sont élevés à 1.929 M. Elle réalisait un bénéfice de 6.621 M. Son patrimoine s'élevait à la fin de l'année 1890 à 180.545 M. A la fin de 1897 la Société assurait un capital de 11.033.180 M. Ce chiffre se répartissait ainsi entre les classes : Ire 7.165.740 M., IIe 2.238.120 M., IIIe 1.544.660 M., IVe 84.660 M. Le total des primes perçues s'est élevé à 15.472 M. Les dommages causés par l'incendie se sont élevés à 31.532 M. Mais la Société ayant réassuré son portefeuille pour 50 % a reçu des réassureurs 15.762 M. tandis qu'en primes de réassurance la caisse n'avait déboursé que 4.703 M. La gestion se soldait par un bénéfice de 260 M. augmentant d'autant le patrimoine de la Société, alors de 222.851 M.

### C. — Etude sur la caisse de Hambourg.

Les plus anciennes unions contractées, en vue de se

protéger contre le feu, se rencontrent, pour l'Allemagne, dans le territoire de Hambourg. Il n'y a guère que dans le Schleswig-Holstein que l'histoire en révèle dès le xv$^{e}$ siècle.

Les premières Mutuelles de Hambourg datent de la fin du xvi$^{e}$ siècle. En 1591, nous trouvons 100 propriétaires de brasseries se réunissant pour former une Union connue sous le nom de « *Contrat du feu* ». Moins d'un siècle plus tard nous pouvons déjà compter une multitude de ces petites Unions qui en 1676 se fondirent dans une institution unique : la « *General Feuerkasse.* »

L'ordonnance régissant cette caisse comprenait 16 paragraphes dont voici l'essence. Les propriétaires restaient leurs propres assureurs pour 1/4. Pour le surplus ils étaient assurés par la Caisse qui ne pouvait couvrir plus d'une valeur de 15.000 M. Il faut en dire autant des parties qui ne pouvaient être endommagées par les flammes. La cotisation annuelle ordinaire s'élevait à 4 Schelling ‰ M.

En cas de sinistres, les indemnités étaient payées dans un délai de 4 semaines, mais le montant devait être affecté à la reconstruction de l'immeuble détruit. Ajoutons de suite qu'on prévoyait le cas où il faudrait faire appel à des cotisations extraordinaires. Elles pouvaient s'élever à 4,8,12 Schellings ‰ M. et même plus haut s'il était nécessaire. Leur paiement devait être effectué dans les 14 jours. En cas de dommages partiels, les dégâts devaient être évalués par des charpentiers et maçons assermentés.

Notons, en passant, que les immeubles démolis dans un intérêt commun, faisaient naître également au profit de leur propriétaire un droit à indemnité. Il faut en dire autant pour les dégâts causés par les moyens employés pour se rendre maître du feu.

La Caisse était dirigée par 16 administrateurs dont 2 conseillers, deux anciens de la Ville, deux juges et 10 autres notables de la Ville choisis pour 2 ans. Ce sont ces personnes qui étaient chargées de distribuer des secours aux blessés victimes de leur devoir. Ceux qui étaient brûlés étaient enterrés aux frais de la Caisse et leurs veuves et enfants secourus par la Société.

Enfin ceux qui se distinguaient par leur zèle à étouffer le feu avaient droit à une récompense.

La Caisse était située à l'hôtel de ville et avait 8 gardiens.

Plus tard la Caisse prit à sa charge tous les frais qu'entraînait le service des pompiers.

Mais après le terrible incendie du 23 juin 1684 qui détruisit toute la partie sud de la ville en causant pour 1.215.600 M. de dégâts soit 5 % du capital assuré, l'Etat se chargea pour un siècle des frais que nécessitait le service d'incendie de la ville.

Pendant les 6 années qui suivirent, les associés durent payer un supplément de 50 ‰ du capital assuré ce qui n'a même pas permis aux sinistrés d'être indemnisés intégralement, c'est-à-dire d'obtenir 75 % de la valeur de l'immeuble détruit.

Une ordonnance du 28 septembre 1753 a supprimé le maximum de 15.000 M. qu'un propriétaire ne pouvait dépasser. Désormais il lui était loisible d'assurer un immeuble pour une valeur supérieure à 15.000 M., mais il restait toujours son propre assureur pour 25 % de la valeur évaluée. On maintenait également l'obligation pour les propriétaires de s'assurer à la Caisse.

Au commencement du XIXe siècle, on fit de sérieux efforts, et notamment le sénateur Joh Arnold Gunther, pour rendre l'assurance obligatoire pour tous les propriétaires. D'autre part on réclamait également que la Caisse assurât pour tout le montant de la valeur des portions d'un immeuble pouvant être détruites par un incendie. En d'autres termes on demandait que l'obligation qui pesait sur tout propriétaire de rester son propre assureur pour 1/4 fût supprimée.

Ces efforts répétés finirent par aboutir : en 1817 une loi décida que tout propriétaire pouvait rester son propre assureur pour 10 % du montant de la somme évaluée.

Mais ordinairement toutes ces ordonnances ne sont applicables que pour un temps déterminé d'avance (1). Aussi chaque fois qu'on arrive à échéance, la prolongation de la mesure est l'objet de débats; ce sont là autant d'occasion pour modifier, s'il y a lieu, l'ancienne disposition.

En 1822 on décida de faire procéder à une revision des évaluations et de créer un organe de contrôle. Il aurait pour fonction de veiller à ce que les indemnités

(1) Ce délai est ordinairement fixé à 10 ans.

allouées fussent bien consacrées à la réédification des immeubles détruits.

En 1833 il s'agissait de voter la prolongation de l'application de cette mesure. On en a profité pour poser le principe d'après lequel, tant pour l'évaluation de l'immeuble que pour celle du montant des dommages, on devait toujours se reporter à l'époque où fut faite la première estimation.

Plus tard en 1839 il fut décidé que les districts de Grünendeiche et de la banlieue de la ville de Saint-Georges, — avant assurés à la Caisse d'incendie de Neuwerker, — feraient désormais partie de la sphère d'application de la « General Feuerkasse ».

Le grand incendie de 1842 qui coûta à la Caisse 37.890.767 M. compromit sérieusement l'avenir de cette institution. Il suffit de lire les procès-verbaux de la séance de la députation de la Caisse d'incendie du 12 mai 1842, présidée par le sénateur docteur Binder, pour admirer le courage et le sang-froid déployé par ces hommes en présence d'une pareille calamité.

Pour faire face à ces lourdes dépenses, on dut recourir à un emprunt d'Etat. Il devait être amorti peu après par les intéressés. Un versement de 4 % des recettes devait être consacré à cet amortissement partiel.

En 1855 toute une série de modifications furent réclamées dans une assemblée où se trouvaient réunis le conseil municipal et la députation de la Caisse. Ces débats aboutirent à la rédaction de la loi de 1867. Aux termes de cette disposition, les territoires, non encore assujettis à l'assurance obligatoire, environnant la ville feraient partie de la sphère d'action de la « General Feuerkasse » qui prendrait le nom de *Hamburger Feuerkasse*. Naturellement le bénéfice de l'assurance obligatoire, dont elle jouissait antérieurement pour un territoire plus restreint, s'étendait également aux immeubles situés dans les pays nouvellement annexés. Toutes ces maisons devaient être assurées à la Caisse de Hambourg.

La seconde modification apportée par la loi de 1867 consistait dans l'introduction d'un tarif de primes graduées d'après le degré du risque d'incendie que présentait chacun des divers immeubles assurés par la Caisse. Cette classification coûta beaucoup de peine et de temps, mais ne resta pas longtemps en vigueur. La loi ne tarda pas à être l'objet d'une revision sur ce point. La loi de 1867 apporta une dernière modification qui en raison de son importance doit être signalée.

On se rappelle que de tout temps la Caisse, entre autres charges, devait assurer le service des pompiers. Désormais on allège la Caisse de cette obligation pour en confier l'exécution à une députation spéciale.

En 1891 enfin, conformément à une promesse faite par la loi de 1885, la loi du 20 avril 1891 décida que la sphère d'action s'étendrait à tout le territoire de Hambourg.

Ainsi, de si modestes débuts la Caisse s'est élevée jusqu'à être une institution d'Etat.

Avant de passer à l'étude de l'organisation et du fonctionnement actuel de la Caisse de Hambourg, nous voudrions donner quelques renseignements statistiques permettant de suivre la marche de la Société.

En 1822, après l'application de l'assurance obligatoire à tous les immeubles, le capital assuré par la Caisse s'élevait à 178.806.900 M. et avait atteint, avant le grand incendie de 1842, 227.016.600 M.

Comme à côté de cette Caisse il y a une multitude de petites institutions d'assurance opérant à côté d'elle, il n'est pas superflu de donner une idée au lecteur de ces petites sociétés publiques. Pour ce, plaçons-nous à une époque déterminée et résumons rapidement les résultats obtenus, tant par la Caisse générale que par toutes ces petites sociétés contiguës qui, en 1891, furent confondues dans la Caisse de Hambourg.

Au 31 décembre 1866 :

La *Caisse générale de Hambourg* qui fut fondée en février 1677, conformément à une décision, en date du 30 novembre 1676, déclarant que les 46 unions alors existantes n'en formeraient plus qu'une sous le nom de « General Feuerkasse », assurait un capital de 258.603.750 M.

*La Caisse s'étendant à la banlieue* assurait un capital de 64.076.965 M. Celle assurant les quatre contrées et le village de Geesthacht (1) couvrait un capital de 5.586.350 M. *La Caisse s'étendant aux contrées de Billwarder* (2), 3.035.000 M. *La Caisse de Moorbourg* (3), 1.095.905 M. *La Nouvelle Gilde d'assu-*

(1) Fondée en 1624.
(2) Fondée en 1647.
(3) Fondée en 1675.

*rance contre l'incendie de Gredener* (1) s'étendant aux territoires de Greden, de Ritzebuttel, de Hadel et de Altenbruch, assurait à la fin de 1866 un capital de 1.329.000 M. Les dégâts causés par l'incendie se sont élevés de 1846-1866 à une moyenne de 1,15 °/₀₀ du capital assuré. Pour la Caisse des régions d'Ochsenwarder, de Moorwarder, de Tatenberg et de Spadenland (2), le capital assuré s'élevait à 1.350.000 M. auquel il faut ajouter environ 20.000 M. d'étables et de meubles assurés auprès de la Caisse.

La moyenne annuelle des primes perçues pour les 10 années allant de 1857-1866 est de 0,90 °/₀₀ et si l'on embrasse la période de 33 ans s'étendant de 1834-1866, elle n'est plus que de 0,75 °/₀₀ des somme assurées.

La *Caisse pour la ville de Bergedorf* assurait à la fin de 1876 un capital de 2.312.000 M. Pendant les années s'étendant de 1856-1866 pas un incendie n'a entraîné une indemnité supérieure à 300 M., donc les réassureurs n'ont rien eu à payer. Aussi les Compagnies ont-elles fait à la ville une donation de 500 M. pour édifier un poste de sapeurs-pompiers.

La *Gilde de la petite ville de Geeste* assurait en 1866 un capital de 230.000 M. Il était entièrement réassuré à la Compagnie allemande « le Phénix de Francfort-sur-le-Mein », moyennant 2 1/2 °/₀₀. Toutes les recettes de la Caisse étaient consacrées à payer cette réassurance. Comme les indemnités à verser ne se sont pas, pour une durée de 10 ans, élevées au-dessus de 1,15 °/₀₀, la

(1) Fondée en 1679.
(2) Fondée en 1723.

Compagnie de Francfort fit cadeau à la Gilde de deux petites pompes à incendie.

Additionnons toutes ces valeurs assurées, et nous trouvons qu'à la fin de 1866, c'est à 338.420.124 M. que s'élevait le capital assuré par toutes ces petites Sociétés, soit une moyenne par tête d'habitant de 1.362 M.

En 1868 le capital assuré par la Caisse générale s'est élevé à 327.270.960 M. auxquels il faut ajouter une somme de 122.212.080 M., représentant la valeur des immeubles situés dans la banlieue de la ville et qui, par suite de la loi de 1867, devaient être assurés à la Caisse générale. Donc en 1868 le capital total s'élevait à 449.483.040 M. En 1870 il atteint 511.837.660 M. en augmentation sur l'année précédente de 26.019.480 M. De 1871-1880 la Caisse de Hambourg a assuré pour 7.393.618.000 M. de valeurs, pour lesquelles elle a payé 5.118.411 M., soit environ annuellement 0,69 ‰ du capital assuré. De 1881-1890 le capital assuré fut de 11.298.395.000 M., et les dégâts causés se sont élevés à 6.102.335 M., soit 0,54 ‰ du capital assuré, c'est-à-dire une diminution de 21,7 % par rapport à la période décennale précédente.

En 1894, — à cette époque la Caisse de Hambourg s'étend à tout le territoire depuis déjà deux ans — le capital assuré est 4 fois plus élevé qu'en 1868 lors de la première annexion faite au territoire d'application de cette institution. Il s'élève à 1.667.635.210 M. Mais arrêtons-nous dans cette statistique pour faire connaître au lecteur la situation actuelle de la Caisse.

C'est la loi du 30 avril 1891 qui décida l'annexion à

la sphère d'action de la Caisse de Hambourg, des territoires n'en faisant pas encore partie, possédant des petites caisses locales que nous connaissons. Désormais pour tout l'Etat de Hambourg il n'y aura plus qu'une seule Caisse d'assurance contre l'incendie. La région sera divisée en un certain nombre de districts. Chacun nommera un député et un suppléant. Les assurés choisiront un député et un suppléant, mais la députation de la Caisse-incendie se réserve le droit d'approuver le choix.

Le règlement revisé de 1885, applicable à la caisse de Hambourg, fut étendu à la Caïsse qui venait de s'agrandir. C'est dans ce règlement du 20 février 1885, modifié le 9 juin 1894 que nous trouvons toutes les dispositions relatives à l'organisation de l'administration et à la gestion de la Caisse, s'étendant à tout le territoire de Hambourg.

Donnons d'abord une idée générale sur la Caisse, puis nous reprendrons avec plus de détails les points principaux.

La Caisse de Hambourg peut être considérée comme une association des propriétaires du territoire de Hambourg ayant pour but l'assurance mutuelle de leurs immeubles. Mais cette Société mutuelle est imposée par la loi. Doivent en faire partie tous les citoyens ayant des biens, des immeubles situés sur le territoire de Hambourg, sauf certaines exceptions en faveur des bâtiments consacrés au culte. Mais cette caisse en accepte l'assurance. Cette Société est, non seulement sous le contrôle des autorités publiques, mais encore est gérée par les organes administratifs. Cette institution ne vise que l'assurance contre l'incendie des immeubles. Mais devront être assurés à la Caisse non seulement les bâtiments principaux, mais encore leurs annexes. C'est ainsi qu'un atelier de photographie situé sur le toit ou une veranda par exemple, devra être assuré en même temps que le bâtiment principal. Cette obligation s'étend tant aux bâtiments privés qu'aux édifices publics. Toutes les assurances immobilières contractées en dehors de la Caisse sont considérées comme non avenues, et le propriétaire n'en reste pas moins tenu de s'assurer à la Caisse publique. Il n'y a d'exception que pour les risques dont l'assurance n'est pas acceptée par la Caisse. Notons cependant que même dans ce cas la Caisse se considérerait comme engagée à l'égard des créanciers hypothécaires. Celui qui aura contracté plusieurs assurances n'aura droit à aucune indemnité. Mais si l'immeuble était grevé d'hypothèques, les créanciers hypothécaires recevront de la Caisse le montant de leur créance. Bien entendu, la Caisse ne versera jamais une somme supérieure au taux de l'indemnité.

L'assurance antérieurement contractée subsiste avec ses effets pendant la reconstruction ou les modifications apportées à l'immeuble assuré. La Caisse toutefois ne s'engage pas à tenir compte des plus-values éventuelles. Elle n'appréciera la valeur d'un immeuble en construction qu'après son complet achèvement. Il est loisible au propriétaire ou à ses créanciers hypothécaires de contracter une assurance auprès de Compagnies. C'est là une des exceptions à laquelle nous faisions allusion plus haut. Sitôt la maison terminée avant même toute utilisation, le propriétaire doit, dans la semaine de l'achèvement de l'immeuble, le déclarer au *bureau de la Caisse-incendie* sous peine d'une amende de 30 M.

L'assurance ne pourra cesser que si l'immeuble est entièrement démoli et la place rendue nette, par exemple lorsqu'on achète une maison pour l'emplacement qu'elle occupe et agrandir un terrain voisin sur lequel on veut bâtir. Ou bien c'est un propriétaire dont l'immeuble a été entièrement brûlé et qui ne reconstruit pas. Une autorisation sera nécessaire pour raser ainsi sa maison ou ne plus la reconstruire. Elle sera accordée par le Sénat. Les créanciers doivent y consentir. Mais si les créanciers hypothécaires ne font pas valoir de bonnes raisons à l'appui de leur refus, le propriétaire pourra passer outre en payant ses dettes, et en plus, à titre de dédommagement, un trimestre d'intérêt.

Avant entière résiliation de la police, le propriétaire est tenu de remplir ses obligations à l'égard de la Caisse d'assurance.

Une partie seulement d'un corps de bâtiment vient-elle à brûler, le propriétaire est tenu, sous peine de 30 M. d'amende, d'en avertir aussitôt le bureau de la Caisse incendie.

Celui-ci diminuera la valeur de cette construction détruite de la police du sinistré et notera cette modification sur les livres de la Caisse.

Les églises et autres édifices réservés aux cultes peuvent être assurés à la Caisse. Dès lors, sur le désir exprimé par les intéressés ils cesseront d'être assurés. Sauf cette exception, tous les immeubles doivent être assurés à la Caisse. Toutes les parties du bâtiment qui peuvent être la proie des flammes rentreront en taxe pour l'assurance. Toutefois le propriétaire peut demander d'être assuré pour une somme supérieure tant qu'elle ne dépasse pas 10 % du montant de l'évaluation. L'assurance s'étendra tant aux immeubles qu'aux immeubles par nature et par destination. C'est ainsi que non seulement des tapisseries, des boiseries, des installations de gaz, d'eau, de bain, mais encore des choses accessoires telles que puits, pompes, grues, madrier, etc., sont englobées dans la police.

Mais les fondations situées à une distance de 0,60 des voûtes de la cave, les moulins à eau, leurs fondations, ainsi que les barrières ne pourront être assurés que si l'intéressé en manifeste le désir. L'estimation de ces objets sera faite séparément. Ils seront mentionnés à part sur les livres de la Caisse. Une police spéciale devra être dressée.

Il y a des biens qui ne peuvent pas être assurés à la Caisse. Ce seront notamment : des objets bien qu'adhérents aux murs, tels que des tapisseries d'art, comme des Gobelins ou bien des peintures décoratives ou bien encore des sculptures. Comme immeubles par destination ou par nature exclus de l'assurance, citons encore : des installations de magasins, l'outillage d'une fabrique ou d'un atelier et toute la machinerie des usines.

Ces risques particulièrement lourds pourront être assurés, par les intéressés, à des Compagnies.

Nous savons quels sont les risques qui feront l'objet de la police. Indiquons maintenant quels sont les fléaux, endommageant les biens, de nature à engager la Caisse.

Celle-ci couvrira les dégâts causés aux immeubles par l'incendie, sans distinguer s'il est allumé par une opération de guerre, une émeute ou un tremblement de terre, par la foudre, n'engendrerait-elle pas d'incendie, par une explosion de gaz, de vapeur, de poudre ou tout autre produit similaire, même s'il n'en est pas résulté d'incendie.

Il va sans dire qu'il faut ajouter les dégâts occasionnés par les moyens de toutes sortes employés pour se rendre maître du feu.

La Caisse ne pourra recourir à la réassurance que si elle y est autorisée par une loi votée par le Sénat, ce qu'à notre connaissance, il n'a pas encore fait.

La Caisse refusera toute indemnité au sinistré qui aurait mis le feu à son immeuble ou bien en aurait chargé un tiers. En présence d'une faute grossière de l'incendié, la Caisse pourra agir de même. Il appartiendra aux tribunaux de déclarer si l'inobservation d'une prescription des règlements de la police sur le feu constitue, pour une espèce donnée, une faute grossière, privative d'indemnité.

Même dans les cas où le sinistré aurait été déchu de son droit à obtenir une indemnité, la Caisse consacre ces sommes, s'il y a lieu, à rembourser les créanciers hypothécaires en tenant compte de leurs droits et de leur rang. Si l'immeuble avait été vendu aux enchères, l'acheteur conserverait son action contre le propriétaire.

L'assuré pour avoir droit à une indemnité devra payer annuellement des primes ordinaires fixées comme nous verrons ultérieurement. A côté de cette cotisation ordinaire on pourra lui demander des cotisations extraordinaires si le premier versement est insuffisant pour payer les indemnités et autres dépenses de la Caisse. Ces cotisations ont le caractère d'un impôt attaché à l'immeuble même. La prime sera due en quelque sorte par le bien. Quiconque le possédera, devra payer cette espèce de droit grevant le bâtiment qu'il possède.

Le terrain préparé par ces idées générales, pénétrons maintenant un peu dans les détails en reprenant les points principaux.

*Administration de la Société.* — Elle est assurée par une *Députation* placée à la tête de la Direction de la Caisse. Cette Députation se compose de 2 membres du Sénat, d'un membre de la commission des finances et de 10 bourgeois, « *Feuercasse Bürger* ». La députation s'adjoint un comptable, versé dans les questions de comptabilité. Il devra prêter serment. Nos bourgeois doivent être choisis parmi les assurés auprès de la Caisse. Chaque année le plus ancien se retire et est remplacé. Cette députation se réunit sous la présidence du 1er sénateur élu ou, en cas d'empêchement, du 2e sénateur, rentrant dans la composition de cet organe. Ses membres s'assemblent toutes les fois que les circonstances l'exigent, mais au moins une fois par mois au jour choisi. Cette assemblée, pour délibérer valablement, doit comprendre au moins 6 membres, non compris le président. Elle s'occupera de toutes les questions générales relatives à l'assurance exploitée par la Caisse ainsi que du choix des membres de l'organe de gestion « *Angestellten* » qui administre pendant que la députation n'est pas réunie, et dont elle recevra le serment. Mais le choix du président et de son suppléant doit être ratifié par le Sénat, devant lequel ils prêteront serment.

La députation connaîtra de toutes les questions litigieuses et veillera aux intérêts généraux de la Société. En cas d'urgence le président de la députation décidera en première instance. Mais la décision du président pourra être l'objet d'un recours. Il suffira de déposer le mémoire, contenant les réclamations, sur le bureau de la Caisse dans les 10 jours.

Deux membres de la députation sont préposés à la surveillance de la caisse. A ce titre ils pourront en tout temps mais au moins une fois par mois vérifier la caisse. Les comptes annuels doivent être remis au plus tard pour le mois de février à la députation qui les examine avant de les soumettre à l'approbation du Sénat. Une fois approuvés par le Sénat, ils sont publiés.

Depuis la loi du 20 avril 1891, les assurés de chaque district peuvent nommer un député et un suppléant. Ce choix devra être ratifié par la députation. Mais leur élection approuvée, ils pourront demander à voir les livres de la Société. Ils connaîtront des dénonciations et réclamations ; donneront les explications qui leur seraient demandées. Ils signeront les actes d'évaluation, feront, s'il y a lieu, des observations. Lorsque l'indemnité sera versée en plusieurs fois, ils contresigneront le certificat nécessaire pour obtenir un nouveau versement. Ils veilleront, avec les deux taxateurs du district, à ce que la reconstruction des immeubles s'effectue ou les réparations aient lieu. Dès qu'un incendie éclate, on devra faire connaître au député comment l'extinction en a été conduite.

L'organe permanent de gestion est représenté par les « *Angestellten* », fondés de pouvoirs, pourrions-nous dire en français.

Cette administration se compose d'un chef et de son suppléant, puis du personnel de bureau nécessaire.

Il existe à Hambourg une Caisse d'assurance-vie au profit des veuves et des orphelins de tous ces fonctionnaires touchant un traitement fixe. Elle est alimentée par des versements spéciaux. Ces fonctionnaires sont nommés et prêtent serment pour 6 mois. Ils ont droit à une retraite. Ils touchent un traitement dont voici les montants.

Le traitement du chef s'élève à 7.200 M. Il est susceptible de deux augmentations de 720 M., après chaque période quinquennale. Il doit déposer au département des finances un cautionnement de 24.000 M. Il est responsable des archives qui lui sont confiées, qu'il contrôle ainsi que la comptabilité de la Caisse.

Le sous-chef touche un traitement annuel de 5.000 M., susceptible de deux augmentations de 500 M. après chaque période quinquennale. Il verse un cautionnement de 18.000 M. Il remplace le chef en cas d'empêchement.

Pour assurer la comptabilité il y a des comptables assermentés et le *Registrator*, touchant un traitement s'élevant à 3.600 M., mais pouvant atteindre 4.500 M.

Chacun de ces fonctionnaires dépose un cautionnement dont la députation de la Caisse fixera le taux. Quant aux rédacteurs de la Société, ils reçoivent des traitements variant avec la classe à laquelle ils appartiennent. Ils débutent à 1.800 M. jusqu'à 2.100 M. dans la classe au-dessus, 2.100 à 2.400 M. Les rédacteurs de la 3e classe ont de 2.400 à 3.000 M. Deux d'entre eux peuvent recevoir de 3.100 à 4.000 M. Les places de rédacteurs de 2e et 3e classe sont ordinairement réservées aux vieux comptables. Le montant du cautionnement qu'ils auront à déposer est fixé par la députation de la Caisse.

La Société nomme le nombre d'inspecteurs qu'il est nécessaire pour faire les revisions. Les évaluations sont faites par des entrepreneurs de charpente et de maçonnerie désignés dans chaque district, ordinairement deux par district. Ils doivent être choisis parmi des associés de la Caisse. Ils sont nommés pour 3 mois par le président de la députation qui reçoit leur serment. Après l'expiration de ce délai, ils peuvent être choisis à nouveau. Pour une évaluation exigeant des connaissances spéciales, le président de la députation peut nommer des experts spéciaux qui devront également prêter serment.

Ne pourront être ni reviseurs, ni taxateurs, dans l'évaluation d'un immeuble, des architectes ou entrepreneurs, qui seraient, soit l'entrepreneur qui a construit la maison, soit l'architecte qui en a dessiné le plan. Il existe, comme nous venons de voir, des inspecteurs assurant la révision des évaluations. Parmi ceux-ci, il en est un nommé pour six mois, touchant un traitement fixe, attaché spécialement à la Caisse, surveillant les revisions et les évaluations.

Pour solder les frais d'administration, on perçoit des contributions spéciales destinées à ce paiement. Chaque nouvel immeuble déclaré pour être assuré, ou toute demande d'augmentation d'une police ancienne sera frappée d'une prime de 1 ‰. Pour chaque transcription ou inscription faite à la Caisse, il sera demandé au bénéficiaire, pour une valeur de 1000 M. de valeur d'assurance, 1 M., pour une valeur entre 1001 et 5000 M. une contribution de 3 M., et 5 M. entre 5001 et 30.000 M., au-dessus de 30.000 M. un droit de 10 M.

Pour une copie d'évaluation 3 M., pour toute recherche dans les livres de la Société ou les archives 0,50, pour tout extrait des livres de la Caisse 1 M.

Afin de faire face aux frais d'évaluation :

Pour l'estimation des immeubles ou une évaluation supérieure, seront réclamés jusqu'à 5000 M., 0,05 M. ; de 5001 à 10.000 M., 0,10 M. ; de 10,001 à 25,000 M. 0,15 M. ; de 25,001 à 50.000 M. 0,20 M. ; de 50,001 M. à 75,000 M. 0,25 M. ; de 75,001 à 120,000 M. 0,30 M. et au-dessus 1/4 ‰.

*Comment se font ces évaluations, les polices et leur inscription ?*

Pour assurer son immeuble et ses annexes ainsi que pour augmenter ou diminuer une police, le propriétaire devra déposer une demande au bureau de la Caisse-incendie.

Celui-ci envoie deux de ses taxateurs assermentés. Ils procèdent à l'évaluation des objets à assurer, conformément aux règles. Dans certains cas spéciaux, ils s'adjoindront deux experts qui devront également prêter serment avant de se mettre à l'œuvre. Le propriétaire est obligé de communiquer aux taxateurs les plans de l'immeuble, et dans le cas où il le posséderait, et si les taxateurs le désirent, le plan ichnographique ainsi que le compte des sommes dépensées pour la construction. Les taxateurs ont quatre semaines, à compter du jour de cette inspection, pour déposer à la Caisse leur estimation. Elle devra comprendre le relevé des valeurs pouvant être incendiées. Une estimation séparée devra être faite pour chaque bâtiment et chaque annexe s'il y a lieu. Elle devra contenir une description de l'architecture et des dispositions propres à chaque bâtiment. Après cette espèce d'analyse ils feront de la synthèse.

Cette estimation indiquera le total des valeurs ainsi évaluées et le montant de la cotisation à payer. Enfin, s'il y a lieu, on devra mentionner les objets exclus de l'estimation, comme ne pouvant pas être assurés auprès de la Société.

Dès que les taxateurs auront fini leur évaluation, le résultat en sera soumis à l'examen de deux reviseurs. S'ils approuvent cette évaluation, elle sera, sans plus de formalités, inscrite sur les livres de la Caisse. En cas contraire, les reviseurs chercheront à s'entendre avec les taxateurs. Tombent-ils d'accord, la transaction intervenue sera transcrite sur les livres de la Caisse. Mais on a prévu l'hypothèse où cette entente n'interviendrait pas. Averti de leur désaccord, le bureau de la

Caisse nommera deux autres taxateurs et un troisième reviseur choisi parmi les membres de la députation. L'évaluation qui réunira la majorité deviendra définitive. C'est sur cette estimation que la députation de la Caisse établira le montant de la police et la contribution à payer.

Aussitôt ces chiffres fixés, ils seront portés à la connaissance du propriétaire. Il pourra parcourir la feuille d'évaluation et même en prendre copie. Un délai de quatorze jours, à compter du jour de la communication des pièces, lui est accordé pour faire valoir ses réclamations.

Elles devront être présentées par écrit et ne pourront porter que contre le montant de la police et la contribution fixée. La députation de la Caisse y répondra par écrit.

Si elle trouve la réclamation mal fondée, elle maintiendra l'estimation et la contribution antérieurement établies. Celles-ci deviendront définitives.

L'obligation de la Caisse commence dès le jour de l'inspection faite par les taxateurs. Mais jusqu'à l'évaluation définitive, c'est le montant du capital indiqué par les taxateurs qui servira de base. Un incendie viendrait-il à surgir, on indemniserait d'après cette estimation.

L'évaluation et la contribution sont devenues définitives. Elles seront inscrites sur les livres de la Caisse. Le Président de la députation avertit le propriétaire qu'il lui est loisible de venir constater l'inscription de sa police sur les livres.

Un immeuble assuré auprès de la Caisse peut changer de mains. Sans autres formalités, les droits et obligations de l'ancien propriétaire passent sur la tête du nouveau propriétaire. Toutefois, ce dernier, sous peine de 20 M. d'amende, devra, dans les quatorze jours de la transmission, en avertir le bureau de la Caisse.

Un immeuble assuré peut être transmis à plusieurs propriétaires. Tant que cette cession n'aura pas été portée à la connaissance de la Caisse, ses livres ne relatant pas cette modification, le capital assuré sera toujours réputé appartenir au même propriétaire. Lui seul supportera le paiement de la cotisation.

L'immeuble assuré a été l'objet d'un partage. Les nouveaux propriétaires devront fournir un état de leur droits de propriété, et un plan ichnographique de leur lot. La Caisse fera faire une nouvelle évaluation à la charge des propriétaires. Les copartageants ont quatorze jours pour faire valoir leurs réclamations. L'assurance, ainsi divisée, ne rentre en vigueur que du jour où la division a été déclarée et les nouvelles polices définitivement établies. Jusque-là, les propriétaires de l'immeuble partagé sont solidairement tenus des obligations pesant sur l'immeuble avant la division.

Toute autre modification importante survenant dans l'état de l'immeuble assuré, entraînera une nouvelle évaluation. Ce sont deux immeubles qui ont été réunis, une maison qui s'est augmentée d'un étage ou de toute autre construction ou qui a été démolie en partie, une estimation sera nécessaire.

Il sera loisible au propriétaire dans ces cas de demander que cette évaluation s'étende à tout le bâtiment. Cette opération est faite aux frais de l'assuré.

Mais l'assuré est tenu de supporter de tout temps une nouvelle estimation. Si la députation pense qu'une assurance antérieurement contractée ne correspond plus à la valeur actuelle de l'immeuble, une évaluation s'impose, mais celle-là au frais de la Caisse.

L'assuré peut, dans les quatorze jours, recourir contre ces évaluations devant la députation de la Caisse. La nouvelle estimation est conforme à celle faite antérieurement : non seulement le réclamant paiera les frais d'évaluation, d'après le tarif que nous avons fait connaître plus haut (1), mais encore l'indemnité accordée aux taxateurs. Toutefois, les frais de cette nouvelle opération ne devront pas lui coûter plus du double de la somme calculée d'après les tarifs. Les taxateurs en principe ne doivent recevoir que la gratification déterminée d'après ces tarifs. Mais lorsque c'est la Caisse qui supporte les frais, le montant en sera déterminé par la députation.

Les reviseurs recevront également une indemnité fixée par la Caisse.

*Quelles sont les ressources permettant à la Caisse de payer les indemnités ?*

Le paiement des indemnités est assuré au moyen de contributions et d'un fonds de réserve.

Pour déterminer le taux des primes ordinaires on se

(1) Dans notre chapitre relatif à l'administration, page 619.

basera sur la structure des immeubles, leur situation, leur usage.

Suivant que les immeubles seront édifiés sur le territoire ancien, qui faisait partie du ressort de la Caisse de Hambourg, ou dans les localités ajoutées depuis à sa sphère d'action les tarifs varieront.

Occupons-nous d'abord des tarifs appliqués à la ville de Hambourg.

Pour les maisons d'habitation dont les murs extérieurs sont en pierre et sont recouverts de matières à l'épreuve du feu, il sera perçu 1/2 ‰ de capital assuré. Pour les autres bâtiments 5/8 ‰. Les risques particulièrement mauvais seront frappés d'une prime supplémentaire. Ainsi les greniers et entrepôts de marchandises paieront un supplément de 1/2 ‰.

Les hangars, échoppes et bâtiments construits pour partie ou entièrement en bois ou bien ayant des balcons chambranles en bois paieront une prime supplémentaire variant entre 1/8 et 3 ‰.

Les fabriques, théâtres, moulins et maisons couvertes en paille, et en général toutes les entreprises industrielles présentant de grands dangers d'incendie paieront une prime supplémentaire pouvant s'élever de 1/4 à 15 ‰. La députation de la Caisse fixera le montant de cette prime supplémentaire dans ces limites en se basant sur les risques plus ou moins grands d'incendie.

Les annexes ou bâtiments voisins, n'ayant pas une valeur de plus de 1500 M., paieront une prime fixée sur la plus haute contribution perçue pour l'immeuble principal.

Passons aux tarifs établis pour les localités suburbaines faisant partie du territoire de Hambourg.

Pour les maisons massives et ayant une toiture réfractaire à l'incendie, au lieu de 1/2 c'est 1 ‰ qu'on percevra et pour les maisons d'habitation ne remplissant pas ces conditions 1 1/4 ‰.

Les primes supplémentaires payées pour les risques agricoles, tels que hangars, granges, pourront s'élever de 1/4 à 3 ‰. Toutefois ces tarifs ne seront pas étendus aux immeubles situés dans les communes de Bergedorf et de Cuxhaven.

Le fonds de réserve, auquel nous arrivons par voie d'élimination, est destiné à procurer les ressources nécessaires pour couvrir des dépenses extraordinaires occasionnées par un grand incendie. Il sera alimenté par les excédents de recettes. Ce fonds de réserve sera géré par le Trésor qui le placera en valeurs de tout repos. Les intérêts qu'il rapportera serviront à l'augmenter.

Chaque année le département des finances fera connaître à la caisse la situation de son fonds de réserve. Lorsque l'institution d'assurance aura besoin d'y faire appel, la Députation de la caisse s'adressera à la commission des finances qui lui fournira les sommes demandées tant que leur montant ne dépassera pas le chiffre fixé comme maximum d'avance. Si le fonds de réserve venait à atteindre 1 1/2 % du capital assuré, la Députation de la caisse en avertirait le Sénat. Celui-ci pourrait, par une loi, consentir à diminuer le tarif des primes.

Au contraire si ni les primes ordinaires ni les ressources du fonds de réserve ne parviennent à couvrir les dépenses, on recourra à la perception de *primes extra-ordinaires*.

Jamais la prime extraordinaire ne pourra dépasser 1 1/2 °/₀ du capital assuré. Pour alléger cette charge elle pourra être répartie sur deux ans. Mais la prime extraordinaire annuelle ne saurait être supérieure à 3/4 °/₀ du montant des valeurs assurées.

Si cette perception était insuffisante à payer les indemnités dues, le surplus serait soldé par la caisse de la ville.

Cette prime extraordinaire, basée sur le montant de la police et son ancienneté, ne pourra être établie qu'avec l'assentiment du Sénat.

Ajoutons, pour terminer avec les primes, quelques observations relatives à leur établissement et à leur perception.

Dans le calcul de la prime un immeuble d'une valeur inférieure à 500 M. sera compté pour ce taux et un immeuble supérieur à 500 M. mais inférieur à 1000 M. pour ce chiffre. Le montant de la cotisation à payer doit être calculé, au plus tard, le 15 juin de l'année précédente à celle à laquelle elle appartient.

Les contributions ordinaires, afférentes à des polices nouvelles contractées au cours d'une année ou augmentées pendant l'année, sont calculées à compter du premier jour où la police aura été acceptée par la caisse. Pour établir les primes extraordinaires, on se placera au moment où la police aura été officiellement inscrite sur les livres de la caisse. Chaque retard apporté dans le paiement des primes sera passible d'une amende de 1 M.

Lorsque le retard est trop considérable, le Président de la Députation pourra délivrer une contrainte contre le retardataire et fixera le montant de l'amende qui le frappe.

Nous connaissons comment une assurance est contractée quelles sont les ressources permettant à la Caisse de faire face aux dépenses : voyons maintenant quelle est la procédure à suivre pendant et après un incendie, comment les dommages sont évalués et les indemnités versées.

Aussitôt qu'un incendie éclate dans le ressort de la Caisse, le Bureau central d'incendie en avertit la Caisse d'assurance. Celle-ci, pour un incendie de quelque importance, envoie aussitôt 2 taxateurs sur les lieux du sinistre avec mission de rechercher, par l'examen des décombres, dans quelles conditions l'immeuble a pris feu. Les taxateurs, après s'être rendu compte de l'importance des dégâts, peuvent permettre aux intéressés d'apporter les améliorations désirables et indispensables.

Après chaque incendie une enquête judiciaire sera ouverte. La Caisse sera informée des résultats auxquels elle a abouti.

L'assuré, de son côté, a 14 jours, à compter du jour de l'incendie, pour faire connaître à la Caisse l'indemnité qu'il réclame. Passé ce délai, à moins de faire valoir de bonnes raisons, il perd son droit à une indemnité. Mais les droits des créanciers hypothécaires sont sauvegardés.

Après l'extinction de l'incendie cinq taxateurs seront commis à l'effet d'établir, par écrit, le montant des dommages. Si l'incendie n'a pas eu une certaine importance, deux taxateurs seulement seront désignés pour se livrer à cette opération. Au contraire dans les évaluations délicates aux cinq taxateurs pourront être ajoutés deux experts. Les taxateurs choisis doivent, le jour même où ils ont été avertis, faire connaître au bureau de la Caisse quand ils pourront faire cette estimation. Le bureau de la Caisse en fera part au « Feuercasse Bürger » de la députation de service. Il aura à se rendre sur les lieux pour l'estimation. On préviendra également le sinistré. On veut ainsi, par une discussion contradictoire, arriver à une évaluation aussi exacte que possible. En cas d'empêchement le sinistré peut se faire représenter. Les taxateurs sont autorisés à provoquer les observations du propriétaire ou de son remplaçant dans la mesure où cela pourrait leur être utile. Une évaluation spéciale sera nécessaire pour chaque immeuble endommagé ou détruit. De même, l'indemnité devra être établie pour chaque immeuble séparément. Tous les dommages devront être évalués, mais leur total ne saurait dépasser le montant de la somme assurée.

Les frais de restauration, des parties qui n'ont pas été déclarées en ruines, sont à la charge du propriétaire. Mais, à titre de compensation, on forcera un peu la valeur des parties tombées en ruine. Les frais de démolition sont compris dans les frais d'extinction.

Lorsqu'il s'agit d'estimer les dommages causés à un

bâtiment qui n'est pas en pierre et qu'ils s'élèvent aux 3/4 ou plus du montant de la somme assurée, ou bien si les murs extérieurs des deux premiers étages sont détruits, les taxateurs devront fournir des explications spéciales. Ils indiqueront si les murs ou poutres pourront encore supporter le poids du bâtiment à reconstruire.

Si les taxateurs répondent que ces fondations ou charpentes de bois peuvent encore servir, ils devront en même temps apprécier ce qu'une réédification en pierre pourrait coûter et calculeront de combien on s'écarterait du montant de l'indemnité. D'autre part, ils feront savoir ce que coûtera la démolition des parties restantes. Ils pourront connaître ainsi le montant exact de la plus-value qui résulterait au profit du propriétaire et on lui verserait la somme nécessaire pour réédifier tout l'immeuble. Cette différence restera à la charge du propriétaire. Les taxateurs doivent remettre dans les 14 jours le résultat de leur estimation sous la foi du serment.

Pour les dommages s'élevant au-dessus de 30.000 M. (1), les estimations des taxateurs seront remises à deux reviseurs de la Caisse. Ils se mettront en rapport avec les taxateurs, discuteront, s'il y a lieu, sur le montant des dommages et essayeront de se mettre d'accord. La procédure, somme toute, est la même que celle que nous avons déjà décrite pour l'évaluation des valeurs à assurer. Passons donc.

(1) Pour les dommages de peu d'importance, une simple décision de la section de la Députation instituée *ad hoc* suffira.

Cette revision achevée, l'estimation des dommages sera déposée sur le bureau de la Caisse. Celui-ci la fera parvenir au « Feuercasse Bürger » de service, qui la signera au nom du Président de la Députation de la Caisse d'assurance contre l'incendie. Mais la Députation peut aussitôt, et avant même d'avoir fait connaître à l'intéressé le résultat de l'estimation, en ordonner une nouvelle, faite par cinq autres taxateurs. De même pour la revision de ces estimations, il lui est loisible de la faire recommencer par deux experts spéciaux assermentés. Les taxateurs sont obligés de déposer sur le bureau de la Caisse les calculs sur lesquels ils ont basé leur évaluation des dommages. L'indemnité ainsi fixée et la somme allouée, si à la place du bâtiment en bois on reconstruit un bâtiment en pierre, cette valeur étant déterminée, on en fera part à la Caisse.

L'assuré a dix jours pour faire valoir ses réclamations. Elles devront être déposées, par écrit, sur le bureau de la Caisse. Passé ce délai, si la Caisse n'a reçu aucune contestation contre l'évaluation des dommages, celle-ci devient définitive.

Le propriétaire réclame. La députation, sur un rapport des taxateurs et reviseurs intéressés, se prononce souverainement.

Le paiement de l'indemnité n'aura lieu que si la totalité de cette somme doit être vraiment consacrée à la reconstruction de l'immeuble détruit et le versement ne sera opéré que dans cette mesure.

Il est cependant permis au propriétaire de réclamer

l'indemnité déterminée alors même qu'elle ne devrait pas être affectée à la reconstruction de l'immeuble s'il la consacre à augmenter la valeur des immeubles déjà assurés à la Caisse pour une quotité identique.

La réparation des dégâts causés par l'incendie ainsi que l'affectation de l'indemnité à ces dites réparations ou reconstructions seront surveillées, dans les cas peu importants, par deux taxateurs du district et en dehors de la ville également par le député du district.

Dans les cas importants cinq taxateurs seront chargés de ce contrôle.

Le paiement de l'indemnité, dans ce but, s'opérera en plusieurs termes, à moins qu'il ne s'agisse de petites réparations ne devant pas entraîner une dépense supérieure à 1.000 M. Dans ce dernier cas la somme sera versée, en une fois, la réparation achevée. Encore faut-il que les taxateurs aient accepté la réparation.

Pour une indemnité s'élevant de 1.000 à 3.000 M., la première moitié sera versée sur attestation que les travaux sont commencés et que les taxateurs auront déclaré que ces sommes doivent effectivement servir à solder les dépenses occasionnées par les travaux. L'autre moitié sera remise après l'achèvement complet de la construction. Les taxateurs, d'une part, un « Feuer Casse Bürger » de l'autre assureront s'être rendu compte de l'exactitude de cette affirmation.

Lorsque l'indemnité s'élève au-dessus de 3.000 M., le 1er tiers sera versé sur l'attestation des taxateurs, chargés de la surveillance, que les travaux sont commencés.

De plus, le bénéficiaire de la somme devra fournir une caution sûre garantissant que ces sommes seront bien employées à payer des travaux.

Le 2e tiers ne sera versé que sur affirmation des taxateurs que le toit est commencé et que la moitié de l'indemnité a été employée à payer des frais de construction. Le dernier tiers ne sera versé que si l'immeuble achevé a une valeur au moins identique au montant de l'indemnité. Les taxateurs et un « Feuer Casse Bürger » commis à cet effet, s'en rendront compte.

Lorsque l'immeuble détruit est reconstruit sur un autre terrain ou a une valeur moindre que l'ancien, le propriétaire ne touchera que les 3/4 de l'indemnité fixée, à moins qu'il ne consacre le supplément à augmenter l'importance d'un autre immeuble lui appartenant.

La députation, dans ce cas, autorisera le versement intégral de l'indemnité. Mais, dans ces deux cas, l'assentiment des créanciers hypothécaires sera nécessaire. Il en sera, *à fortiori*, de même lorsque le propriétaire, pour des causes multiples, ne pourrait ou ne devrait pas reconstruire l'immeuble détruit. Dans cette hypothèse, en effet, il toucherait l'intégralité des sommes représentant le montant de l'indemnité.

Terminons cette étude en attirant l'attention sur les mesures prises par la Caisse pour diminuer le nombre des incendies.

La Caisse, pour favoriser le remplacement des maisons en bois en maisons en pierres et améliorer les constructions, fera rentrer dans le montant des dommages les frais de démolition (1) des fondations pour leur en substituer d'autres en pierre.

Si les frais de construction s'élèvent au-dessus du montant de l'indemnité, les dépenses supplémentaires seront estimées. La Caisse d'incendie en paiera 1/4, la Caisse d'Etat un autre quart, si bien que la moitié seulement de ces dépenses tomberont à la charge du propriétaire. Lorsque le propriétaire d'une maison construite en bois, qui vient de brûler, veut lui en substituer une autre en pierre, pour diminuer le risque d'incendie, la députation de la Caisse d'assurance calculera à combien s'élèvent les frais qui ne seraient pas couverts par l'indemnité. Ce chiffre, connu, la Société payera 1/3 de ce supplément, la Caisse d'Etat un autre tiers. Il ne restera à la charge du propriétaire que le 1/3 de l'augmentation de dépenses entraînée par cette modification.

Ajoutons enfin que la Caisse fait établir de bons règlements de police du feu. Toute infraction à ces prescriptions sera punie par une augmentation de prime que devra payer le propriétaire désobéissant.

Cette caisse, dont nous venons de voir l'organisation et l'administration, cette assurance, dont nous connaissons le mécanisme ont obtenu les résultats les plus encourageants.

Au 1er janvier 1899 elle assurait un capital de 1.797.601.955 M., dans la ville de Hambourg et dans le

(1) Toutefois faut-il que les dommages s'élèvent comme nous l'avons déjà vu (page précédente), aux 3/4 du montant du capital assuré.

reste du territoire 99.126.520M. La prime moyenne perçue dans la ville, pour couvrir ce montant de risques, ne s'est élevée qu'à 0,822 ‰ en 1898 et sur le reste du territoire à 2,126 ‰. Quant aux dommages causés par l'incendie, ils peuvent être représentés en moyenne par 0,695 ‰ dans la ville et 4,929 ‰ dans le territoire. Mais en 1897 ces moyennes n'étaient que 0,389 ‰ pour la ville et pour le reste du territoire 1,526 ‰.

Grâce à cette Caisse non seulement 150.678.280 M. en 1897 et 154.202.442 M. en 1898 représentant de mauvais risques étaient couverts par l'assurance dans la ville et 4.515.759 M. dans le reste du territoire en 1898, mais encore la Caisse, depuis près d'un siècle, a largement contribué au développement du crédit hypothécaire. Enfin elle a pu fournir aux propriétaires une assurance vraiment bon marché.

### D. — Etude sur la Société d'assurance contre l'incendie de la ville de Berlin.

La Caisse de Hambourg, dont nous venons de faire l'historique et une étude sur l'organisation et le développement, fut celle qui inspira au grand Electeur de Prusse l'idée d'en créer une semblable à Berlin. Le 12 mai 1685 il adressa « à ses chers et fidèles sujets de Cologne et de Berlin », un rescrit dans lequel il leur exposait les avantages précieux d'une Caisse générale d'assurance contre l'incendie. Mais comme il leur demandait également de présenter leurs vues sur l'établissement d'une pareille institution, la corporation des brasseurs et les conseillers communaux prièrent le grand Electeur de ne pas leur imposer cette innovation. Comme nous le savons, le roi Frédéric Ier reprit le projet en le complétant. Son idée n'était rien moins que d'établir, par son règlement publié le 1er juin 1706, une Caisse d'Etat s'étendant à tout le royaume de Prusse. Bientôt la Société fut dissoute. Mais l'idée persistait et faisait son chemin. Pour la faire triompher on recourut à la décentralisation : six Caisses provinciales furent créées et chaque résidence royale fut dotée d'une Caisse d'assurance contre l'incendie. La Caisse de Stettin, comme nous le savons (1), continue à prospérer, celle de Kœnigsberg a moins bien réussi, celle de Berlin, dont nous connaissons déjà, par notre statistique antérieure, les brillants résultats financiers jusqu'en 1870, va nous occuper maintenant.

Le premier règlement de la Caisse d'assurance contre l'incendie de la ville de Berlin date du 29 décembre 1718. Les dispositions qu'il contenait ne permettaient d'atteindre, que très imparfaitement, les nobles buts visés. Des défectuosités relatives notamment à la cadastration, à l'estimation des dommages et des valeurs, à la fixation des cotisations, appelaient des modifications. On estimait que l'institution devait avoir une autre portée que celle de procurer aux sinistrés une indemnité dont le poids était réparti sur tous les membres de la Société. Celle-ci devait également songer à la reconstruction des

(1) Voir notre tableau page 585.

bâtiments détruits par l'incendie, rassurer les créanciers hypothécaires et donner ainsi une solidité nouvelle au crédit hypothécaire. Pour remédier aux imperfections signalées d'une part, et donner satisfaction, dans la mesure du possible, aux différents desiderata exprimés, d'autre part, conformément à un décret royal un nouveau règlement fut rédigé en 1794.

Ratifié par la municipalité le 17 mai 1794, il devint le « règlement de la Société d'assurance contre l'incendie » et entra en vigueur le 1er janvier 1795. Ce règlement subsiste toujours et reste applicable à la Société, mais fut l'objet, jusqu'à nos jours, d'un grand nombre de modifications et de perfectionnements.

Cette Société jouit de la personnalité morale et vise l'assurance contre l'incendie des immeubles et leur reconstruction après un incendie. Elle étend sa sphère d'action à Berlin et ses faubourgs. Au point de vue de l'assurance, ce territoire est divisé en quartiers qui correspondent actuellement avec les circonscriptions administratives. Disons encore que la Caisse est obligatoire.

Ces notions générales connues, occupons-nous de l'organisation et de l'administration de cette caisse, puis des règles générales observées pour l'exploitation de cette branche d'assurance.

Au début du siècle la Société était administrée par quatre directeurs. Le roi en nommait un, le conseil municipal deux, parmi leurs membres pour 5 ans, et le représentant de la colonie française (1) dans le collège municipal était directeur de droit.

Mais aux termes d'une décision, en date du 19 novembre 1808, il fut prescrit que la direction de la Société devait passer entre les mains de l'administration municipale.

Le 3 janvier 1810, cette transformation était réalisée par une décision de la municipalité.

Toutes les affaires de la Société rentraient dans la compétence du « Magistrat ». La Société était gérée par le collège. Depuis 67 ans la municipalité berlinoise administrait directement la Société lorsqu'en 1877 intervint une modification. Par une décision du 3 mars, il fut stipulé que les affaires de la Société seraient gérées par une députation connue sous le nom de Députation de la Municipalité pour l'administration de la Société urbaine du feu « *Magistrats-Deputation für die stadische Feuer Societat* ». Elle se composait d'un certain nombre de membres de la municipalité. Une ordonnance municipale du 31 janvier publiée le 12 février 1891 changea la composition de cette commission.

Actuellement et conformément à cette disposition, elle comprend trois membres du collège municipal et six conseillers municipaux. Cette commission, étant à la tête de l'administration de la Société, doit surveiller l'institution d'assurance. Le président tranchera seul

(1) Elle formait autrefois, une commune séparée, dans la grande commune berlinoise. Elle avait ses règlements propres. En 1699 elle comptait 5.682 membres, disséminés dans les quatre villes, composant alors la capitale prussienne.

les questions purement administratives, même celles qui intéresseraient les inspecteurs des constructions. Lorsqu'il s'agira de se prononcer sur des points d'ordre essentiellement technique, l'ordonnance municipale du 2 janvier 1899, dispose que seul l'architecte principal de la ville sera compétent. C'est lui qui choisira les employés des services techniques. Ces agents seront sous ses ordres.

M. Artibal (1) qui est pourtant bien documenté, semble croire qu'il n'y a pas là à proprement parler une institution communale, mais « plutôt une association « mutuelle légale et obligatoire des propriétaires de la « capitale prussienne aux intérêts communs desquels « la municipalité est chargée légalement de veiller par « l'intermédiaire de la commission municipale placée à « la tête de cette institution d'utilité publique ».

Sans vouloir ici précisément infirmer le jugement porté par cet auteur, nous ne pouvons pourtant l'enregistrer sans quelques réserves :

A cette époque, en effet — revenant d'un voyage fait dans l'Allemagne du Sud pour nous rendre compte du fonctionnement des Caisses publiques tant dans la Saxe royale qu'en Autriche — nous nous trouvions à Berlin. Le directeur du service ayant bien voulu nous accorder une audience, nous nous dirigeâmes vers l'Hôtel de Ville. En rentrant par la porte du milieu, nous lisons sur les murs — comme à l'Hôtel de ville de Paris — différents renseignements destinés à

(1) *Revue Municipale* du 31 mars 1900.

guider le public dans ses recherches. A l'entrée des couloirs principaux sont mentionnés les noms des divers services municipaux comme à Paris. Chacun porte un numéro permettant de trouver plus facilement les bureaux des services où l'on a affaire. Cherchant à l'entrée d'un de ces couloirs, parmi l'énumération des services municipaux, celui qui m'intéressait, au numéro 23, je crois, je pouvais lire le renseignement dont j'avais besoin. Grâce à cette indication, il me fut facile de me diriger dans l'Hôtel de Ville. Arrivé à la porte je demandai le chef de service. Son bureau est situé dans une chambre du fond. Je traversai donc trois pièces. L'une était occupée par les rédacteurs ; les deux suivantes par les archives. Chaque rue de Berlin a son casier. Il contient les dossiers relatifs à chaque immeuble.

Après avoir jeté un coup d'œil discret sur toutes les piles de cartons portant des indications, rendant les recherches faciles et rapides, je pénétrai dans le bureau du directeur du service. C'est un homme fort aimable aussi en ai-je profité pour lui demander les renseignements les plus divers sur le service qu'il avait l'honneur de diriger. Or, rien dans l'interview que nous eûmes ne m'a permis de conclure comme M. Artibal. De plus, et je n'ai pas craint d'y insister un peu, tout militait en faveur de l'idée qu'on se trouverait bien en présence d'un véritable service public. Les locaux sont situés à l'Hôtel de Ville au milieu de ceux qu'occupent les autres services municipaux. De plus, il se trouve mentionné, à l'entrée des couloirs, parmi les autres services de la ville ; à côté du service de voirie, si j'ai bonne mémoire.

Voilà quelles sont les raisons qui m'empêchent de souscrire entièrement au jugement porté par M. Artibal. Le fait que l'assurance est pratiquée conformément aux règles de la mutualité n'empêche nullement cette institution d'être un service municipal. C'est là simplement une forme d'exploitation destinée à assurer une répartition plus équitable et à donner plus de solidité à l'entreprise. A Hambourg, à Breslau, où sans consteste possible, c'est un service public, nous rencontrons la même organisation. Enfin remarquons, pour terminer avec cette parenthèse, que le patrimoine de la Caisse et le fonds de réserve alimenté par les excédents de recettes reviendraient, en cas de liquidation, non pas aux propriétaires actuels qui se les distribueraient, mais à la ville de Berlin.

Ces développements nous révèlent l'existence d'un bureau administratif spécial ayant ses locaux propres et des employés spéciaux, s'occupant exclusivement des affaires de la Société. Mais jusqu'en 1870 ce service spécial n'existait pas. C'étaient des employés municipaux ordinaires qui se chargeaient de cette besogne par surcroît. Ils étaient salariés comme tous les employés de la mairie par la Caisse de la ville. Mais déjà depuis 1794 la Société d'assurance remboursait à la ville une partie des sommes servant à ces rétributions. Elle versait annuellement 150 thl. pour le secrétaire de la mairie, pareille somme pour le caissier municipal, et 60 thl. pour le comptable de la ville. Mais en 1794, lors de la rédaction du nouveau règlement, le montant des capitaux ne s'élevait qu'à la somme de 26.699.375 M.

Les employés ordinaires pouvaient suffire à ce surcroît de travail. Les sommes supplémentaires qu'ils touchaient les dédommageaient de leur peine. Mais depuis un siècle la propriété bâtie s'est considérablement développée. On comptait en 1896 environ 23.307 immeubles représentant la somme énorme de 3.613.602.700 M. Aussi dès 1875 voyons-nous la municipalité chercher à établir un service spécial dont les employés seraient rétribués par la Société d'assurance. C'est ce qui fut décidé par l'ordonnance municipale du 1er octobre 1875 ratifiée le 24 mai 1876. La Société, aux termes de cette disposition, devait se charger du paiement des employés du service.

Pour assurer l'inspection des bâtiments, leur évaluation ainsi que la fixation du montant des dommages, nous trouvons à la tête de la Société, à côté de l'architecte principal de la ville, depuis 1850, un inspecteur général. Ces deux fonctionnaires sont secondés, le dernier par deux sous-inspecteurs, le premier par un maître de métier assermenté.

En dessous, nous trouvons, à la tête de chaque quartier, un inspecteur des bâtiments qui a sous ses ordres un maître maçon et un maître charpentier et un vaguemestre qui le secondent. Pour examiner les réclamations il existe une *Commission de revision*. Elle doit se composer d'un inspecteur, d'un maître maçon et d'un maître charpentier n'ayant pas déjà figuré dans la première expertise.

D'après une instruction municipale du 10 juin 1896, les inspecteurs des constructions tranchent toutes les questions techniques en qualité de représentants de l'architecte principal de la ville et au nom de la commission municipale de la Société, chaque fois qu'il n'est point fait appel à l'intervention directe de ce fonctionnaire. Ils sont chargés, en outre, de surveiller l'activité des maîtres maçons et charpentiers ainsi que les vaguemestres municipaux. Ils sont compétents pour toutes les questions relatives à l'inscription, sur le registre cadastral, des immeubles évalués, et à la fixation des indemnités à verser en cas d'incendie. Ils examinent les devis des deux experts qu'ils ont sous leurs ordres et fixent, de concert avec eux, les taxes proportionnelles annuelles et les indemnités à verser en cas d'incendie.

Les maîtres maçons et charpentiers ont pour attribution principale celle d'évaluer les immeubles et le montant des dommages causés par l'incendie. Les maîtres maçons et charpentiers touchent des indemnités à raison de leur peine. Ces entrepreneurs doivent également veiller à la reconstruction des immeubles détruits Avant 1853, les vaguemestres municipaux « *Stadtwachtmeister* » dressaient la liste des citoyens qui devaient, en cas d'incendie, aller éteindre le feu. Avant 1853, en effet, tous les citoyens, à tour de rôle, devaient accomplir cette tâche. Depuis 1853 il existe un corps officiel de pompiers, dès lors il devenait inutile de dresser ces listes. La cause qui avait fait naître la nécessité de nommer ces fonctionnaires disparut, la fonction persista.

D'après un règlement de 1900 que j'ai sous les yeux, les vaguemestres ne sont plus à vrai dire des fonctionnaires, ce sont des auxiliaires de la Société nommés par la Municipalité pour 6 mois, n'ayant droit à aucune retraite. Il en existe un par quartier. Mais, bien que nommé pour un quartier déterminé, il peut être appelé à opérer dans un quartier voisin. Ils sont tenus d'assister à toutes les expertises. Ils mettent les experts et le public en rapport avec l'inspecteur municipal des bâtiments. Ils recouvrent les taxes du feu et, d'une manière générale, font toutes les opérations dont les chargeront les bureaux. Leurs attributions ont été principalement fixée par une instruction municipale du 19 janvier 1893 ratifiée le 22 juin 1894. Leurs deux principales attributions sont : l'inspection des bâtiments et la perception des cotisations. Déjà, depuis le rescrit du 6 septembre 1802, ils touchaient, à titre de dédommagement, un °/₀ fixé à 1 1/2 °/₀ sur les cotisations recouvrées quand bien même les recettes dépasseraient 10.000 thl. Ils délivrent les quittances. Deux fois par semaine au moins ils doivent verser les sommes encaissées à la Société. Il ne leur est pas permis de conserver, en recettes, une somme supérieure à 12.000 M. Ils doivent verser le produit des sommes reçues avant qu'elles aient atteint ce taux. Les taxes afférentes aux immeubles municipaux ou aux bâtiments administrés par la ville sont perçues directement par la Société, ne leur passent pas, dès lors, entre les mains.

Si un immeuble n'a pas été déclaré 6 semaines après l'achèvement des travaux, le vaguemestre, sous peine d'une amende de 5 thl., est tenu de signaler cette infraction au règlement à la Société. Les vaguemestres de plus sont chargés de surveiller les reconstructions imposées après un sinistre ayant tout détruit. Ils devront tenir la commission municipale de la Société au courant de la marche des travaux. Les amendes, dont ils peuvent être frappés pour négligence dans leur service, ne tombent pas sous le coup de la loi. Ce sont des amendes administratives.

Ils doivent constamment porter sur eux leur carte d'identité, lorsqu'ils sont dans l'exercice de leurs fonctions, de manière à pouvoir pénétrer partout où il est nécessaire. Disons enfin que nous croyons savoir que cette fonction doit disparaître prochainement. On n'en renommera plus.

Nous connaissons maintenant les organes d'administration de la Société, voyons-en la sphère d'application. La ville de Berlin et ses faubourgs, voilà le ressort de la Caisse, l'assurance immobilière voilà son but. Quels immeubles assure-t-elle ? A ce sujet on peut diviser les immeubles situés sur le territoire de Berlin en 3 catégories. Dans une catégorie on pourrait placer les immeubles qui *doivent* être assurés par leur propriétaire, dans la catégorie suivante les immeubles qui *peuvent* être assurés auprès de la Société et enfin dans la dernière catégorie les immeubles qui *sont exclus* de cette assurance.

On peut dire, en principe, que tous les propriétaires de bâtiments situés dans le ressort de la Caisse doivent assurer leurs immeubles à la Société berlinoise. L'art. 1er du règlement ajoute qu'il suffit que le bâtiment soit construit à Berlin ou dans ses faubourgs. On n'aura pas à tenir compte de la juridiction à laquelle il appartient tant au point de vue de sa personne qu'en ce qui concerne le terrain sur lequel son immeuble s'élève. Tous les nouveaux bâtiments ainsi que les modifications apportées aux anciens, de nature à en élever la valeur, doivent être mentionnés sur le registre cadastral. Pour ce les propriétaires et le vaguemestre municipal du quartier doivent, sous peine d'une amende de 5 thl., déclarer à la Société, dans un délai de 6 semaines, à compter du jour de l'achèvement des travaux, toute nouvelle construction ou élévation d'un étage. Sous aucun prétexte le propriétaire ne peut se soustraire à cette obligation.

Vers 1832, sur l'impulsion du gouvernement, un courant d'opinion se dessina en faveur de l'assurance facultative. Après 14 ans de lutte la Municipalité finit par l'emporter. L'assurance resta obligatoire.

La plupart des monuments de la ville et autres édifices publics peuvent être assurés à la Société. C'est le Collège ou les autorités qui en ont la surveillance, qui apprécieront s'ils doivent ou non les assurer et pour quel montant. Une décision du 11 février 1803 indique suivant quelles conditions générales les bâtiments publics doivent être assurés. Loisible à ceux qui désireraient avoir de plus amples renseignements sur ce sujet de se reporter à cette disposition.

A côté de ce décret, on pourrait également citer d'autres décisions dont la portée se restreint à un bâtiment ou à un groupe de monuments. C'est ainsi que le 14 juillet 1803, la municipalité, sur une invitation de la Chambre des domaines et de la guerre de la Marche électorale, assura à la Caisse, les bâtiments de la Chambre des domaines et de la guerre ainsi que ceux rattachés à cette institution, situés dans la ville. C'est également conformément à un rescrit de cette même chambre que le 5 juin 1802, les magasins et l'entrepôt de fourrages furent assurés à la Société berlinoise. Les propriétaires de moulins à vent édifiés sur le territoire du ressort de la Caisse ne sont pas tenus de les assurer. Mais ils peuvent les assurer pour les sommes qu'ils veulent tant qu'elles ne dépassent pas le montant de leur valeur. Cependant, en raison du danger d'incendie que présentent ces immeubles, on réclamera à leurs propriétaires, si c'est un moulin à tan, une cotisation sextuple et pour un moulin ordinaire, une cotisation double de celle afférente à la somme assurée.

Depuis le mois d'octobre 1837, les églises peuvent être assurées à la Société. Les églises sans clocher et sans coupoles paient la taxe ordinaire. Ont-elles des tours, clochers, coupoles, etc., une double taxe sera perçue. Les objets qui garnissent l'intérieur tels que chaises, ornements, statues, peintures, fresques, lustres, ne sont pas acceptés dans l'assurance.

Autrefois les membres de la Cour, les fonctionnaires royaux, les militaires et les émigrés français pouvaient faire inscrire leurs immeuble sur leur simple demande et pour la somme indiquée par eux sans expertise préalable. Cette exception a disparu. Ces immeubles sont soumis aux règles générales.

Arrivons maintenant aux immeubles exclus de l'assurance. Ce sont les châteaux de la ville, les palais des princes, l'hôtel de ville. La Société redoute, en cas d'incendie, d'être obligée de servir une trop grosse indemnité. Sont également exclus de l'assurance, par décision spéciale, certains bâtiments publics dont le risque d'incendie est trop faible. Citons par exemple, un ordre du cabinet du 27 février 1802 dispensant de l'assurance la manufacture de porcelaine, sise dans la ville. Au contraire d'autres bâtiments présentant trop de dangers d'incendie, tels que les moulins à poudre et fabriques de produits aussi explosibles, ne sauraient être assurés par la Société. Les usines électriques fournissant la lumière et la force motrice aux établissements, conformément à une ordonnance municipale du 14 décembre 1898, ne peuvent pas être assurées à la Société. Enfin pour terminer cette liste il faut encore citer les immeubles en construction. Si c'est un immeuble édifié sur un terrain nu, avant l'achèvement des travaux, la Société ne l'évaluera pas, partant ne l'assurera pas. Mais le propriétaire qui fait bâtir peut s'adresser à une Société privée. De même si l'immeuble reconstruit a une importance bien supérieure à celui que l'incendie avait détruit, la Société n'en estimera la valeur qu'après l'achèvement complet des travaux. Comme la construction n'est couverte que par l'ancienne police, le propriétaire pourra s'adresser à une Société privée pour assurer le supplément de valeur restant découvert. Voilà dans quel sens on peut dire que ces immeubles, pour un certain temps tout au moins, sont exclus de l'assurance.

Connaissant quels sont les biens pouvant faire l'objet

d'une police d'assurance signée par la Société, voyons maintenant comment se fera l'évaluation des valeurs à assurer. Cette estimation est faite par les maîtres maçons et charpentiers du quartier sous la surveillance de l'inspecteur et en présence du vaguemestre municipal du quartier.

Les maîtres maçons et charpentiers du quartier, mis en demeure par la députation ou l'inspecteur général, feront l'estimation du bâtiment qui leur sera signalé.

Si un de ces entrepreneurs est parent en ligne directe ou collatérale ou même par alliance avec le propriétaire de l'immeuble à évaluer, il devra se faire remplacer par un collègue, désigné en vue de cette éventualité. Mais sauf cette hypothèse, ils devront faire personnellement cette évaluation. D'une manière générale on peut dire que ces agents établiront plutôt un devis indiquant ce que coûterait l'immeuble à reconstruire s'il venait à brûler. Dès lors, devra rentrer en taxe tout ce qui pourra être partiellement ou totalement la proie des flammes. Au contraire devront être exclus de la taxe, les fondations, murs, canaux se trouvant sous terre, les citernes, les cours recouvertes de cailloux ou de gravillon. Ne rentreront pas davantage en taxe, les objets d'art ou décorations intérieures ne faisant pas partie intégrante de l'immeuble. La solution sera la même pour les meubles qui ne pourraient être considérés ni comme immeubles par nature ni comme immeubles par destination. Ils pourront être assurés auprès des sociétés privées.

Quant aux objets qui, par leur nature, devraient être

compris dans la taxe, ils pourront, dans certains cas, ne pas rentrer en ligne de compte pour toute leur valeur. Si une portion de construction, par exemple, est faite en matériaux d'une grande valeur, on se basera sur le prix ordinaire que coûtent les matériaux utilisés en pareil cas et pouvant rendre les mêmes services. Pour le surplus le propriétaire restera son propre assureur. C'est ainsi qu'on fixera le maximum d'évaluation d'un mètre carré de tapisserie et du mètre cube de maçonnerie. Au contraire les murs en carrelage, ou en marbre véritable, les escaliers en pierre, les grilles et rampes d'escalier ornées de colonnes seront comptés pour toute leur valeur. Les moulins à eau ou à vent seront assurés avec la maison ainsi que toutes les saillies qu'elle offre. Les sous-sols, dépendances, fenêtres, lucarnes, portes, serrures, sonnettes, conduites d'eau et de gaz, rosaces de plafonds, etc., rentreront également en taxe. Les installations provisoires appartenant à un locataire, alors même qu'elles sembleraient faire corps avec le bâtiment, ne seront pas comprises dans l'évaluation. Dans certains cas des objets, même mobiliers, mais ayant plus ou moins le caractère d'immeubles par destination, tels que machines, roues, meules et autres installations, dans des moulins, fabriques, etc., figureront aujourd'hui dans l'estimation. Depuis l'ordonnance municipale du 27 novembre 1893, les dynamos servant exclusivement à l'éclairage électrique et à fournir la force motrice d'un établissement industriel déterminé, seront considérés comme faisant partie intégrante des bâtiments qu'ils desservent. Ils pourront, dès lors, être assurés avec ces immeubles.

La taxe est dressée conformément à un modèle distribué aux maîtres maçons et charpentiers des quartiers. Voici comment procéderont ces derniers. Ils commenceront par estimer la façade, puis les ailes. Ils s'occuperont ensuite des appartements et en dernier lieu, des murs de clôture, grilles, etc. Chaque construction d'un corps de bâtiment devra être estimée à part dans des colonnes *ad hoc*. On donnera une description aussi exacte que possible de l'immeuble. On indiquera sa longueur, sa largeur, sa profondeur, la hauteur des étages et leur nombre, la structure de l'immeuble, combien les murs contiennent de bois, combien de pierre, s'il y a une cave, sa hauteur, si elle a un plafond voûté ou non, s'il y a des mansardes, si elles sont habitées ou non, s'il y a des lucarnes ou des fenêtres. Pour chaque étage on indiquera le nombre de pièces qu'il comprend. On mentionnera l'ensemble des décors ornant tant l'intérieur que l'extérieur de la maison : la nature des tapisseries placées à l'intérieur, le nombre de portes et de fenêtres et doubles fenêtres, de volets, de cheminées et leur composition (plâtre ou marbre), etc., etc. Cette description terminée, les taxateurs doivent estimer la valeur des objets qu'ils viennent ainsi d'inventorier.

Pour faire cette estimation, ils se conformeront à des instructions adoptées par une commission spéciale à la suite d'une conférence qui s'est tenue le 4 mai 1887.

Essayons rapidement de faire connaître, à grands traits, les principales règles prescrites dans ce document.

On distingue les maisons d'habitation, les fabriques, ateliers et magasins.

Envisageons d'abord les maisons d'habitation. Elles sont divisées en 4 classes, d'après leur structure, leur usage et la hauteur des étages. Dans l'intérieur de chaque classe on établira des sous-divisions, basées sur le nombre des étages. Le mètre carré sera pris comme coefficient d'évaluation. Il faudra fixer la valeur d'un mètre carré de l'immeuble envisagé. Ce prix variera suivant la classe à laquelle appartient l'immeuble, la hauteur et le nombre d'étages. Ces idées générales données, pénétrons un peu dans les détails.

Et d'abord quels sont les immeubles rentrant dans chacune de ces 4 classes.

Dans la *1re classe, ou A*, sont rangés les immeubles dont la hauteur de l'étage varie entre 2, m. 5 et 3 mètres, montés sur cave, possédant un grenier, un toit en carton ou en tuiles, intérieur des murs recouvert d'une couche de peinture à l'huile, ayant de solides planchers et des portes cochères, des serrures ordinaires, un verre 1/2 blanc aux fenêtres. Bref cette classe embrassera les maisons modestes. (Pour ces maisons dont le mètre carré est évalué de 33 à 45 M., n'ayant qu'un ou deux étages, on comptera un supplément pour la cave et la voûte de 30 M., et pour le toit 15 M.)

*Classe B ou 2e classe.* Elle comprendra les immeubles ayant une hauteur d'étage de 2 m. 75 à 3 m. 5, sortant de terre, dont les murs sont décorés de rosettes et fresques à l'intérieur, recouverts pour partie en tapisseries, mais dont la face extérieure est décorée simplement, ayant un toit en tuiles, ardoises ou en zinc, de belles serrures aux portes, des doubles fenêtres et des jalousies, de bons fourneaux avec rôtissoires.

Dans la *classe C ou troisième classe* sont rangés des bâtiments plus luxueux ayant une hauteur d'étage de trois à quatre mètres caves et greniers, tout l'intérieur de la maison tapissé, riche façade extérieure, un toit en ardoises ou en zinc, beaux parquets, larges et somptueuses portes, doubles fenêtres ou jalousies, larges vitres, fourneaux avec rôtissoires perfectionnées dont les murs sont couverts en petits damiers, toutes les garnitures en cuivre, etc.

Enfin *dans la classe D* ou la quatrième classe, entrent les maisons ayant une élévation d'étage de 3,75 à 4,50, avec caves et greniers. Cette classe comprendra les maisons tout à fait luxueuses, richement ornées et décorées ayant terrasses, colonnes, escaliers en marbre, vitraux, à l'intérieur des belles glaces, cuisines somptueuses.

Mais on se rappelle que le prix du mètre carré variera encore avec le nombre des étages. Pour résumer tout ce mécanisme d'évaluation donnons le petit tableau suivant :

| Désignat. des classes | Hauteur d'étage | | Nombres des étages — Prix du mètre carré | | | | | | | | | | | |
|---|---|---|---|---|---|---|---|---|---|---|---|---|---|---|
| | | | 1 | | 2 | | 3 | | 4 | | 5 | | 6 | |
| | de | à | de | à | de | à | de | à | de | à | de | à | de | à |
| | Mètre | | Mark | | Mark | | Mark | | Mark | | Mark | | Mark | |
| a. | 2,5 | 3,0 | 54 | 110 | 115 | 150 | 150 | 190 | 180 | 225 | 210 | 275 | 245 | 320 |
| b. | 2,75 | 3,5 | 90 | 130 | 130 | 180 | 170 | 230 | 210 | 290 | 250 | 350 | 290 | 400 |
| c. | 3,0 | 4,0 | 110 | 150 | 150 | 225 | 200 | 300 | 250 | 370 | 300 | 450 | 340 | 500 |
| d. | 3,75 | 4,5 | 160 | 200 | 240 | 300 | 330 | 420 | 420 | 540 | » | » | » | » |

Complétons ces renseignements en faisant connaître les suppléments ajoutés à ces tarifs pour les greniers et les caves. Ces tarifs ne s'appliquent qu'aux bâtisses s'élevant à un mètre au-dessus du niveau de la rue. Or, lorsque les maisons ont beaucoup d'étages, les sous-sols sont moins élevés, on déduit donc 10 M. sur les différentes évaluations que nous venons de mentionner Lorsqu'il n'y a pas du tout de sous-sol, ces évaluations seront diminuées de 30 M. Par contre, si les sous-sols sont habitables et sont aussi bien construits et soignés que le reste de la construction aux évaluations précédentes on ajoutera un supplément de 15 M. pour les sous-sols des immeubles de la première classe et de la deuxième classe 20 M. pour ceux de la troisième classe et 30 M. pour ceux de la quatrième classe.

De même si les mansardes sont non seulement habitables mais aussi bien soignées que le reste de la construction on ajoutera aux évaluations un supplément de 15 à 20 M. pour les immeubles de la première classe, 20 M. pour ceux de la deuxième et troisième classe et 25 M. pour ceux de la quatrième classe.

Sans insister davantage sur ces détails, abordons la seconde division comprenant, comme on sait, les fabriques, ateliers et magasins.

Ici, on ne distingue que deux classes.

Dans la première, on rangera les immeubles couverts avec des soliveaux et s'ils ont une charpente en pierre, ils appartiendront à la deuxième classe. Contrairement à ce que nous avons vu pour les maisons d'habitation, on ne tient pas compte de la hauteur de l'étage pour déterminer les classes mais de la structure des immeubles. Un petit tableau va rapidement rendre compte des règles suivies dans cette évaluation.

| Désignation des classes | Nombre des étages — Prix du mètre carré | | | | | | | | | | | |
|---|---|---|---|---|---|---|---|---|---|---|---|---|
| | 1 | | 2 | | 3 | | 4 | | 5 | | 6 | |
| | de Mark | à | de Mark | à | de Mark | à | de Mark | à | de Mark | à | de Mark | à |
| a. | 95 | 120 | 115 | 160 | 140 | 200 | 170 | 250 | 200 | 300 | 230 | 350 |
| b. | 120 | 145 | 160 | 210 | 200 | 275 | 250 | 350 | 300 | 425 | 350 | 500 |

Pour les immeubles ne comprenant qu'un ou deux étages, on ajoute à l'évaluation précédente pour les immeubles de la première classe, dont le mètre carré est compté de 30 à 50 M., 30 M. pour la cave et 20 M. pour le grenier et le toit. Pour les immeubles de la deuxième classe (*b*), lorsque le mètre carré n'est évalué que 50 à 75 M., on ajoute 30 M. pour la cave et 20 M. pour le grenier et le toit.

A côté de ces évaluations principales, la conférence a fixé certaines règles d'estimation pour les bâtiments-annexes, cours, installations d'eau et de gaz.

*Bâtiments annexes.* — Pour les écuries et remises montées en pierre, ayant un bon plancher, un toit en carton-cuir ou en ardoises, ou zinc, sans caves, de 70-120 M. pour un mètre carré; avec caves, de 95 à 145 M. par mètre carré. Si ces bâtiments ne sont pas entièrement montés en pierre, mais que les seules travées le soient, sans caves, le mètre carré sera évalué de 60 à 100 M. par mètre carré, avec caves de 85 à 125 M. par mètre carré. Si ce sont de simples remises, le mètre carré ne vaudra plus que 45 à 90 M. et 70 à 115 M. s'il y a des caves au-dessous.

En ce qui concerne l'évaluation d'une installation de gaz, elle se fera d'après le nombre de becs : 20 à 25 M. pour des becs installés dans des pièces servant à l'habitation et de 10 à 15 M. si ce sont des becs d'ateliers.

Pour une installation d'eau, on tablera sur un tarif de 60-75 M. pour une installation amenant l'eau à un étage et 50 à 120 M. pour une adduction d'eau dans un cabinet d'aisance, dans une cuisine 45 à 80 M. par étage, pour une installation de bains de 300 à 600 M. et 45 M. pour une adduction d'eau dans un cabinet de toilette. (La toilette ne rentre pas dans la police d'assurance.)

Ces détails suffisent à démontrer combien est mal fondée, l'affirmation de certaines critiques, qu'il est à craindre que ces évaluations se fassent d'une manière tout à fait arbitraire. Ces tarifs, auxquels doivent se conformer les taxateurs, constituent de sérieuses garanties en faveur des assurés.

Les évaluateurs ont de huit à quatorze jours pour mettre leurs estimations au propre et en faire connaître les résultats au bureau de la Société. Passé ce délai ils pourront être frappés d'une amende pour retard.

Lorsque sur un même terrain se trouve réuni un grand nombre d'immeubles, pour éviter les confusions, les maîtres maçons et charpentiers pourront dresser un plan des lieux où ils indiqueront la place occupée par chaque bâtiment. Pour ce travail, chaque évaluateur est autorisé à réclamer un thl. Si en raison des difficultés que présente la confection de ce croquis, cette rémunération paraissait insuffisante, l'architecte principal de la ville pourrait allouer aux entrepreneurs une indemnité supplémentaire. Même si cette esquisse était très délicate, l'inspecteur des constructions pourrait en charger un géomètre assermenté ou bien un entrepreneur de bâtiment particulièrement apte à accomplir ce travail.

Le devis, une fois établi, est remis à l'inspecteur du quartier qui l'examine. En pratique, depuis l'instruction municipale du 10 juin 1896, le devis n'est plus envoyé à l'architecte principal de la ville. C'est l'inspecteur des constructions, s'il trouve l'expertise en règle et les devis exacts, qui approuve par ces mots : « Les devis ont été établis en ma présence ainsi que les sommes qui y figurent. » Mais si les experts n'arrivent pas à s'entendre sur les sommes à fixer, conformément à l'instruction municipale du 8 décembre 1896, l'architecte principal de la ville désigne un inspecteur municipal qui choisit, parmi les maîtres charpentiers et les maîtres maçons de la ville de son quartier, deux reviseurs. Ils fixent les sommes sur lesquelles on n'était pas parvenu à s'entendre la première fois. Mais si les experts sont d'accord et que le devis est accepté ou bien si les reviseurs se sont prononcés, les maîtres maçon et charpentier du quartier l'inscrivent sur le registre cadastral du quartier. Celui-ci, ainsi mis au courant par ces entrepreneurs, permettrait, avec les autres cadastres de quartier, de reconstituer le cadastre général de la Société qui viendrait à être détruit Chaque maître charpentier et maçon dresse sa taxe sur un formulaire où figurera le nom du propriétaire, le numéro de l'immeuble, sa description, le numéro cadastral sous lequel il est inscrit dans le cadastre de la Société, le numéro du volume des hypothèques dans lequel il est inscrit ainsi que la page de ce volume où il est mentionné. Enfin on indiquera les noms des propriétaires voisins.

Cette expertise, ainsi faite, ne sert qu'à fixer l'indemnité à verser en cas de sinistre et ne saurait être utilisée à d'autres fins. Ni les entrepreneurs chargés de la reconstruction de l'immeuble, ni le sinistré ne sont informés du résultat de cette estimation. La commission municipale de la Société d'assurance berlinoise seule informe le propriétaire de la somme totale à laquelle a été portée son assurance et le montant de la cotisation qu'il aura à payer. La Société n'est pas tenue de lui faire connaître le procès-verbal lui permettant de vérifier les devis de l'expertise.

L'intéressé pourra réclamer, contre le montant du capital fixé, auprès de la commission municipale. L'architecte principal de la ville ordonnera une revision. Il nommera pour ce un inspecteur qui choisira des maîtres maçons et charpentiers, et s'ils arrivent à la même conclusion, le montant fixé deviendra définitif. Jamais le propriétaire ne pourra réclamer contre le taux de la cotisation établie pour 1.000 de capital assuré. Mais elle est déterminée avec toutes les garanties désirables.

Chaque année, au mois de mars, tous les maîtres

maçons et charpentiers de la ville sont convoqués à une assemblée générale. Ils fixent et répartissent aussi équitablement que possible les taxes annuelles. Les décisions de cette assemblée sont ensuite soumises à la commission municipale qui les examine, les approuve, ou intervient pour obtenir les modifications qu'elle juge nécessaires.

Les taxes du feu sont ordinairement, dans la pratique, perçues un mois après l'expertise. Puis, conformément à une disposition municipale du 12 novembre 1822, la police d'assurance est délivrée au plus tard huit jours après le versement de la taxe du feu. En principe, lorsque la déclaration de l'immeuble n'a pas été faite avant le 1er janvier, l'inscription ne pourra en être opérée qu'au mois de décembre suivant. Mais l'ordonnance du 12 novembre 1822 permet l'inscription, à n'importe quelle époque de l'année, si le propriétaire consent à payer une taxe annuelle entière. Cette exception est devenue, en pratique, la règle pour les constructions nouvelles. Au moment où l'immeuble assuré est porté sur le registre cadastral, le propriétaire reçoit une attestation écrite que l'assurance est effectuée après expertise. Cette attestation constitue une pièce légale qui aux termes de la loi du 31 juillet 1895 est exempte des frais de timbre.

Le propriétaire est tenu de payer régulièrement sa taxe du feu. S'il est en retard, il reçoit un simple avertissement. Celui-ci reste-t-il sans effet, la Société peut recourir, conformément à l'ordonnance municipale du 7 septembre 1879, à tous les moyens administratifs et légaux pour faire rentrer cette créance. Si l'immeuble change de mains, c'est l'acquéreur du bien qui devra solder cette somme, mais non les frais d'expertise et de devis de la première estimation imputables au propriétaire pour le compte duquel se fait l'assurance. La taxe du feu est considérée par l'art 1105 du C. C. comme une charge réelle. C'est une charge foncière qui pèse sur l'immeuble, peu importe, dès lors, qu'il ait changé de propriétaire. Naturellement le nouveau propriétaire aura une action récursoire en restitution contre l'ancien propriétaire. En cas de vente forcée, les créances des charges foncières ont la priorité sur toutes les autres créances conformément à l'art. 10, alinéa 3, de la loi du 24 mai 1897. Mais les créances de la Société ne peuvent comprendre plus de deux taxes arriérées. Les taxes du feu, on se le rappelle, sont perçues par les vaguemestres des quartiers. Ceux-ci reçoivent des fiches indiquant le numéro de la maison, le nom du propriétaire, le montant de son assurance et la cotisation qu'il doit payer.

Lorsque dans la suite l'immeuble vient à se modifier, les vaguemestres et même les maîtres charpentier et maçon doivent en avertir l'inspecteur du quartier qui ordonne une revision. L'immeuble peut avoir diminué de valeur ou avoir été agrandi. Les intéressés devront faire des demandes de diminution ou d'augmentation de leur police. Mais ils doivent le faire avant le 1er janvier, sinon, la modification ne figurera pas au cadastre. En cas d'incendie on se basera sur l'ancienne taxe. Ajoutons que, même en consentant de payer une taxe pour l'année entière, cette inscription n'aura pas lieu avant le mois de décembre suivant.

Ces modifications entraîneront de nouvelles expertises permettant d'indiquer dans quelle mesure la police doit être augmentée. La procédure est la même que pour une première estimation. Nous pouvons donc passer et envisager le cas où un immeuble assuré viendrait à être endommagé.

La Société se considérera comme obligée à indemniser les dégâts causés par l'incendie sans distinguer si le sinistre est dû à une négligence, une imprudence, un crime ou un fait indépendant de la volonté de l'homme.

Celui qui aura, par son fait ou par sa négligence, causé un incendie, sera dédommagé, mais la Société se réserve le droit d'user des moyens de recours que lui accorde le droit commun. Lorsqu'un incendie est dû à une négligence qu'on ne saurait qualifier de coupable ou à une imprudence, le recours accordé par le Code civil n'est que partiel et ne peut être mis en action que si le sinistré est riche. Les incendies allumés par les enfants âgés de six ans au plus sont rangés sous la rubrique : « négligence non coupable ». Ces recours de la Société s'expliquent aisément. On ne veut pas que la collectivité subisse les conséquences de la faute d'un seul. Il importe de sauvegarder l'intérêt commun.

M. Artibal, dans un de ses articles, cite l'exemple des potiers berlinois qui, pour ne pas se conformer assez aux prescriptions de la Préfecture de police, sont souvent victimes d'incendies. Or, conformément aux termes de l'article 883 du Code civil, la Commission municipale peut démontrer qu'il y a eu négligence ou intention coupable. Le patron potier est déclaré responsable de ses ouvriers. Mais s'il peut prouver que l'incendie provient d'une cause extérieure ou bien qu'il a pris toutes les précautions prescrites par la loi, la Société échouerait dans son recours.

Aux termes d'un rescrit du Ministre de l'Intérieur et d'une ordonnance royale du 4 avril 1819, il est déclaré que la Société doit assurer contre les dégâts causés par le feu et les moyens employés pour l'éteindre, mais non contre les dégâts produits par une explosion survenant dans une distillerie ou un laboratoire ou un établissement similaire.

Notre disposition ne le dit pas, mais jamais la Société n'a contesté qu'elle fût obligée également d'indemniser pour dommages causés par la foudre, alors même qu'elle n'aurait allumé aucun incendie.

Une décision municipale, en date du 8/24 mai 1876, publiée le 13 juillet 1876, déclare que les dégâts causés par une explosion de gaz, quand bien même elle n'aurait pas engendré d'incendie, donnaient droit au propriétaire, victime du sinistre, de réclamer une indemnité. Une décision municipale plus récente datant du 31 janvier 1891, dispose que les dégâts causés par l'explosion d'un four à gaz ou à benzine, même s'il ne s'ensuivait pas un incendie, devaient être considérés comme s'ils avaient été occasionnés par un incendie ordinaire, partant être couverts par la Société.

Devront être également indemnisés par la Société, les

dégâts causés par les pompiers aux immeubles voisins pour faire la part du feu. La Société prendra à sa charge les frais de réparation du matériel d'incendie si — dit le rescrit du 24 août 1801 — il est démontré par les autorités que ces détériorations sont dues à l'incendie. Déjà, aux termes du rescrit du 16 janvier 1804, la Société devait supporter une part, fixée par le Préfet de police, des dépenses faites pour l'amélioration du matériel d'incendie. De plus, la Société devait payer, sans retard, les dédommagements aux pompiers qui s'étaient rendus sur les lieux pour porter du secours. Ces tarifs étaient ainsi fixés : 8 thl. pour la première pompe, 5 thl. pour la deuxième, 3 thl. pour la troisième. Le premier veilleur de nuit, ainsi que le premier tambour recevaient chacun 1 thl., le premier employé des eaux qui fournissait l'eau recevait 16 groschen.

Un rescrit de la Direction royale générale du 27 février 1804 fixe l'indemnité qui sera allouée aux personnes qui auront coopéré à l'extinction de l'incendie. Chaque compagnon maçon et charpentier touchait 12 groschen s'il passait la nuit ou la journée, et la moitié de cette somme seulement s'il était occupé par cette opération moitié moins de temps.

Conformément à un rescrit de la Chambre royale des Domaines et de la Guerre de la Marche électorale du 13 juillet 1801, les maîtres charpentiers et maçons qui veillaient à l'extinction de l'incendie touchaient 3 thl.

Un ordre de Cabinet du 29 août 1818 fixe l'indemnité qui sera accordée aux soldats commandés pour assurer le bon ordre pendant l'incendie.

Les personnes blessées dans un sinistre recevront de la Société une somme fixe par jour pour tout le temps que durera leur incapacité de travail. Les frais de médecin et de pharmacie leur seront remboursés. Les pompiers qui se seront fait remarquer par leur courage et leur zèle recevront une récompense. A cet effet, d'après un rescrit du 13 février 1803, la Société doit remettre 100 thl. par incendie au service des pompiers. Cette somme sera distribuée aux pompiers.

Il pourra être alloué jusqu'à 5 thl. à un pompier.

La Société accordera également des indemnités pour réparer les dommages causés pendant l'incendie aux vêtements et aux outils.

Enfin les taxateurs qui évalueront le montant des dommages toucheront 8 groschens dans les cas ordinaires.

Ceci nous amène à nous demander comment se font les évaluations des dommages. Aussitôt qu'un incendie éclate le « Wachthaus » doit être averti. Des secours sont envoyés. Les taxateurs du quartier, le vaguemestre, l'inspecteur, se rendront sur les lieux. Aussitôt l'incendie éteint et le plus gros des décombres déblayé, on procédera à l'évaluation des dommages.

Lorsque l'incendie a été important, cette taxation sera faite par trois maîtres maçons et trois maîtres charpentiers. Si le dommage causé est moins considérable, l'expertise est confiée à deux ou même à un seul maître maçon et maître charpentier.

Voilà, d'après le règlement, comment l'on doit procéder. Mais en pratique, depuis de longues années déjà, un seul maître charpentier et un seul maître maçon assistent aux expertises et font les devis même dans les cas de grands incendies. Notons que déjà, conformément à une circulaire municipale du 30 janvier 1833, les maîtres maçons et charpentiers appelés à reconstruire ou réparer les dégâts causés par l'incendie, ne doivent pas figurer dans l'expertise des dégâts.

Il est d'usage aujourd'hui dans les petits incendies, de charger de l'évaluation des dommages, tout simplement l'inspecteur municipal des constructions du quartier. Il pourra quelquefois être aidé dans cette tâche par l'architecte en second de la ville.

Nous savons quels sont les personnages qui feront l'évaluation, voyons maintenant comment ils procéderont.

L'immeuble peut avoir été entièrement détruit par l'incendie ou bien partiellement seulement.

Lorsque l'immeuble aura été entièrement démoli tant par les flammes que par les moyens employés pour les étouffer, nos experts ou l'inspecteur des constructions et l'architecte en second de la ville n'auront qu'à déduire du devis indiquant le montant des sommes nécessaires pour la reconstruction du bâtiment, la valeur des matériaux sauvés et pouvant encore être utilisés. Cette soustraction opérée, on aura le montant de l'indemnité qui sera versée au sinistré.

L'incendie n'a été que partiel. On se reportera au devis dressé, lors de la confection de la police, indiquant ce que coûterait la reconstruction de l'immeuble s'il venait à être détruit par l'incendie. De ce chiffre on déduira la valeur des parties de bâtiment épargnées par les flammes et le prix des matériaux pouvant encore être utilisés. Mais nous savons que les fondations peuvent ne pas être assurées par le propriétaire. Pourtant elles pourraient être ébranlées au point que leur utilisation deviendrait impossible. Le prix de la reconstruction, dès lors, serait supérieur au montant de l'assurance. Une nouvelle déduction serait donc nécessaire.

Un exemple fera mieux comprendre les choses. Un immeuble est assuré pour 15.000 thl., mais il faudrait pour le reconstruire entièrement 18.000 thl.

Pour rebâtir les parties détruites il faudra dépenser 5.000 thl. Mais parmi les décombres il y a pour 1.000 thl. de matériaux encore utilisables. Pour fixer le montant de l'indemnité, on déduira successivement des 18.000 thl. que coûteraient la reconstruction complète, 3.000 thl. pour les fondations assurées, 10.000 thl. pour les portions non endommagées et 1.000 thl. pour la valeur des matériaux, soit 14.000 thl. Le montant de l'indemnité sera donc fixé à 4.000 thl.

Dans ces estimations, on ne doit tenir compte que des dommages effectifs causés par l'incendie. Des flammes qui, en léchant des parties voisines, auraient noirci le plâtre ou détérioré la couleur ne constitueraient pas des dégâts de nature à rentrer en taxe dans l'estimation.

Le sinistré sera averti du montant de l'indemnité qui aura été fixé de concert par les taxateurs et l'inspecteur des bâtiments. L'incendié n'est pas autorisé à demander la vérification des devis de l'expertise, et la Société n'est pas tenue de lui en faire connaître le procès-verbal.

Toutefois l'assuré peut obtenir connaissance des éléments qui ont servi à l'évaluation des dommages, tels que le nombre des mètres cubes auquel est estimé devoir s'élever la maçonnerie, le nombre de mètres carrés de peinture, de parquet, etc. Mais en aucun cas il ne pourra recevoir communication des devis partiels avec leurs totaux. La Société a pris cette décision, comme le remarque M. Artibal, pour éviter des erreurs, des abus, des réclamations non justifiées ou partielles, ne portant que sur tel ou tel devis, la maçonnerie, par exemple, et qui omettraient de faire mention de ceux dont les totaux seraient supérieurs à la valeur réelle de la matière qu'ils représentent.

En cas de différend, venant à naître entre la Société et l'incendié sur ce point, l'assuré ne pourrait s'adresser aux tribunaux que pour obtenir une nouvelle expertise. C'est ce qui a été jugé par la 2e chambre civile de première instance de Berlin, le 28 janvier 1898. Dans l'affaire Benda versus Société d'assurance municipale contre l'incendie; le tribunal invoquait à l'appui de sa décision, l'art. 256 du Code de procédure civile.

Conformément à une disposition municipale du 13 juin 1882, lorsqu'un immeuble est assuré en même temps à une Société privée et à la Société municipale — ceci, on se le rappelle, arrivera toutes les fois que le propriétaire édifiant un immeuble plus somptueux que celui qu'il remplace, voudra couvrir jusqu'à l'achèvement des travaux le montant des valeurs dépassant sa police d'assurance contractée avec la Société municipale qui continue toujours à faire sentir ses effets, et se sera assuré pour ce surplus à une Société privée — qu'un incendie vienne à endommager la construction avant l'achèvement des travaux, les dommages seront couverts par les deux Sociétés au prorata du montant des polices. Voici, par un exemple, comment se répartira l'indemnité à verser. Supposons que le propriétaire était assuré à la Société municipale, pour son ancien immeuble, pour une valeur de 100.000 M. Au moment de l'incendie, la valeur des constructions s'élève à 150.000 M. La Société municipale sera tenue d'indemniser pour 100/150 et la Société privée pour 50/150.

Insistons encore sur une autre espèce qui pourrait se présenter :

Conformément à l'art. 13 du règlement que j'ai sous les yeux, si à l'époque de l'incendie le prix des matériaux ainsi que celui de la main-d'œuvre étaient supérieurs à ceux existant au moment de la confection de la police, on devrait se placer au jour où l'assurance a été contractée pour déterminer le montant des sommes nécessaires à la reconstruction. M. Artibal, bien documenté pourtant, semble dire l'inverse : « ... Si l'expertise constate que la reconstruction de l'immeuble coûterait plus cher que la somme pour laquelle il a été assuré, la Société versera en conformité avec les devis, la différence aux sinistrés, bien que cette différence n'eût pas été prévue dans la police d'assurance. »

Il se peut qu'il existe sur ce point une décision spéciale que nous ignorons. Voilà pourquoi nous avons cru de notre devoir de rapporter ce passage.

D'ailleurs ceci cadrerait bien avec le but poursuivi

par la Société : la reconstruction des immeubles. On comprendrait aisément qu'on mît l'assuré à même de payer cette reconstruction. Cette disposition serait également conforme à l'esprit des dispositions applicables à cette Société. On ne veut pas que l'assuré puisse retirer un bénéfice quelconque de l'assurance qu'il a contractée avec la Société. C'est ainsi qu'une sentence du tribunal civil de 1re instance du 25 avril 1899, condamna un assuré à restituer à la Société une partie de l'indemnité qu'il avait touchée. On se basait sur ce fait que ces sommes, ne pouvant être absorbées par les dépenses qu'occasionnait la réparation des dommages causés par l'incendie, devaient faire retour à la Caisse. Donc si une réparation ne coûte que 500 M. au lieu de 600 M. comme l'avait pensé l'expertise, 100 M. devront être restitués à la Société. Il en serait de même en cas de reconstruction. Dès lors la réciproque semble toute naturelle et l'on concevrait fort bien que la Société déboursât même des sommes dépassant le montant de la police pour assurer la reconstruction.

L'indemnité versée doit être consacrée exclusivement à la reconstruction de l'immeuble détruit ou à la réparation du bâtiment endommagé. L'assuré doit immédiatement employer ces sommes à ces travaux. Il ne doit en aucun cas placer cet argent à intérêt. Pour assurer l'exécution de ces prescriptions, l'indemnité ne sera versée à l'incendié que moyennant la remise de certaines garanties, telles que dépôt de valeurs ou de titres, créances sur l'Etat, objets mobiliers, hypothèques sur les immeubles de l'Empire allemand, billets à ordre dûment endossés, ou bien l'intervention d'un répondant ayant une fortune suffisante pour couvrir les sommes versées, et allemand, qui se porte caution pour le sinistré.

Les garanties suffisantes fournies, l'indemnité est versée entre les mains du sinistré ou de son fondé de pouvoir ou d'une personne désignée à la Société, soit verbalement, soit par écrit, d'une tierce personne munie d'une quittance de l'intéressé, des héritiers du sinistré, de toute personne à laquelle l'assuré aura, avec l'assentiment de la Société, cédé ses biens, du mari de la sinistrée s'il a l'administration et la jouissance des biens de sa femme ; entre les mains des représentants légaux des sociétés, associations et fondations, des représentants légaux des mineurs, etc., etc.

Lorsqu'on a des doutes sur l'identité ou la personnalité du sinistré, l'indemnité sera déposée, conformément à l'article 372 du C. C., à la Caisse des dépôts et consignations, lorsqu'un des cohéritiers le demande (article 203 du C. C.). L'immeuble incendié peut appartenir à plusieurs propriétaires. Le versement de l'indemnité sera fait en commun ou bien à l'un d'entre eux désigné ou bien encore à une tierce personne à laquelle ils auront délégué leurs pouvoirs. Le légataire ne pourra toucher la somme assurée qu'avec l'assentiment des autres héritiers (article 2113 du C. C.). Enfin les personnes qui ne jouissent que de l'usufruit d'un immeuble, n'ont pas droit à l'indemnité qui sera versée au nu-propriétaire et au conseil de famille lorsque le propriétaire est un interdit.

La somme versée devra être immédiatement consacrée aux travaux de restauration ou de reconstruction. Si le bénéficiaire de l'indemnité tardait à faire exécuter les travaux, la Société serait recevable à lui demander les intérêts des sommes versées. Les taxateurs de quartiers, ainsi que le vaguemestre et l'inspecteur des constructions veilleront à ce que la réparation ou la réédification se fasse convenablement.

Le sinistré ne parvient pas à fournir des garanties suffisantes (1), on ne lui versera qu'une partie de l'indemnité jusqu'à concurrence des garanties fournies. Le sinistré peut n'avoir aucune garantie à donner. Dans ce cas, l'indemnité sera versée au fur et à mesure que les travaux avanceront et que les sommes fournies seront dépensées en frais de restauration ou de reconstruction. Le sinistré aura à fournir des preuves sur l'emploi de cette somme.

Si le versement des indemnités constitue la principale dépense de la Caisse, elle en a beaucoup d'autres. Nous en connaissons déjà un certain nombre. Rappelons-les rapidement. Outre des dédommagements

(1) Les valeurs et les titres, ainsi que les créances sur l'Etat, ne sont admis en garantie que pour les 3/4 de leur cours ou de leur valeur effective. Les objets mobiliers ne sont admis que pour les deux tiers de leur évaluation. Si par suite d'une raison indépendante de la volonté du répondant ou du sinistré, la garantie fournie devient insuffisante, elle devra être complétée d'une façon ou d'une autre.

fournis aux voisins et au sinistré, l'administration de la Société rembourse à la brigade des pompiers tous les frais de réparation des détériorations survenues au matériel pendant l'incendie, donne des indemnités aux personnes qui ont contribué à l'extinction des incendies et des secours à ceux qui auraient été blessés en faisant leur devoir. Elle contribue pour la moitié à l'entretien de la brigade des pompiers, ainsi qu'à l'achat des nouveaux instruments et engins. Elle accordera des récompenses pour stimuler le zèle des pompiers. Elle payera les frais d'impression des registres cadastraux, achètera les livres des comptes; bref, soldera tous les frais de bureau et payera tout le personnel employé à la gestion et à l'administration de la Caisse.

Pour couvrir les dépenses que nécessitent le paiement des indemnités et les frais d'administration, on recourt au prélèvement de cotisations. Chaque année, au mois de mars, tous les maîtres maçons et charpentiers de la ville, ainsi que les inspecteurs de constructions se réunissent en assemblée générale et fixent le °/₀₀ à percevoir pour l'année suivante en considération des frais probables qu'il faudra couvrir. On se base sur les gestions antérieures pour déterminer approximativement le budget des dépenses. Connaissant le montant des valeurs assurées — sauf quelques exceptions relatives à certains risques particulièrement dangereux que nous avons mentionnés — chacun paiera une cotisation uniforme basée uniquement sur le montant de sa police. On ne perçoit que juste ce qu'il faut pour couvrir les dépenses. Mais comme on fixe le budget d'après des prévisions, il peut se faire qu'elles soient plus ou moins exactes. Aussi, dès 1794, la Caisse, conformément au règlement, possède un fonds inaliénable de 5.000 thl. en espèces, déposés à la Banque, pour couvrir les dépenses imprévues.

Ce fonds, depuis longtemps, est devenu tout à fait insuffisant. Lorsque la Caisse de la Société est momentanément en déficit, c'est la Caisse de la ville qui avance à la Société d'assurance contre l'incendie, les fonds dont elle a besoin pour couvrir les dépenses. Mais dans la pratique, jamais la Caisse ne recourt à cet emprunt. Cependant pour faire disparaître cette anomalie, à plusieurs reprises déjà, depuis un demi-siècle, la municipalité avait demandé de porter le fonds inaliénable à 100.000 thl. Elle a échoué dans ses réclamations. Plusieurs conseillers municipaux de la ville de Berlin proposaient dernièrement de transformer la taxe du feu en une taxe annuelle fixe. Les excédents de recettes qui résulteraient de cette réforme iraient alimenter le fonds inaliénable au lieu d'être reportés à la fin de chaque année financière en compte pour la gestion suivante. Jusqu'à présent cette modification désirable n'a pas encore été opérée. Mais la Caisse possède un patrimoine propre de 793.646 M. à la fin de 1897 et un excédent de 861.568 M. à la fin de 1899.

Terminons cette étude par quelques renseignements statistiques. De 1822 à 1869 (1) la moyenne annuelle des

(1) Voir le détail dans le tableau que nous donnons à la page 585.

capitaux assurés par la Caisse s'est élevée à 128.203.116 thlr. et la cotisation annuelle perçue à 0,53 ‰. De 1871 à 1880 la Société a assuré pour 14.836.965.000 M. de valeurs pour lesquelles elle a payé en indemnités une somme totale de 5.738.518 M., soit 0,39 ‰ de capital assuré. De 1881 à 1890 elle a assuré pour 23.902.240.000 M. de valeurs pour lesquelles elle a payé en indemnités une somme totale de 5.455.046 M., soit 0,23 ‰, c'est-à-dire une diminution de 0,16 ‰ ou 41 %. Ainsi d'une période à l'autre les dégâts causés par l'incendie ont diminué presque de moitié. Mais de 1889 à 1897 la moyenne s'élève à 0,25 %. En 1890 la Société assurait un capital de 2.936.983,200 M. pour lequel elle a perçu 1.185.460 M. de cotisation, soit 0,40 ‰ de capital assuré. Elle a payé en indemnités 558.576 M., soit 0,19 ‰ de capital assuré, ce qui absorbait 47,1 % du montant des cotisationss. Les frais d'évaluation se sont élevés à 9.672 M. et elle a versé au service de secours en cas d'incendie 565.653 M. Elle a soldé en frais d'administration 62.674 M. et 4.620 M. de frais d'administration extraordinaires. Il ressort donc un déficit de 14.079 M. Mais son patrimoine propre s'élevait à 861.230 M. Voici d'ailleurs un petit tableau donnant tous les renseignements désirables pour les dix années, allant de 1887 à 1897.

| Au 1er octobr. des années | Nombre des Immeubles assurés | SOMMES assurées M. | Nombre des dommag. couverts | INDEMNITÉS versées M. | 0/0 de capital assuré | Sommes vers. au serv. incendie frais acces. M. | Total des frais 0/0 de capital assuré | Montant des cotisations perçues M. | Cotisation pour 10.000 M. |
|---|---|---|---|---|---|---|---|---|---|
| 1887 | 19.897 | 2.482.502.300 | | | | | | | |
| 1888 | 20.343 | 2.526.827.600 | 888 | 557.291 | 0,21 | 595.068 | 0,44 | 1.193.092 | 4,54 |
| 1889 | 20.806 | 2.767.390.400 | 1004 | 366.633 | 0,13 | 631.014 | 0,36 | 977.194 | 3,53 |
| 1890 | 21.341 | 2.936.983.200 | 1117 | 558.576 | 0,19 | 642.619 | 0,41 | 1.185.407 | 4,04 |
| 1891 | 21.783 | 3.080.048.500 | 1212 | 619.609 | 0,20 | 676.964 | 0,42 | 1.242.954 | 4,04 |
| 1892 | 22.171 | 3.218.428.800 | 1304 | 621.094 | 0,19 | 697.328 | 0,43 | 1.298.427 | 4,04 |
| 1893 | 22.467 | 3.323.023.100 | 1619 | 934.262 | 0,28 | 734.711 | 0,50 | 1.676.198 | 5,04 |
| 1894 | 22.698 | 3.415.470.200 | 1521 | 1.088.104 | 0,32 | 764.176 | 0,55 | 1.852.280 | 5,42 |
| 1895 | 22.965 | 3.505.201.600 | 1892 | 1.187.040 | 0,34 | 738.654 | 0,56 | 1.908.654 | 5,45 |
| 1896 | 23.307 | 3.615.602.700 | 1872 | 627.760 | 0,18 | 769.775 | 0,38 | 1.458.163 | 4,03 |
| 1897 | 23.610 | 3.723.883.500 | 2080 | 1.511.907 | 0,41 | 1.020.778 | 0,68 | 2.439.957 | 6,55 |

Comme on peut le voir par ce tableau, les années 1893-94 et 1894-95 avaient été malheureuses. Il y eut à déplorer un grand nombre d'incendies. Mais l'année 1896-97 fut moins heureuse encore. Depuis bien longtemps on n'avait pas eu tant de dégâts causés par l'incendie à Berlin. Aussi a-t-il fallu percevoir pour couvrir les dépenses des cotisations sur un tarif de 6 pf. °/₀ M. Lès immeubles qui payent une prime °/₀ sextuple, étaient frappés d'une cotisation basée sur le tarif de 39 pf. °/₀ M. L'année suivante fut sensiblement meilleure. Le nombre des immeubles s'accroît de 216 et le capital de 95.162.300 M., c'est-à-dire moins que pour les années précédentes. Mais les dépenses ont été moins élevées de 391.662 M. Le tarif de la cotisation simple au lieu d'être de 6 pf. °/₀ M. ne fut que de 4,7 pf. °/₀ M. La Société a versé au service de secours en cas d'incendie une somme de 882.017 M. Les frais d'administration et dépenses accessoires se sont élevés à 141.064 M.

Enfin le reliquat était de 861.568 M. Avec de pareils excédents de recettes, il n'est pas à craindre que la Caisse de la ville soit obligée de faire de sérieuses avances à la Société d'assurance contre l'incendie. Cette marge de bénéfices, à moins d'une année particulièrement malheureuse, ne saurait guère être dépassée par le surplus des dépenses entraînées par le paiement des indemnités et les frais d'administration par rapport au montant des cotisations encaissées. Le fonds inaliénable n'est que de 5.000 thl. d'après le règlement. Mais en pratique à côté de ce fonds nous en trouvons un autre beaucoup plus important s'élevant toujours à plus de 500.000 M. jouant, en fait, le rôle d'un fonds de réserve.

Si la ville de Berlin n'exploite aujourd'hui que l'assurance immobilière, de bonne heure, on avait songé à charger la Société également de l'assurance mobilière. Dès 1824 on demandait que la ville de Berlin exploitât également l'assurance mobilière contre l'incendie. Un projet dans ce sens avait été déposé. N'était-ce pas, disait-on, à la bonne organisation du service de secours en cas d'incendie qu'on devait le faible montant des dégâts causés par l'incendie ! Or ce service est entretenu avec les finances communales. Pourquoi la ville de Berlin ne profiterait-elle pas des perfectionnements apportés dans ce service, en encaissant les bénéfices qui en résultent ?

Grâce à une bonne surveillance, au zèle de l'administration communale, à veiller à l'exécution des dispositions de police, relatives à l'incendie, les propriétaires ne payaient pour 100 thl. assurés que rarement plus de 10 pf. de prime à la Caisse communale. Telles autres villes, moins bien administrées sous ce rapport, payaient à la Caisse communale une prime six fois supérieure. Il faudrait donc également organiser pour les meubles une assurance communale à l'instar de celle existant pour les immeubles. Tous les bourgeois de la ville en profiteraient en payant une prime moins élevée. De plus une partie des excédents provenant de ce chapitre, pourrait être affectée au service d'incendie. Ceci permettrait de diminuer le montant des impôts consacrés à l'entretien de ce service. Ce dégrèvement profiterait encore à tous les contribuables. Au contraire, disait le conseiller Simon, dans la situation actuelle, ce sont les compagnies par actions qui s'attribuent toute la marge de bénéfices que le perfectionnement du service d'incendie ne fera qu'augmenter toujours. Enfin les prétentions des compagnies par actions, réclamant une prime de 10 thl. pour 60 thl. assurés, étaient tout à fait exagérées.

Le projet fut soumis au Conseil municipal, qui le 9 décembre 1824, émit un vote de principe, et demanda qu'une commission fût nommée pour étudier le projet. Le 21 décembre le Ministre de l'Intérieur fut saisi d'une demande d'autorisation pour la création d'une pareille institution.

La réponse du Ministre arriva le 8 janvier 1825. Le 5 mars 1825 une nouvelle Commission fut nommée, comprenant trois membres de la Municipalité, trois conseillers et le rapporteur Simon. Chacun des membres fut invité à faire connaître ses vues sur les lignes principales à suivre dans la rédaction des statuts. Mais les membres de cette Commission parvinrent difficilement à se mettre d'accord. Le Conseil municipal n'ayant encore reçu aucun rapport de la Commission en 1829, demanda le 9 avril de la même année à la municipalité comment un pareil retard pouvait s'expliquer.

Le 29 mai 1829, la Municipalité s'entendit adresser la même question.

Enfin un projet de statuts fut distribué aux conseillers. Le 24 septembre 1829 ce projet fut renvoyé à la Municipalité en l'invitant à faire connaître ses observations. Le 29 janvier 1830, le Magistrat annonça au Conseil qu'il estimait la création d'une pareille mutuelle communale, comme pleine de difficultés et de dangers. Aussi demandait-il au Conseil du temps pour étudier davantage l'affaire.

Toutes ces formalités ayant duré plusieurs années, un grand nombre de Compagnies nouvelles s'étaient fondées depuis 1824. D'autre part les particuliers pouvaient maintenant, en raison de la concurrence, trouver à assurer leurs meubles à raison de 1/10 %. La Municipalité fit dès lors remarquer qu'on ne saurait plus parler de gros bénéfices réalisés ; d'autre part, disait-elle, une grande partie des primes serait absorbée en frais d'administration ; qu'enfin la direction d'une pareille institution par une autorité communale, serait très délicate.

Malgré ce rapport peu favorable, le Conseil municipal ne se laissa pas convaincre et la discussion s'ouvrit sur le projet de statuts qui avait été rédigé. Le 13 mai 1831 le Conseil tomba d'accord sur un texte qu'il vota en priant la Municipalité de le communiquer aux Pouvoirs. Celle-ci s'exécuta, et fit parvenir le texte à Postdam mais accompagné d'un rapport très détaillé expliquant les raisons qui lui paraissaient devoir s'opposer à la fondation d'une pareille institution.

Après bien des réclamations, le 9 novembre 1831, le gouvernement fit connaître sa décision. Aux termes de cette dernière on invitait la Municipalité à faire part du projet au Préfet de police. Celui-ci non seulement souscrivait aux objections présentées par la Municipalité, mais encore s'opposait catégoriquement à la réalisation d'un pareil projet. La Municipalité fit part au Conseil des résultats de ses démarches et concluait que, dans ces conditions, il ne lui paraissait pas possible de maintenir le projet. Le Conseil municipal fut loin de partager cette manière de voir. Il pria la Municipalité de communiquer à nouveau le projet ainsi que la décision du préfet de police au gouvernement.

Une seconde fois la Municipalité donna satisfaction à la demande et adressa en même temps un rapport longuement motivé. Ce texte donna lieu à d'intéressantes discussions du Conseil dans sa séance du 11 juin 1833. Le Conseil déclara que bien qu'il soit pleinement convaincu du bien fondé du projet, il le retirait néanmoins, mais provisoirement seulement, pour un délai de un an. Une décision semblable était votée chaque année jusqu'en 1846. Le 16 mars de cette année, le Conseil municipal déclara abandonner le projet.

**E. — Etude sur la Société publique d'assurance contre l'incendie de la ville de Breslau.**

La Société d'assurance contre l'incendie de la ville de Breslau fut fondée en 1742, par ordonnance royale de Frédéric le Grand.

Elle fut conçue sur le type des autres sociétés publiques d'assurance existant alors dans les Etats prussiens. Cette ordonnance royale continue d'être le fondement de l'organisation de la Société actuelle. Aucun règlement, aucun statut, n'en sont venus régler le fonctionnement.

Cette institution publique qui compte aujourd'hui plus de 150 années d'existence, fut d'abord administrée par la *Chambre royale de la guerre et des domaines*. Depuis l'ordonnance municipale du 19 novembre 1808, cette Société d'assurance est gérée en partie par la Chambre des domaines et de la guerre et en partie par la *Commission communale du magistrat et du Conseil municipal.*

C'est une institution mutuelle d'assurance immobilière. Dernièrement, les bourgeois de la ville avaient saisi le magistrat d'un projet d'assurance mobilière.

La municipalité estimant que les intéressés pouvaient trouver auprès de quelques bonnes compagnies privées existantes une assurance assez avantageuse, n'a pas donné suite à cette motion.

Nous avons vu que cette Société pratiquait l'assurance mutuelle, disons maintenant qu'elle revêt un caractère obligatoire. L'assurance auprès de cette caisse est, ce que les allemands appellent, *ein Versicherungszwang*.

L'assurance obligatoire avec affiliation à la Caisse municipale n'est imposée qu'aux propriétaires ayant un immeuble situé à l'intérieur de la ville. Ajoutons les biens qui étaient anciennement assurés à la Caisse et situés sur des terrains qu'une décision a rattachés à la ville. L'obligation, pour le propriétaire, d'assurer son immeuble à la Société publique commence du jour où le bâtiment devient habitable ou exploitable.

L'assurance à la Caisse est au contraire facultative pour les propriétés situées dans la banlieue ou ailleurs.

Nous savons maintenant à quels objets s'applique l'assurance, voyons dans quelle mesure ces objets sont assurés. En principe l'institution assure contre l'incendie les bâtiments pour la pleine valeur des matériaux qui les composent. L'intéressé, cependant, pourra s'assurer pour une somme moindre ou plus élevée. Seront comprises dans l'assurance, toutes les parties de l'immeuble pouvant être, soit détruites, soit endommagées par l'incendie.

Aussi une construction n'étant pas élevée sur caves n'aura pas ses fondations assurées puisqu'elles ne sauraient être détériorées par le feu.

Le bâtiment comprend-il des sous-sols, non seulement toute la voûte sera comprise dans l'assurance, mais encore les murs de fondations jusqu'à une profondeur de 1m.50 à compter du rez-de-chaussée.

Chaque immeuble sera estimé séparément. Mais l'évaluation embrassera la maison d'habitation et toutes les dépendances du patrimoine foncier, telles que écuries, remises, vérandas, citernes, etc. Cependant les machines et le matériel servant à une entreprise industrielle, en règle générale, ainsi que les objets de luxe, ne sont pas englobés dans l'assurance immobilière.

Comment se font ces évaluations ? C'est là une question à laquelle nous ne répondrons ici que très sommairement, nous réservant de nous expliquer plus longuement sur ce point dans la suite de notre exposé. Ceci uniquement pour alléger, en quelque sorte, la description de cette organisation dont nous voudrions tout d'abord, donner un aperçu général. Disons simplement actuellement qu'elle est faite par un entrepreneur de maçonnerie et un entrepreneur de charpentes assermentés, faisant partie de la Commission nommée par la *Députation de l'assurance contre l'incendie*.

Cette évaluation sera exécutée, en présence du propriétaire, conformément à des règles de taxe que nous développerons dans la suite. Les tarifs fixés seront, de temps en temps, examinés par la députation du Magistrat et par le Conseil municipal. Les tarifs établis dans les règles de taxation ne seront pleinement appliqués qu'aux immeubles bien construits et solides. Pour les bâtiments dont l'édification laisse à désirer ou est mauvaise, on fera subir aux tarifs fixés une réduction pouvant varier de 1/6 à 4/6 et même 5/6.

Chaque projet de taxation devra être accompagné d'un plan qui sera examiné par le *Receveur des évaluations de la Société* et vérifié par le *Contrôleur*. Si aucune erreur n'a été relevée ou bien si elles ont été corrigées, ce projet est envoyé au propriétaire intéressé. Ce dernier est recevable à faire ses observations ou à fournir des renseignements. Accepte-t-il simplement cette estimation, ce projet prend un caractère définitif par la transcription du montant de la valeur des matériaux sur le *Cadastre de la Société d'assurance contre l'incendie de la Ville*. Le propriétaire élève-t-il au contraire des objections, elles seront portées devant la *Commission d'évaluation du Magistrat* et l'inscription sur le cadastre est différée jusqu'à ce que cette autorité ait statué.

L'autorité municipale délivrera des extraits du cadastre aux intéressés qui sont non seulement le propriétaire mais encore les créanciers hypothécaires. C'est la Caisse qui supporte les frais d'évaluation, mais celui qui s'assure doit payer un droit de timbre pour sa police s'élevant à 1 M. 50.

Pour les bâtiments très étendus, conformément à une décision de la Commission du Magistrat du 18 octobre 1892 et du Conseil municipal du 3 novembre 1892, le prix à payer par le propriétaire sera fixé par la Députation.

Qu'un bâtiment assuré vienne à être rasé et qu'un nouveau soit construit sur l'emplacement, la Société devra en être avertie. Si le nouveau bâtiment brûle avant qu'il ait été dénoncé et évalué, il sera présumé être d'une valeur égale à celui qui aura été détruit.

En général, la Société publique indemnisera tout propriétaire dont l'immeuble, assuré à la Caisse municipale, aura été atteint par le feu, la foudre, même si elle n'a pas allumé d'incendie. Si, au contraire, le bâtiment a été endommagé par une explosion de poudre ou autre exposif, le propriétaire n'aura droit à une indemnité que pour les dégâts causés par l'incendie qu'elle aurait engendré. L'incendie a-t-il causé l'explosion, le propriétaire sera indemnisé pour la totalité des dommages causés tant par l'incendie proprement dit que par l'explosion qu'il a occasionné.

Par une décision de la commission du Magistrat du 21 mars et du Conseil municipal du 24 avril 1876, il fut déclaré que la Caisse indemniserait également pour les dégâts causés par une explosion de gaz. Enfin par une décision tout à fait récente du 2 juin 1898, on assimilait, au point de vue de l'indemnité, les explosions de fourneaux à gaz et à benzine, aux dommages causés par le feu, et cela même si aucun incendie n'est survenu. Il est à peine besoin d'ajouter que la Société indemnise également pour tous les dégâts causés par les pompiers, soit pour éteindre le feu, soit pour le circonscrire.

La Caisse municipale, par contre, se déclare absolument dégagée de toute obligation d'indemniser un propriétaire incendiaire, ou qui sciemment aurait laissé un tiers mettre le feu à son immeuble.

Supposons que nous ne nous trouvions pas dans cette espèce, il faudra connaître le montant des dommages, afin de pouvoir fixer le chiffre de l'indemnité. Pour ce on établira, par une évaluation spéciale, l'importance des dégâts. Cette estimation sera faite le plus rapidement possible. On devra y procéder au plus tard dans les 24 heures. Une *commission* en est chargée. Elle est composée du reviseur des évaluations de la Société comme président, du gardien des propriétés du quartier, d'un maître maçon, d'un maître charpentier, et d'un maître fumiste. On y ajoutera des membres déterminés, nommés pour deux mois, dans le sein de la députation de la Caisse d'assurance et de la députation de sûreté, des membres nommés pour deux mois, parmi les propriétaires assurés de la circonscription du commissariat de police. La commission devra se livrer à une discussion contradictoire, entendre l'intéressé dans ses observations.

S'agit-il d'un petit incendie dont les dommages ne s'élèvent pas au-delà de 300 M., l'estimation des dommages sera faite simplement par *l'inspecteur des contributions* en présence du propriétaire intéressé. Les frais d'évaluation des dommages sont supportés par la Caisse.

Un mot seulement sur la solution qu'on donnera suivant les diverses espèces, susceptibles de se présenter. L'incendie pourra tout détruire, ou bien n'endommager qu'une partie du bâtiment. Dans ce dernier cas on fournira une indemnité égale au montant de la valeur des sommes assurées qui ont été détruites. L'immeuble a été entièrement réduit en cendres. On servira au sinistré une indemnité s'élevant au chiffre des sommes assurées, déduction faite, s'il y a lieu, de la valeur des matériaux qui pourraient encore être employés. Les sommes ainsi fixées seront versées, dans le cas de sinistre partiel, lorsque l'architecte de la ville se sera assuré de la réparation des dégâts. S'il faut au contraire reconstruire entièrement l'immeuble, l'indemnité sera partagée en 3 parts. La première portion sera versée lorsque le premier étage est déjà commencé ; la deuxième partie lorsque le toit est en construction ; enfin la troisième partie sur la production d'un certificat du reviseur des taxations, attestant que l'immeuble est entièrement reconstruit. En règle générale l'associé doit réédifier sur l'emplacement de l'immeuble disparu, mais peut bâtir différemment. Le Magistrat et le Conseil municipal peuvent lever cette exigence prescrite à la charge de l'assuré.

S'il y a un reliquat, il sera distribué aux créanciers hypothécaires inscrits sur le livre des hypothèques. La Caisse avertira ces créanciers de la réédification de l'immeuble dans l'intérêt du crédit hypothécaire.

Sans insister davantage sur ces points pour l'instant, donnons une idée générale du mode de fixation des primes correspondantes aux sommes assurées.

En principe on ne paye pas de primes fixes. Le montant de la cotisation à payer par chaque assuré est fixé à la fin de chaque année. Par les évaluations précédentes on connaît la somme totale des valeurs assurées. Reste à établir le °/₀ ou °/₀₀ du capital assuré permettant de parfaire à toutes les dépenses de la Caisse. Ce résultat trouvé, chacun payera une cotisation annuelle déterminée par la multiplication de ce °/₀₀ et le nombre de mille Marks représentant le montant de son assurance.

Les sommes ainsi recueillies serviront à solder les indemnités dues, les frais d'administration : tels que traitements des fonctionnaires, frais de locations et de formalités de toute nature, indemnités à allouer aux maîtres maçons et charpentiers. Les frais d'estimation, sommes versées au service des pompiers, frais de réassurance, etc., devront également être payés avec les cotisations demandées. Mais comme cette institution ne vise que le bien public et non à faire des bénéfices, elle ne percevra sur les assurés que les sommes indispensables.

Pour faciliter le paiement des indemnités et donner à la Caisse plus de crédit, non seulement l'administration recourt à la réassurance pour les assurances les plus dangereuses ou très élevées, mais encore depuis 1859 la Caisse est dotée d'un fonds de réserve. Il est alimenté par une cotisation spéciale perçue chaque année et fixée d'abord à 6 pf. par 100 thalers de sommes assurées, puis par une décision du Magistrat du 12 janvier 1883, ratifiée par le Conseil municipal le 15 mars 1883, à 12 pf. pour 1.000 Marks.

Comme seconde source de recettes, notons les bénéfices du patrimoine de la Société. Enfin pour être complet, ajoutons les intérêts des sommes composant le fonds de réserve. Celui-ci doit être placé pour 1/3 en valeur mobilière et pour 2/3 au moins en hypothèques. On ne pourra faire appel à ce fonds de réserve que lorsqu'il faudrait percevoir pour une année particulièrement désastreuse une cotisation supérieure à 1 M. 40 pf. ‰ M. (décision du Magistrat du 16 octobre 1874, rectifiée par le Conseil municipal, le 22 avril 1875) (1). Dans la suite on arrêta que ce serait le Magistrat qui déterminerait le taux que devrait atteindre la cotisation avant de pouvoir puiser dans le fonds de réserve. Inversement le fonds de réserve ne saurait s'élever au-dessus de 1 % des sommes assurées.

Un mot encore sur les organes d'administration de la Caisse pour en terminer avec les généralités.

Les intérêts de la Société d'assurance contre l'incendie sont gérés par une députation de membres du magistrat formant la *Députation de la Caisse d'assurance contre l'incendie.* A côté se trouvent un membre versé dans les questions de droit, l'architecte de la ville et quelques bourgeois ayant des propriétés foncières dans la cité.

La Caisse de la Société constitue une partie de la Caisse générale municipale, dès lors elle sera soumise à la même réglementation que cette dernière.

Ces détails suffisent pour donner une idée générale de l'organisation et du fonctionnement de la Caisse. Resterait à indiquer les résultats obtenus. Mais au préalable nous voudrions reprendre certaines parties de cette organisation, certains rouages de ce mécanisme, et les faire en quelque sorte fonctionner devant les yeux du lecteur.

Si la Caisse en effet, n'est pas, à l'instar des autres sociétés publiques, que nous avons déjà eu l'occasion

(1) Au début, vers 1860, cette somme qu'on ne pouvait dépasser avait été fixée à 4 drochens d'argent.

de rencontrer, dotée de règlements et de statuts, par contre, il existe des instructions très intéressantes.

Elles nous montrent, avec un luxe de détails, quelles sont les règles auxquelles devront se soumettre les fonctionnaires de cette Caisse pour mettre en mouvement la machine. Enfin elles nous fournissent des exemples saisissants, illustrant bien tous ces détails pratiques qui ne manquent pas d'être un peu arides. Cependant, préparé par les indications sommaires mais générales que nous avons déjà fournies, le lecteur nous suivra facilement. Sans doute, cela nous forcera à des redites.

Le fonctionnement de cette Caisse ne différant pas sensiblement des autres caisses municipales, nous retrouverons des procédures ou procédés qui nous sont déjà connus. Mais grâce à leur netteté et à leur précision, désormais, tout le mécanisme nous apparaîtra sous un jour beaucoup plus souriant. Pour atteindre ce but, nous ne craindrons pas de rentrer dans les détails de pratique.

Dans nos développements antérieurs, nous étant exclusivement tenus sur le terrain, j'allais dire théorique, nous devons au lecteur encore quelques renseignements généraux mais ayant une portée de pure pratique.

Nous savons déjà que la sphère d'action de la Société est la ville de Breslau et sa banlieue ; ajoutons qu'elle est subdivisée en cinq cantons comprenant chacun les circonscriptions de trois commissariats. Chaque canton possède une *Commission d'estimation* composée d'un maître maçon et d'un maître charpentier : Comme à

Berlin, ils sont choisis par la députation du Magistrat. Ils touchent un traitement annuel.

La députation s'occupe de l'ensemble de l'administration. Quant aux questions techniques, elles sont tranchées par l'architecte de la ville ayant sous ses ordres des inspecteurs de bâtiments. Leurs fonctions et leur rôle étant sensiblement les mêmes que ceux que nous avons déjà décrits pour la ville de Berlin, nous n'y insisterons plus ici.

Pour l'estimation des valeurs d'assurances, nous rencontrons peut-être encore plus de précision que pour la ville de Berlin. Ici également nous trouvons des classes de bâtiments établies d'après la hauteur des étages. Nous en comptons sept. Chaque mètre carré, suivant la classe, aura un prix différent.

D'ailleurs pour simplifier les choses, nous ferons comme pour la ville de Berlin, un petit tableau permettant en quelques lignes de faire voir tout le mécanisme de cette estimation par classe.

**Nombre des étages.**

| Classes de bâtiments | Hauteur des étages | | 1 | | | 2 | | | 3 | | | 4 | | | 5 | | | 6 | | |
|---|---|---|---|---|---|---|---|---|---|---|---|---|---|---|---|---|---|---|---|---|
| | | | Prix par mètre carré | | | | | | | | | | | | | | | | | |
| | de | à | de | moyenne | à | de | moyenne | à | de | moyenne | à | de | moyenne | à | de | moyenne | à | de | moyenne | à |
| | Mèt. | Mèt. | M. | M. | M. | M. | M. | M. | M. | M. | M. | M. | M. | M. | M. | M. | M. | M. | M. | M. |
| A | 2,5 | 3,5 | 60 | 87 | 114 | 84 | 114 | 114 | 111 | 147 | 183 | 141 | 189 | 237 | 174 | 243 | 312 | 210 | 312 | 414 |
| B | 2,75 | 4 | 78 | 114 | 150 | 108 | 147 | 186 | 141 | 186 | 231 | 177 | 234 | 291 | 216 | 294 | 372 | 258 | 369 | 480 |
| C | 3 | 4,5 | 105 | 159 | 213 | 144 | 201 | 258 | 186 | 249 | 312 | 231 | 306 | 381 | 279 | 375 | 471 | 330 | 459 | 588 |
| D | 3,5 | 5 | 144 | 225 | 306 | 195 | 279 | 363 | 249 | 339 | 429 | 306 | 408 | 510 | 366 | 489 | 612 | 429 | 585 | 741 |
| E | 4 | 5 | 198 | 315 | 432 | 264 | 384 | 504 | 333 | 459 | 585 | | | | | | | | | |

Restent deux classes que nous laissons en dehors du tableau, pour lesquelles l'estimation est beaucoup plus simple.

*Cl. F.* — Remises de 2,5 à 3,5 mètres d'élévation par étage : au 1^er^ étage, 30 à 60 M. ; au 2^e^ étage, 42 à 84 M.

*Cl. G.* — Ecuries de 2,5 à 3,5 mètres d'élévation : au 1^er^ étage, 40 à 70 M. ; au 2^e^ étage, 52 à 94 M.

Aux prix par mètre carré fixés dans notre tableau, il faut ajouter :

De la *Cl. A* à *E* au mètre carré :

*a*) Lorsqu'il y a une mansarde ou un grenier, de 6 à 9 M. ;

*b*) Lorsque les sous-sols sont habitables, de 9 à 15 M. ;

*c*) Lorsque le grenier est habitable, de 15 à 20 M. ;

Pour les classes *F* et *G* pour les mansardes, de 6 à 9 M.

Si nous rapprochons ce tableau de celui que nous avons donné pour la ville de Berlin, nous remarquons que les tarifs d'évaluation pour la ville de Breslau sont sensiblement inférieurs à ceux fixés pour la capitale.

Malgré la précision de ces règles d'estimation, elles ont encore paru insuffisantes. Toute une série d'instructions doivent être observées par les taxateurs en ce qui touche à la composition et la nature des matériaux. On a voulu, par ce moyen, éviter l'arbitraire dans l'évaluation de la valeur des bâtiments à assurer. Comme c'est là un argument sans cesse invoqué contre l'assurance publique, qu'on déclare, gratuitement d'ailleurs, devoir entraîner fatalement le plus grand arbitraire dans l'estimation des valeurs, nous sommes heureux de pouvoir rentrer dans les plus petits détails. On pourra se rendre compte combien mince est la place laissée à l'arbitraire.

Pour faire cette démonstration d'une manière assez saisissante, tout en évitant les longueurs, nous ne saurions mieux faire que de concentrer, en quelque sorte, tous ces détails, dans un tableau d'ensemble.

Nous n'insisterons pas sur les objets tels que murs de fondations, tuyaux de canalisations, etc., qui ne rentreront pas en taxe. Ce sont des détails que nous avons déjà eu occasion de décrire en traitant de l'organisation de la Caisse de la ville de Berlin.

Occupons-nous seulement ici des règles auxquelles doivent se soumettre les taxateurs pour établir la valeur d'un mètre carré de construction, d'après la nature des matériaux employés et l'étage.

| DÉSIGNATION. | Prix normal. M. pf. | Selon la qualité des matériaux et du travail. 9/10 du prix normal. M. pf. | 8/10 du prix normal. M. pf. |
|---|---|---|---|
| 1 Mètre cubique de maçonnerie en mortier de chaux dans la cave | 30 — | 27 — | 24 — |
| — — — au rez-de-chaussée | 30 60 | 27 60 | 24 60 |
| — — — au 1er étage | 31 20 | 28 20 | 25 20 |
| — — — au 2e étage | 32 10 | 29 10 | 26 10 |
| — — — au 3e étage | 33 — | 30 — | 27 — |
| — — — au 4e étage | 33 90 | 30 90 | 27 90 |
| — — — au 5e étage | 34 80 | 31 80 | 28 80 |
| Pour les étages supérieurs, le mètre cube sera augmenté de 90 pf. par étage. | | | |
| 1 Mètre carré d'enduit extérieur poli | — 60 pf. | — 60 pf. | — 60 |
| — — non poli | — 45 pf. | — 45 pf. | — 45 |
| Les enduits de façade, en raison de leur variété et du luxe plus ou moins grand d'ornements qu'ils revêtent, seront estimés pour chaque espèce qui se présente. | | | |
| 1 Mètre de longueur de cheminée, enduit compris, largeur ordinaire | 11 80 | 10 60 | 9 40 |
| — — — — double | 19 60 | 17 60 | 15 60 |
| — — — étroitesse ordinaire | 7 20 | 6 50 | 5 80 |
| — — — double épaisseur | 11 40 | 10 30 | 9 20 |
| — — — triple épaisseur | 15 60 | 14 — | 12 50 |
| — — — quadruple épaisseur | 19 80 | 17 80 | 15 90 |
| 1 Mètre carré de chaperon de voûté uni, enduit compris, ainsi que la maçonnerie de derrière, mesurée in-plano. | | | |
| Ayant 0 m. 15 cent. d'épaisseur | 8 — | 7 20 | 6 40 |
| Ayant 0 m. 30 cent. d'épaisseur | 14 60 | 12 10 | 10 60 |
| 1 Mètre carré d'emplâtres moulées en mortier de chaux, cintrées | 2 50 | 2 30 | 2 10 |
| — — dont les moulures forment de fortes saillies | 5 — | 4 50 | 4 — |
| 1 Mètre carré de plancher d'une épaisseur de maçonnerie de 35mm | 6 30 | 5 70 | 5 10 |
| — — avec son support en maçonnerie et des entre-ponts comblés par un revêtement bien poli | 19 80 | 17 70 | 15 60 |
| 1 Mètre carré de plancher semblable sans support en maçonnerie | 17 40 | 15 60 | 13 80 |
| *N. B.* — Pour les diverses autres espèces de planchers, les taxateurs fixeront les prix. | | | |
| 1 Mètre carré de mur en charpente de 15 cent. d'épaisseur avec moulures extérieures et crépis des deux côtés | 8 20 | 7 40 | 6 60 |
| Si le bois est recouvert d'un côté, on estimera le mètre carré 30 pf. de plus. Si le bois est recouvert des deux côtés, l'estimation sera majorée de 60 pf. par mètre carré. | | | |
| 1 Mètre carré de murs en madrs de 7 cent. *A)* Recouv. et crépis d'un côté | 8 10 | 7 20 | 6 30 |
| — — — *B)* Recouv. et crépis des 2 côtés | 9 30 | 8 40 | 7 40 |
| 1 Mètre carré de murs en madriers de 5 cent., recouv. et crépis des 2 côtés | 7 50 | 6 90 | 6 — |
| 1 Mètre carré de toit uni tel qu'un double toit latté à 13 cent. et recouvert en uni | 9 90 | 9 — | 8 10 |
| 1 Mètre carré de toit uni latté large à 26 cent., avec double couverture unie. | 9 — | 8 10 | 7 20 |
| 1 Mètre carré de toit uni latté à 20 cent., tel que toit en bardeau à simple couverture | 8 40 | 7 50 | 6 60 |
| 1 Mètre carré d'une couverture simple en ardoise, lattée de 30 à 36 cent. | 10 20 | 9 — | 8 10 |
| 1 Mètre carré d'un toit à double couverture, recouv. d'ardoises, latté à 25 c. | 12 — | 10 80 | 9 60 |
| 1 Mètre carré de toit en ciment | 9 90 | 9 — | 8 10 |
| 1 Mètre carré de toit en ciment recouv. de zinc sur les frontons et cheminées | 10 20 | 9 — | 8 10 |
| 1 Mètre carré de toit couvert en zinc | 12 60 | 11 40 | 11 20 |

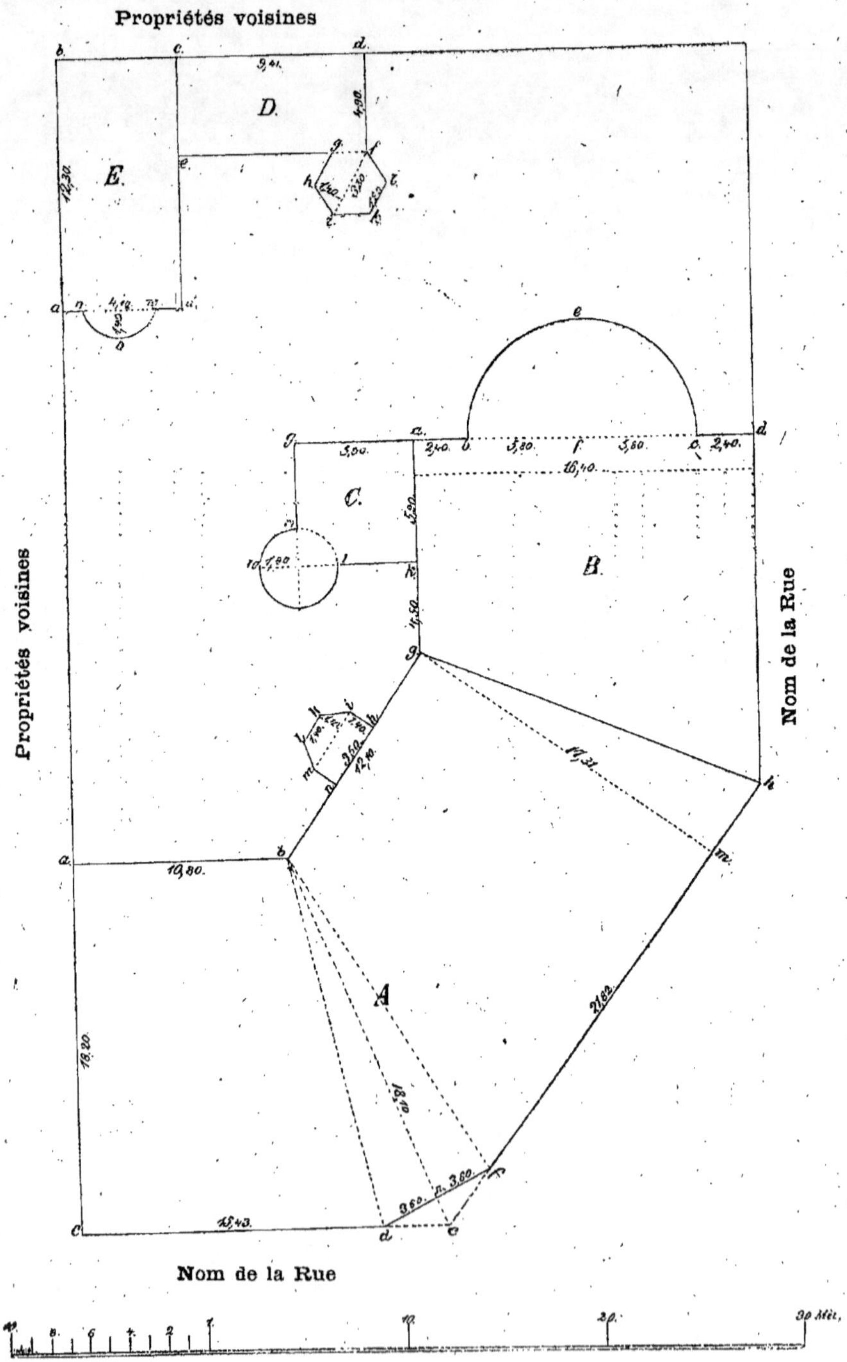
Propriétés voisines
Propriétés voisines
Nom de la Rue
Nom de la Rue
A
B
C
D
E
30 Mèt.

Maintenant que nous connaissons quelles sont les règles à suivre par les taxateurs pour estimer les immeubles, demandons-nous comment ils devront rédiger leur acte d'estimation, quels sont les éléments qu'on doit y trouver. Nous savons déjà qu'ils doivent dresser un plan de l'immeuble dont nous venons de donner un exemple.

Puis ils devront dresser un tableau relatant les diverses mesures relevées et dont voici un exemple représentant une estimation après un incendie déjà ancien.

(*Voir page suivante.*)

| Lettres du plan, anciennes | Lettres du plan, actuelles | Désignation des bâtisses | Structure des étages: Nombre | Structure des étages: Hauteur moyenne | État du bâtiment, s'il est bon, suffisant, moyen ou mauvais | S'il est massif ou s'il y a des ornements | Couverture | S'il est habitable dans les sous-sols | S'il est habitable dans le toit | Hauteur du bâtiment jusqu'à la gouttière | Longueur du bâtiment | Profondeur du bâtiment | Quantité de construction | Prix de l'unité de m3 conformément aux tarifs: Lettre du tableau | Prix de l'unité de m3 conformément aux tarifs: Mark | Dates des taxes antérieures | Total des sommes assurées jusqu'à ce jour: a A effacer | Total des sommes assurées jusqu'à ce jour: b A maintenir | Nouvelles sommes à assurer | Totaux | Observations sur l'usage fait des bâtiments et éclaircissements |
|---|---|---|---|---|---|---|---|---|---|---|---|---|---|---|---|---|---|---|---|---|---|
| | | | | Met. | | | | | | Metr. | Mètres | Mètres | Mètres 2 | | Mark | | Mark | Mark | Mark | Mark | |
| A | A | Devant de la maison et cour — (a b n m l k i h g h m f d o a) | 3 | 4,5 | Bon | Massif | Ardoises | Oui | Oui | 15 | Calculées dans la col. 2 | | 637,61 | D | 348 | 16/10 1889 | 37,800 | — | 221,800 | 221,890 | A décrire sur une feuille spéciale. |
| | | a c d b a $\frac{10,8+15,43}{2}$ . 18,20 = 238,093 m² | | | | | | | | | | | | | | | | | | | |
| | | d f h d 7,2 . $\frac{18,1}{2}$ = 65,160 » | | | | | | | | | | | | | | | | | | | |
| | | h g h f b $\frac{12,1+81,82}{2}$ . 17,31 = 203,577 » | | | | | | | | | | | | | | | | | | | |
| | | b n f b 3,6 . $\frac{18,1}{2}$ = 32,580 » | | | | | | | | | | | | | | | | | | | |
| | | n m i h n 3,5 . 1,4 = 4,900 » | | | | | | | | | | | | | | | | | | | |
| | | l k i m l $\frac{1,4+3,5}{2}$ . 1,10 = 2,095 » | | | | | | | | | | | | | | | | | | | |
| | | 637,61 m² | | | | | | | | | | | | | | | | | | | |
| B | B | Aile droite de la maison dans la cour. (Développons pas les calculs) | 3 | 4,5 | Bon | Massif | Ardoises | Non | Non | 15 | 15 | 15,40 | 225 | C | 288 | 15/8 1880 | — | 62,090 | — | 62,090 | En donner la description |
| C | | Derrière de la maison | — | — | — | — | — | — | — | — | — | — | — | — | — | 12/8 1880 | 10,740 | — | — | — | Détrait. |
| | C | A gauche laboratoire dans la cour | 2 | 2,9 | Moyen | Massif | En carton | Non | Non | 5,80 | 17,14 | 8,42 | 144 | — | 66,50 | — | — | — | 9,500 | 9,500 | |
| | D | Atelier de menuiserie | 3 | 2,5 | Moyen | Massif et ornementé | Toit uni | Non | Non | 7,80 | 6 | 4,50 | 27 | — | 89 | — | 2,400 | — | 2,400 | 2,400 | Conf. à un appendice de taxe spécial (col. 14) |
| | E | Kiosque | 1 | — | Bon | — | En carton | — | — | 4 | 3,15 | 1 | 3,15 | — | — | — | — | — | 120 | 120 | Trois côtés en planche (observ. à col. 2). |
| | F | Baraque en planches 1,75 de haut. | — | — | Bon | — | — | — | — | — | 70,8 | — | — | — | 4,5 | — | — | — | 320 | 320 | |
| | G | Clôture donnant sur la rue | — | — | Bon | — | — | — | — | — | 54,8 | — | — | — | 54 | - | — | — | 2,900 | 2,900 | |
| | | Totaux | | | | | | | | | | | | | | | 50,040 | 62,090 | 237,280 | 229,370 | |
| | | | | | | | | | | | | | | | | | | en chiffres ronds | | 299,400 | |

Grâce à ce tableau, nous avons pu mettre à profit les différents détails techniques que nous avons fournis précédemment. Cela nous dispense d'expliquer davantage le tableau que nous venons de dresser pour donner une idée aussi exacte que possible de la marche à suivre dans cette estimation.

Mais lorsque les taxateurs ont ainsi dessiné le plan, indiqué les diverses mesures du bâtiment qu'ils ont à estimer, qu'ils en ont calculé la valeur, leur tâche n'est pas encore achevée.

Dans notre seizième colonne nous avons parlé de description d'immeuble à donner sur une feuille séparée. C'est de cette opération dont nous voudrions actuellement parler. Pour faire mieux comprendre les choses, nous allons encore ici donner un exemple non pas complet. Il ne portera que sur une partie seulement de l'immeuble que nous venons de prendre comme exemple. Mais avant, pour en finir complètement avec l'acte d'estimation, voici en deux mots le commencement de cet acte :

**Société municipale d'assurance contre l'incendie de la ville de Breslau**

*Commissariat de Police N°...* *Police N°...* *Canton N°...*

ESTIMATION

faite sur l'immeuble..........................................................................
..........................................................................................
en vue d'une assurance contre l'incendie. La propriété est inscrite sur les livres fonciers..................... Fascicule.................. Page............

*Propriétaire :*

Les commissaires d'estimation soussignant, affirment, sous la foi du serment, que cette estimation a été faite sur les lieux conformément aux instructions prescrites par la Caisse d'assurance sur les règles à suivre en matière d'évaluation.

Le propriétaire intéressé était présent à l'opération.

Breslau le..................

Le maître maçon expert :

Le maître charpentier expert :

Contreseing du propriétaire :

L'évaluation a été examinée au point de vue technique.

Signé : L'Inspecteur des bâtiments.

Le nombre de Marks..... fixé dans l'évaluation ci-jointe est exact *in calculo.*

Signé : Le vérificateur des calculs.

Etablie pour...... Marks, la police peut être rendue définitive et les sommes évaluées être inscrites sur le cadastre.

Breslau le....................

Signé : La Députation de la Caisse d'assurance de la ville.

Mais la Députation, avant d'apposer sa griffe, vérifie si toutes les pièces annexes sont bien jointes à cette évaluation, notamment le plan de la propriété, la description détaillée de l'immeuble évalué et la taxe spéciale dressée en appendice s'il y a lieu.

Du plan et de l'estimation nous n'avons plus à parler. Nous allons essayer de donner au lecteur une idée de ce que doit être cette description.

Elle doit comprendre une description séparée pour chaque partie de l'immeuble. Elle débute par une description générale de chacune de ces portions, puis comprend la description de chacun des étages composant, par exemple, la face du bâtiment envisagé.

Revenant à notre immeuble déjà pris comme exemple pour montrer le mécanisme de l'évaluation, nous allons nous borner à la description d'une face de la propriété : la face de devant de notre immeuble.

Dans un 1er paragraphe on donne des descriptions générales.

Nous dirons, par exemple, que cette façade et son angle se composent d'un rez-de-chaussée et de deux étages entièrement construits en pierre, sur le fronton deux larges saillies, à l'angle un balcon, tels ou tels ornements décorent la façade. Le style de l'architecture, l'installation du gaz, de l'eau, seront mentionnés. On dira, par exemple, encore, s'il y a une salle de bain au premier, si la maison possède des attaches ou des fils télégraphiques, le nombre d'escaliers ; s'ils sont en marbre ou en pierre. La nature des différents parquets que l'on trouve aux divers étages, la matière dont est faite la couverture, devront être indiquées dans cette partie générale.

Dans un 2e paragraphe on fera la description séparée de chaque étage et des ornements et saillies qu'il présente. Nous allons indiquer les principaux passages d'une description d'immeuble que nous avons pu nous procurer, sans indiquer le nom du propriétaire ni le numéro de la maison.

### *1° Sous-sols*

3 m. 50 de hauteur y compris la voûte du plafond.

A gauche : 2 chambres, une cuisine ; à droite en rentrant, 4 caveaux, une buanderie, 1 escalier à 2 paliers.

Décrivant le plancher on lit : 2 chambres ayant un plancher en bois et une cuisine, et une buanderie, un plancher en carrelage.

*Mur et enduit.* — Les pièces habitables ont un plafond en poutres dont les interstices sont comblés ; le tout recouvert de crépis et lissé.

Fenêtres : 2 larges fenêtres, 7 fenêtres ordinaires, 3 soupiraux.

Portes : 13 portes pleines (c'est-à-dire sans jour).

Conduites de gaz, eau ou fils télégraphiques : Tuyaux de gaz avec 7 becs et 1 fourneau à gaz.

### *2° Le rez-de-chaussée*

Il a 4 mètres de hauteur et comprend :

a) *En logement*

A gauche en rentrant : 1 comptoir, 1 vestibule, une salle de réunion.

A droite en rentrant : 3 chambres, 1 boudoir, 1 salon, une salle à manger, une toilette, une chambre de domestique, 1 vestibule et 1 perron.

b) *Objets ajoutés aux constructions.*

Plancher : un lit de maçonnerie pour toutes les pièces. Dans 2 chambres du parquet en chêne, 8 chambres avec un plancher en bois, mais ordinaire.

Mur et couverture : 2 chambres, 1 salon, 1 boudoir, une salle à manger et une salle de réunion recouverts de tapisseries de velours, encadrées de filets dorés ; le comptoir et le vestibule ont des tapisseries ordinaires.

Les murs sont décorés, etc. etc.

Fenêtres : 12 larges fenêtres, des vitraux dans la salle à manger et le salon, etc. etc.

Portes : 5 portes unies et 6 ornées à double battant, etc.

Dans un quatrièmement on décrira le 2e étage.

En 5e lieu c'est le toit qui sera ainsi dépeint.

Cette façade de la maison terminée, on abordera les ailes du bâtiment qu'on décrira avec autant de minutie. De même pour toutes les parties de l'immeuble. Il serait fastidieux de continuer, dès lors que le lecteur est maintenant instruit sur la marche suivie par les taxateurs pour décrire l'immeuble après l'avoir dessiné, mesuré et estimé.

Par voie d'élimination il ne nous reste plus qu'à

indiquer brièvement par un court exemple quelle sera la structure de ces taxes spéciales que nos maîtres maçons et charpentiers peuvent être appelés à faire le cas échéant. S'agit-il d'une entreprise de menuiserie, on commencera par faire un métrage général du bâtiment, 6 m. de long, 4 m. 50 de profondeur, 3 étages construits sur sous-sol, etc. On se livrera ensuite au mesurage de la cave, et on estimera le mètre carré d'après ce que les taxateurs estiment qu'il coûterait à reconstruire. L'énumération et le mesurage des diverses parties des constructions des étages supérieurs et du sous-sol, s'il y a lieu, devront être exécutés. Ce qui caractérise cette évaluation spéciale, c'est l'extrême division des parties évaluées. Ainsi il sera beaucoup plus aisé à l'intéressé comme aux reviseurs de savoir si l'on a évalué trop bas et pour les derniers également s'il y a majoration. Comme tous ces détails ne diffèrent pas sensiblement de ceux que nous avons déjà fournis, nous ne rentrerons pas plus avant dans cette analyse. Disons pourtant que ce qui distingue ces évaluations des autres, c'est que leurs auteurs ne sont pas liés par des prescriptions préétablies. Aussi est-ce surtout sur ces sortes d'évaluations spéciales que se porte tout particulièrement et l'attention des intéressés et celle des reviseurs. On peut donc dire que là encore les estimations arbitraires ne sont guère à craindre.

Voilà bien des opérations à accomplir par les taxateurs. Ce n'est pas sans une certaine impatience que le lecteur doit se demander quels frais toutes ces précautions doivent entraîner.

Tout d'abord le maître maçon ou charpentier du canton qui, entr'autres obligations, doit deux fois la semaine, le mercredi et le samedi, faire un rapport au bureau de la Caisse, touche un traitement annuel s'élevant à 500 Marks et les autres membres de la Commission d'estimation chacun 300 Marks.

Les conseillers maçons et charpentiers touchent en plus des indemnités et frais de déplacement et de voyage.

α) *Pour l'estimation d'un bâtiment élevé sur un terrain nu :*

Si l'évaluation s'élève à 1.000 Marks il recevra 6 Marks.

L'évaluation atteint-elle 50.000 Marks, il ne pourra plus prétendre qu'à une indemnité de 25 pf. par 1.000 Marks. Au-delà de cette somme il ne touchera plus que 10 pf. °/₀₀ d'évaluation.

β) Pour la confection d'évaluations spéciales dont nous avons parlé en dernier lieu, son indemnité s'élèvera à 6 Marks °/₀₀ d'évaluation, à 7 Marks pour une évaluation de 3.000 Marks.

Si les valeurs estimées se chiffrent par 15.000 M., il ne touchera plus que 50 pf. °/₀₀.

Si les valeurs estimées se chiffrent par 50.000 M., il ne touchera plus que 25 pf. °/₀₀.

Si les valeurs estimées se chiffrent par 300.000 M., il ne touchera plus que 20 pf. °/₀₀.

Si les valeurs estimées se chiffrent au-dessus de 300.000 M. ne touchera plus que 10 pf. °/₀₀.

γ) Pour les opérations permettant d'établir le montant de l'indemnité :

La première heure 5 Marks, les heures suivantes 1 Mark.

δ) Pour la confection d'une estimation des dommages :

Pour une évaluation s'élevant à 1.000 Marks, il touchera 12 Marks.

Pour une évaluation s'élevant à 3.000 Marks, il touchera 14 Marks.

Au-dessus de ces sommes, jusqu'à 15.000 Marks, il touchera 1 Mark °/₀₀ en plus.

Au-dessus de ces sommes, jusqu'à 50.000 Marks, il touchera 0,50 °/₀₀ en plus.

Au-dessus de ces sommes, jusqu'à 300.000 Marks, il touchera 0,40 °/₀₀ en plus.

Au-dessus de 300.000 Marks, il ne touchera plus en plus, que 0,20 °/₀₀.

Nous n'insisterons pas davantage sur tous ces détails ayant une haute importance pratique car nous avons hate d'en arriver aux résultats (1) de cette Caisse municipale d'assurance contre l'incendie.

D'une manière générale, depuis 150 ans que cette Caisse fonctionne, la ville comme les assurés n'ont eu qu'à s'en louer. Sans cesse elle a suivi une marche ascendante.

(1) Voir notre tableau page 585.

Pour en donner une idée, voici quelques chiffres :

| En | | | | | |
|---|---|---|---|---|---|
| 1825 | les sommes assur. | s'élev. | à 15.021.370 Thl., | soit | 45.064.110 M. |
| 1835 | — | — | à 22.330.130 | — | 66.990.390 |
| 1845 | — | — | à 28.706.865 | — | 86.120.595 |
| 1855 | — | — | à 35.424.140 | — | 106.272.420 |
| 1865 | — | — | à 49.523.920 | — | 148.571.760 |
| 1875 | — | — | | | à 283.579.400 |
| 1885 | — | — | | | à 373.827.700 |
| 1895 | — | — | | | à 434.349.900 |
| A la fin de 1898 | — | — | | | à 444.697.300 |

Le nombre des assurances s'élevait à la fin de 1898 à 5542 dont 345 ont été l'objet de réassurances pour une somme s'élevant à 84.357.500 M.

Cette réassurance a porté sur des assurances d'immeubles ayant un emploi industriel et présentant de grands dangers d'incendie ; ajoutons les assurances portant sur des immeubles dont la valeur des matériaux était très élevée.

Depuis 1876 les deux sociétés privées se chargeant de cette réassurance, ne le font que jusqu'à concurrence des 8/10 des sommes assurées. La Caisse municipale garde donc encore à sa charge les 2/10 du montant de ces assurances. Aussi, qu'un de ces immeubles réassurés vienne à brûler entièrement, l'entreprise privée ne versera que les 4/5 du montant de la valeur de l'assurance.

Les sommes payées en primes de réassurance se sont élevées en 1897 à 45.547 M., à un chiffre de 45.000 M. en 1898. Dans les états dressés pour 1899, figure une somme de 48.000 M. pour réassurance, c'est-à-dire une augmentation de 3.000 M. sur les années précédentes.

Quant au fonds de réserve dont nous parlons de suite, puisque sa présence a également pour but de parer aux mêmes risques, il ne date que de 1859. A cette époque, il s'élevait à 39.200 thl., soit 117.600 M. A la fin de mars 1899, il se chiffrait par 3.521.140 M. Il va encore s'augmenter d'année en année, jusqu'à ce qu'il ait atteint 1 °/₀ des sommes assurées.

Quelles sont maintenant les primes perçues pour faire face à toutes les dépenses de la Caisse. Nous savons déjà qu'elles varient d'année en année, jusqu'à 1,40 °/₀₀. N'étant que le résultat d'une répartition de frais, il est plus logique d'indiquer au préalable, quels sont les principaux chefs de dépenses, abstraction faite des frais de réassurance qui nous sont déjà connus.

Tout d'abord les frais d'administration proprement dits, tels que traitement des fonctionnaires de la Caisse, frais de location et dépenses pour exécution des formalités requises, etc., ont été fixés pour 5 ans, à compter du 1er avril 1899, à 45.000 M. (1). Cette somme portée aux états de 1899, n'a été atteinte ni en 1897 où les frais d'administration s'élevaient à 44.117 M. seulement, ni en 1898. Ces frais sont les mêmes que l'année précédente.

Et j'ai été autorisé à déclarer qu'en 1899, cet article du budget se solderait en excédent!

A côté de ces dépenses, notons sous la rubrique de

(1) Ce chiffre fut fixé par la Commission du Conseil municipal en date du 17 novembre 1898. Anciennement ils avaient été fixés à 10 °/₀₀.

frais de gestion les sommes dépensées en transport, en insertion, en procédure, subventions données aux journaux de vulgarisation de l'assurance en général, frais de quittance. En 1897, pour solder ces dépenses il a été versé 1.106 M., en 1898 nous trouvons 2.500 M. et dans les états de 1899 seulement 1.550 M. Nous avons vu qu'il y avait un maître maçon et un maître charpentier attachés à chacun des quatre cantons. Quatre seulement touchent 500 M., soit 2,000 M. ; les quatre autres ne reçoivent que 300 M., soit 1.200 M. En additionnant, nous arrivons à 3.200 M. pour traitement alloué aux maîtres charpentier et maçon des quartiers. Ils recevront en outre une indemnité pour les encourager à signaler, dans la liquidation mensuelle qu'ils doivent présenter, les nouveaux bâtiments ainsi que les modifications faites aux immeubles. En 1897 on distribua 318 M., en 1898 un peu plus, 450 M., et dans les états de 1899 on prévoit 410 M. pour ces sortes d'indemnités.

Pour la confection des estimations des immeubles, les taxateurs touchent une indemnité fixée d'après un tarif que nous avons indiqué. L'exécution de cette disposition a coûté en 1897 à la Caisse 9.398 M. et en 1898 un peu moins, 6800 M. Dans les états de 1899, on prévoyait une dépense de 7.580 M. qui n'a pas été atteinte. Pour l'estimation des dommages causés, on a versé en indemnité aux taxateurs 803 M. en 1897 et seulement 780 M. en 1897. Dans les états de 1899 on prévoit une somme de 650 M.

En additionnant toutes ces dépenses, nous arrivons à 59.080 M. dans les états de 1899.

Arrivons au montant des indemnités versées aux assurés.

Elles se sont élevées en 1897 à 34.726 M. et à 41.040 M. pour l'année 1898. Dans les états de 1899 on prévoit une somme de 41.960 M.

Lorsqu'il survient un incendie, il en résulte toujours des démolitions. Il faudra, le plus souvent se livrer, à une opération de déblai sur le théâtre de l'incendie. Ce travail entraîne une rémunération. La Caisse devra payer la moitié du salaire distribué aux ouvriers qui auront ainsi dégagé les lieux où l'incendie aura accumulé les décombres. Naturellement cette obligation pour la Caisse n'existe que lorsqu'il s'agit d'un immeuble assuré à la Société d'assurance de la ville. C'est ainsi qu'en 1898 la Caisse d'incendie a compté à la Caisse générale municipale 150 M. Une somme identique a été prévue dans les états de 1899.

Mais cette somme est bien peu de chose à côté de celle que verse la Caisse d'incendie au service de l'extinction des incendies. La Société d'assurance de la ville doit *payer de ce chef 50.000 M. annuellement.*

Si nous additionnons ces différents chiffres, nous remarquons que près de la moitié des dépenses de la Caisse d'incendie proviennent d'indemnités qu'elle doit servir à des institutions que les Sociétés privées d'assurance déclarent ne les regarder d'aucune façon.

La totalité des dépenses de la Caisse s'est élevée en

1898 à 328.440 M. Dans les états de 1899, on prévoit une somme de 335.820 M.

Quelles sont les recettes qui vont couvrir ces frais ? C'est ce qu'il nous faut, maintenant, rapidement examiner.

La principale recette — c'était à prévoir — provient du versement des primes annuelles dont le montant doit permettre de solder les dépenses.

Sans rentrer ici dans un historique complet, indiquons simplement quel fut le montant des primes fixé pour les huit dernières années ‰ de capital assuré :

| | | |
|---|---|---|
| En 1890 : 50 pf. | En 1893 : 48 pf. | En 1896 : 46 pf. |
| — 1891 : 50 — | — 1894 : 46 — | — 1897 : 36 — |
| — 1892 : 56 — | — 1895 : 46 — | — 1898 : 35 — |

Ainsi depuis 1891 nous assistons à une baisse continue des primes — lente, il est vrai, mais malgré tout nullement à dédaigner — jusqu'en 1896. A partir de cette date c'est une baisse brusque de 10 pf. que nous enregistrons. En 1898, la baisse continue encore. Nous avons cherché à savoir à quelle circonstance favorable il fallait attribuer cet heureux résultat. Il faut l'expliquer par ce fait qu'en 1897, ainsi qu'en 1898, 1/4 des intérêts annuels du fonds de réserve a été employé à payer les indemnités dues par suite des dommages subis.

Au taux de 36 pf. ‰, le total des primes perçues en 1897 s'élevait à 189.506 M.

Au taux de 35 pf ‰, on a réuni en 1898 une somme de 159.837 M.

Dans les états de 1899, on estime ces recettes à 155.590 M.

Au budget des recettes, nous trouvons, à côté des primes ordinaires, celles perçues pour réassurance. Elles se sont élevées en 1897 à 47.381 M. et en 1898 au chiffre de 45.000 M. Dans les prévisions de 1899, elles sont portées pour une somme de 48.000 M., soit une augmentation de 3.000 M. sur l'exercice précédent.

Les indemnités payées du chef de la réassurance ont atteint 3.778 M. en 1897 et pour l'année 1898 une somme de 6.460 M. Elles ont été prévues dans le budget de 1899 pour 400 M. de moins, soit pour 6.060 M.

Enfin nous trouvons au budget des recettes un article 4e, relatant les intérêts à toucher. Ils se chiffraient en 1897 du chef des placements hypothécaires par 29.848 M. et pour une somme identique en 1898.

Dans le budget de 1899, pour un capital de 1.742.100 M. on compte 65.454 M. d'intérêts. Tandis que les autres effets ont rapporté en 1897 à la Caisse, 87.861 M., et en 1898, environ 87.286 M., on présume dans les états de 1899 que le capital de 1.804.900 placé en ces sortes de valeurs peut fournir une somme d'intérêts évaluée à 60.709 M. Pour tout réunir dans un chiffre, disons que dans le budget des recettes on prévoit pour un capital global de 3.457.000 M., environ 126.163 M. d'intérêt.

En totalisant toutes ces recettes et en y ajoutant quelques autres petites sommes, nous trouvons 335.820 M. Le budget est bouclé.

Ces exemples nous démontrent péremptoirement qu'une assurance communale contre l'incendie peut prospérer. On réalise ainsi cette coordination si désirable entre l'assurance, le service de secours en cas d'incendie, la police du feu et du bâtiment, tout en renforçant, dans de fortes proportions, le crédit réel. Cette institution peut entreprendre d'assurer *tous* les risques à meilleur marché que les Compagnies.

Par contre, même dans les grandes villes ayant un service de secours bien organisé, le danger d'un grand incendie est toujours à craindre. Pour couvrir les dégâts qu'il aura causés, en raison de la faible étendue du territoire de la Caisse, elle devra imposer aux assurés des charges assez lourdes. Aussi est-il prudent qu'une Société communale recourt à la réassurance qui lui permettra d'obtenir une certaine division des risques. Nous conseillons aux Sociétés communales de réassurer une partie de leur portefeuille aux Sociétés *publiques* voisines plus puissantes. Elles ne devront recourir à la réassurance auprès des *Compagnies* qu'*in extremis*, si elles désirent ne pas se faire exploiter. Grâce à la réassurance, les effets désastreux d'un grand incendie— événement malheureusement trop à craindre dans une ville possédant une population très dense — seront singulièrement atténués. De plus on ne saurait trop recommander à une ville, qui veut avoir sa Caisse d'assurance propre, de constituer un fonds de réserve.

Toute Caisse qui veut restreindre son champ d'action à une ville devra donc se conformer aux règles suivantes :

Percevoir des primes assez élevées pour pouvoir non

seulement couvrir les dégats causés par les sinistres, mais encore constituer un fonds de réservé. Il permettra, en présence d'un grand incéndie, de dédommager tous les dégâts occasionnés par le fléau. D'ailleurs en agissant ainsi on donne aux assurés une garantie d'autant plus grande qu'en cas de sinistre, ils peuvent compter sur un dédommagement intégral. Cette garantie sera plus forte encore si la Société réassure une partie de ses risques à une Société voisine. En principe, les immeubles devront être assurés dans leur totalité. Des exceptions ne devront être admises que pour les parties de la maison qui ne sauraient être la proie des flammes, telles que les fondations et les sous-sols. Une classification des risques devra être établie, basée sur le genre de construction, la situation de l'immeuble, son affectation. Quant aux primes afférentes à percevoir pour chaque classe de risques, elles devront être établies de telle façon que les mauvais risques soient légèrement déchargés. Sans doute la prime sera supérieure à celle correspondante aux bons risques, mais elle sera moins élevée que le commanderait l'application stricte de la proportionnalité des primes aux risques.

Au contraire pour retrouver les sommes perdues par ce dégrèvement, on percevrait sur les tout à fait bons risques, une prime légèrement plus forte que ne l'exigerait l'application étroite du principe de la proportionnalité des primes aux risques. Tout en établissant malgré tout des primes inférieures à celles des Compagnies, on arriverait à faire cette compensation, si désirable, entre les mauvais et les bons risques.

Il faudrait réunir dans le même service la police, du feu, du bâtiment, le service d'extinction des incendies et d'assurance contre l'incendie. Grâce à cette coordination étroite, on obtiendrait certainement une diminution, tant dans le nombre que dans l'importance des incendies. Les bénéfices devront être consacrés à l'amélioration du service de secours en cas d'incendie. Les Compagnies devront être astreintes à fournir leur quote part pour l'entretien du matériel et du service des sapeurs pompiers, si la Caisse communale n'est pas obligatoire. Mais il nous semble que seule une Caisse communale obligatoire peut donner satisfaction aux desiderata que nous venons d'exprimer. Enfin les exemples des Caisses que nous venons d'étudier démontrent clairement que seule la Société communale obligatoire peut prospérer tout en demandant une prime moyenne très modique.

## CHAPITRE VI

### A. — Résultats obtenus par les principales Sociétés publiques allemandes depuis 1870.

#### a). *Sociétés publiques prussiennes.*

**1° Sociétés ne s'étendant qu'à une seule ville :** telles que les Sociétés *d'Elbing*, *Thorn*, *Stettin*, *Stralsund*, *Berlin*, *Breslau*.

*La Caisse de la ville de Thorn* qui peut être considérée comme une Caisse facultative a assuré de 1871 à 1880 un capital de 100.802.000 M. pour lesquels elle a payé en indemnités pendant cette période 84.739 M., soit 0,84 °/₀₀ de capital assuré. De 1881 à 1890, elle a assuré pour 154.193.000 M. et a payé en indemnités 91.710 M., soit seulement 0,59 °/₀₀. C'est donc une diminution de 0,25 °/₀₀ ou 29,8 °/₀₀ qu'il faut enregistrer. De 1889 à 1897, elle a assuré 138.092.000 M. et payé 122.739 M. d'indemnités, soit en moyenne pour cette période 0,89 °/₀₀. Cette moyenne élevée est due à deux mauvaises années, 1891 et surtout 1895. A la fin de 1897 elle assurait un capital de 21.526.189 M., soit une augmentation sur l'année précédente de 190.510 M. Elle réassurait les 2/3 de son portefeuille, soit 14.350.793 M., pour lesquels elle payait 10.693 M. Elle reçut de cette réassurance 6.312 M. En indemnités elle a versé 9.168 M. et dans un but d'utilité publique 22.089 M. Les frais d'administration ne se sont élevés qu'à 3.000 M. Pour couvrir toutes ces dépenses elle n'a perçu que 10.697 M., soit à quelques Marks près, ce qu'elle a payé en primes de réassurance. Mais grâce à 53.581 M. d'intérêt en caisse, elle bénéficiait encore d'un reliquat de 23.271 M., allant grossir le patrimoine de la Caisse, s'élevant à 1.528.323 M. A la fin de 1898 la Caisse assurait 21.553.639 M., soit une augmentation sur l'année précédente de 27.450 M. Les 2/3 du portefeuille étaient réassurés, moyennant 10.796 M. Le montant des dommages s'est élevé à 7.539 M. dont 4.823 M. ont été payés par la réassurance. Un reliquat de 18.310 M., put être encaissé. Le patrimoine de la Caisse s'élevait à 1.546.634 M.

*La Caisse de la ville de Stettin* a assuré de 1871 à 1880 pour 687.996.000 M. de valeurs et a payé pour cette période 312.033 M. d'indemnités, soit 0,45 ‰ de capital assuré. Pendant la période décennale suivante (1881-1890) elle a assuré 765.873.000 M. de valeurs et a versé 114.133 M. d'indemnités, soit 0,15 ‰ de capital assuré, soit une diminution de 0,30 ‰ ou 66.700 M. par rapport à la période précédente. De 1889 à 1897 elle a assuré un total de 569.906.000 M. et payé en indemnités 156.658 M., soit une moyenne pour la période de 0,27 ‰, soit une augmentation de 90 %.

A la fin de 1897 elle assurait un capital de 86.237.717 M., dont 4.951.850 M. étaient réassurés. Les primes perçues à raison de 0,63 ‰ (au lieu de 0,50 ‰ pour la Caisse précédente) s'élevèrent à 57.259 M. et les indemnités versées à 33.523 M. Après avoir soldé les 15.000 M. donnés au service des pompiers de la ville, 6,915 M. de primes de réassurance et 975 M. seulement de frais d'administration, elle réalisait encore un boni de 27.691 M., allant grossir le patrimoine de la Caisse, s'élevant à la fin de 1897 à 815.242 M.

*La Caisse de Stralsund* a assuré de 1871 à 1880 un capital de 183.006.000 M. et a versé en indemnités 38.578 M., soit 0,21 ‰ de capital assuré. Pendant la période décennale suivante, elle a couvert 222.259 M., mais a payé en indemnités 109.489 M., soit 0,49 ‰, ou une augmentation par rapport à la période précédente de 0,28 ‰ ou 133 %. Mais pendant la période 1889 à à 1897, la Caisse a assuré 158.048.000 M. et payé en indemnités 34.214 M., soit 22 ‰ en moyenne pour ces 7 ans ou une diminution de 60 %. A la fin de 1897 elle assurait 22.569.539 M. et réassurait 2 1/2 % de son portefeuille. La prime perçue est sensiblement plus élevée que pour nos caisses précédentes, elle s'élève à 0,78 ‰. Malgré tout la gestion s'est soldée par un déficit de 6.143 M. Aussi le fonds de réserve et patrimoine actif n'était plus que de 45.602 M.

Des Caisses des villes de Berlin, Breslau, Elbing, nous n'avons pas à parler, ayant déjà donné les résultats obtenus dans les études spéciales que nous leur avons consacrées (1).

(1) Nous renvoyons le lecteur aux pages 673-76, 705 et suiv., 600 et suiv.

**2° Caisses étendant leur sphère d'action à toutes les villes d'une circonscription administrative :** telles que les Sociétés de la *Prusse orientale*, de la *Province de Brandebourg*, celles des *Provinces de Silésie*, *de Saxe*, et de *la Frise orientale*.

*La Caisse de la Prusse orientale* a assuré de 1871 à 1880, un capital de 208.059.000 M. et a versé en indemnités 670.393 M., soit 3,22 ‰ de capital assuré. De 1881 à 1890 elle a assuré 245.913.000 M. et a payé 493.526 M. d'indemnités, soit 2,01 ‰ de capital, soit une diminution par rapport à la période précédente de 1,21 ‰ ou une différence de 37,6 %. Mais de 1889 à 1897 elle assure 168.707.000 M. et paye 436.216 M. d'indemnités, soit en moyenne 2,59 ‰ ou une augmentation de 25 % par rapport à la moyenne de la période précédente.

Elle assure les meubles et les immeubles. A la fin de 1896 elle assurait un capital immobilier de 26.546.685 M., à la fin de l'année suivante il s'élève à 30.122.675 M., pour lequel elle a perçu 71.474 M. et payé en indemnités 158.283 M. Comme c'est une Caisse purement facultative assurant les risques mobiliers et immobiliers dans les villes, il est du plus grand intérêt de connaître la qualité des risques composant le portefeuille de la Société. Aussi sommes-nous obligés de rentrer un peu dans le détail, afin d'indiquer l'importance du capital assuré par la Caisse dans les différentes classes.

| CLASSES d'immeubles | SOMMES assurées fin 1896 M. | SOMMES assurées fin 1897 M. | PRIMES 0/00 | PRIMES Total M pf. | INDEMNITÉS M. pf. |
|---|---|---|---|---|---|
| I. | 88.400 | 88.400 | 0,7 | 61,68 | — |
| IIA. | 485.550 | 1.337.690 | 0,8 | 740,65 | — |
| ,, B. | 11.223.220 | 12.564.880 | 1,2 | 13.880,92 | 19.620,62 |
| IIIA. | 67.420 | 51.120 | 1,6 | 91,55 | — |
| ,, B. | 1.845.350 | 982.660 | 2,0 | 3.278,24 | 15.270,45 |
| IVA. | 131.320 | 112.900 | 3,4 | 402,58 | 22.700,— |
| ,, B. | 3.377.640 | 3.329.920 | 4,0 | 13.666,75 | 29.038,40 |
| VA. | 216.330 | 227.470 | 5,0 | 1.187,31 | 30,— |
| ,, B. | 1.917.805 | 2.145.055 | 6,0 | 12.218,01 | 14.131,14 |
| VIA. | 114.660 | 94.660 | 9,2 | 875,60 | 1.391,— |
| ,, B. | 96.910 | 91.880 | 12,4 | 1.584,46 | 2.490,— |
| VIIA | 57.030 | 101.260 | 9,2 | 758,80 | 73.611,58 |
| ,, B. | 6.925.050 | 8.994.780 | 30,0 | 22.728,16 | |
| **I-VII** | **26.546.685** | **30.122.675** | | **71.474,71** | **158.283,19** |
| Meubles | — | **2.724.320** | | **2.531,38** | **4.171,50** |

Nous voyons par ces chiffres que le portefeuille de la Caisse s'est surtout enrichi de mauvais risques. Aussi recommandons-nous au lecteur de parcourir avec attention ce tableau sur lequel nous ne voulons pas insister davantage de peur de fatiguer en répétant toujours la même chose : seuls les mauvais risques peuvent être assurés par les Sociétés publiques.

La Caisse a réassuré à la Section de réassurance du Syndicat des Sociétés publiques allemandes pour 6.447.590 M. de valeurs immobilières et pour 843.660 M. de meubles, soit un total de 7.291.250 M., moyennant le versement d'une prime de 8.422 M. Mais bien que ses frais d'administration ne se soient pas élevés à 25.000 M., ayant payé au service de secours en cas d'incendie 1.050 M. et 384 M. dans un but d'utilité publique notamment 140 M. pour encourager l'amélioration des constructions et 162.454 M. d'indemnités, la gestion se soldait par un déficit de 112.650 M. Malgré tout elle possédait encore un actif net de 162.056 M. à la fin de 1897.

Les résultats financiers de la Caisse de Brandebourg, nous les avons donnés dans l'étude que nous avons faite de cette Caisse (1).

La *Caisse de Silésie* a assuré de 1871-1880 un total de 1.582.970.000 M. pour lesquels elle a payé en indemnités 1.341.783 M., soit 0,85 °/₀₀ de capital assuré. De 1881-90 elle a assuré une somme de 2.834.444.000 M., c'est-à-dire plus du double. Elle a payé en indemnités 1.805.075 M., soit 0,64 °/₀₀. Par rapport à la période décennale précédente, c'est une diminution de 0,21 °/₀₀ ou une différence de 24,7 °/₀. De 1889-97 la Caisse a assuré 2.663.314.000 M. et payé 1.443.135 M. d'indemnités, soit 0,54 °/₀₀ ou une diminution de 0,10 °/₀₀.

Au 1er janvier 1898 elle assurait un capital de 445.597.830 M. en augmentation sur l'année précédente de 15.976.110. Les primes encaissées se sont élevées à 310.647 M. et les indemnités à 231.280 M. La Caisse a réassuré à la Section de réassurance du Syndicat des Sociétés publiques allemandes un total de 34.980.880 M. Comme c'est une Caisse importante et facultative, nous sommes heureux de pouvoir faire connaître au lecteur la composition du portefeuille de la Caisse d'après les différentes classes. En même temps nous indiquerons comment les indemnités ont été réparties d'après les différentes classes de risques. De quels risques la Caisse

(1) Nous renvoyons le lecteur à la page 569 et suiv.

a-t-elle enrichi son portefeuille, c'est là un point important sur lequel nous insistons également dans cette statistique.

| Classes d'immeubles | Sommes assurées 1er janvier 1898 | Augmentation par rapport à 1897 | Primes °/.. | Primes M. | Indemnités M. |
|---|---|---|---|---|---|
| I. | 349.659.730 | 12.624.500 | 0,47 | 162.813,75 | 1)60.772,28 |
| II. | 52.210.060 | 1.911.990 | 0,93 | 49.741,18 | 84.602,36 |
| III. | 22.677.630 | 698.380 | 1,4 | 32.319,40 | 19.076,08 |
| IV. | 6.439.560 | 370.140 | 1,87 | 12.511,96 | 14.354,99 |
| V. | 3.884.830 | 38.750 | 2,33 | 9.595,26 | 21.263,65 |
| VI. | 10.726.020 | 332.350 | 2,8 | 43.666,— | 31.211,27 |
| **I-VI.** | **445.597.830** | **15.976.110** | | **310.647,55** | **231.280,63** |

Malgré cette quantité de mauvais risques la Caisse a réalisé un bénéfice de 31.007 M. Son actif net s'élevait à la fin de 1897 à 1.818.882 M.

De la Caisse provinciale de Saxe nous parlerons en nous occupant de l'Union des Sociétés de l'Allemagne centrale.

Les deux Sociétés provinciales de la Frise orientale sont obligatoires, aussi n'y insisterons-nous pas, disons seulement qu'à la fin de l'année 1897 elles assuraient, celle s'étendant aux villes 71.933.060 M. et celle s'étendant aux campagnes 119.683.870 M.

3° **Caisses étendant leur sphère d'action aux campagnes d'une circonscription administrative :** telles que les Sociétés de *la Prusse orientale* (Landschaft), *de la Province de la Prusse orientale*, de la *Prusse occidentale* (Landschaft), de la *Marche électorale et de la Basse-Lusace*, de la *Nouvelle Marche*, de la

*Silésie*, du *duché de Magdebourg*, *d'Halberstadt* (Ritterschaft), du *duché de Saxe*, la *gilde des biens nobles du Schleswig-Holstein*, du *Mecklembourg* (Domaines).

La *Caisse de la Prusse orientale* (Landschaft) a assuré de 1871 à 1880 un capital de 1.556.377.000 M. et a payé en indemnités 4.306.267 M. soit 2,77 ‰. De 1881-90 elle a assuré 2.308.787.000 M. mais elle a versé en indemnités 7.982.025 M. soit 3,46 ‰. Par rapport à la période décennale précédente c'est une augmentation de dommages de 0,69 ‰ ou de 24,9 %. De 1891 à 1897 elle a assuré successivement 274.127.800 M., 272.837.700 M., 269.701.800 M., 263.369.700 M. et enfin à la fin de 1896 elle assurait 264.135.700 M. mais nous allons voir quels genres d'immeubles elle assurait dans ces différentes années. A la fin de 1897 le capital s'est élevé à 276.928.200 M. De 1892-96 elle a assuré 365.994 immeubles, dont voici la nature :

32.893 maisons d'habitation pour une valeur de 291.008.100 M., 80.414 maisons de petits paysans pour une valeur de 202.726.900 M.; 70.017 granges pour une valeur de 292.048.200 M.; 128.085 étables pour une valeur de 407.833.700 M.; 6.914 auberges ou restaurants pour une valeur de 29.997.900 M.; 1.106 boulangeries pour une valeur de 383.300 M.; 6.787 ateliers de forgerons pour une valeur de 7.058.400 M.; 26.424 exploitations agricoles diverses pour une valeur de 31.199.200 M.; 213 églises pour une valeur de 2.896.400 M.; 1990 écoles pour une valeur de 8.351.100 M., enfin 11.151 établissements industriels pour une valeur de 70.669.500 M. Voici maintenant la répartition des sommes assurées d'après les diverses classes, ainsi que les primes et indemnités payées.

| Classes | Nombre des Immeubles de 1892-96 | Sommes assurées de 1892-96 M. | Sommes assurées à la fin de 1897 M. | o/oo | Montant des Primes pour 1897 M. pf. | Montant des Indemnités pour 1897 M. pf. |
|---|---|---|---|---|---|---|
| I A | 33.736 | 308.539.200 | 72.370.300 | 0,9 | 63.438.87 | 17.545.67 |
| " B | 19.484 | 130.975.400 | 29.304.800 | 1,2 | 34.288,02 | 50.874,60 |
| " C | 42.719 | 218.744.200 | 37.798.300 | 1,3 | 51.651,02 | 39.687,04 |
| II A | 4.244 | 26.149.400 | 6.199.500 | 2,0 | 11.662,20 | 39.240,67 |
| " B | 19.498 | 68.880.500 | 14.718.200 | 3,2 | 46.487,70 | 55.293,40 |
| " C | 70.149 | 234.661.200 | 47.697.900 | 3,5 | 166.923,12 | 217.291,— |
| III A | 16.410 | 57.624.300 | 12.256.500 | 5,0 | 58.555.24 | 58.418,— |
| " B | 64.446 | 135.456.100 | 27.234.100 | 6,0 | 164.478,27 | 160.299,10 |
| " C | 89.970 | 147.218.300 | 26.176.700 | 6,6 | 179.101,90 | 126.903,25 |
| IV | 5.338 | 15.924.100 | 3.171.900 | 10,0 | 31.873,59 | 35.525,— |
| **I — IV.** | **365.994** | **1.344.172.700** | **276.928.200** | | **808.459,93** | **801.077,73** |

Connaissant maintenant la nature et la qualité des risques assurés par la Caisse, on ne s'étonnera pas d'apprendre que la gestion s'est soldée par un déficit. En dehors des 801.077 M. d'indemnités versés par la Caisse et des 70.162 M. de frais d'administration qu'elle a soldés, elle a payé au service de secours en cas d'incendie 5.542 M. et pour d'autres buts d'utilité publique 7.882 M. dont 3.940 ont été consacrés à encourager ceux qui s'engageaient à améliorer leurs constructions. Malgré le déficit de 32.056 M. que la Caisse a été obligée de subir, elle possédait encore à la fin de 1897 un actif net de 659.384 M. Elle rend des services, qu'elle seule est apte à rendre, aux petites gens en les assurant moyennant des primes modiques.

La Caisse *provinciale de la Prusse orientale* nous

offre un exemple non moins intéressant des bienfaits de l'assurance publique. Nous devons donc y insister également. Elle assure les meubles et immeubles. De 1871-80, elle a assuré un capital de 1.414.741.000 M. et a payé 7.634.382 M., soit 5,40 °/₀₀. De 1881-90, elle a assuré un capital de 1.878.010.000 M. et a versé 8.326.116 M. d'indemnités, soit 4,43 °/₀₀. C'est donc non seulement une augmentation de capital qu'il faut enregistrer, mais une diminution dans le montant des dommages de 0,97 °/₀₀ ou une différence de 18 °/₀₀. De 1889-97, la Société a assuré 1.552.483.000 M., et payé 3.756.723 M., soit 2,42 °/₀₀, soit une diminution de 49 °/₀ par rapport à la période précédente. Les risques sont actuellement divisés en IV classes. La Ire comprend les immeubles massifs avec un toit réfractaire à l'incendie, la IIe les maisons non massives mais recouvertes de matières ininflammables, la IIIe classe comprend les bâtiments dont le toit peut être incendié et la IVe classe les immeubles affectés à l'exploitation d'une industrie dangereuse, mais on distinguera encore selon que le toit est inflammable ou non. Ceci connu, disons qu'en 1890 la Caisse assurait 18.969 bâtiments rangés dans la IIIe classe A et 30.654 dans la IIIe classe B. Les immeubles ayant un toit réfractaire au feu, mais servant à l'exploitation d'une industrie dangereuse au point de l'incendie, la Caisse en assurait 12.127 en 1890 et 23.146 en 1896. La Caisse couvrait 141.994 immeubles où non seulement on exploitait une industrie présentant des dangers d'incendie, mais encore dont le toit était inflammable, en 1896 le total s'élève à 169.232. Si maintenant on additionne les immeubles rangés dans la Ire et la IIe classe, on trouve que sur un total d'immeubles assurés en 1890, de 225.007 seulement 20.963 appartenaient aux deux premières classes. Ainsi, plus de 200.000 immeubles constituaient de mauvais ou très mauvais risques, bref de ceux dont ne veulent pas les Sociétés privées. En 1896, à la 1re catégorie, appartenaient 38.330 immeubles sur un total de 249.683 bâtiments assurés par la Société. Au point de vue de la valeur que représentaient ces risques, nous trouvons que sur un capital immobilier assuré de 1.663.084 M., pendant cette période, 203.992 M. correspondaient à des valeurs rangées dans les deux premières classes et près de 1.460.000 M. à des valeurs groupées dans les classes des mauvais et très mauvais risques.

Si nous insistions sur l'assurance mobilière, ce sont les mêmes constatations que nous serions obligés de faire : une multitude de petites polices d'assurance couvrant du mobilier de petites gens, des récoltes, du bétail. Donnons rapidement les résultats obtenus à la fin de 1897 :

| Classe d'immeubles | Sommes assurées | Primes | | Indemnités |
|---|---|---|---|---|
| | M. | 0/00 | M. pf. | M. pf. |
| IA. | 68.563.280 | 0,59 | 40.642,04 | 31.885,80 |
| ,,B. | 3.908.590 | 0,97 | 3.784,25 | 3.693,— |
| IIA. | 23.258.790 | 1,76 | 40.994,43 | 17.247,— |
| ,,B. | 12.430.220 | 2,67 | 33.136,23 | 26.666,— |
| IIIA. | 6.829.690 | 3,55 | 24.219,89 | 22.897,— |
| ,,B. | 5.335.300 | 5,18 | 27.645,40 | 39.335,— |
| IV | 150.382.530 | 4,16 | 626.071,47 | 449.146,— |
| I-IV | **270.708.400** | **2,94** | **796.364,28** | **590.869,80** |
| Meubles | **103.367.990** | **3,26** | **337.162,56** | **195.346,50** |
| Totaux | **374.076.390** | | **1.133.526,84** | **786.216,30** |

Sur le montant total des capitaux assurés de 374.076.390 M., la Société a réassuré à la section de réassurance du syndicat des Sociétés publiques 65.107.700 M., dont 37.939.060 M. de risques immobiliers et 27.168.640 M. de risques mobiliers. Malgré cette grande quantité de mauvais risques et une perception de primes modiques, la Société a pu encaisser un excédent de recettes de 125.304 M. venant grossir son patrimoine actif s'élevant à la fin de 1897 à 936.600 M.

*La Société de la Prusse occidentale* (Landschaft) a assuré de 1871 à 1880, une somme de 1.017.034.000 M. et payé en indemnités 3.414.409, soit 3,36 °/₀₀ de capital assuré. Pendant la période décennale suivante elle a assuré 1.171.544.000 M., mais a payé en indemnités 4.661.154 M., soit 3,98 °/₀₀ de capital assuré. Par rapport à la période précédente le montant des dommages a augmenté de 0,62 °/₀₀ ou de 18,5 °/₀. De 1889 à 1897, la Société a assuré 875.398.000 M. et payé en indemnités 3.266.000 M., soit 3,73 °/₀₀ ou une diminution de 0,25 °/₀₀. A la fin de 1898 elle assurait dans les V classes un capital de 121.321.300 M. et payait en indemnités 535.722 M. Les primes perçues se chiffrent par 46.963.237 M. Voici la décomposition de ces chiffres.

| Classes | SOMMES assurés | MONTANT DES PRIMES | | INDEMNITÉS |
|---|---|---|---|---|
| | M. | ‰ | M. | M. |
| I | 56 972 450 | 2/3 | 112 547,25 | 114 877,14 |
| II | 18 783 550 | 1 | 55 736,67 | 60 037,89 |
| III a | 16 413 450 | 1 1/3 | 64 223,90 | 111 100,15 |
| III b | 134 300 | 1 5/6 | 699.52 | — |
| IV a | 4 788 900 | 2 1/3 | 33 295,53 | 64 654,— |
| IV b | 22 567 750 | 2 2/3 | 183 386,40 | 175 366,27 |
| V | 11 660 900 | 4 | 19 763,10 | 9 687,— |
| **I—V** | **121 321 300** | | **469 632,37** | **535 722,45** |

Mais en sus de ces 535.722 M. d'indemnités elle a encore payé en frais d'administration, *lato sensu*, guère moins de 60.000 M.; si l'on ajoute près de 3.000 M., consacrés à un but d'utilité publique, on arrive à un total de dépenses de 602.886 M., soit un déficit de 14.379 M. Pour le combler, on a demandé une prime extraordinaire s'élevant pour la première classe à 8 %, pour la deuxième classe à 13 %, pour la troisième classe à 76 % et enfin pour la quatrième classe à 95 % de la prime ordinaire dont nous connaissons le montant par notre tableau ci-dessus. Son patrimoine s'élevait à 105.356 M.

Pour la Société de la Marche électorale et de la Base Lusace les résultats financiers nous en sont connus par l'étude spéciale que nous lui avons consacrée

*La Société de la Nouvelle Marche* assure les meubles et les immeubles. De 1871-80 elle a assuré un capital de 1.661.482.000 M. pour lequel elle a payé 3.836.631 M. de primes, soit 2,31 ‰. De 1881-90 elle a assuré un capital de 2.159.181.000 M. et a payé en primes, 4.303.543 M., soit seulement 1,99 °/₀₀. Par rapport à la période décennale précédente, le montant des dommages a diminué de 0,32 °/₀₀ ou de 13,9 °/₀₀. De 1889-97 la Société a assuré 1.710.195.000 M. et payé en indemnités 3.473.410 M. ou 2,03 °/₀₀, soit une légère augmentation par rapport à la période précédente. A la fin de 1897, elle assurait pour 259.631.925 M. de valeurs immobilières et 42.685.100 M. de valeurs mobilières. Sur le total des valeurs assurées, elle réassurait à la section de réassurance du syndicat des Sociétés publiques allemandes une somme de 26.641.130 M., dont 11.333.370 M. de risques immobiliers et 15.307.760 M. de risques mobiliers.

Le montant du capital immobilier assuré, celui des indemnités ainsi que celui des dommages, se répartissent ainsi qu'il suit entre les classes.

| | SOMMES ASSURÉES | | PRIMES | | INDEMNITÉS |
|---|---|---|---|---|---|
| | Eglises | Autres bâtiments | 0/00 | | |
| | M. | M. | | M. pf. | M. pf. |
| I a | 4.549,425 | 53.181.550 | 0,8 | 43.997,31 | 45.601,15 |
| I b | 1.571.150 | 96.374.975 | 1,2 | 115.949,56 | 81.981,10 |
| II | 313.225 | 53.586.100 | 1,6 | 85.729,68 | 128.642,10 |
| III a | 760.225 | 12.592.350 | 2,4 | 30,853,35 | 42.772,20 |
| III b | 426.800 | 2.994.100 | 4,4 | 14.132,58 | 5.385,— |
| III c | 60.025 | 30.813.600 | 6,4 | 198.056,16 | 173.137,80 |
| IV | — | 2.055.660 | 8,0 | 16.497,10 | 32.416,20 |
| V | — | 285.425 | 9,6 | 2.776,20 | — |
| I—V | 7.680.850 | 251.883.750 | | 507.991,94 | 509.935,55 |

Outre les indemnités, la Caisse a versé 39.801 M. de primes de réassurance, mais a reçu de la section 56.148 M. Parmi les dépenses, citons encore environ 55.000 M. de frais d'administration et 8.000 M. dépensés dans un but d'utilité publique. Toutes ces dépenses soldées, la Société encaissait encore un reliquat de 18.589 M., augmentant son patrimoine qui s'élevait à la fin de 1897 à 503.900 M.

La *Caisse provinciale de Silésie* a assuré de 1871-1880 un capital total de 3.876.125.000 M. et a payé en indemnités 7.085.284 M. soit 1,83 °/₀₀ de capital assuré. De 1881-90 la Caisse a assuré en immeubles pour une valeur de 6.874.910.000 M. pour laquelle elle a versé 10.692.123 M. soit 1.56 °/₀₀. Par rapport à la période décennale précédente, tandis que le capital assuré s'est accru, le montant des dommages causés par l'incendie s'est abaissé de 0,27 °/₀₀ ou de 14,8 °/₀. De 1889-97 la Société a assuré 6.597.299.000 M. et payé 10.432.560 M. soit 1,58 °/₀₀ ou une légère augmentation de 0,02 °/₀₀ des dégâts causés par l'incendie. Au 1er janvier 1898, elle assurait un capital immobilier de 1.117.423.140 M. et un capital mobilier de 546.990.070 M. Du 1er janvier 1897, au 1er janvier 1898 nous enregistrons une augmentation de 33.828.870 M. pour les immeubles et de 27.887.660 M. pour les meubles. A la fin de 1897, la Société réassurait à la section de réassurance du Syndicat des Sociétés publiques allemandes, un total de valeurs tant mobilières qu'immobilières, s'élevant à 283.240.580 M.

Voici maintenant comment se répartissent entre les classes les montants des capitaux assurés, des primes payées et des indemnités versées.

| Classes | Sommes assurées au 1er janv. 1898 | | 0/0 | Primes pour les | | Indemnités pour les | |
|---|---|---|---|---|---|---|---|
| | Immeubles | Meubles | | Immeubles | Meubles | Immeubles | Meubles |
| I a | 271.605.040 | 148.169.980 | 0,7 | 199.276 | 107.802 | 79.150 | 17.291 |
| „ b | 523.306.260 | 216.574.670 | 0,9 | 508.745 | 220.857 | 503.187 | 192.433 |
| II a | 61.293.320 | 47.592.390 | 1,4 | 87.221 | 73.530 | 109.652 | 37.929 |
| „ b | 102.258.959 | 50.688.150 | 1,8 | 199.790 | 103.154 | 259.503 | 94.778 |
| III a | 42.436.650 | 18.152.720 | 2,7 | 121.711 | 55.229 | 147.640 | 78.598 |
| „ b | 28.327.180 | 32.320.790 | 3,6 | 109.078 | 131.849 | 136.271 | 133.720 |
| IV a | 72.497.350 | 25.312.930 | 5,4 | 427.453 | 156.492 | 397.014 | 92.411 |
| „ b | 15.698.390 | 8.178.440 | 7,2 | 129.096 | 126.140 | 125.445 | 116.713 |
| **I-IV** | **1.117.423.140** | **546.990.070** | | **1.782.375** | **975.054** | **1,757.866** | **763.876** |

Si le montant des primes a permis de liquider les indemnités allouées, cette somme n'a pas été suffisante à couvrir les autres dépenses, telles que 371.164 M. de primes de réassurance, plus de 20.000 M. versés au service de secours en cas d'incendie, 5000 M. consacrés à un but d'utilité publique et enfin 447.532 M. dont 154.914 M. ont servi à payer des allocations aux percepteurs de primes. La gestion s'est soldée par un déficit de 84.095 M. Il fut comblé au moyen des ressources du patrimoine de la Caisse qui, à la fin de 1897, s'élevait à 5.764.495 M.

La *Société du duché de Magdebourg* a assuré en immeubles de 1871-80 pour une valeur de 3.397.378.000 M. et versé en indemnités 11.050.149 M. soit 1,10 ‰ du capital assuré. De 1881-90, le montant des valeurs immobilières assurées par la Caisse, s'est élevé à 4.980.619.000 M., pour lesquelles elle a payé 5.186.496 M. d'indemnités, soit 1,04 ‰. Par rapport à la période décennale précédente, nous relevons d'une part un accroissement de capital assuré de près de plus de un milliard et demi, et une diminution dans le montant des dommages causés par l'incendie, pouvant être évaluée à 12,6 %. De 1889-97, la Société a assuré 4.699.693.000 M. et payé 5.956.560 M. d'indemnités, soit en moyenne 1,27 ‰. Les dégâts ont donc été plus considérables que pour la période précédente. A la fin de l'année 1897, la Société assurait pour 805.595.095 M. de valeurs immobilières, et 495.515.285 M. de valeurs mobilières. Le montant du capital immobilier assuré, se répartit ainsi qu'il suit, entre les trois classes de risques : Ire classe 414.866.900 M. ; IIe classe 372.130.500 M. et IIIe classe 31.344.600 M.

La Société a versé pour polices mobilières, en indemnités 399.473 M. et pour les polices immobilières 852.850 M. soit un total de 1.252.324 M., mais a perçu 1.443.911 M. de primes. Au service de secours en cas d'incendie, la Société a payé 49.786 M. et pour d'autres dépenses d'utilité publique 3.020 M. dont 1.111 M. ont été employés à encourager les propriétaires à apporter des améliorations dans leurs constructions et 1.909 M. ont été consacrés à accorder des primes à ceux qui avaient découvert des incendiaires. Les frais d'administration se sont élevés à 185.373 M. Toutes ces dépenses soldées, la Société réalisait encore un bénéfice de 88.157 M. allant grossir le patrimoine de la Caisse s'élevant à 5.905.947 M.

La Société *de la principauté d'Halberstadt* a couvert de 1871-80 un total de 150.192.000 M. de valeurs pour lesquelles elle a payé 569.826 M. soit 1,80 ‰ de capital assuré. De 1881-90 elle a assuré 16.750 M. de valeurs et a payé 121.495 M. d'indemnités, soit 0,73 ‰ de capital assuré.

Par rapport à la période précédente, c'est donc une diminution dans le montant des dommages de 1,07 ‰ ou 59,4 %. De 1889-97, la Société a assuré 98.069.000 M. et paye 154.089 M. d'indemnités, soit 1,56 ‰ de capital assuré. A la fin de 1897, elle assurait un total de risques de 10.696.300 M. et avait tout son portefeuille réassuré à la Compagnie d'assurance l' « Aachner et Munchner ». Son patrimoine net s'élevait à 688.566 M.

Ces exemples suffisent à donner une idée des résultats que peuvent obtenir même les sociétés publiques restreignant leur exploitation à l'assurance des risques ruraux. Passons aux Sociétés assurant indifféremment dans les villes et les campagnes.

**Sociétés assurant dans les villes et les campagnes de toute une circonscription administrative** telles que la Société de la *Prusse occidentale*, les sociétés provinciales de *Poméranie* et de *Posen*, celle du *Hanovre*, les sociétés provinciales de la *Westphalie* et *Rhénane*, les sociétés de *Hessen-Cassel*, de *Nassau*, de *Hohenzollern*.

*La Société provinciale de la Prusse occidentale* a couvert, de 1871 à 1880, 699.317.000 M. de valeurs pour lesquelles elle a versé en indemnités la somme énorme de 5.106.969 M. soit 7,30 ‰ de capital assuré. De 1881-90, le capital qu'elle assure s'accroît. Pendant ces 10 ans le montant des polices qu'elle a signées s'élève à un total de 826.378.000 M. pour lesquels elle a payé

6.021.166 M. soit 7,29 ‰ de capital assuré. Les dommages donc ont été pour cette période, par rapport à la précédente, de 0,1 % moins élevés. De 1889-97, la Société a assuré 692.294.000 M. et payé 3.874.570 M. d'indemnités, soit 5,60 ‰ seulement, soit une diminution de 1,60 ‰ sur la période précédente. Ceci est une conséquence de la région dans laquelle la Société exploite l'assurance. C'est la province la plus dangereuse au point de vue du risque d'incendie. Aussi la Société provinciale de la Prusse occidentale est celle qui, de tout temps a eu le plus d'indemnités à payer. Cependant elle prospère, là où une société privée n'aurait jamais pu exploiter l'assurance, sans jouir du privilège de l'assurance obligatoire.

Malgré la prime élevée qu'elle est obligée de percevoir, le capital qu'elle assure s'accroît encore assez rapidement. Tandis qu'en 1890 elle assurait un capital de 91.878.150 M., à la fin de 1897 il s'élevait à 111.863.720 M. et à la fin de 1898 à 116.148.510 M. Voici comment se répartit entre les classes cette augmentation ainsi que le montant du capital assuré :

**Sommes assurées.**

| Classes | 1897. en M. | 1898 | Augmentation | 0/00 Capitaux. |
|---|---|---|---|---|
| I | 28.863.960 | 31.012.310 | 2.148.350 | 1 |
| II | 5.354.200 | 5.360.040 | 5.840 | 2,4 |
| III | 29.807.910 | 31.591.270 | 1.783.360 | 3,6 |
| IVa | 987.570 | 1.006.380 | 18.810 | 7 |
| IVb | 46.161.300 | 46.516.080 | 354.780 | 9,8 |
| V | 688.780 | 662.430 | —26.350 | 15 |
| **I—V** | **111.863.720** | **116.148.510** | **4.284.790** | |

Le total des primes perçues s'est élevé à 626.395 M. mais le seul paiement des indemnités a absorbé déjà 616.735 M. Si l'on y ajoute les frais d'administration proprement dits, les allocations fournies aux percepteurs des primes, qui s'élèvent à 4.716 M., les 5000 M. versés au service de secours en cas d'incendie et d'autres petites dépenses, on arrive à un total de 681.927 M. Les recettes ne s'élevant qu'à 673.154 M., c'est un déficit de 8.772 M. que la Caisse a dû combler en faisant appel aux ressources de son patrimoine qui était à la fin de 1897 de 1.109.053 M.

La *Caisse provinciale de Posen* a assuré de 1871-80 un capital total s'élevant à 5.273.117.000 M. pour lequel elle a versé 18.056.264 M. d'indemnités soit 3,42 °/₀₀ de capital assuré. De 1881-90, la Société a assuré 7.373.515.000 M. et a versé 18.839.603 M. d'indemnités soit 2,50 °/₀₀ de capital assuré. Par rapport à la période décennale précédente, c'est donc une augmentation de plus de deux milliards de risques et une diminution dans le montant des dommages de 25,1 °/₀₀ qu'il faut enregistrer. De 1889-97 la Société a assuré 5.959.034.000 M. et payé 13.463.935 M. d'indemnités, soit 2,28 °/₀₀ ou une diminution de 0,22 °/₀₀ sur le montant des dommages par rapport à la période précédente. Pour l'exercice 1897-98 on constate une augmentation par rapport au précédent de 23.563.410 M. pour les risques immobiliers et 10.240.100 M. pour les risques mobiliers. Par suite de ces accroissements, le montant du capital immobilier assuré s'élevait à 948.878.325 M. et celui du capital mobilier assuré à 50.007.100 M. Le nombre des immeubles assurés était de 435.962 dont 39,91 % avaient une toiture en chaume ou autres matières inflammables. Pour couvrir tous ces risques, tant mobiliers qu'immobiliers, la Caisse a perçu en primes immobilières 2.239.034 M. et en primes mobilières 144.112 M.

Elle a payé en primes de réassurance pour les meubles seulement 57.391 M. et a encaissé de ce chef 56.691 M. Toutes les dépenses soldées, la section mobilière donnait un bénéfice de 93 M., la section immobilière un reliquat de 5.075 M. Mais tandis que cette dernière possède un patrimoine de 3.474.447 M., la première compte à son effectif un déficit de 57.502 M.

La *Caisse Provinciale de la Poméranie* assure comme la précédente les meubles et les immeubles. De 1871-80 elle a assuré pour 4.019.519.000 M. d'immeubles et a versé en indemnités 9.617.961 M., soit 2,89 ‰. De 1881-90 elle a assuré 5.271.705.000 M. et a versé en indemnités 14.696.261 M. Le montant des dommages causés par l'incendie s'est donc élevé par rapport à la période décennale précédente de 16,7 %. De 1889-97 la Société a assuré 4.106.569.000 M. et payé en indemnités 13.835.834 M. ou 3,30 ‰ de valeur assurée. A la fin de 1897 les capitaux immobiliers assurés par la Société s'élevaient à 586.804.000 M., les primes à 2.199.664 M. et les indemnités versées à 1.769.857 M. Voici comment ces totaux se répartissent entre les classes :

| Classes | Sommes assurées M. | Montant des primes 0/00 capit. ass. | M. pf. | Indemnités M. pf. |
|---|---|---|---|---|
| Ia églises........ | 9.919.900 | 0,7 | 6.967,68 | 403,40 |
| „b.............. | 5.711.600 | 1,05 | 5.775,82 | 207.154,15 |
| „c.............. | 198.272.570 | 1,4 | 280.871,26 | |
| IIA.............. | 6.649.100 | 2,1 | 13.817,81 | |
| „Ba églises...... | 1.745.880 | 1,4 | 2.526,08 | 483.743,26 |
| „ „b............ | 161.869.560 | 2,8 | 459.944,85 | |
| IIIA............. | 8.488.000 | 4,9 | 41.591,45 | |
| „ Ba églises..... | 529.000 | 3,5 | 1.954,21 | 1.038.760,07 |
| „ „b........... | 185.791.060 | 7,0 | 1.316.753,91 | |
| „c.............. | 992.500 | 10,5 | 10.638,22 | |
| IV............... | 2.970.300 | 14,0 | 43.218,66 | 21.197,— |
| anciennes polices | 3.864.530 | 8,4-14 | 15.604,38 | 18.600,— |
| **Totaux.....** | **586.804.000** | | **2199664,33** | **1.769.857,88** |

A la fin de 1897, le montant des capitaux mobiliers assurés s'élevait à 86.278.330 M., les primes payées à 284.954 M. et les indemnités versées à 266.108 M. Voici comment ces chiffres se répartissent entre les classes.

| | Subdivisions | Sommes assurées M. | Primes perçues 0/00 de cap. ass. | M. | Indemnités M. |
|---|---|---|---|---|---|
| Ire classe | 1-3 | 15.496.900 | 0,7 — 1,4 | 19.439,33 | 1.623,57 |
| IIe — | 4-9 | 49.037.200 | 1,75— 3,5 | 122.086,68 | 160.694,02 |
| IIIe — | 10-18 | 21.385.900 | 4,2 —11,2 | 136.780,85 | 102.997,92 |
| IVe — | 19-21 | 299.400 | 12,6 —16,8 | 6.462,96 | 793,34 |
| | | 58.930 | 8,4 —14 | 184,20 | — |
| | | **86.278.330** | | **284.954,02** | **266.108,85** |

A la fin de 1897 la Société avait réassuré 180.417.060 M. de risques immobiliers et 36.827.180 M. de risques mobiliers. Elle assurait 264.079 immeubles, soit 1244 églises, clochers et dépendances similaires, 100.046 maisons d'habitation, 157.069 exploitations agricoles et dépendances, 4.082 bâtiments servant à l'exploitation d'une industrie et 1.638 établissements industriels. La Société a encaissé un total de 2.476.687 M. de primes et 299.022 M. du chef de sa réassurance qui lui a coûté 314.012 M. de primes. En sus des 2.035.966 M. d'indemnités versées et des 314,012 M. de frais d'évaluation des dommages, la Caisse a soldé près de 230.000 M. de frais d'administration. Mais elle a payé en dépenses d'utilité publique près de 25.000 M., dont 8.335 M. ont été consacrés à accorder des indemnités aux propriétaires qui modifieraient leurs constructions afin de les rendre moins dangereuses au point de vue de l'incendie. Toutes les dépenses soldées, la Société encaissait encore un excédent de recettes de 159.626 M. venant diminuer son passif alors de 443.278 M.

*La Caisse provinciale du Schleswig-Holstein* a assuré de 1871 à 1880 un total de 7.085.514.000 M. et a versé en indemnités 13.844.291 M., soit en moyenne 1,95 ‰. De 1881 à 1890 le total des valeurs qu'elle a assuré s'est élevé à 9.144.728.000 M., soit une augmentation de plus de 2 milliards. Elle a versé pendant cette période 15.774.398 M., soit 1,72 ‰ du capital assuré. Par rapport à la période décennale précédente, c'est une diminution de 0,23 ‰ ou une différence de 11,3 % qu'il faut enregistrer. A la fin de 1890 elle assurait tant en meubles qu'en immeubles un capital de 1.166.280.495 M. pour lequel elle percevait 2.240.627 M. de primes, ce qui ramène la moyenne de prime ‰ à 1,93. Elle reçut en exécution de son contrat de réassurance 298.075 M., mais avait versé 345.878 M. de primes de réassurance. En indemnités elle a payé 1.650.336 M., ce qui fait par rapport à 1000 de capital assuré 1,42. Cette dépense absorbait 73,7 % du montant des primes. Les frais d'administration ne s'élevaient pas à 168.000 M. Par contre elle a versé au service de secours en cas d'incendie 40.381 M., et pour solder d'autres dépenses faites dans un but d'utilité publique 15.393 M. Malgré tous ces frais elle encaissait à la fin de la gestion un excédent de recettes s'élevant à 387.697 M. allant grossir le patrimoine de la Caisse qui était alors de 1.914.591 M. A la fin de 1897 le capital total qu'elle assurait s'élevait à 1.396.126.900 M. dont 1.246.338.850 M. en immeubles et 149.788.050 M. en meubles. Voici comment le total du capital immobilier se répartit entre les IV classes : Ire 27.092.730 M. ; IIe 852.693.800 M. ; IIIe 296.055.780 M.; IVe 70.496.540 M. Pour assurer ce capital la Caisse a perçu un total de primes s'élevant à 2.157.769 M., à raison de 0,6 ‰ dans la Ire classe, 1,0 ‰, 3,6 ‰ et 3,5 ‰ dans les classes suivantes. A la fin de l'année, la Caisse avait réassuré pour 450.294.842 M. d'immeubles et 64.582.474 M. de meubles et a versé de ce chef, 806.496 M. d'une part et 214.289 M. d'autre part, soit un total de 2.162.811 M. de primes de réassurance. Mais en échange elle a én caisse par suite de ce contrat 836.354 M. En indemnités la Caisse a versé 2.162.812 M., soit 1,57 ‰ de capital assuré tandis que les primes ne s'élevaient qu'à une moyenne de 1,79 ‰. On peut donc calculer que 87,2 % du montant des primes a été absorbé à solder cette dépense. La Caisse a en outre compté 32.264 M. au service d'extinction des incendies et 16.899 M. ont été dépensés dans un but d'utilité publique. Les frais d'administration se sont élevés à 213.391 M. Toutes les dépenses soldées, la Société encaissait encore un excédent de recettes de 10.560 M. allant augmenter le patrimoine de la Société qui était alors de 1.779.701 M.

La Caisse de Hanovre a assuré, de 1871-80, un total de 7.715.900.000 M. et a payé en indemnités 16.445.446 M., soit 2,13 ‰ du capital assuré. De 1881-90, elle a assuré un capital de 9.034.656.000 M. progressant ainsi de plus de deux milliards.

Les indemnités versées se sont élevées à un total de 16.379.225 M., soit 1,81 ‰. Par rapport à la période décennale précédente, c'est donc une diminution dans le montant des dommages de 0,32 ‰ de capital assuré ou de 15 %. A la fin de 1890, la Société assurait, tant en meubles qu'en immeubles, un capital de 1.162.125.545 M. pour lequel elle a perçu en primes 2.294.820 M., soit en moyenne 1,97 ‰ de capital assuré. En indemnités, elle a versé 1.197.924 M. soit 1,03 ‰ de capital assuré, employant à solder cette dépense 52,2 % du montant des primes encaissées.

L'évaluation de ces indemnités a coûté 13.902 M. La Société a compté au service de secours en cas d'incendie 63.167 M. Les frais d'administration n'ont guère dépassé 300.000 M. A la fin de la gestion la Société encaissait un excédent de recettes de 886.478 M. augmentant le patrimoine de la Caisse alors de 5.365.146 M. Cette prospérité de la Caisse continue. En décembre 1897, le capital total assuré s'élevait à 1.553.257.935 M. dont 1.201.226.383 M. d'immeubles et 352.031.552 M. de meubles. Pour couvrir ces valeurs, la Société a perçu

2.375.340 M. de primes, soit en moyenne 1,56 ‰ de capital assuré. Les indemnités versées s'élevèrent à 1.880.795 M. soit en moyenne 1,20 ‰. Le paiement de cette dépense absorbait 76,7 % du montant des primes encaissées. De plus la Caisse comptait au service d'incendie 83.778 M. Tous les frais d'administration n'ont guère dépassé 370.000 M. La gestion se soldait par un excédent de 297.836 M. allant enrichir le patrimoine de la Caisse alors de 6.167.085 M. Aussi la Société ne recourt-elle pas à la réassurance.

*La Caisse de Westphalie* a assuré de 1871-80 un capital de 7.108.736.000 M, pour lequel elle a versé 9.929.474 M. d'indemnités, soit 1,40 ‰ de valeur assurée. De 1881-90 le capital qu'elle a assuré augmente de plus d'un milliard et atteint le total de 8.585.004.000 M. pour lequel elle a versé 12.956.108 M. ou 1,51 ‰ de capital assuré. Par rapport à la période décennale précédente le montant des dommages s'est élevé de 7,9 %. En 1890 la Caisse assurait tant en meubles qu'en immeubles un capital de 1.262.450.760 M. pour lequel elle a encaissé 1,854.015 M. de primes ou en moyenne 1,47 ‰ de valeur assurée. Les indemnités se chiffraient à 1.494.767 M. ou 1,18 ‰ absorbant 80,6 % du montant des primes perçues. Les frais d'évaluation n'ont pas atteint 13.000 M. En primes de réassurance 229.689 M. ont été déboursés, mais de ce chef elle encaissait 151.868 M. Le service des pompiers a reçu de la Caisse 30.144 M. Les frais d'évaluation étaient inférieurs à 284.948 M. La Société a encaissé un reliquat de 112.579 M. grossissant le patrimoine de la Caisse alors de 4.323.569 M.

Le 1er juillet 1897 la Société assurait un capital immobilier de 1.325.729.750 M., qui au 30 juin 1898 avait progressé à 1.388.147.860 M. Le capital mobilier assuré au 1er juillet 1897, de 416.025.340 M., s'élève un an plus tard, le 30 juin 1898, à 448.466.400 M. dont 98.437.390 M. étaient réassurés, et en immeubles, une valeur de 171.953.500 M..

Mais il est intéressant de savoir comment ces capitaux se répartissent entre les classes. C'est ce que nous allons expliquer dans le tableau suivant en Mark.

| | Immeubles | | Meubles | |
|---|---|---|---|---|
| Classes | 1er Juillet 1897 | 30 Juin 1898 | 1er juillet 1897 | 30 juin 1898 |
| I a | 13.422.960 | 14.159.770 | 267.770 | 268.740 |
| b | 30.348.830 | 31.101.460 | 800.010 | 818.070 |
| II a | 200.484.940 | 213.233.500 | 51.976.600 | 55.064.210 |
| b | 267.392.290 | 286.865.790 | 89.279.960 | 98.309.600 |
| c | 54.264.150 | 59.565.440 | 21.027.300 | 22.685.390 |
| III a | 119.072.580 | 124.365.700 | 47.739.010 | 50.262.420 |
| b | 168.493.930 | 175.370.740 | 61.150.220 | 65.318.920 |
| c | 37.434.380 | 39.040.100 | 14.403.720 | 15.542.760 |
| IV a | 157.900.030 | 162.146.020 | 58.426.910 | 61.547.430 |
| b | 189.415.290 | 193.118.110 | 49.926.970 | 52.971.750 |
| c | 28.395.100 | 29.115.150 | 8.206.290 | 8.628.420 |
| V a | 19.614.420 | 19.952.130 | 7.618.880 | 7.909.870 |
| b 1 | 4.690.200 | 4.745.770 | 1.452.010 | 1.486.550 |
| b 2 | 27.162.750 | 27.554.900 | 2.474.520 | 2.612.100 |
| c | 1.759.050 | 1.773.120 | 228.900 | 236.330 |
| VI | 5.878.850 | 6.040.160 | 947.840 | 1.016.120 |
| Ass. des forêts | | | 98.430 | 98.430 |
| Ass. de courte durée | | | — | 3.689.290 |
| Totaux | **1.325.729.750** | **1.388.147.860** | **416.025.340** | **448.466.400** |
| Réassurés | | 171.953.500 | | 98.437.390 |

Pour assurer ces capitaux la Caisse à perçu 2.234.601 M. de primes immobilières et 736.528 M. de primes mobilières. Mais elle a payé 2.178.004 M. d'indemnités ; 1.784.311 M. ont servi à couvrir des dommages immobiliers et 393.692 M. à dédommager des dégâts causés à des meubles. Les frais d'évaluation de ces indemnités se sont élevés à 18.425 M. On peut dire qu'en moyenne les indemnités furent de 1,21 °/₀₀ et ont absorbé 75,9 °/₀ du montant des primes encaissées. Pour sa police de réassurance des immeubles, la Société a payé 192.966 M. et pour la réassurance de ses meubles 125.407 M. soit un total de 318.373 M. Mais cette opération lui a permis d'encaisser 339.615 M. Au service de secours en cas d'incendie la Caisse a versé 17.075 M. dont 4.853 M. à la Caisse des accidents des pompiers. Les frais d'administration de la Société se sont élevés à 399.359 M. y compris les 57.786 M. alloués aux autorités se chargeant de la perception des primes. Toutes dépenses soldées, la Caisse bénéficiait encore d'un excédent de recettes de 532.633 M. mais comme 80.094 M. ont été restitués aux assurés, le reliquat net était de 452.539 M. L'actif net de la Caisse s'élevait à 3.017.892 M.

*La Caisse de Hessen Cassel* a assuré de 1871-80 un capital de 6.187.330.000 M. et payé 7.581.527 M. soit 1,23 °/₀₀. De 1881 à 1890 le capital assuré s'est augmenté de plus de 1 milliard 1/2, la Société a assuré un total de valeurs de 7.930.864.000 M. et a payé 10.755.191 M. d'indemnités soit 1,36 °/₀. Mais par rapport à la période décennale précédente, c'est une augmentation dans le montant des dommages causés par l'incendie de

10,6 %. Mais de 1885 à 1896, les dommages diminuent.

De 1885-90, les dommages s'élevaient à 1,08 ‰ dans les 64 villes du territoire de la Caisse ; de 1891-96, cette moyenne est de 1,01 ‰ de capital assuré. Dans les 1334 communes rurales dans lesquelles la Société couvrait des risques, la moyenne des dommages était, de 1885-90, de 1,28 ‰ et de 1891-96 de 2,33 ‰ de capital assuré ; le montant des dommages causés par l'incendie dans les campagnes a donc presque doublé. Si nous cherchons maintenant à déterminer d'où provient cette augmentation, nous trouvons qu'elle est due aux indemnités nombreuses qu'il a fallu verser pour les mauvais risques. Nous en trouvons la preuve en comparant le ‰ des dommages dans chacune des classes des périodes 1885-90 et 1891-96. Pour la 1re période voici les moyennes que nous trouvons : Ire cl. 0,94 ; IIe cl. 0,75 : IIIe cl. 0,85 ; IVe cl. 1,17 ; Ve cl. 1,74. Voici maintenant la moyenne pour la période suivante : Ire cl. 0,68 ‰ ; IIe cl. 1,34 ; IIIe cl. 1,23 ; IVe cl. 1,76 et Ve cl. 4,19 ‰. Par contre, grâce aux perfectionnements apportés dans le service de secours en cas d'incendie, les sinistres ayant tout détruit ont diminué dans les villes. Pour la période 1885-90, la moyenne s'élevait pour les maisons d'habitations à 32 % du total des incendies, pour les granges, à 88,2 % ; pour les écuries à 75,6 % ; pour les annexes et dépendances à 61,5 % ; pour les églises et tours 12,5 % ; pour les établissements industriels 27 %. Or voici les moyennes que nous trouvons pour la période 1890-96, 25 %, 75 %, 71 %, 60 % (pas de moyenne pour les églises et tours n'ayant pas eu d'incendie total à signaler) et 33 ‰ pour les établissements industriels. Nous n'avons pas la satisfaction de pouvoir relever une pareille diminution pour les incendies survenant dans les communes rurales.

Voici maintenant le nombre d'immeubles assurés de 1885-96 à la Société. Il s'élève à 3.691.365. Ce total se répartit ainsi qu'il suit entre les classes :

Ire 48.924, IIe 220.027, IIIe 701.844, IVe 1.402.281, Ve 1.318.289.

Pendant cette période la Société a assuré pour 10.623.681.000 M. dont voici la répartition entre les classes en 1000 M.

Ire, 981.605 ; IIe, 1.633.672 ; IIIe, 2.578.868 ; IVe, 2.894.822 et Ve, 2.534.713. Nous ne saurions trop attirer l'attention du lecteur sur cette progression. Plus les risques deviennent mauvais, plus la Société en assure, partant le montant du capital qu'ils représentent, s'accroît également.

A la fin de 1896 le montant des capitaux assurés s'élevait à 1.005.260.400 M. et un an plus tard il était de 1.034.732.100 M. pour lequel 1.734.781 M. de primes ont été perçus. Voici la décomposition de ces chiffres par classes :

| Classes | Sommes assurées Fin 1896 M | Fin 1897 M | Primes perçues ‰ | M pf. |
|---|---|---|---|---|
| I. | 144.911.700 | 160.814.800 | 0,9 | 130.420,53 |
| II. | 168.460.000 | 176.445.200 | 1,26 | 212.259,59 |
| III. | 240.412.200 | 245.593.100 | 1,62 | 389.467,75 |
| IV. | 250.161.500 | 251.995.900 | 1,98 | 495.319,78 |
| V. | 201.315.000 | 199.883.100 | 2,52 | 507.313,79 |
| **I-V.** | **1.005.260.400** | **1.034.732.100** | | **1.734.781,44** |

Mais il serait intéressant de connaître le nombre d'immeubles assurés dans chaque classe et leur situation, s'ils sont situés dans les grandes villes, dans des petites villes, des bourgs, des communes rurales, des domaines agricoles. On sait que suivant qu'un immeuble est situé dans telle ou telle partie de territoire, les risques d'incendie qu'il court sont plus ou moins grands. Voici les résultats de 1896 dans les 7 plus grandes villes du territoire de la Caisse, dans 57 villes plus petites, dans 44 bourgs, 1.289 communes rurales, dans 145 domaines ruraux. La Société assurait un total d'immeubles de 323.350 ainsi réparti entre les classes et les localités et pour une valeur de 1.005.260.400 M.

| Classes | 7 plus grandes villes | 57 villes plus petites | 44 bourgs | 1289 comm. rurales | 145 domaines | Totaux |
|---|---|---|---|---|---|---|
| | Nombre des immeubles assurés | | | | | |
| I | 2.550 | 790 | 850 | 2.817 | 216 | 7.223 |
| II | 4.046 | 3.325 | 3.176 | 13.399 | 788 | 24.734 |
| III | 13.783 | 8.754 | 5.711 | 35.862 | 880 | 64.990 |
| IV | 4.871 | 15.387 | 8.550 | 90.294 | 654 | 119.756 |
| V | 5.235 | 11.657 | 9.187 | 80.168 | 400 | 106.647 |
| I-V | 30.485 | 39.913 | 27.474 | 222.540 | 2.938 | 323.350 |
| | Montant des valeurs assurées | | | | | |
| I | 91.642.700 | 11.274.400 | 15.022.800 | 22.204.700 | 4.767.100 | 144.911.700 |
| II | 77.420.700 | 19.015.800 | 14.409.600 | 48.336.800 | 9.277.100 | 168.460.000 |
| III | 99.907.900 | 32.584.800 | 15.044.300 | 86.906.600 | 5.968.600 | 240.412.200 |
| IV | 21.571.600 | 38.609.700 | 15.694.000 | 171.653.000 | 2.633.200 | 250.161.500 |
| V | 14.430.100 | 24.717.500 | 15.194.700 | 145.291.100 | 1.681.600 | 201.315.000 |
| I-V | 304.973.000 | 126.202.200 | 75.365.400 | 474.392.200 | 24.327.600 | 1.005.260.400 |

Par ce tableau on peut se rendre compte du grand nombre de risques ruraux assurés par la Caisse. On peut également constater que la Caisse assure beaucoup plus de mauvais risques que de bons. Il suffit de jeter les yeux tant sur le nombre que sur le montant de la valeur des immeubles assurés dans les dernières classes pour être convaincu. Malgré tout, un grand nombre d'immeubles ne sont pas encore assurés. La Société jouit d'un monopole, mais ce n'est pas une Caisse obligatoire. Aussi voici les chiffres que nous pouvons relever, montrant combien c'est regrettable. Sur 25.289 immeubles endommagés par l'incendie, 14.308 seulement étaient assurés (1779 dans les 7 plus grandes villes; 5.932 dans 57 villes plus petites, 949 dans les 44 bourgs, 5.647 dans les 1.289 communes rurales). Mais n'étaient pas assurés, 998 immeubles situés dans les 7 plus grandes villes, 1.869 situés dans les 57 villes plus petites, 1.075 dans les 44 bourgs, 7.008 dans les 1289 communes rurales et 31 dans les domaines ruraux.

Pour les capitaux assurés, la Société a versé en indemnités 1.552.628 M. y compris 445.895 M. appartenant à l'exercice précédent, soit 1,52 ‰ de capital assuré tandis que la moyenne ‰ des primes n'est que de 1,75; 87 % du montant des primes ont été restitués sous forme d'indemnités aux assurés. Les frais d'administration, y compris les 49.000 M. versés à titre d'indemnité aux autorités ayant en caisse les primes, s'élevèrent à 153.711 M. Enfin disons encore que le service de secours en cas d'incendie a reçu de la Caisse 47.654 M. Toutes les dépenses payées, la gestion se soldait encore par un excédent de 138.387 M. qui grossiront l'actif de la Caisse de 1.784.514 M.

*La Caisse de Nassau* a assuré de 1871-80 un capital total de 4.711.895.000 M. et a versé 7.002.527 M., soit en moyenne 1,51 ‰ de valeur assurée. Pendant la période décennale suivante, le montant total des capitaux assurés s'est accru de près de 2 milliards. Il atteint 6.544.102.000 M. Les indemnités qu'il a fallu verser pendant cette période s'élèvent à 5.450.350 M., soit 0,83 ‰ seulement, soit une différence ‰ de 0,68. Le montant des dommages s'est donc abaissé de 45 %. En 1890, elle assurait un capital de 729.083.825 M. pour lequel elle perçut 788.260 M. de primes, soit 1,08 ‰. Mais en indemnités, elle a versé 342.542 M. ou 0,47 ‰, soit seulement 43,5 du montant des primes encaissées. Cette évaluation lui a coûté 3.729 M. En primes de réassurance, elle a versé 125.190 M. mais a reçu de ce chef 75.057 M. Au service de secours en cas d'incendie, elle a donné 17.168 M. et 4.088 M. ont été consacrés à des dépenses d'utilité publique; enfin en frais de revision, la Société a dépensé 82.214 M. La gestion se soldait par un excédent de 325.548 M. enrichissant le patrimoine de la Caisse alors de 2.097.963 M. De 1889-97, la Société a assuré 2.867.658.000 M. et payé 3.154.821 M. soit 1,10 ‰ de capital assuré. A la fin de 1897, la Société assurait un total de risques de 940.295.190 M. se répartissant ainsi qu'il suit entre les classes : division supérieure A comprenant les meilleurs risques 101.082.100 M.; Ire classe, 272.643.110 M.; IIe classe, 170.767.200 M.; IIIe classe A, 25.662.900 M.; IIIe classe B, 287.859.220 M. IVe classe, 82.280.660 M. Pour assurer ce capital, les primes perçues à raison de 0,30 ‰, 0,45 ‰, 0,90 ‰,

1,125 °/₀₀, 1,35 °/₀₀, 1,375 °/₀₀ suivant les classes se sont élevées à un total de 905.564 M., soit une moyenne totale de 0,98 °/₀₀. En primes de réassurance, la Société a payé à la section de réassurance du syndicat des Sociétés publiques allemandes 373,318 M. qui s'est chargé de 460.934.060 M. de risques. La section, en vertu de ce contrat, a versé à la Société d'assurance pour couvrir une partie de ses indemnités 271.295 M. Le total des indemnités payées par la Caisse s'est élevé à 580.838 M., soit 0,63 °/₀₀, absorbant ainsi plus de 64 °/₀ du montant des primes encaissées. Sur un peu plus de 100.000 M. de frais d'administration, il faut compter près de 27.300 M. donnés à titre d'indemnités aux autorités se chargeant de la perception des primes.

Toutes les dépenses soldées, la Société encaissait un excédent de recettes de 146.208 M. qui serviront à augmenter le patrimoine de la Caisse, alors de 2.765.308 M.

Les résultats financiers de la *Société provinciale rhénane*, nous les avons donnés en faisant l'étude spéciale de cette Caisse (1). Pour terminer avec les Sociétés prussiennes, insistons encore sur les résultats financiers obtenus par la Caisse obligatoire de Hohenzollern.

La *Caisse de Hohenzollern* a assuré de 1871-80 un capital total de 518.389.000 M. pour lequel elle a versé en indemnités 1.214.023 M., soit 2,34 °/₀₀ de valeur assurée. De 1881-90 le capital total assuré s'élève à 619.442.000 M. et les indemnités versées se chiffrent à

(1) Nous renvoyons sur ce point le lecteur à la page 477 et suiv.

1.230.738 M., soit 1,99 °/₀₀ ou 35 °/₀₀ de moins. Par rapport à la période précédente, le montant des dommages causés par l'incendie s'est abaissé de 15 °/₀. De 1889-97, la Société a assuré 461.183.000 M. et payé 727.654 M. d'indemnités soit 1,58 °/₀₀ ou une diminution de 0,40 °/₀₀. Au 1ᵉʳ avril 1897, le montant du capital assuré était de 69.080.390 M. Au 1ᵉʳ avril 1898, il est de 70.261.400 M. Pour l'exercice 1897-98, la caisse a perçu 73.293 M., soit 1,03 °/₀₀ de valeur assurée. En indemnités, la Société a versé 31.507 M. soit 0,46 °/₀₀ ou 43 °/₀ du montant des primes encaissées. On voit que la moyenne des dommages est bien inférieure à celle de la période 1881-90 où elle s'élevait à 1,99 °/₀₀. La gestion se soldait par un excédent de recettes de 84.026 M. allant augmenter le patrimoine de la Société alors de 1.124.808 M.

b). *Sociétés allemandes situées en dehors de la Prusse*

Presque toutes, sauf les Caisses ne s'étendant qu'à une ville, assurent indifféremment les risques situés dans les campagnes et dans les villes.

**1° Caisses des villes.**

Comme Sociétés n'assurant que les immeubles situés dans une ville citons : les Sociétés des villes de *Rostock*, *Wismar*, *Lubeck* et *Hambourg*.

*La Caisse de Rostock* a assuré de 1889-1897 un total de 441.044.000 M. et versé, en indemnités pendant cette période, 258.936 M. Du 1ᵉʳ janvier 1890 au 31 décembre 1896, la Caisse a successivement payé en indemnités en moyenne ‰ de valeur assurée 1.43, 0.40, 0.77, 0.62, 0.21, 0.55, 0.20 et la moyenne ‰ pour toute la période peut être fixée à 0,59 ‰ de valeur assurée. Au 1er janvier 1897, la Société assurait 67.265.190 M. Au 1er janvier 1898 : un capital de 69,065.846 M., soit une augmentation de 1.800.650 M., tandis que l'année précédente cette augmentation n'avait été que de 1.773.475. En 1897 la caisse a réassuré la totalité de son portefeuille pour 66.558 M. En prime elle a perçu 76.188 M. En indemnités restant à sa charge elle a versé 6.601 M. et en frais d'administration elle a soldé 7.301 M. Après avoir payé pour 80.460 M. de dépenses, elle réalise un bénéfice de 25.329 M. qui iront grossir le patrimoine de la Caisse alors de 666.000 M.

La *Caisse de Wismar* a assuré de 1889-97 127.888.000 M. et payé en indemnités 107.027 M., ce qui fait une moyenne pour cette période ‰ de capital assuré de 0,34 ‰. Cette moyenne fut pour les 7 années successivement, à compter de l'année 1890 y compris, 0.25, 0.16, 0.37, 3.67, 0.67, 0.67 et en 1896 0,05 ‰. A la fin de 1896 la Société assurait 18.868.235 M., soit une augmentation par rapport à l'année précédente de 118.875 M. Au 1er avril 1898, la Caisse avait signé 1.606 polices représentant une valeur de 18.981.585 M. La totalité du portefeuille était réassurée à des Sociétés privées moyennant une prime de 24.682 M., les Sociétés ont donc payé les 10.400 M. d'indemnités destinées à couvrir les dégâts causés par l'incendie. Mais la Société d'assurance avait perçu 19.592 M. de primes d'assurance. Aussi tous frais payés, elle eut un reliquat de 145 M.

qui ont augmenté le patrimoine de la caisse alors de 233.781 M.

La *Caisse de Lubeck* a assuré de 1871-80 un total de 574.204.000 M. et payé 153.873 M. d'indemnités, soit 0,27 °/₀₀ de valeur assurée. De 1881-90 la Société a assuré 674.975.000 M. C'est une augmentation de 100.771.000 M. par rapport à la période décennale précédente. Mais le montant des dommages s'est également accru. Il s'est élevé à 231.437 M., soit 0,34 °/₀₀ de valeur assurée. C'est donc une augmentation de 25,9 °/₀ qu'il faut enregistrer. De 1889-97 la Caisse a assuré 493.407.000 M. et a payé en indemnités 106.682 M. La moyenne des dommages pour cette dernière période s'est donc considérablement abaissée, elle n'est plus que de 0,22 °/₀₀ au lieu de 0,34 °/₀₀, moyenne de la période décennale 1881-1890, soit une diminution de 40 °/₀. Du 1er mai 1898 au 1er mai 1899, la Société a assuré 4.453 immeubles, pour une valeur de 74.554.330 M. moyennant 44.614 M. Voici la répartition de ces chiffres par classes : Rappelons que la 1re classe comprend les immeubles massifs payant une prime de 14 °/₀₀. Mais suivant l'usage que l'on fait de la maison, une prime supplémentaire sera perçue. La IIe classe comprend des immeubles massifs séparés des immeubles voisins par des murs en planches recouverts de mortier. Ils paieront 1 1/2 °/₀₀ et une prime supplémentaire suivant l'affectation de l'immeuble. Enfin la IIIe classe comprendra tous les autres immeubles qui paieront 3/4 °/₀₀, mais qui peuvent être frappés d'une prime supplémentaire en raison des dangers que présente l'industrie qu'on y exploite. Le tableau suivant permettra de comprendre facilement ces notions de classification tout en donnant une idée d'ensemble.

| | Taux des primes supplémentaires 0/00 | | Nombre des immeubles | Sommes assurées M. | Montant des primes M. | pf. |
|---|---|---|---|---|---|---|
| | | | **Ire Classe : 1/4 ‰** | | | |
| | — | | 1.593 | 39.823.200 | 9.933 | 80 |
| A. | | 1/4 | 160 | 9.790.650 | 4.923 | 90 |
| B. | | 1/2 | 41 | 1.215.980 | 912 | 40 |
| C. | 1 | | 76 | 2.254.290 | 2.807 | 10 |
| D. | 2 | | 2 | 39.500 | 88 | 90 |
| E. | 3 | | 3 | 98.420 | 320 | — |
| F. | 4 | | 5 | 96.160 | 408 | 60 |
| G. | 5 | | 5 | 533.040 | 2.798 | 60 |
| | | | **IIe Classe : 1/2 ‰** | | | |
| | — | | 1.113 | 4.602.290 | 6.906 | 20 |
| A. | | 1/4 | 12 | 137.180 | 235 | 10 |
| B. | | 1/2 | 19 | 176.810 | 367 | 30 |
| C. | 1 | | 15 | 207.800 | 526 | 10 |
| F. | 4 | | 2 | 6.400 | 27 | 20 |
| | | | **IIIe Classe : 3/4 ‰** | | | |
| | — | | 1.189 | 11.205.300 | 8.439 | 20 |
| A. | | 1/4 | 129 | 2.854.030 | 2.858 | 50 |
| B. | | 1/2 | 49 | 792.890 | 1.006 | 70 |
| C. | 1 | | 29 | 493.220 | 890 | 80 |
| E. | 3 | | 3 | 45.080 | 169 | 20 |
| F. | 4 | | 4 | 64.960 | 308 | 80 |
| G. | 5 | | 3 | 104.480 | 600 | 90 |
| H. | 6 | | 1 | 12.650 | 85 | 30 |
| | Totaux | | 4.453 | 74.554.330 | 44.614 | 60 |

Mais au cours de l'année deux immeubles ont cessé d'être assurés, représentant une valeur de 59.350 M. Si bien qu'au 1er mai 1899, le nombre des immeubles asssurés ne s'élevait plus qu'à 4.451, et les capitaux assurés à 74.494.980 M. Mais sur ce total de risques la Caisse ne conservait que 3.724.749 M. soit 1/20. Elle réassurait les 19/20 de son portefeuille pour 46.880 M., tandis qu'elle n'encaissait en primes d'assurance que 44.614 M. Elle versait aux sociétés qui réassuraient 2.266 M. de plus qu'elle ne percevait. Mais pour l'année 1897-98 cette différence était bien plus considérable encore et s'élevait à 6.885 M. Cette diminution est due à ce fait que depuis le 1er mai 1898 les Sociétés de réassurance ne couvrent plus les risques de la 1re classe que pour les 3/8 ‰ de leur valeur au lieu de la moitié comme avant. Pendant l'année 1898-99, 27 incendies ont causé pour 28.327 M. de dégâts. La Société d'assurance a payé 1/20, soit 1.416 M. d'indemnités et les réassureurs 26.910 M. Mais la Caisse avait déboursé en primes de réassurance 46.880 M. La Caisse perdait donc à la combinaison 19.970 M. Vainement on soutiendrait que c'est là un accident. Si l'on envisage une période de 18 ans, s'étendant de 1881 à 1899, on trouve que la Société a payé un total de primes de réassurance de 893.310 M., tandis qu'elle n'a reçu des réassureurs pas même 347.220 M. On peut se demander comment la Société a toléré pendant si longtemps une pareille situation.

A la fin de 1896, le capital assuré par la Caisse s'élevait à 73.117.300 M., en augmentation par rapport à l'année précédente de 1.243.790 M. De 1896 à 1897, il s'accroît encore de 486.480 M. et pendant la gestion de 1898 de 950.550 M. En comparant la gestion de 1897 et celle de 1898, nous relevons une augmentation de recettes de 2.920 M. et une diminution de dépenses de 3.469 M., soit un bénéfice de 6.389 M. par rapport à l'année précédente. Aussi à la fin de la gestion un excédent de recettes de 19.881 M. fut encaissé. Si on ajoute l'actif net de la Caisse qui s'élevait à 835.106 M. au 1er mai 1898, on trouve que le patrimoine de la Société s'élevait au 1er mai 1899 à 854.987 M. On peut s'étonner qu'avec de pareilles ressources et des résultats aussi favorables, la Société ne veuille pas s'abandonner à ses propres forces et renoncer à cette réassurance si onéreuse pour ses finances.

Il existe pour la banlieue de la ville de Lubeck une Caisse spéciale depuis 1878.

La *Caisse de la banlieue de Lubeck* a assuré de 1889-97 un capital de 131.831.000 M. et a versé en indemnités 8.604 M. Le montant des dommages pour cette période de sept ans n'est °/₀₀ de capital assuré que de 0,08 °/₀₀, il fut suivant les années en 1890 de 0.03, 0.14, 0.08, 0.08, 0.02, 0.07, et en 1896 de 0,10 °/₀₀, mais fut en 1897 de 0,02 °/₀₀. Dès la première année de sa fondation, 234 immeubles sont assurés à la Société, 139 l'année suivante, puis les années suivantes annuellement 120, 82, 46, 50, 38, 53, 102, 95, 76, 41, 42, 81, 56, 75, 60, 57, 69, 77 s'ajoutent. En 1898-99 la Société assurait 1.728 immeubles, représentant une valeur d'assurance de 28.359.370 M. Avant le 1er mai 1898, la Société réassurait la totalité de son portefeuille, maintenant elle conserve 1/20 du montant total des risques à sa charge. Pour réassurer les 19/20 la Société a versé 11.506 M. de primes.

Comme en 1898-99, il n'y a eu que quatre incendies causant pour 1.860 M. de dégâts, la Société en a supporté 1/20, soit 93 M. et les réassureurs ont versé 1.767 M. Les primes de réassurance payées s'élevant à 11.506 M. la Société perdait à la combinaison 9.739 M. Si au lieu d'envisager une année seulement, on envisage la période de dix-huit ans, s'étendant de 1881 à 1899, on constate que tandis que la Caisse a déboursé 157.130 M. de primes de réassurance, les réassureurs n'ont eu à verser que 42.382 M. Pour faire face aux dépenses, la Caisse a perçu 12.213 M. 30, seulement au lieu de 13.875 M. l'année précédente, bien que le capital assuré ait augmenté de près de trois millions. Cette diminution dans le montant des primes perçues est due à l'application des dispositions du deuxième supplément ajouté au règlement le 29 janvier 1898. D'après ce texte, on abaissait le tarif des primes afférentes aux risques de la première classe de 1/2 à 3/8 ‰. Le taux moyen des primes perçues s'est élevé pour notre année à 9/20 ‰ de valeur assurée. La Société a réalisé un bénéfice net de 6.529 M. Comme le patrimoine de la Caisse s'élevait pour la gestion 1897-98 déjà à 106.685 M., par suite de cet enrichissement, il atteignait le 1er mai 1899 le chiffre de 113.215 M.

Les résultats de la Caisse de Hambourg nous sont déjà connus, occupons-nous maintenant des caisses allemandes, s'étendant à tout un territoire, tel qu'un royaume, un duché ou une principauté et assurant indifféremment dans les villes et les campagnes. Il n'y a guère d'exception que pour la Caisse de Mecklembourg (Domaines) et Mecklembourg (Ritterschaft).

**2° Caisse n'assurant que les risques situés dans les campagnes.** — *La Société de Mecklembourg (Domaines)* a assuré de 1871-80 un capital de 883.080.000 M. et payé pendant ces dix ans 3.597.278 M. de primes, soit en moyenne 4,07 °/₀₀ de valeur assurée. De 1881-90 le capital total assuré s'est accru de 324.153.000 M., il atteint le chiffre de 1.207.233.000 M. Le montant global des indemnités versées s'élevant à 3.943.437 M., c'est une diminution des dommages causés par l'incendie qu'il faut enregistrer ; °/₀₀ de capital assuré la moyenne n'est plus pour notre période que de 3,27 °/₀₀. Les dégâts causés dans cette période par l'incendie se sont abaissés dans la proportion de 19 °/₀. De 1889-97, pendant ces sept ans la Société a assuré 999.031.000 M. et payé en indemnités 3.368.144 M., soit 3,37 °/₀₀. Par rapport à la période précédente, la moyenne de celle-ci est sensiblement plus élevée, elle se chiffre par 0,10 °/₀₀.

Voilà quels sont les moyennes annuelles pour les 7 ans de cette dernière période °/₀₀ de capital : 1.92, 2.81, 3.85, 3.77, 3.25, 3.93, 3.89. Au 1er avril 1898, la Société assurait dans 1.035 localités, 52.084 immeubles pour une valeur de 155.938.600 M. Ces chiffres se répartissent ainsi entre les classes : Au 1er avril 1898 étaient assurés dans 1.035 localités.

| Dans les classes | en immeubles Nombres | | p. une valeur de M. |
|---|---|---|---|
| I.......... | 13.890 | avec bouches d'eau | 63.394.175 |
| | 4.952 | sans — | 11.278.200 |
| II.......... | 5.840 | avec — | 21.925.775 |
| | 6.382 | sans — | 10.858.775 |
| III.......... | 8.504 | avec — | 23.556.100 |
| | 12.509 | sans — | 24.883.775 |
| **I-III**......... | 28.234 | avec — | 108.876.050 |
| | 23.843 | sans — | 46.970.750 |
| Moulins à vent | 7 | | 41.800 |
| En tout...... | **52.084** | | **155.938.600** |

Les primes perçues pour assurer ce capital se sont élevées à 626.537 M. en moyenne ‰ de capital assuré à 4,04 ‰. Les indemnités versées se montèrent à 610.763 M., soit 3,93 ‰ de capital assuré absorbant 97,5 % du montant des primes encaissées. Les frais d'administration se sont élevés à 6.973 M. Au service d'extinction des incendies la Société a donné 3.894 M., dont 560 M. pour achat de pompes, une somme à peu près semblable en récompenses et 2.790 M. en primes accordées aux pompiers. Les recettes l'ont emporté sur les dépenses de 6.197 M., ce reliquat servit à augmenter le patrimoine de la Caisse alors de 282.344 M.

3° **Sociétés allemandes assurant indifféremment dans les villes et les campagnes :** telles que les Caisses d'Etat des *Royaumes de Bavière, de Saxe, de Wurtemberg, des duchés de Hessen, Baden, Oldenbourg, de Brunswick, d'Anhalt*, les Sociétés de *Lippe, de Waldeck et Pyrmont, de Saxe-Weimar, de Saxe Altenbourg, de Gotha.*

*Caisse d'Etat du Royaume de Bavière.* Dès l'année 1799, le roi Maximilien Joseph avait créé une Société d'assurance contre l'incendie s'étendant à la Haute-Bavière et au Haut-Palatinat, au Neubourg, au Sulzbach, au Leuchtenberg, y compris la seigneurie de Schwaben. Puis postérieurement une ordonnance instituait une nouvelle Société publique, s'étendant à la plus grande partie des territoires formant la Bavière. Cette institution se développa rapidement. Plusieurs autres petites Sociétés publiques d'assurance contre l'incendie se réunissent à cette Caisse.

Le 23 janvier 1811, par une ordonnance, il fut décidé que l'institution d'assurance s'étendrait à tous les territoires situés sur la rive gauche du Rhin. C'était une association mutuelle de propriétaires s'unissant pour se couvrir réciproquement des dégâts que causerait à leurs immeubles l'incendie. Cette Société était absolument facultative en principe. Elle n'était obligatoire que pour les propriétaires d'immeubles grevés d'hypothèques. Les cotisations étaient fixées à la fin de chaque année. Dès que l'on connaissait le montant des indemnités à verser, ce total était réparti entre tous les associés au prorata des sommes qu'ils avaient assurées. Déjà on percevait des primes spéciales destinées à alimenter un fonds de réserve.

La loi du 1er juillet 1834 accordait à l'institution le monopole de l'assurance contre l'incendie et divisait les immeubles en quatre classes. La loi du 28 mai 1852 instituait les inspecteurs d'assurance contre l'incendie. Ils devaient veiller à ce que les immeubles ne fussent pas assurés au-delà de leur valeur. Mais la loi qui perfectionna le plus cette institution fut celle du 5 avril

1875. C'est elle qui contient les dispositions qui régissent actuellement la Caisse d'assurance conformément à cette loi notamment fut rédigé un tarif de primes. Désormais à chaque classe d'immeubles correspondra un taux de prime spécial. Les nombreux risques industriels assurés par la Société furent également divisés en classes. Chacune avait son taux de prime déterminé. L'administration de l'institution fut centralisée entre les mains du ministre de l'Intérieur. La Caisse du royaume encaisserait les primes par l'intermédiaire de ses caissiers et percepteurs qui recevaient les sommes colligées par les municipalités.

La prospérité de la Société allant sans cesse grandissant, on songeait déjà, depuis plusieurs années, à donner à cette institution une sœur, lorsque la loi du 13 février 1884 fut enfin promulguée, créant une *Caisse publique d'assurance contre la grêle*. La direction de cette nouvelle institution fut confiée à la chambre royale d'assurance qui administrait déjà la Société d'assurance contre l'incendie. Jusqu'en 1890, il existait en Bavière à côté de la Société d'assurance s'étendant aux régions situées sur la rive droite du Rhin, une autre Caisse publique d'assurance ayant pour territoire le Palatinat. Depuis longtemps déjà cette Société avait demandé son annexion à la grande Société bavaroise.

Enfin, le 5 mai 1890, satisfaction fut accordée aux habitants du Palatinat. Aux termes de cette loi, la Caisse de Bavière s'étendrait à tout le royaume. Le 11 mai 1896, les heureux résultats obtenus par les deux institutions publiques existantes, conduisirent le législateur à créer une Caisse d'assurance contre la mortalité du bétail. La direction de cette société fut également confiée à la chambre royale de l'assurance. Cette institution, comme la Société d'assurance contre la grêle, ne jouit pas du monopole de l'assurance. Ces caisses sont purement facultatives.

Aujourd'hui la chambre royale de l'assurance « *Konigliche Versicherungs Kammer* » assume donc la responsabilité de la direction de trois institutions, aussi a-t-elle été divisée en trois sections. On distinguera la section de l'assurance contre l'incendie « *Abteilung für Brandversicherung* », la section de l'assurance contre la grêle « *Abteilung für Hagelversicherung* » et enfin la section d'assurance contre la mortalité du bétail « *Abteilung für Viehversicherung* ». Dès 1880, avait été créé un *fonds de secours* pour le personnel de la Chambre royale d'assurance, ainsi qu'une *caisse d'épargne*. Déjà aux termes de la loi du 23 janvier 1811, les intérêts de la Caisse étaient assurés par les directions de police « *Polizeidirektionen* » et les commissaires « *Kommissariaten* », par les « *Landgerichten* » et les « *Mediatuntergerichten* ». La loi du 28 mai 1852, dans son article 82, confie cette gestion aux autorités de police du district et dans les territoires des régences, c'est la chambre de l'Intérieur « *Kammern des Innern* » de chaque régence qui doit se charger de la direction et du contrôle. C'est au ministre d'Etat qu'appartient la haute gestion et le contrôle de cette institution. La loi du 3 avril 1875 centralise toute cette gestion en chargeant de cette mission les autorités administratives du district. Successivement par l'ordonnance du 30 août 1875 et celle toute récente du 15 décembre 1896, cette centralisation augmente. Aujourd'hui c'est la Chambre royale de l'assurance qui a la direction de ces diverses branches d'assurance. Elle se compose d'un président actuellement, le K. ministerial director, Dr. von Haag. Il est entouré d'un certain nombre de conseillers, d'inspecteurs supérieurs, de comptables, de secrétaires, de reviseurs, de fonctionnaires et d'employés. C'est le président de la chambre royale de l'assurance qui répartit le personnel entre les diverses sections. Ces développements permettent de constater que les trois branches d'assurances : incendie, grêle, mortalité du bétail, sont dirigées par un seul et même organe de gestion : la chambre royale de l'assurance. Bien que nous soyons en présence de trois caisses publiques d'assurance fondues dans une direction unique pour ne pas dépasser le cadre de cet ouvrage, nous devons restreindre nos explications à la seule section d'assurance contre l'incendie.

Comme avant 1890, la Bavière avait deux Caisses publiques d'assurance contre l'incendie, nous devons distinguer d'une part, la *Caisse du Palatinat*, d'autre part, *celle s'étendant aux régions situées sur la rive droite du Rhin*. Cette fusion étant relativement récente, nous sommes obligés de dire quelques mots sur la Caisse du Palatinat dont l'existence fut longue.

La *Caisse d'assurance du Palatinat* fondée en 1817 assurait en 1856 un capital de 65.259.000 thl., en 1860 il s'élève à 68.083.000 thl. et en 1805 à 75.980.000 thl. Les indemnités ‰ de capital assuré furent successivement pour ces diverses années de 0.45, 0.49 et 1.05 °/₀₀. De 1856-65 elle a assuré une moyenne annuelle de risques de 69.915.246 thl. pour lesquels elle a perçu 54.578 M. en moyenne, et versé en indemnités annuellement une moyenne de 49.448 thl. En 1870 elle assurait un capital de 106.608.872 thl. en accroissement sur l'année précédente de 1.003.228 thl. Les indemnités se sont élevées à 0,99 °/₀₀ de valeur assurée et la prime perçue à 1 °/₀₀. Son patrimoine s'élevait à 10,808 thl. De 1871-80, la Société a assuré un total de 3.628.669.000 M. et payé en indemnités 4.520.005 M. soit 1,25 °/₀₀ de valeur assurée. Pendant la période décennale suivante de 1881-90 le capital total assuré s'élève à 4.812.247.000 M. et les indemnités versées à 5.820.329 M. soit 1,21 °/₀₀ seulement. Par rapport à la période précédente le montant des dommages causés par l'incendie a donc diminué de 3,2 °/₀. A la fin de septembre 1890 la Société assurait un capital de 551.123.830 M. en augmentation sur l'année précédente de 25.667.830 M. L'année suivante elle fut annexée à la Caisse d'Etat de Bavière qui va nous occuper maintenant.

La *Caisse de Bavière*, comme nous le savons, remonte, peut-on dire, à 1799. Un an après, en 1800, elle assurait déjà un capital de 25 millions de guldes qui s'élève pendant les 4 années suivantes, successivement à 39, 47, 62 et 72 millions de guldes.

En se reportant au premier rapport de gestion publié le 6 février 1801, on lit qu'il a fallu percevoir une cotisation de 22 Kreuz °/₀ guldes. Mais cette année avait été particulièrement malheureuse. Plusieurs villes telles que celles de Neunbourg, Wald et Pfreimt, avaient été pour ainsi dire réduites en cendres. Aussi pour les 4 années suivantes la cotisation fut successivement de 6, 10, 3 et 7 1/2 Kr. °/₀₀ guldes. Au début la Société ne possédait pas de fonds de réserve. Elle devait recourir aux ressources de la Caisse d'Etat ou de l'Eglise. En 1802 fut constitué un fonds de réserve qui fut placé à intérêt à la banque d'Etat. Les propriétaires de la principauté de Neunbourg constituèrent un fonds de réserve propre aux propriétaires du territoire pour parer aux dépenses extraordinaires causées par les catastrophes.

En 1811, par une ordonnance du 23 janvier, une Caisse nouvelle beaucoup plus vaste était substituée à l'ancienne. Mais les propriétaires affiliés à la première étaient autorisés à faire signer leur ancienne police par la nouvelle institution. Désormais la gestion commence le 1er octobre et finit le 30 septembre. Les anciens fonctionnaires préposés à la direction de la caisse remplacée furent maintenus. Les disponibles et le patrimoine de l'ancienne Société reviennent à la nouvelle. En principe l'affiliation à la nouvelle Caisse était régie par l'ordonnance de 1811, se substituant à celle de 1799. Il n'y avait d'exception que pour les immeubles grevés d'hypothèques, les établissements communaux et églises. La Société assurait tous les immeubles, les immeubles par nature et par destination, les fabriques, brasseries et autres risques industriels. N'étaient exclus que les immeubles présentant de très grands dangers d'incendie tels que les moulins à poudre, les fonderies, les forges, les fours à chaux et autres immeubles similaires, à moins qu'ils ne fussent déjà assurés en vue d'une police antérieure. Jamais on ne pouvait assurer son bien pour plus que sa valeur réelle, et pour moins de la moitié de sa valeur. La Société n'acceptait pas un risque inférieur à 30 guldes. L'indemnité devait être consacrée à réédifier l'immeuble détruit et en principe sur l'emplacement qu'occupait l'immeuble réduit en cendres. En temps de guerre les incendies allumés par une opération militaire ne sont dédommagés que pour 1/3 de leur montant.

Les primes étaient fixées d'après l'importance de la somme assurée sans tenir compte de la qualité du risque. Pendant les trois premières années, l'associé doit payer une prime fixe de 2 kr. % guldes (1 gulde = 60 kreuzer) de manière à pouvoir payer les indemnités et constituer un fonds de réserve. Cette prime fixe de 2 kr. % guldes lui sera également réclamée pendant les trois années suivant une demande d'élévation du montant de la police. Le fonds de réserve devait également être alimenté par le patrimoine de l'ancienne Caisse, le produit des amendes. Mais pour débuter, un capital de 200.000 gul. devait être réuni en faisant des emprunts aux particuliers qui devaient être remboursés dans les trois années suivantes avec des intérêts. La nouvelle Société débute en assurant 252 millions de gul. Dès la 1re gestion on relate une augmentation de 32 millions de gul. Le capital assuré s'accroît toujours et ne s'abaisse que par suite des diminutions survenues dans les territoires de la Société. Elle s'appauvrit des territoires du Tyrol et de Voralberg, de Salzbourg, d'Innspruck et d'une partie de Hausruck. Mais d'autre part son territoire s'agrandit du grand duché de Würzbourg, dont la

Bavière avait été privée de 1805 à 1814, et de la principauté de Aschaffenbourg le 1er octobre 1817. Aussi en 1818 son capital assuré s'accroit de 100 millions de gul. La Compagnie anglaise « le Phénix » et « la Berlinoise » fondée en 1812, avec leurs primes élevées, arrivent péniblement à lutter contre notre institution d'assurance. Mais bientôt les compagnies se multiplient : c'est la « Leipziger » en 1819, la « Gotha » en 1821, en 1823 « Elberfeld », en 1824 l' « Aachener », ce sont les compagnies françaises et autrichiennes « l'Assurance Générale », l' « Union », le « Phénix », la « Compagnie Royale », le « Soleil », la « Viennoise », qui viennent s'installer en Bavière et entreprennent la campagne contre la Société publique. Celle-ci assurant tous les risques bons et mauvais pourvu que la valeur atteigne au moins 30 gul. eut fort à faire pour lutter contre la concurrence des Sociétés privées. Ces dernières ne tardèrent pas à accaparer les tout à fait bons risques : ces maisons massives tout en pierre que le feu ne saurait détériorer. Grâce à cette sélection, les Sociétés privées purent assurer les bons risques à meilleur compte que la Société publique.

Il devenait très difficile de savoir si un immeuble était assuré au-delà de sa valeur. Malgré tout, le nombre des assurés et le capital s'augmentaient toujours. Mais la direction ne se faisait pas d'illusion. Elle se rendait parfaitement compte que cette progression était due à l'accroissement de la dette foncière d'une part, au refus des Sociétés privées d'accepter les mauvais risques d'autre part. La direction s'apercevait fort bien que le nombre des mauvais risques grossissait sans cesse, tandis que les immeubles ne présentant pas de chance d'incendie étaient assurés auprès des Sociétés privées. La nécessité de recourir à une classification des risques basée d'après les probabilités plus ou moins grandes d'incendie, se faisait sentir de jour en jour davantage. Dans les provinces où les incendies étaient fréquents et importants, les compagnies n'assuraient pas. C'est ce qui ressort des constatations suivantes. En 1823 une grande partie de la ville de Hof située dans le cercle du Mein supérieur fut détruite. Les dégâts causés s'élevaient à près de 1 million de gul. La Caisse versa la totalité de cette somme. La même année et dans la même province un grand incendie détruisit une partie des villes de Weisrenstadt et Redwitz causant pour 138.000 gul. de dégâts. La Société publique fut seule à supporter la charge de l'indemnisation. 63.000 gul. de dégâts seulement furent couverts. Les autres immeubles n'étaient pas assurés auprès de la Société, dès lors ne bénéficiaient d'aucun contrat d'assurance. Au contraire dans les provinces du Bas Mein et du cercle de Regatz où sont situés les immeubles les mieux bâtis, la Société n'assurait que très peu de bâtiments.

Une réforme s'imposait : Un projet fut déposé en 1834 sur le bureau des Etats. Il demandait l'établissement du monopole de l'assurance en faveur de la Société publique, une classification comprenant quatre classes basées sur la nature de la structure des immeubles : s'ils étaient ou non massifs, s'ils possédaient ou non un toit à l'épreuve du feu. Ce projet fut adopté et modifia singulièrement l'état des choses. Malheureusement nous ne pouvons pas insister ici sur tous ces détails puisque ce sont les résultats financiers obtenus par la Caisse qui doivent seuls nous occuper. Cependant ces renseignements étaient nécessaires pour faire connaître les dates principales de l'histoire de la Caisse. On saura pourquoi nous prendrons telle date plutôt que telle autre comme point de départ d'une période.

En 1811, la Caisse assurait 826.315 immeubles représentant une valeur de 487.466.900 M. En 1834 le nombre des immeubles assurés par la Caisse s'élevait à 1.060.532 M., soit une augmentation de 234.217 immeubles, ou de 29 °/₀ et de 72 °/₀ pour le montant des valeurs ou 353.204.000 M. Pendant la gestion 1811-12, le capital assuré s'accroît de 284 millions de guldes, et pendant celle de 1832-33 il s'élève de 476 millions de guldes. La moyenne de la prime perçue pendant cette période 1811-33 peut être fixée à 9 1/10 kr. °/₀ guldes. La prime annuelle la plus faible fut celle encaissée en 1820-21, ne s'élevant qu'à 3 1/2 kr. °/₀ guldes et la plus haute fut réclamée pour l'année 1822-23 pendant laquelle on eut tant d'incendies à déplorer. Elle s'éleva à 29 kr. °/₀ g. En 1833 le nombre des immeubles assurés s'élevait à 1.271.567, représentant une valeur de 779 millions de guldes sur ce nombre 1.136.977 immeubles étaient assurés par la Caisse et représentaient une valeur de 533 millions de guldes.

De 1834-52 le nombre des immeubles assurés s'accroît de 8 °/₀, soit de 83.877 et le montant des valeurs de 32,2 °/₀, soit de 279.435.000 M. De 1852 à 1875 le nombre des immeubles assurés augmente de 10 %, soit de 115.332 et les valeurs assurées de 115 %, soit de 1.296.842.000 M. Enfin de 1875 à 1898 le nombre des immeubles assurés s'élève de 53 %, soit de 666.203 et les valeurs assurées de 111 %, soit de 2.683.901.000 M. Le nombre des immeubles assurés le 1er octobre 1897 atteignait 1.925.944 et le montant des sommes assurées 5.100.848.000 M. Ce chiffre se répartit entre les classes ainsi qu'il suit :

| | | | | | | |
|---|---|---|---|---|---|---|
| 1re classe | 2.792.012.360 M. | en augmentation | sur l'année | précédente de | 148.195.060 M. |
| 2e — | 570 414.870 M. | — | — | — | 10.804.390 M. |
| 3e — | 1.240.731.420 M. | — | — | — | 28.813,720 M. |
| 4e — | 497.689.620 M. | — | — | — | 3.860.190 M. |

Par rapport à l'année 1811, le nombre des immeubles assurés s'est accru de 1.099.629, soit de 133,1 % et le total des capitaux assurés de 4.613.382.000 M. ou de 946,4 %. On ne saurait trop attirer l'attention sur cette dernière progression. Elle dénote une amélioration sensible dans les constructions qui deviennent plus somptueuses et mieux aménagées, dès lors ont une valeur bien plus considérable. Comment se répartit cette augmentation entre les classes ? On se rappelle qu'il y a quatre classes de risques ainsi établis par la loi de 1875. La 1re classe comprend les immeubles massifs ayant un toit à l'épreuve du feu, la 2e classe, les immeubles en pierre ou faîtes d'entrevous de bousillage, mais dont la toiture est formée de matières réfractaires au feu. Dans la 3e classe on rangera les bâtiments montés d'entrevous de brousillage ou en bois, mais couverts de matières ne craignant pas d'être incendiées.

Ou bien si la toiture ne présente pas cette qualité, que l'immeuble tout au moins soit massif.

Enfin dans la quatrième classe on groupera tous les autres bâtiments. Ceci posé, voici comment se répartit l'augmentation constatée dans le montant des sommes assurées. Dans la première classe l'accroissement fut de 195,6 %, dans la IIe classe de 67,1 %, dans la IIIe classe de 92,1 %, dans la IVe classe de 2,4 %.

Cette répartition si heureuse profitant et à la Caisse d'Etat et aux assurés, est due en grande partie à la tendance, sans cesse grandissante, des populations, à remplacer les vieux bâtiments par des constructions modernes ne présentant, pour ainsi dire, pas d'aliment au feu. De plus, cet accroissement notable relevé dans les deux premières classes, démontre que les dispositions contenues dans les règlements de police du feu, sont observés. L'institution d'assurance bénéficie de cette heureuse transformation. La qualité des risques composant son portefeuille s'améliorant, ses charges diminuent. Les assurés ne peuvent que s'en féliciter puisque cela a permis de percevoir des primes inférieures en moyenne à celles fixées dans la loi. Conformément à cette dernière, les primes doivent être établies sur le taux suivant : 10 pf. pour la Ire classe, 15 pf. pour la IIe, 20 pf. pour la IIIe et 25 pf. pour la IVe. En 1811-12 la prime était uniforme.

Elle était calculée sur le taux de 10 kr. % quelque soit la nature de l'immeuble ou 23,3 pf. % M. C'est sensiblement ce même taux pour chaque année jusqu'en 1834, époque où l'on introduit la classification. Depuis cette époque, pour les différentes périodes que nous avons envisagées, le taux moyen du °/₀ de primes perçu par la Caisse dans les différentes classes fut :

De 1834-52, I^re cl. 19 pf. 5, II^e cl. 21 pf. 7, III^e cl. 23 pf. 9 et IV^e cl. 26 pf.

De 1853-75, I^re cl. 12 pf. 5, II^e cl. 14 pf. 8, III^e cl. 19 pf. 7 et IV^e cl. 22 pf.

De 1876-98, I^re cl. 7 pf. 5, II^e cl. 9 pf. 8, III^e cl. 15 pf. 8, IV^e cl. 18 pf. 8.

Ainsi pour cette dernière période, le taux moyen est inférieur au taux légal dans toutes les classes. Conformément à l'art. 68 § 2 de la loi du 8 avril 1875, lorsque les excédents de recettes atteignent la moitié du montant du produit total des primes encaissées, l'année suivante, la prime perçue sera diminuée de moitié. Cette disposition a reçu son application un grand nombre de fois pendant notre dernière période, de 1875-97. Voici ces années : 1876-77, 1880-81, 1883-84, 1884-85, 1886-87, 1887-88, 1889-90, 1891-92, 1892-93, 1895-96, 1897-98 et 1899-1900. Les remises ainsi faites, en moins perçu, s'élèvent de 1875-1898 au chiffre respectable de 34.750.000 M. Par contre le § 3 de notre même article 68, autorisant la Caisse à percevoir une prime extraordinaire égale à 1/10 de la cotisation ordinaire, lorsque, pour couvrir l'excédent des dépenses, on doit absorber la moitié du fonds de réserve, ne fut jamais applicable.

Au contraire l'art. 60 § 3, aux termes duquel : les bâtiments situés dans les localités, où par suite de l'usage de couvertures légères, les chances d'incendies sont considérables, s'ils ne sont pas situés à une distance d'au moins 100 mètres des maisons ainsi couvertes, paient une prime supplémentaire de 2/10 du montant de la prime ordinaire, ne trouva pas, en raison de l'amélioration apportée dans les bâtisses, son application.

Quant aux dommages causés par l'incendie, par suite de ces transformations, ils ont sensiblement diminué. Pour la période 1871-80, la moyenne °/₀₀ de capital assuré peut être fixée à 1,36 °/₀₀ et pour la période décennale suivante à 1,06 °/₀₀, soit une diminution, par rapport à la période précédente, de 22 °/₀. Pourtant de 1889-97, la moyenne s'est légèrement élevée et serait de 1,13 °/₀₀. La moyenne annuelle fut successivement pour les 7 années de cette période °/₀ de capital assuré de 0.09, 0.09, 0.12, 0.14, 0.10, 0.14, 0.12, 0.11.

Cette augmentation coïncide avec l'annexion de la Caisse du Palatinat à la Caisse de Bavière ; avant 1890 jamais le nombre des incendies n'avait atteint 2000 ; en 1890-91, ce nombre s'élève déjà à 1990, alors qu'avant cette date, même pour l'année 1888, pour laquelle on compte le plus d'incendies, on n'arrivait, qu'au total de 1623. Pendant les années suivantes, le nombre s'accroît toujours et en 1894-95 atteint 2664. Mais n'oublions pas aussi que la Caisse apportait à l'institution d'assurance un portefeuille assez considérable en 1890. Voilà comment il se fait, que somme toute, la moyenne annuelle °/₀₀ ne varie pas beaucoup. N'empêche pourtant qu'en 1894-95 la Caisse a versé 6.632.989 M. d'indemnités. De 1875-97 la Société d'assurance a versé 88.545.646 M.

A la fin de 1897, le fonds de réserve s'élevait à

13.599.618 M. Mais dans ce chiffre on comprend les 1.398.737 Mk. représentant la valeur de l'immeuble où sont logés les bureaux et les inspecteurs. Jamais on a fait encore application du § 1er de l'art. 68, permettant de faire appel au fonds de réserve pour combler le déficit résultant d'un excédent de dépenses sur les recettes. Il est donc à prévoir que ce fonds ira sans cesse en augmentant.

Les frais d'administration de la Caisse s'élevaient en 1877-78 à 1,86 pf. °/₀ Mk. de capital assuré ; en 1884-85, ils n'atteignent plus que 1,52 pf.; en 1888-89, ils s'abaissent à 1,34 pf.

Le nombre des polices contractées pendant l'année 1875-76 était de 67.856; en 1885-86 : 70.580; en 1895-96 : 97.972 et en 1897-98 ; 102.067. Bien que l'assurance ne soit pas obligatoire il n'y a guère que 2 °/₀ des maisons qui ne soient pas assurées.

C'est la caisse d'assurance ayant le plus gros portefeuille des Sociétés publiques allemandes. Cette institution assure actuellement près de 5 milliards 1/2 de valeurs immobilières, plus de 1/8 du portefeuille total de toutes les Sociétés publiques allemandes non compris les meubles.

Un siècle avant, en 1799, elle n'assurait que 25 millions de guldes. Cependant ce n'est pas une Caisse obligatoire en principe comme celle du royaume de Saxe qui au point de vue de l'importance des capitaux immobiliers assurés vient ensuite. Elle ne jouit, pour la plupart des cas, que d'un monopole. Il est vrai qu'il faut ajouter qu'elle assure presque tous les immeubles. Il n'y a guère actuellement en Bavière plus de 2 % de maisons non assurées. C'est le plus beau succès obtenu par l'assurance publique en Allemagne.

La *Société du royaume de Wurtemberg* est également une Caisse d'Etat, mais bien qu'obligatoire, elle est loin d'assurer une somme aussi considérable que la précédente.

De 1871-80, elle a assuré un total de 15.692.383.000 M. et a versé en indemnités 13.558.064 M. soit 0,86 ‰ de valeur assurée. De 1881-90, l'institution d'Etat couvre 19.754.927.000 M. et paye 18.539.493 M. soit 0,94 ‰, ou une augmentation de 9,3 % du montant des dégâts causés par l'incendie par rapport à la période précédente. A la fin de 1890, la Caisse assurait 2.126.288.978 M. en augmentation par rapport à l'année précédente de 86.181.130 M. De 1889-97, la Caisse a couvert un total de 16.295.903.000 M. de risques pour lesquels elle versa 15.987.798 M. d'indemnités, soit 0,98 ‰ de valeur assurée. C'est une augmentation dans le montant des dommages de 0,04 ‰ par rapport à la moyenne de la période 1881-90. Au 1er janvier 1897 elle couvrait un capital de 2.970.399.160 M. assurés pour 2.543.749.394 M. Ce chiffre se répartit ainsi entre les elssses. Ire 36.765.062 M., IIe cl. 116.878.240 M.; IIIe 1.233.005.214 M.; IVe 1.043.607.550 M.; Ve 82.648.285 M.; VIe 30.855.043 M. La Société a encaissé 2.981.785 M. de primes à raison de 0,5 ‰ de capital assuré dans la Ire classe, 0,75 dans la IIe, 1 dans la IIIe, 1,25 dans la IVe, 2,5 dans la Ve et 4 dans la VIe. Le nombre des immeubles endommagés s'est élevé à 1.839. Pour couvrir ces dégâts la Caisse a versé 2.972.401 M. On peut dire qu'en moyenne la Société a perçu en indemnités 1,17 ‰ de capital assuré et a rendu aux assurés sous forme d'indemnités 1,10 ‰ de capital assuré, soit 93,5 % du montant des primes encaissées. Au service de secours en cas d'incendie, 120.165 M. ont été comptés. Les frais d'administration n'atteignaient pas 240.000 M. La gestion se soldait par un reliquat de 12.275 M. qui grossirent le patrimoine de la Caisse alors de 4.456.640 M.

De la Caisse d'*Etat du royaume de Saxe* nous n'avons plus à parler ici.

Les résultats obtenus par cette Caisse ont déjà été donnés dans l'étude que nous avons faite de cette institution (1).

*La Caisse du grand duché de Bade* a assuré de 1871-80 un capital total de 9.454.819.000 M. et a payé en indemnités 11.427.681 M. soit 1,21 ‰ de capital assuré. De 1881 à 1890, le montant des sommes assurées augmente de plus de 3 millions de M. Il est de 12.696.706.000 M. La Caisse a versé en indemnités 12.833.777 M. soit seulement 1,01 ‰. C'est une diminution de 16,5 ‰ par rapport à la période précédente. De 1889-97, la Société a couvert un total de 10.695.750.000 M. pour lequel elle a versé en indemnités 11.683.019 M., soit 1,09 ‰. Le montant des dommages causés par l'incendie a donc légèrement augmenté pour ces derniers 7 ans. Voyons quelle est la nature des risques couverts par la Société. Elle assurait en 1869 :

(1) Page 309, étude sur la Caisse du royaume de Saxe.

| en 1869 | | en 1870 | |
|---|---|---|---|
| 143.327 | immeubles massifs........... | 138.862 | — 4.465 |
| 140.588 | bât. murs extér. en pierre..... | 142.306 | + 1.718 |
| 211.660 | bâtiments en bois............ | 213.461 | + 1.801 |
| | diminution par rapport à 1869 | | — 946 |

Au point de vue de la toiture :

| | | | |
|---|---|---|---|
| 447.835 | bât. toiture ininflammable..... | 453.294 | + 5.459 |
| 20.145 | bât. recouv. en bois et en chaume | 20.496 | + 351 |
| 21.317 | bât. recouverts en chaume..... | 21.254 | — 63 |

On percevait en 1876 une prime de 14 pf. °/₀ thl. dans la 1^re^ classe et 19, 23, 28 pf. pour les 3 classes suivantes. En 1870 on compte 402 incendies dans le grand duché de Bade ayant causé 337.029 thl. de dégâts auxquels il faut joindre 2.465 thl. de dégâts causés par les pompiers. Occupons-nous seulement des premiers. Nous trouvons que 280.842 thl. ont été payés par la Société publique et 65.187 thl. seulement par les Sociétés privées.

A la fin de 1897, la Société publique assurait 700.331 immeubles. Ce chiffre se décompose ainsi qu'il suit d'après la nature des matériaux employés dans la construction de la maison. Les maisons montées tout en pierre étaient au nombre de 233.024, celles n'ayant que les murs extérieurs en pierre s'élevaient au total de 181.227. On comptait *286.056* bâtiments en bois et 24 maisons de construction en matériaux mixtes. En se plaçant au point de vue de la toiture, 652.393 immeubles étaient recouverts en substances réfractaires au feu, *24.165* avaient des toits en bois ou en bardeau, *17.871* des toits en paille, 4.538 étaient recouverts de carton goudronné et 1.364 n'avaient pas de toit. Les immeubles assurés à la fin de 1897 représentaient une valeur de 2.171.531.250 M. La Société publique couvrait les 4/5 de ce total, soit 1.737.225.000 M. Le dernier cinquième seulement l'était par les Sociétés privées.

Le montant des primes perçues s'est élevé à 2.295.643 M. ; °/₀ de capital assuré il fut réclamé dans la 1re classe 0,10 pf. °/₀ M. 0.13, 0.17, 0.20 °/₀ pour les classes suivantes. La moyenne générale °/₀₀ de capital assuré peut être fixée à 1,35. La Caisse a restitué aux assurés sous forme d'indemnités, 1.980.418 M. ou 1,16 °/₀₀ de capital assuré, soit 86,3 du montant des primes encaissées. Une somme de 10.038 a été versée à la Caisse de secours des pompiers. Les frais d'évaluation ont atteint 56.993 M. et les frais d'administration 93.830 M., y compris les 67.954 M. d'indemnités allouées aux percepteurs de primes. Toutes les dépenses soldées, le compte de gestion laissait ressortir un reliquat de 145.916 M. qui grossissent l'actif de la Société alors de 1.238.211 M.

*La Caisse du grand duché de Hessen* a assuré de 1871 à 1880 un capital de 7.589.780.000 M. pour lequel elle a versé 8.209.394 M. ou 1,08 °/₀₀ de valeur assurée. Le capital total pour la période décennale suivante s'élève à 10.202.088.000 M. Les indemnités versées ne représentent que 8.875.432 M., soit 0,87 °/₀₀. Le montant des dommages causés par l'incendie s'est abaissé de 19 °/₀ par rapport à 1871-80. De 1889 à 1897, la Société a couvert 8,577.770.000 M. de valeurs pour lesquelles elle a payé 6.597.918 M., soit 0,77 °/₀₀ de capital assuré. Par rapport à la période 1881-90, les dommages ont donc diminué de 0,10 °/₀₀ de capital assuré ou de 13 °/₀. A la fin de 1897 la Société assurait un capital de 1.458.714.490 M., en augmentation sur l'année précédente de 875.797 M ; le montant des polices s'élevait à 1.382.241.940 M., soit un accroissement de 42.642.590 M. par rapport à l'année 1896. Pour assurer ce capital, la Caisse a perçu 875.797 M. ou 0,6 °/₀₀ du montant des capitaux. Les indemnités et frais d'évaluation se sont élevés à 589.282 M. En se plaçant au point de vue du montant des polices, on peut dire que la Société a perçu en moyenne 0,64 °/₀₀ de capital *assuré* et consacré 67,2 °/₀ du montant des primes encaissées à cet usage. Le reste fut dépensé en primes versées à la Caisse des pompiers du duché s'élevant à 26.274 : en allocations accordées aux percepteurs tenant les livres de la Société près de 12.050 M., en frais de traitements 60.450 M. et autres frais causés par les revisions, le renouvellement des livres (2.026 M.). Toutes les dépenses soldées il restait encore un reliquat de 172.436 M. allant augmenter le patrimoine de la Caisse s'élevant alors à 2.395.425 M. ou un accroissement par rapport à l'année précédente de 172.436 M.

La Société du duché de Bade, celle du duché de Hessen, comme celle du duché d'Oldenbourg à laquelle nous arrivons, sont obligatoires.

La *Caisse du duché d'Oldenbourg* a couvert de 1871-80 un capital de 1.579.042.000 M. pour lequel elle a versé 2.624.834 M. d'indemnités soit 1,66 °/₀₀ de valeur assurée. De 1881-90 le montant total des capitaux s'accroît : 1.938.366.000 M. ont été assurés, mais la Caisse a versé 3.262.089 M. Le montant des dommages causés par l'incendie a augmenté de 1,2 %. De 1889-97 la Société a assuré 1.094.072.000 M. et payé 2.566.708 M. d'indemnités ou 2,35 ‰ dans les campagnes. Mais dans les villes la moyenne ‰ n'est que de 1,79. La Société a assuré dans les villes 458.769.000 M. et payé en indemnités 819.937 M. A la fin de 1897 elle assurait 87.428 immeubles représentant une valeur de 250.608.492 M. Dans les districts urbains, elle assurait 12.355 immeubles pour une valeur de 75.308.592 M. Dans les campagnes, elle couvrait 75.073 bâtiments représentant une valeur de 175.299.900 M. Ainsi plus des 2/3 de son portefeuille est compensé de risques ruraux. Aussi a-t-il été perçu 498.332 M. de primes, soit 2,02 ‰ de capital assuré. Mais en indemnités la Caisse a versé 507.899 soit 2,06 ‰ de capital assuré, dépassant de 2 % le montant des primes encaissées. Les frais d'administration n'atteignaient pas 2.630 M. Cependant la gestion se soldait par un excédent de recettes de 2.520 M. diminuant le passif de la Caisse qui n'est plus alors que de 14.270 M.

Les caisses de Saxe Weimar et d'Altenbourg qui vont maintenant nous occuper sont également obligatoires.

La *Caisse de Saxe Weimar* a couvert de 1871-80 un total de 2.323.780.000 M. de valeurs pour lesquels elle a payé 4.361.868 M. ou 1,88 ‰ de capital assuré. De 1881-90, la Société a couvert 3.094.107.000 M. de risques lui ayant coûté 3.198.650 M., soit seulement

1,02 ‰ de valeur assurée. Par rapport à la période décennale précédente, les dommages causés par l'incendie ont diminué de 45,7 %. De 1889-97, la Société a assuré dans les villes un capital total de 1.143.081.000 M. pour lequel elle a payé 746.343 M. ou en moyenne pour cette période de 7 ans de 0,65 ‰. Pendant ce même temps la Société assurait dans les campagnes 1.433.702.000 M. de valeurs pour lesquelles elle a versé 1.371.559 M. d'indemnités. Le montant des dommages s'est élevé à 0,96 ‰ de capital assuré. Au 1er janvier 1898, la Société assurait dans les campagnes 132.705 immeubles représentant une valeur de 233.071.520 M. et assurés pour 218.627.697 M. Cette année 98 incendies ont atteint 284 immeubles assurés pour 688.705 M. Mais ces bâtiments n'ayant pas tous été réduits en cendres, la Société n'a eu à verser que 214.943 M. d'indemnités. Dans les villes la Société couvrait 51.399 immeubles représentant une valeur de 213.380.730 M. et assurés pour 194.494.408 M. Pendant cette année 58 incendies ont détérioré 118 bâtiments assurés pour 909.795 M. Pour dédommager des dégâts causés par le fléau, la Société a versé 83.454 M. En tout la Société a assuré 184.104 immeubles représentant une valeur de 446.452.250 M. et assurés pour 413.122.105 M. Un total de 156 incendies a causé à 402 bâtiments assurés pour 1.598.500 M., pour 298.398 M. de dommages qui ont été indemnisés par la Société. Etait réassurée, pour les immeubles situés dans les villes de Weimar Apolda, Iéna et Eisenach, une somme de 60.019.106 M. pour lesquels la Société versait 55.354 M. de prime. Mais sur le montant des dégâts s'élevant à 298.398 M., la réassurance a payé 13.134 M. La Société a versé au service d'incendie 23.441 M. Les frais d'administration se sont élevés à 18.775 M. y compris les 11.334 M. d'allocations remises aux autorités ayant encaissé les primes. Celles-ci se montaient à 316.724 M. ou 0,78 °/₀₀. En indemnités la Caisse a restitué aux assurés 94,2 % de cette somme soit 298.398 M. Toutes les dépenses soldées, la Caisse réalisait un bénéfice de 11.790 M. dont profitera le patrimoine de la Caisse alors de 2.260.995 M.

*La Caisse de Saxe-Altenbourg* a assuré de 1871-80, un total de 1.460.097.000 M. de valeurs pour lesquelles elle a versé 2.125.703 M. d'indemnités, soit °/₀₀ de capiassuré 1,46.

Pendant la période décennale suivante, le montant des valeurs assurées s'élève à 2.019.368 M. pour lesquels elle a versé 2.287.087 M. d'indemnités, soit 1,10 °/₀₀ de capital assuré.

Par rapport à la période 1871-80, les dégâts causés par l'incendie ont diminué de 24,7 %. De 1889-97, le capital assuré augmente par rapport à la période précédente.

Pendant ces 7 ans, la Société a couvert 1.738.802.000 M. Mais le montant des dommages s'accroît également. Il est pour cette dernière de 1,54 °/₀₀ au lieu de 1,10 °/₀₀ de capital assuré, moyenne que nous avions trouvée pour la période décennale 1881-90.

Au 1er janvier 1897, la Société couvrait 265.257.400 M. de valeurs au 1er janvier 1898 un capital de 269.902.900 M. pour lequel elle percevait 369.696 M. de primes. Voici comment se répartissent ces sommes entre les classes :

| Classes | Sommes assurées 1er janv. 1897 M. | 1er janv. 1898 M. | Primes M. | °/oo |
|---|---|---|---|---|
| I | 12.711.800 | 13.487.100 | 10.196,12 | 0,8 |
| II | 101.579.500 | 105.300.300 | 112.371,11 | 1,1 |
| III | 33.153.400 | 33.215.300 | 46.411,12 | 1,4 |
| IV | 117.255.700 | 117.326.200 | 199.594,03 | 1,7 |
| V | 557.000 | 574.000 | 1.144,40 | 2 |
| **I-V** | ***265.257.400*** | ***269.902.900*** | ***369.696,78*** | |

La moyenne de prime perçue °/oo de capital assuré peut être fixée à 1,39. Le montant des dommages couverts par des indemnités s'est élevé à 256.436 M., soit 0,96 °/oo de capital assuré. Le versement de ces sommes absorbait 69 °/o du total des primes encaissées.

Au fonds de secours des pompiers, la Société comptait 7.433 M. Les frais d'administration atteignaient 26.670 M. y compris les sommes versées à la Caisse du duché, les 8.796 M. d'allocations remises aux percepteurs de primes. Toutes dépenses soldées, la gestion se terminait par un excédent de recettes de 98.763 M. Ce bénéfice s'ajoutant au patrimoine de la Caisse, le porte à la fin de 1897 à 163.673 M.

La *Caisse du duché de Brunswick* comme la Caisse d'Etat de Bavière possède le monopole de l'assurance contre l'incendie. Mais certains immeubles tels que ceux grevés d'hypothèques doivent être assurés à cette Société.

De 1871-80, la Caisse a couvert 3.049.790.000 M. de

valeurs pour lesquelles elle a versé 2.636.914 M. d'indemnités ou 0,86 ‰ de capital assuré. De 1881-90, le montant total des capitaux couverts par la Société s'élève à 4.389.249.000 M. il est double presque par rapport à la période décennale précédente. Les indemnités versées au contraire diminuent.

Pour ces 10 années, allant de 1881-90, la Société n'a versé que 2.896.138 M., soit 0,66 ‰ de capital assuré. C'est par rapport à la période décennale précédente une baisse des dommages causés par l'incendie de 23 %. A la fin de 1890, la Société couvrait un capital de 540.963.250 M. en augmentation sur l'année précédente de 52.365.800 M.

De 1889-97, la Société a assuré dans les villes 2.041.808.000 M. et payé en indemnités pour ces risques 1.699.781 M., soit en moyenne ‰ 0,83. Pour ce même laps de temps dans les campagnes 2.220.077.000 M. de valeurs ont été couvertes par la Société qui a versé en indemnités 2.340.449 M., soit 1,05 ‰ de capital assuré.

A la fin de 1897, la Société assurait 152.871 immeubles assurés pour une valeur de 718.920.950 M. se répartissant ainsi qu'il suit entre les classes et les localités.

| | VILLE DE BRUNSWICK | | 13 GRANDES VILLES | | 443 Communes rurales | | EN TOUT | |
|---|---|---|---|---|---|---|---|---|
| | Immeubles | Sommes assurées | Immeubles | Sommes assurées | Immeubles | Sommes assurées | Immeubles | Sommes assurées |
| | | M. | | M. | | M. | | M. |
| **Totaux** | **19.462** | **218.774.750** | **26.710** | **134.617.850** | **106.699** | **365.528.350** | **152.871** | **718.920.950** |
| Ire cl. | 2.202 | 51.151.450 | 1.197 | 22.202.800 | 3.165 | 30.913.350 | 6.564 | 104.267.600 |
| IIe cl. | 4.964 | 105.754.450 | 6.094 | 37.144.600 | 22.624 | 92.973.900 | 33.682 | 235.872.950 |
| IIIe cl. | 10.804 | 58.974.100 | 15.324 | 61.267.000 | 63.639 | 202.412.150 | 89.767 | 322.653.250 |
| IVe cl. | 192 | 1.187.600 | 1.235 | 11.143.100 | 3.780 | 16.325.850 | 5.207 | 28.656.550 |
| Ve cl. | 1.300 | 1.707.150 | 2.860 | 2.860.350 | 13.491 | 22.903.100 | 17.651 | 27.470.600 |
| *Immeubles ne payant pas de primes supplémentaires* | | | | | | | | |
| | 12.507 | 140.376.200 | 15.166 | 67.852.250 | 39.444 | 105.072.000 | 67.117 | 313.300.450 |

C'est qu'en effet les immeubles ne payant pas de primes supplémentaires, mais simplement la prime ordinaire, seront frappés d'une cotisation fixée °/₀₀ de valeur assurée d'après les tarifs suivants : Ire classe 0,4, IIe classe 0,5, IIIe classe 0,6, IVe classe 0,8, Ve classe 1 °/₀₀. Au contraire, des primes supplémentaires pouvant varier de 0,1, à 7,5 °/₀₀ ont été perçues, tant en raison de l'industrie dangereuse au point de vue de l'incendie, exercée dans les immeubles assurés, qu'en raison des objets qu'ils abritent ou de leur aménagement. Ces primes supplémentaires ont porté sur un montant de valeurs assurées assez important et variant suivant les localités. Aussi croyons-nous utile d'en donner le détail par la statistique suivante permettant de mieux comprendre ces explications :

| Immeubles dangereux au point de vue de l'incendie par suite de | Dans la ville de Brunswick | Dans 13 grandes villes | Dans 443 communes rurales | EN TOUT |
|---|---|---|---|---|
| | M. | M. | M. | M. |
| | Sommes assurées | Sommes assurées | Sommes assurées | Sommes assurées |
| leur affectation | 36.711.450 | 25.632.600 | 44.818.250 | 107.162.300 |
| leur contenu | 16.348.500 | 25.385.100 | 185.234.550 | 226.968.150 |
| leur aménagement | 41.630.700 | 33.197.050 | 88.683.950 | 163.511.700 |

Pour assurer ce capital, la Société a perçu tant en primes ordinaires que supplémentaires 552.380 M., ou en moyenne ‰ de valeur assurée 0,78. Elle a restitué aux assurés sous forme d'indemnités 549.240 M. ou 99,4 % du montant des primes encaissées. 26.936 M. ont été consacrés pour le service d'extinction des incendies et 5.387 M. en autres dépenses d'utilité publique. Les frais d'administration se sont élevés à 39.577. M. et ceux de revision à 36.653 M. Toutes les autres petites dépenses soldées, restait un excédent de recettes de 143.520 M. Le patrimoine de la Société comprenait déjà 5.592.408 M.

*La Caisse d'Anhralt* ne jouit pas seulement comme la précédente du monopole de l'assurance contre l'incendie, mais encore est une Caisse d'assurance obligatoire. De 1871-80, elle a couvert 1.833.114.000 M. de risques qui lui ont coûté en indemnités 1.617.042 M. ou 0,88 ‰ de capital assuré. De 1881-90, elle a assuré un total de 2.564.156.000 M. de valeurs et a payé en indemnités 3.115.479 M., soit 1,22 ‰ de capital assuré. Le montant des dommages causés par l'incendie dans cette période décennale est 38,6 % plus élevé comparé à celui de la période précédente. De 1889-97, pendant ces sept ans, la Société a assuré 2.346.418.000 M. et payé en indemnités 2.461.630 M., soit 1,05 ‰ de capital assuré, soit une diminution de 0,17 ‰ de capital assuré par rapport à la période 1881-90. Au 1er juillet 1898, la Caisse assurait un capital de 385.558.850 M., au lieu de 575.542.950 M. l'année précédente. Cette augmentation s'est surtout répartie sur la Ire et IIe classe. Au contraire, on constate une diminution pour les sommes assurées représentant des immeubles rangés dans la IIIe classe de près de 38.000 M. sur un total de 831.650. Cette modification dans la répartition des risques est due aux améliorations apportées dans les constructions. Les petites chaumières ou bâtiments couverts en chaume deviennent moins nombreux. Les nouvelles constructions s'édifient selon les règles de l'art moderne. On cherche à mettre autant que possible les bâtiments à l'abri de l'incendie. Pour assurer ce capital, la Société a perçu 445.468 M. de primes, soit en moyenne °/₀₀ de capital assuré 1,18. Mais elle a restitué aux assurés sous forme d'indemnités 228.101 M., soit 48 °/₀ du montant des primes encaissées. Au service d'extinction des incendies, elle a versé 3.036 M. et 150 M. pour encourager les propriétaires à rendre leurs immeubles moins dangereux au point de vue de l'incendie. Les frais d'administration se sont élevés à 20.510 M. y compris les 6.833 M. d'allocations remises aux percepteurs de primes. Toutes les dépenses payées, il restait un bénéfice de 212.568 M. Cette ressource porte le fonds de réserve à 562.700 M.

La *Caisse de Lippe* également obligatoire a assuré de 1871-80 un capital total de 808.622.000 M. et payé 179.184 M. d'indemnités, soit en moyenne 1,21 °/₀₀ de capital assuré. De 1881-90 c'est une somme de 1.038.700.000 M. que la Société assure, pour laquelle elle a versé 1.406.706 M. d'indemnités, soit 1,36 °/₀₀. Les dommages causés par l'incendie pendant cette période ont donc augmenté de 12,4 °/₀.

Pour terminer avec cet ordre d'idées, nous voudrions encore faire connaître les résultats obtenus par les Sociétés publiques faisant partie de l'Union des Sociétés du centre de l'Allemagne.

*L'Union des Sociétés publiques de l'Allemagne centrale* comprend les institutions suivantes :

La « *Land F. Soz. des Herzogth. Sachsen* » ou Société assurant contre les risques ruraux dans le duché de Saxe. «*Prov. Stædte F. Soz. d. Prov. Sachsen* » ou Société assurant contre les risques urbains dans la province de Saxe. La « *Hzgl. Gothaische Anstalt,* » la *Furstl. Waldeck-Pyrmonter*, soit donc quatre Sociétés publiques d'inégale étendue, mais toutes situées dans une même région.

*Caisse rurale du duché de Saxe.* Si nous parcourons attentivement les résultats des gestions d'une de ces caisses, celle se chargeant des risques ruraux dans le duché de Saxe en commençant à l'année 1863, nous ne tardons pas à en dégager une constatation très réconfortante.

C'est l'augmentation considérable des immeubles couverts en substances ne risquant pas de prendre feu d'une part, la transformation des anciennes couvertures en chaumes et substances inflammables en toitures permettant de résister à l'incendie d'autre part.

En 1864 la Caisse du duché de Saxe assurait pour 57.472.020 M. d'immeubles en pierre couverts de toitures résistantes. Le montant des valeurs immobilières représentant des maisons de cette 1^re^ classe est en 1891 de 221.192.140. Les immeubles de la 2^e^ classe, « Fachwerken », étaient évalués en 1864 à 114.224.580 ; en 1891 la Caisse assurait pour 256.708.410 M. d'immeubles de cette espèce. Par contre, tandis qu'en 1864 le montant des valeurs assurées par la Caisse en constructions sous toits légers était de 25.327.860 M., il n'est plus en 1891 que de 10.391.770 M. D'autre part, un grand essor industriel s'étant produit depuis 1864 dans cette région, au lieu de 23.006.100 M. que la Caisse assurait en risques de ce genre en 1864, c'est à 79.128.230 M. que s'évaluent les établissements industriels que la Société s'est engagée à assurer.

En échange si l'on envisage la période s'étendant de 1864-1891, on constate que la moyenne des primes perçues pendant ces 28 années est loin d'être exorbitante. Elle peut être fixée à 0.58, 1.09, 3.77 et 1.76, suivant les classes. Les indemnités qu'elles ont servi à payer peuvent être établies ainsi qu'il suit : 59.7, 60.2, 87.1, 85.5 % du montant des primes perçues.

De 1871 à 1880 elle a assuré un capital immobilier total de 3.423.092.000 M., et a versé en indemnités 4.053.741 M., soit 1,18 ‰ de capital assuré. Pendant la période décennale suivante, le montant des capitaux qu'elle assure augmente de plus de 1/2 milliard. Pendant cette période la Société a assuré 4.950.464.000 M. de valeurs immobilières et n'a payé en indemnités que 4.971.636 M. ou 1 ‰. Les dégâts causés par l'incendie ont donc diminué de 15,3 %. En 1890 la Société assurait, tant en meubles qu'immeubles 797.844.160.000 M. de valeurs, moyennant 530.915 M. de primes, soit en moyenne 1,42 ‰. Les dommages causés par l'incendie pouvaient être évalués à 1,10 ‰ de capital assuré. Mais la Caisse n'a supporté que 20 M. de dommages, tout le reste des indemnités à verser furent déboursées par l'Union des Sociétés du centre de l'Allemagne. 22.919 M. ont été versés au service d'extinction des incendies et 16.375 M. ont été consacrés à d'autres dépenses d'utilité publique. La totalité des frais d'administration n'a pas atteint 170.000 M. La gestion s'est soldée par un excédent de recettes de 362.937 M. Le patrimoine de la Caisse s'élevait alors à 3.467.913 M. De 1889 à 1897 la Société a assuré un total de 4.110.340.000 M. et payé en indemnités 4.895.098 M. ou 1,19 ‰ de capital assuré. Cette moyenne est sensiblement supérieure à celle de la période décennale 1881 à 1890. Les dommages causés par l'incendie ont augmenté de 24,5 %. A la fin de 1897, la Société assurait tant en meubles qu'en immeubles 991.041.760 M., pour lesquels elle a perçu 1.372.296 M. et versé en indemnités 755.643 M. Comment se répartissent ces sommes entre les meubles et les immeubles ainsi qu'entre les classes, voilà ce qu'il nous faut maintenant brièvement indiquer. Nous ne saurions mieux faire que de réunir tous ces résultats dans un petit tableau.

| A. Immeubles<br>Classes | Nombre des objets assurés | Sommes assurées<br>M. | Primes<br>0/00 | Primes<br>M. pf. | Indemnités<br>M. pf. |
|---|---|---|---|---|---|
| I. Eglises isolées | 1.784 | 5.284.340 | 0,47 | 2.492,48 | 204,68 |
| — non isolées | 5.891 | 16.701.320 | 0,54 | 9.024,98 | 562,30 |
| Immeubles ordinaires isolés | 10.894 | 40.026.010 | 0,83 | 32.996,25 | 9.599.37 |
| — non isolés | 87.872 | 205.524.310 | 1,— | 202.713,07 | 89.984,04 |
| I. Total | 106.441 | 267.535.980 | 0,93 | 247.226,78 | 100.350,38 |
| II. Eglises isolées | 308 | 580.050 | 0,54 | 310,20 | 947,90 |
| — non isolées | 2.035 | 3.600.480 | 0,76 | 2.759,02 | 224,— |
| Immeubles ordinaires isolés | 10,194 | 15.732.250 | 1,18 | 18.472,95 | 8.623,91 |
| — non isolés | 222.457 | 251.460.820 | 1,52 | 380.449,65 | 218.639,03 |
| II. Total | 234.994 | 271.373.600 | 1,48 | 401.991,82 | 228.434,84 |
| III. Eglises isolées | 4 | 2.250 | 1,— | 2,25 | — |
| — non isolées | 79 | 40.220 | 1.10 | 44,10 | — |
| Immeubles ayant un toit dur isolés | 441 | 589.340 | 3,50 | 1.982,85 | 4.990,— |
| — non isolés | 16.464 | 4.067.070 | 2,40 | 9.725,33 | 3.071,95 |
| — avec toit mou isolés | 186 | 147.790 | 3.24 | 481,88 | — |
| — — non isolés | 7.009 | 4.499.070 | 4,47 | 20.339,77 | 14.286,66 |
| III. Total | 24.183 | 9.345.740 | 3,48 | 32.576,18 | 22.348,61 |
| IV. Risques industriels | 44.429 | 91.930.400 | 1,87 | 170.978,47 | 135.605.31 |
| Total A. | 410.047 | 640.185.720 | 1,34 | 852.916,23 | 486.739,14 |
| B. Meubles | 61.047 | 350.856.040 | 1,51 | 519.379,76 | 268.903,97 |
| Totaux A. et B. | | 991.041.760 | | 1.372.295,99 | 755.643,11 |

Ainsi malgré les grandes améliorations apportées dans la construction des bâtiments, en 1897, la Société assurait encore près de 7.200 bâtiments recouverts en matières inflammables pour une valeur de près de 4 millions et demi. Le montant des indemnités à verser s'est élevé à 755.643 M., mais l'Union des Sociétés du centre de l'Allemagne a versé 754.996 M. En échange la Société avait versé 1.024.640 M. de primes à l'Union dont 636.864 M. pour ses polices immobilières et 387.776 M. pour ses polices mobilières. Au service d'extinction des incendies la Société a compté 26.119 M. Elle a consacré en autres dépenses d'utilité publique 6.031 M., notamment 4.111 M. en vue d'arriver à une amélioration dans les constructions. Les frais d'évaluation et d'administration locale se sont élevés à 86.765 M., et les frais généraux d'administration à 156.915 M. Toutes les dépenses soldées, la gestion se terminait avec un reliquat de 184.974 M. à ajouter au patrimoine de la Caisse alors de 4.956.243 M.

*La Caisse provinciale saxonne assurant les villes*, a couvert de 1871-80 un total de 3.309.259.000 M. de risques pour lesquels elle a payé 4.448.704 M. d'indemnités, soit en moyenne 1,34 °/₀₀ de capital assuré. De 1881-90, ce total s'accroît. Pendant cette période décennale, elle couvre 5.206.317.000 M. de valeurs immobilières et paye en indemnités 4.480.187 M. soit 0,86 °/₀₀. Dès lors on constate que, par rapport à la période précédente, le montant des dommages causés par l'incendie a diminué de 35,8 °/₀. En 1890, la Société assurait 619.317.630 M. de valeurs immobilières, soit une augmentation de 51.806.500 M. d'une année à l'autre pour les immeubles et de 19.737.480 pour les meubles. Le capital mobilier s'élevait alors à 111.545.390 M. En 1889 la Société avait réassuré 79.987.850 M. sur la totalité des risques composant son portefeuille. L'année suivante elle réassure 87.817.550 M., soit 12,2 °/₀₀ de son portefeuille. Pour assurer le capital qu'elle couvrait, la Société encaissa 440.615 M. soit en moyenne °/₀₀ de capital assuré 1,33. Elle n'a supporté par suite de sa réassurance que 3.843 M. Le reste fut versé par l'Union des Sociétés du centre de l'Allemagne ; au service d'extinction des incendies furent comptés 24.321 M. et 4.860 M. furent consacrés en autres dépenses d'utilité publique. Les frais d'administration tant ordinaires qu'extraordinaires n'ont pas atteint 176.000 M. La gestion s'est soldée par un excédent de recettes de 294.062 M. Le patrimoine de la Caisse était de 1.802.600 M. De 1889-97, la Société a couvert 4.793.872 M. de risques immobiliers et payé pour eux 3.339.199 M. ou 0,70 ‰ en moyenne pendant cette période.

Pour les années 1881-90, la Caisse en moyenne avait versé en indemnités 0,86 ‰. Le montant des dommages causés par l'incendie a donc sensiblement diminué. A la fin de 1898, la Société assurait tant en meubles qu'en immeubles un capital de 1.012.360.190 M. pour lequel elle a perçu 1.219.956 M. de primes et a payé en indemnités 474.427 M. Voici le détail de ces chiffres ;

| Classes d'immeubles | Sommes assurées M. | Primes M. pf. | Indemnités M. pf. |
|---|---|---|---|
| I | 418.222.430 | 282.968,26 | 45.766,30 |
| II | 252.133.840 | 353.538,73 | 165.155,54 |
| III | 76.873.120 | 148.883,55 | 85.078,65 |
| IV | 139.740 | 421,12 | — — |
| V | 519.310 | 2.220,80 | 58,21 |
| Risques industriels | 76.805.110 | 175.572,50 | 80.334,05 |
| Totaux pour immeubles | **824.693.550** | **963.604,96** | **376.392,95** |
| Meubles | **187.666.640** | **256.351,24** | **98.034,24** |
| En tout | **1.012.360.190** | **1.219.956,20** | **474.427,19** |

Mais la Société n'a pas versé 474.427 M. d'indemnités. Elle a reçu de l'Union des Sociétés d'assurance de l'Allemagne du centre 473.807 M. Mais la Société en échange avait dû verser à cette Union pour ses polices immobilières 614.096 M., pour ses polices mobilières

163.251 M., soit en tout 777.348 M. de primes. Au service d'extinction des incendies elle a compté 28.674 M.; 6.700 M. de récompenses ont été accordées pour découvertes d'incendiaires. Les frais d'administration tant ordinaires qu'extraordinaires n'ont pas atteint 220.000 M. La gestion se soldait par un excédent de recettes s'élevant à 263.873 M. A la fin de 1898, le patrimoine de la Société était de 3.427.065 M.

*La Caisse de Saxe Gotha Cobourg et Meiningen*, comme les deux Sociétés Saxonnes qui viennent de nous occuper, est facultative et l'assurance n'est pas obligatoire sur ce territoire. Cette Caisse a couvert de 1871-80 pour 986.295.000 M. de valeurs immobilières pour lesquelles elle a payé 984.009 M. d'indemnités, soit 1 °/₀₀ de capital assuré. Pendant la période décennale suivante, la Société a assuré 1.601.503.000 M., en augmentation de plus des 2/3 sur la période précédente. Mais en indemnités la Société a versé 1.777.071 M., soit °/₀₀ de capital assuré 1,11. Le montant des dommages causés par l'incendie a donc augmenté de 11 °/₀. De 1889-97, la Société a couvert 1.316.020.000 M. de valeurs immobilières et a payé 1.708.978 M. ou 1,30 °/₀₀, en augmentation de près de 20 °/₀ sur la période précédente. Au 1<sup>er</sup> janvier 1898, la Société avait accepté 33.214 polices immobilières, représentant une valeur de 207.048.090 M., pour lesquelles elle a payé 67.727 M. d'indemnités dont voici le détail : la Société assurait pour 21.916.000 M. d'immeubles massifs ayant un toit réfractaire au feu, elle a payé pour eux 618 M. d'indemnités. En bâtiments montés en charpentes recouvertes de mortier ou entrevous. « Fachwerk », pour 154.216.180 M. et l'année précédente pour 152.119.870 M.

Pour ces constructions ont été versés, en indemnités, 135.974 M. Les maisons couvertes en tuiles mais montées en lattes de bois recouvertes de chaume ou de paille figurent pour 1.118.440 M. en diminution sur l'année précédente de près de 60.000 M. Ces risques ont coûté à la Caisse, en indemnités 1.580 M. En immeubles ayant une autre structure, la Société a assuré pour 1.677.980 M. et a versé en indemnités 9.058 M. En immeubles où étaient exercées des moyennes industries, la Société a couvert 14.086.540 M. et versé en indemnités 51.668 M. Enfin la Société couvrait pour 14.032.950 M. de constructions affectées à l'exploitation d'une grande industrie, pour lesquelles elle a payé 80.566 M.

Au point de vue de l'assurance mobilière, la Société avait signé en 1896 un total de 15.023 polices dont le montant total s'élevait à 60.548.200 M. ; en 1897, 15.353 polices sont acceptées, représentant une valeur de 61.529.730 M. pour lesquels elle a payé 67.727 M. d'indemnités. En mobilier de maison la Société assurait en 1896 pour 31.786.859 M. et l'année suivante pour 32.564.929 M., pour lesquels elle a payé 29.158 M. d'indemnités. En capitaux morts et matériel agricole la Société en 1896 assurait 7.944.727 M., l'année suivante 8.015.093 M. et versait en indemnités 13.559 M. En 1896 la société assurait pour 10.677.075 M. de produits des récoltes et 10.587.932 M. en 1897, pour lesquels elle a payé 9.735 M. En 1896 elle couvrait pour 3.520.130 M. de bétail et 3.582.869 M. l'année suivante, et versa en indemnités 147 M. La Société assurait en meules pour 267.600 M., en 1896, et en 1897 pour 290.600 M., ces risques lui ont coûté 1.897 M. En matériel de moyenne industrie la Société assurait 2.568.579 en 1896 et 2.903.167 en 1897, et versait en indemnités 1.329 M. En 1896 la Société assurait pour 3.783.230 M. de matériel de grande industrie et 3.585.140 M. en 1897, et soldait en indemnités 11.900 M. Pour assurer tous ces capitaux, la Société a perçu en 1897 environ 445.226 M. et a versé à l'Union des Sociétés de l'Allemagne centrale 301.097 M. de primes. Les indemnités à solder s'élevèrent à 347.192 M. payés par l'Union des Sociétés d'assurance contre l'incendie de l'Allemagne centrale. Mais la Société a compté au service d'extinction des incendies 22.280 M. Les frais d'administration se sont élevés à 88.935 M. y compris les 15.571 M. d'allocations remises aux autorités chargées de l'encaisse des primes. La gestion se soldait par un excédent de recettes de 31.453 M. A la fin de 1897 le patrimoine de la Caisse s'élevait à 486.430 M.

La 4e Caisse formant l'Union des Sociétés d'assurance contre l'incendie de l'Allemagne centrale est une Caisse obligatoire.

La *Caisse de la principauté de Waldeck-Pyrmont* fondée depuis 1785 n'a fait partie de l'Union des Sociétés de l'Allemagne centrale que depuis le 1er janvier 1874. Au 1er janvier de cette année elle assurait 22.918 immeubles pour une valeur de 39.808.620 M. Le 1er janvier 1899 elle couvrait 27.035 immeubles pour une somme de 71.391.930 M. soit une augmentation de

31.583.310 M. dans le montant des sommes assurées et de 4.117 dans le nombre des immeubles couverts. La prime moyenne ‰ de capital assuré au début de notre période était de 2 M. 68 pf. Elle est tombée au 1er janvier 1899 à 1 M. 55 pf. Pendant ces 25 ans la Société a encaissé 2.563.818 M. et a payé en indemnités 1.763.016 M. 70 pf. auxquels il faut ajouter 8.013 M. versés pour couvrir des dégâts causés à des immeubles non assurés. Pour encourager les propriétaires à apporter des améliorations dans leurs constructions, la Société a distribué pendant cette période 76.315 M. 40 pf. Pour le perfectionnement du service de secours en cas d'incendie la Société a versé 64.946 M. Au fonds de réserve on a versé 403.728 M. L'Union des Sociétés de l'Allemagne centrale a reçu 625.897 M., mais en retour elle a payé 398.823 M. d'indemnités et restitué à la Société sur ses excédents de recettes 60.096 M. Pendant ces 25 ans on compte 582 incendies, 102 fois la foudre est tombée sur des immeubles sans allumer d'incendie ainsi que 126 incendies n'ayant pas causé de dégâts aux immeubles. Mais dans les autres cas, 962 propriétaires eurent à souffrir des dégâts causés par le feu. Il a réduit en cendres 712 immeubles et endommagé 762 bâtiments. L'incendie s'est déclaré à 14 églises, 159 établissements industriels et 535 maisons d'habitation. Quant aux causes des incendies, elles furent les suivantes : dans 5 cas l'explosion, dans 25 cas la foudre a allumé un incendie et d'autre part elle est tombée 102 fois sans engendrer d'incendie, dans 12 cas l'assuré a été convaincu d'avoir mis le feu à son immeuble et dans 7 cas un tiers fut reconnu coupable de ce crime, dans 13 cas d'une part et 17 cas d'autre part, on a eu des doutes ; 122 incendies sont dus à la négligence, etc. Ceci suffit à donner une idée des causes des incendies et à montrer combien est téméraire l'affirmation de certains auteurs déclarant qu'infailliblement l'assurance publique doit engendrer « l'incendie spéculation ». Ajoutons enfin en terminant que de 1874 à 1898 la Société a assuré 2300 bâtiments couverts en paille contre 2.000 immeubles couverts d'une toiture à l'épreuve du feu. Grâce aux encouragements donnés par la Société aux propriétaires, le nombre des toits en paille a diminué. Ils ont été remplacés par des toits en tuile. Aussi, en chiffres ronds, tandis qu'au début de notre période on comptait encore 7.000 couvertures en paille, à la fin ce total tombe à 850.

Si nous envisageons les autres Sociétés faisant partie de l'Union, voici les résultats auxquels nous aboutissons. En 1891 elle assurait 1.455.932.160 M. de valeurs immobilières, dont voici le détail : 567.420,550 M. par la « Land F. Soz. des Herzolt Sachsen », 649.276.590 M. par la « Prov. Stâdte F. Soz. d. Prov. Sachsen », 179.122.340 M. par la « Hzgl. Gothaische Anstalt » et enfin 60.112.680 M. par la « Fürstl. Waldeck-Pyrmonter Anstalt ».

Il est intéressant de signaler quelle est la répartition, d'après les risques, de cette belle somme de 1.455.932.160 M. En immeubles appartenant à la Ire classe et comprenant les maisons construites en pierre et couvertes de toitures ne craignant pas d'être incendiées, l'Union a assuré pour 537.026.680 M. de valeurs, et pour 717.881.730 M. de valeurs immobilières représentant des bâtiments de la IIe classe, couverts il est vrai de toitures ininflammables, mais dont la carcasse est montée en bois (ce que les allemands appellent d'un mot « Fachwerk »). Enfin les maisons de la IIIe classe embrassant les constructions couvertes de chaume d'une part et d'autres substances présentant autant de dangers d'incendie représentent le reste de cette somme en grande partie. L'Union, en immeubles appartenant à la 1re catégorie, Ire et IIe classe, a réassuré une valeur de 8.697.410 M. et de 14.199.399 M. en biens immobiliers de la 2e catégorie. Enfin les risques industriels rentrent dans la somme totale des valeurs assurées pour 178.126.950 M.

Ces chiffres laissent clairement voir que même en 1891, époque à laquelle cependant de nombreuses améliorations ont été apportées dans la construction du bâtiment, les Sociétés de l'Union n'avaient en portefeuille qu'un peu plus d'un tiers de bons risques. Plus d'un tiers, soit 717.881.730 M., représente des risques médiocres et le reste, soit 201.023.750 M., constitue le montant des mauvais risques dont les Sociétés de l'Union se sont chargées.

Sauf la Société Waldeck-Pyrmont, les autres Caisses publiques formant l'Union de l'Allemagne centrale, pratiquent également l'assurance mobilière. Le capital mobilier s'élevait en 1891 à 431.476.370 M.

La décomposition de ce chiffre est également intéressante à notre point de vue. Les valeurs mobilières contenues dans les immeubles de la 1re classe ne représentent que 317.435 M. et 835.683 pour les biens meubles logés dans des bâtiments appartenant à la IIe classe. Les Caisses de l'Union ont assumé la charge d'assurer pour 52.201 M. de meubles abrités sous des toits en chaume ou autres substances inflammables. En risques industriels ces Caisses assuraient 294.401 M.

Voici en terminant les résultats financiers obtenus par l' « Union d'assurance contre l'incendie, de l'Allemagne centrale » en 1897.

Par rapport à l'année précédente son portefeuille s'est augmenté de 66.528.610 M. et comprend *2.299.364.910* M. de valeurs pour lesquelles elle a encaissé 2.237.393 M. En primes de réassurance, elle a versé 411.965 M. Mais sur les 1.725.504 M. d'indemnités payées, 334.563 M. ont été fournis par la réassurance. Les frais d'administration se sont élevés à 22.600 M. La gestion se soldait par un excédent de recettes de 530.531 M.

A la fin de 1897, l'Union d'assurance contre l'incendie de l'Allemagne centrale comptait à son actif 4.282.162 M.

Nous connaissons les résultats financiers obtenus par chacune des principales Sociétés publiques allemandes. Quels sont maintenant les résultats généraux des Sociétés publiques allemandes envisagées dans leur ensemble ?

### B. — Résultats d'ensemble des Sociétés publiques allemandes.

#### *a) Capitaux assurés par les Sociétés publiques allemandes de 1866-1897.*

En 1866, il existait en Allemagne 67 Sociétés publiques d'assurance contre l'incendie. Aujourd'hui, ce nombre s'est réduit à 55 Sociétés publiques. Une fusion entre les Sociétés s'est produite ; trois seulement ont disparu. La Société de Francfort-sur-le-Mein, celle de Schambourg-Lippe et celle du territoire de Bremen, voilà leurs noms. Huit Sociétés seulement en 1866 exploitaient à côté de l'assurance immobilière l'assurance mobilière ; 18 aujourd'hui admettent l'assurance des meubles. En 1866, le capital immobilier assuré par les Sociétés publiques s'élevait en chiffres ronds à 32.300 millions de M. et le capital mobilier couvert par les 8 Sociétés pratiquant l'assurance mobilière atteignait 230 millions en chiffres ronds. Au 1er janvier 1898, les Sociétés publiques allemandes assuraient *40.650.595.028* M. de valeurs immobilières et *3.751.055.992* M. de valeurs mobilières, soit un total de *44.401.651.020* M. Sur ce chiffre 2.620.000.000 M. soit 5,9 % du portefeuille global de toutes les Sociétés publiques, étaient réassurés. Une somme de 1.088.656.490 M., soit 2,5 % du capital assuré par l'ensemble des Sociétés publiques était réassurée entre elles et en grande partie par la section de réassurance du syndicat des Sociétés publiques allemandes. Voici comment se répartissent ces sommes entre les Sociétés prussiennes d'une part, les Sociétés allemandes situées en dehors de la Prusse d'autre part.

Au 1er janvier 1898, les Sociétés prussiennes assuraient pour 19.977.536.827 M. de valeurs immobilières et 3.512.554.140 M. de valeurs mobilières, soit un total de *23.490.090.967* M. Une somme de 1.914.029.958 M. était réassurée (1).

Les Sociétés allemandes situées en dehors de la Prusse couvraient à la fin de 1897 pour 20.673.058.201 M. d'immeubles et pour 238.501.852 M. de meubles, soit en tout *20.911.560.053* M. Sur ce total une somme de 410,166.422 M. était réassurée (2).

Voici les noms des caisses publiques qui assuraient à la fin de 1897 plus d'un milliard de capitaux :

Parmi les sociétés prussiennes, il faut citer en première ligne : la Caisse de la ville de Berlin avec un capital de 3.723.883.500 M.; la Caisse provinciale facultative rhénane, 2.755.044.748 M. ; la Caisse provinciale facultative de Westphalie 1.737.335.915 M. ; la Caisse facultative de Silésie (campagnes) 1.626.960.675 M. ; la Société facultative du Hanovre 1.521.764.067 M. ; la Caisse facultative provinciale du Schleswig-Holstein 1.381.783.260 M. ; la Caisse facultative du duché de Magdebourg (campagnes) 1.269.133.434 M. et la Caisse

(1) Non compris les sommes réassurées par la Société du duché de Saxe (campagnes), la Société provinciale de Saxe (villes) et la Société de Schleswig-Holstein.

(2) Dans ce total nous ne comprenons pas les sommes réassurées par les Sociétés de Saxe, Gotha, Cobourg et Meiningen et de Waldeck et Pyrmont.

de Hessen-Cassel jouissant du monopole de l'assurance 1.019.996.250 M.

Parmi les sociétés allemandes situées en dehors de Prusse six sont dans ce cas :

C'est en première ligne la Caisse d'Etat de Bavière avec 5.100.848.270 M. ; la Caisse du royaume de Saxe avec 4.723.816.930 M. de risques immobiliers et et 108.736.720 M. de risques industriels ; la Caisse du royaume de Wurtemberg avec 2.543.749.395 M. ; la Caisse de Hambourg avec 1.829.847.075 M. ; la Caisse du grand-duché de Baden avec 1.705.178.264 M. ; enfin la Caisse du grand-duché de Hessen avec 1.360.920.645 M.

A la fin de 1899 les Sociétés prussiennes assuraient 25.214.613.440 M. et les Sociétés situées en dehors de la Prusse 21.854.591.507 M. En tout les Sociétés allemandes couvraient un total de 47.069.204.947 M. Mais comme les gestions sont loin de correspondre avec l'année civile, il faut ajouter de ce chef 700 millions en chiffres ronds pour avoir le montant approximatif des sommes assurées par les Sociétés publiques à la fin de 1899.

On arrive donc à un total de *47.769.100.000 M.* Voici les noms des caisses publiques assurant plus de 1 milliard de capitaux.

Parmi les Sociétés prussiennes, il faut citer en première ligne la Caisse de la ville de Berlin avec un capital de 3.926.958.600 M., la Caisse rhénane provinciale facultative, 2.992.831.145 M., la Caisse provinciale facultative de Westphalie, 1.906.960.110 M., la Caisse facultative de Silésie (campagne), 1.811.217.320 M., la

Société facultative du Hanovre, 1.735.102.793 M., la Caisse facultative provinciale du Schleswig-Holstein, 1.426.459.670 M., la Caisse facultative du duché de Magdebourg (campagne) 1.424.340.799 M., la Caisse de Hessen Cassel jouissant du monopole de l'assurance, 1.100.128.100 M. Caisse facultative du duché de Saxe (villes) 1.058.049.650 M. et celle pour les campagnes 1.049.140.020 M., la Caisse facultative provinciale de Posen, 1.038.594.175 M., la Caisse de Nassau, 1.025.539.260 M.

Parmi les Sociétés allemandes situées en dehors de la Prusse six sont dans ce cas :

C'est en première ligne la Caisse d'Etat du royaume de Saxe : 5.240.646.980 M. auxquels il faut ajouter ajouter 118.104.960 M. assurés par la section industrielle ; puis celle de Bavière avec 5.314.506.090 M. ; la Caisse du royaume de Wurtemberg 2.629.974.029 M. ; celle de Hambourg 1.938.499.828 M. ; celle du grand duché de Baden 1.815.092.616 M, ; enfin celle du grand duché de Hessen 1.431.782.460 M.

Comme le démontre le tableau ci-dessous, les sommes assurées par les Sociétés publiques ont sans cesse augmenté :

*En millions de Marks*

| | | | | | | | |
|---|---|---|---|---|---|---|---|
| 1867 | 15.517 | 1875 | 21.646 | 1883 | 28.615 | 1891 | 36.950 |
| 1868 | 16.008 | 1876 | 22.819 | 1784 | 29.657 | 1892 | 37.996 |
| 1869 | 16.506 | 1877 | 24.092 | 1885 | 30.441 | 1893 | 39.371 |
| 1870 | 16.941 | 1878 | 24.949 | 1886 | 31.191 | 1894 | 40.624 |
| 1871 | 17.310 | 1879 | 25.790 | 1887 | 32.146 | 1895 | 41.773 |
| 1872 | 18.043 | 1880 | 26.640 | 1888 | 33.264 | 1896 | 42.933,7 |
| 1873 | 18.983 | 1881 | 27.309 | 1889 | 34.363 | 1897 | 44.218,3 |
| 1874 | 20.176 | 1882 | 27.973 | 1890 | 35.706 | 1898 | 45.939,7 |
| | | | | | | 1899 | 47.769,1 |

Mais comme parmi les sociétés publiques allemandes les unes jouissent d'un monopole ou sont obligatoires et les autres facultatives, il est du plus haut intérêt de connaître comment se répartit cette progression continue que nous venons de constater. Voici à cet effet un petit tableau qui rendra parfaitement compte de cette augmentation.

| | En monopole. | Établissements en concurfence. | TOTAL |
|---|---|---|---|
| | — | — | — |
| 1856.... | 5.963.042.940 | 3.888.680.510 | 9.851.723.450 |
| 1866.... | 8.900.600.887 | 5.963.872.228 | 14.864.473.115 |
| 1876.... | 14.288.774.322 | 8.509.441.429 | 22.819.215.751 |
| 1886.... | 18.754.055.000 | 12.437.515.000 | 31.191.570.000 |
| 1893.... | 23.584.046.000 | 15.787.107.000 | 39.371.153.000 |
| 1894.... | 24.239.203.000 | 16.385.022.000 | 40.624.225.000 |
| 1895.... | 24.875.491.000 | 16.897.839.000 | 41.773.330.000 |
| 1896.... | 25.604.276.000 | 17.329.443.000 | 42.933.719.000 |
| 1897.... | 26.369.000.000 | 17.849.000.000 | 44.218.000.000 |
| 1898.... | 27.384.000.000 | 18.556.000.000 | 45.940.000.000 |
| 1899.... | 27.911.000.000 | 19.158.000.000 | 47.069.000.000 |

Nous ne voudrions pas atténuer l'éloquence de ces chiffres par de trop longs commentaires. Pourtant nous prions le lecteur de porter son attention sur la troisième colonne de ce tableau. Pour les sociétés jouissant d'un monopole et surtout pour les Caisses obligatoires, on comprend que le montant des sommes doive s'accroître avec le développement de la propriété bâtie.

Lorsque ces caisses sont facultatives, un pareil raisonnement n'est plus de mise. Mais exposant ici les résultats obtenus, nous n'avons pas à les apprécier ; actuellement, demandons-nous comment se répartissent les sommes assurées dans les campagnes et les villes. De 1889-97, pendant ces 7 ans, les sociétés publiques allemandes ont assuré en risques immobiliers 252.278.407.000 M. dont voici le détail en 1000 M. 38.538,766 M. ont été couverts par les sociétés ne s'étendant qu'à une ville. Les sociétés n'assurant que dans les villes d'une circonscription administrative ont accepté 38.532.636.000 M. de risques. Les sociétés assurant dans les campagnes d'un district ont couvert 48.965.395.000 M. de valeurs immobilières. Enfin les sociétés assurant indifférement des immeubles situés dans les villes et les campagnes, ont assuré pendant ces 7 ans 126.241.610.000 M. (1).

b) *Montant des primes perçues.* Presque toutes les sociétés publiques depuis 1875 avaient établi une classification de risques. La prime uniforme basée uniquement sur le ‰ des sommes assurées avait presque entièrement disparu. Depuis déjà longtemps, les sociétés publiques perçoivent des primes inégales en rapport avec la qualité du risque. Plus un objet offre de chance d'incendie, plus la prime sera élevée.

Cependant pour alléger la charge des petits gens, les sociétés ont toujours renoncé à appliquer aux tout à fait mauvais risques une prime adéquate, préférant répartir une partie de ce fardeau sur les risques meilleurs. Pourtant selon que les immeubles ou objets à assurer sont situés dans les grandes villes, les villes moyennes ou les campagnes, les primes varieront, car

(1) Voir le détail de ces totaux par année, page 810.

les dangers d'incendie sont plus ou moins grands. Mais pour le moment, ayant à donner une vue d'ensemble sur les résultats obtenus par les sociétés publiques allemandes, nous devons faire abstraction de ces différences et nous en tenir aux moyennes générales.

Les sociétés publiques encaissent les primes d'assurance et versent des primes de réassurance.

α) Occupons-nous d'abord des *primes d'assurance* perçues par les sociétés publiques allemandes.

En 1897 pour un total assuré de 43.827.628.653 M., les sociétés ont encaissé 61.214.792 M. Les sociétés prussiennes, pour couvrir un capital de 23.389.753.633 M. ont reçu 35.248.559 M. ; les autres sociétés allemandes pour une valeur de risques en portefeuille s'élevant à 20.437.875.020 M. ont réclamé en prime 25.966.233 M. La moyenne de prime encaissée par l'ensemble des sociétés publiques allemandes ‰ de capital assuré peut être fixée à **1,40**.

Cette moyenne n'est pas la même pour les Sociétés prussiennes et les autres Sociétés allemandes. Elle est de 1.51 ‰ pour les Sociétés prussiennes, de 1.22 ‰ seulement pour les Sociétés publiques situées en dehors de la Prusse. En 1890, la moyenne ‰ de capital assuré peut être fixée à 1,32 pour l'ensemble des Sociétés publiques allemandes. Mais la moyenne est pour les Sociétés prussiennes de 1,53 et seulement de 1,08 ‰ pour les Sociétés allemandes.

La moyenne générale des primes perçues par l'ensemble des Sociétés publiques allemandes pour la période allant de 1890-97 est de 1,38 ‰. Voyons maintenant quelle fut la moyenne des primes encaissées °/₀₀ de capital assuré par les Sociétés publiques allemandes. De 1865 à 1891. En 1866 elle est de 1,90, elle est successivement pour les années suivantes de 1.94, 2.13, 1.96, 1.93, 1.73, 1.74, 1.75, 1.82, 1.75, 1.73, 1.61, 1.61, 1.67, 1.67, 1.61, 1.62, 1.62, 1.50, 1.47, 1.55, 1.43, 1.37, 1.42 et enfin en 1890 de 1,33. De 1865-91, la moyenne de cette période peut être fixée à 1,63 et la moyenne arithmétique de la prime annuelle moyenne à 1,67 °/₀₀. Il résulte clairement de ces chiffres que sans cesse le montant de la prime a été en diminuant. De 1866-73, la prime moyenne °/₀₀ de capital assuré est de 1,86, pour 1874-81 de 1,65, pour 1882-89 de 1,48 et enfin pour 1890-97 de 1.38. Si l'on envisage une plus longue période, on trouve pour celle allant de 1866 à 1881 une moyenne de 1,74 °/₀₀ et de 1882-97 une moyenne de 1,42 °/₀₀. Grâce à cette diminution continue, la moyenne de prime °/₀₀ de capital assuré n'est de 1866 à 1897 que de 1,54.

β) Les Sociétés publiques versent des *primes de réassurance*, avons-nous dit. A la fin de 1897, les Sociétés publiques allemandes avaient versé en primes de réassurance 5.547.621 M. dont 840.044 M. payés par les Sociétés allemandes situées en dehors de la Prusse et 4.707.577 M. par les Sociétés prussiennes. Mais les premières n'ont réassuré que 410.166.422 M., tandis que les dernières ont allégé leur portefeuille de 1.914.029.958 M. En tout, les Sociétés allemandes avaient réassuré 5,9 °/₀ du portefeuille total. Les réassureurs ont soldé 691.382 M. sur le montant des indemnités tombant à la charge des premières. Les Sociétés prussiennes ont reçu 3.793.381 M. Si on additionne ces chiffres, on trouve qu'en 1897 les Sociétés allemandes, pour 5.547.621 M. de primes de réassurance versées, ont encaissé en échange 4.484.763 M. A la fin de 1890, les Sociétés allemandes avaient réassuré 9,55 % du montant total de leurs portefeuilles, soit 3.428.937.441 M. moyennant le versement de 4.493.670 M. de primes de réassurance. Les Sociétés prussiennes ayant réassuré 13,96 % du montant total de leurs portefeuilles, soit 2.651.385.456 M. ont payé 3.530.321 M. Les autres Sociétés allemandes n'ayant recouru à la réassurance que pour 4,60 % du montant total des capitaux qu'elles couvraient, soit 777.551.985 M., n'ont eu à solder en primes de réassurance que 963.349 M. Mais les premières ont reçu des réassureurs 3.159.389 M. et les dernières 621.675 M. seulement.

En totalisant les versements effectués de part et d'autre, on trouve que les Sociétés publiques allemandes ont versé en 1890 un total de 4.493.670 M. de primes de réassurance et ont encaissé en échange 3.781.064 M. De 1866-97, les Sociétés allemandes ont déboursé 91.037.000 M. de primes de réassurance et ont encaissé de ce chef 88.737.000 M.

Voici le détail de ces chiffres en envisageant des périodes moins étendues ne comprenant que 7 années. De 1866-73, les primes versées s'élèvent à 3.424.665 M., les sommes reçues à 3.204.846 M. De 1874-81 les primes versées représentaient 11.446.118 M., tandis que 12.068.361 M. ont été versés par les réassureurs. Ils soldèrent donc une somme d'indemnités plus élevée que celle qu'ils avaient reçue en primes. Pendant la période septennale suivante 1882-89, les Sociétés recourent plus largement encore à la réassurance. Tandis que le montant des portefeuilles n'augmente guère que de 1/4, le total des primes de réassurance a plus que doublé. Pendant cette période les Sociétés publiques allemandes ont versé 28.888.258 M. de primes de réassurance et en exécution de ce contrat ont reçu 27.932.250 M. Enfin de 1890-97, les primes de réassurance se sont élevées à 47.277.698 M. et les sommes versées par les réassureurs à 45.531.766 M.

L'augmentation de la réassurance devient plus sensible encore si nous partageons seulement la période trentenaire envisagée en deux parties. Pendant les 15 premières années de ce laps de temps, les Sociétés publiques ont payé 14.871.000 M. de primes de réassurance et ont reçu par suite de leur contrat 15.273.000 M. Pendant les 15 années suivantes, les Sociétés publiques ont versé 76.166.000 M. de primes de réassurance. Les réassureurs ont versé 73.464.000 M. Ainsi le montant des sommes réassurées a plus que quintuplé pendant que le volume du portefeuille des Sociétés publiques allemandes ne doublait pas même par rapport à la période précédente. Mais ces chiffres vont nous permettre de faire une autre constatation. Nous remarquons que de 1866-81, les Sociétés ont touché des réassureurs 402.000 M. de plus que les sommes versées en primes de réassurance.

Sans doute pour la période précédente, elles ont

versé 2.702.000 M. de primes de plus que les sommes reçues par la réassurance. Mais pendant ces 30 ans, sur un total de 91.037.000 M. si l'on déduit les sommes reçues, la réassurance ne leur a coûté que 2.300.000 M. Cette différence eût été moins grande encore si certaines Sociétés publiques au lieu de s'adresser à des Sociétés privées, qui ne manquaient pas de les exploiter, comme nous avons eu l'occasion de le faire remarquer (1), s'étaient réassurées à la section de réassurance du Syndicat des Sociétés publiques allemandes ou bien à des Sociétés publiques voisines comme le font les 4 Sociétés formant l'Union d'assurance contre l'incendie de l'Allemagne centrale.

*c) Indemnités payées par les Sociétés publiques allemandes; montant des dommages causés par l'incendie.*

En 1897, les Sociétés publiques allemandes versèrent **49.956.558** M. d'indemnités. Les Sociétés prussiennes soldèrent 28.267.392 M. aux assurés. Les Sociétés allemandes situées en dehors de la Prusse comptèrent 21.689.166 M. aux sinistrés pour couvrir les dommages causés par l'incendie. Si l'on rapproche ces sommes du montant des capitaux assurés, on constate que les dégâts causés par l'incendie en Prusse sont plus élevés que dans le reste de l'Allemagne ; ‰ de capital assuré les Sociétés prussiennes ont payé 1,21, tandis que les autres Sociétés allemandes n'ont versé que 1,06. La moyenne des dégâts causés par l'incendie aux risques

(1) Page 754.

assurés par les établissements publics peut être fixée à 1,14 ‰ de valeur assurée. Les Sociétés prussiennes ont consacré à cette dépense 80,2 % du montant des primes qu'elles ont encaissées, les autres Sociétés allemandes 83,5 % de cet encaisse. En moyenne les Sociétés allemandes ont restitué aux assurés, sous forme d'indemnités, **81,6** % du montant des primes qu'ils avaient versées.

L'année précédente, les Sociétés prussiennes payaient en indemnités aux assurés 1,23 ‰ de capital assuré. Elles leur remboursaient 80 % du montant des primes perçues. Les Sociétés allemandes soldaient en indemnités 86,6 % du produit des primes encaissées et versaient en moyenne 0,95 ‰ de capital assuré. L'ensemble des Sociétés publiques allemandes avaient ainsi dépensé **82,5** % des sommes reçues des assurés à couvrir les dommages causés par l'incendie.

α) *Répartition des indemnités payées entre les diverses localités.*

Que le montant des dégâts causés par l'incendie varie suivant les localités où sont situés les risques couverts, c'est là une vérité qui est trop évidente pour qu'il soit nécessaire d'y insister. Personne ne conteste que les risques ruraux sont plus dangereux au point de vue de l'incendie que les risques urbains. Tout le monde admet également que les incendies sont moins à craindre et font en moyenne moins de dégâts dans les grandes villes que dans les villes moyennes et *à fortiori* dans les petites villes. Il est donc intéressant de savoir comment se répartissent les sommes assurées entre les grandes villes, les villes moyennes et les campagnes. Cette indication est surtout nécessaire pour se rendre compte dans quelle mesure les capitaux assurés dans tel ou tel groupe de localités ont été éprouvés par l'incendie. Voilà pourquoi nous avons tardé à indiquer en détail la répartition du montant des risques assurés d'après les lieux où ils sont situés (1). Voici cette répartition pendant les 7 dernières années qui nous sont connues de 1889-97, d'abord des sommes assurées, puis des indemnités payées pour les risques immobiliers.

| ANNÉES | une seule ville | SOMMES ASSURÉES PAR LES SOCIÉTÉS PUBLIQUES étendant leur sphère d'action aux villes de toute une circonscription | aux campagnes d'une circonscript. | aux villes et campagnes d'une circonscription | TOTAUX |
|---|---|---|---|---|---|
| | en mille Marks | | | | |
| 1890 | 4.875.038 | 4.835.078 | 6.531.107 | 16.468.502 | 32.709.725 |
| 1891 | 5.122.758 | 5.107.373 | 6.658.384 | 17.053.659 | 33.942.174 |
| 1892 | 5.353.396 | 5.352.701 | 6.800.763 | 17.540.735 | 35.047.595 |
| 1893 | 5.566.848 | 5.539.632 | 6.971.650 | 18.011.574 | 36.089.704 |
| 1894 | 5.732.916 | 5.714.004 | 7.176.013 | 18.508.552 | 37.131.485 |
| 1895 | 5.871.879 | 5.898.270 | 7.353.495 | 19.062.726 | 38.186.370 |
| 1896 | 6.015.931 | 6.085.578 | 7.473.983 | 19.595.862 | 39.171.354 |
| **1890-96** | **38.538.766** | **38.532.636** | **48.965.395** | **126.241.610** | **252.278.407** |
| | | **Montant des indemnités en Marks.** | | | |
| 1890 | 1.288.874 | 2.928.175 | 9.910.969 | 18.836.589 | 32.964.607 |
| 1891 | 1.441.489 | 3.822.138 | 11.883.546 | 20.237.915 | 37.385.088 |
| 1892 | 2.704.335 | 4.676.880 | 14.376.187 | 24.767.202 | 46.524.604 |
| 1893 | 2.036.169 | 4.813.037 | 14.332.733 | 27.680.297 | 48.862.236 |
| 1894 | 2.003.231 | 3.604.658 | 12.694.845 | 23.035.033 | 41.337.762 |
| 1895 | 2.195.630 | 4.719.897 | 17.476.017 | 29.851.863 | 54.243.407 |
| 1896 | 1.574.725 | 3.628.290 | 11.896.243 | 25.691.058 | 42.790.316 |
| **1890-96** | **13.244.453** | **28.193.070** | **92.570.540** | **170.099.957** | **304.108.020** |

(1) Mittheilungen, 1898.

Cette statistique soigneusement dressée montre si clairement les résultats obtenus qu'il serait superflu d'y insister. On se rendra compte que pendant ces sept ans, près de 1/5 du portefeuille des Sociétés publiques comprend des risques ruraux dont ne veulent pas les Sociétés privées en invoquant le grand principe de la sélection des risques. La moitié du total des risques couverts sont situés tant dans les villes que les campagnes. Les Sociétés privées ne manqueraient pas encore d'appliquer leur précieux principe pour une grande partie de ces risques. Les valeurs assurées dans les villes ne représentent que le tiers du portefeuille total des Sociétés publiques. Malgré sa modicité, cette quotité peut encore étonner. Ce sont pourtant, en partie tout au moins, de bons risques : comment se fait-il que les Sociétés privées ne les aient pas accaparés ! La réponse est facile. Il suffit de se rappeler que la plupart des risques couverts dans les grandes villes sont assurés par des Caisses communales obligatoires. D'autre part, comme là les Caisses communales facultatives ont un portefeuille mieux composé, au point de vue de la qualité des risques, bénéficiant d'une sélection presque naturelle, ces Sociétés publiques peuvent assurer à des conditions bien plus avantageuses encore que les Sociétés privées. Le montant des indemnités payées est significatif et démontre surabondamment la véracité des affirmations que nous venons de poser. Il suffit de comparer les totaux des indemnités payées dans chacune de nos catégories et les sommes assurées dans ces diverses localités pour se rendre compte de la différence de qualité des risques couverts.

Pour mettre cette idée plus en relief, nous allons essayer de déterminer le montant des indemnités payées ‰ de capital assuré.

β) *Le montant des dommages causés par l'incendie* ‰ de sommes assurées peut être fixé pour notre période septennale ainsi qu'il suit: Dans les grandes villes où il existe une Société publique restreignant son champ d'application à une cité, cette moyenne fut de 0,34 (1). Les risques purement urbains d'une circonscription, c'est-à-dire situés dans les villes moyennes comme dans les petites villes, ont coûté en moyenne, en indemnités, 0,73 ‰ (2). Au contraire, les Sociétés n'assurant que dans les campagnes, ont versé en indemnités *1,89* ‰ (3) de valeur assurée.

Les Sociétés couvrant des risques tant dans les villes que dans les campagnes n'ont eu, en moyenne, à verser aux sinistrés, pour les dédommager des dégâts causés par l'incendie, que 1,35 ‰ (4) de sommes assurées. La moyenne de la période va se ressentir fortement de l'élévation des dommages survenus aux immeubles ruraux.

(1) Voici les moyennes annuelles : 0.26 en 1890, puis successivement 0.28, 0.51, 0.37. 0.35, 0.37, 0.26.

(2) Les moyennes annuelles sont les suivantes en 1890 : 0,61, puis successivement 0.61, 0.75, 0.87, 0.63, 0.80, 0.60.

(3) Moyennes annuelles 1,52 en 1890, puis successivement 1.78, 2.11, 2.06, 1.77, 2.04, 1.59.

(4) Voici les moyennes annuelles en 1890 : 1,14 puis pour les années suivantes 1.19, 1.41, 1.54, 1.24, 1.57, 1.30.

Aussi, malgré le faible °/oo relevé pour les risques urbains, la moyenne générale des dégâts causés par l'incendie pendant ces 7 ans n'est pas inférieure à 1,21 °/oo de valeurs assurées (1).

Cette diversité dans le montant des dommages causés par l'incendie n'est pas une particularité de la période que nous venons d'étudier.

Si nous envisageons la période décennale comprise entre 1870-80, nous sommes conduits à faire des constatations identiques. Les Sociétés publiques ne s'étendant qu'à une ville n'ont eu à payer en indemnités que 0,47 °/oo. Bien entendu il ne s'agit là que d'une moyenne décennale, ainsi que pour les °/oo qui vont suivre. Les Sociétés assurant dans les villes d'une circonscription comprenant les grandes, moyennes, ou petites villes, ont versé 1,20 °/oo du capital assuré en indemnités.

Les Sociétés n'exploitant l'assurance immobilière que dans les campagnes d'une circonscription ont dû débourser en moyenne 2,33 °/oo de sommes assurées pour couvrir les dégâts causés par l'incendie. Les Sociétés qui assuraient également dans les villes et les campagnes, pouvant profiter d'une compensation entre les risques, n'ont dépensé en indemnités que 1,48 °/oo de capital assuré. Par suite de dommages élevés la moyenne générale décennale s'élève à 1,43 °/oo de valeurs assurées.

L'étude de la période s'étendant de 1880-1890 nous fait aboutir aux mêmes résultats.

(1) Voici les moyennes annuelles : en 1890 : 1.01, en 1891 : 1.10, puis successivement 1.33, 1.35, 1.11, 1,42 et 1.09.

Cette moyenne est pour le 1er groupe de Sociétés publiques, de 0,32 ‰ ; pour le 2e groupe 0,88 ‰ pour le 3e groupe 2,11 ‰ ; pour le 4e groupe 1,27 ‰. La moyenne générale décennale est de 1,21 ‰ de valeurs assurées.

Nous pouvons donc conclure que les dégâts causés par l'incendie varient considérablement suivant les lieux. Quelle que soit la période envisagée, toujours nous avons constaté cette différence.

Mais chemin faisant nous avons été à même de nous rendre compte de la diminution très marquée dans le montant des dégâts causés par l'incendie. C'est ce que nous allons maintenant essayer de démontrer, d'abord par quelques exemples, puis par des moyennes.

Pour la Société de Prusse orientale (Landschaft), la moyenne pour la période 1866-1882 fut de 3,17 et de 6,38 ‰ du capital assuré pour la Société Prusse orientale (campagnes).

Pour la Société de Prusse occidentale (Landschaft), 3,54 et 2,53 pour la Société de la Vieille Poméranie. Société de Marche électorale Basse-Lusace: 3,22; pour la Société de Nouvelle Marche : 2,23; Société de Silésie : 1,95; Société de Magdebourg : 1,29 ; Société du duché d'Halberstadt : 1,54; Société du duché de Saxe : 1,12 ; Société de Schleswig Holstein : 3,24. ; Société de la Frise orientale : 1,15 ; Société de Mecklembourg : 3,92.

Passons maintenant aux Sociétés assurant simultanément les risques ruraux et les risques urbains, en envisageant toujours la même période 1866-1882, et en exprimant la moyenne en ‰ du capital assuré.

Société de Prusse occidentale 7,79. Société de la Province de Posen 3,56. Société de la Nouvelle Poméranie 2,29. Société de la Haute Lusace 2,77. Société Schleswig-Holstein 2,05. Société de la Province du Hanovre 1,91. Société de la Westphalie 1,61. Société de Hessen Cassel 1,31. Société de Nassau 1,25. Société de la Province rhénane 1,30. Société du Hohenzollern 1,79. Société du royaume de Saxe 1,64. Société du royaume de Bavière 1,55. Société du Palatinat 1,21. Société du Wurtemberg 0,87. Société de Baden 1,11. Société du grand duché de Hessen 1,01. Société du grand duché d'Oldenbourg 1,55. Sociétés de la Saxe Weimar 1,63 ; d'Altenbourg 1,36 ; de Gotha 1,33. Société du duché de Brunswick 0,99. Sociétés d'Anhalt 1.10; de Lippe Detmold 1,13; de Waldeck et Pyrmont 1,78.

Voici maintenant un tableau complet indiquant la moyenne annuelle des indemnités payées par les principales Sociétés communales.

| | 1871 | 1872 | 1873 | 1874 | 1875 | 1876 | 1877 | 1878 | 1879 | 1880 | 1881 | 1882 | de 1866 à 1882 |
|---|---|---|---|---|---|---|---|---|---|---|---|---|---|
| 1 Elbing. | 1,86 | 12,70 | 0,00 | 2,55 | 0,15 | 5,63 | 0,05 | 0,05 | 0,46 | 0,09 | — | 0,26 | 1,88 |
| 2 Thorn. | 0,27 | 1,21 | 2,14 | 1,63 | 0,49 | 1,32 | 1,75 | 0,06 | 0,06 | 0,09 | 0,64 | 0,29 | 0,62 |
| 3 Stettin. | 2,80 | 0,17 | 0,02 | 0,33 | 0,85 | 0,22 | 0,32 | 0,06 | 0,06 | 0,03 | 0,02 | 0,29 | 0,50 |
| 4 Stralsund. | 0,07 | 0,53 | 0,58 | 0,05 | 0,15 | 0,16 | 0,07 | 0,60 | 0,04 | 0,07 | 0,09 | 0,34 | 0,29 |
| 5 Berlin. | 0,23 | 0,24 | 0,49 | 0,46 | 0,37 | 0,83 | 0,22 | 0,45 | 0,23 | 0,31 | 0,24 | 0,19 | 0,33 |
| 6 Breslau. | 3,13 (1) | 0,25 | 0,61 | 0,32 | 0,16 | 0,08 | 0,04 | 0,12 | 0,22 | 0,11 | 0,06 | 0,16 | 0,35 |
| 7 Lubeck. | 0,01 | 0,07 | 1,63 | 0,05 | 0,07 | 0,08 | 0,61 | 0,19 | 0,05 | 0,04 | 0,03 | 0,47 | 0,36 |
| 8 Hambourg. | 0,83 | 0,65 | 0,55 | 0,38 | 0,41 | 0,56 | 1,33 | 0,39 | 0,88 | 0,76 | 0,50 | 0,45 | 0,61 |

Quelques exemples pour faire connaître les moyennes des Sociétés n'assurant que les risques urbains. Sociétés

(1) Année précédente : 0,09.

assurant les villes, dans les cercles de la Prusse orientale, la moyenne ‰ fut de 4,53 ; mais depuis 1870, nous ne trouvons cette moyenne atteinte qu'en 1871 (4,92 ‰), en 1872 où elle est ‰ de 5,48 et en 1876 où elle est de 5,33. Par contre en 1874 le ‰ n'est que de 1,12 ainsi qu'en 1877 de 1,68.

Pour les villes de la vieille Poméranie la moyenne de 1866 à 1882 fut de 2,34 : pour les villes de la Province de Brandebourg, 1,47 ; de 1,05 pour les villes de la Province de Silésie, et de 1,40 pour celles de la Saxe, enfin de 0,94 pour celles de Frise orientale.

Ces exemples étaient nécessaires pour montrer combien, même pour les Sociétés exploitant la même nature de risques, suivant la région, elles auront à payer un montant d'indemnités plus ou moins élevé. Mais, somme toute, notre esprit aime la généralisation. C'est ce qui explique l'attrait du public pour les moyennes qui cependant ont toujours quelque chose d'un peu inexact. Cependant comme ici, sauf de très rares exceptions, dans l'intérieur d'un même groupe de Sociétés, les variations ne sont pas très fortes, on peut arriver à établir des moyennes répondant assez à la réalité des choses. Ce faisant nous dirons que la moyenne des indemnités payées par les Sociétés publiques de 1870-80 peut être fixée à *1,43* ‰ de capital assuré. Mais empressons-nous de corriger aussitôt cette moyenne trop générale en donnant celle correspondante aux différents groupes de Sociétés publiques. Pour 1870-80 la moyenne ‰ de capital assuré est de 0,47 pour les Sociétés du 1er groupe, de 1,20 pour celles du 2e groupe, de 2,33 pour celles du 3e groupe et de 1,48 pour celles du 4ᵉ groupe. Dix ans plus tard a moyenne baisse de 15,4 %, elle n'est plus que de *1,21* ‰ de capital assuré. Toutes les Sociétés ont vu le montant des indemnités à verser diminuer. Mais la différence fut loin d'être la même pour toutes. Les Sociétés du premier groupe restreignant leur champ d'action à une ville ont bénéficié d'une baisse de 31,9 % dans le montant des dommages causés par l'incendie. Celles assurant dans les villes également, mais de toute une circonscription, ont pu constater une diminution moyenne, par rapport à la période décennale précédente, de 26,7 %. Même les Sociétés n'exploitant que les risques ruraux, ont profité d'une baisse de 9,4 %. Les Sociétés assurant indifféremment dans les villes et les campagnes, ont vu le montant des dommages causés aux immeubles qu'elle assuraient, diminuer de 14,2 %. Indiquons rapidement, sans y insister, les moyennes générales annuelles pour toutes les Sociétés publiques allemandes depuis 1865 jusqu'en 1890.

En 1866, ‰ de valeurs assurées, les Sociétés ont payé 1,76, puis successivement pendant les années suivantes : 1.77, 2.22, 1.74, 1.52, 1.42, 1.48, 1.47, 1.55, 1.25, 1.30, 1.27, 1.57, 1.48, 1.59, 1.49, 1.21, 1.42, 1.28, 1.26, 1.24, 1.25, 1.04, 1.08, 1.00, en 1890. Pour cette période de 26 ans la moyenne serait de 1,37 ‰ de valeurs assurées. Mais notre but ici est surtout de montrer que la diminution des dégâts causés par l'incendie, aux objets assurés par les Sociétés publiques, a été très sensible. Aussi pour mieux mettre cette idée en relief, comparons plusieurs périodes prises à l'intérieur de ce laps de temps que nous venons d'envisager. Par exemple, comparons des périodes de 7 ans entre elles. De 1866-73, cette moyenne fut de 1,65 ‰, de 1874-81 de 1,43 ‰, de 1882-89 de 1,21 ‰ et de 1890-97 de 1,19 ‰, en 1896 elle était de 1,11 ‰ et de 1,4 ‰ en 1897. Il est difficile de faire une démonstration plus probante.

Nous avons démontré que les Sociétés publiques assuraient en grande partie des objets situés dans les campagnes, nous avons vu combien ces risques sont lourds, voyons maintenant pour terminer avec les indemnités, dans quelle mesure elles ont absorbé les ressources provenant de la perception des primes.

c) En 1897, les indemnités s'élevaient à 81,6 % du montant des primes encaissées, 83,5 % pour les Sociétés en dehors de la Prusse, et 80,2 % pour les Sociétés prussiennes. En 1896, le total d'indemnités versées par les Sociétés publiques absorbait 82,5 % du montant des primes. De 1866-73 : 88,8 %, de 1874-81 : 86,3 %, de 1882-89 : 81,8 %, de 1890-97 : 86,4 % du montant des primes encaissées. De 1866-81 les indemnités s'élèvent à 87,5 % du montant des primes, de 1882-97 à 84,3 % et de 1866-97 de *85,6* % du montant des primes encaissées.

*d) Frais d'administration.* — Sur les frais d'administration nous n'avons pas de longs développements à donner.

En 1897, pour assurer un capital de 43.827.628.653 M., le Sociétés publiques ont dépensé, en frais d'administration ordinaires, 6.694.625 M. et en frais extraordinaires 254.642 M. Voici comment se décomposent ces chiffres. Pour les Sociétés prussiennes, les frais ordinaires d'administration se sont élevés à 4.216.924 M. et pour les Sociétés situées en dehors de la Prusse, à 2.477.701 M. Celles-ci pour assurer un capital de 20.437.875.020M. les autres pour couvrir 23.389.753.633M. Les frais d'administration sont plus élevés en Prusse que pour le reste de l'Allemagne. Les Sociétés prussiennes dépensent de ce chef 0,18 ‰ de capital assuré, les autres Sociétés allemandes 0,102. Cette différence est due à ce fait, que les Sociétés situées en dehors de la Prusse sont pour la plupart des Caisses obligatoires. Or la grande centralisation caractérisant ce type de Caisse diminue les frais d'administration. Mais il ne faudrait pas croire que la perception des primes soit faite gratuitement par les autorités qui en sont chargées. Elles touchent des allocations. On peut dire, sans crainte d'être taxé d'exagération, que un quart du montant des frais d'administration ordinaires est affecté au paiement de ces remises. Comparés au total des primes encaissées, on remarque que les frais d'administration se sont élevés à 6,7 % du montant des primes pendant les périodes 1866-78 et 1867-86. Mais pendant la période 1882-89, les frais d'administration absorbent 9 % du montant des primes. Enfin pendant la période 1890-97, cette dépense absorbe 10 % du total des primes encaissées. Cette augmentation, légère d'ailleurs, est due au développement de l'assurance mobilière qui nécessite des frais d'administration tant soit peu supérieurs à ceux entraînés par l'assurance immobilière.

Si l'assurance obligatoire était décrétée et l'affiliation aux Caisses publiques ordonnée, on verrait la moyenne diminuer sensiblement. Les Caisses obligatoires le démontrent surabondamment, et à en croire MM. Hulsen et Bramer, les frais d'administration seraient 102 % moins élevés.

e) *Dépenses accessoires*. — Les Sociétés publiques ont, à côté de ces dépenses essentielles, d'autres frais qui, pour être accessoires, atteignent pourtant un chiffre respectable. Ce sont les sommes versées au service d'extinction des incendies d'une part, les autres dépenses faites dans un intérêt public d'autre part.

α) En 1897, les Sociétés publiques avaient versé au service de secours en cas d'incendie 3.101.821 M. Sur cette somme les Sociétés prussiennes ont versé 1.538.418 M. et les autres Sociétés allemandes 1.563.403 M. De 1890-97, elle a compté dans ce but 17.970.418 M. ; de 1882-89, 12.442.770 M. ; de 1874-81, 9.223.747 M. ; de 1866-73, 2.249.388 M. Comme il ressort nettement de ces chiffres, la contribution des Sociétés publiques au service d'extinction des incendies a été sans cesse en augmentant. De 1866-97, le service de secours en cas d'incendie a reçu des Sociétés publiques allemandes la jolie somme de *45.246.000 M.*

β) Les dépenses faites dans un but d'intérêt public telles que récompenses distribuées à ceux qui découvriront un incendiaire, encouragements fournis aux propriétaires qui se montrent disposés à modifier le mode de construction, etc., etc., ces dépenses ont atteint en 1897 le total de 164.745 M.; 130.456 M. ont été payés par les Sociétés prussiennes; les autres Sociétés allemandes ont versé 34.289 M.; de 1866-73, les Sociétés ont déboursé de ce chef 450.287 M.; de 1874-81, 563.134 M.; de 1882-89, 904.222 M.; de 1890-97, *1.618.683 M.* Les Sociétés publiques d'années en années se montrèrent plus généreuses.

Reste à parler d'un chapitre de recettes et d'un chef de dépenses. Ce sont les frais d'évaluation d'une part, les intérêts des capitaux d'autre part.

*f*) *Frais d'évaluation.* — Ils peuvent être de deux sortes. Les dépenses d'estimation des valeurs à assurer et celles entraînées par la fixation du montant de la police et par sa revision.

α) Les frais d'évaluation et de revision des immeubles assurés auprès des Sociétés publiques ont coûté en 1897 un total de 517.070 M. Les Sociétés publiques prussiennes ont payé 317.111 M. les autres Sociétés allemandes 199.959 M. L'année précédente ces frais s'élevaient à 493.272 M. De 1866-73, les Sociétés ont déboursé de ce chef 1.485.930 M.; de 1874-81, 2.041.821 M.; de 1882-89, 2.699.551 M.; de 1890-97, 4.180.077 M. Les frais de cette catégorie ont donc été sans cesse en augmentation. Les raisons en sont aisées à donner. D'année en année, les Sociétés publiques ont perfectionné leur service d'estimation des immeubles, ne craignant pas de multiplier les opérations pour arriver à une appréciation aussi exacte que possible des valeurs à assurer. Les revisions des polices devinrent sans cesse plus nombreuses, les revisions générales plus fréquentes. Les Sociétés veulent, à tout prix, éviter que l'assurance ne devienne une cause de gain. On multipliera les inspecteurs du bâtiment et les surveillants. Pour donner aux assurés le plus de garantie possible, contre une évaluation inexacte de leurs biens, on ne craindra pas d'adjoindre aux taxateurs ordinaires des experts dans les cas particulièrement délicats exigeant des connaissances spéciales. Enfin n'oublions pas que d'année en année le nombre des immeubles à évaluer et à soumettre à une revision va croissant. Dès lors il est logique que les frais d'évaluation augmentent.

β) Il faut en dire autant des dépenses causées par la fixation du montant des indemnités. En 1897, les Sociétés publiques ont payé en frais de ce genre 354.649 M., dont 287.027 M. par les Sociétés prussiennes et 67.622 M. par les autres Sociétés allemandes. Sans doute les capitaux assurés par ces dernières sont moins considérables. Il n'y a guère cependant qu'une différence de 1/7. Les unes couvraient 23.399 millions en chiffres ronds et les autres 20.440 millions de valeur. Au contraire, les frais d'estimation des dommages coûtent quatre fois plus cher aux Sociétés prussiennes.

Cette grande différence s'explique par ce fait, que dans beaucoup de Sociétés publiques allemandes, ces opérations sont faites par les autorités administratives. Celles-ci reçoivent en échange des gratifications. Elles figureront alors dans les frais d'administration. De 1866-73 les frais d'estimation des dommages s'élèvent à un total de 874.527 M. ; de 1874-81 à 1.678.016 M. ; de 1882-89 à 2.021.209 M. ; et enfin de 1890-97 de 2.648.323 M.

*g) Intérêts rapportés par les capitaux.* — Par voie d'élimination, nous arrivons aux intérêts des capitaux encaissés par les Sociétés publiques. Nous n'en dirons qu'un mot. En 1897, le total des intérêts, dont ont bénéficié les Sociétés publiques, s'élevait à 4.329.349 M. Les Sociétés prussiennes ont encaissé 2.260.164 M., les autres Sociétés allemandes 2.069.185 M. En 1896 le total des intérêts atteignait 4.238.307 M. ; de 1866-73 le total des intérêts s'est élevé à 9.252.930 M. et à 18.949.367 M. pour la période septennale suivante : de 1882-89 les Sociétés publiques ont encaissé 25.988.293 M. d'intérêts et de 1890-97 un total de 33.366.592 M. ; de 1866-97 les Sociétés publiques ont profité de 87.557.000 M. d'intérêts.

Connaissant maintenant les principaux chefs de dépenses et de recettes des Sociétés publiques, pour en connaître la prospérité financière il nous reste à comparer les recettes et les dépenses.

*h) La prospérité des Sociétés publiques.* — Elle ressort et des excédents de recettes sur les dépenses et de l'élévation du patrimoine des Sociétés publiques.

α) *Des excédents de recettes.* — En 1897 ils s'élèvent à *3.968.606 M.* dont 1.902.823 M. pour les Sociétés prussiennes, et 2.065.783 M. pour les autres Sociétés allemandes. On ne peut relever de déficit pour ces dernières, que pour la Caisse d'Etat du royaume de Saxe,

La section de l'assurance des immeubles soldait sa gestion par un excédent de dépenses s'élevant à 1.922.419 M., mais la section des risques industriels réalisait un bénéfice de 120.069 M. (1). Citons encore la Caisse de Mecklembourg (Ritterschaft) avec un déficit de 71.858 M. et la Caisse communale de Wismar avec un déficit de 146 M. Les Sociétés prussiennes dont la gestion s'est close par un excédent de dépenses sont plus nombreuses. C'est la Société d'assurance des domaines pour 12.992 M., celle de la Prusse orientale (villes) pour 112.651 M., celle de la Prusse orientale (Landschaft) pour 32.057 M., la Société provinciale de la Prusse occidentale pour 8.773 M., celle de la Prusse occidentale (Landschaft) pour 20.148 M., la Société communale de la ville de Stralsund pour 6.143 M., celle de la ville de Berlin pour 77.594 M., la Société de la Marche électorale et de la Basse-Lusace (campagnes) pour 44.058 M., celle de Silésie (campagnes) pour 84.097 M., enfin la Société de Schleswig-Holstein (gilde des meubles nobles) pour 31.124 M. En 1896 l'excédent de recettes sur les dépenses à été un peu supérieur à celui indiqué pour 1897. Il s'élevait à 3.977.991 M. Mais en 1895, nous enregistrons un excédent de dépenses sur les recettes atteignant 2.093.018 M. Par contre en 1890 les Sociétés publiques avaient profité d'un excédent de recettes de *6.432.998 M.* Les Sociétés prussiennes réalisaient un bénéfice de 5.163.179 M. et les Sociétés

(1) Voir les développements à ce sujet dans l'étude que nous avons consacrée à cette Caisse p. 427 et suivantes.

situées en dehors de la Prusse, encaissaient un reliquat de 1.269.819 M. De 1890-97, les Sociétés publiques ont compté *21.449.648 M.* d'excédents de recettes.

De 1866-90, les Sociétés publiques ont encaissé en excédents de recettes *85.711.121* M.

Voici la décomposition de ce total par année :

En 1866 : 542.946, en 1867 : 598.986 M., en 1868 un déficit de 3.390.984 M., en 1869 excédent de 1.660.893 M. et successivement pour les années suivantes, 4.986.903 M. 3.816.681 M., 2.817.675 M., 3.058.485 M., 3.541.527 M., 8.477.493 M., 6.781.525 M., 5.116.720 M., en 1878, juste 10 ans après, nous rencontrons une année déficitaire. L'excédent des dépenses sur les recettes s'élève à 1.292.438 M. En 1879, l'excédent des recettes est de 2.235.310 M., en 1880 déficit de 241.066 M., l'année suivante l'excédent de dépense s'élève à 86.283 M. Mais en 1882, l'excédent des recettes atteint *7.739.326* M. et successivement pour les années suivantes. 2.266.387 M. 3.632.803 M., 3.576.610 M., 6.001.145 M., 2.339.630 M., 7.511.114 M., 7.586.735 M. et enfin en 1890 : 6.432.998 M. De 1866-97, le total des excédents de recettes encaissés par les Sociétés publiques atteint *100.637.000* M. Pendant la première moitié de cette période 1866-81, l'excédent se chiffre par 38.624.000 M. pendant la deuxième moitié par 62.013.000 M.

β) *Le fonds de réserve ou patrimoine des Sociétés.* — Il a également suivi une marche ascendante. En 1866, le patrimoine net des Sociétés publiques s'élevait à 21 millions. Pendant les années suivantes il est successivement de : 23, 18, 21, 27 millions en 1870, puis de 32, 34, 37, 41, 49, 55, 60, 59 millions en 1878, puis de 62, 62, 61 millions en 1881, de 69 millions en 1882 et de 71.619.561 millions en 1883. A la fin de 1889, il atteint 102.321.188 M.; les Sociétés prussiennes possèdent 55.765.465 M. Les autres Sociétés allemandes 46.555.723 M. L'année suivante, le patrimoine total est de 108.835.009 M. dont 61.057.199 M. appartiennent aux Sociétés prussiennes et 47.777.810 M. aux autres Sociétés publiques allemandes. A la fin de 1896 le patrimoine des Sociétés publiques s'élevait à *119.370.473* M. dont 58.419.166 M. appartenaient aux Sociétés prussiennes et 57.199.676 M. aux autres Sociétés allemandes. N'avaient à cette époque de passif que 4 Sociétés prussiennes sur 35. Voici leurs noms : la Société d'assurances contre l'incendie des Domaines avec un passif de 271.409 M., la section mobilière de la Société provinciale de Posen avec un passif de 57.595 M., mais la section immobilière possédait un patrimoine de 3.474.638 M.; la Société provinciale de Poméranie avec un passif de 602.905 M., enfin la Société de Schleswig-Holstein (Gilde des biens nobles) avec un passif de 211.106 M. Parmi les Sociétés allemandes situées en dehors de la Prusse, il n'y avait que la Caisse obligatoire du duché d'Oldenbourg qui eût un passif s'élevant à 16.791 M. A la fin de 1897, le patrimoine des Sociétés publiques s'était encore accru de 4.526.315 M. par rapport à l'année précédente. Il atteignait *123.896.788* M. dont 60.298.255 M. constituant l'avoir des Sociétés prussiennes et 59.316.371 M., celui des Sociétés allemandes situées en dehors de la Prusse.

Ainsi, malgré la faible prime perçue et les dépenses multiples faites par les Sociétés publiques dans un but d'intérêt général, ces établissements d'assurance contre l'incendie jouissent d'une brillante situation financière allant s'améliorant d'année en année.

Avant de comparer ces résultats avec ceux obtenus par les Sociétés privées, qu'il nous soit permis de récapituler d'un mot tous les renseignements statistiques fournis antérieurement.

*i) Récapitulation des résultats obtenus par les Sociétés publiques.* — En 1897, les Sociétés publiques couvraient *44.401.651.020* M. de valeurs, 40.650.595.028 M. de capitaux immobiliers et 3.751.055.992 M. de valeurs mobilières. Une somme de *2.620.000.000* M., soit 5,9 % du portefeuille total des Sociétés publiques était réassurée. Les établissements publics d'assurance contre l'incendie ont encaissé *71.068.837* M. dont 61.214.792 M. de primes ou 1,40 ‰ de capital assuré, 507.459 M. de perceptions spéciales, 4.484.763 M. versés par les réassureurs, 4.329.349 M. d'intérêts et enfin 532.474 M. de recettes diverses.

Les dépenses se sont élevées à *67.100.231* M., dont 49.956.558 M. d'indemnités, ou *81,6* % du montant des primes encaissées, 354.649 M. de frais d'évaluation des dommages, 5.547.621 M. de primes de réassurance, 3.101.821 M. versés au service d'extinction des incendies, 164.745 M. de dépenses faites dans un but d'utilité publique, 517.070 M. de frais d'estimation et de revision des valeurs assurées, 6.694.625 M. de frais ordinaires d'administration et 254.642 M. de frais d'administration extraordinaires, enfin 508.500 M. de dépenses diverses.

L'excédent des recettes sur les dépenses s'élevait à *3.968.606* M.

Les Sociétés publiques possédaient un patrimoine de *123.896.788* M.

Pour terminer le paragraphe relatif aux résultats généraux obtenus par les Sociétés publiques allemandes, donnons, sous forme de tableau, les derniers résultats connus : ceux de 1899. A la fin de l'année les Sociétés prussiennes assuraient :

*(Voir les tableaux, pages suivantes).*

| Noms des sociétés prussiennes | Date de fondation | Sommes assurées fin 1899 M | Augmentation sur 1898 M | Indemnités et frais d'évaluation M | % de capital assuré Primes | % de capital assuré Sinistres | Patrimoine fin 1899 M |
|---|---|---|---|---|---|---|---|
| *Prusse orientale* | | | | | | | |
| Konigsberg (ville) | 1723 | 1.066.009 | 104.334 | 204 | 0.19 | — | 252.250 |
| Villes | 1723 | 39.402.895 | 6.645.900 | 88.180 | 2,24 | 4,59 | 127.094 |
| Campagnes | 1808 | 434.147.390 | 27.752.180 | 1.312.604 | 0.03 | 2,43 | 1.594.599 |
| Districts | 1808 | 293.496.000 | 8.661.600 | 835.017 | 2,85 | 2,52 | 816.000 |
| *Prusse occidentale* | | | | | | | |
| Ville de Thurn | 1821 | 21.646.839 | 93.200 | 11.051 | 0,51 | 0,75 | 1.549.877 |
| Ville d'Elbing | 1773 | 10.422.650 | 610.530 | 6.087 | 0,59 | 0,24 | 228.137 |
| Districts | 1789 | 122.129.350 | 808.050 | 476.393 | 3,90 | 2,71 | 294.420 |
| Allegemeine | 1785 | 12[illegible].084.320 | 4.935.810 | 637.686 | 5,28 | 4,90 | 1.320.115 |
| Posen | 1836 | 1.038.394.175 | 39.947.250 | 2.468.061 | 2,38 | 2,21 | 4.329.994 |
| *Poméranie* | | | | | | | |
| Ville de Stettin | 1722 | 87.121.089 | 583.372 | 58 003 | 0,67 | 0,59 | 828.223 |
| Ville de Stralsund | 1771 | 22.930.973 | 361.434 | 18.218 | 0,80 | 1.35 | 58.403 |
| Union | 1720 | 680.653.210 | 7.570.880 | 1.934.696 | 2.84 | 2,28 | 41.742 |
| *Silésie* | | | | | | | |
| Ville de Breslau | 1744 | 444.697.300 | 3.519.700 | 107.327 | 0,44 | 0,07 | 4.005.821 |
| Villes | 1781 | 470.867.640 | 16.622.350 | 332.854 | 0.69 | 0,44 | 2.208.843 |
| Campagne (pays) | 1748 | 1.811.217.320 | 73.624.370 | 2.967.367 | 1.64 | 1,22 | 7.514.014 |
| *Brandebourg* | | | | | | | |
| Ville de Berlin | 1718 | 3.926.958.600 | 95.102.300 | 1.850.895 | 0,47 | 0,21 | 1.850.895 |
| Villes | 1710 | 599.990.150 | 42.857.600 | 707.756 | 1,18 | 0,95 | 1.327.680 |
| Neumark | 1777 | 306.924.350 | 4.607.325 | 613.065 | 2,00 | 1,52 | 1.050.080 |
| Kurmark | 1765 | 521.889.300 | 7.891.450 | 1.324.483 | 2,54 | 2.14 | 682.382 |
| *Saxe-Duché* | | | | | | | |
| Pays (campagnes) | 1784 | 1.049.140.020 | 29.952.670 | 1.493.563 | 1.42 | 0.71 | 5.514.773 |
| Villes | 1838 | 1.058.049.650 | 45.689.469 | 1.256.882 | 1,19 | 0,74 | 3.895.486 |
| Magdebourg (pays) | 1789 | 1.424.340.799 | 61.819.902 | 1.617.802 | 1,15 | 1,38 | 5.787.192 |
| Halberstadt | 1738 | 10.541.853 | 154.447 | 13.769 | 1,32 | 0,05 | 7.171 |
| *Schleswig* | | | | | | | |
| Schleswig-Holstein | 1758 | 1.426.459.670 | 30.332.770 | 2.512.980 | 1,76 | 1,56 | 2.461.609 |
| Schleswig (gildes nobles) | 1691 | 83.129.200 | 3.209.300 | 258.841 | 3,12 | 2,79 | 9.623 |
| *Hanovre* | | | | | | | |
| Caisse de districts | 1750 | 1.735.102.793 | 93.796.490 | 2.840.083 | 1,64 | 1,81 | 6.621.924 |
| Frise orientale (villes) | 1754 | 76.289.200 | 2.497.360 | 52.381 | 0,69 | 0,14 | 295.463 |
| Frise orientale (pays) | 1767 | 130.000.000 | 5.000.000 | 247.962 | » | » | 457.953 |
| *Westphalie* | | | | | | | |
| Province | 1836 | 1.906.960.110 | 106.325.390 | 3.101.369 | 1,63 | 1,76 | 4.644.918 |
| *Hessen-Nassau* | | | | | | | |
| Nassau | 1806 | 1.025.539.260 | 45.793.330 | 965.153 | 0,94 | 0.56 | 3.567.145 |
| Hessen-Cassel | 1767 | 1.100.128.100 | 35.040.600 | 1.860.175 | 1.69 | 1,46 | 3.177.512 |
| *Rhin* | | | | | | | |
| Province | 1836 | 2.992.831.145 | 126.908.398 | 3.775.615 | 1,26 | 1.37 | 7.282.859 |
| Hohenzollern | 1855 | 72.703.910 | 1.293.650 | 76.014 | 1,05 | 0.90 | 1.233.147 |
| Domaines | 1770 | 159.074.170 | 1.263.960 | 304.348 | 1.91 | 1,78 | 96.672 |
| Total | | 25.214.613.440 | 930.297.408 | 36.234.881 | 1.44 | 1,24 | 75.143.021 |

ALLEMAGNE. — *Etablissements publics d'assurances en dehors de la Prusse en 1899.*

| Etablissements | Date de fondation | Somme assurée | Augmentation sur l'année précédente | Primes brutes M. | P. 1000 Primes | P. 1000 Sinistres | Avoir à la fin de l'exercice |
|---|---|---|---|---|---|---|---|
| Royaume de Saxe (bâtim.) | 1784 | 5.240.646.980 | 259.468.840 | 6.665.265 | 1.27 | 0,98 | 14.393.005 |
| Roy. de Saxe (bât. indust.) | » | 118.104.960 | 3.629.580 | 476.384 | 4,04 | 3,56 | 1.308.389 |
| Bavière | 1811 | 5.314.506.090 | 213.657.820 | 5.166.190 | 0,97 | 1,21 | 21.147.656 |
| Wurtemberg | 1808 | 2.629.974.029 | 86.224.634 | 3.085.435 | 1,18 | 0,71 | 6.925.479 |
| Baden | 1803 | 1.815.092.616 | 77.867.616 | 2.168.658 | 1,19 | 1,04 | 3.176.347 |
| Grand-duché de Hessen | 1777 | 1.431.782.460 | 49.540.520 | 910.234 | 0,64 | 0,48 | 2.505.508 |
| Mecklembourg (domaine) | 1817 | 159.742.200 | 3.803.600 | 581.616 | 3,64 | 3,18 | 633.558 |
| Rostock | 1781 | 273.830.737 | 12.444.836 | 648.775 | 2,37 | 2,79 | 284.216 |
| Rostock (ville) | 1782 | 71.228.035 | 2.162.195 | 78.668 | 1,10 | » | » |
| Wismar (ville) | » | 19.188.315 | 206.730 | 20.675 | 1,08 | 0,67 | 233.952 |
| Mecklembourg (villes) | 1785 | 126.799.000 | 1.543.300 | 304.755 | 2,40 | 2,18 | » |
| Duché d'Oldenbourg | 1764 | 259.981.735 | 9.373.243 | 516.300 | 1,99 | 1,73 | 313.711 |
| Saxe-Gotha | 1843 | 275.598.500 | 7.020.680 | 450.993 | 2,00 | 1,06 | 504.945 |
| Saxe-Weimar | 1768 | 429.760.642 | 16.638.537 | 323.274 | 0,75 | 1,22 | 2.305.512 |
| Saxe-Altenbourg | 1776 | 275.299.200 | 5.396.300 | 383.840 | 1,40 | 1,17 | 335.533 |
| Duché de Brunswick | 1750 | 761.796.100 | 22.137.900 | 670.255 | 0,88 | 0,85 | 6.263.458 |
| Duché de Anhalt | 1751 | 397.338.200 | 11.779.350 | 454.647 | 1,15 | 0.76 | 757.105 |
| Lippe-Detmold | 1751 | 141.175.600 | 4.466.800 | 203.501 | 1,45 | 1.27 | 108.549 |
| Waldeck-Pyrmont | 1756 | 71.391.930 | 1.939.140 | 110.746 | 1,55 | 0.78 | 440.115 |
| Lübeck (ville) | 1865 | 74.494.980 | 891.200 | 52.636 | 0,71 | 0,38 | 880.434 |
| Lübeck (faubourgs) | 1865 | 28.359.370 | 2.891.870 | 22.414 | 0,79 | 0,07 | 177.200 |
| Hambourg | 1677 | 1.938.499.828 | 41.771.353 | 1.823.566 | 0,94 | 0,43 | 9.262.875 |
| Sociétés allemandes | | 21.854.591.507 | 831.769.444 | 25.118.827 | 1,15 | 0,95 | 71.897.547 |
| — prussiennes | | 25.214.613.440 | 930.297.408 | 36.234.881 | 1,44 | 1,24 | 75.143.021 |
| Total général | | 47.069.204.947 | 1.762.066.852 | 61.353.708 | 1,29 | 1,09 | 147.040.568 |

Sur le total des capitaux assurés, une somme de 4.168,5 millions de M., représente des valeurs mobilières couvertes par 17 caisses pratiquant l'assurance mobilière à côté de l'assurance immobilière.

Voici les noms des caisses ayant assuré plus de 100 millions de M. de meubles :

| | | | |
|---|---|---|---|
| Société rhénane provinciale | 761.648.175 | Société provinciale de Saxe (camp.) | 382.677.400 |
| — provinciale de Silésie (villes) | 614.063.130 | — — (villes) | 200.566.680 |
| — de Magdebourg | 554.800.758 | — du Schleswig-Holstein | 149.756.190 |
| — provinciale de Westphalie | 464.309.760 | — Prusse orient[le] (Landschaft) | 143.665.360 |
| — de Hanovre | 415.458.478 | — de Saxe | 118.104.960 |

# CHAPITRE VII

## COMPARAISON DES SOCIÉTÉS PUBLIQUES ET DES SOCIÉTÉS PRIVÉES

Les Sociétés privées et les Sociétés publiques peuvent être comparées au point de vue de l'importance des capitaux assurés, des charges de l'assurance, des sommes restituées aux assurés sous formes diverses, de l'emploi fait des sommes conservées. Enfin les clauses des polices des Sociétés publiques peuvent n'être pas les mêmes que celles qu'on rencontre dans les polices des Sociétés privées. On pourra également se demander quelles mesures emploient les Sociétés publiques et les Sociétés privées pour empêcher ce que l'on est convenu d'appeler « l'incendie spéculation ».

### A. — *Importance des capitaux assurés par les Sociétés publiques et par les Sociétés privées.*

M. O. Simon, dans un article fort intéressant sur le développement de l'assurance immobilière contre l'incendie en Prusse (1), rapporte une statistique qui, tout en démontrant le développement de l'assurance, permettrait de constater que sans cesse la confiance du public en faveur des Sociétés privées aurait été en augmentant au détriment des Sociétés publiques.

D'après les documents officiels, en effet, voici la progression qu'on signale au profit des Sociétés privées, et en regard la diminution continue qu'on relève pour les Sociétés publiques.

RÉPARTITION DES AFFAIRES

| ANNÉES | Aux sociétés publiques | Aux sociétés privées | ANNÉES | Aux sociétés publiques | Aux sociét. privées |
|---|---|---|---|---|---|
| 1828 | 69 0[0 | 31 0[0 | 1854 | 46 0[0 | 54 0[0 |
| 1837 | 54 0[0 | 46 0[0 | 1860 | 41 0[0 | 59 0[0 |
| 1853 | 48 0[0 | 52 0[0 | 1861 | 37 0[0 | 63 0[0 |

En admettant même ces chiffres, nous répondrons qu'ils ne donnent qu'une idée très imparfaite des choses. A cette époque, en effet, comme aujourd'hui d'ailleurs, les Sociétés privées avaient pour principe de ne pas distinguer dans leurs bilans l'assurance mobilière de l'assurance immobilière. Les chiffres qu'on donne représentent donc le montant, tant des polices mobilières que des polices immobilières. Or avant 1863, date où l'on autorisa les Sociétés provinciales rhénane et de Westphalie, à pratiquer l'assurance mobilière, tous les meubles ne *pouvaient* être assurés qu'aux seules Sociétés privées. On ne contestera pas d'autre part que sans cesse la propriété mobilière a été en augmentant

(1) Cet article a paru dans les *Annalen des deutschen Reichs*, 1888, n° 1.

tant en importance qu'en valeur. Dès lors comment s'étonner — comme le font pourtant un grand nombre d'adversaires des Sociétés publiques qui ne manquent pas de rapporter soigneusement cette statistique — d'une pareille progression dans le développement du chiffre d'affaires des Sociétés privées ? Maintenant dans quelle mesure le total des capitaux assurés par les Sociétés publiques est-il plus élevé que celui couvert par les Sociétés privées, c'est là ce qu'il est impossible de déterminer exactement. Aussi demandons-nous aux auteurs, qui ne craignent pas d'affirmer la supériorité du chiffre d'affaires des Sociétés privées en matière immobilière, sur quelles données ils se basent. On comprendra maintenant pourquoi les adversaires des Sociétés publiques n'aiment pas faire cette distinction qui pourtant s'imposait surtout à ces époques où les Sociétés privées avaient le monopole de l'assurance mobilière. Nous n'insisterons pas, outre mesure, sur la comparaison de ces chiffres qui n'a qu'une valeur relative. Contentons-nous de comparer des périodes assez étendues.

Un mot seulement sur les Sociétés Mutuelles privées dont les unes n'exploitent que l'assurance immobilière, d'autres l'assurance mobilière et entre ces deux catégories il existe des Mutuelles privées assurant également les meubles et les immeubles.

L'ensemble des Mutuelles privées a assuré de 1867-90 un total de 94.584,1 millions de M. de valeurs dont 8.851,3 millions de M. par celles n'assurant que les immeubles, 43.977,38 millions de M. par celles couvrant les risques mobiliers et 41.758,42 millions de M. par celles assurant indifféremment les meubles et immeubles. Pendant cette même période 1866-90, les Mutuelles publiques avaient assuré 608.358.139.000 M. Il est impossible de déterminer le montant des capitaux assurés pendant ce même laps de temps, par les Compagnies par actions.

D'ailleurs ces comparaisons portant sur une période aussi longue nous entraîneraient dans des développements beaucoup trop étendus.

Contentons-nous donc de comparer entre eux les résultats obtenus pendant les dernières années. Voici, exprimé en millions de Marks, le montant des capitaux assurés pendant les années suivantes :

| | 1884 | 1887 | 1890 | 1893 | 1896 | 1897 |
|---|---|---|---|---|---|---|
| Compagnies par actions | 42.000,0 | 44.971,7 | 50.505,7 | 56.954,6 | 63.073,6 | 67.265,6 |
| Sociétés publiques | 29.657,6 | 32.146,2 | 36.706,0 | 39.202,5 | 42.933,7 | 44.218,3 |
| Sociétés Mutuelles privées | 6.380,0 | 7.034,6 | 8.127,2 | 8.933,8 | 10.132,4 | 10.240,5 |
| Petites associations Mutuelles | 1.115,0 | 1.159,7 | 1.233.5 | 1.233,5 | 1.240,0 | 1.240,0 |
| Totaux.............. | 79.152,6 | 85.312,2 | 95.572,4 | 106.324,4 | 117.379,7 | 122.964,4 |

Les résultats connus des deux dernières années font ressortir une nouvelle progression.

En 1898, le montant des capitaux couverts par l'assurance s'élevait à 128.090.848.427 M. dont voici le détail :

| | fin 1898 M. | augmentation sur 1897 M. |
|---|---|---|
| Les 34 Sociétés publiques prussiennes | 24.223.157.140 | 713.502.742 |
| Les 21 Sociétés publiques situées hors Prusse | 20.792.371.734 | 611.060.769 |
| Les 29 Compagnies par actions | 71.286.256.028 | 4.155.920.769 |
| Les 17 Sociétés Mutuelles | 10.549.063.525 | 338.094.381 |
| Les 242 petites Unions Prussiennes | 1.240.000.000 | Néant |
| Totaux.................... | 128.090.848.427 | 5.818.578.662 |

Enfin au 1er janvier 1901, le montant des capitaux couverts par l'assurance s'élevait à 135.122.551.813 M. soit une augmentation sur l'année précédente de 7.031.703.386 M. Voici le détail de ces chiffres :

| | | | |
|---|---|---|---|
| Les 34 Soc. publiques prussiennes...... | 25.214.613.740 M. | augmentation | 991,456.600 M. |
| — 21 Soc. publiques situées hors Prusse | 21.854.591.507 M. | — | 1.062.219.773 M. |
| — 29 Compagnies par actions.......... | 75.788.382.477 M. | — | 4.502.126.944 M. |
| — 17 Sociétés mutuelles............... | 11.024,964.089 M. | — | 475.900.564 M. |
| — 242 Unions prussiennes............. | 1.240.000.000 M. | — | néant. |
| Totaux.......................... | 135.122.551.813 M. | — | 7.031.703.386 M. |

Il semblerait ressortir, pour qui n'est pas averti, que les Compagnies par actions couvrent une somme de capitaux plus élevée que les Sociétés publiques allemandes. Il n'en est rien pourtant, car les chiffres donnés pour les Compagnies par actions représentent la totalité de leur portefeuille. Or, comme le remarque le rédacteur de l'annuaire de Max Wittner (1) — qui n'est pas réputé avoir des tendresses pour les Sociétés publiques — la plupart des Compagnies assurent également à l'étranger. 15,6 % des Compagnies par actions ne distinguent pas entre les risques situés en Allemagne et ceux des autres pays. Il faut donc déduire, de ce chef, de fortes sommes sur les chiffres que nous avons donnés. De plus un grand nombre des Compagnie réassurent leurs portefeuilles à deux, trois ou plusieurs Compagnies voisines. Il en résulte que des mêmes valeurs sont

(1) Cet annuaire fondé par Ehrenzweig a été dirigé jusqu'en 1900 par le fondateur. Actuellement, c'est M. Max Wittner qui est à la tête de cette publication.

comptées plusieurs fois dans des bilans différents. En se basant sur le montant des primes de réassurance, l'auteur estime — et le syndicat des Compagnies par actions ne l'a pas contesté — que pour avoir le total exact des sommes assurées par les Compagnies par actions, il fallait déduire du montant des chiffres, que nous avons donnés antérieurement, 1/3. Si l'on fait cette soustraction, on constate — et personne en Allemagne dans le camp des intéressés ne le conteste — que les Compagnies par actions et les Sociétés publiques peuvent être mises sur la même ligne quant au chiffre d'affaires. Mais il importe encore de faire remarquer qu'un grand nombre de Sociétés publiques allemandes ne *peuvent* pas assurer les meubles. Dans certaines régions les Sociétés privées jouissent d'un véritable monopole de l'assurance mobilière, si dans certaines autres les Sociétés publiques profitent d'un monopole de l'assurance immobilière. Qu'est-ce à dire sinon que le montant des capitaux assurés par les Sociétés publiques serait indubitablement plus élevé si toutes pouvaient assurer à côté des immeubles les meubles ?

Moyennant quels sacrifices ces capitaux sont-ils couverts : c'est le second point auquel nous arrivons.

B) *Charges de l'assurance.* — Toute entreprise d'assurance, qu'elle soit privée ou publique, mutuelle ou par actions, a des frais. Il faut solder les indemnités destinées à couvrir les dégâts causés par l'incendie. Toute institution d'assurance a, de plus, des frais généraux. Pour se récupérer de leurs dépenses, les entreprises d'assurance réclament aux assurés ou associés des primes ou des cotisations. Le montant en peut varier suivant la qualité du risque, mais également avec l'assureur. Il importe donc de s'en rendre compte. Pour ce, nous prendrons, comme base de comparaison, le montant de la prime réclamée ‰ de capital assuré. Ce faisant, voici les résultats auxquels nous aboutissons :

| Années | Soc. publiques prussiennes | Soc. publiques hors de Prusse | Cies privées | Mutuelles privées |
|---|---|---|---|---|
| 1890 | 1,53 ‰ | 1,04 ‰ | 2,05 ‰ | 2,69 ‰ |
| 1891 | 1,49 | 1,08 | 1,99 | 2,61 |
| 1892 | 1,49 | 1,31 | 2,00 | 2,61 |
| 1893 | 1,48 | 1,20 | 2,01 | 2,58 |
| 1894 | 1,51 | 1,26 | 2,05 | 2,67 |
| 1895 | 1,58 | 1,28 | 2,02 | 2,57 |
| 1896 | 1,55 | 1,32 | 1,88 | 2,56 |
| 1897 | 1,48 | 1,09 | 2,03 | 2,57 |
| 1898 | 1,51 | 1,29 | 2,12 | 2,60 |
| 1899 | 1,44 | 1,15 | 2,17 | 2,57 |

Ainsi, pour les dix années envisagées, toujours les primes perçues par les Sociétés publiques ont été moins élevées que celles encaissées tant par les Compagnies par actions que par les Sociétés mutuelles privées. De plus, tandis que la prime ‰ de capital assuré, perçue par les Sociétés publiques, a tendance à baisser, c'est un phénomène inverse que nous constatons pour les autres Sociétés privées. Ainsi en 1898 la prime est de 1,51 et 1,29 pour les Sociétés publiques allemandes, l'année suivante elle tombe à 1,44 et 1,15. Pour les Compagnies par actions, au contraire, de 1,88 ‰, en 1896, elle s'élève successivement à 2.03, 2.12 et atteint en 1899 2,17 ‰. Même progression pour les

Sociétés mutuelles privées. La prime est de 2,56 en 1896. Elle s'élève successivement à 2,57 ‰, 2,60, pour être en 1899 de 2,57 ‰ à nouveau. De plus il ne faut faut pas oublier que le montant de la prime varie avec la qualité du risque. Plus un risque est mauvais, plus la prime correspondante est forte. Dès lors, plus une Société aura en portefeuille de mauvais risques, plus la moyenne de prime ‰ de capital assuré sera élevée. Or, à ce point de vue, on ne contestera pas, après nos développements antérieurs, que les Sociétés publiques sont seules à couvrir une aussi grande quantité de mauvais risques. Elles sont astreintes de par les règlements, sauf quelques exceptions, limitativement déterminées, d'accepter tous les risques. Au contraire les Compagnies se livrent à une large sélection des risques. Les Sociétés mutuelles privées n'acceptent guère que des associés apportant des risques de qualité moyenne. Ordinairement tous les meilleurs risques s'assembleront. Si les Sociétés publiques pouvaient agir ainsi, immédiatement leur prime moyenne ‰ de capital assuré s'abaisserait d'un demi point. A titre d'exemple, rappelons quelques chiffres. Prenons de ces risques dont sont presque exclusivement composés les portefeuilles des Compagnies privées : des risques urbains. Indiquons les primes perçues ‰ de capital assuré dans les quatre dernières années, Société de Berlin en 1896 : 0.40, puis 0.66; 0.41 et 0.47 ‰ en 1899: Société communale de Breslau en 1896, 0.55, puis 0.45, 0,45, en 1899 0.44 ‰ ; Société de Thorn en 1896 0.50 puis 0.50, 0.50 et et 1899 0.51. Société d'Elbing, en 1896 : 0.59 puis 1.40 et 1.42, mais en

1899, 0.59. Ville de Stettin 0.67, 0.67, 0 66 et en 1899 : 0.67 ‰. Ville de Stralsund 0.78, 0.78, 0.78, en 1899 : 0.80 ‰. Prenons maintenant comme exemples, quelques Caisses provinciales n'assurant que les villes : Société provinciale de Silésie (villes) 0.72, 0.71, 0.70, en 1899 : 0.69 ‰. Société provinciale de Brandebourg (villes) 1.04, 0.98, 1.09, en 1899, 1.18. Société de Frise orientale (villes) 1.05, 1.06, 1.03, en 1899 : 0.69. Tous ces exemples nous prouvent que lorsque les Sociétés publiques assurent les catégories de risques couverts par les Compagnies privées, la prime perçue est moitié moins élevée que celle encaissée par les Compagnies. Non seulement les Sociétés publiques assurent des risques plus dangereux, mais, ce qui plus est, ont la plus grande partie de leur portefeuille composée de risques ruraux (1). Enfin même les Sociétés privées assurant dans les campagnes distinguent entre les tout à fait mauvais risques et les médiocres. Seuls les derniers sont acceptés des Sociétés mutuelles privées. Au contraire, les Sociétés publiques, tenues d'accepter tous les risques en principe, assurent annuellement une grande quantité de maisons couvertes en chaume ou autres substances aussi inflammables.

Pour en donner une idée, voici quelques exemples : De 1866-71, dix-neuf sociétés publiques allemandes, dont les comptes rendus ont permis de faire ce relevé, ont assuré des immeubles, recouverts comme nous

(1) Voir à ce sujet le tableau indiquant la répartition entre les localités des sommes assurées par les Sociétés publiques de 1890-97, page 810.

venons de dire, pour une valeur de 2.847.971.000 thl. ; en 1878 les Sociétés publiques allemandes assuraient pour 1.188 millions de thl. d'immeubles couverts en chaume. De 1867-80, les Sociétés publiques allemandes ont assuré pour 4 milliards de bâtiments couverts en chaume ou de « Fachwerks Bauten », comme disent les allemands, c'est-à-dire des maisons montées en lattes de bois recouvertes de mortier.

Voici quelles sont les sommes encaissées par les sociétés. Demandons-nous maintenant quel est le montant des sommes versées aux assurés.

C) *Sommes restituées par les assureurs aux assurés.*— Les sociétés d'assurance, en principe, ne devraient percevoir de primes que pour payer les indemnités à verser aux assurés victimes d'un incendie. L'idéal serait de ne demander aux assurés que les sommes nécessaires au paiement de ces dédommagements. Mais c'est un idéal. Suivant le genre de sociétés d'assurance, celles-ci s'en approchent plus ou moins, sans jamais pouvoir l'atteindre, puisque, par définition, c'est un idéal. Il est du plus haut intérêt d'essayer de se rendre compte quel est le groupe des sociétés d'assurance restituant la plus grande somme des primes reçues aux assurés. Il nous faut donc comparer la part du montant des primes encaissées, absorbée par le paiement des indemnités dans les divers systèmes d'assurance. Nous ne pouvons faire cette démonstration qu'en recourant à la statistique. Quel est le % du montant des primes encaissées par les sociétés publiques, par les compagnies par actions, par les sociétés mutuelles privées, qui a été consacré au paiement des indemnités ? voilà quelle est la question à laquelle nous devons répondre.

Il convient tout d'abord de faire remarquer que le % varie beaucoup avec la qualité des risques et les régions où ils sont situés. Sans doute le montant des primes ‰ de capital assuré n'est, en général, pas uniforme. Mais même lorsque la prime est plus élevée, pour les mauvais risques, une quantité bien plus importante du total des primes est affectée au paiement d'indemnités, selon qu'il s'agit de capitaux plus ou moins exposés. Cette réserve faite, prenons maintenant la moyenne annuelle des indemnités versées % de primes encaissées. Les résultats que nous obtenons pour les diverses catégories de Sociétés d'assurance sont les suivants :

De 1866-90, les indemnités versées par les Sociétés publiques allemandes ont absorbé en moyenne, pour cette période, *84,4* % du montant des primes encaissées.

Les compagnies par actions ont affecté à cette dépense de 1867-90 en moyenne *57,2* % du produit des primes versées. Enfin les Sociétés mutuelles privées ont dépensé de 1867-90, *77,1* % du total des primes à couvrir les dégâts causés par l'incendie aux biens de leurs associés. Voici le détail de ces chiffres par année :

| Années | Soc. mutuel. privées | Cie par actions | Sociétés publiques | Années | Soc. mutuel. privées | Cie par actions | Sociétés publiques |
|---|---|---|---|---|---|---|---|
| 1866 | | | 92,5 | 1879 | 79,9 | 58,4 | 88,4 |
| 1867 | 81,6 | 56,5 | 91,0 | 1880 | 77,7 | 70,0 | 95,1 |
| 1868 | 86,4 | 75,3 | 104,3 | 1881 | 82,3 | 65,3 | 92,6 |
| 1869 | 84,7 | 57,0 | 88,5 | 1882 | 72.8 | 59,2 | 74,7 |
| 1870 | 74,7 | 56,8 | 78,6 | 1883 | 81,1 | 60,7 | 87,6 |
| 1871 | 78,9 | 53,2 | 82,0 | 1884 | 82,9 | 56,0 | 85,2 |
| 1872 | 87,3 | 57,5 | 85,3 | 1885 | 82,5 | 54,1 | 85,9 |
| 1873 | 78,5 | 50,8 | 84,0 | 1886 | 77,1 | 54,3 | 79,9 |
| 1874 | 68,5 | 57,8 | 85,1 | 1887 | 72,1 | 54,9 | 87,1 |
| 1875 | 74,4 | 50,5 | 71,1 | 1888 | 67,6 | 53,5 | 75,9 |
| 1876 | 75,0 | 52,8 | 75,3 | 1889 | 74,2 | 52,8 | 76,3 |
| 1877 | 75,7 | 56,4 | 78,9 | 1890 | 67,9 | 54,2 | 75,4 |
| 1878 | 78,4 | 57,6 | 97,3 | 1866-90 | 77,1 | 57,2 | 84,4 |

En 1896, les Sociétés publiques prussiennes avaient consacré 80 % du montant des primes encaissées en paiement d'indemnités et les Sociétés publiques allemandes situées en dehors de la Prusse, 86,6 % du montant des primes versées, soit en moyenne pour l'ensemble des Sociétés *82,5* %. L'année précédente cette moyenne avait été de *96,6* %. En 1897, les Sociétés publiques prussiennes avaient consacré 80,2 % du produit des primes à cette dépense et les autres Sociétés allemandes 83,5 % du total des primes en versement d'indemnités, soit en moyenne pour l'ensemble des Sociétés allemandes *81,6*. En 1898, cette moyenne est de *81,9* %, mais en 1899 de *85* %. Voici ces mêmes moyennes pour les Sociétés par actions. En 1897, la prime moyenne ‰ de capital assuré était de 2,03 et cette même moyenne pour les dommages causés par l'incendie de 1,14, donc *53,2* % du montant des primes encaissées ont été remboursées sous forme d'indemnités aux assurés, en 1898 : 58 %, en 1899 nous ne pouvons pas donner ce chiffre car le montant des dommages causés par l'incendie ‰ de capital assuré n'est pas connu. Mais si nous envisageons le montant des primes brutes perçues et celui des indemnités versées, nous trouvons que guère plus de 38 % de cet encaisse a été restitué aux assurés. Si maintenant on table sur le produit des primes nettes (c'est-à-dire déduction faite des sommes consacrées en primes de réassurance) la moyenne % serait de 66,8 %. Par suite de cette grande différence il est intéressant de faire connaître au lecteur quelles sont exactement les charges de l'assuré dans l'assurance publique et l'assurance privée, en d'autres termes quel est le montant des primes brutes perçues par les Sociétés publiques d'une part, par les Sociétés privées, d'autre part. Somme toute en indiquant le montant des primes brutes encaissées, nous montrons ce que les assurés ont déboursé. En relevant le total des sommes effectivement versées aux assurés, nous pouvons nous rendre compte de ce qui leur a été restitué par les assureurs. C'est la seule manière saisissante de faire ressortir quelles sont vraiment les charges de l'assurance dans l'un et l'autre système.

Aussi ne craignons-nous pas de rentrer dans quelques détails statistiques (1) complètant en même temps notre paragraphe précédent.

Voici quels sont les résultats obtenus par les Sociétés

(1) Nous empruntons ces chiffres à l'annuaire de statistique de Max Wittner.

publiques d'une part, les Compagnies par actions et mutuelles privées d'autre part depuis 1881, exprimés en 1000 M.

| | *Sociétés publiques* | | *Sociétés privées* | | | |
|---|---|---|---|---|---|---|
| | | | Compag. par actions | | Soc. mutuelles priv. | |
| Années | Primes brutes | Indemnités versées | Primes brutes | Indemnités versées | Primes brutes | Indemnités versées |
| 1881 | 44.004 | 36.300 | 79.280 | 31.978 | 13.180 | 4.760 |
| 1882 | 45.404 | 29.200 | 84.780 | 30.097 | 13.520 | 3.350 |
| 1883 | 46.454 | 35.800 | 84.500 | 30.546 | 14.183 | 4.962 |
| 1884 | 44.019 | 32.600 | 84.476 | 27.513 | 15.070 | 4.389 |
| 1885 | 44.110 | 32.903 | 86.229 | 26.685 | 15.767 | 4.754 |
| 1886 | 48.040 | 33.072 | 87.857 | 27.711 | 16.980 | 4.917 |
| 1887 | 45.644 | 34.613 | 92.220 | 28.446 | 17.715 | 5.159 |
| 1888 | 46.137 | 30.499 | 95.035 | 28.586 | 19.098 | 5.279 |
| 1889 | 48.068 | 31.196 | 97.829 | 29.238 | 20.045 | 5.426 |
| 1890 | 45.889 | 30.494 | 103.096 | 31.673 | 21.845 | 6.159 |
| 1891 | 47.659 | 33.761 | 104.665 | 33.364 | 22.161 | 6.443 |
| 1892 | 52.995 | 39.485 | 109.727 | 39.800 | 23.322 | 8.773 |
| 1893 | 52.485 | 43.077 | 115.169 | 43.757 | 23.278 | 8.067 |
| 1894 | 56.184 | 42.432 | 121.194 | 49.048 | 24.592 | 8.030 |
| 1895 | 59.304 | 47.304 | 123.311 | 45.052 | 25.108 | 9.423 |
| 1896 | 60.290 | 46.478 | 126.541 | 39.197 | 24.910 | 7.086 |
| 1897 | 56.784 | 44.254 | 136.668 | 42.083 | 26.289 | 7.975 |
| 1898 | 63.177 | 46.949 | 151.184 | 47.016 | 27.464 | 7.377 |
| 1899 | 61.354 | 46.514 | 164.284 | 59.183 | 28.280 | 8.950 |
| | **968.001** | **716.731** | **2.048.055** | **690.973** | **390.807** | **120.269** |

Nous ne voudrions pas atténuer l'éloquence de ces chiffres par des commentaires.

Remarquons seulement que près de 74 % du montant des primes brutes encaissées par les Sociétés publiques ont été remboursées aux assurés sous forme d'indemnité tandis que 33,7 % seulement de ce même encaisse ont été restitués aux assurés des Compagnies. Ainsi les Sociétés publiques ont rendu aux assurés une somme plus de deux fois supérieure par rapport à leurs recettes à celle reversée par les Compagnies ; enfin les mutuelles privées 30 % seulement du montant des cotisations recueillies.

Comment ont été employées ces énormes sommes retenues par les assureurs privés, c'est surtout ce qu'il nous faut maintenant rapidement examiner.

D. *Emploi des sommes conservées par les assureurs.*

α). *Réassurance.* Les 3 groupes de Sociétés qui nous occupent ont eu recours à la réassurance pour diviser leurs risques et les répartir sur une plus grande étendue de territoire. Voici depuis 1881 le montant des sommes consacrées à cet effet, chaque année par les 3 groupes de Sociétés :

| Années | Sociétés publiques | Sociétés privées (1) Cies par actions | Sociétés privées Stés mutuelles privées |
|---|---|---|---|
| 1881 | 2.615.340 | 30.280.000 | 310.000 |
| 1882 | 3.405.824 | 34.008.000 | 530.000 |
| 1883 | 3.164.857 | 33.728.000 | 627.000 |
| 1884 | 3.006.329 | 34.709.000 | 950.000 |
| 1885 | 3.240.272 | 34.965.000 | 976.000 |
| 1886 | 3.748.204 | 37.337.000 | 1.029.000 |
| 1887 | 3.959.229 | 40.740.000 | 1.156.000 |
| 1888 | 4.281.968 | 42.100.000 | 1.126.000 |
| 1889 | 4.081.575 | 43.254.000 | 1.168.000 |
| 1890 | 4.493.670 | 46.241.000 | 1.965.000 |
| 1891 | 5.450.000 | 46.164.000 | 1.867.000 |
| 1892 | 6.422.000 | 47.908.000 | 1.989.000 |
| 1893 | 6.936.000 | 50.485.000 | 1.714.000 |
| 1894 | 5.626.000 | 54.151.000 | 1.888.000 |
| 1895 | 5.830.000 | 54.066.000 | 2.142.000 |
| 1896 | 5.885.000 | 57.543.000 | 1.636.000 |
| 1897 | 5.564.000 | 64.048.000 | 2.589.000 |
| 1898 | 5.506.000 | 71.788.000 | 2.855.000 |
| 1899 | 6.153.000 | 75.796.000 | 2.710.000 |

(1) Les chiffres donnés pour les Compagnies par actions comprennent non seulement les primes de réassurance mais encore les primes de réserves. Mais elles sont insignifiantes par rapport

Si maintenant on rapproche ces chiffres de ceux antérieurement donnés, indiquant le montant des primes brutes, on se rendra compte que les compagnies par actions ont consacré 45 % du montant des primes brutes en paiement de primes de réassurance, alors que les Sociétés publiques n'ont consacré à cette opération que 10 % du produit des primes encaissées. C'est ce qui explique que, lorsqu'on compare le % des indemnités versées par rapport au montant des primes encaissées, il y ait une telle différence suivant qu'on prend pour base le total des primes brutes versées ou celui des primes nettes. Pourtant si l'on veut savoir ce qui est déboursé par les assurés et ce qui leur est rendu sous forme d'indemnités c'est le premier total qu'on doit envisager.

Le résultat obtenu est alors des plus frappants. On relève que les assurés ne reçoivent guère plus de 38 % des sommes qu'ils ont versées aux assureurs. Prend-on au contraire pour base la prime nette, ce % est de 66,8 en 1899 ; de 59,2 % en 1898 ; de 58 % en 1897 ; en 1896 : 56 %.

β) *Frais d'administration.* Le second chef de dépense important, absorbant une bonne partie des sommes retenues par les assureurs, est le paiement des frais d'administration. De 1867-90 le montant des frais d'administration des Compagnies par actions peut être établi en moyenne à *31,9* % du total des primes encais-

au total. Elles s'élèvent pour les 3 dernières années à 2.566.844, 3.470.994 et 3.544.253 M.

sées, 30,5 % en 1867 puis successivement 28.3, 31.1, 31.3, 31.1, 30.6, 31.8, 32, 32.7, 33.5, 32.6, 32.4, 32.9, 33.5, en 1880; puis 31.9, 32, 31, 31.1, 31.2, 31.7, 31.8, 32.3, 32.9, 31.8, ou bien par période septennale de 30.9 de 1867-74, de 32.7 de 1875-82, de 31.8 de 1883-90. Au contraire de 1866-67-78 ainsi que de 1866-67-86, cette moyenne n'est pour les Sociétés publiques que de *8,7* % du montant des primes encaissées, soit quatre fois moins élevée que celle que nous venons de trouver pour les Compagnies par actions. De 1881-90, cette moyenne est pour les Sociétés publiques de 11,3 % au lieu de 31,8 %. Cette moyenne pour les Sociétés publiques de 1890-97 est de 11 % tandis qu'elle est de 31,9 % pour les Compagnies par actions.

γ) *Dépenses faites dans un but d'utilité publique.* — Les Compagnies par actions ont versé, de ce chef, de 1867-90, un total de *16.616.476* M., tandis que pendant la même période, les Sociétés publiques ont consacré à cet effet *31.144.622* M., soit près du double ou 3,1 % du montant des primes encaissées.

Mais il convient de faire remarquer que, pendant cette période, les Compagnies par actions furent loin d'être aussi généreuses à toutes les époques. Il a fallu des lois pour les contraindre à contribuer aux frais d'entretien du service d'extinction des incendies. Presque tous les Etats allemands situés en dehors de la Prusse imposent cette obligation aux compagnies par actions. Il n'en est pas ainsi en Prusse. Aussi, d'année en année, voyons-nous la part des Compagnies, dans les dépenses d'utilité publique, diminuer. De 1867-74, les Compagnies avaient versé 6.578.805 M., de 1875-82 elles n'ont plus versé que 4.962.204 M. et de 1883-90, ce total s'élève, grâce à certaines prescriptions législatives, à 5.075.467 M.

Le montant des primes augmentant considérablement, la redevance des Compagnies étant établie d'après le total des primes encaissées, le résultat devait être une progression dans les versements effectués par les Compagnies. Faisons encore observer que tandis que les Compagnies ne font que subvenir pour une partie aux dépenses occasionnées par le service de secours en cas d'incendie, les Sociétés publiques, non seulement payent la plus grande partie de ces frais, mais encore font une foule d'autres dépenses dans un but d'utilité publique. C'est ainsi que, notamment, elles encourageront les propriétaires à transformer leurs habitations afin de les rendre moins dangereuses au point de vue de l'incendie. En frais de ce genre et autres ayant une portée sociale générale, les Sociétés publiques ont soldé depuis 1866-1897 un total de 3.537.000 M. Ce sont là des dépenses propres aux Sociétés publiques qu'aucune Société privée ne connaît.

5) *Des excédents de recettes, leur emploi.* — Jusqu'à présent nous avons supposé que les recettes des Sociétés ne se composaient que du produit des primes encaissées. Mais à côté de cette ressource principale les Sociétés profitent d'intérêts rapportés par les capitaux placés. Ces sommes figurent à l'actif des Sociétés et leur permettent de faire face aux dépenses. Le total en varie suivant les groupes de Sociétés. De 1866-90, les

Sociétés publiques ont encaissé 46.986.521 M. d'intérêts, les Compagnies par actions 93.469.445 M. De 1890-97, les Sociétés publiques ont bénéficié de 33.366.592 M. d'intérêts. Les Sociétés pourront donc obtenir des excédents de recettes tant sur les primes que sur les intérêts encaissés.

1° Indiquons d'abord quels ont été les excédents de 1867-90 pour les divers genres de Sociétés sans faire cette distinction. Les excédents réalisés par les Sociétés publiques pendant cette période se chiffrent à *85.711.121 M.*, ceux obtenus par les Compagnies par actions, dans la même période, s'élèvent au total de *195.072.242* M. Si l'on envisage les diverses périodes de ce laps de temps, on ne tarde pas à s'apercevoir qu'ils ont été sans cesse en augmentant. De 1867-74 ils représentaient 48.780.357 M., de 1875-82 : 60.312.073 M., de 1883-90 : 85.979.812 M. Voici la décomposition de ces chiffres par année.

| Sociétés publiques. | | | | Compagnies par actions. | | | |
|---|---|---|---|---|---|---|---|
| Années | Excédents | Années | Excédents | Années | Excédents | Années | Excédents |
| 1866.. | 542.946 | 1879.. | 2.235.310 | 1867.. | 5.336.229 | 1880.. | 2.082.144 |
| 1867.. | 598.986 | 1880.. | —241.066 | 1868.. | 1.402.170 | 1881.. | 5.509.083 |
| 1868.. | 3.390.984 | 1881.. | —86.283 | 1869.. | 5.566.779 | 1882.. | 7.970.151 |
| 1869.. | 1.660.893 | 1882.. | 7.739.326 | 1870.. | 5.560.080 | 1883.. | 8.107.129 |
| 1870.. | 4.986.903 | 1883.. | 2.266.387 | 1871.. | 8.736.372 | 1884.. | 10.280.355 |
| 1871.. | 3.816.681 | 1884.. | 3.632.803 | 1872.. | 6.346.668 | 1885.. | 10.988.915 |
| 1872.. | 2.817.675 | 1885.. | 3.576.610 | 1873.. | 8.770.302 | 1886.. | 10.858.965 |
| 1873.. | 3.058.485 | 1886.. | 6.001.145 | 1874.. | 7.061.757 | 1887.. | 10.162.172 |
| 1874.. | 3.541.527 | 1887.. | 2.339.630 | 1875.. | 9.528.345 | 1888.. | 11.726.266 |
| 1875.. | 8.477.493 | 1888.. | 7.511.114 | 1876.. | 9.043.699 | 1889.. | 12.125.990 |
| 1876.. | 6.781.525 | 1889.. | 7.586.735 | 1877.. | 8.495.921 | 1890.. | 11.730.020 |
| 1877.. | 5.116.720 | 1890.. | 6.432.998 | 1878.. | 8.982.669 | | |
| 1878.. | —1.292.438 | | | 1879.. | 8.700.061 | | |
| | | 1866-90 | 85.711.121 | | | 1867-90 | 195.072.242 |

Voici maintenant quelques comparaisons pour les dernières années relatives aux excédents réalisés sur le montant des primes par les divers groupes de sociétés exprimées en °/₀ des primes nettes :

| | 1889 | 1890-94 | 1894 | 1895 | 1896 | 1897 | 1898 | 1899 |
|---|---|---|---|---|---|---|---|---|
| Sociétés publiques (1) | 9,1 | −3,3 | −2,2 | −6,1 | −3,6 | −6,6 | 0,1 | −4,7 |
| Sociétés par actions | 16,2 | 9,8 | 12,1 | 5,3 | 14,0 | 11,5 | 10,1 | 2,4 |
| Sociétés mutuelles | 54,7 | 49,3 | 49,7 | 44,2 | 54,4 | 51,7 | 54,8 | 50,0 |

Pour frapper davantage l'esprit, indiquons le montant des excédents ou déficits pour les dernières années :

| | 1897 | 1898 | 1899 |
|---|---|---|---|
| Sociétés publiques.... | −3.365.654 | 28.055 | −2.577.169 |
| Compagnies par actions | 8.377.685 | 8.027.021 | 2.090.487 |
| Sociétés mutuelles.... | 12.257.146 | 13.492.510 | 12.818.954 |

Aussi, sauf en 1898, toujours le montant des primes encaissées par les Sociétés publiques a été insuffisant à couvrir les dépenses. Toujours au contraire, malgré les grosses dépenses faites par les Compagnies par actions, même le total des primes nettes a été supérieur à celui des frais. Elles ont encaissé un reliquat sur les primes qui peut être évalué, °/₀ du montant des primes encaissées, à 11.5, 10.1, et 2,4. Mais nous savons qu'à côté des primes figure à l'actif des Sociétés, le produit des intérêts. Il servira à combler les déficits pour les Sociétés publiques, à grossir les bénéfices pour les Com-

(1) N'oublions pas qu'il s'agit de la prime nette, sinon il faudrait presque doubler ces chiffres pour les compagnies par actions.

pagnies par actions. Ces reliquats se sont élevés, pour les Sociétés publiques, en 1899, à 4.757.339, M. pour les Compagnies par actions à 5.335.824 M. Comme elles avaient déjà réalisé sur les primes un bénéfice de 2,4 % du total des primes encaissées soit 2.090.487 M., les Compagnies profitaient à la fin de 1899 d'un excédent de recettes net de 7.426.311 M. Les Sociétés publiques n'encaissaient qu'un bénéfice net de 2.180.170 M. Il s'élevait, pour l'année précédente, à 2.812.071 M. et pour l'année 1897 à 3.968.606 M. Les Compagnies ont réalisé en 1897 un bénéfice de 13.544.441 M. de 13.302.620 M. l'année suivante.

2° Comment ont été employés ces excédents que nous venons de faire connaître, c'est la seconde question à laquelle nous devons essayer de répondre. La réponse diffère suivant le groupe de sociétés envisagées.

Les Sociétés publiques ainsi que les Mutuelles privées restituent une partie de ces sommes aux assurés et consacrent le reste à augmenter le patrimoine des Sociétés. Pourtant il faut encore distinguer entre ces deux espèces de Sociétés. Les Sociétés mutuelles privées versent effectivement ces excédents aux associés. Les Sociétés publiques accordent, pour l'année suivante, des réductions de primes. Encore faut-il que le fonds de réserve ait atteint un certain niveau fixé par les lois et règlements. Donc c'est le fonds de réserve, le patrimoine de la Caisse qui commence par profiter des bénéfices puis les assurés, sous forme de diminution dans le tarif des primes. Dans les Compagnies par actions, au contraire, les assurés n'ont aucune part dans les bénéfices. Ce sont des tiers, des bailleurs de fonds, des actionnaires qui recevront des dividendes. La plus grande partie des excédents sera consacrée à cet usage. Une faible portion seulement sera distraite et servira à augmenter le fonds de réserve des Compagnies. Ainsi de 1867 à 1890 les bénéfices réalisés par les Compagnies se sont élevés à 195 millions, en chiffres ronds, soit 18,7 % du montant des primes encaissées. La plus grande partie a été distribuée en dividendes ou en intérêts. C'est à peine si, pendant ces 24 ans, une somme de 37 à 38 millions a servi à augmenter les réserves. De 1881 à 1890 le patrimoine des Sociétés publiques s'est accru de 47 millions, soit une augmentation de 95,9 % tandis que pour les Compagnies par actions elle ne fut que de 57,6 %. En 1899 les Compagnies avaient distribué à leurs actionnaires 7.343,086 M. Mais le montant des dividendes varie beaucoup avec les compagnies.

Pendant plusieurs années la « Leipziger » a distribué 100 %, puis avec la hausse des actions le dividende tomba à 60, puis à 80 % ; dans la suite il a oscillé entre 50 et 55 %, en 1886 il fut de 40 %. « L'Aachen Munchner » distribuait au début un dividende qui se chiffrait par 120 % du capital versé. Il est encore en 1877 de 70 %, de 1877 à 1888 il se maintient en moyenne à ce taux, de 1889 à 1895 il est successivement de 73 1/3, 75, 76 2/3, 71 2/3, 71 2/3 et 55 %. La « Berlinische » a distribué un dividende qui, de 1873 à 1895, a varié entre 31 2/3 et 16 2/3, mais le plus souvent entre 20 et 30. Le dividende de la « Colonia » a, de 1873 à 1895, oscillé entre 66 2/3 et 50 % et a été le plus souvent de 60 %. Ces exemples suffisent à donner une idée du caractère lucratif de l'entreprise. Malheureusement ils permettent également de constater combien l'assuré est exploité, combien on lui fait payer trop cher l'assurance qu'il acquiert.

Terminons enfin ce chapitre en comparant les clauses des Compagnies et les dispositions des règlements des Sociétés publiques.

E. — *Comparaison des clauses des polices et des principales dispositions des règlements des Sociétés publiques. Ce que font les Compagnies et les Sociétés publiques pour empêcher l'incendie spéculation.*

Le syndicat des Sociétés privées, dans son assemblée générale de septembre 1886, a décidé, pour mettre fin aux critiques dont les clauses des polices des Sociétés privées étaient l'objet, de les reviser. L'assemblée adopta une série de clauses qui devraient figurer dans les polices des Sociétés privées. C'est donc à ces dispositions qu'il faut se reporter pour connaître le contenu des principales clauses des polices d'assurance contre l'incendie. Mais comme nous n'avons pas ici à étudier les Sociétés privées, nous ne ferons que prendre les principales dispositions votées à cette assemblée. Ces bases principales connues nous les rapprocherons brièvement des prescriptions contenues, dans les règlements des Sociétés publiques.

Comme les Sociétés publiques, les Compagnies assurent contre les dommages causés, par l'incendie ou la foudre aux objets assurés. Les dégâts occasionnés par les moyens employés pour se rendre maître du feu seront également couverts par les Compagnies. Mais à l'inverse de ce que l'on rencontre dans la plupart des règlements des Sociétés publiques, les Compagnies exceptent de l'assurance les dommages occasionnés par la guerre et ceux qui résultent de l'attaque d'une force armée régulière ou irrégulière, d'émeutes, d'insurrections, de tremblements de terre. Remarquons toutefois — c'est logique — que dans ce dernier cas les Sociétés publiques d'assurance contre l'incendie ne se considéreront engagées que par les dégâts causés par l'incendie survenu par suite du tremblement de terre.

En cas d'explosion, les dommages provenant de l'incendie sont seuls compris dans l'assurance acceptée par les Compagnies. Au contraire, le plus souvent, les Sociétés publiques couvriront les dégâts causés par une explosion, même si elle n'a pas engendré d'incendie. Les Sociétés privées n'admettent cette extension que pour les dommages occasionnés par l'explosion du gaz employé dans les bâtiments assurés. D'autre part les clauses déclarent que si un objet destiné à un usage quelconque de ménage ou d'industrie est, à cette fin, exposé à la chaleur ou au feu et par suite de cette situation est brûlé ou détérioré, le dommage qui en résultera pour les autres objets assurés, sera seul réparé.

A l'instar des Sociétés publiques, les Compagnies n'assurent pas les produits particulièrement explosifs: tels que poudre, dynamite, et les fabriques de ces produits et de leurs dérivés, le fumilcoton ; citons encore les goudronneries. Il en est de même pour les objets d'une grande valeur tels que titres, lingots d'or, pierres et perles fines, l'argent, les fonds d'Etat et autres valeurs. Quant aux objets d'or et d'argent, les étoffes de prix telles que cachemires, dentelles, les objets d'art tels que tableaux et sculptures, enfin les objets ayant une valeur d'affection, ils devront être expressément désignés dans la police. Les Sociétés publiques se montrent plus difficiles pour accepter ces risques. Mais cela vaut mieux. Que font, en effet, les compagnies? Elles établissent le montant de la police d'après la valeur déclarée. L'assuré payera des primes en conséquence. Survient un incendie, il détériore une partie de cet objet qui n'a qu'une valeur d'affection. Les dégâts sont estimés sur les bases ordinaires. L'assuré invoque-t-il qu'il a payé des primes fixées sur un montant beaucoup plus élevé? L'assureur de lui répondre: « l'assurance ne doit pas être une cause de bénéfice. » Dès lors vous ne sauriez prétendre obtenir plus que la valeur réelle et matérielle de l'objet. Sinon vous vous enrichiriez du surplus. Ceci serait non seulement contraire à la morale, aux lois, mais encore aux clauses contenues dans la police que vous avez signée.

L'assurance n'est valable pour les Compagnies qu'après le paiement régulier de la prime. Au contraire le propriétaire qui s'est adressé à une Société publique est assuré dès le jour où le risque a été accepté par la Direction.

Les Compagnies déclarent n'être pas tenues d'opérer le recouvrement des primes. Elle ne craignent pas de donner une entorse au principe généralement admis, qu'une dette est quérable. Si la prime annuelle d'une assurance, d'une durée de plusieurs années, se trouve impayée, au plus tard, quinze jours après le commencement de l'année d'assurance, l'obligation incombant à la Compagnie, par l'effet de l'assurance, est éteinte. Que font au contraire les Sociétés publiques en pareil cas? Elles envoient un avertissement aux retardataires. Souvent un agent se rendra chez eux pour toucher le montant de la prime. Elles chercheront à se faire payer, mais ne résilieront pas le contrat pour défaut de paiement de la prime. Tout au plus infligent-elles des amendes.

Celui qui veut s'assurer auprès d'une Compagnie est tenu d'indiquer exactement, en se conformant à la teneur imprimée des formules, les objets à assurer, le nom du propriétaire, l'endroit où ils sont situés, les assurances conclues déjà ailleurs pour les mêmes objets. Il est enfin tenu de déclarer consciencieusement toute circonstance pouvant augmenter le risque d'incendie. Faute de remplir cette condition, la Compagnie ne se considérera pas comme tenue de payer l'indemnité.

Les Sociétés publiques, sans doute, prennent également une multitude de précautions. Mais, à la différence des Sociétés privées, elles procèdent à une évaluation exacte des valeurs à assurer. Elles évitent ainsi les erreurs soit volontaires, soit involontaires, que pourrait commettre l'assuré dans l'appréciation de ses biens.

Pendant le cours de l'assurance des modifications peuvent se produire. Si le risque d'incendie augmente ou que les objets déjà assurés, soient encore assurés ailleurs, la Compagnie se déclare dégagée de son obligation de payer une indemnité.

De même si les objets assurés sont transportés d'un endroit dans un autre, ou changent de propriétaire, à moins que ce transfert ne soit le résultat d'une succession. L'obligation de la Compagnie ne renaîtra que si celle-ci, après avoir pris connaissance des faits, s'est déclarée, par écrit, prête à continuer l'assurance.

La Compagnie n'est, dans aucun cas, obligée au remboursement de la prime payée pour l'année courante. Comment ces points sont-ils réglés par les Sociétés publiques ?

L'assuré devra mettre la Société au courant des modifications survenues à son bien lorsqu'elles sont de nature à aggraver le risque. L'établissement public rangera l'objet dans une classe de risques plus élevée, mais ne résiliera pas le contrat. Si maintenant l'assuré ne fait pas cette déclaration et que la Société s'en aperçoive, qu'adviendra-t-il ? Le contrat d'assurance persistera, mais le délinquant sera condamné à payer une amende égale au double ou triple du supplément résultant de la différence de classe de risque. Si maintenant le bien change de mains, l'ancien propriétaire doit en aviser l'établissement public. Tant qu'il n'aura pas fait cette déclaration, la Société publique ne connaîtra que lui. Seul il restera tenu des charges de l'assurance. Le contrat continuera toujours à subsister.

Un incendie éclate, l'immeuble atteint est assuré auprès d'une Compagnie. L'assuré devra, dans les 24 heures, avertir l'agent de la Compagnie. Dans les deux jours il devra demander au magistrat chargé de la police locale, à être interrogé sur toutes les circonstances relatives au sinistre. En matière d'assurance mobilière il devra également, dans le même délai, indiquer la nature et le montant approximatif des dommages.

Il devra se faire délivrer une copie authentique du procès-verbal qui en aura été dressé et l'envoyer à l'agent de la Compagnie. Entend-il demander une indemnité pour objets qui auraient été perdus par suite de détournement, sous peine de déchéance il devra, dans les trois jours, remettre à la police locale une liste de ces objets et exiger la poursuite du vol. Que d'obligations imposées à ce pauvre sinistré ! On ne lui laisse même pas le temps de se remettre de son émotion. A peine la dernière flamme, qui vient de consumer sa maison, a-t-elle fini de luire, que l'assuré doit courir dans toutes les directions remplir toutes les formalités exigées s'il ne veut pas perdre tout droit à l'indemnité. Les Sociétés publiques sont bien moins sévères.

Plusieurs jours sont accordés à l'assuré pour accomplir les formalités requises.

De plus un représentant de la Société se charge d'une grande partie de la besogne. Les experts sont sur les lieux, la police fera son rapport sans que le sinistré ait à s'en occuper. On lui laisse au moins le temps de respirer, de déplorer son malheur. Quatre ou cinq jours après, il aura à songer à toutes les formalités exigées.

Supposons que l'assuré ait strictement rempli toutes les conditions mises à la conservation de son droit à être indemnisé. Deux experts, choisis par chacune des parties, apprécieront le montant des dommages. Les Sociétés publiques ayant fait évaluer auparavant le montant des valeurs à assurer, combien plus faciles et plus sûres seront pour elles ces estimations ! L'opération souvent se réduira à une simple soustraction. Au contraire nos experts auront tout à faire. Ils auront à évaluer des biens dont on n'aura connu que très imparfaitement la contenance et la structure.

Au point de vue du crédit réel, grâce aux dispositions édictées en cette matière par la loi du 17 mai 1884, les clauses des polices des Compagnies sont satisfaisantes. Lorsque l'immeuble incendié est grevé de droits réels, l'indemnité devra être non seulement consacrée à construire l'immeuble détruit, mais encore elle ne sera versée qu'après que l'immeuble rebâti aura été assuré. Toutefois les créanciers de droits réels peuvent consentir au paiement de l'indemnité sans condition ou bien peuvent être autorisés à toucher eux-mêmes l'indemnité. Bien plus, même si l'incendié avait perdu tout droit à être dédommagé, les Compagnies comme les Sociétés publiques, consacreront l'indemnité à rembourser les créanciers hypothécaires. Ces derniers devront céder leurs droits aux Compagnies ; sauf ce cas, l'indemnité est versée comptant un mois après sa liquidation. Passé ce délai les Compagnies doivent payer aux sinistrés les intérêts des sommes dues. C'est un emprunt heureux fait aux règlements des Sociétés publiques.

Terminons enfin cette comparaison en indiquant les moyens employés par les Sociétés publiques d'une part, les Compagnies de l'autre pour se mettre à l'abri de l'« incendie spéculation ». Les Compagnies menacent — et trop souvent appliquent ces menaces — les assurés de déchéance quand ils sont convaincus d'avoir majoré les biens assurés. Elles écrivent en toutes lettres dans leurs polices « que l'assurance ne doit jamais être une source de bénéfices ». L'indemnité sera calculée au prorata du montant de la valeur. La Compagnie est autorisée à faire faire toutes enquêtes, tous interrogatoires ou toutes estimations aussi bien en ce qui concerne le sinistre et ses causes, et non seulement à exiger de l'assuré, pour ses déclarations, des pièces justificatives et autres preuves de toute espèce qu'il est en état de produire, mais encore à lui faire affirmer ses déclarations par serment. Malheureusement dans la pratique les Compagnies utilisent ces dispositions à leur profit. Elles n'invoquent ces droits que lorsqu'il s'agit de payer l'indemnité.

Au contraire les Sociétés publiques non seulement commencent par établir la valeur exacte des valeurs assurées, qui est enregistrée dans un cadastre, mais encore soumettent les immeubles à des inspections périodiques.

A date fixe toutes les polices sont l'objet d'une revision, grâce à ces mesures l'assurance répond à peu près exactement à la valeur réelle des objets assurés

L'idée malsaine de lucre, mobile puissant des « incendies spéculations », disparaît à peu près complètement. Beaucoup de règlements de Sociétés publiques imposent aux assurés l'obligation de consacrer l'indemnité versée à la reconstruction de l'immeuble détruit et en principe sur le même emplacement.

Bien entendu, tous les règlements de Sociétés publiques contiennent cette disposition pour les immeubles grevés de droits réels. Mais ici nous envisageons surtout le cas où les immeubles sont absolument libres de tous droits. Enfin les Sociétés publiques distribuent des récompenses à ceux qui découvriront des incendiaires. Comme on peut en juger par ces détails, les Sociétés publiques ne reculent devant aucune dépense lorsqu'elle a pour but d'éviter l'incendie calculé. Au contraire il est curieux de constater que malgré les frais d'administration énormes des Compagnies, celles-ci renoncent à ces enquêtes, à ces inspections, à ces revisions périodiques si utiles pour diminuer le nombre des « incendies spéculation » ; tous les efforts des Compagnies tendent, avant tout, à faire la chasse aux polices. Voilà à quoi elles consacrent les frais d'administration exorbitants que nous avons, maintes fois déjà, relevés. On est en droit de se demander à quel niveau s'élèveraient ces dépenses si l'on imposait ces revisions et ces évaluations préalables aux Compagnies. Il ne serait pas téméraire d'affirmer, que dès ce jour, la moitié du total des primes encaissées serait consacrée en frais d'administration. Mais alors la prime serait augmentée.

Les charges de l'assurance, déjà si lourdes, deviendraient plus pesantes encore pour les assurés.

Arrivés au terme de cette comparaison, nous sommes en mesure de nous prononcer en connaissance de cause sur les avantages des deux systèmes d'assurance.

## CONCLUSION

α). *Faut-il préférer les Sociétés publiques ou les Sociétés privées ?*

Les Sociétés publiques ont montré et continuent à montrer leur vigueur.

Malgré la concurrence des Sociétés privées, elles sont arrivées à assurer une somme de capitaux à peu près égale à celle couverte par les Compagnies.

Sans doute on ne manquera pas d'objecter que si en Prusse les Caisses obligatoires sont peu nombreuses, par contre dans le reste de l'Allemagne on compte plusieurs Sociétés d'assurances obligatoires. L'observation pour être exacte perd beaucoup de sa portée si l'on songe qu'en revanche, dans beaucoup de régions, l'assurance mobilière est le monopole des Sociétés privées.

Les Caisses publiques ne sont pas autorisées à couvrir des valeurs mobilières.

Mais en supposant même que les Sociétés publiques fassent un chiffre d'affaires moins gros que les Sociétés privées, cette différence ne devrait pas être de nature à nous faire préférer les dernières. Une institution peut être excellente sans avoir la faveur du public qui, trop souvent, ne comprend pas ses vrais intérêts. C'est ainsi, notamment, que plusieurs fois en Allemagne on nous a fait cette réponse caractéristique : « Mon Dieu, nous ne contestons pas que les Sociétés publiques soient meilleur marché que les Sociétés privées, mais comme notre police n'est pas très élevée, cela ne fait jamais qu'une différence de quelques dizaines de Mk »

Les charges de l'assurance, lorsqu'elle est exploitée par les Sociétés publiques, sont bien moins élevées que le montant des primes perçues par les Compagnies.

Vainement on soutiendrait que cette différence est due au privilège accordé aux Sociétés publiques leur permettant de se servir des autorités locales.

Nous ne contestons pas le fait, si l'on fait remarquer que cette faveur n'existe, au profit des Sociétés publiques, qu'en matière immobilière. Mais nous nous empressons d'ajouter que ces services ne sont pas rendus gratuitement. Les Sociétés publiques accordent des remises aux fonctionnaires pour les rémunérer du surcroît de travail que leur cause cette gestion. Une bonne partie des frais d'administration des Sociétés publiques est consacrée à cet usage. D'autre part il ne faut pas oublier que les Sociétés publiques sont obligées d'accepter en principe tous les risques. Il en résulte qu'une multitude de mauvais risques, délaissés par les Compagnies, sont recueillis par les Sociétés publiques. Celles-ci parviennent à assurer les bons risques à un taux sensiblement inférieur à celui des Compagnies, tout en allégeant énormément la charge des assurés ne pouvant offrir que de mauvais risques. Les Sociétés publiques, grâce à cette faible prime, sont parvenues à faire pénétrer l'assurance contre l'incendie dans les campagnes. Peut-être invoquera-t-on encore l'exemption de droit de timbre dont jouissent les Sociétés publiques pour expliquer ce bon marché. Ici encore on peut faire une réponse décisive. Oui les Sociétés publiques sont exonérées de ces droits, mais remarquons que les établissements publics se chargent non seulement de l'assurance proprement dite, mais encore d'assurer la prospérité des services qui s'y rattachent plus ou moins directement. Mais, dira-t-on encore, les Compagnies sont également obligées de verser quelque chose au service de secours en cas d'incendie dont elles profitent. Sans doute elles supportent une part des dépenses de ce service, mais bien inférieure à celle qui pèse sur les Sociétés publiques. De plus celles-ci, souvent, fondent et subventionnent des caisses d'accidents des pompiers, des caisses de retraite, accordent des pensions aux personnes blessées en voulant se rendre maître du feu, distribuent des récompenses aux gens qui se sont fait remarquer par leur zèle ainsi qu'à ceux qui découvriront un incendiaire. S'adressant aux petits propriétaires, elles les invitent à modifier la nature de leurs constructions. Mais elles ne se contentent pas de distribuer de bonnes paroles. Elles viennent en aide aux propriétaires qui s'engagent à transformer leurs bâtiments afin de les rendre moins accessibles à l'incendie. Enfin au point de vue de l'administration même de la Société, au lieu de dépenser leurs ressources en frais de réclame, les Sociétés publiques ne craindront pas de faire des évaluations et des revisions des évaluations des biens assurés, dont elles supporteront les dépenses. Bien que leur sphère d'action soit limitée à un territoire déterminé, grâce à des réserves suffisantes, tout en recourant à la réassurance, elles n'y consacreront qu'une faible partie des primes encaissées. D'ailleurs la bonne organisation de la section de réassurance du Syndicat des Sociétés publiques d'une part, de l'union des Sociétés de l'Allemagne du centre d'autre part, permet aux Sociétés publiques de se réassurer à bon marché. Voilà un bel exemple à invoquer pour réfuter la théorie orthodoxe qui veut que toute entreprise exploitée par les pouvoirs publics soit coûteuse. On peut également se rendre compte qu'une institution publique peut prospérer sans presque employer de fonctionnaires.

Au contraire les grandes Compagnies, bien que présentant beaucoup de rapports avec une administration d'Etat, n'ont jamais pu rendre ces services. Nous trouvons ici non seulement la négation de l'axiome qu'une institution publique ne peut fonctionner sans exiger une armée d'employés et fonctionnaires, mais la possibilité de soutenir l'inverse. Tandis que les Sociétés publiques n'occupent, pour assurer la gestion des établissements, qu'un petit nombre d'employés, les Compagnies emploient, sur un même territoire souvent, une multitude d'agents. Les Compagnies concurrentes, travaillant dans une même région, ont, dans chaque circonscription, leur agent propre, dont la mission est d'accaparer le plus possible les bons risques. En termes familiers on pourrait dire que l'agent essaye de tirer la couverture à lui. Qu'on suppose une trentaine de Compagnies opérant sur un territoire et l'on se fera une idée de l'armée d'agents d'assurance employée par les Compagnies. C'est ainsi que dans le royaume de Wurtemberg, tandis qu'une seule Caisse d'Etat assure tous les immeubles du royaume, la statistique de 1895 ne relevait pas moins de *9.699* agents d'assurance répartis dans les diverses circonscriptions et représentant *31 Compagnies* se disputant les risques. Chacun de ces agents touchera sa remise. On comprend alors pourquoi les frais d'administration des Compagnies, s'élevant à plus de 31 °/₀ du montant des primes, soient le triple des dépenses faites par les Sociétés publiques dans ce but.

Comme les Compagnies poursuivent uniquement la réalisation de bénéfices, elles placent à la tête de la direction des hommes grassement payés et fortement encouragés par des dédommagements de toutes sortes. Les bailleurs de fonds réclamant des dividendes de plus en plus élevés, on s'explique aisément pourquoi alors les charges de l'assurance sont si lourdes pour les propriétaires qui s'adressent aux Compagnies. Celles-ci ne sont parvenues à assurer en 1899, somme toute les meilleurs risques, qu'en demandant un sacrifice double de celui imposé par les Sociétés publiques à leurs assurés. Moyennant une prime moitié moins forte, non seulement les Sociétés publiques ont couvert les dégâts causés par l'incendie, malgré le grand nombre de mauvais risques qu'elles ont en portefeuille, mais encore ont soldé toute une série de dépenses faites dans un but d'utilité publique. On peut presque dire, des Sociétés publiques, que toutes les primes reçues elles les ont restituées soit aux assurés, soit à la collectivité. Que faut-il dire pour les Compagnies ? Tout au plus 60 °/o du montant des primes encaissées a fait retour aux assurés et a profité à la collectivité.

Le reste a été consacré à rétribuer, non pas une armée de fonctionnaires mais d'agents et à remplir la bourse des actionnaires. Notons que nous sommes loin d'en blâmer les Compagnies. Ce sont des Sociétés commerciales dont le but est le lucre. On ne peut, au contraire, que féliciter les directeurs et administrateurs de leur bonne gestion. Se retournant vers la collectivité, peut-on tenir un pareil langage ?

L'assurance immobilière pratiquée par les Sociétés publiques allemandes aura notre préférence. Mais reste encore une question à trancher. Il existe en Allemagne des Caisses obligatoires et des Caisses facultatives, quelles sont celles qui présentent les plus grands avantages.

### β) *Caisses obligatoires ou Caisses facultatives ?*

Sans nous occuper de la grave question de l'assurance obligatoire ou de l'assurance facultative, demandons-nous, en présence de caisses publiques les unes facultatives, les autres obligatoires, celles qui sont les plus avantageuses.

En parcourant les statistiques fournies tant par MM. von Hulsen et Bramer que celles données par les « Mittheilungen » de 1866-95, nous ne tardons pas à constater — en comparant les résultats obtenus par les établissements obligatoires d'une part, par les Caisses facultatives d'autre part — que les Caisses obligatoires peuvent assurer à meilleur compte. Ces Sociétés n'ayant pas de propagande active à faire, peuvent se dispenser de toute réclame, cet élément de succès indispensable des Sociétés privées. Le propriétaire, à quelque classe qu'il appartienne, doit venir apporter ses risques à la Caisse qui les assure. Les frais d'administration sont singulièrement diminués. MM von Hulsen et Bramer relèvent une différence de plus de 100 %. Les dégâts causés par l'incendie seraient 56 % moins élevés dans les régions où fonctionne une Caisse obligatoire. Enfin, le montant des primes est beaucoup plus bas.

Il y aurait une différence de 57 1/2 % entre les primes perçues par les Sociétés facultatives d'une part, les Sociétés obligatoires d'autre part. Ces résultats, avec un peu de réflexion, ne sont pas faits pour surprendre. Une Caisse obligatoire peut arriver à une centralisation beaucoup plus grande qu'une Société facultative. La simplification de cette administration diminue, dans une large proportion, les frais d'administration. D'autre part, la Caisse obligatoire ayant en portefeuille tous les risques d'une région, bons et mauvais, peut recourir à la compensation des risques beaucoup plus facilement qu'une Caisse facultative.

On comprend, dès lors, sans peine, pourquoi le montant des primes perçues est moins élevé, surtout si l'on songe que les dégâts causés par l'incendie sont moins élevés que dans les autres régions. L'institution se charge de veiller, avec une vigilance spéciale, à ce que toutes les dispositions prescrites par les règlements de police tant des bâtiments que du feu soient observées. N'ayant pas à compter avec la concurrence des Sociétés privées, la Société ne craint pas de faire son devoir sans redouter de déranger l'assuré. Elle pourra se montrer bien moins coulante. Par suite de sa surveillance étroite, elle diminuera les incendies dits de spéculation. Pour mieux encore aboutir à ce résultat, elle tiendra la main à ce que la « clause de reconstruction » soit strictement appliquée. Par une évaluation exacte des valeurs et des revisions fréquentes, elle pourra réduire considérablement les cas de surassurance. Voilà pourquoi dans les régions où fonctionne l'assurance obligatoire et un monopole établi en faveur d'une Caisse publique, les dommages causés par l'incendie sont moins élevés. Au contraire, lorsqu'on est en présence d'une Caisse facultative, les résultats sont loin d'être les mêmes. La Société ne jouit plus de la même indépendance. Les futurs auteurs de sinistres, sachant la Société plus coulante, espérant obtenir l'autorisation de bâtir ailleurs la maison qui a cessé de leur plaire, hésiteront moins à mettre le feu à leur maison. De plus, craignant de se heurter aux exigences de la Société publique, ils s'adresseront aux Compagnies. Les incendies augmenteront dans la région. Les tout à fait bons risques iront se faire assurer aux Compagnies qui s'engagent à les couvrir souvent à un prix identique à celui offert par la Société publique. Comme cette dernière, par dignité, ne veut pas aller chercher le futur client, celui-ci, recevant une offre, d'un agent de Compagnie qui se présente chez lui, l'accepte. Les mauvais risques, au contraire, dont ne veulent pas les Compagnies, se donnent rendez-vous à la Caisse publique. Par suite des dangers d'incendie qu'ils présentent, la prime devra être fixée à un taux assez élevé. La compensation des mauvais risques par les bons sera plus difficile. Voilà quelles sont les raisons qui expliquent que les Caisses jouissant d'un monopole peuvent fournir l'assurance à meilleur compte et dans de meilleures conditions. Seule une Caisse obligatoire peut, sinon établir une prime uniforme, tout au moins dégrever les petits risques ruraux d'une partie des charges de l'assurance pesant sur eux, en répartissant une partie du poids sur les bons risques. Notons qu'elle peut, comme l'exemple de plusieurs Caisses le prouve, faire cette compensation sans réclamer une prime exagérée aux propriétaires de bons risques. La prime, on a pu s'en rendre compte, est même sensiblement inférieure à celle perçue par les Sociétés privées. Voilà quels sont les avantages que présente la Caisse obligatoire sur la Caisse facultative.

La plupart des esprits les plus autorisés et cherchant à donner satisfaction aux besoins sociaux sont partisans de l'assurance immobilière obligatoire. C'est qu'en effet, les maisons sont pour les habitants de nos climats indispensables. Elles permettent de donner satisfaction à un besoin primordial pour nos civilisations. A ce titre elles doivent durer le plus longtemps possible. Constituant une portion considérable du patrimoine national, les immeubles doivent être assurés. Cette obligation n'est pas indispensable, au même degré, pour les meubles. On comprend donc que le législateur n'ait pas rendu l'assurance mobilière obligatoire. Il n'est pas aussi nécessaire de voir les Caisses publiques exploiter cette branche d'assurance. Les meubles, par définition, sont beaucoup plus mobiles. Ils sont toujours difficiles à surveiller, dès lors, entraînent des frais d'administration plus élevés. Pour exploiter l'assurance mobilière, il faut un nombre d'agents plus considérable que pour l'assurance immobilière. Mais il ne faudrait pas en déduire que les frais d'administration des Sociétés publiques sont moins élevés que ceux des Sociétés privées, par ce fait que les Caisses publiques pratiquent moins l'assurance mobilière. Certains auteurs, surtout des adversaires, l'ont soutenu. D'autres au contraire, ont prétendu que c'est grâce à la permission qui fut accordée à nombre de Sociétés publiques d'assurer, à côté des immeubles, les meubles que ces institutions ont pu prospérer. Voici, semble-t-il, des arguments bien contradictoires pour arriver à la même démonstration. Pourtant ces deux groupes d'arguments ont quelque chose de fondé. Nos premiers adversaires étaient surtout frappés de ce fait que l'assurance mobilière, pour être exploitée avec succès, exige un personnel nombreux. Dès lors, disent-ils, les frais d'administration s'en ressentiront. Ils seront plus élevés pour les Sociétés pratiquant l'assurance mobilière. La plupart des Sociétés publiques ne pratiquant que l'assurance immobilière, ils pensent avoir démontré pourquoi leurs frais d'administration sont moins élevés que ceux des Sociétés privées. Malheureusement la statistique se charge de leur faire toucher du doigt l'inexactitude de leur déduction.

Si l'on envisage les résultats obtenus de 1881 à 1890 par les deux plus importantes Caisses allemandes n'assurant que les immeubles — c'est des Caisses d'Etat des royaumes de Bavière et de Saxe que nous voulons parler — et qu'on les rapproche de ceux obtenus pendant la même période par les quatre principales Sociétés publiques assurant les meubles et les immeubles — c'est aux Caisses provinciales de Westphalie et du Rhin, à la Caisse de Magdebourg (campagnes) et à la Caisse du duché de Saxe (campagnes) que nous pensons — voici les constatations auxquelles on aboutit. La Caisse de Bavière avait dépensé en frais d'administration 14,2 % du montant des primes encaissées. Cette même moyenne décennale pour la Caisse de Saxe était de 13,7 %. Quant à la moyenne de nos quatre Sociétés couvrant des valeurs mobilières, et immobilières elle ne s'élevait qu'à 15,6 %. Il y a une petite différence. Mais elles est singulièrement atténuée par ce fait que les deux grands établissements publics envisagés sont des Sociétés jouissant du monopole de l'assurance immobilière. Leurs frais d'administration sont donc plus bas que ceux des Sociétés facultatives.

Cette correction faite, on peut dire que les frais sont sensiblement les mêmes pour les deux groupes de Sociétés. Pourtant les Sociétés facultatives assurant les meubles et immeubles sont tenues d'employer un personnel plus nombreux. Elles ne sont aidées, dans la gestion de l'assurance mobilière, par aucun fonctionnaire. Elles ne peuvent pas utiliser les organes administratifs, comme pour l'assurance immobilière, en accordant des remises. Elles ont des agents spéciaux qui assurent cette gestion. Comment expliquer alors que les frais d'administration ne soient pas plus élevés ? C'est qu'il est un détail auquel ne pensent pas les Sociétés privées lorsqu'elles critiquent les Sociétés publiques. Il est vrai que les Compagnies sont très excusables. Il s'agit, en effet, d'une opération qu'elles ne pratiquent guère. Que ce soit une police mobilière ou une police immobilière, les Compagnies dépensent une somme identique en frais d'évaluation des valeurs. Ce chiffre le plus souvent est insignifiant. Les Sociétés publiques, au contraire, procèdent tout différemment suivant qu'il s'agit de couvrir des risques mobiliers ou des valeurs immobilières. Pour ces dernières les Sociétés publiques font procéder à des évaluations exactes des immeubles à assurer. Un cadastre *ad hoc* est constitué, relatant le montant de la valeur de tous les bâtiments couverts par la Société. Au contraire, pour les meubles les Sociétés ne font pas tous ces frais. Elles procèdent comme les Compagnies. Des déclarations devront être faites par celui qui veut s'assurer. Il aura à remplir un formulaire mentionnant les divers objets mobiliers assurés par la Caisse. Pas de ces frais d'évaluations, si nécessaires pourtant pour éviter la surassurance, et l'incendie spéculation des immeubles. Dès lors, ce qui est dépensé en remises faites aux agents d'une part est économisé en frais d'estimation d'autre part. L'argument présenté pour expliquer le faible taux des frais d'administration des Sociétés publiques, ne résiste donc pas à l'examen. Reste le second, présenté également par les défenseurs des Sociétés privées.

Les Sociétés publiques, dit-on, n'ont pu résister à la concurrence des Compagnies que du jour où l'exploitation de l'assurance mobilière leur fut permise. Cette opinion appelle de suite une observation. Comment se fait-il que les Sociétés publiques facultatives, dès le début, n'avaient pas déjà été investies de ce droit? Elles sont abandonnées à la concurrence des Sociétés privées pratiquant l'assurance mobilière et immobilière, et pourtant leur action est enchaînée!

On est en droit de se demander ce qu'auraient pensé les Compagnies si on les avait soumises à un pareil traitement? Il est donc étrange de voir les défenseurs des Compagnies s'étonner de la liberté qui fut accordée à un certain nombre de Sociétés publiques facultatives de couvrir non seulement les immeubles mais encore les meubles. Ces auteurs réclament la libre concurrence. Mais ils donnent aux uns une arme à deux tranchants, tandis qu'ils ne veulent remettre aux autres, pour affronter la lutte, qu'une arme à un tranchant. Pourquoi cette inégalité ? On se le demande

Quel intérêt y a-t-il donc pour les Sociétés publiques à exploiter, en même temps que l'assurance immobilière, l'assurance mobilière ? Il est aisé à apercevoir. Un propriétaire, possédant un immeuble et tout un mobilier, libre de s'assurer et auprès de la Société qui lui convient, s'adressera de préférence à la Société qui couvrira dans une seule police ses biens, meubles et immeubles. Déjà la Société publique n'envoie pas d'agent. Le propriétaire doit aller à elle. C'est un dérangement auquel il se soumet déjà de mauvaise grâce. Si maintenant la Société publique vient encore lui tenir le langage suivant : nous voulons bien assurer votre immeuble, mais le règlement, qu'on nous a imposé, ne nous confère pas le droit d'assurer vos meubles. Force sera au propriétaire d'aller s'adresser à une autre Société pour faire couvrir l'autre partie de son patrimoine. De plus, notre propriétaire devra faire dresser deux polices, payer deux primes à deux endroits différents et à des époques qui, le plus souvent, ne seront pas les mêmes. On comprend sans peine, que, pour éviter ces ennuis, le propriétaire préfère s'adresser à une compagnie très prévenante, qui lui enverra un agent. Ce dernier se chargera de tout. Le propriétaire n'aura qu'une police, qu'une prime à payer. Aussi sommes-nous les premiers à admettre qu'en autorisant un certain nombre de Sociétés publiques à pratiquer, à côté de l'assurance immobilière, celle des meubles, on ne pouvait qu'améliorer leur situation. Mais, en toute justice, tant que cette assurance mobilière restera facultative, les Compagnies ne sont pas recevables dans leurs plaintes. Notre opinion, on le devine, serait donc d'accorder à toutes les Sociétés publiques le droit d'assurer, en même temps que les immeubles, les meubles. Les directions des Caisses apprécieront si elles doivent ou non user de ce droit Nous voudrions surtout voir cette réforme s'opérer en faveur des Sociétés facultatives, tant dans l'intérêt des propriétaires que des Sociétés. Les uns pourront trouver, auprès des Sociétés publiques, des conditions meilleures pour assurer leurs meubles, celles-ci ne seront plus victimes de l'insouciance des propriétaire qu'un double dérangement effraie.

# TABLE DES MATIÈRES



## INTRODUCTION

## PREMIÈRE PARTIE

### LES SOCIÉTÉS PUBLIQUES ALLEMANDES

#### CHAPITRE I^er^

#### Histoire des Sociétés publiques, leur développement

§ II. — DES ORGANES D'ADMINISTRATION PROPREMENT DITS DES SOCIÉTÉS PUBLIQUES ALLEMANDES

## CHAPITRE V

### L'assurance communale

A. — Etude d'ensemble

## CHAPITRE VI

### A. — Résultats obtenus par les principales Sociétés publiques allemandes depuis 1870.

#### a) *Sociétés publiques prussiennes*



#### b) *Sociétés allemandes situées en dehors de la Prusse.*

Pages



## CHAPITRE VII

### Comparaison des Sociétés publiques et des Sociétés privées.

## CONCLUSION





BUZANÇAIS (INDRE), IMPRIMERIE F. DEVERDUN.

www.ingramcontent.com/pod-product-compliance
Lightning Source LLC
LaVergne TN
LVHW020954300926
849160LV00007B/142
* 9 7 8 2 0 1 9 4 9 4 5 1 3 *